令和のベストヒット大賞

Best Hit in REIWA

インターネット対応ブック
http://www.mrpartner.co.jp/reiwa2023/

周りに潜むバンパイアからエネルギーを守る方法

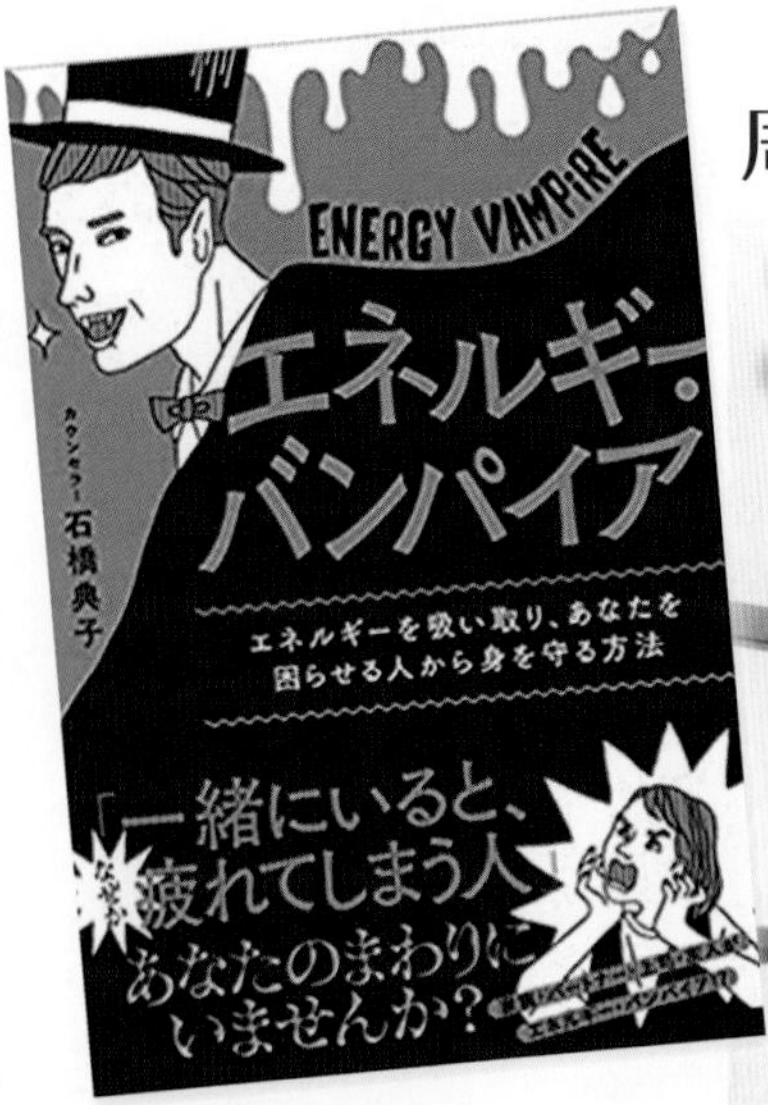

『エネルギー・バンパイア』
現代書林刊 定価 1,540円(税込)

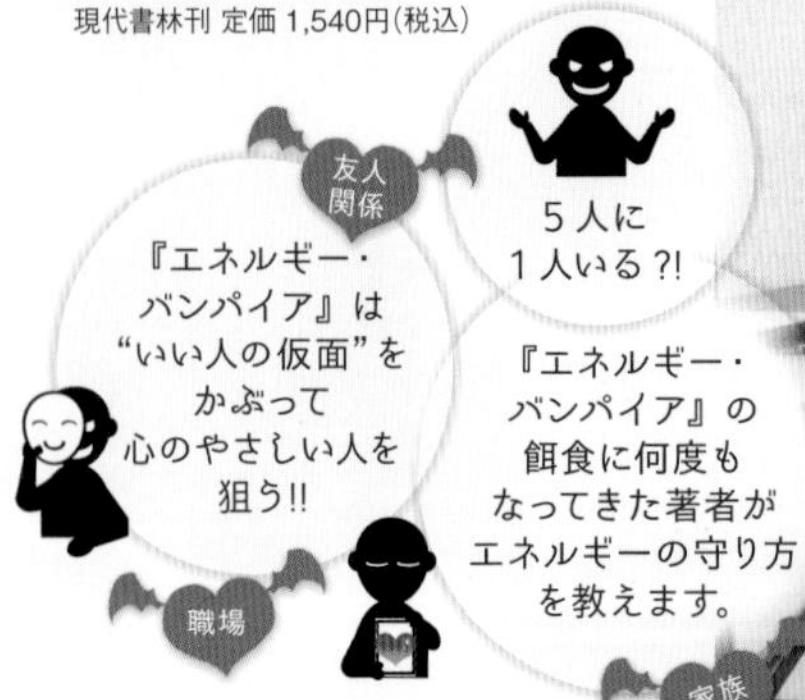

目には見えない「エネルギー」を吸い取る恐ろしい存在『エネルギー・バンパイア』。いじめや嫌がらせをする人、パワハラやセクハラをする人などあなたを困らせる人たち…そして、なぜか一緒いると疲れる人、周りにいないでしょうか？　特に繊細さんはターゲットになりやすく、『エネルギー・バンパイア』はあなたのエネルギーを狙っています。「心当たりがあるあなたは、この本に書いてある具体的な対処法で、大切なあなたの心と体を守ってくださいね」

主宰 石橋典子さん

元々インストラクターとしてピラティスレッスンを行っていたが、クライアントからの要望でカウンセリングのみのセッションを開始。コロナ禍にニーズが増えたカウンセリング業務に専念するため、2021年末に11年続けたピラティスレッスンを終了。カウンセラーとしての活動は8年目。

NORIKO ISHIBASHI

いしばしのりこ

TEL/080-4096-5858　E-mail/n.ishibashi58@gmail.com

東京都渋谷区神宮前2 INSIDE

https://noriko-stone.com/

Youtube　INSIDE ヒプノシス 音声ファイル　検索

2023年度版 令和のベストヒット大賞 ≪目次≫

≪目 次≫

2023年度版
令和のベストヒット大賞

技術の進化高度化と併走し 精緻正確を絶対命題に 業務を遂行

「当社が請け負う業務は精緻、正確が絶対命題。寸時も気を緩めることなく、求められたタスクを完遂しなければなりません」

「通信機器サービス」「電気工事サービス」「測定機器校正サービス」を事業の3本柱に成長軌道を歩んできた『センシン電気株式会社』代表取締役社長の金澤健一さんが業務で貫くスタンスだ。

基幹インフラに関わる 3事業で躍進

代表取締役社長
金澤健一さん
青森県立十和田工業高校電気科卒。就職説明会で出会ったOBの社長に惹かれ、1980年創業の「センシン電気株式会社」に入社、技術職人として下積みで経験を積み、尊敬する社長の他界後、2020年3月、代表取締役に就任。

通信機器サービス

同社が請け負った「通信機器サービス」の業務を見れば、その理由が分かる。

小中学校の通学路防犯カメラ設備工事、緊急地震速報装置保守、防災無線移設・新設工事、神奈川県警カーロケータ車載装置搭載替え工事、空港CCS更新その他工事、空港対空通信設備更新その他工事、ITV装置更新工事、WAM空中線交換作業、RCAG更新工事…。

「電気工事サービス」は、DME局舎架空電線交換工事、滑走路ILS装置蓄電池交換作業、小学校体育館照明改修工事、小学校トイレ全面改修電気設備工事、保育園キュービクル改修工事、福祉園非常用発電改修工事、共済組合演出照明設備工事などが、最近の施工例だ。

電気工事サービス

測定機器の校正サービス

「測定機器校正サービス」は、1996年に開設したキャリブレーション（校正）センターで行う。工場や医療機関、研究機関などに欠かせない電子機器や通信機器、電気設備が正しく作動するかを測定する電圧電流計やオシロスコープなどの電子機器用測定機器や度量衡機器を対象に気温や湿度などの環境の変化でわずかに膨張したり、縮小したりして生じる狂いを標準器などを用いて正しい値になるよう調整したりする業務で、ISO対応書類や校正証明書の作成やトレーサビリティ、試験成績書などの作成まで請け負う。レーダー会社、電子機器会社、住宅設備会社、計測機器会社などから依頼が来る。

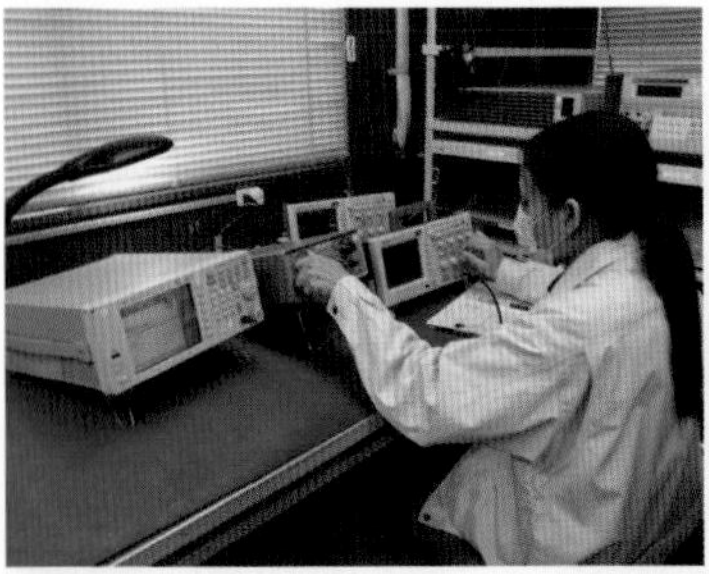

同社は早い段階で、これら三つの業務の品質維持向上の取り組みが品質マネジメントシステムの国際規格ISO9001の要求事項に適合していると認定されたが、金澤さんは同規格の要求事項に沿い、Plan（プラン）、Do（実行）、Check（評価）、Act（改善）をさらに徹底したほか、同社のモットーである迅速な対応、信頼の技術、安心のサービスを実践、高品質のサービスの提供による顧客満足度の最大化を追求してきた。

同社には、第一種電気工事士や第二種電気工事士、一級電気工事施工監理技士、二級電気工事施工監理技士、高所作業車運転技能者、第一級陸上特殊無線技士などの国家資格保有者や経験豊かなスタッフが在籍するが、金澤さんのこうした経営方針に沿って業務を遂行、精緻、的確な仕事ぶりで発注元から信頼を集め、取り引き先は国土交通省東京航空局や防衛省、警察、区役所、学校などの公共機関を中心に大手電気会社、レーダー機器会社、エレクトロニクス会社、住宅設備会社、計測機器会社などの民間企業にも広がっている。

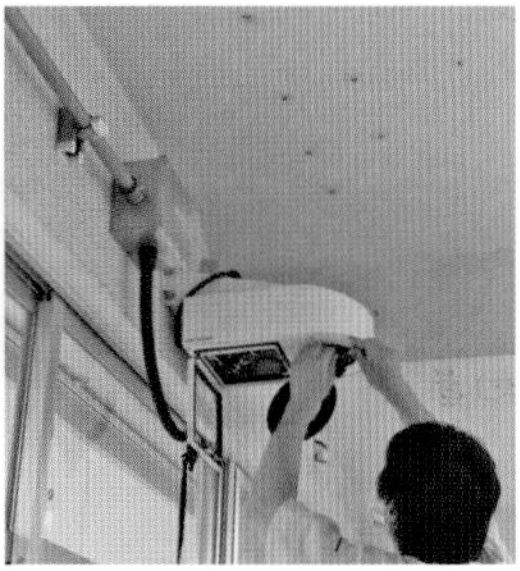

防犯カメラ工事

「社会の基幹インフラである情報通信、電気はむろん、計測器も正しく機能しなければ、社会生活、経済活動に大きな影響を与えます。加えて、情報通信、電気分野の技術はＩＴ情報技術の著しい進化とともに益々高度化していきます。時代のこうした状況に的確に対応し、社会のニーズに応えていくことが当社の使命だと思っています。そのためにも、発注元の意向や図面通りに仕事を完遂するのはむろん、経験で培った技術を継承しながら、新たな技術の研鑽にも弛みなく取り組む努力が必要です。また、スタッフの仕事に対するモチベーションを高めるために、働きやすい職場の整備、コミュニケーションを通じた価値観の共有を大事にし、さらには、時代の変化に柔軟に対応できる人材を積極的に採用して、会社自体を進化させていきたいと思っています」

　金澤さんは、青森県立十和田工業高校電気科で学び、就職説明会で同高校ＯＢで同社の創業者である先代社長の話に感銘、入社した。現場で修業する中で挫折しそうになったことが幾度かあり、その度に先代社長に励まされたという。

　２０２０年３月、先代社長が肺がんで他界した後に開けれた役員会議で社員からの推薦もあり、２代目社長に就任した。

　その直後に発生したコロナ禍で経営危機に陥ったが、同社の仕事の実績と創業者が築いた人脈もあり、資金を調達することができ、危機を乗り切ることができたという。

　第一線で苦労を重ねた経験が金澤さんの事業推進力の基盤だ。

センシン電気 株式会社

Tel ／03-6715-9473
Fax／03-6715-9474
E-mail／kanazawa@senshin-e.co.jp
東京都大田区南六郷2-39-1
https://senshin-e.co.jp/

ISO 9001
JQA-2819
キャリブレーションセンター

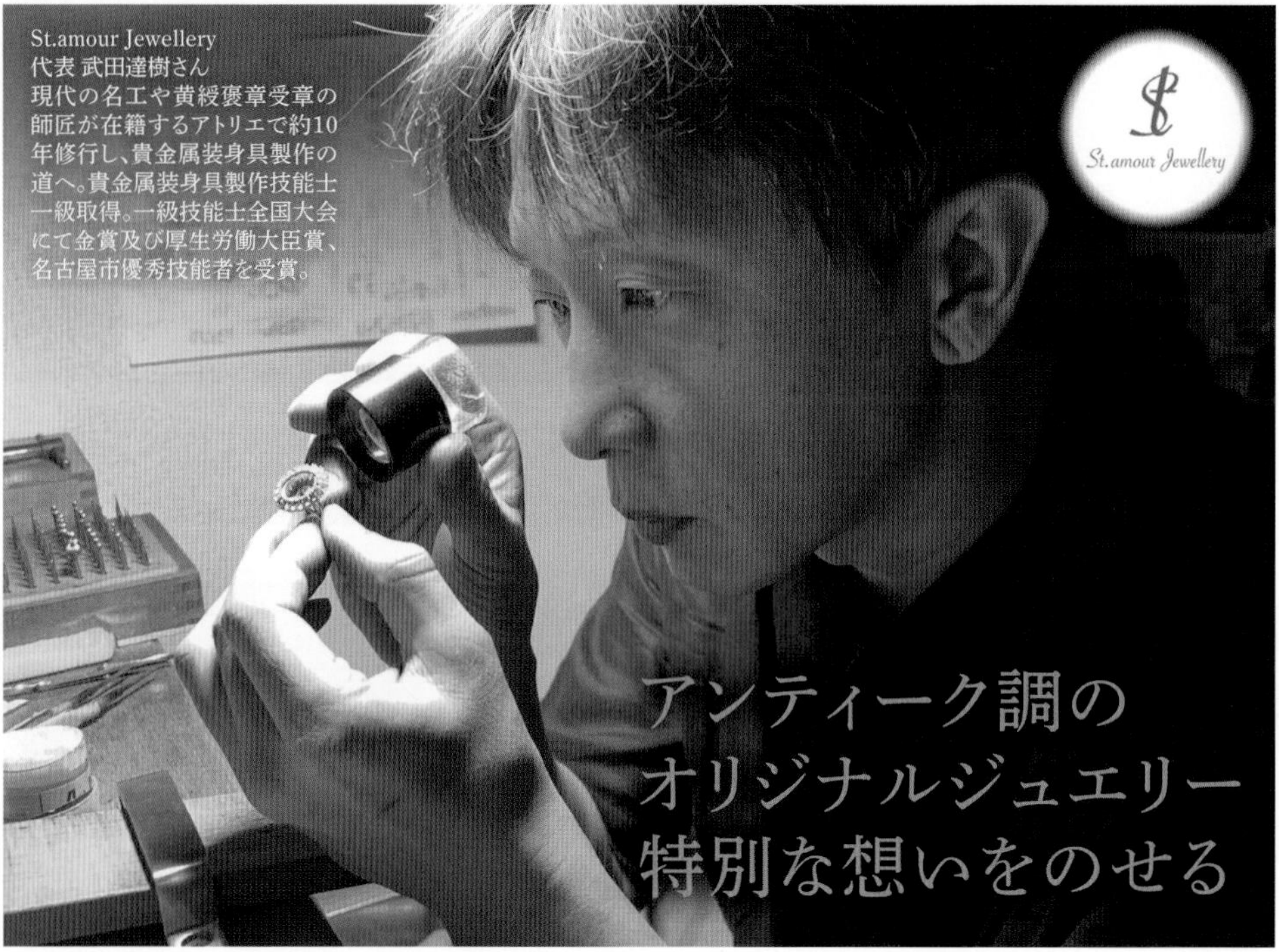

St.amour Jewellery
代表 武田達樹さん
現代の名工や黄綬褒章受章の師匠が在籍するアトリエで約10年修行し、貴金属装身具製作の道へ。貴金属装身具製作技能士一級取得。一級技能士全国大会にて金賞及び厚生労働大臣賞、名古屋市優秀技能者を受賞。

アンティーク調の オリジナルジュエリー 特別な想いをのせる

高い技術と経験で 目に見えない想いを形に

「ジュエリーは、特別なものです。大切な方へプレゼントしたり、特別な日に自分で身につけたり。思い出や決意、勇気などの気持ちを込めて大切に身につけるものなので、きちんとした作りの想いをしっかり込められるようなジュエリーを作れたらと思っています」

『St.amourJewellery』代表の武田達樹さん。接客からデザイン、ジュエリーづくりまでを一手に担う。お客様の想いや要望などを直接聞き取り、一つひとつ丁寧に手作り。自分だけのジュエリーがほしい方や結婚指輪の制作、現在は使っていないジュエリーのリモデルやリフォーム、デザインしたものを形にしたいなど様々な相談が可能だ。これまでに培ってきた高い技術と経験で作り上げるダイヤモンドやピンクトルマリン、グリーンサファイアなど天然石の繊細で美しい輝きを活かしたどこかアンティークな雰囲気が漂うオリジナルジュエリー。それらは、依頼を受けてから丁寧に作り上げるという。

シルバーの鋳造会社に10年ほど従事していた武田さんは、自身の知識や技能が業界内でも通じるのかと疑問を感じ、名古屋の某彫金教室に通い始める。彫金教室に併設されていたアトリエのスタッフや師匠の仕事ぶりに感化されて弟子入りし、現代の名工と黄綬褒章を受章した師匠の元で、約10年余りハイジュ

『パールの花のブローチ K10』
302,500円（税込）

『グリーンサファイアの
ロココ調リング K18』
217,800 円(税込)

『ピンクトルマリンの
ロココ調リング K18』
222,200 円(税込)

エリー製作やアンティークジュエリーの修理などに携わり、本格的に宝飾の貴金属装身具製作の道へと進んだ。その後、独立、2020年オーダーメイドジュエリーやオリジナルジュエリーを製作する『St.amourJewellery』を設立する。

ものづくりにおいては、技術の高さに目が行きがちだが、技術は「感性」を「形」にする手段にしか過ぎない。技術が高く、感性を形にするための引き出しが多ければ多いほど理想に近いものができあがる。

『forest ring night Pt900／
ロイヤルブルームーンストーン』
211,200円(税込)

「自分が作りたいという気持ちや感性は、目には見えないものなので、自分が持っている技術で目に見えるように形にしていく作業は楽しいものです」

日本におけるジュエリーは、資産家が身につける贅沢品のような印象が強いが、気軽に楽しんで貰えるようにとできるだけ安く、シンプルな作りのカジュアルジュエリーも多く出回る。決してそれが悪いわけではないが、武田さんは「ジュエリーは気持ちを込めて大切にするもの」という想いを大切にする。

『パールの花の指輪
K10』 105,600円(税込)

『インペリアルトパーズの
シンプルリング K10』
38,500円(税込)

『アンティーク調ラウンドリング
ガーネット／パール K10』
79,200円(税込)

『一個石リング ローズカット
ペリドット K10』
41,800円(税込)

ジュエリーの本場であるヨーロッパでは、家宝になり得るほど大事にされている。アンティークジュエリーとしては、最高峰と名高いヨーロッパの王侯貴族時代、とくに英国のエドワーディアンジュエリーやヴィクトリアンジュエリーが有名であるが、この他にも権力や富の象徴として、数々の繊細で優美なジュエリーが生まれた。漆黒の宝石「ジェット」を使用した故人を偲ぶ服喪用の装身具「モーニングジュエリー」や死者への愛情を表現した「愛する人との永遠の愛を誓うセンチメンタルジュエリー」の登場により、富や権力の象徴だけではなく、個人の気持ちや思い出も込めるものになった。現在でもヨーロッパでは大切な子どもや孫が財産としてジュエリーを受け継いでいく文化が根付いている。

「本物のアンティークジュエリーは、今でも残っています。技術は今の方が進歩していますが、デザインは昔のジュエリーの方が洗練されています。アンティークジュエリーをできるだけ、今の技術で作れるものに落とし込んで、資産家だけではなく、もっと多くの方が手にできるようになれたらと思っています」

『一個石ペンダント ローズカット アメシスト K10』
39,600円（税込）

『アンティーク調ラウンドペンダント ガーネット／パール K10』
67,100円（税込）

『アンティーク調 ラウンドピアス ガーネット／パール K10』
107,800 円（税込）

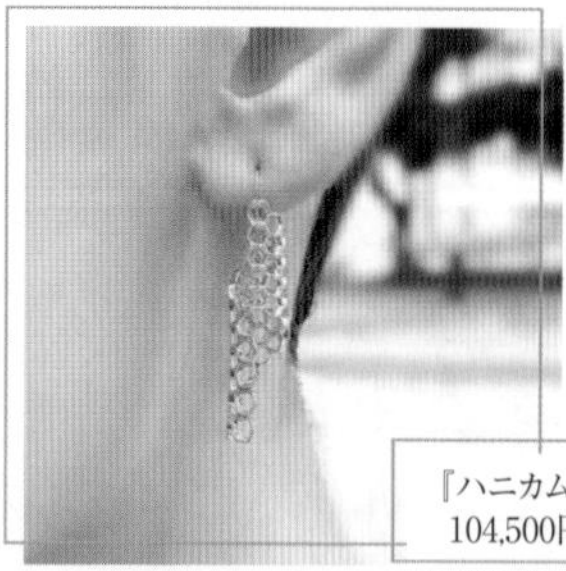

『ハニカムピアス K10YG』
104,500円（税込）

『蓮の葉のピアス 3枚葉 ダイヤ／K10YG』
132,000円（税込）

『一個石ピアス ローズカット ペリドット K10』
36,300円（税込）

『アンティーク調colors Pendant
K10／ペリドット／パール』
158,400円（税込）

高い技術、そしてお客様の想いや要望にしっかり応えてきた経験から、個人の依頼だけでなく業者やデザイナーからの依頼も舞い込んでいる。

「新規の依頼もどんどん受けて行きたい」と意欲を語る武田さんに今後の展望について伺った。

「今は、電話やインスタグラム、LINEで依頼をお受けしている状態で店舗は持っていません。今後、直接お客様とお会いしてお話したり、打ち合わせしたりできる店舗やアトリエのような場所を持てたらと考えています」

武田さんが手掛けるジュエリーは、ただ身を飾るだけのカジュアルジュエリーではない。作り手の感性に、身につける方の想いが重なり一つになった時にはじめて完成する世界にたった一つだけの特別なジュエリーだ。

St.amour Jewellery

Tel／090-3563-2101
E-mail／st.amour221@gmail.com
@st.amour_jewellery
https://stamour.handcrafted.jp/

こちらからも
検索できます。

St.amour Jewellery

機能性
安全性
デザイン性
三拍子揃った
画期的な爪ケア商品
Good!!
TikTokなど 各種SNSで話題!!
切らないつめきり
魔法のつめけずり
かわいいデザインと高度な機能で話題のアイテム『魔法のつめけずり』。手が切れることのない安全な刃を使用しており、爪切りから仕上げまでこれ1本で完了。しかも、削った爪がキラッ! と輝くまで仕上がっちゃう! 画期的な『魔法のつめけずり』にブラック『爪王(TSUMEO)』が仲間入り。女性のみならず、身だしなみに気を配るビジネスマンや刃物が心配なお子様にも、ぜひオススメしたい。
『魔法のつめけずり』
ブルー オレンジ
各880円(税込)
日本製
爪切りいらず!
深爪しない!
削りかすが飛び散らない!
表 裏
特許 爪削り具・爪切り刃 第6559672号
step 1
刃物に対してどんな爪の角度でも削ることができます!
step 2
削りかすはキャップをはずしてゴミ箱へ!
水洗いOK!
使い方の動画はこちら!!
切らない つめきり
爪王
みるみる削れてキラッと光る!
指先が刃に触れても安全!!
深爪、割れ爪、2枚爪、巻き爪になる爪切りはもういらない!!
POINT 1 みるみる削れて爪粉が本体内部に入ります
POINT 2 爪の両端を削ります
POINT 3 削りかすを取り出します
松本金型 株式会社
082-433-6838 広島県東広島市志和町冠283
mm-hanbai@red.megaegg.ne.jp
https://www.matsumoto-kanagata.net/

令和の
ベストヒット大賞
Best Hit in REIWA

お取り寄せしたい美味しい食と話題のスポット

依然として、お取り寄せする人多く、
より美味しいものを求めて、
お取り寄せや美味しいお店や行きたい場所を模索する。

カネ吉山本

こちらからも
検索できます。

宮内省御用達も賜った本場の近江牛を味わえる銘店

日本だけでなく世界にまで高級牛肉としてその名を知らしめている「Wagyu（和牛）」。特に国産の黒毛和牛は、牛肉のトップブランドとして君臨しているが、その中でも〝トップオブトップ〟、神戸・松阪とならぶ日本三大和牛のひとつが「近江牛」だ。美しい色沢、繊細で柔らかな肉質、「近江牛」独特の脂の香りと芳醇な風味で、かつて養生薬として将軍家に献上された歴史ある和牛だ。

そんな「近江牛」の産地、滋賀県近江八幡市で明治二十九年の創業以来「近江牛」一筋、確かな目利きで「近江牛」の伝統と品格を守り続けているのが『カネ吉山本』。鈴鹿山系の清涼な湧き水に恵まれた環境で、「近江牛」を知り尽くしたスタッフにより一頭一頭丁寧に育てられた牛肉は、さらに熟練の職人の手により厳密な品質管理のもと、ステーキ、すき焼き、しゃぶしゃぶ用など最高級の精肉へと仕上げられる。

お取り寄せでも最新鋭の冷凍技術で美味しさと鮮度をそのままにお届け。特別な日のごちそうとしてはもちろん、大切な方への贈り物にもぴったり。

『ローストビーフスライス』

『ハンバーグ』

『ローストビーフ』

カネ吉山本

カネきちやまもと

0748-32-5300　kanekiti@oumigyuu.co.jp
㊟ 滋賀県近江八幡市鷹飼町558
https://www.oumigyuu.jp/

厳選指定牧場から一頭買い 近江牛を最高の形で

日本三大和牛の一つ、「近江牛」一筋に約一世紀、伝統に裏打ちされた確かな目利きと熟練の技で最高峰の「近江牛肉」を送り出しているのが『カネ吉山本』。「近江牛」の味わいや可能性を十二分に知る老舗が、自らを肉を知り尽くした職人〝肉師〟として新たに立ち上げたブランド『かねきち山本。』では、これまでにない「近江牛」体験を確かな手仕事と抜群の鮮度で全国へ届けるべく、様々な「近江牛」製品を用意している。

一番人気の『ローストビーフ』は、淡白ながらしっかりとした旨味の赤身肉を塩のみでじっくり丁寧に直火焼き。外はほのかに香ばしく中はしっとり、素材本来の味わいだ。『近江牛包みハンバーグ』は、手切りした「近江牛」のバラ肉に黒毛和牛100%の挽肉を混ぜ合わせ、肉本来の味を楽しめるように味を調整し、「近江牛」バラ一枚肉で包んだ逸品。バラ肉の濃厚な旨味と脂の甘み、そして食感を楽しめるよう仕上げてある。他にもこだわりの『ビーフシチュー』や『焼肉盛り合わせ』など、「近江牛」が手軽に味わえる製品が揃う。

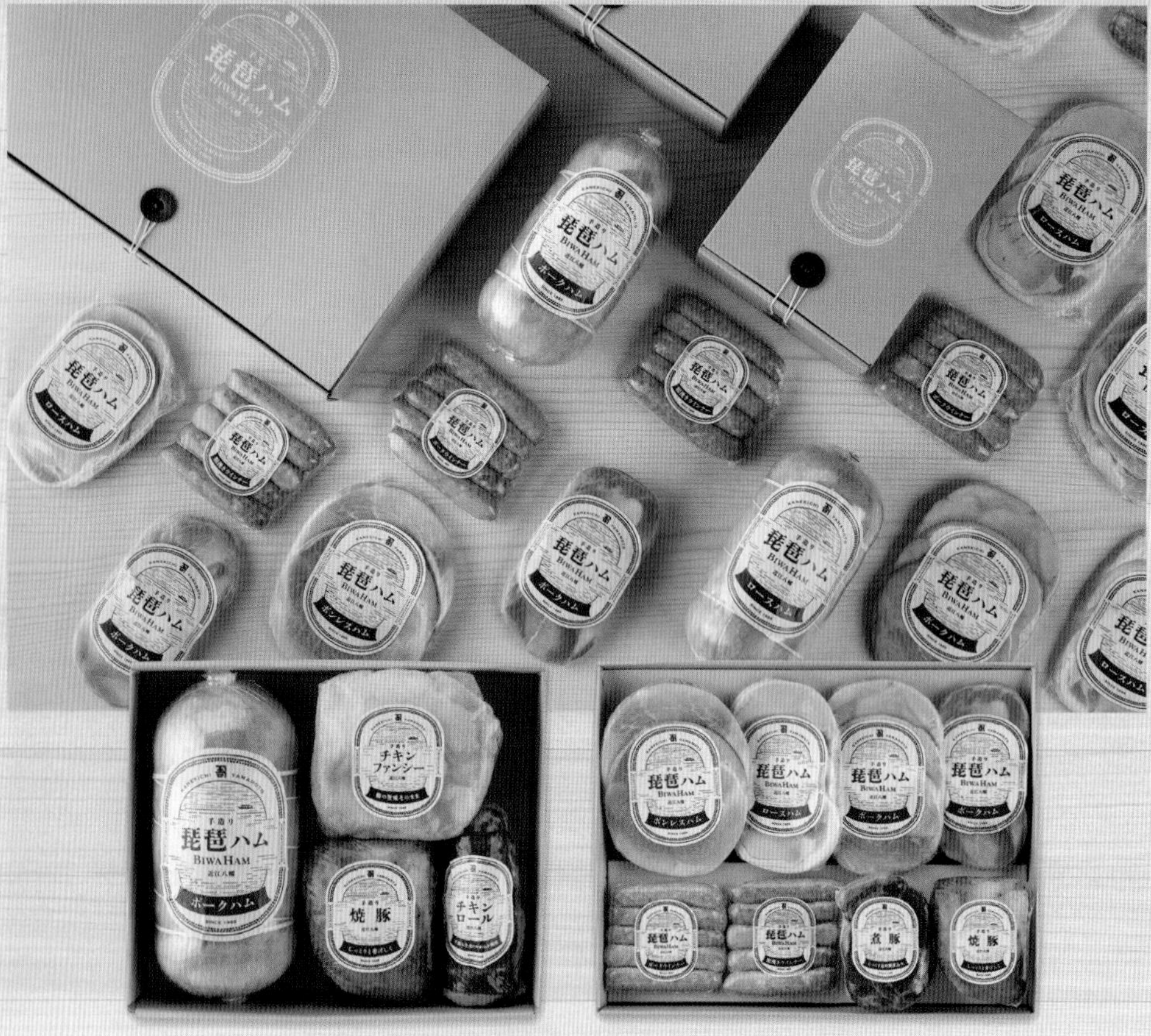

肉を知り尽くしているからこそ美味いハム・ソーセージ

豊かな自然のもと、のびのびと育った牛を確かな目利きで厳選。宮内省御用達も賜った「近江牛」の老舗『カネ吉山本』が、地元滋賀県の豊かな水系を育む琵琶湖の名を冠して送り出しているハム・ソーセージが『琵琶ハム』だ。味、食感共に高品質な国産豚のみ厳選。原料肉の食感、香りを引き出すため、熟練の職人による独自の手法で一本一本手造りしている。味付けにもこだわり、豚肉の旨味を凝縮してしっかりとした味と満足感が残る上品な後味の良さが特長だ。

ハムの代表格でもある『ロースハム』は、豚ロース肉をまるごと使用し、2週間かけてじっくり熟成。低温で加熱することで肉の旨味と脂の甘みを引き出し、しっとりとした口当たり。また、老舗の技が光る『ポークハム』は、新鮮な豚肉の角切り肉と高級魚である〝鱧〟を使用し、肉々しい食感ながらもしっとり仕上げ、塩味を押さえた飽きのこないあっさりとしたハムだ。他にも肉の旨味、皮の食感がダイレクトに伝わるシンプルな『ポークウインナー』や自家製タレが肉を引き立てる『煮豚』『焼豚』も人気。

愛され続けて70年

こちらからも
検索できます。

老舗が作る昔懐かしいお肉屋さんのコロッケ

滋賀県近江八幡市で明治二十九年の創業以来、黒毛和牛の代表格である「近江牛」一筋百余年の『カネ吉山本』は、また地元では町の精肉店でもある。そんなお肉屋さん惣菜といえば、一番に思い出すのがコロッケ。市内には、惣菜の製造工場も併設した専門店「ころっち」も展開し、揚げたてコロッケをはじめとする各種お惣菜を販売。人気NO.1でもある地元の人たちに愛され続けて約70年のコロッケは、国産の牛肉・じゃがいも・玉ねぎを使用し、どこか懐かしさもおぼえるコクと甘み。秘伝油で香ばしく揚げた子どもから大人まで大好きな逸品。今回、パッケージにもこだわり、冷凍した状態で商品化されたのが『カネコロ』だ。代表取締役社長の徳池清臣さんは、「今後100年愛されるように仕上げました」と自信を持って語る。毎日の食卓やお弁当にもうれしい『メンチカツ』は、黒毛和牛と国産豚を合わせ、生の国産玉ねぎを使用してジューシーな仕上がり。ベーコンの旨味とチーズのコクが広がる『カネコロベーコンチーズ』やコロッケの具をカレー味に仕上げ、ハムではさんだ『カネコロハムカレー』も好評。お取り寄せもでき、レンジでチンするだけでいただける。

（ライター／今井淳二）

富士河口湖町
ふるさと納税

楽しいこと目白押し ふるさと納税で町を応援

日本最高峰の富士山の北側に位置する「富士河口湖町」は、富士五湖のうち「河口湖」「西湖」「精進湖」「本栖湖」の表情が違う四つの湖を有する日本屈指の景勝地。湖畔でゆったりと流れる時間を堪能したり、温泉でくつろいだり、樹海を探検したりと様々な楽しみ方ができる。「富士河口湖紅葉まつり」や「富士山・湖・もみじウォーク」など秋を満喫できるイベントも盛り沢山。美術館やステラシアター、遊園地などもあり、何度でも訪れたい観光スポットだ。

ふるさと納税先としても高い人気を誇る。寄付金は、子育て事業やまちづくり支援、環境保全、スポーツ・文化振興支援などに活用される。返礼品は旅行クーポンや宿泊券、遊園地やゴルフ場などの利用券、レストランの食事券など多数用意。富士河口湖町ふるさと納税特設サイトからは、「富士山マラソン」や「富士山麓トレイルラン」などのエントリー権も選択できる（開催日の1～2ヵ月前まで）。

『【富士河口湖地ビール】富士桜高原麦酒（4種12本セット）金賞クラフトビール飲み比べ』

『山梨県産富士山黒牛 肩ロースすき焼き用』550g

『富士山の日本酒 甲斐の開運／大吟醸・北麓スパークリングセット』

『LEAF&BOTANICS セット（ラベンダー）』

『【河口湖チーズ工房】精進湖セット』

『【無添加ソーセージ】豚肉と塩、ハーブ香辛料だけで作った無添加ソーセージ/800g』

『富士山プレミアム牛乳 1リットルパック』（4本セット×2回）

『専門店のタレで食べる 富士ヶ嶺ポーク豚しゃぶセット』

富士河口湖町 政策企画課

ふじかわぐちこまち

☎ 0555-72-1129 ✉ seisaku@town.fujikawaguchiko.lg.jp
㊟ 山梨県南都留郡富士河口湖町船津1700
https://www.town.fujikawaguchiko.lg.jp/

また、富士山の麓で育った『富士ヶ嶺ポーク』も人気。程よい甘みの脂身ともちもちした食感の赤身は食べごたえ抜群。穀物中心のオリジナル配合の飼料と富士山の伏流水を飲み、健康に育った豚だからこその美味しさを楽しめる。素材の旨味を活かしたハンバーグやハム、ソーセージ付きのセットも好評。

「Worldbeeraward」で金賞を受賞した「富士桜高原麦酒」の『クラフトビールの飲み比べセット』も人気。コクやキレがあるジャーマンスタイルの他にスモーキー、フルーティーと趣の違う四種のビールも楽しめる。生きた酵母をろ過せずに瓶詰め。瓶内で熟成がすすむので、口当たりやフレーバーに変化が。

その他、厳選された原乳を独自製法で製造するさらっとした爽やかな味わいが特長の『富士山プレミアム牛乳』や富士五湖唯一の酒蔵「井出醸造店」の地元の職人が富士山のおいしい伏流水を活かして作った『富士山の日本酒・甲斐の開運』などもオススメ。

ぜひ、『富士河口湖町』に行く前にふるさと納税を覗いて見て食べて、そして今度は現地に出かけてみませんか。

（ライター／彩未）

『国産黒毛和牛ホルモン』1kg(200g×5パック) 6,480円(税込)

焼肉屋の味を自宅で ぷりっぷり国産ホルモン

「美味しい焼肉が食べたい!」

そんな時は、創業20年を超える岡山県の老舗焼肉屋『株式会社中村屋』のオンラインショップ。国産牛にこだわり、黒毛和牛を中心に豊富なメニューで人気を集める店舗の味を全国どこでも味わうことができる。オススメは、極上の『国産黒毛和牛ホルモン』。店主が市場で直接仕入れる超貴重な黒毛和牛ホルモンは、臭みがなくジューシー。焼くとぷりっぷりになる肉厚の脂が口の中でとろけ、極上の旨味と純粋に脂身の美味しさを堪能できる。また、もつ鍋に入れてもぷりっぷりな食感を楽しめる。ホルモンは美味しいだけでなく、コラーゲンが豊富で美肌に効果的。ミネラル、ビタミンも豊富に含み、栄養価も高い。

コリコリ食感とピリ辛味が楽しめる『ピリ辛ウルテ』は、スタミナをつけたい時やバーベキューにぴったり。ピリ辛味がビールやハイボールなどお酒にも合うので、おつまみにも最適だ。コラーゲンたっぷりでヘルシーな豚肉ホルモンや脂肪がなく低カロリーな鶏の砂ずりなど牛肉以外も種類豊富に揃う。

『黒毛和牛ホルモンもつ鍋セット』

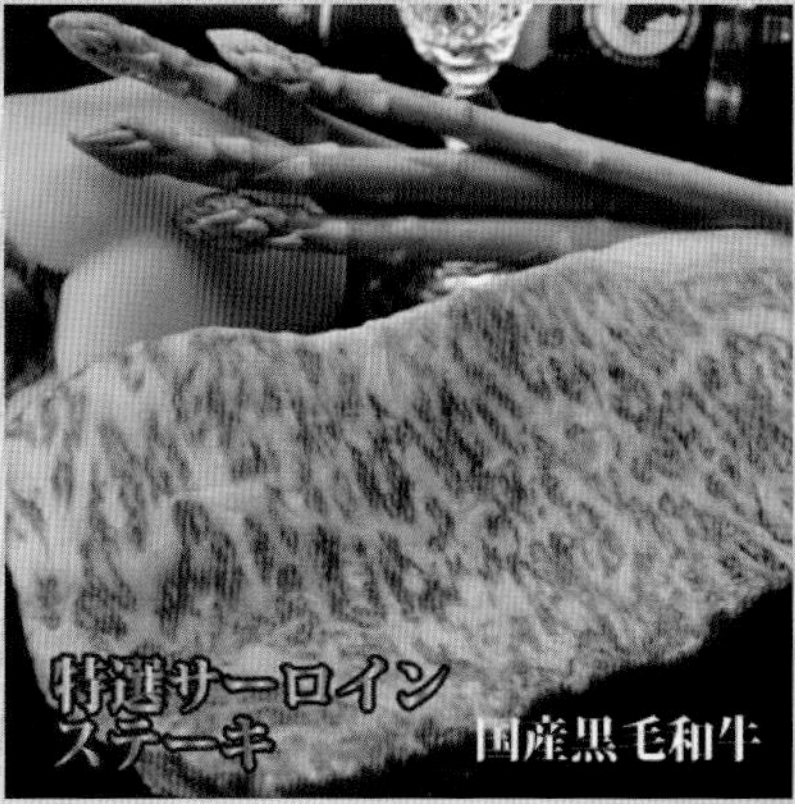

『黒毛和牛
サーロイン
ステーキ』
250g

『もつ鍋セット』

『黒毛和牛カルビ』

『国産牛レバー』

焼肉 中村屋

なかむらや

086-281-2552 info@yakiniku-nakamuraya.jp
㊟ 岡山県岡山市南区妹尾2327-1
https://yakiniku-nakamuraya.jp/

こちらからも
検索できます。

メには、岡山県津山市名物のB級グルメ『ホルモンうどん(焼きうどん)』を。プリプリこりこりのホルモンと秘伝の味噌タレもしくはクセになる辛タレに玉ねぎ、キャベツを合わせて炒めていくだけ。濃いめのタレとホルモンの脂を吸収した野菜とうどんがの美味しさがたまらない。

厳選のショウチョウと醤油ニンニクスープ、スープによく絡むもちもちのちゃんぽん麺がセットになった『もつ鍋セット』、骨つきカルビ、豚トロ、ミックスホルモン、ウィンナー、合計2kgの『バーベキューセット』など、届いたらすぐに楽しめる贅沢なセット商品も人気。

すべて新鮮さを保てる真空パック届くので、安心安全、美味しさもそのまま。解凍してすぐに調理に使える。家族や友達同士でわいわい、一人でじっくり、岡山県の絶品ホルモンを楽しんでみては。

(ライター/播磨杏)

ホシノブラックワンの卵『鶏親王』　アローカナクロスの卵「『翡翠鶏』

濃厚な味わいが人気の極上卵
豊かな環境と贅沢なエサで平飼い

「あんな贅沢なエサを食べ、平飼いで育てられた鶏の卵だったら美味しいはずだよね」

卵好きの間でこんな評判が広がっているのが長野県麻績村の「アリとキリギリス農園」の5種類の卵だ。信州聖高原南麓の自然環境豊かな中山間地で稲作と共に養鶏に精を出す代表の久保田政宏さん自慢の極上卵。ユニークなネーミングも手伝い、人気は高まる一方だ。珍しい品種で注目を集めたのが、2023年3月から売り出したアローカナクロスの卵『翡翠鶏(ひすとりぃ)』とホシノブラックワンの卵『鶏親王(とりきんぐ)』。アローカナクロスは、南米チリ原産の鶏で現地では「幸せを呼ぶ鶏」ともいわれている。卵が薄い緑で翡翠のように輝いていることと、農園の歴史を物語れる製品にしたいとの思いを込めて命名したという。栄養価が高く、老化を防止するレシチンや疲労回復や免疫力向上に効くビタミンB、抗酸化作用があるビタミンEなどが多く含まれているという。ホシノブラックワンは、静岡県の鶏卵業者によって生み出された黒い鶏。卵黄比率が一般の他の卵に比べて約10%高く、従来の

代表 久保田政宏さん

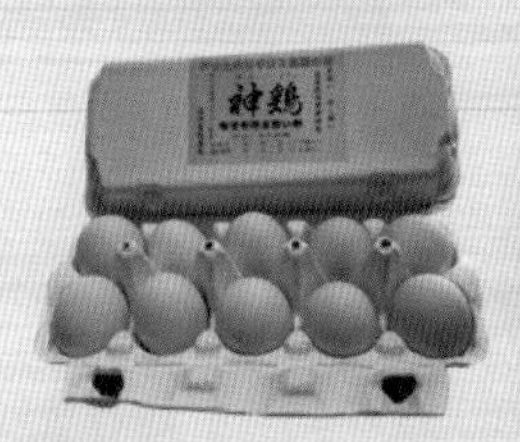

岡崎アローカナの卵『神鶏』

名古屋コーチンの卵『桜鶏』

岡崎おうはんの卵『鶏夢』

3種セット『彩鶏々』

アリとキリギリス農園

アリとキリギリスのうえん

✆ 0263-87-3316　✉ agri@cia-japan.jp
㊟ 長野県東筑摩郡麻績村麻7017
http://cia-japan.jp/

卵に比べ黄身白身共に濃厚な味わいで、卵の王様との思いを名前に込めたという。他の3種は、チリ原産のアロウカナと白色レグホーンを掛け合わせた岡崎アロウカナの卵で、これも幸運を招く青い卵と言われる珍しい『神鶏（カントリー）』、やや小ぶりだが卵黄の色は濃く、こくのある美味しさが特長の日本三大地鶏の一つ、名古屋コーチンの卵の『桜鶏（おうどりぃ）』、一般の卵用鶏と比べると5％ほど黄身が大きく、濃厚な甘みとコクが感じられる家畜改良センター岡崎牧場で開発された日本でも数少ない純国産鶏岡崎おうはんの卵『鶏夢（どりぃむ）』。この3種を『彩鶏々（いろとりどり）』のネーミングでセットにしたものは、人気の商品だ。

鶏はいずれも、消毒など衛生管理が行き届いた約70㎡の鶏小屋で平飼いし、自家製のあきたこまち、籾殻、小糠、野菜に加え、タラの芽などの山菜や筍、松茸、薬草のドクダミやスギナ、ハーブミント、さらに高級ブドウのシャインマスカット、桃などの果物、牡蠣殻などを配合したエサで育てている。

農園では、卵プリンやゆで卵が食べられる卵の採卵体験ができるほか、珍しい黒い山羊を飼っていて、野バラなどを美味しそうに食べる姿が可愛らしく、家族連れの人気スポットにもなっている。

（ライター／斎藤紘）

『パン兄弟おまかせセット』
「ロスパンをランダムに詰め合わせてお送りしています」
「ロスパン」とは、天候などにより、店頭での売れ残りややむなく廃棄しなければいけないパンのこと。

行列必至人気ベーカリー フルーツとプリンのサンド

最近「ジブリパーク」のオープンで注目されている愛知県・名古屋。その「ジブリパーク」からも、名古屋駅からも車で20分の立地にあるのが、名古屋市で大人気のパン屋さん『ぱん兄弟』。全国区からファンが集うほどの有名店で、口コミサイトでも常に高評価。本格派のハード系パン、お惣菜パン、スイーツ系のサンドまでは幅広いラインナップが揃う。また、2023年7月より「ロスパン」の通販も開始。フードロス問題もあり、少しでもロスを減らしたいという思いから、『パン兄弟おまかせセット』の通販開始。通販で販売することによって、この考えに賛同していただける方に購入をお願いしてるという。

店内特に有名なのが、『フルーツサンド』。自家製のカスタードクリームを塗ったパンに甘さ控えめの生クリームがたっぷり。そこに大きくカットされたフルーツがごろりと入り、迫力満点。フルーツは、桃やメロン、いちじくなど時期によって様々でインスタ映えも抜群。もう一つの名物は『プリンアラモードサンド』。固めに仕上げた昔ながらの自家製プリンとふわふわの生クリームを同店自慢のしっとり柔らか

その他、多数のパンが揃っている。

㊋ 10:00～19:00　㊡ 火・水曜日

『プリンアラモードサンド』
400円（税込）

オレンジやイチゴなどの
『フルーツサンド』。

ぱん兄弟

ぱんきょうだい

☎ 052-770-6322
㊟ 愛知県名古屋市天白区植田山3-1705-3
@pankyoudai　ぱん兄弟　検索

な食パンでサンド。プリンと生クリームの甘さと食感に食パンのほどよい塩味のコンビネーションが絶妙で、クセになる逸品。

ハード系パンは、噛めば噛むほどに旨味が際立つ本格的な美味しさ。ワインやビールとも相性抜群で、お酒好きな方にもオススメ。バゲットは必食だ。食パンは、ふんわりもっちり、そのままでも美味しい。トーストするとサックリ軽い食感で小麦本来の甘味が際立つ。高級食パンのような価格設定ではなく、1斤200円からと良心的で、まとめ買いするファンも多い。クリスマスなどイベント時には、シュトーレンなども人気。その他にも季節のフルーツを使ったデニッシュやタルト、カヌレなど。日々の新作やラインナップはインスタグラムでアップされているので、ぜひチェックを。

『ぱん兄弟』の人気の秘密は、パンの美味しさと見た目だけではなく、店舗デザインのセンスの良さにもある。オリジナルのロゴはとても可愛く、グッズ化して欲しいとの声も。青と白を基調とした店構えは、北欧のような雰囲気だ。平日でも行列になっていることが多く、売り切れ次第閉店。愛知県を訪れるなら、ぜひ目的地の一つに設定したい名店だ。今後は全国からも購入できる予定だ。

（ライター／播磨杏）

常時180種類以上の品揃え こだわりのパン

店名の由来となった「コクリコ」とは「ヒナゲシの花」を意味するフランス語。フランスでは、どこにでも咲いているごくありふれた花であり、身近な存在として親しまれている。その名を冠した三重県伊勢市のベーカリー『コクリコルージュ』も毎日の食卓を彩り、食べる人を笑顔にできるパンを届ける身近で愛されるお店として、地元の人のみならず伊勢を訪れた観光客にも人気だ。

パンとは元来、小麦粉・塩・水・酵母から作るとてもシンプルな食べ物。それゆえ、材料そして作り手の手腕が最も問われる。

『コクリコルージュ』では、それぞれのパンに最適な小麦粉を吟味し、国産はもちろん、フランス産、アメリカ産などの最高級小麦粉を厳選して使い分けている。さらに塩は、海水を太陽と風の力だけで乾燥させたミネラル豊富なフランス産天然塩を使用。食感を左右する水は、最適な硬度調整のために中硬水であるフランス産のミネラルウォーターも併用している。バターも香りが濃厚なフランス産発酵バターや国産の最高級バターを使用するこだわ

営 6:00〜19:00　休 年末年始

コクリコルージュ

☎ 0596-36-6677
住 三重県伊勢市御薗町王中島字垣溝766
https://coquelicotrouge.jp/　◎ @coquelicotrouge_jp

り。これらを高水分配合の生地に仕上げて長時間低温熟成発酵させ、熟練の職人が丁寧に焼き上げるのが『コクリコルージュ』のパンだ。

『コクリコルージュ』の看板商品の一つでもある『バイカラークロワッサン』は、バター香るサクサク・ホロホロ食感がたまらない生地を色とりどりのカラフルにデコレート。中心部には、それぞれの色に応じた味のクリームチーズをしのばせ、見た目にも楽しく、食べても美味しいと伊勢のお土産としても人気だ。

『モーンプルンダー』は、たっぷりの自家製のケシ（コクリコ）の実ペーストと炒ったクルミの風味がたまらないデニッシュ。コーヒー・紅茶のお供にもぴったりだ。

厳選された原材料を焼き上げる『フランスパン』や「食パン」も、毎日いただいても飽きのこない定番の美味しさ。

（ライター／今井淳二）

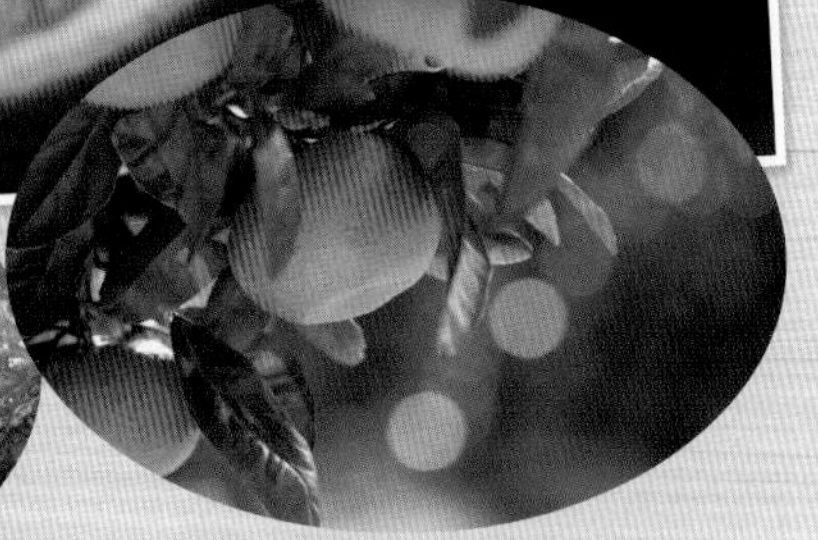

『青島みかん』

静岡の恵みたっぷり 旬の三ヶ日みかんを堪能

日本三大産地である静岡県浜松市で栽培される『三ヶ日みかん』は、日本トップクラスの日照量と温暖な気候に恵まれて、甘くて美味しいと全国の人々に愛されている。土壌は秩父古生層のミネラルを含み、水はけもよく、肥料のコントロールがしやすいため、高品質のみかんが育つ。一年を通してみかんは流通しているが、秋から暮れにかけて次々と旬を迎えるみかんがオススメ。

10月頃に旬を迎える「極早生」は、甘さ控えめの品種だが、日光を反射して樹に刺激を与えるマルチシートを使用することで、甘さがアップする。

11月頃旬を迎える「早生温州」は、甘みと酸味のバランスの良さだけでなく濃厚な味わいを楽しめる。果皮が薄いので手で楽に皮を剥け、口当たりの良さと糖度と酸味のバランスが抜群と愛好者も多い。12月に収穫期を迎える人気品種の「青島温州」は皮が丈夫で、出荷時期は12月～翌3月までと長め。「貯蔵」により果実は熟成。果肉中のクエン酸が分解されて酸のカドが取れて水分が揮発し、味が濃厚になる。そして、まろやかで芳醇、甘み引

『三ヶ日デザートみかん』440g×3袋　2,555円（税込）

『あおしまみかんジュース』6缶 2,012円（税込）

Instagram
@mikkabimikan

こちらからも
検索できます。

『三ヶ日みかん
サイダー』
1,904円（税込）

ミカちゃんマークの
三ヶ日みかん

三ヶ日町農業協同組合
みっかびちょうのうぎょうきょうどうくみあい

053-525-3113　mikachanfarmers@aurora.ocn.ne.jp
㊟ 静岡県浜松市北区三ヶ日町三ヶ日885
https://mikkabimikan.jp/（公式通販サイト）

立つ貯蔵ミカンが完成する。

また、骨の健康に役立つβクリプトキサンチン、血圧の高めの方の血圧を下げる機能が報告されているGABA、ダブルで機能性表示が認められた生鮮食品は日本初！（届出番号：F330）健康志向の方にもオススメ。

『三ヶ日みかん』を使用した製品も充実。ロングセラー商品の『あおしまみかんジュース』は、青島みかん5個分の果汁を封入した100％ストレートジュース。こちらのジュースもGABAの機能性表示が認められている（届け番号：F997）。いつでもみかんのフレッシュな味わいを楽しめると好評。また、「静岡県新商品セレクション2013」で最高金賞を受賞した『純しぼり「極」』は、高級銘柄「濃蜜青島」を手間暇かけて絞った溢れ出るようなみかんの果実感が堪らないと人気。このほか、『三ヶ日みかん』果汁を30％使った『三ヶ日みかん』の風味と炭酸のすっきりした風味が絶妙の『三ケ日みかんサイダー』もオススメ。

秋冬の旬の味覚『三ヶ日みかん』、自分好みの品種を見つけ、ぜひ堪能してみて。

（ライター／彩未）

『ハンドドリップコーヒー』400円（税込）～
『自家焙煎コーヒー豆』100g 880円（税込）

コーヒーの専門技能の国際資格を有する店主の珈琲専門店

広島県福山市の『SUIREN+CoffeeRoaster』は、自家焙煎のコーヒー専門店。オーナーの安藤克洋さんは、珈琲の生豆状態から、珈琲の良し悪しを判定できるQグレーダーという国際資格の持ち主で、ジャパンコーヒーロースティングの大会で第5位にもなったスペシャリスト。自ら足を運んで仕入れる豆をこだわりのオランダ製焙煎機で焙煎し、ハンドドリップでじっくり丁寧に抽出する。

煎りたて淹れたての珈琲は、香り高く繊細な味わい。柑橘系の風味、フルーティー、チョコレート感など様々な味の違いを楽しめる。珈琲初心者でもスタッフが丁寧に説明してくれるので珈琲の新たな魅力に出会える。

エスプレッソメニューは、ラテやアメリカーノなどの定番から、コーヒーチャイ、コーヒーシェイク、エスプレッソトニックなど季節限定メニューも登場する。カフェ・オ・レソフトクリームも人気。スイーツは、尾道の人気洋菓子店「洋菓子工房ナチューレ」にてオリジナルで作ってもらっているパウンドケーキ。カカオ分の高いクーベルチュールをたっぷりと使用した

営 9:00〜19:00　休 水曜日

SUIREN+CoffeeRoaster

スイレンプラスコーヒーロースター

☎ 084-976-8523　✉ info@suiren-plus.com
住 広島県福山市駅家町坊寺230
https://suirenplus.base.ec/

しっとり贅沢なチョコレートのパウンドケーキ、瀬戸内産ネーブルオレンジの爽やかな風味とノンカフェインコーヒーを練り込み、ほろ苦さも感じられる珈琲パウンドケーキなど、すべて珈琲にぴったり。緑に囲まれたお店はウッディで、ナチュラルな雰囲気。テラス席も大人気だ。

　また、オリジナルグッズの展開。型から作ったTシャツ、地元福山市の企業コラボ靴下、有田焼のセラミックコーヒーフィルター「LOCA」、オーストラリア・メルボルン発のエコカップ「STTOKE」にロゴが刻印されたオリジナルのSTTOKE真空断熱タンブラーは、高級感のある質感とシンプルなデザインで大人気。コーヒー豆やドリップバックコーヒー、気軽に楽しめるリキッドコーヒーなども販売しており、好みの味や普段の飲み方などを伝えれば、オススメの豆を教えてくれる。コーヒーに関するこだわりの器具も販売。すべてのアイテムはオンラインショップでも購入できる。

　これからも積極的に海外イベント出店や国内イベント出店も行い、皆様がさらに「コーヒーは楽しい」と思っていただけるように、そして皆様の記憶に残るような一杯のコーヒーを目指して精進している。

（ライター／播磨杏）

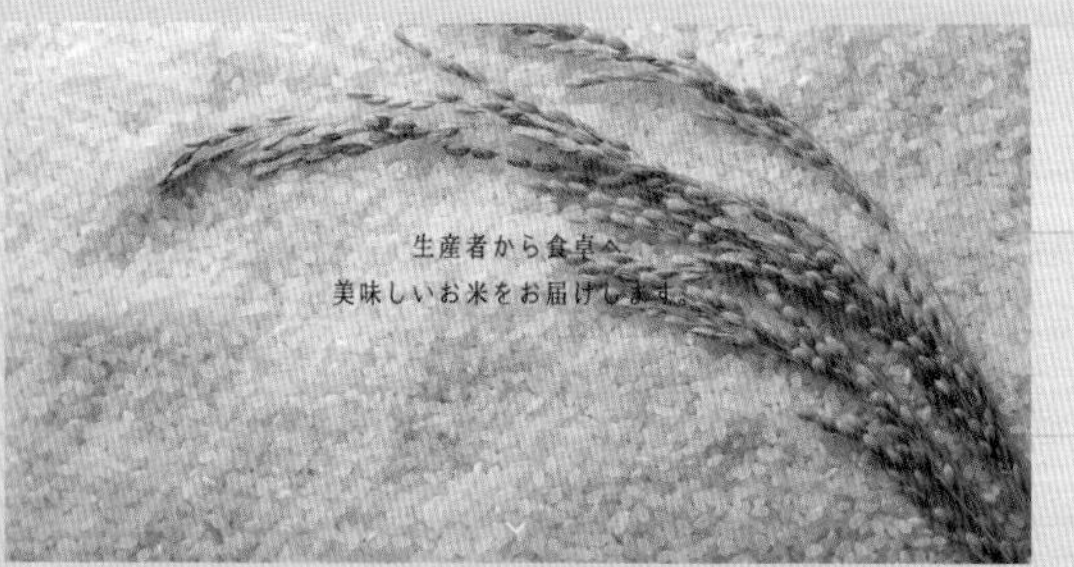

『帆立玉冷 500g』

『牡丹海老 500g』

『本ずわい蟹 700g前後』(2尾)

7/1より帯広店がオープン。店舗内でお米・海産物を販売 。
✆ 0155-65-4744 ㊟ 北海道帯広市西13条南28丁目-1-9

北海屋 H・K 株式会社

ほっかいや エイチ・ケイ

✆ 0158-24-6686 ✉ hokkaiya270101@outlook.com
㊟ 北海道紋別市落石町5-35-9
https://www.hokkaiya-hk.com/

『ななつぼし』
5kg 2,000円(税込)　10kg 3,900円(税込)
『ゆめぴりか』
5kg 2,500円(税込)　10kg 4,800円(税込)

同じ銘柄でも違う美味しさ いつでもつきたてのお米

「定温保管・低温精米・いつでもつきたてのお米」にこだわる北海道の『北海屋 H・K株式会社』。お米・海産物共に自社加工場があり、仕入れから加工、販売まですべて自社にて行っている。生産者とお客様に信頼していただける懸け橋になることを目標に販売を促進、食材の宝庫である北海道の食材・料理の普及に尽力しているお店だ。特に力を入れているのはお米。食味ランキング3年連続特Aにランクインした北海道の「ゆめぴりか」は、低温保管・低温精米を徹底することで、全国に収穫したてのようなフレッシュな状態でお届け。甘味、粘り、風味が強く、肉料理など味が濃い食材・料理にも負けないインパクトがあり、「1年中新米みたいに美味しい」などファンの声も多い「ななつぼし」は、程よい甘味・粘りがあり、魚貝類などさっぱりした料理によく合うお米、おにぎりなど冷めても美味い。米以外にも、北海道産カニやいくらなど海産物も展開。いずれもご飯が進む滋味深い北海道グルメだ。配送や贈答用の包装箱も完備しているので、お世話になっている方への贈り物やお歳暮、お年賀にもぴったり。

(ライター/播磨杏)

青森米応援キャラクター
お米大使
青森米の応援キャラクターは「アンパンマン」の作者やなせたかし氏が制作。

上品な甘みと
さっぱりした食感
青天の霹靂
青天の霹靂
SEITEN NO HEKIREKI
青森県が誇る
ブランド米。

あおもり米のおいしさつたえます！
ミス・クリーンライスあおもり
あおもり米キャンペーンのお手伝いをしている「ミス・クリーンライスあおもり」

青森県産米需要拡大推進本部

あおもりけんさんまいじゅようかくだいすいしんほんぶ

☎ 017-729-8595　✉ aomorikomehonbu@viola.ocn.ne.jp
㊟ 青森県青森市東大野2-1-15
https://aomori-komehonbu.gr.jp/

自然力に培われ、収穫される「あおもり米」は、クリーンライスと呼べるお米。

冷涼だからこそ病害虫の発生が少ない青森のお米

本州の最北、青森県は、これまでに幾度となく飢饉にみまわれてきた。原因は夏でも冷涼な気候ゆえの米の不作・凶作。そしてそれは昭和の時代までたびたび続くこととなる。しかしながら、近年ではこの気候風土に合った品種改良、さらに米生産技術の向上により、徐々に流通する青森のお米も多くなってきた。

そして、希薄だった米どころとしてのイメージを一気に全国区まで押し上げたお米が２０１５年に登場した青森県のご当地米『青天の霹靂（せいてんのへきれき）』。ほどよいツヤとやわらかな白さ、適度な粘りと硬さのバランスが良く、上品な甘みでサッパリとした味わい。食味ランキングで青森県産米としては初の特Ａも取得した。冷めても変わらない美味しさは、おにぎりやお弁当にもぴったり。

県内でも気候や土壌などの条件が良好な地域に限定して栽培している『青天の霹靂』の他にも、魅力と美味しさあふれる青森米に今、注目が集まっている。

（ライター／今井淳二）

阿波国（現・徳島県）を発祥とする盆踊り「阿波踊り」。

徳島県のマスコットにして、とくしま創成サポーター「すだちくん」の元気な笑顔が目印!

『あきさかり』は、「収穫の秋に品種の魅力に満足し、さらに長く愛され、繁栄すること」を願って命名された。

渦の大きさが世界最大級といわれる「鳴門の渦潮」。

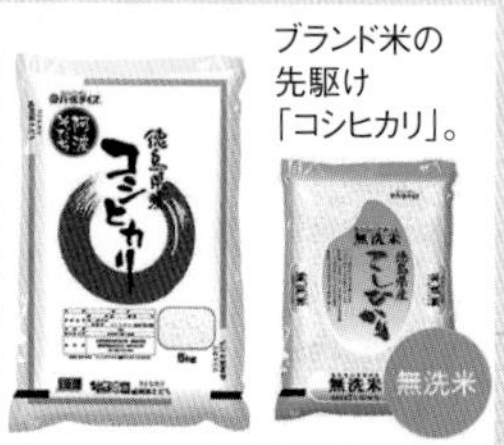

ブランド米の先駆け「コシヒカリ」。

全国農業協同組合連合会 徳島県本部

ぜんこくのうぎょうきょうどうくみあいれんごうかい とくしまけんほんぶ

✆ 088-634-2468
㊟ 徳島県徳島市北佐古一番町5-12
https://www.zennoh.or.jp/tm/rice/

徳島県が推す食味に優れた秋のお米

県北部を流れる吉野川がもたらす豊富な水資源、ならびにその下流域に広がる広大な徳島平野により農業の盛んな徳島県。その農産物は主に京阪神地方に出荷されるため、「関西の台所」とも評されている。そんな徳島平野は、米作りにおける好条件 ①水が豊かであること ②広くて平らな土地であること ③水はけの良い土であること ④日照時間が長いこと、と四つの条件を満たしており、しかも8月初旬から新米の収穫・出荷が始まるなど、国内でも早くに新米が出回る。

中でもオススメのお米は、県の奨励品種に指定されている「あきさかり」。やや大粒でモチモチとした粘りと程よい甘み、白くふっくらとした炊きあがりで、毎日いただくご飯としてもぴったり。他にも安定の食味の良さから日本を代表するお米「コシヒカリ」など、徳島のお米をいただくなら安心・安全の『JA全農とくしま』全農パールライスブランドで。

（ライター／今井淳二）

金崎さんファミリーと仲間による安心栽培。

代表 金崎隆さん

金崎さんちのお米

かなざきさんちのおこめ

✉ info@kanazaki-okome.com
㊟ 長野県飯山市大字豊田803
https://www.kanazaki-okome.com/

5kg（特別栽培米コシヒカリ）
4,413円（税・送料込）
10kg（特別栽培米コシヒカリ）
8,599円（税・送料込）
発送当日に精米、全国発送。

皇室にも献上された由緒ある逸品のお米

緑深い山々に囲まれた盆地帯に日本の原風景とも呼べる田畑が広がる長野県飯山市。暑さ厳しい夏とすべてのものを覆い隠すような豪雪に見舞われる冬。春には清らかな雪解け水がふんだんに田んぼを潤してくれる。こうした気候条件は美味しいお米を育てるには実に好条件で、米どころ新潟県魚沼地方とも近似しており、「隠れ魚沼」ともいわれている。

そんな飯山市で数々の食味コンクールに入賞し、お米ソムリエたちからも高い評価を得ている米作りを行っているのが金崎隆さんだ。農薬と化学肥料を50％以上削減した特別栽培米『金崎さんちのお米』は、甲殻類の殻や貝殻などを配合したオリジナルの有機肥料を、それも極力使用量を抑えてお米が持つ力を引き出し、収量は普通のお米に比べて格段に減るものの、炊いた時の粘りと甘み、香りとツヤが格段に良いと評判だ。

「美味しく安全・安心なお米を食卓へ届けたい」という姿勢が評価され、皇室献上米の名誉をいただいたこともある。

（ライター／今井淳二）

阿蘇の大地に感謝し、「本当にいい作物を全国の人に送り届ける」という信念のもと、こだわり続けている。

一品一品時間をかけ厳選した商品だけを販売。

代表取締役 竹岡徹さん

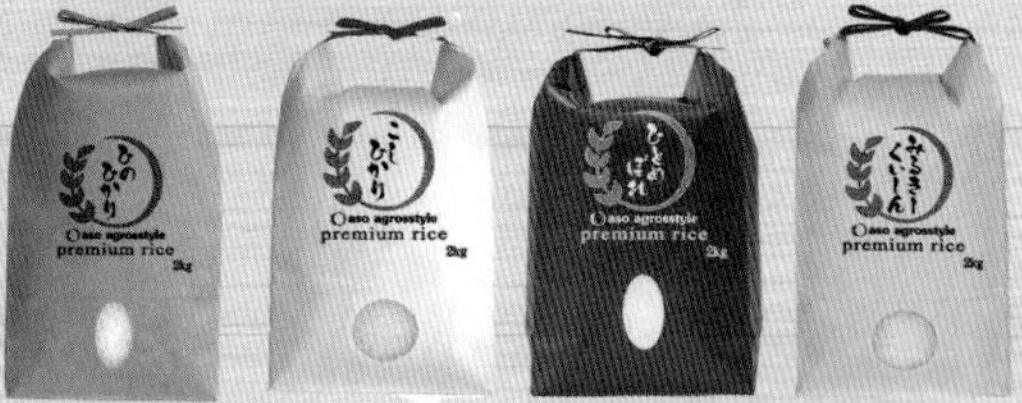

『令和5年産 特別栽培米ひのひかり』ご贈答用2kg 1,100円（税込）
『令和5年産 特別栽培米こしひかり』ご贈答用2kg 1,200円（税込）
『令和5年産 特別栽培米ひとめぼれ』ご贈答用2kg 1,100円（税込）
『令和5年産 特別栽培米みるきーくぃーん』ご贈答用2kg 1,300円（税込）

農業生産法人 株式会社 ASO AGROSSTYLE

アソ アグロスタイル

☎ 0967-32-1187 ✉ aso@aso-agrosstyle.com
㊟ 熊本県阿蘇市三久保216-33
http://aso-agrosstyle.com/

阿蘇の自然と愚直な米作りから生まれたプレミアムな美味しさ

九州の中央部、外輪山に囲まれた広大な阿蘇カルデラ一帯は、豊富できれいな湧水地が数多く存在し、昔から九州の有力な米どころとしても知られている。この地で農薬や化学肥料の使用を半分以下に抑えた特別栽培米、さらに堆肥や米ぬか・緑肥のみ与え、除草もすべて人の手で行う無農薬栽培米を生産。自然の力、味わいを感じる本当に美味しいお米を全国へと送り出しているのが農業生産法人『農業生産法人 ASO AGUROSSTYLE』だ。

2023年秋、新米シーズンを迎え、中でも優れた食味、食感、素晴らしいツヤで選びぬかれたお米が『premium rice』シリーズ。日本のお米の総大将格である「コシヒカリ」や九州の風土に適し、ご当地米ともいえる「ひのひかり」に、さっぱりとした口当たりの「ひとめぼれ」、そしてモチモチとした食感が特徴で、お弁当やおにぎりに最適、近年人気が急上昇している「ミルキークイーン」などバラエティ豊かにお米が選べる。また、好みに合ったお米を見つけられる「食べ比べセット」や高級桐箱に入った贈答用も用意。

（ライター／今井淳二）

『伊賀牛とろ刺し』

『伊賀牛極上ステーキコース』13,000円（税込）

鉄板カウンターでの調理は、
ディナータイムのみ。

営 11:00〜14:00
17:00〜21:00（LO20:30）
休 火曜日・水曜日不定休

『伊賀牛サーロインステーキ』
単品 200g 8,500円（税込）
『伊賀牛ヒレステーキ』
単品 150g 8,500円（税込）など

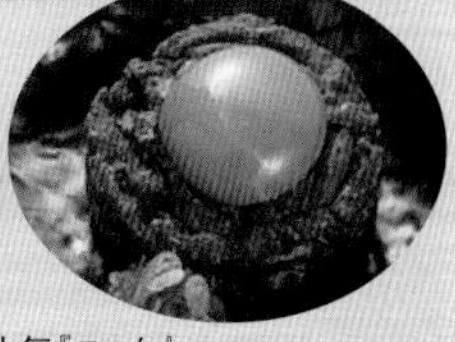

人気『ユッケ』

伊賀肉ステーキハウス Grazie

グラツィエ

0595-51-0783
住 三重県伊賀市上野丸之内500 ハイトピア伊賀2F
http://www.okuda-igaushi.com/grazie/

テイクアウトを開始。
『伊賀牛ステーキ弁当』

『伊賀牛半蔵ステーキランチ』

「伊賀牛」をお手頃価格で楽しむ生産者直営レストラン

三重県・伊賀盆地で12ヵ月以上育てられた黒毛和種のメスのみが名乗れるプレミアムな和牛「伊賀牛」を生産者直営だから実現できる手頃な価格で楽しませてくれるのが『ステーキハウス Grazie』。

同店が仕入れているのは、全頭飼育生産直売の「伊賀黒毛和牛」。適度な脂と濃厚な味わい、芳醇な香りとコク、柔らかさを持つ最高級品だ。さらに、同店を運営している生産者「奥田」が、独自に配合した飼料を与えることにより、柔らかで口当たりの良いサシがバランス良く入る。

オススメは、『伊賀牛極上ステーキコース』とステーキ2種の食べ比べができる『極上セレクトGコース』。カウンターに配された鉄板で、熟練の料理人が目の前で丁寧に焼き上げてくれる。また、生産直売だからこそ味わえるのが、新鮮な生の「伊賀牛」。口の中で甘い脂がとろける牛トロ、旨味があふれるユッケは必食だ。お手頃価格で楽しめるランチやテイクアウトも大人気。通販サイトで「伊賀牛」を購入することもできる。

（ライター／播磨杏）

牛籍簿

『神戸ビーフ®食べ比べセット』（ロース・赤身など）

㊤ 11:30〜20:00
㊡ 月・火曜日
（祝日の場合、翌日）

レストラン営業時間
ランチ 11:30〜15:00（LO14:00）
ディナー 17:00〜20:00（LO19:00）

「知る」「見る」「食べる」体験ができる。

「田尻号」

神戸ビーフ館

こうべビーフかん

✆ 078-241-7790 ✉ info@kobe-niku.jp
㊟ 兵庫県神戸市中央区北野町1 コトノハコ神戸 3F
https://kobebeef.gallery/

神戸ビーフ館

『神戸ビーフ®』の指定登録店はブロンズ像を掲示。

『神戸ビーフ』のすべてを知ることができる博物館

『神戸ビーフ館』は、『神戸ビーフ』のことを正しく知って欲しいとの想いから設立された『神戸ビーフ』のすべてを知ることができる施設。2019年3月に新神戸駅直結のコトノハコ神戸にオープンし、レストランや展示ブースを併設し、『神戸ビーフ』の魅力を発信している。

レストランでは、本格的な鉄板の上で調理された『神戸ビーフ』をロースや赤身など部位ごとに堪能できる。レストラン内では、『神戸ビーフ』にまつわるTシャツやタオル、ネクタイなどのお土産にぴったりな『神戸ビーフ』グッズも発売中。展示ブースでは、『神戸ビーフ』についての様々な展示物を用意。黒毛和牛のルーツから『神戸ビーフ』についての定義や歴史など様々な情報を知ることができる。

また館内には、『神戸肉流通推進協議会』の指定を受けた正規の『神戸ビーフ』を扱う卸売店、小売店、飲食店を検索できるブースも設置している。

（ライター／長谷川望）

『みのり和牛』A5/BMS.12 サーロイン スライス 』
1枚 250g 4,000円（税込）

牛たちに寄り添い、健康に穏やかに育てている。

ホームページ

Instagram

『みのり和牛A5／BMS.12
三角バラスライス』
300g 4,800円（税込）

『みのり和牛A5／BMS.12赤身ひき肉』
300g 1,100円（税込）など

株式会社 みのり牧場

みのりぼくじょう

0155-62-1408　minori.mou.love@gmail.com
㊟ 北海道河西郡芽室町新生南11線19番地
https://hokkaidou-minori.com/

最高の霜降り肉を自宅で

『株式会社みのり牧場』の国産黒毛和牛は、雌牛だけでA5ランクを9割以上生産している。その和牛の美味しさの秘訣は、飼育方法にある。北海道十勝地方の広大な大地で発育や性格によって分けられた4頭という少ないグループで、一頭一頭丁寧にストレスの少ない環境で育てられる。餌は、北海道産の飼料米・小麦・大麦などを、消化吸収を良くするために過熱して乳酸発酵させた飼料だけを使用、乳酸菌の数は1gに1億1千万個も含まれている。また、牛の体調に大切な牧草と稲わらも北海道産を食べさせている。そのこだわりの飼料により、脂に含まれる一価不飽和脂肪酸とオレイン酸の量が増え、脂の質を向上させている。

定番のサーロインや肩ロースから赤身ひき肉やバラ肉切り落としなど、お好みのお肉をオンラインショップで購入することができる。肉本来の味を味わうため、さっとあぶって塩でいただくのがオススメだ。ホームページで検索してみては。

（ライター／奈良岡志保）

『ホルモン盛り合わせ』
おためし
1,980円（税込）～
どかんと1kg
3,960円（税込）など
全22種類のホルモンと
A4ランクの霜降り肉を堪能できる。

㊢ 17:00～23:00（LO22:30） ㊡ 無休

焼肉ホルモン富士

やきにくホルモンふじ

☎ 072-812-2980 ✉ info@horumonfuji.com
㊟ 大阪府寝屋川市石津南町10-33
http://www.horumonfuji.com/

抜群の鮮度、丁寧な下処理によるホルモンの美味しさ

数ある焼肉店の中でもその店の評価を大きく左右するのがホルモン。内臓肉という性格上、新鮮さ、下処理の的確さが重要だ。その両方を高いレベルで維持し、提供してくれる焼肉店が大阪・寝屋川市にある『焼肉ホルモン富士』だ。

同店のホルモンは、かつて卸業で屠場を経験した店長が専門家の目で厳選した鮮度抜群の国産ホルモンを大阪南港食肉市場から直送。苦手な人でもすいすい食べられると評判だ。

オススメは、人気の『ホルモン盛り合わせ』。テッチャン、赤セン、小腸などの6種類が300gから1kgまで、好みの量に合わせて選べる。ホルモン以外のお肉もこだわりの黒毛和牛。ロースやハラミなど4種が味わえる『A4ランクの赤身肉盛り合わせ』は、柔らかさと広がる旨味が格別。スープやナムルなどのサイドメニューも手間を惜しまず全て手作り。また予約すれば、看板メニューである盛り合わせ（ホルモン・赤身肉）の持ち帰りもできるので、アウトドアや自宅でも絶品BBQが楽しめる。

（ライター／今井淳二）

『お試し焼肉セット』
2,000円（税込）

『お試ししゃぶしゃぶセット』
2,000円（税込）

ミートレストラン
とんきい

㊫ 11:00〜14:00　17:00〜20:00
㊡ 火・水曜日

直売所
㊫ 10:00〜19:00
㊡ 水曜日

農家レストラン
とんきい

㊫ 11:00〜14:00
土・日曜日11:00〜14:00
17:00〜19:00　㊡ 水曜日

併設のレストランでは豚肉、地元野菜が食べられるバイキングも楽しめる。浜松餃子、浜名湖遠州コロッケなど惣菜も充実。

とんきい　有限会社 三和畜産

053-522-2969　✉ hamanako@tonkii.com
㊟ 静岡県浜松市北区細江町中川1190-1
https://www.tonkii.com/

静岡県・浜名湖の無添加豚肉を家庭で

『とんきい』は、静岡県・浜名湖で養豚場を営むレストラン。『ミートレストランとんきい』と『農家レストランとんきい』があり、どちらのレストランでも自慢の豚肉やこだわりのお米『細江まいひめ』を楽しむことができる。

『とんきい』自慢の豚は、一般のエサに使用されているような防腐剤・抗菌剤・着色料を添加しない、自家配合の安心・安全なエサで飼育され、獣医師による豚の衛生管理も月2回行っている。ハム・ソーセージなどの加工にも発色剤や保存料、化学調味料は一切せず、塩、三温糖、香辛料、豚肉100％でできている。

リニューアルしたショッピングサイト『豚屋とんきい』では、家庭でも美味しい豚肉を味わえるよう、様々な商品を豊富に取りそろえている。また、リニューアル記念として、『とんきい』のお肉をお手頃価格でお試しできる「お試しセット」を送料無料にて販売中。

（ライター／奈良岡志保）

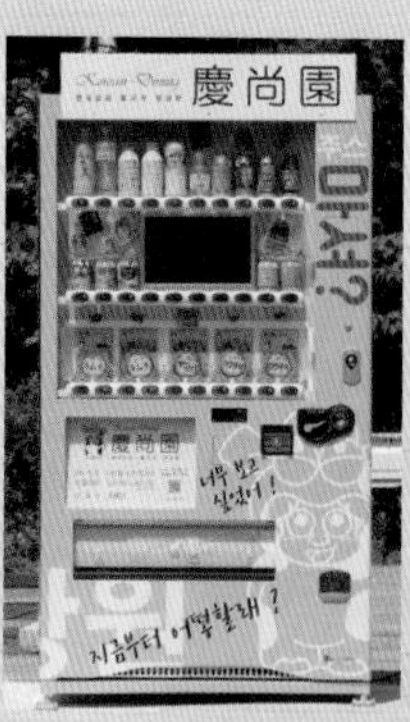

店舗前に、甲殻類不使用の手作り『無添加キムチ』や『韓国ジュース』の自販機が話題。

こだわりの九州産牛と出水鶏。

㈲ 18:00〜22:00（LO21:00） ㈭ 木曜日

『参鶏湯』

『さくらユッケ』

『石焼ビビンバ』

ログハウスで食べる韓国料理・焼肉 慶尚園

けいしょうえん

✆ 0996-62-0550
㊟ 鹿児島県出水市上鯖淵5869-1
慶尚園 検索 @keisyouen

地元の出水鶏と厳選国産牛 ジューシーな絶品焼肉

鹿児島県出水市にある、地元で40年もの長い間愛される焼肉店として人気のお店『慶尚園』。市街地からオレンジロード沿いに移転した店舗は、木の温もり感じるログハウスで、自然に囲まれたおしゃれな佇まいが魅力だ。

出水市は、日本で有数の鶏肉生産地。『慶尚園』では、地元の工場に足を運び鶏肉を仕入れ、牛肉は可能な限り九州産牛を入手。素材の旨味を存分に味わえるメニューが豊富に揃う。焼肉だけでなく、薬膳素材を丁寧に包み込んだ『せいぢのいずみ参鶏湯』などもあり、滋養強壮・ストレス緩和や美肌・アンチエイジング・冷え性改善などの効果も期待できる逸品だ。

気さくな店主の上田誠治さんが迎えてくれるアットホームなお店は、訪れるみんなが温かな気持ちになるという。広々とした空間も自慢。個室もあり、大切な人との食事会にもピッタリだ。友人同士、家族やお祝いとどんなシーンにもオススメ。

（ライター／河村ももよ）

㊎ ランチ11:00～14:00　泡盛Bar 17:00～22:00
㊡ 土・日曜日・祝日

『そばセット』900円（税込）

タコライス&泡盛Bar
なんくるみー

夜の部『泡盛Barなんくるみー』

入店時3,000円（税込）
（2ドリンク、おつまみセット、ミネラルウォーター、沖縄半そば）

三線の生演奏が楽しめる。
店長
西村豪さん

タコライス＆泡盛Bar なんくるみー

☎ 03-6272-8677　予約専用 ☎ 080-7249-7363
㊟ 東京都千代田区飯田橋1-7-8
https://www.nankurumi.com/

『ゴーヤーチャンプルー』（2人前）

『ラフテー』

『クーブイリチー』

泡盛に沖縄の空気を感じ
三線の音色に思いを馳せる

沖縄県独自の伝統酒泡盛。県内では現在47もの酒造所がしのぎを削っており、それぞれが豊かな個性を発揮している。そんな泡盛の魅力を多くの人に知ってもらいたいとの思いを東京から発信しているお店が千代田区にある『なんくるみー』だ。

昼は沖縄県の郷土食としても人気の高い特製『タコライス』や『沖縄そば』、『ヨーロッパ直輸入のソーセージ』が楽しめる。そして夜は人気の銘柄から現地でも貴重な古酒まで多様な泡盛と沖縄料理、そして三線の生演奏で沖縄民謡が楽しめる『泡盛Bar』として営業している。

「泡盛の最大の魅力は、香りや代々受け継いで来られた伝統の味」という店長の西村豪さんは、東京生まれながら本場で修行を積み、数々の賞も受賞している三線奏者。沖縄民謡を知らない人たちにも分かりやすく楽しく、時には著名な沖縄民謡奏者も出演するライブを通し、本格的な沖縄空間を創り出している。そんな中で味わう泡盛は、格別としかいいようがない。

（ライター／今井淳二）

『かごしま黒豚「優美豚」しゃぶしゃぶセット』
寄付金 14,000円

完熟した『ブランドマンゴー』約1kg（2〜3玉）寄付金 12,000円

『鹿児島県産
うなぎ 長蒲焼き 3尾』
（約160g×3尾）
寄付金 20,000円

大崎町ふるさと納税コールセンター　050-3185-9429
大崎町ふるさと納税　検索

『鹿児島県産
うなぎ
きざみうなぎ
10袋』
寄付金
12,000円

大崎町役場 商工観光課
おおさきちょうやくば

099-476-1111　furupo-jtb@jtb.com
㊟ 鹿児島県曽於郡大崎町仮宿1029
https://www.rakuten.co.jp/f464686-osaki/

全国の人と人をつなげる〝結いのまち〟のふるさと納税

鹿児島県東部、大隅半島の中央に位置する『大崎町』。町の南部は黒潮が流れる外洋に面した志布志湾を望み、豊かな水産物の漁場。そして北部の広大な大地では、九州南部の温暖な気候を生かした良質な農畜産物が育まれ、海の幸と山の幸、両方が楽しめる食の宝庫だ。平成27年度にはふるさと納税が日本一（町村の部）にも輝いた。

中でも返礼品として人気なのが、『大崎町』が誇る『うなぎ』。シラス台地を通して湧き出る霧島山系の豊富で良質な地下水にて稚魚から養殖、揚げから加工までを町内で行うことができる。四度焼きでじっくり焼かれた『うなぎ長蒲焼き』は、ふわっとした身がやわらかく、「よそのうなぎが食べられなくなった」というリピーターも続出するほど。

他にも完熟した『ブランドマンゴー』や餌のさつまいもが脂の美味しさの決め手となっている鹿児島県産のブランド黒豚『優美豚』など、目移りするラインナップばかりだ。

（ライター／今井淳二）

『お刺身セット
2種（中とろ）』
5,980円（税込）

『のどぐろ入り
干物セット「梅」
4種』
3,980円（税込）

『のどぐろ入り
干物セット「竹」
5種』
4,980円（税込）

『お刺身セット
2種（赤身）』
5,400円（税込）

美味食卓 さくだ屋

さくだや

050-5433-5699 ✉ f-yamasui@zg.ttn.ne.jp
㊟ 福井県丹生郡越前町小樟3-69-1
https://sakudaya.com/

『さくだ屋の海鮮漬け 丼の具3種』4,320円（税込）

老舗魚屋が本気でこだわる 絶品の魚を全国へ

創業60年以上に亘り、福井県の新鮮な海の幸を提供する『美味食卓さくだ屋』。長年培ってきた魚の目利きのプロが一切妥協せずに本気で作る魚の一塩干しや海鮮丼の具などが絶品と話題のお店だ。

一塩干しは、越前海岸の澄んだ海水を原料に自然海塩から手作り。その日の魚にあわせて、丁寧に干し上げる。開きほっけ、開きのどぐろ、開きするめいか、開きあじの4種が入った『のどぐろ入り干物詰め合わせ「梅」』や干し赤かれい、開きほっけ、開きサバ、開きのどぐろ、開きレンコ鯛の5種が入った『のどぐろ入り干物詰め合わせ「竹」』などがオススメ。また、メバチまぐろ、アトランティックサーモン、ブリを特製ダレで漬け込んだ『海鮮漬け丼の具3種』や甘えびと本まぐろが入った『お刺し身セット』も人気。

福井県の絶品のお魚を全国へ。干物専門店こだわりのお魚を楽しむ贅沢なひと時を過ごしてみては。

（ライター／彩未）

『さばの燻製』400円（税込）

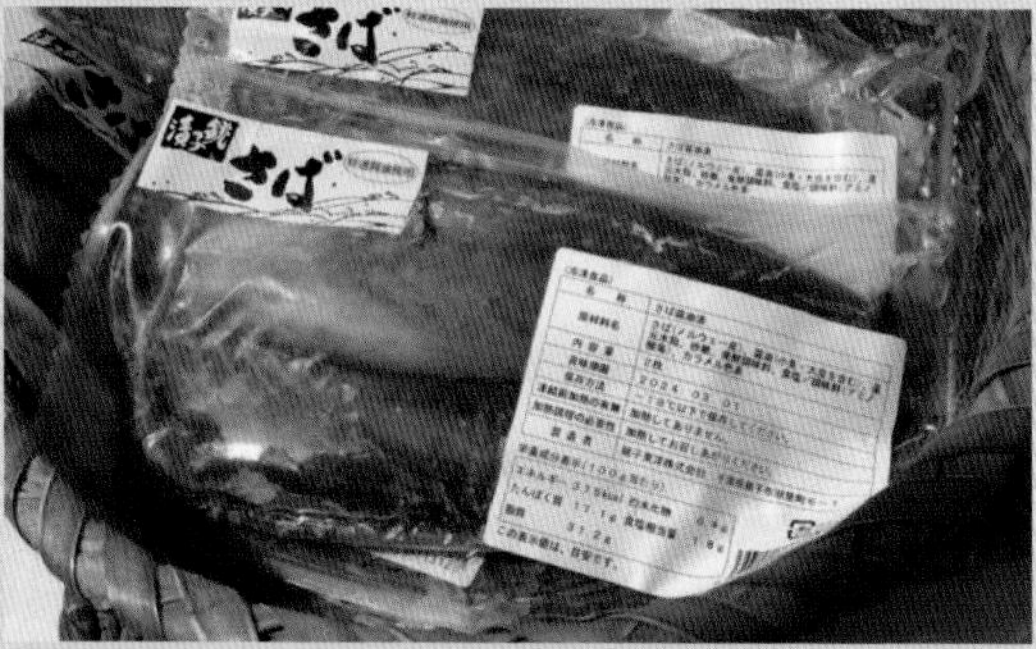

『さばの銚子漬け』600円（税込）

銚子東洋 株式会社
ちょうしとうよう

☎ 0120-104-505　✉ info@choshitoyo.co.jp
㊟ 千葉県銚子市潮見町6-1
https://www.choshitoyo.co.jp/

リピーター続出 甘口ダレに漬け込んだ極上サバ

1986年に創業した『銚子東洋株式会社』の『さばの銚子漬け』が美味しいと話題だ。

脂の程よく乗ったノルウェー産サバを「銚子の醤油」を使用してつくるオリジナル調味液にしっかりと漬け込まれる、弱火でじっくり焼くことで脂がじんわりと滲み、中はふっくらとジューシーな仕上がりに。香り豊かで甘口のタレで漬け込まれたサバの味わいに、白いご飯がすすむ。片栗粉を軽くまぶし、油で揚げ竜田揚げにしても美味。魚の臭みが気にならず、魚が苦手な方でも美味しく食べられる。『銚子漬け』の美味しさに虜になり、リピーターになる人も多い。

また、『さばの燻製』もオススメの逸品。千葉県産椎の木を使用して伝統的な手火山式製法でじっくりとスモークした香り豊かな燻製は、お酒好きには堪らない。

（ライター／彩未）

『ごちそうピクルスシリーズ』 864円～950円（税込）

『健太トマト』

こちらからも
検索できます。

『健太ポテト』

『氷がけつぼみ菜漬け』

『グリーントマトとオリーブのごちそうピクルス』

『大根とゆず梅かつおのごちそうピクルス』

『きゅうりと海老じゃこ昆布のごちそうピクルス』

『肉専用ごちそうピクルス』

『魚専用ごちそうピクルス』

『ミニトマトとナタデココのデザートピクルス』

『さつまいもとあずきのデザートピクルス』

かつまたファーム 株式会社

☎ 090-4182-0321 ✉ customers.kf@gmail.com
㊟ 静岡県御殿場市永塚591
https://katsumatafarm.com/

保存料不使用 農家が開発したピクルス

静岡県を代表する高食味トマト（夏秋）である、健太トマトや御殿場大和芋、セミドライ絶品干し芋健太ポテトなど、人気農産商品を数多く手掛ける『かつまたファーム』。地場や国産野菜の幅広い魅力を瓶詰ピクルスに加工した全7種の『ごちそうピクルスシリーズ』が地元静岡県を始め首都圏などで人気を博している。肉専用や魚専用、出汁和風にデザートピクルスといった一風変わったピクルスもあり、それぞれ全く異なった食材、味で、様々なシーンに合わせて使うことができ、日々の食事のアクセントに最適だ。『肉専用ピクルス』は、アミノ酸相乗効果を意図した旨味設計で美味しくお肉を引き立てる。『魚専用ピクルス』は、ピクルス液でフレンチソースも作ることもできる。『ごちそうピクルス』は、野菜本来の色見をカラフルに活かし、パッケージデザインも可愛らしく仕上げてある。

富士山の麓でつくる新鮮野菜の『ごちそうピクルス』、健康かつ優れた味わいピクルスで日々の食事にワンランクアップを。ぜひギフトに自宅にいかが。

（ライター／奈良岡志保）

営 6:00〜15:00（土曜日7:00〜15:00）
17:00〜20:00
休 無休

革命の一杯『新味白肉』

始まりの1杯『元祖黒肉』

肉うどん いのうえ 朽網店

☎ 070-8571-8719
住 福岡県北九州市小倉南区朽網東5-20-7
@nikuudonn_inoue 肉うどん いのうえ 検索

昔ながらの「肉うどん」出汁の香りも楽しめる人気店

『肉うどん』の始まりは、「大東亜戦争」終結後、北九州の一人の女性の手によってだ。この地で「どきどきうどん」として親しまれてきたのが、ほろほろになるまで柔らかく煮込んだ牛のすじ肉やバラ肉、ほほ肉をたっぷり乗せた「肉うどん」。

福岡県内に4店舗を展開する『肉うどん いのうえ』は、看板商品であるこ「肉うどん」をメインに、オリジナリティー溢れる豊富な創作うどんが楽しめる人気店だ。厳選した醤油を独自配合でブレンドし、黒く深みのある出汁が特長の昔ながらの肉うどん『元祖黒肉』と鰹の香りと旨味が広がる澄んだ琥珀色の出汁『新味白肉』。いずれもトロトロになるまで長時間煮込んだ和牛すじ肉、ほほ肉がたっぷり乗った不動の人気メニューだ。

2023年春から加わったのが、仕切られた特製のどんぶりにミニ丼とかけうどんが一緒に盛られたボリュームたっぷりの『合い盛り丼セット』。ミニ丼は、うどんの出汁をベースにした『カツ丼』『極みだしカレー』『肉玉牛丼』『とり天とじ丼』『秘伝醤油唐揚げ丼』の5種から選べる。

（ライター／今井淳二）

『だて牛乳』 319円（税込）

『牧家の白いプリン』2個入 490円（税込）　4個入 888円（税込）

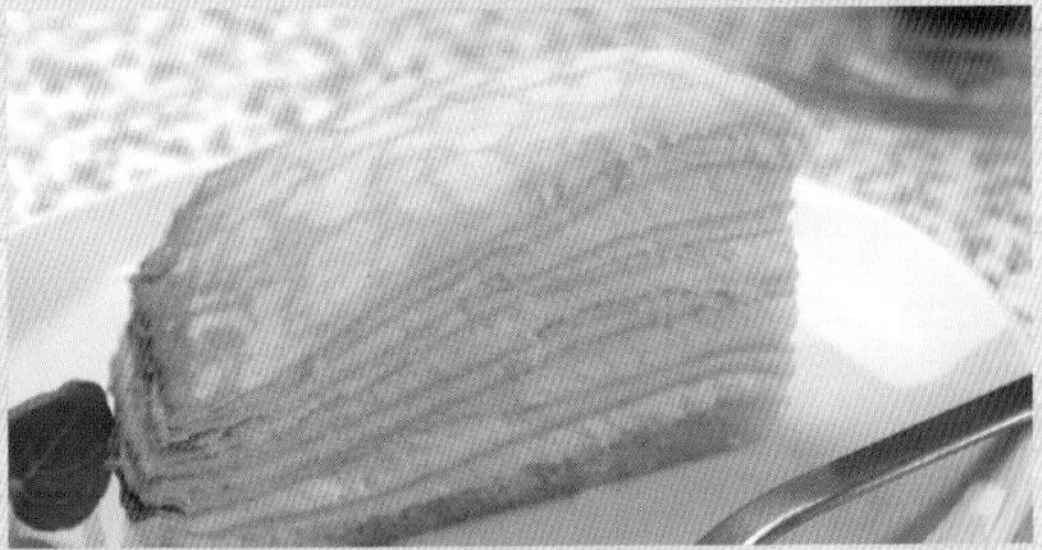
『牧家 ミルクレープ』 ハーフ 1,782円（税込）　ホール 3,348円（税込）

『牧家 かけるチーズソース
カンコワイヨット』
540円（税込）

Bocca

株式会社 **牧家**
ぼっか

☎ 0120-130-733（平日9:00～17:00 土日祝休）
㊟ 北海道伊達市松ヶ枝町65-11
https://www.boccashop.com/

『牧家の杏仁豆腐』
200g 453円（税込）
400g 883円（税込）

『牧家 飲むヨーグルトプレーン』
200g 285円（税込）
500g 568円（税込）

北海道の牧場直営
こだわりの美味しさを自宅で

「牧場から食卓へ」をモットーに伊達市近郊産の生乳100%の自社製の牛乳を使用した安心・安全で美味しい乳製品が楽しめると評判の『株式会社牧家』。北海道伊達市の丘陵地帯にある牧場で貴重なアングラー種などを放牧で飼育している。豊かな自然の中で育った健康的な乳牛から生産された生乳で作る高品質のチーズやヨーグルト、プリンなどが濃厚で美味しい。

特に人気なのは、「だて牛乳」を使用した『牧家のプリン』。風船に入ったまんまるプリンは、爪楊枝で穴を開けると中からぷるんと飛び出す。もちもち食感のプリンをそのまま食べても美味しいが、付属のソースをかけるとより一層美味しさが増す。

また、自社レストラン『洋麺茶屋 牧家』の人気メニューを家庭でも楽しむことができる『牧家のミルクレープ』もオススメ。濃厚なカスタードクリームと北海道産生クリーム、クレープ生地を手作業で丁寧に重ねた絶品デザートもぜひ堪能してみて。

（ライター／彩未）

『富士納豆』
100g×16個 2,320円（税込）など。

富士山麓の水で作った
幻の手作り納豆

※写真は2個パック

『富士納豆ひきわり』45g×24個バラ 2,400円（税込）
45g×2個パック×4（8個）1,900円（税込）
（『富士納豆』オンラインショップより）

「おろし卵納豆」レシピ

「キムチ納豆ドレッシング」レシピ

富士納豆製造所

ふじなっとうせいぞうしょ

0554-22-0006 info@fujinatto.jp
㊟ 山梨県大月市大月町花咲193
https://fujinatto.jp/

小さな工場で丁寧に作る 富士のご当地納豆

納豆づくりに必要なのは、上質な大豆に納豆菌、そして大豆に吸わせ、煮るための水。シンプルな材料のみを使用するため、いかにそれぞれの素材を厳選できるかが、できあがった納豆の味わいを大きく左右する。

山梨県大月市の『富士納豆製造所』では、その名の通り日本を代表する名水である富士山の伏流水を大豆の仕込みに使用。さらにかつて甲州街道花咲宿の本陣としても使用され、国指定重要文化財にも指定されている「星野家住宅」敷地内で熟練の職人たちが蒸煮・発酵・冷却を綿密に管理。しっかりとした歯ごたえを残しつつも、ふっくらやわらかな中粒納豆ができあがる。

定番の『富士納豆』『富士納豆ひきわり』の他にも、同地に伝わる大月桃太郎伝説にちなみ、ほんのり桃が香る爽やかな桃醤油味の『桃太郎軍団納豆』やスパイス・カレー味、しょうが・マスタード味がセットになった『鬼軍団納豆』など納豆が苦手な人も食べやすく、エンタメ性を持たせた商品も好評。

（ライター／今井淳二）

そのままご飯や料理にかけて美味しく食べられる。

石焼きラー油チャーハンとして。

『食べるラー油』100g 430円（税込）

ドレッシング代わりとしてサラダ料理に。

王道!
麻婆豆腐や餃子に。

釜揚げうどんのアクセントに。

三共食品 株式会社

さんきょうしょくひん

☎ 0532-23-2361
㊟ 愛知県豊橋市老津町字後田25-1
https://sankyofoods.base.shop/

敢えて辛さを抑えた辛くない食べるラー油

「食べる〝わくわく〟を世界中に」をキャッチコピーに、天然調味料エキスやスープ、乾燥食品、加工食品を日本、そして世界へ展開している『三共食品株式会社』。なかでも定番商品として長く愛されているのが『食べるラー油』。敢えて辛さを抑え、万人受けする商品を目指したという同商品は、辛くないのがポイント。ごま油と粗挽き唐辛子で抽出した鮮やかな色合いのラー油に、独自の製法でサクサクに揚げた香ばしいフライドガーリックとオニオンフレークを入れ、辛さを控えめにした豊かな風味が特長の旨さと食感が楽しめる逸品。ご飯や料理にかけるのはもちろん、料理のトッピングや味付け、具材として混ぜても使え、和洋中どんな料理にも合う万能調味料だ。

そんな『食べるラー油』が500gの業務用サイズから100gの一般家庭サイズにリメイクされた『食べるラー油100g』も販売開始。購入は、『三共食品』オンラインショップから。

（ライター／長谷川望）

『エキストラバージンオリーブオイル BREND』150ml 7,020円（税込）

『オリーブ酢 VINEGAR』150ml 1,890円（税込）

『エキストラバージンオリーブオイルBREND』35ml 2,160円（税込）

『HONTAKA』35ml 2,160円（税込）

『LEMON』35ml 2,160円（税込）

『Olive Products』（5本セット 15,282円（税込）

namiliva
ナミリーヴァ

050-3718-1937　namidaoriginal@gmail.com
㊟ 香川県高松市東山崎町276-26
https://www.namiliva.jp/

世界に認められた国産オリーブオイルとビネガー

日本のオリーブ生産発祥の地、香川県で丁寧に栽培されたオリーブを使用した『Olive Products』を展開する『namiliva』。コンセプトは、「あなたの豊かな生活のために」。日々、育児や仕事に忙しく追われる毎日だとしても、丁寧に暮らす時間を持ちたいと願うあなたのために。プレゼントを送りたいなと、相手のことを考える時間は、心がほっこり感じるはず。それこそ豊かな時間ではないだろうか。心も生活も豊かにする。

　こちらのオリーブは、自然を大切にしたいと絞った後の実や葉を動物の餌や肥料として一切捨てることなく使用して、環境に配慮した取り組みを行っており、地球にも優しい。

「エキストラバージンオリーブオイル」「オリーブビネガー」などがあり、中でも「エキストラバージンオリーブオイル」は毎年開催される「OLIVE JAPAN 国際オリーブオイルコンテスト」で金賞を受賞、世界に認められたオイル。濃厚な味わいでありながらフルーティーさもあわせ持つ、世界を魅了したオイルをぜひ。

（ライター／河村ももよ）

ワイナリーが造りだす
香り高き上質なオリーブオイル
Aubocassa,Extra Virgin Olive Oil
アウボカーサ
エキストラ・バージン・オリーブオイル
アウボカーサは数々のオリーブオイル・コンテストで優勝、金賞を受賞する、世界最高品質の上質なオリーブオイルです。

KANAI
OFFICE

通販サイト　https://aubocassa.base.shop/

KANAI OFFICE　株式会社 金井事務所

カナイ オフィス

052-933-6585　info@kanai-office.jp
㊟ 愛知県名古屋市東区葵2-3-22 ハウスアベニュー303
https://aubocassa.jp/

こちらからも
検索できます。

※2022年8月
1日より。

『L'AMO』
500ml 5,940円(税込)
250ml 3,564円(税込)

『AUBOCASSA』
500ml 7,128円(税込)
250ml 4,158円(税込)

世界的な品評会で金賞を受賞
ノーベル賞晩餐会にも採用

油(オイル)の語源ともなっている「オリーブ」。日本でもすっかりポピュラーな食材となった。そんな日本をはじめ、世界中のグルメや一流のシェフが愛用する『AUBOCASSA(アウボカーサ)』は、澄んだ海と空、地中海の美しい自然に囲まれたスペイン・マヨルカ島産のオリーブを100%使用したエキストラ・ヴァージン・オリーブオイル。

『アウボカーサ』は、収穫したオリーブからその日のうちに採油。通常は1リットルのオイルを採油するのに約4kgのオリーブの実を使う所、実に負荷をかけないように約8・5kgも贅沢に使用。だからフルーティーな香りと繊細な味わいがしっかり残ったまるで「オリーブのジュース」のようなオリーブオイル。サラダや素材の味が生きるシンプルな料理にオススメ。パンにそのままつけても美味しい。

また姉妹品に数種のオリーブをブレンドし、複雑で力強い味わいの『L'AMO Aubocassa(ラモ・アウボカーサ)』もあり、好みや料理によって使い分けるのも料理上手への近道だ。

(ライター/今井淳二)

つぶマスタード
燻製醤油使用
つぶつぶ
マスタード

『つぶつぶマスタード®』110g 1,620円（税込）

燻製歴20年の
経験を活かした
こだわりの燻製商品を
提供しています
- KUNSEI DOURAKU -

燻製
道楽

『燻製醤油』
150ml 1,000円（税込）

Smoked Food

『燻製塩』
120g 700円（税込）

燻製道楽

くんせいどうらく

0858-27-0019　smoke.douraku@gmail.com
㊟ 鳥取県倉吉市北野776-9
https://kunseidouraku.com/

旨い肴を求めて20年 酒飲みがつくる至高の燻製

酒の肴にピッタリな自分好みの燻製を作り続けて20年。地産地消と地元の無農薬食材にこだわった燻製を提供する『燻製道楽』。鳥取県産二十世紀梨の枝を粉砕したチップと桜チップのブレンドを使用し、食材に適した時間と温度でじっくり燻した燻製のふわっと香る柔らかな香りと深みのある味わいは、唯一無二。

オススメの商品は、『燻製醤油』と『燻製塩』。『燻製醤油』は、一般には出回らない添加物を極力抑えた醤油を使用し、じっくり燻している。卵かけご飯やサラダ、お刺身に。『燻製塩』は、ヒマラヤピンク岩塩を使い口当たりの良く、焼肉にもよくあう。また、特製の燻製醤油で作られた『つぶつぶマスタード®』は、ぷちぷちとした食感がクセになるとリピーター続出。

本店のほか、オンラインショップや鳥取県内の道の駅・百貨店、兵庫県神戸市の「いしはら商店」、大阪府大阪市の「ファンビタウン大阪11号館」から購入可能。店主がこだわり抜いた二度食べたらやみつきの燻製、今までにない柔らかな燻香でじっくり燻した燻製をぜひお試しあれ。

（ライター／彩未）

『北海道福島町あわびカレー』
1,404円（税込）

パッケージデザインのモチーフとなった北海道の秘境、神秘の空間「青の洞窟」。

『青の洞窟サイダー』
1本 216円（税込）

『万能調味料なまらスパイス』1本 864円（税込）

北海道 岩部クルーズ

ほっかいどういわべクルーズ

✆ 0139-46-7822　✉ info@iwabecruise.com
㊟ 北海道松前郡福島町字福島820 福島町役場2F
https://iwabenobaiten.com/

ワイルドに屋外で食らう肉にも さっぱりしたサラダにも合う旨味

塩や各種スパイス、ハーブなどが絶妙にミックスされ、これ一つで味が決まる混合調味料。今や和洋中様々な商品が市場に出回り、キャンプやBBQで重宝することから「アウトドアスパイス」と呼ぶこともあるそうだ。

そんな中、日本が誇る旨味の代表「昆布」をふんだんに使用。他にもブラックペッパーやガーリック、11種類のハーブをミックスし、「アウトドアスパイス」として名のりを上げたのが『なまらスパイス』。北海道の南端・「福島町」が昆布の可能性が広がる商品として開発。肉厚で幅広、最上級品としても知られている福島町さんの真昆布のコクのあるうまみを生かすため、スパイスの刺激や塩気は抑えめ。日本人の舌に合う味に仕上げてある。

『なまらスパイス』の昆布のうまみ成分「グルタミン酸」と魚や肉などのうまみ成分「イノシン酸」は、単独よりも合わさることによりうまみがグッと引き立つから、シンプルな料理法がベスト。ドレッシング代わりにサラダにそのままふりかけても美味しい。

（ライター／今井淳二）

『ボトル入り紫岩塩』700g 3,500円（税込）
料理以外に、バスソルトとしても使え、天然の硫黄温泉を自宅で楽しむことができる。

『パウチ入り紫岩塩』150g 1,200円（税込）
料理や食卓塩としても使いやすい粒状。

合同会社 ミネラル88

ミネラルハチハチ

080-3903-8528 ✉ customer@mineral88.jp
㊟ 福岡県福岡市西区泉2-17-28
https://mineral88.jp/

壮大な地球の営みが生んだ
多様なミネラルを含む健康塩

塩には海水が地殻変動や乾燥により陸地に残ってできた岩塩と、海水を原料として煮沸など水分を抜き精製した海塩がある。日本では一般的に塩といえば海塩のことを広くいうが、世界的には岩塩のほうがメジャーだ。そんな岩塩の世界的な産地がヒマラヤ。7～8千メートル級の山々で気が遠くなるような長い年月をかけて生まれた岩塩は、その含んでいる成分によりピンクをはじめとする色がついていることが多い。

『合同会社 ミネラル88』の『紫岩塩』もヒマラヤからやってきたちょっと珍しい紫色の天然岩塩。通常の岩塩とは成り立ちが違い、地中にてマグマに燻されて結晶化したため豊富なミネラル（84種以上検出）を含み、それら成分由来の神秘的な紫色をおびている。塩分にあたるナトリウムは40％以下で一般の塩の半分以下。また、ミネラル由来で発生する水素による抗酸化作用、酸化還元効果も期待でき、ヒマラヤ現地では古くから薬代わりとして重宝されてきた希少な岩塩だ。

（ライター／今井淳二）

『パンスク』 1箱に8個前後 3,990円（税込）

おいしいパンを
旅しよう

Bakery
パンスク
パンスク
全国のパン屋さん
からお届け
大切な方への
プレゼントにも

パンスク
PANSUKU

こちらからも
検索できます。

パンスク

✉ support@pansuku.com
https://pansuku.com/

今、話題のサービス パンのサブスクリプション

『パンスク』とは、パンのサブスクリプションサービスで、全国どこかのパン屋さんから自慢のパンが1回3990円で自宅に届く定期便。食パンなどの食事パン、甘いパン、惣菜パンなど、お店自慢のパンが8個前後届くという、パン好きな方には最高の定期便だ。自分の知らない全国のパン屋さんに出会うことができ、中身は箱を開けてからのお楽しみというワクワク感もたまらない。

『パンスク』のパンは、特別な冷凍技術で冷凍されており、解凍しても焼きたてのような香りや食感、美味しさを味わうことができる。賞味期限が1カ月以上あるのも特長の一つ。また、いつでも好きな時にマイページからお届けのスキップ・休会・退会のお手続きが可能なので、旅行などの不在も気にせず、手軽に利用することができる。

子どもの頃、大好きだったパン屋さんのような、なんともいえない美味しい香りが自宅で体験できるなんて夢のような話だ。

（ライター／河村ももよ）

㊮ 8:30〜17:00 ㊡ 火曜日

WEP wafflefactory

ウェップ ワッフルファクトリー

03-6416-8242
㊟ 東京都渋谷区神山町25-17
@wafflefactory.wep ワッフルカフェ wep 検索

バラエティ豊かな絶品サクサクワッフル

『WEP wafflefactory』は、2023年2月に東京・渋谷でオープンしたワッフル専門店。「毎日通えるカフェ」をコンセプトに、こだわりのドリンクとアメリカンワッフルを販売している。

毎日食べても飽きない絶品のサクサクワッフルの材料には、数々の賞を受賞し続けている日本一のこだわり卵と乳酸菌を用いて発酵させた高級発酵バターを使用。人気のメニューは、『ストロベリーチョコレートワッフル』。甘すぎないプレーン生地のワッフルに苺クリームをふんだんに使ったオリジナルのワッフル。期間限定のワッフルもお楽しみ頂けるのが特長だ。

様々な国の「美味しい」をセレクトしたドリンクには、コーヒーや紅茶はもちろん、キウイ酵素ソーダやエスプレッソライムソーダとったオリジナルソーダなどもある。また、この時期に嬉しいオリジナルジェラートは、ミルク、ピーチ、塩の3種類を販売中。店内にはイートインスペースもあるのでゆっくりと時間を過ごしてみては。

（ライター／奈良岡志保）

『推し活スイーツ』

『スイーツ
プレート』

㊮ 基本は日曜日、ホームページてにお知らせ。

『パーティーケーキ』

『うさぎのムース』

『くまさんのいちごショート』

『ラズベリームース』

みいちゃんのお菓子工房

みいちゃんのおかしこうぼう

✉ info@mi-okashi.com
㊟ 滋賀県近江八幡市上田町1257-18
https://mi-okashi.com/　@mizuki.okashi.koubou

鮮やかに可愛く、みんな笑顔になる素敵なお菓子

生まれ持った不安障がいのために、他の子どもたちよりちょっと生きづらい「みいちゃん」が、唯一自分を表現することができたのがお菓子作り。食べてくれる人に笑顔になってもらいたいと、パティシエとして気持ちを込めて精一杯作るケーキやお菓子の数々を売るお店が『みいちゃんのお菓子工房』だ。

これまでは、みいちゃんが一生懸命に学校に行きながら無理にならないよう、完全予約制で限定的に開店していたが、2023年春の学校卒業に伴い、グランドオープン。一つと同じものがないフレッシュなホールケーキをはじめ、ショートケーキなどには根強いファンがいるという。全国発送可能なオンラインショップでは、バスク風チーズケーキにみいちゃんの大好きないちごのデザートが人気を集めている。

また、みいちゃんと同じような悩みを持つ子どもたちのためのメタバース「Shiningchildren」内でも活躍。こうした活動やお菓子作りが評価され、イギリス発のライフスタイルマガジン「LUX life Magazine」が主催する「Restaurant & Bar Awards 2023」にも選ばれた。

（ライター／今井淳二）

『三茶deシュー』&『むさこdeシュー』 280円（税込）

㊮ 10:00～20:00　㊡ 無休

『アンジェ・ポポ』

『丸ごと桃タルト』

『シュシュコルネ』
270円（税込）

パティスリー シュシュクリエ

✆ 03-3413-5570　✉ info@susucrier.com
㊟ 東京都世田谷区三軒茶屋1-40-1
https://www.susucrier.com/

『完熟アップルマンゴーショート』

『ロール・カプチーノ』

『ピスタチオのシュークリーム』

ずっと贔屓にしていたい町の小さな洋菓子店

お店のコンセプトは、「パリの街角に佇む小さなお菓子屋さん」。香料や保存料、着色料などを極力使用せず素材本来の良さを最大限に活かした数々のスイーツで、子どもや若い女性のみならず男性やファミリー層にまで高い支持を受けている洋菓子店が『パティスリーシュシュクリエ』。東京・三軒茶屋と神奈川・武蔵小杉に構えた店舗は、こじんまりと気取りなくホッとするお店。毎日のお買い物や通勤・通学帰りにも気軽に立ち寄れる。

そんな『シュシュクリエ』の看板商品が『三茶deシュー』&『むさこdeシュー』。地元愛あふれるユニークなネーミングのお菓子は、新鮮な卵が香る濃厚クリームをサクサクと香ばしいシュー生地にたっぷりと詰め込み、アクセントに黒ゴマを効かせたこだわりシュークリーム。他にも筒状のパイ生地に特製クリームを絞った『シュシュコルネ』、定番から季節限定まで種類豊富なケーキ・焼菓子なども揃い、いつものティータイムから手土産など様々な場面で活躍できる。

（ライター／今井淳二）

童話の世界に出てくるような可愛いらしい外見、店内は夢の中に迷い込んだかのような雰囲気。

『こんにゃくのフィナンシェ』
2個入×5セット
1,750円（税込）

㊔ 7:00〜12:00　14:00〜19:00　㊡ 水・日曜日

クッキーやパウンドケーキなど焼き菓子はすべて手作り、さらに絵本やトートバッグなどオリジナル雑貨も販売。

2ひきのうさぎ

☎ 027-384-2334
㊟ 群馬県高崎市双葉町9-9
https://2hikinousagi.com/

可愛い動物キャラクターがいっぱいの夢空間

2018年に群馬県高崎市にオープンした手作り焼き菓子とオリジナルグッズのお店『2ひきのうさぎ』は、童話の世界に出てくるような可愛いらしい外観。夢の中に迷い込んだかのような雰囲気の店内には、親子連れや可愛い物好きな若い女性客で連日にぎわいをみせている。

イベントや季節限定を含め、クッキー、パウンドケーキなどの焼き菓子が常時30種類以上。バターや小麦粉など主原料は国産を使用し、すべて手作り。プレーン、抹茶、チョコなど定番の味わいから田楽味噌のクッキーなどユニークなものも並ぶ。中でも人気のお菓子が、群馬県の特産でもあるこんにゃくを使った『こんにゃくのフィナンシェ』。もっちりとした食感とコクのある蜂蜜の甘さ、焦がしバターの香りは、子どもから大人までみんな大好きな優しい味。

絵本やトートバッグなどセンスあふれるオリジナル雑貨に描かれているのは、『2ひきのうさぎ』を中心とした可愛い動物キャラクター。ちょっとしたプレゼントにもピッタリだ。

（ライター／今井淳二）

季節で変わる、こだわりの上生菓子。

@kazuha_word

ホームページ

ワードの和菓子屋 **和巴**

かずは

050-6861-8864 kazuha_word@icloud.com
㊟ 岐阜県高山市国府町宇津江2226-10 ヘアステージワード内
https://hsword.my.canva.site/kazuhaword/

1個350円～
※詳しい販売状況はHPなどでご確認下さい。

この美しさ 美容師の感性でつくる和菓子

2022年3月に開始した『ワードの和菓子屋和巴』のキャリア30年超の現役美容師が作る繊細かつ可愛らしくて独創的な和菓子が好評だ。

飛騨の美しい自然の中で育ったオーナーならではの感性を詰め込んだ、まるで芸術品のような上生菓子は、味はもちろん、見た目でも食べる人の心を和ませる。

季節を表す意匠・地元の果物や野菜を使用したもの、定番の白餡やこし餡の他にも、えごま餡、珈琲餡、生姜餡、ミント餡など一風変わった味の和菓子も販売される。ここだけでしか買えない愛らしい和菓子は、大切な方へのお土産や引き出物にもオススメ。

主に予約での販売。一日に製造できる数は極めて限られるゆえ、早めの予約が確実だ。

美容師免許だけではなく理容師免許も持ち、現在も毎日サロンワークをこなす異色の職人が作り上げる令和の和菓子、ぜひ一度ご賞味あれ。

（ライター／彩未）

クッキー缶『しょっぱい缶
野菜とチーズのクッキー』

クッキー缶『甘い缶』
12種類 約50枚入
累計1000缶以上販売のクッキー缶。

※原材料価格の高騰に伴い、価格改定の可能性あり。

『かわいのジャム』160g

『米飴のメレンゲ』

『オーダーケーキ』

お菓子工房 かわい

おかしこうぼう かわい

090-6558-6360 okashikoubouk awai@gmail.com
住 奈良県香芝市尼寺2-55-2 シャトー泉1-C
https://masaokoubou.com/

詳細はこちら。

愛と笑顔のパワースポット 食べると元気になるお菓子

夫婦二人で営む奈良県香芝市の『お菓子工房かわい』では、厳選した安全・安心な材料を使用した各種洋菓子、世界的なマーマレード品評会でも上位に入賞するマーマレードなど季節のジャムを製造・販売している。特にネット通販ではオーダーを受けてから作り始める完全受注スタイル。注文してくれた方のためだけにお菓子を作ってくれる。

その傍ら、「元気を与える存在でありたい」と菓子工房として持てる技術を活かした取り組みも行っており、その一つが製菓レッスン。製菓学校に行きたかったのだけれど断念してしまったり、家庭料理の域を越えたお菓子を子どもや家族のために作ってあげたい人などに向けて、6ヵ月以上にも及ぶ本格的なカリキュラムをオンラインレッスンにて開催。ショップを開業したい人への指導なども行う。

また、県内のイベントへの出店やふるさと納税返礼品の受注など、お菓子を通して地元が元気になる活動にも積極的だ。

（ライター／今井淳二）

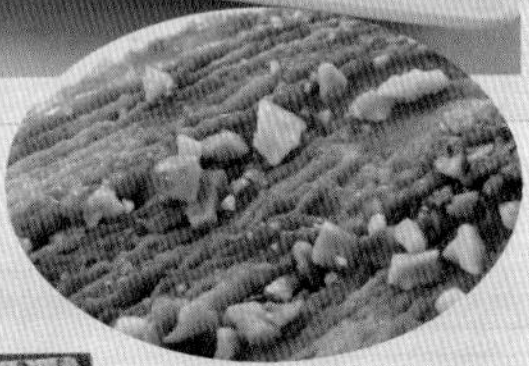

『チーズ薫るフィナンシェ』1個 183円（税込）
『チーズ薫るフィナンシェ 詰合わせ』7個入 1,414円（税込）
14個入 2,829円（税込）　21個入 4,244円（税込）

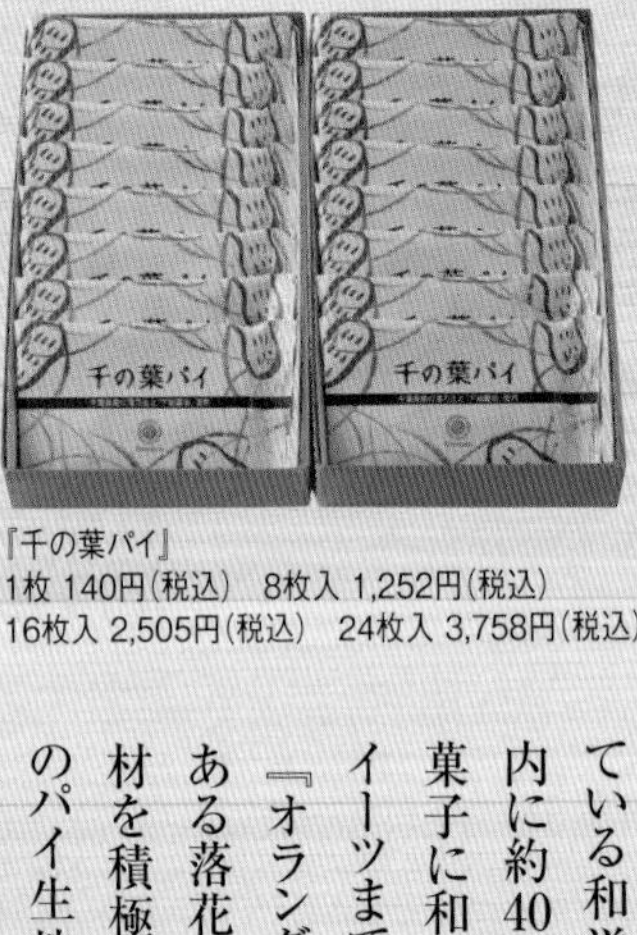

『千の葉パイ』
1枚 140円（税込）　8枚入 1,252円（税込）
16枚入 2,505円（税込）　24枚入 3,758円（税込）

隠し味の「下総醤油」。

株式会社 オランダ家

オランダや

043-241-4111
㊟ 千葉県千葉市美浜区新港211
https://orandaya.net/

落花生の香ばしい香りと厳選バターの絶品パイ菓子

千葉県で創業より70年余り、地元に愛され続けている和洋菓子のお店『オランダ家』。現在では県内に約40店舗を展開し、定番のケーキから各種焼菓子に和菓子、季節のフルーツなどを使った限定スイーツまで、幅広いラインナップで人気だ。

『オランダ家』のこだわりの一つが、県の特産品でもある落花生をはじめ、野菜や果物も千葉県産の素材を積極的に使用すること。そしてもう一つが自慢のパイ生地だ。お取り寄せなどを通して全国にも評判が届くその美味しさの決め手となっているのがバター。酪農国オランダ産の香り高い発酵バターをふんだんに使用して焼き上げている。

二つのこだわりと郷土愛の詰まった、ギフトにもぴったりなのが『千の葉パイ』。さっくりと焼き上げたオランダ産発酵バターのパイ生地の上に、散らしたナッツは格別だ。さらに隠し味としてプロが選ぶ千葉・下総醤油をひと塗り。三つのおいしさが見事にマッチしたおやつにもおつまみにも抜群のリーフパイ。また、『チーズ薫るフィナンシェ』もオススメだ。

（ライター／今井淳二）

『百人テーブル』

『レストランあっぷるひる』

立ち食いそば処『道草庵』

青森県のおみやげなどが揃っているお土産コーナー。

りんご狩り

アップルヒル観光リンゴ園

イベント「秋の大収穫祭りんご狩り」

「りんごの地方発送も承っております」

あおもり藍工房

道の駅 なみおか アップルヒル

☎ 0172-62-1170　✉ applehill@applehill.co.jp
㊟ 青森県青森市浪岡大字女鹿沢字野尻2-3
http://www.applehill.co.jp/

りんご狩りも楽しめる人気の道の駅

青森県といえば日本一の生産高を誇るりんご。その名を冠し、現地を訪れる観光客やドライバーの憩いの場として人気を集めているのが『道の駅なみおかアップルヒル』。同施設がある青森市の中心部から少し離れた浪岡は、豊かな自然の中にりんご畑が広がるのどかな地域。周辺には浪岡城址などの史跡も点在。古くから街道が交差する交通の要衝としても栄えている。

24時間利用可能な駐車場とトイレが整備され、道路や地域の情報案内などの提供といった道の駅としての機能はもちろん、青森のお土産・特産物やアップルヒルオリジナルスイーツの販売、津軽の味を楽しめるレストラン、周辺を一望できる『百人テーブル』、藍染が体験できる『あおもり藍工房』など観光施設も充実。2022年の全国道の駅満足度ランキングでも県内1位、全国5位を誇る。

さらに、9月末からは併設の『アップルヒル観光リンゴ園』での「りんご狩り体験」がスタートする他、秋の「大収穫祭」「大感謝祭」などイベントも盛りだくさん。

（ライター／今井淳二）

『大分県産ハウスみかん』は、
JAタウンにて購入可能。詳細は
商品購入ページにてご確認を。

『JAタウン』
https://www.ja-town.com/

こちらからも
検索できます。

大分県柑橘販売強化対策協議会

おおいたけんかんきつはんばいきょうかたいさくきょうぎかい

☎ 097-544-0311（事務局／JA全農おおいた）
㊟ 大分県大分市古国府六丁目4番1号

『ハウスみかん』
約1.2kg 3,800円（税込）
約2kg 5,200円（税込）

大分の皮薄、濃厚みかん 溢れる果汁がたまらない

全国3位の生産量を誇るハウスみかんの生産地、大分。温暖な気候に恵まれた風土で育つ『大分県産ハウスみかん』は、糖と酸のバランスが良く、あふれるほどの果汁がジューシー。皮が薄く、濃厚な甘さでとろけるような美味しさだ。少し冷やして食べると、より甘さが際立つ。

美味しさの秘密は、枝を1本ずつ吊り下げて、葉全体に光を当てるようすること、ハウス内の温度や水分をこまかくコントロールすることなど、みかんの美味しさを極限まで追求して引き出した栽培方法。皮が薄く、甘みが濃縮したハウスみかんを作るためには、樹に水分ストレスを与えなければならなく、特に水分調整にこだわった管理をしている。できあがったみかんは、光センサー選別で糖度や酸度、色などを厳選。1粒ずつ手作業で箱に詰めて出荷している。

お中元などの贈答品としても人気が高く、需要期に合わせて出荷調整を行うなどの工夫もされている。

（ライター／播磨杏）

『ZU ストレートオレンジジュース』2000ml
1本／2本入／ケース、6本入／ケースで好評発売中。

『GAZPACHO 冷製スープ』1000ml
3本入／ケース、10本入／ケース、20本入／ケースで好評発売中。

Available at amazon

Rakuten

購入はこちらから。

First Step Japan 株式会社

ファースト ステップ ジャパン

03-6893-7137　sales@firststepjapan.com
㊟ 新潟県南魚沼郡湯沢町大字三国上ノ山348-6
https://gazpacho-japan.com/

ヘルシーで濃厚な味わい
本場味の『ガスパチョ』

『ファーストステップジャパン株式会社』とスペイン最大級の食品メーカー「AMC Group」のコラボで人気なのが、ヘルシーで濃厚な冷製スープ『Gazpacho（ガスパチョ）』。トマトをベースに、きゅうり、パプリカなどのシンプルな食材で作られた野菜スムージーのような飲み心地。本場アンダルシア地方のオリジナルレシピに最も近い味に仕上げられている。砂糖・香料不使用、濃縮物ではなく新鮮な材料のみを使用。低カロリーながら繊維質が高いため空腹を満たすことができ、ダイエット・健康維持に大活躍。

また、『Zu ストレート オレンジジュース』は、スペイン産のバレンシアを100%使用。果肉が入っているので搾りたてのオレンジの風味と食感を楽しめる。グラス1杯で1日に必要な自然状態のビタミンC30%を摂取でき、栄養効果も抜群。着色料、保存料、砂糖、香料は不使用。

美味しく栄養補給ができるスペインのコールドドリンクは、これからの暑い季節にぴったりだ。

（ライター／播磨杏）

大阪府大阪市大正区といえば、沖縄県・鹿児島県の人が多いのだという。

オーナー
徳丸浩樹さん

営 17:00～23:00（延長、日曜日の予約可能）
休 日曜日・祝日
席数はカウンターを含め15名から立ち飲みで20名位可能。

おつまみは、110円（税込）から高くて440円（税込）。

酔っぱらいスタンド ぴぃーちゃん!!

☎ 06-4977-7455
住 大阪府大阪市大正区小林西1-2-11

焼酎好きのオーナーがはじめた 良心的な立ち飲み屋

JR大阪環状線の大正駅最寄りの『酔っぱらいスタンドぴぃーちゃん!!』は、焼酎好きにはたまらないお店。オーナーの徳丸浩樹さんは、コンクリート建造物をダイヤモンド工具で切断するのプロフェショナル。「建築現場を全国規模で北海道から九州まで出長で転々とするので、地方の出張で現場が終われば一杯やりたいので立ち飲みのお店を飲み歩くのが楽しみでした。お酒の好きな人のためにちょっと立ち寄れるリーズナブルなお店を出せればと考え、2022年にオープンしました」

徳丸さんは、全国の焼酎を利き酒のように飲んできては美味しいと思うものをお店で出しているという。今では芋焼酎を中心に麦焼酎もあわせて16種類ほどの銘柄を置き、リクエストに答えて入れるお酒もある。オススメの料理は、日替わりでオリジナルのチャーシューやスペアリブなど。リーズナブルでボトルキープもでき、水と氷は無料なので、キープしているとふらっと立ち寄って2～3杯飲んで無料ということも。いたせりつくせりで、どれをとても良心的なお店だ。

（ライター／工藤淳子）

「純米大吟醸」
アルコール15～16度
900ml
20,000円（税別）～

「本格米焼酎」
アルコール25度
900ml
16,000円（税別）～

『富士山ボトル飛竜乗雲』

桐箱に入れて、お好みの風呂敷（8種類）に。

LEDライドでインテリアとして楽しめる。リモコンがついているので、春夏秋冬で色を変化できる。

Y'S FACTORY JAPAN 株式会社

ワイズファクトリー ジャパン

✆ 03-5826-8423 ✉ sales@ys-f-j.jp
㊟ 東京都台東区東上野2-11-5
https://ys-f-j.jp/

富士の峰に舞い降る金の雪 美術品の域に達したお酒

古来より深く崇拝され歴史的文献や古典文学、詩歌などにも多く登場し、日本文化の象徴ともいえる霊峰・富士。その姿を熟練の職人の手によって一つひとつガラス瓶の中に表現し、味わい豊かな銘酒で満たしたのが『Y'S FACTORY JAPAN 株式会社』の富士の酒『飛竜乗雲』だ。

静岡県で十八代続く蔵元が富士山の伏流水を使って仕込んだバランスの良い飲み口の純米大吟醸酒と、同じく伏流水と老舗酒蔵の酒粕から造った優しい舌触りの米焼酎の2種類。中に贅沢にちりばめた金粉は、まるで富士山に舞い降る雪のよう。LEDライトが光る付属の台に乗せれば、色とりどりの光が瓶の中の富士山を幻想的に彩る。

お酒は、様々な地域の文化や風土の中で育まれ、宗教儀式や祝事・慶事などで大きな役割を果たしてきた大事な存在。感謝と敬意を込めて贈ることで大切な人との心をつなぐ架け橋に、との思いからそれにふさわしく、書の大家武田双雲氏の筆書きによる桐箱、和柄の風呂敷に収められており、プレミアム感を醸し出している。

（ライター／今井淳二）

『innocent 60』純米酒 14度 1,870円（税込）

菊の司酒造 株式会社

きくのつかさしゅぞう

019-693-3330 ✉ info@kikunotsukasa.jp
㊟ 岩手県岩手郡雫石町長山狼沢11-1
https://www.kikunotsukasa.jp/

『innocent 50』
純米吟醸 14度
2,420円（税込）

『innocent 40』
純米大吟醸 14度
3,300円（税込）

岩手県の酒造が作る 搾りたて無濾過生原酒

活性炭素ろ過をせず、原酒の状態で瓶詰めした無濾過原酒にこだわった岩手県の『菊の司酒造株式会社』。その取り組みの集大成ともいえるお酒が、無濾過生原酒『innocent』シリーズだ。原料米には、「結の香」を代表とする岩手県の酒造好適米を使用。香り高い岩手県酵母の「ジョバンニの調べ」とキレを生む「K901」をブレンドすることにより、派手さのない心地よいバランスを表現し調和のとれた酒質を実現させた。火入れ（低温殺菌）を施さず、搾ったお酒に手を入れない無濾過生原酒は、正真正銘、ありのままの『菊の司酒造』の味わいだ。

純米大吟醸『innocent 40』は、エレガントで華やかな香りと甘味が一体となって口の中で優しく広がる。生原酒ならではの濃厚な味わいを感じつつ、スッキリとした飲み口。純米吟醸『innocent 50』は、みずみずしい吟醸香と豊かなうまみのコントラストが楽しめる。若々しい甘みとの調和で、ついつい杯が進んでしまう美味しさ。岩手の豊かな風土が生む、搾りたての美味しさをお試しあれ。（ライター／播磨杏）

ブランドやネームバリューだけではない、日本人にあったワインを探し求めている。

かない屋
CAVE KANAIYA S.A.

真のワイン・ファンのために美味しいワインを探し続けている。

株式会社 かない屋

かないや

0277-22-0737　kanaiya-e.hiden@outlook.jp
㊟ 群馬県桐生市堤町3-9-10
http://www.cave-kanaiya.co.jp/

時代と共に認められてきた無添加自然派ワイン

フランスをはじめとする本場ヨーロッパのワインに惚れ込みフランスに約10年滞在。フランスワイン生産者の資格も取得した金井麻紀子さんが、ヨーロッパ各地のワイン農家、生産者との交流を深めて見つけ出した本物の自然派ワインが『マキ・コレ・ワイン』シリーズ。

無名ながら丁寧で添加物を使用せず、ぶどうの味と香りがそのまま楽しめるような素晴らしいワインと生産者を日本に輸入するようになって20数年。今ではフランスの業界でも注目され人気が高まり、『マキ・コレ・ワイン』としての入手も困難になっているという。こうした無添加の自然派ワインは、日本でも数年前から高く評価されるようになり、『マキ・コレ・ワイン』を飲むと他のワインは飲めないという声も聞かれるようになった。

そんな貴重な本物の自然派ワイン『マキ・コレ・ワイン』は、群馬県の『カーヴかない屋』の他、全国で約50軒ほどのお店で販売。ワイン好きならぜひ一度体験して欲しい味わいが揃う。

（ライター／今井淳二）

棚田でのびのび育つ
絶品「コシヒカリ」を堪能

福島県喜多方市小土山地区内の棚田で栽培する『美米』。好環境の棚田で丹精込めて育った「コシヒカリ」は、しっかりした粒の程よい粘り気と甘み、旨味がおいしいと大好評。また、耕作放棄地を活用して育てたえごまを搾った『えごま油』も人気。クセがなく柔らかい舌触りで使いやすく、料理にかければほんのりと豊かな香りが広がる。『こづちやま棚田の会』オススメの有機肥料を多く使用した安心・安全な『美米』と『えごま油』ぜひ試してあれ。

（ライター／彩未）

『えごま油』
1,500円（税込）

『美米』5kg 2,500円（税込）
10kg 4,500円（税込）　20kg 8,000円（税込）

こづちやま棚田の会
こづちやまたなだのかい

090-7060-4927　info@takasato-koduchiyama.com
㊟ 福島県喜多方市高郷町磐見字立岩乙1806
https://takasato-koduchiyama.com/

九州の旬の幸を堪能
カフェで食べる極上寿司

30年以上、お客様に料理を振る舞い続け、和食人として海外で本物の寿司を提供した経歴をもつ店主が営む『すしカフェ健』。築100年の古民家カフェでくつろぎながら楽しむ店主イチオシの熟成ネタと旬の幸を食べ比べできる予約必須の『寿司カフェランチ』や信州の天然氷にフルーツのような濃厚さの「生シロップかき氷」が好評。心と身体も満足できる絶品をぜひ堪能してみては。ネタは毎回変わるため、遠方のお客様も多く、足を運ぶ楽しみと旬の味に出会えるのも嬉しい。夜は完全予約制。九州の旬の幸に合った佐賀の酒・限定酒もオススメ。

（ライター／彩未）

すしカフェ 健
けん

090-4564-7448
㊟ 佐賀県鳥栖市轟木町1381-1
@kenji_tsumoto　lin.ee/oROL1xb

フレンチシェフの経験もある寿司店主考案の創作すし

北海道・函館の湯の川温泉郷。この地に店を構える『幸寿司』で考案され、今や函館名物としてその名を知られているのが『帆立のおこげ』。寿司屋のこだわり、契約農家から取り寄せた北海道産特別栽培米を使用したシャリの中に、刻んだ北海道産帆立と自家製ホワイトソースを混ぜ込んで一口サイズに形を整え、北海道産バターで香ばしく焦げ目を付けてある。ホワイトソースのコクと酢飯の酸味が絶妙な逸品だ。ネットショップでお取り寄せも可能。

（ライター／今井淳二）

『帆立のおこげ』
1,290円
（税込）

函館 幸寿司
こうずし

0138-59-5437　kouzusi51@gmail.com
㊟ 北海道函館市湯川町1-27-2
http://www.kozushi.com/　https://www.kouzushi.co.jp/

和食料理人が手掛ける飲んべぇたちのオアシス

神奈川県・横浜は関内にある『立ち飲み処桂』。和の空間が広がる店内は、大将自ら目利きした鮮魚や季節感溢れる一品料理を味わうことができる。箱根の老舗宿「強羅花壇」や横浜の寿司店で腕をふるった大将の料理は、豪快かつ上品な逸品ばかり。値段も390円からと立ち飲み価格で楽しめる。キンミヤ焼酎ホッピー440円、日本酒も季節酒含め、常時18種類600円からと、仕事帰りに美味い肴と酒を求めるお客様で開店から連日大盛況だ。

（ライター／今井淳二）

本日入荷の鮮魚が並ぶ木箱。

『冷やし野菜炊き合わせ』
550円（税込）

営 15:00〜23:30
休 日曜日・祝日

立ち飲み処 桂
けい

045-228-8177
住 神奈川県横浜市中区弁天通2-29-1
立ち飲み処 桂 検索 @tachinomidokoro_kei

シンプルだけど美味い昔ながらのラーメン

2021年に神奈川県・横浜関内にオープンした『中華そば水嶋』。化学調味料を一切使わない無化調のスープで作る至極の一杯が食べられる。国産の豚鶏の生ガラ、老舗の丸勝かつお節店の焼あご、さば節などを中心に野菜を織り混ぜ15種類の食材を使用。食材毎に最適な炊き方で切れのある深い味わいのスープを造り上げている。具材はメンマ、チャーシュー、ナルト、長ネギ、海苔。これに小麦の香り高い特製のストレート麺。基本の〝き〟にこだわった支那そばが楽しめる。一緒に提供される混ぜご飯のおにぎりも嬉しい心遣いだ。

（ライター／今井淳二）

『無化調支那そば』850円（税込）

『支那そばお取り寄せラーメン』
（3食）3,300円（税込）

営 11:00〜15:30 18:00〜21:00
休 日曜日・祝日

中華そば 水嶋
みずしま

045-225-8418
住 神奈川県横浜市中区住吉町2-24-2 住吉24ビル1F
中華そば 水嶋 検索 @chuukasoba_mizushima

贅沢なひとときを おいしい料理とともに

『魚料理 八 総本店』では、熊本直送の赤牛や馬刺し、通常流通していない希少な魚などが、旬の食材をバランス良く使ったおまかせコースや単品としても楽しめ、個室もあるので落ち着いて食事をすることもできる。

　また、『和食 八』は、洗練されたオープンキッチンで握りや揚げたての天ぷら、炭火焼などを目の前で、その音とともに楽しむことができ、月替わりのコース料理も人気のお店だ。

（ライター／河村ももよ）

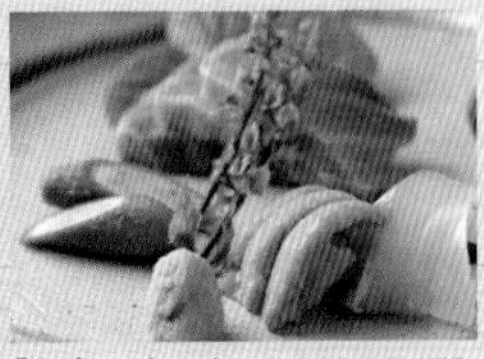

『魚料理 八 総本店』
営 11:30〜14:30（LO14:00）
17:00〜23:00
休 月曜日・火、水曜日の昼

『和食 八』 ✆ 03-6304-7478
住 東京都杉並区下高井戸
1-4-1 高井戸ベース1F
https://takeoff8meidaimae.gorp.jp/
営 11:30〜14:00（LO13:30）
17:00〜22:30（LO22:00）
休 不定休・月、火、木曜日の昼

魚料理 八 総本店
はち

✆ 03-6279-6559
住 東京都世田谷区南烏山5-12-8 Kビル1F
https://hachi-chitosekarasayama.gorp.jp/

2年連続日本一を獲得 のどぐろの贅沢どんぶり

『のどぐろギフト専門店 出雲日本海』の『のどぐろ丼』は、毎年1月に東京ドームで行われる「どんぶり選手権」で2年連続優勝、「日本ギフト大賞2023ふるさとギフト最高賞」に輝く日本一のどんぶり。のどぐろは、「日本海の赤い宝石」と呼ばれる高級魚。新鮮で脂ののった身を鮮度そのままに、全国どこでも堪能できるよう『のどぐろ丼ネタセット』を通販にて販売。どんぶりとしてはもちろん、お刺身、シャブシャブ、塩焼き、パスタ、お吸い物など様々な食べ方が楽しめる。「どんぶり日本一」をぜひ自宅で味わってみよう。

（ライター／奈良岡志保）

※写真はイメージです

こちらからも
検索できます。

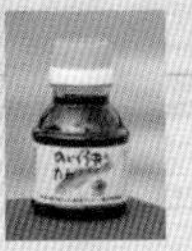

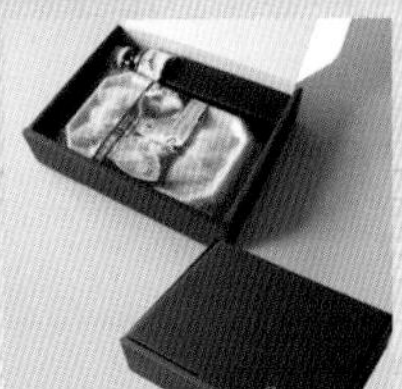

『のどぐろ丼ネタセット』（12枚入×3）
5,940円（税込）

のどぐろギフト専門店 出雲日本海
いずもにほんかい

✆ 0853-21-7272 ✉ support@sushi-nihonkai.co.jp
住 島根県出雲市高岡町398
https://www.sushi-nihonkai.com/

北海道の噴火湾で獲れた「真ホッケ」の一夜干し

『株式会社ジョウヤマイチ佐藤』は、ホッケ、イワシなどの生鮮および水産加工品の販売をしている。『真ほっけ魚醤干し』は、魮魚醤で味付けしたホッケらしいジューシーな旨味にこだわった珠玉の逸品。魮魚醤で味付けした一夜干しを丁寧にほぐした『真ほっけ焼きほぐし』は、ご飯に混ぜたり、おつまみとしても楽しめる。『真ほっけ焼きほぐしカレー味』は、チャーハンにするとお子さんに大人気だ。塩だけで丁寧に作った『船上活〆ぶりハムハーブ』は、珍しい魚の生ハムで贈り物にもオススメ。

（ライター／河村ももよ）

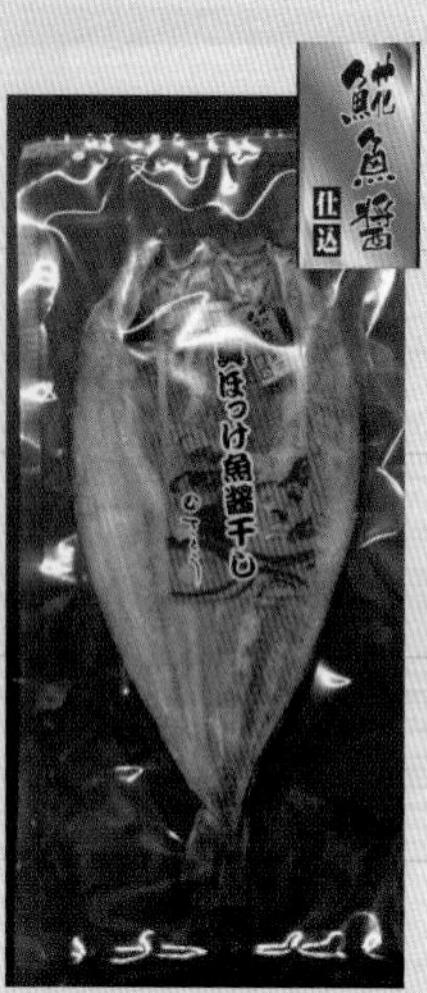

『真ほっけ魚醤干し』

『真ほっけ焼きほぐし』

『真ほっけ焼きほぐしカレー味』

『船上活〆ぶりハム ハーブ』

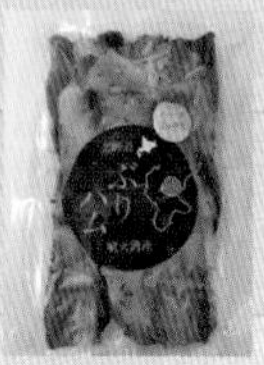

『船上活〆ぶりハム ハーブカット』

株式会社 ジョウヤマイチ佐藤

ジョウヤマイチさとう

☎ 01374-2-7731 ✉ jyouyamaichi@jmail.plala.or.jp
㊟ 北海道茅部郡森町字港町6-4
https://www.joyamaichi-sato.com/

地域に根ざした素朴なお醤油の味が生きる

明治40年より石川県加賀市で手間ひまかけた手作りの醤油を作る「井村商店」の濃口醤油「寿」と、同じく自然豊かな杉水町で育った玄米を使用した素朴な逸品が『井村醤油と玄米麹』。こく深く香り高い醤油の味わいの奥に感じるほのかな優しい甘さ。サラダや野菜、冷奴などに調味料としてひとさじはもちろん、麹パワーが生きる魚や肉の下味として。また、ほかほかご飯に乗せていただいても、ご飯が止まらなくなる。

（ライター／今井淳二）

『井村醤油と玄米麹』
160g 945円（税込）
240g 1,295円（税込）

一般社団法人 杉水

すぎのみず

☎ 090-8992-9041 ✉ shim02@hyaku-warai.jp
㊟ 石川県加賀市山中温泉杉水町ハ33
https://suginomizu.thebase.in/

じゃがいものプロが愛する幻のデジマを食卓に

今ではわずかな量しか作られていない、じゃがいも『デジマ』。栽培が難しく多く獲れないが非常に美味しいため、じゃがいものプロが自分で食べるため、贈答用として作っている。ほとんど市場に出回らない希少な『デジマ』をたくさんの方に知ってもらいたいと長崎県雲仙市南串山町に『なんぐしデジマプロジェクトチーム』が発足。甘みが強く、ほくほくした『デジマ』は、どんな料理にも万能に使える、あなた色に染まるじゃがいも。「一度食べたら忘れられない」この味をぜひ。

（ライター／彩未）

Instagram

『デジマ』
秋作（12月中旬ころ～1月下旬ころまで）
5kg 2,900円（税・送料込） 10kg 3,700円（税・送料込）
春作（5月下旬ころ～6月下旬ころまで）
5kg 2,900円（税・送料込） 10kg 3,700円（税・送料込）

なんぐしデジマプロジェクトチーム

090-8834-3267 minamikushidejima@gmail.com
㊟ 長崎県雲仙市南串山町乙3255
https://nangushi-dejima.com/ https://minamikushi.base.shop/

甘みがじゅわっと広がる旬の白ねぎにやみつき

豊後高田市を中心に夏は高原地帯、冬は県北地域でリレー栽培され西日本一の生産量を誇る『大分白ねぎ』。かつて海だった場所を畑として開拓した砂地土壌は、水はけがよくミネラルもたっぷり。身が詰まっていてみずみずしく、甘みが強い白ねぎが育つ。年中美味しい『大分白ねぎ』だが、寒さにあたるとより一層甘みが増す。ねぎ焼きやねぎしゃぶ、ナムルなどで食べる白ねぎは、やみつきになる美味しさ。時期に応じて作付け、周年出荷できることが強みだ。

（ライター／彩未）

大分県内全域で共同出荷体制に取り組む。

大分白ねぎ連絡協議会

おおいたしろねぎれんらくきょうぎかい

097-544-4729
㊟ 大分県大分市古国府6-4-1
大分白ねぎ 検索

とっておきの空間で絶品やきとり

東京・南麻布で舌の肥えた大人に人気なのが『やきとり嶋家』。店の看板である「プレミアム熊野地鶏」は、数ある熊野地鶏の中から鶏舎単位で寄りすぐりのものを提供。独自の工夫で熟成させて肉の旨味を引き出し、三重の地酒など各種銘酒とも素晴らしいマリアージュが楽しめる。さらにその味わいを引き立たせているのがオリジナルの『クラフト生七味』。干しエビやいりこなどを使い、厳選された唐辛子をブレンドし、手仕込みした生食感が好評を博している。

（ライター／今井淳二）

『クラフト生七味』
80g 550円（税込・送料別）

㊐ 16:30～23:00
月・日曜日16:30～22:00
㊡ 無休

やきとり 嶋家

しまや

03-6459-4004 az.shimaya@gmail.com
㊟ 東京都港区南麻布2-7-25
http://www.shimaya315.com/

本場フランス人の職人が作る最高のクロワッサン

『SHARE』のクロワッサンは、シンプルなものだけでなく、旬のフルーツとクリームを使用した『季節のフルーツクロワッサン』など約10種類もあり、バリエーションが豊富。素材を厳選し、乳化剤やマーガリン、香料、着色料は不使用。フランス人の職人が作るクロワッサンは、外はパリッと中はしっとりで最高の食感が楽しめる。併設のカフェでコーヒーを飲めば、気分はパリジェンヌ。ぜひ一度フランス気分を味わってほしい。

（ライター／河村ももよ）

『季節のフルーツクロワッサン』（キウイとクリーム）

『クロワッサン6種類詰め合わせセット』2,346円（税込）

㊔ 9:00〜15:00
㊡ 水・木曜日

クロワッサン専門店 SHARE
シェア

0246-84-8733　sharecroissantcoffee@gmail.com
㊟ 福島県いわき市泉町滝尻字神力前29
https://www.shareiwaki.com/　@share_iwaki

こだわりの製法で旨味がぎゅっと詰まったパン

東京・葛飾区東金町にある『flatbakery』のイチ押しは、『パン・ド・ロデヴ』。外の皮はフランスパンのようにパリッとしているが中はもちもち。『くるみとオリーヴ』は、ライ麦粉配合の自家製酵母とルヴァン種を使用した風味豊かなパン。また、数種類のルゥとスパイスを使った『カレーパン』ももっちりジューシーで人気の逸品だ。周辺には、マンションや団地が多く、お子様連れのお客様にも大人気で、すぐ売れ切れてしまうという。

（ライター／河村ももよ）

『パン・ド・ロデヴ』（左上）
『カンパーニュ』（右上）
『くるみとオリーヴ』（左下）
『フルーツライ』（右下）

Instagram

『カレーパン』

㊔ 11:00〜19:00（なくなり次第閉店）
㊡ 月曜日

Photo 加藤慎司

flatbakery
フラットベーカリー

03-6689-9530　info@flatbakery.com
㊟ 東京都葛飾区東金町3-31-8 アイビル1F
https://flatbakery.com/

濃厚なカスタードと優しい甘さの味わい

京都で明治元年より続く料亭旅館「炭平旅館」でお客様に振る舞い好評だった謹製品のたまご菓子を、より多くの人に届けたいと創業された菓子司『本巣ヱ』。オープン当初より連日行列の絶えない人気の『濃厚たまごパン』に加え、大人気なのが『本巣ヱプリン』。飼料からこだわり厳選されたたまごで作った濃厚カスタードプリンと砂糖不使用、米麹で発酵させた発酵あんこを重ねた2層構造。伝統と格式を感じる上品な味わいだ。

（ライター／今井淳二）

『本巣ヱプリン』

『濃厚たまごパン』

たまご専門 **本巣ヱ**
もとすえ

0796-32-0755　info@motosue.co.jp
㊟ 兵庫県豊岡市城崎町湯島97
https://motosue.co.jp/

東北・岩手の昔懐かしいふるさとの味を再現

もちもちとした生地の中に胡桃と黒糖味噌が詰まった形が鎌の形に似ていることから名付けられた岩手の郷土食「かまだんご」。それをもとに一口サイズの食べやすいサイズで再現し、お土産品として人気なのが『釜石かまだんご』だ。噛むと中からあふれる濃厚な黒糖味噌の甘さ、そして胡桃の香りが口いっぱいに広がる素朴な味わい。JR釜石駅そばの『かまいし特産店』またはお取り寄せで購入できる。昭和時代、おばあちゃんが作ってくれた『釜石かまだんご』をぜひ。

（ライター／今井淳二）

『釜石かまだんご』
8個入 691円（税込）
16個入 1,296円（税込）

三陸釜石 元気市場 かまいし特産店
さんりくかまいし げんきいちば

0800-800-2347　gennki@hamayuri.net
㊟ 岩手県釜石市鈴子町22-1 シープラザ釜石
https://hamayuri.net/

濃厚の旨味が詰まった極上のみかんジュース

『ささのうち農園』で丹精込めて育てたみかんを搾った『みかんじゅうす』が「おもてなしセレクション2023」を受賞。無添加、無着色、無香料の100%果汁ジュースはみかん本来の濃厚な味わいが特長。飲み比べはもちろん、炭酸割や焼酎割などにアレンジもオススメ。みかんや甘夏、濃いめ、カラマンダリンなど種類も豊富。甘夏は、農薬不使用園地にて栽培。ボトルデザインやカードも可愛く、大切な方のギフトにも。ぜひホームページでご確認を。

（ライター／彩未）

『みかんじゅうす』2本 4,580円（税込）
小瓶 12本セット 5,270円（税込） 甘夏ジュース2本入 4,580円（税込）など。

ささのうち農園

ささのうちのうえん

090-7954-5763
㊟ 三重県南牟婁郡御浜町下市木1001-38
https://sasamikan.thebase.in/

簡単に作れる薬膳のホットワインキット

町の財政危機を救うため、町役場職員が60年前からワインを造り始めた。池田町には「十勝ワイン」が味わえる『ワイン城』があり、その物販部門で『薬膳ホットワイン』というオリジナル商品が登場した。陸別町産トウキ葉と6種のスパイス香るホットワインキットで、ワインと一緒に温めるだけのお手軽レシピ。十勝ワインの『トカップ（赤・白・ロゼ）』と合わせると良い。寒い冬はホットワイン、夏場には冷やして美味しいサングリアにとオールシーズン楽しめる。

（ライター／河村ももよ）

『薬膳ホットワイン』（北海道産乾燥リンゴ入り）
120ml用 680円（税込）
360ml用 1,480円（税込）

ワイン城1F ショッピングフロア、オンラインショップにて販売中。
オンラインショップ「いけだ・オンライン・マルシェ」
https://shop.ikeda-wj.org/

一般社団法人 いけだワイン城

いけだワインじょう

015-578-7850 ✉ info@ikeda-wj.org
㊟ 北海道中川郡池田町字清見83-4
https://ikeda-wj.org/

美食のための究極のプレミアムビール

『イネディット』
330ml 572円（税込）
750ml 1,595円（税込）

「世界一予約が取れない」と話題になったミシュラン三つ星レストラン「エル・ブジ」の天才シェフ、フェラン・アドリアが作り上げた究極のプレミアムビールが『INEDIT（イネディット）』。オレンジピール由来のフルーティな香りに、コリアンダー、リコリスといった甘いスパイス、ワインのような華やかなアロマを、ホップの優しい苦みとクリーミーな泡が包み込む前例のない味わい。どんな料理と合わせても見事に調和する。購入は、『株式会社都光』のオンラインショップで。

（ライター／今井淳一）

株式会社 **都光**
とこう

03-3833-3541　toko-eisyo@toko-t.co.jp
㊟ 東京都台東区上野6-16-17 朝日生命上野昭和通ビル1F
https://www.toko-t.co.jp/　https://toko-online.net/

伝統的手法「山廃造り」の日本酒

『東龍 梅酒』（期間限定）
500ml 1,500円（税込）

1865年（元治2年）創業の『東春酒造株式会社』は、先人たちの知恵と技術で積み上げられ、継承される技法「山廃造り」を受け継ぎ、コクとキレ、香り豊かな酒を追い続けている。『東龍（あずまりゅう）梅酒』は、「2021年全国梅酒品評会」にて金賞を受賞した杜氏の自信作。自慢の山廃酵母の日本酒に、愛知県産の梅と良質なクリスタル氷砂糖、隣町の果樹園で採れた3種類の梅を使い、漬け込んでいる。オンザロックやソーダ割りでも楽しめる魅力の逸品だ。

（ライター／河村ももよ）

東春酒造 株式会社
とうしゅんしゅぞう

052-793-3743　to-bee@azumaryu.co.jp
㊟ 愛知県名古屋市守山区瀬古東3-1605
http://www.azumaryu.co.jp/

キャンプ場の横を流れる「清流秋神川」で川遊びもでき、散歩もできる。

ベーシックプラン 1サイトあたり 3,000円（税込）〜
チェックイン12:00チェックアウト11:00

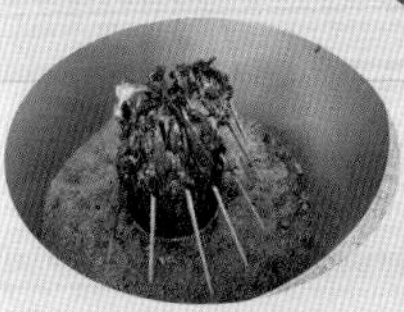

釣り堀で釣った岩魚やマスを塩焼きにして食べられる。

新くるみランド
EVオートキャンプ場

「セグウェイ」1台あり。

『バンガロウ』ロフト付2棟あり。

新くるみランド

しんくるみランド

090-6585-7587　kurumiland@outlook.jp
㊟ 岐阜県高山市朝日町胡桃島122
https://www.kurumiralwith.com/　https://shinkurumiland.com/

こちらからも検索できます。

ソロからファミリーまで楽しめるオートキャンプ場

緑深い山々に囲まれた岐阜県飛騨高山。春は桜、夏は緑、秋は紅葉、そして冬は真っ白な銀世界と、日本ならではの素晴らしい四季の風景や日本三名泉の一つ下呂温泉をはじめとする温泉地にも恵まれ、一年を通して多くの人が訪れる。そんな飛騨高山の山間、標高1000mの高所に位置する胡桃島にあるのが、今人気のEVオートキャンプ場『新くるみランド』だ。人気の秘密は、背景に御岳山がそびえる雄大な自然に囲まれ、夜はまるで降ってくるような満天の星空といったロケーションと山間とは思えないような初心者にもうれしい充実した設備。EV車やキャンピングカーが5台まで充電可能な広々としたキャンプサイトに、薪ストーブも設置された「バンガロウ」。Wi-Fi、男女別トイレ・シャワールーム完備。貸し切りできるお風呂棟はもちろん、今流行りの水風呂やベッドチェアも設置されたテントサウナがある本格的なサウナ棟で大自然の整い体験も楽しめる。バーベキューハウスもあり、BBQ用品、キャンプ用品などもレンタルができるので手ぶらで訪れても大丈夫。

（ライター／今井淳二）

70周年を迎えた動物園でサルの魅力に触れる旅

野生のニホンザルを檻のない環境で間近に見ることができる『高崎山自然動物園』。ニホンザルとその生息地は、国の天然記念物にも指定されており、木々に覆われた園内は、自然散策のスポットとしてもオススメだ。春の桜をはじめ秋の紅葉はもちろん、四季折々の美しい風景は訪れた人を魅了する。

園内入口からサル寄せ場までは、片道約4分のモノレール「さるっこレール」を利用して行くことができ、別府湾の眺めを楽しみながら、らくらく到着することができる。サル寄せ場では、約1000頭の野生のニホンザルがB群・C群、二つの群れに分かれて現れ、毛づくろいをし合う姿や元気に遊ぶ子ザルの姿などを見ることができ、その表情や仕草に癒される。

見どころはなんといっても餌やりの時間だ。多くのサルたちがどこからともなく集まる光景は、圧巻のひと言。餌やりは、小麦を30分に1回、イモを一日2回。我先にと餌を取り合う様子は迫力満点で、この光景を一目見ようと訪れる観光客も少な

「さるっこレール」
往復
110円

㊋ 9:00〜17:00　㊡ 無休（臨時休業あり）
㊎ 大人 520円／高校生 520円／
小・中学生 260円／小学生未満 無料

「マツバ」と2頭の子ザル。

最年長ザルの1頭「ハジメ」推定37才。

高崎山自然動物園

たかさきやましぜんどうぶつえん

097-532-5010　info@takasakiyama.jp
㊟ 大分市神崎3098-1
https://www.takasakiyama.jp/

くない。

また、サルを一頭一頭見分けられるガイドによる解説も好評だ。ニホンザルの生態や習性、出来事などをわかりやすく説明してくれるので、楽しく学びながらサルを観察することができる。

サルの情報は、公式ホームページのスタッフブログや公式YouTubeチャンネルなどでも発信中。園内やサルの日々の様子が知れる人気コンテンツだ。

『高崎山自然動物園』は、サルひとすじ70年。豊かな自然と個性あふれるサルの魅力に包まれている。野生のニホンザルと自然散策を味わいながら、日常の喧騒から離れた特別な時間を過ごすことができる。自然とサルを満喫できる『高崎山自然動物園』を訪れてみていかがだろうか。

（ライター／長谷川望）

『吊り橋』

『恋人の聖地モニュメント』

秋／紅葉の『袋田の滝』

『観瀑トンネル内フォトスポット』

㊂ 5〜10月 8:00〜18:00　11月 8:00〜17:00
12〜4月 9:00〜17:00　㊡ 無休
㊊ 大人 300円（税込）　小中学生 150円（税込）

冬の『袋田の滝』。自然の神秘、滝の凍結「氷瀑」も見ることができる。

『観瀑トンネル』

『第1観瀑台』

大子町役場 観光商工課

だいごまちやくば

0295-72-1138　✉ kankou@town.daigo.lg.jp
㊟ 茨城県大子町大字北田気662
https://www.daigo-kanko.jp/

国内最大級の規模を誇る大瀑布『袋田の滝』

茨城県北西部の『大子町』は、町の中心を清流・久慈川が流れ、豊かな自然と見事な景観に囲まれた緑豊かな山間の町。古くは平安時代から人々の憩いの地として親しまれてきた「奥久慈温泉郷」や大自然の中で健やかに育った地鶏「奥久慈しゃも」など数々の特産品もこの町の魅力だが、何といってもこの地に人々を惹きつけて止まないのが、日本三名瀑の一つに名を連ねる国名勝『袋田の滝』だ。

高さ120メートル、幅73メートルを4段に落下する姿は圧巻のひと言。春夏秋冬一年を通じて様々な表情を見せ、特に秋の紅葉、冬の氷瀑（滝全体が凍りつく）は、国内でも屈指の風景として知られている。

そんな『袋田の滝』の滝壺間近まで迫れる「観瀑台」へ通じる「観瀑トンネル」の照明がリニューアル。内部は環境に配慮したLED照明に更新し、時間の経過で色が変わる光の演出で鮮やかに彩ることで、無二の絶景へと向かう期待感を高めてくれる。

（ライター／今井淳二）

『水琴窟』
大地に器として自然が奏でる装置。

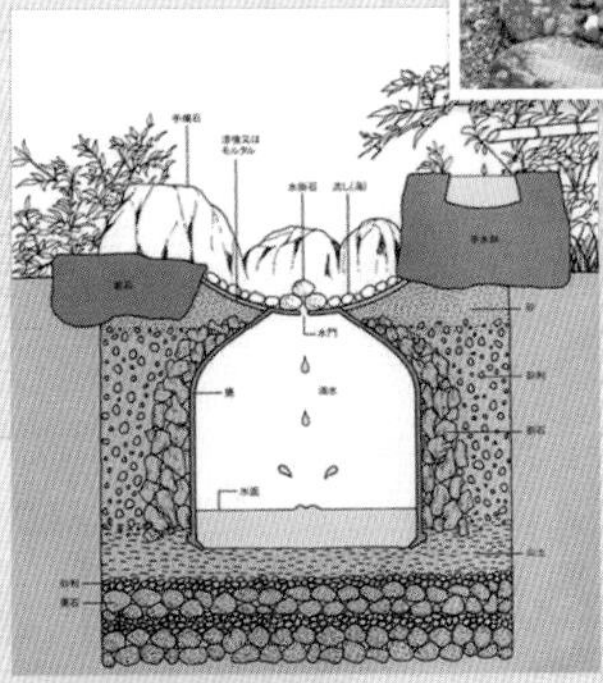

構造

臨済宗 妙心寺　天祥山 長橋寺

ちょうきょうじ

0273-57-0525　echigo@gaia.eonet.ne.jp
㊟ 京都府福知山市大江町南有路1378
http://www.cyokyoji-temple.com/

鬼が住むという山里に響く心奪われる清らかな音色

酒呑童子の鬼退治伝説が残る大江山がある京都府福知山市。この地に建つ臨済宗妙心寺派『長橋寺』は、寛永11年（1634年）創建の由緒あるお寺。「人間は生まれながらにして仏性を持ち、本来みな清浄である」という臨済宗の教えをもとに、地域の人たちを助け、また心の拠り所ともなっている。

日本において臨済宗では、詩・絵画などの芸術や建築などを始めとした分野で悟りが表現されることも多く、『長橋寺』でも背後の山々を借景としてうまく利用した日本庭園も見どころの一つ。中でも多くの人を惹きつけているのが「水琴窟（すいきんくつ）」だ。

「水琴窟」とは、庭園や茶室などの手水鉢の横に大きなかめを逆さに埋め、手を洗った際に水滴となって上から落ちる水音がかめの中で反響し、まるで琴の音のように聞こえるというもの。季節によっても微妙に変わるその優しく自然な音色に、仏的小宇宙を感じることができるかもしれない。

（ライター／今井淳二）

『日本一、美しい海、美しい自然お楽しみ下さい』

Hotel
しおんの海
日本一美しい海、さまざまな青が
混ざり重なり合う「宮古ブルー」
一年を通して温暖な気候と
美しい自然が残る宮古島へ

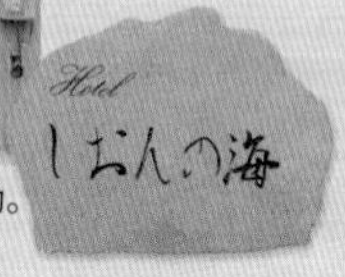
Hotel
しおんの海

※現在、喫煙所は別の場所に移動。

お一人様1泊 5,000円(税込)～
※宿泊料金は、時期や予約数によって変動します。
チェックイン15:00～20:00　チェックアウト10:00

全室Wi-Fi完備。快適な通信環境で観光からビジネスまで幅広く利用できる。

ホテル しおんの海
しおんのうみ

0980-79-7278　info@shionnoumi.com
㊟ 沖縄県宮古島市平良荷川取尻原269-1
https://shionnoumi.com/

リーズナブルに本格南国リゾート気分

青い海、白い砂浜、渚を渡る清々しい風、そして一年を通して温暖な気候。日本に居ながらにして南国気分のバカンスを味わえる沖縄・宮古島。家族で、あるいは友だち同士で。気兼ねなく伸び伸びと南国リゾートを楽しみたいという人にオススメなのが『ホテルしおんの海』。

広大な敷地内に建つ同宿は、まるで海外リゾートのヴィラを思い起こさせるような、全室1階の平屋づくり。大規模なリゾートホテルでありがちな煩わしいエレベーター待ちがないので、他の宿泊客との接点は最小限。客室はすべてトイレ・シャワールーム付き、Wi-Fiも完備したツインルームが全50室。リーズナブルな価格で宿泊できる。

また、うれしいのが交通至便な立地。宮古空港より車で約15分、繁華街やビーチは車で約10分、コンビニは徒歩約5分圏内。伊良部島や池間島、東洋一ともいわれる与那覇前浜ビーチをはじめとする各有名ビーチへも比較的簡単に出ることができる。

（ライター／今井淳二）

ジャズをBGMに寿司体験を！

落ち着いた雰囲気の寿司割烹『空海』。ジャズが流れる店内でくつろぎながら、思い思いに寿司を堪能できる。

同店の特長は、寿司のネタによってしゃりの酢を白酢と赤酢で使い分ける未体験の旨味。

また、揚げ物・焼き物など旬の味覚を引き出した様々な料理を満遍なく楽しむことができる。

㊔ 18:00〜24:00（LO23:30）
㊡ 不定休

寿司割烹　空海

Tel.043-205-4992　千葉県千葉市中央区本千葉町5-7 地商ビル501
https://sushikappou-kukai.owst.jp/

佐渡の乳製品

優しい甘み・香り 爽やかな風味漂う

佐渡島の酪農家たちは、高度な衛生管理を取り入れて家畜を飼養する「クリーンミルク生産農場」に取り組んでいる。そして、毎朝搾る新鮮で安全・安心な牛乳を、四季の乳質を大切にし、ファームメイド製品に仕上げるのがこだわり。搾りたての生乳と佐渡海洋深層水を使った塩のみで作る『佐渡バター』は、極上の口どけ。甘さと香りのバランスが絶妙だ。絞ってから6時間以内の新鮮な生乳で作る各種チーズは、牛乳本来の風味が活かされている。『雪の花チーズみそ漬け』は、チーズ職人と味噌蔵人が本気で作った至極の逸品だ。

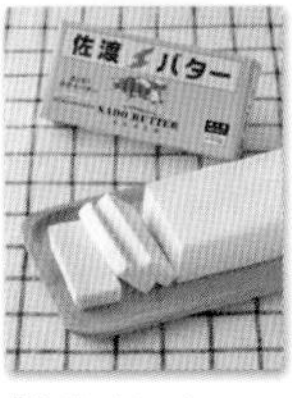

『佐渡バター』
(有塩／無塩)
200g
1,200円(税込)

『雪の花チーズみそ漬け』
3種セット
3,564円(税込)

島の産物をお届けする
オンラインショップ
さどまるしぇ

さどまるしぇ

『佐渡農業協同組合』『佐渡市』『ヤマト運輸株式会社』との三者連携によるECプラットフォーム。少量から業務用単位まで、『佐渡農業協同組合』が取り扱う『佐渡米』『おけさ柿』『乳製品』『直売野菜』のほか海産物、加工品も取り揃えている。

https://sado-sanchoku.net/

佐渡農業協同組合

0259-27-6161
kouho@ja-sado-niigata.or.jp
新潟県佐渡市原黒300-1

JA佐渡ホームページ
http://www.ja-sado-niigata.or.jp/

豊かな環境
佐渡島

佐渡乳業
オンラインショップ

佐渡乳業HP

佐渡市認証米
コシヒカリ

『朱鷺と暮らす郷』
売上の一部は、トキの生育環境の整備に使われている。

令和のベストヒット大賞

Best Hit in REIWA

美と健康を求めて

今、最も注目されている最新の美容・健康の情報や
実績や経験に裏付けされた信頼できるスポットやアイテム。

薬に頼らない『原始人式ダイエット』で健康な日々をサポート

薬剤師・ダイエットコーチ・
コーチングプラットフォーム認定コーチ
もといけ直子さん

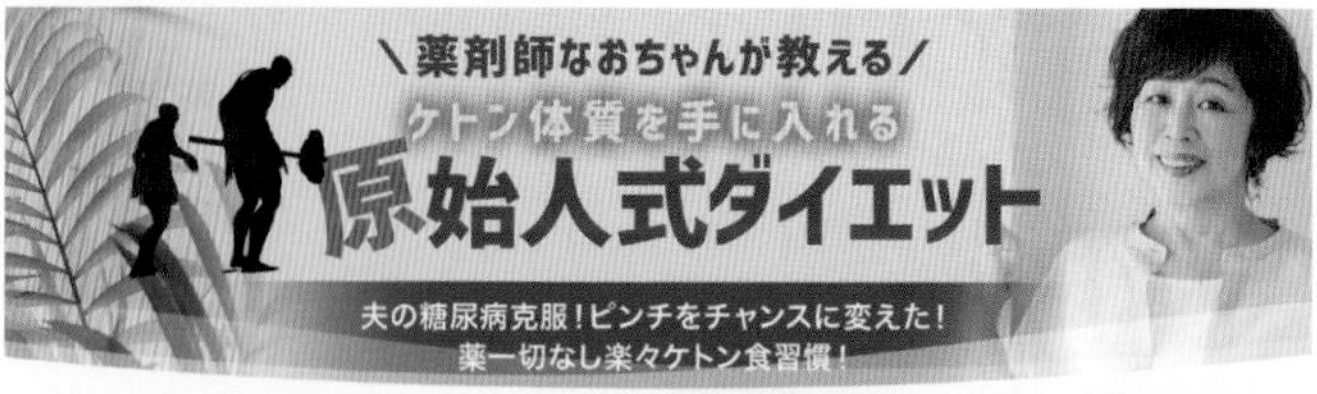
＼薬剤師なおちゃんが教える／
ケトン体質を手に入れる
原始人式ダイエット
夫の糖尿病克服！ピンチをチャンスに変えた！
薬一切なし楽々ケトン食習慣！

もし原始人が現代に生きてたら
寿命120歳以上かも？！

もといけ直子さんは、薬剤師や『原始人式ダイエット』コーチとして活躍している。食事と健康の関係に深い洞察を持ち、多くの人々に健康的な生活を実現する手助けをしてきたもといけさん。35年にわたる薬剤師の経験と栄養学を基に、人々が本来持っている健康でエネルギッシュな身体の仕組みを取り戻すことを目的に開発されたのが話題の『原始人式ダイエット』だ。長年にわたって健康問題に取り組んできた豊富な経験と薬学や栄養学の知識、そして『原始人式ダイエット』を組み合わせた独自のアプローチで健康コンサルティングを行っている。

『原始人式ダイエット』とは、人間の祖先が長い間慣れ親しみ、遺伝子レベルでマッチしている原始時代の食生活をヒントにしたもの。加工食品や人工的な成分を避け、肉や魚、野菜を中心とした食生活を通して、健康的なカラダ、ライフスタイルを手に入れることができるダイエット法だ。

原始人式ダイエット　N&A Wellbeing 合同会社
げんしじんしきダイエット
✉ genshijin.turntrue@gmail.com
https://genshijin-diet.com/
𝕏 @120naoko3（毎朝6時配信中）

ノンストレスで
疲れ知らずの
体質へ。

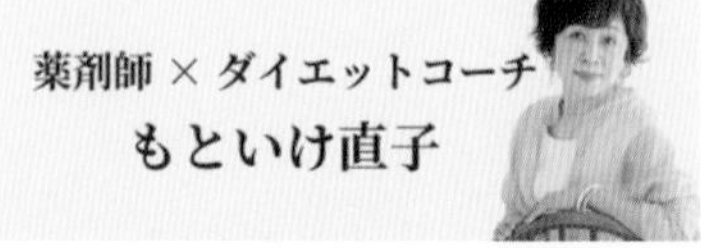
薬剤師 × ダイエットコーチ
もといけ直子

いつまでも若々しく　健康でいたいのに

1.体重が減らない

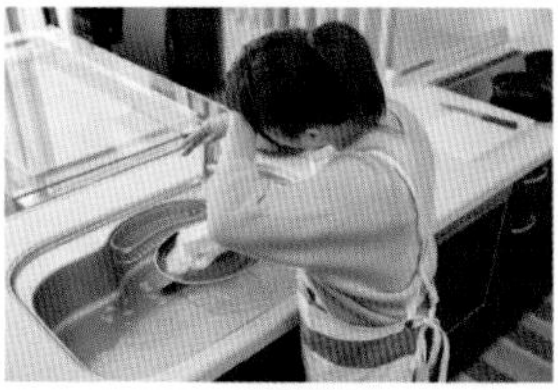
2.疲れやすい

3.集中力散漫

4.面倒な運動は出来ない

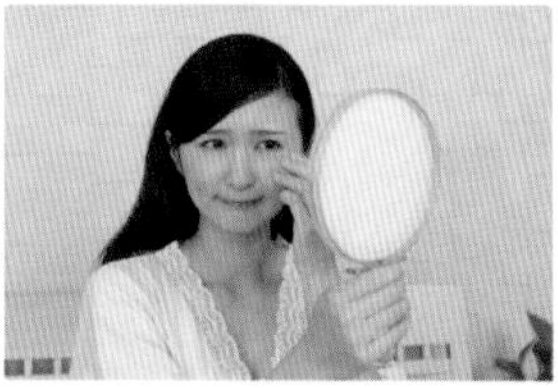
5.なんだか老けてきた

6.ご飯作りの手間から解放されたい

「現代人8つの危険」

このまま生活していたら‥

- 1.代謝が下がり太るいっぽう
- 2.がんなどの不安
- 3.生活習慣病で病院通い
- 4.やる気が起きなくなる
- 5.ダイエットのつもりが体調不良
- 6.軽いボケ・認知症の不安
- 7.寝たきりで動けなくなる
- 8.免疫力の低下・アレルギー

このような炭水化物を適切に制限する食事法はケトジェニック食とも呼ばれ、今話題のケトン体質を手に入れることができる食事法としても有名だ。夫の糖尿病発症をきっかけに薬に頼らず健康を維持できないかと様々な健康法を実践し、今の食事療法に辿り着いたという。その後11年に渡り、糖尿病の薬なしで健常人レベルの数値を維持している。また、もといけさん自身も乳がんを患った経験があり、再発防止のためにこの食事法を同時に開始。二人ともそれまで以上にパワフルな健康生活を送っているという。そんな『原始人式ダイエット』をコンサルティングプログラムとして提供し、人々の健康を食事からサポートするのが、もといけさんの健康コンサルティングサービスだ。

「体重が減らない」「疲れやすい」「集中力散漫」「なんだか老けてきた」など健康が気に掛かる人の悩みは人それぞれ。そんな時、サプリメントといった薬に頼りがちだが、長年の経験

によると薬はあくまでも一時的な対症療法に過ぎないという。そこで重要になってくるのが食事と人間の活力エネルギーの基本的なメカニズムに基づいた食生活と食習慣の改善。

「多くの健康問題は、『食』を通じて解決可能です。特別な食事を準備する必要はなく、食事のバランスを考え、適切な時間に食事をし、良質な油を摂取することを心がけるだけで、自然と疲れにくい体を手に入れ、個々の能力を最大限に引き出すことが可能になります」

もといけさんの健康コンサルティングサービスでは、このような食習慣を導入し、健康を改善してくれる。実際のコンサルティングでは、個別のニーズや目標に合わせてカスタマイズされたアドバイスを提供。食事の改善、適切な運動、生活習慣の見直しなど、健康を総合的にサポートするプランを提案する。一人ひとりの生活スタイルや体質に合わせたアプローチを重視し、長期的な健康維持をサポートし

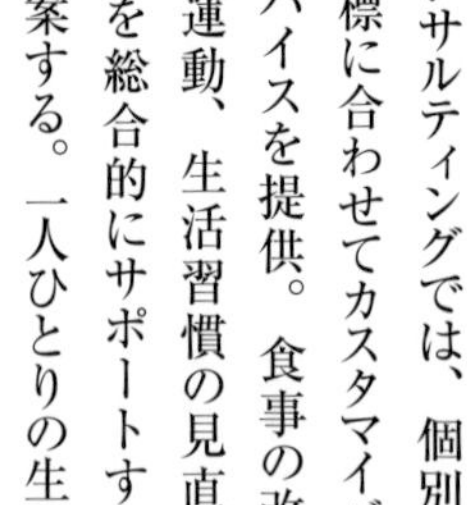

本物のダイエットを知りたいあなたへ

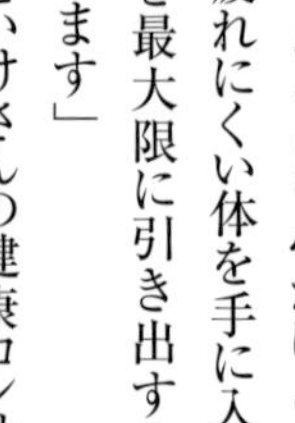

「お腹いっぱい
ダイエット」

紹介動画を
ご覧下さい。

てくれる。

　そんな単なるダイエットプログラムに止まらないコンサルティングサービスは、受講者からの評価が高い。

「目覚めが良くなりました。疲れにくく、日中の動きが良くなりました。動きが良くなり余裕ができたのか、職場の人の行動をポジティブに捉えることができるようになってやる気が出てきました」「あーしんどいと、こぼすことがなくなった！　30年近い高脂血症を克服できた。血圧の薬も減らせた」「これまで、スーパーの売り場で目にしていても、じっくりとは見てこなかった食材に目を留め、食材に関して良いものを少量選ぶという方針に変わりました。それぞれのステップを踏んで、食材の大切さと、食事を徐々に変えていくことが話されますので、この緩やかな変化は、我が家でも十分に適応できる速度でした。コンサルを受けてよかったです。低糖質に変えていくのが、思いの外、簡単でした。コンサル開始前に体験していた疲労感

は、すぐに消えました。頭がスッキリしていています。記憶が良くなっているのがわかります。免疫の面でもアップしているようです」などと具体的な変化を実感する声が多数寄せられている。
　健康コンサルタントとしての豊富な知識と経験を活かし、『原始人式ダイエット』を通じて多くの人々の健康改善を支援しているもといけさん。
「世の中の笑顔を増やすこと。めざすのは健康だけではなく、ウエルネス！　体も心も生き生きと豊かな人生！」という、もといけさんが掲げているビジョンのように健康な生活は、何歳からでも遅くない。無料の個別相談予約や公式ＬＩＮＥでの講座、原始人式ダイエットの第一歩をサポートする美味しいレシピのプレゼントなどコンサルティング以外にも様々な取り組みを実施している。
『原始人式ダイエット』を通じて、自然な食事と健康的な生活を実現する第一歩を踏み出してみてはどうだろうか。

（ライター／長谷川望）

男性も女性も救いを求めて通う ゴッドハンドがいるサロン

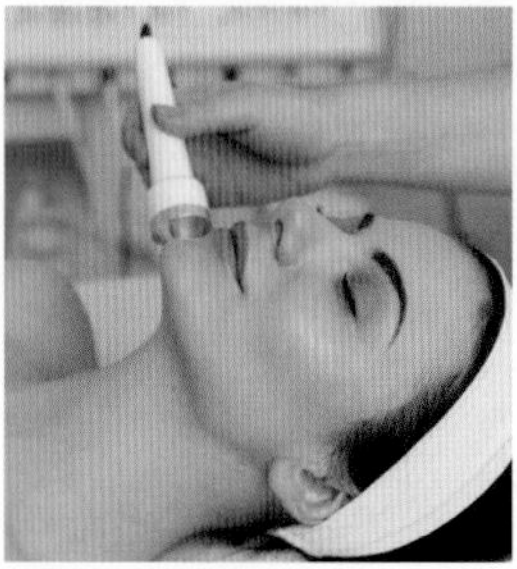
超音波

がんばる女性の心と身体
極上の施術で
癒やします

オーナー 東雅子さん

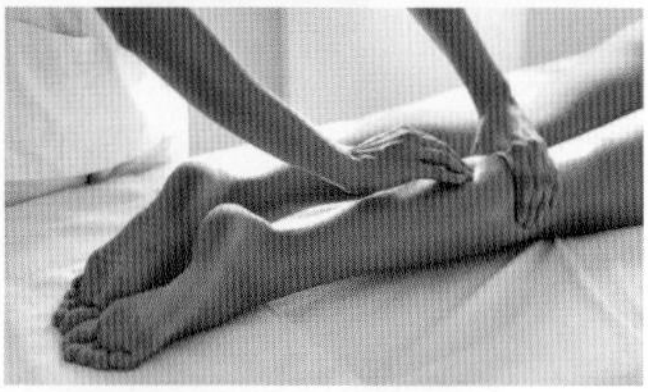
『調整+もみほぐし+全身リンパドレナージュ』初回限定 180分 11,000円（税込）

愛知県にあるエステサロン Angel』」は、完全予約制のプライベートサロン。「忙しく働いているみなさんの心と身体を癒したい」という思いで、心のこもった様々なコースがあり、どのコースも他店とはひと味違う施術である。

『フェイシャル』は、それぞれの施術内容をお肌の状態に合わせてくれるのでお客様の満足度が高い。『筋膜リリース』は、名前をご存じの方は多いと思うが、筋膜に刺激を与えると硬くなり解れなくなる事を理解して施術するサロンは少なく、『Angel』はその数少ない内の一つである。『美容調整（調整）』は、気功や東洋医学の考え方を元に、骨盤や背骨を本来の位置に戻すのだが、軽く叩くだけで痛みが取れる不思議な施術で、一部では「魔法使い」といわれるほどだ。『リンパドレナージュ』は、『リンパマッサージ』とは全く違う施術でとにかく気持ちがいいのである。通常出来合いのオイルを使うが、ここでは30種類のアロマが用意されているので自分の好きな香りを選

エステサロン **Angel**
エンジェル
✆ 0586-85-8858 ✉ beauty_salon_angel@yahoo.co.jp
㊟ 愛知県一宮市新生2-7-4 コーポあゆ201
http://www.angel-hand.com/

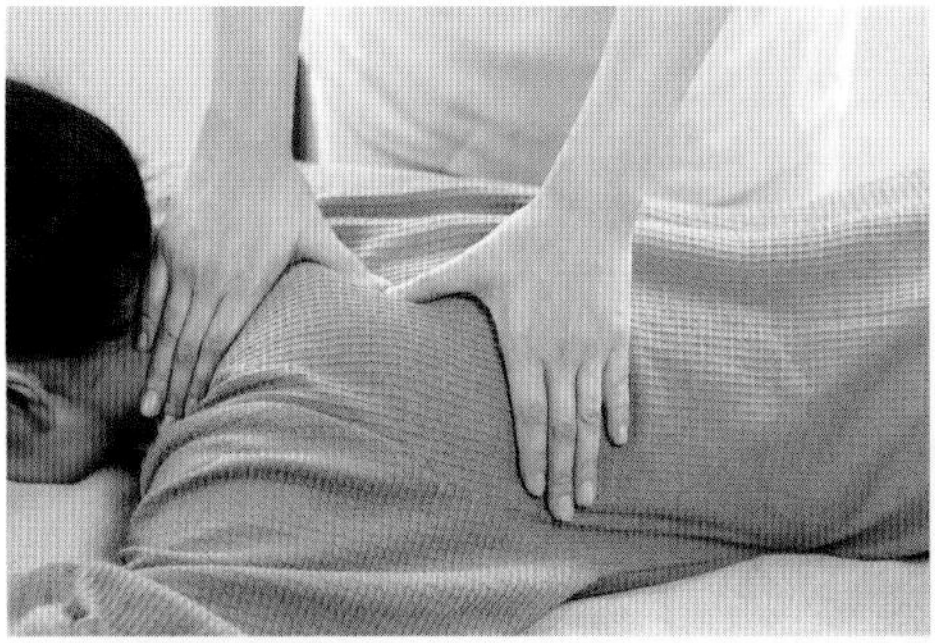

『もみほぐし』

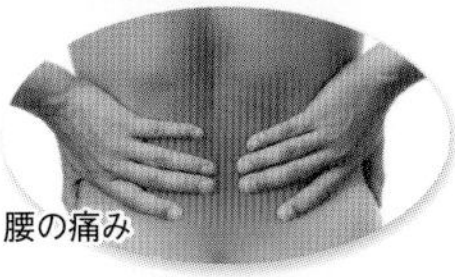

腰の痛み

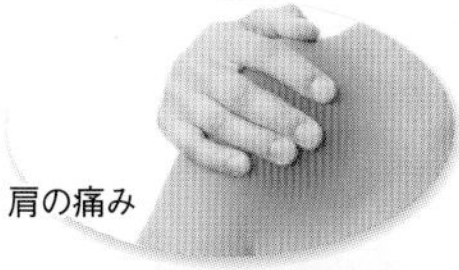

肩の痛み

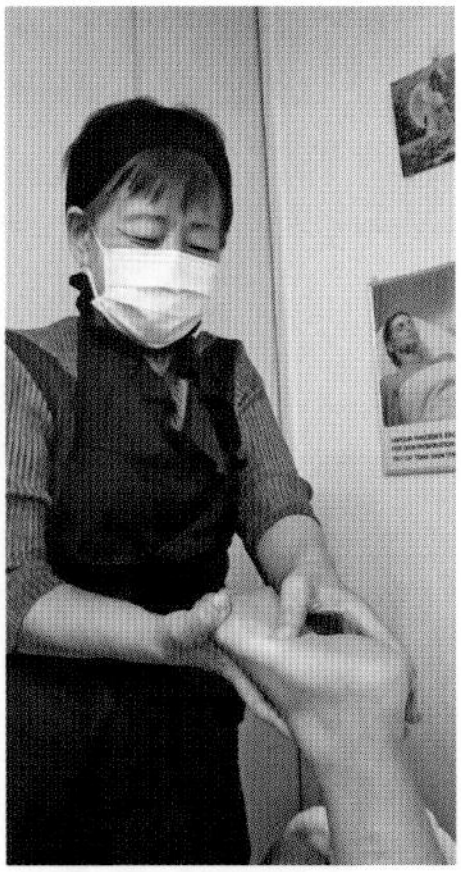

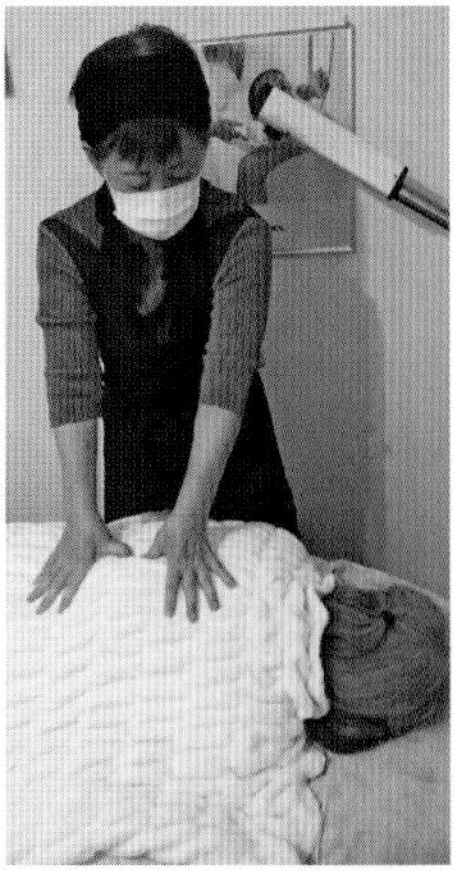

『筋膜リリース+調整+もみほぐし』初回限定 90分 9,000円（税込）
『フェイシャルW炭酸コース』初回限定 70分 5,500円（税込）

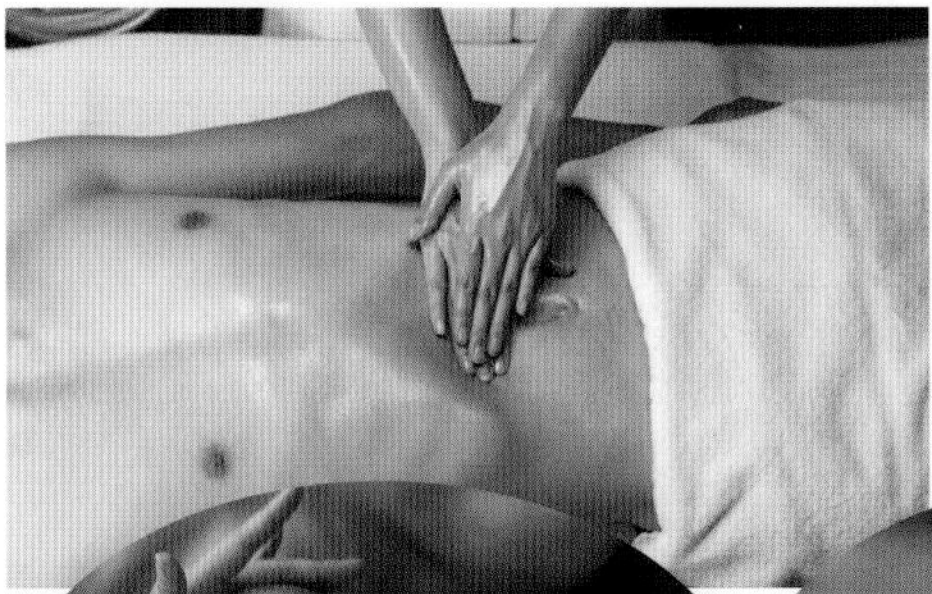

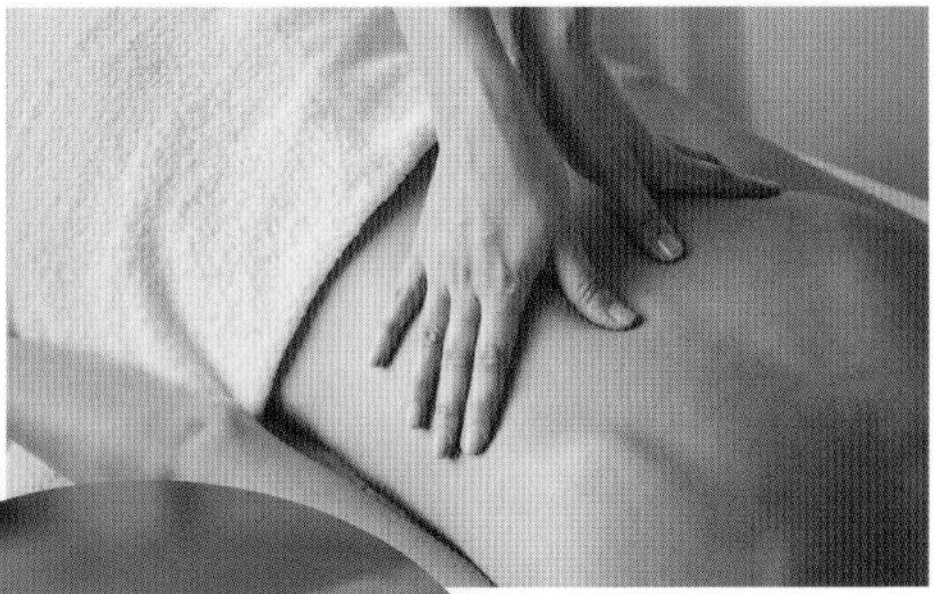

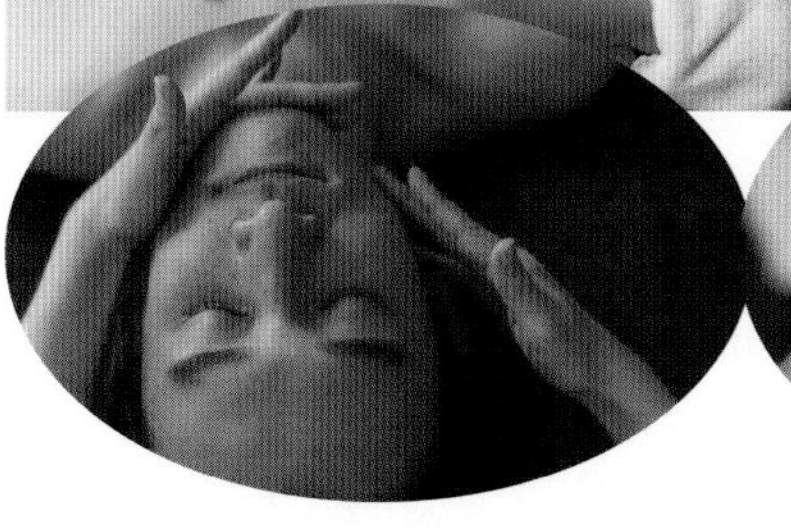

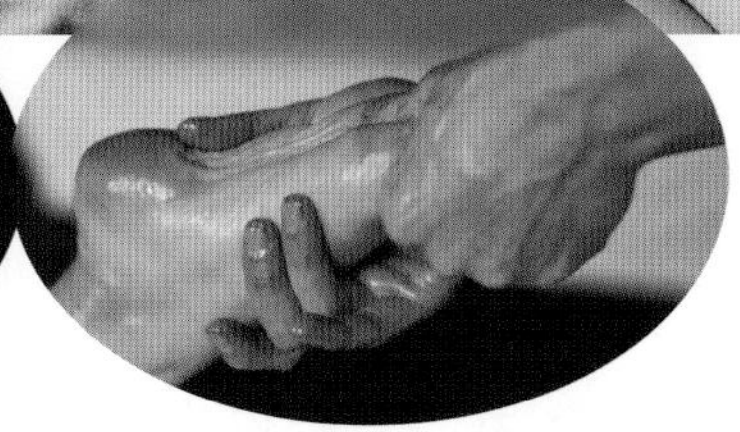

『男性用調整+もみほぐし』
初回限定 70分
5,500円（税込）
『男性用筋膜リリース+
調整+もみほぐし』
初回限定
120分 12,000円（税込）

んで優しく施術してくれる。変わったコースでは、人間の脳の特性に基づき、悩みの原因を探って解決方法を探し、心理的ダメージの軽減に役立つアメリカ発の手法『ニューロン・ランゲージ・プログラム(NLP)』も受けられる。身体や心の状態をしっかり相談しながら施術を決められるのも、このサロンの特長だ。

オーナーの東雅子さんは、気さくでお客様たちも悩み事を相談できて嬉しいと大人気。女性だけでなく、男性からの問い合わせも多く、男性専用の美容調整メニューもある。年齢層も10代から70代と幅広い。「とても信頼のおけるサロン。本当は教えたくないな、でも大好きなサロンだから、たくさんの人に知って欲しいから紹介します！」と口コミでも大絶賛の声が多数。残業が重なり、疲れ切った方には、今すぐにでも足を運んでほしい。東さんの明るく、優しく、確かな実力を誇る手技に心も体もリフレッシュ。ぜひ通ってみては。（ライター／河村ももよ）

多様な成分が贅沢に凝縮された1本が美と健康を総合的にサポート

will be more beautiful tomorrow
〜明日の私が、より美しくなるために〜
Le.Stock
ル・ストック

代表取締役 山口里美さん

1本で美と健康をフルサポート
スティックゼリー健康食品
Forever
フォーエバー

『株式会社 Le.Stock』は、「いつまでも美しく、いつまでも健やかに」を信念に掲げ、品質と効果、そして安全性の高い製品を提供。世界で通用するグローバルな企業を目指し、美と個性を引き出す企業として活躍を続けている。

社名の「Stock」は、かぐわしい香りのする春の花。英語で「茎」を表し、しっかりと芯の強い茎でまっすぐ空へ向かっていつまでも健やかに咲き続ける。そんな「Stock」に授けられた花言葉である「永遠の美」を象徴するように美しく彩りある日々をおくるすべての人の美と健康をお手伝いしたいという想いが込められている。

同社の理念を象徴する『Foever(フォーエバー)』は、「明日の私が、より美しくなるために」をコンセプトにつくられた美容と健康には欠かせないエキスを贅沢に配合した健康ゼリー食品。大麦若葉、コラーゲン、ビタミン、酵素、植物発酵エキス大豆ペプチドが1本に凝縮され、美と健康を総合的

株式会社 Le.Stock
ル・ストック
06-7712-8806 mugen5600@gmail.com
㊟ 大阪府大阪市中央区道修町2-2-11-6F
https://le-stock.jp/

Le.Stock
ル・ストック
全ての人が
いつまでも美しく
いつまでも健やかに

『Foever』1パック30本入り 11,000円（税込）

にサポートしてくれる。大麦若葉には、ミネラルや食物繊維が豊富に含まれており、便通や血糖値の改善効果や腸内環境の改善、コレステロール値の改善も期待できる。コラーゲンは、お肌の「ハリ」や「弾力」をサポート。植物発酵エキス大豆ペプチドも保湿効果や皮膚の保護機能があるとされ、お肌のキメを整えてくれる。さらにビタミンや酵素といった栄養成分が健康を促進し、内側からの美しさと健康を育む役割を果たす。これらのユニークな美容成分の絶妙な配合により、食べるだけで美しさと健康を同時にサポートする。食生活の乱れやストレス、睡眠不足、慢性的な怠さとそれに伴う肌のトラブルなど、現代人をとりまく健康や美に対する悩みは人それぞれ。そんな悩みに応えてくれる健康食品だ。

　多様な成分が贅沢に凝縮された『Foever』が、あなたの毎日に彩りを添えてくれる。

（ライター／長谷川望）

多様な療法を駆使し体の不調を改善
徒手検査法で異常部位を検査し施術

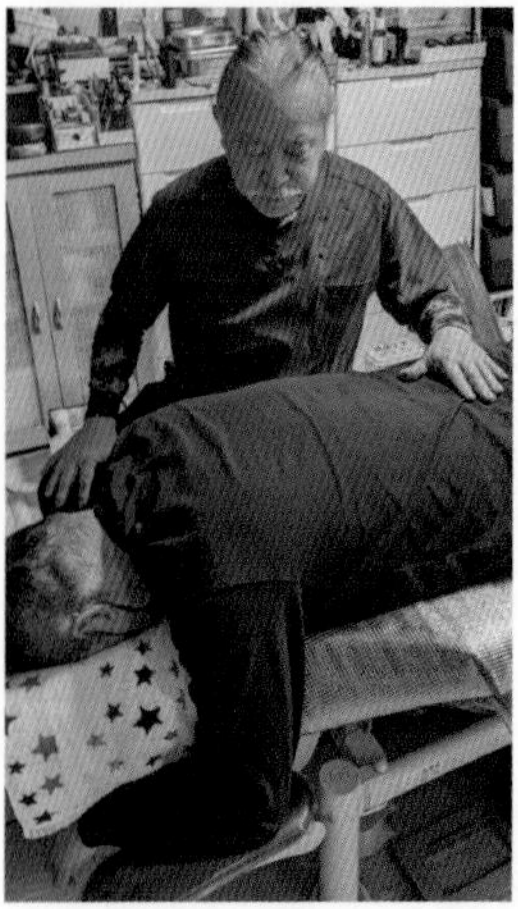

院長 古田稔さん
蜂針療法、カイロプラクティック、ハンマー整体（正体法）骨格骨盤脊椎筋膜靭帯調整、山内要先生の夢工房波動エネルギー療法など、施術歴42年超。「日本整体学会」常任理事。「特定非営利活動法人日本アピセラピー協会」理事。

新療法 イネイト活性療法による施術

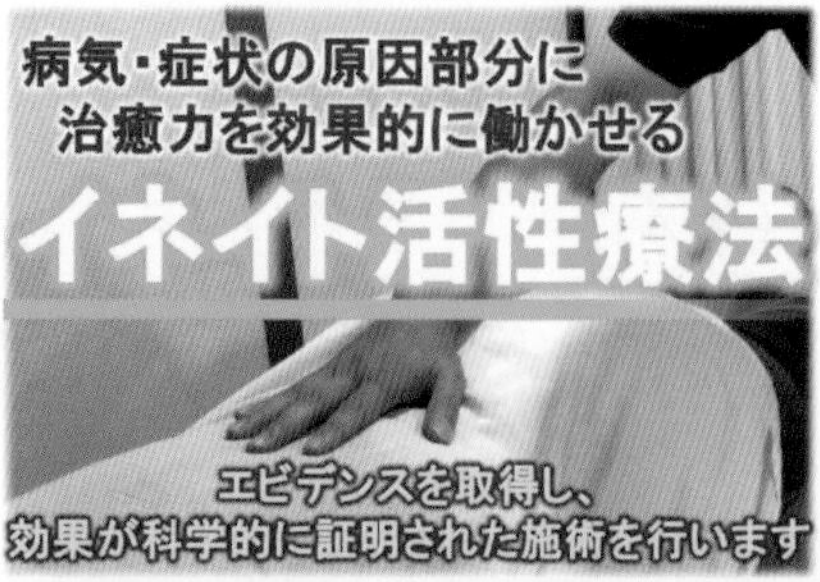
病気・症状の原因部分に
治癒力を効果的に働かせる
イネイト活性療法
エビデンスを取得し、
効果が科学的に証明された施術を行います

イネイト活性療法

イネイト活性療法は科学的に効果が証明された施術法です。

当院の施術法は厳しい臨床試験を経て、日本先端医療医学会の医学誌に論文が掲載されました。また、英訳版を海外でも発表し、自律神経系への手技治療分野では世界初となる、HvOWorldAwardを受賞しております。

「体の痛みや不調の症状や原因は様々。それに見合った最善の施術方法で改善に導く」

40年超の施術歴を持つ『整体町田施術院』院長の古田稔さんの施術方針だ。これを担保するため、国以外の療法を研究、十数もの施術方法を修得し、施術メニューに掲げる。中でも、『イネイト活性療法』『蜂針療法』『PNS（プラシーボナビゲートシステム）』は、古田さんの施術技法の高さを示す療法だ。

『イネイト活性療法』は、脳の反射機能を利用して行う徒手検査法で異常個所を探知し、施術する方法。

「人間の身体は、異常な部位に触られると脳の忌避反応として一瞬萎縮し、その反射で全身の筋肉は一瞬弛緩します。この現象をとらえて、筋肉の位置異常、内臓の萎縮、弛緩、細菌感染、レントゲンに写らないレベルの骨のキズや亀裂などの異常部位を統括するポイント見つけて施術する方法です。施術は統括ポイントに軽く触れる程度の圧をかけるだけです。異常部位が正常方向に戻ろうとし動き始め、治癒力が活発化し、呼吸が深くなり、血流が良くなって異常部位全体に治癒力が行き渡り、回復に向かいます。従来の手技施術は1〜2ヵ所ずつしか施術ができませんでしたが、数10ヵ

整体町田施術院
せいたいまちだせじゅついん
042-723-5280 seitai.38hacchi@gmail.com
㊟ 東京都町田市本町田2938 メゾン熊沢103
https://seitai38.tokyo/

こちらからも検索できます。

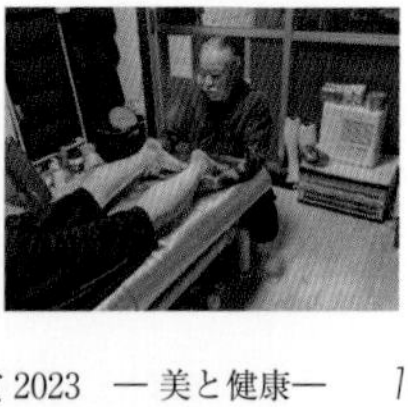

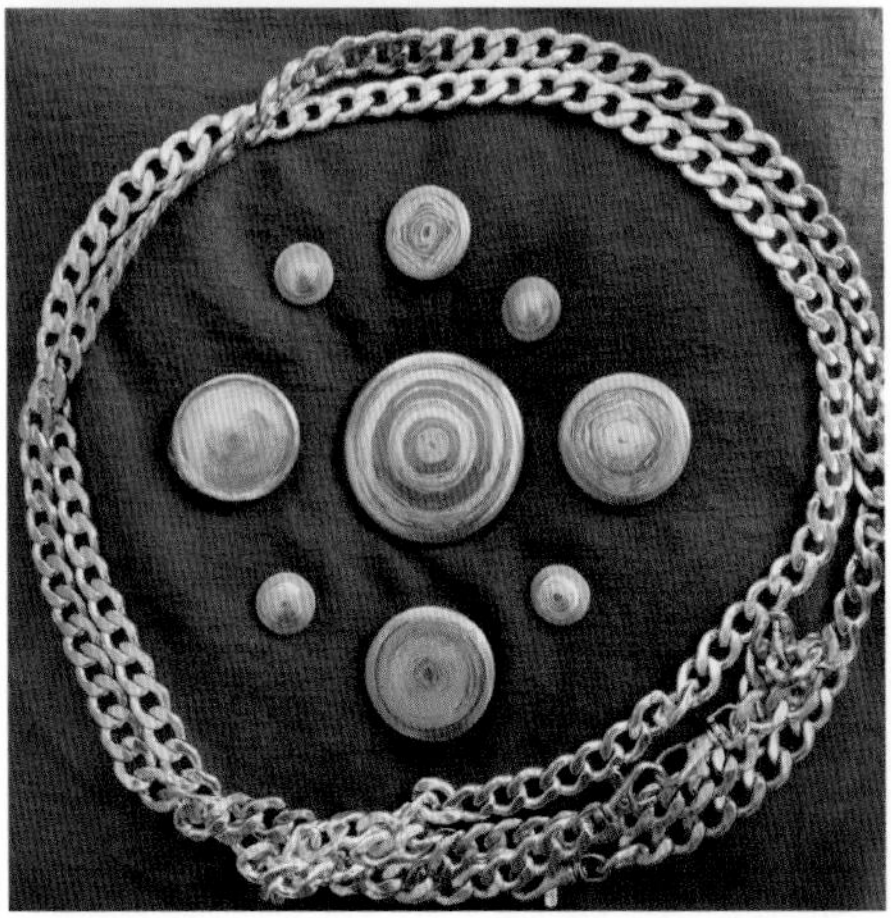

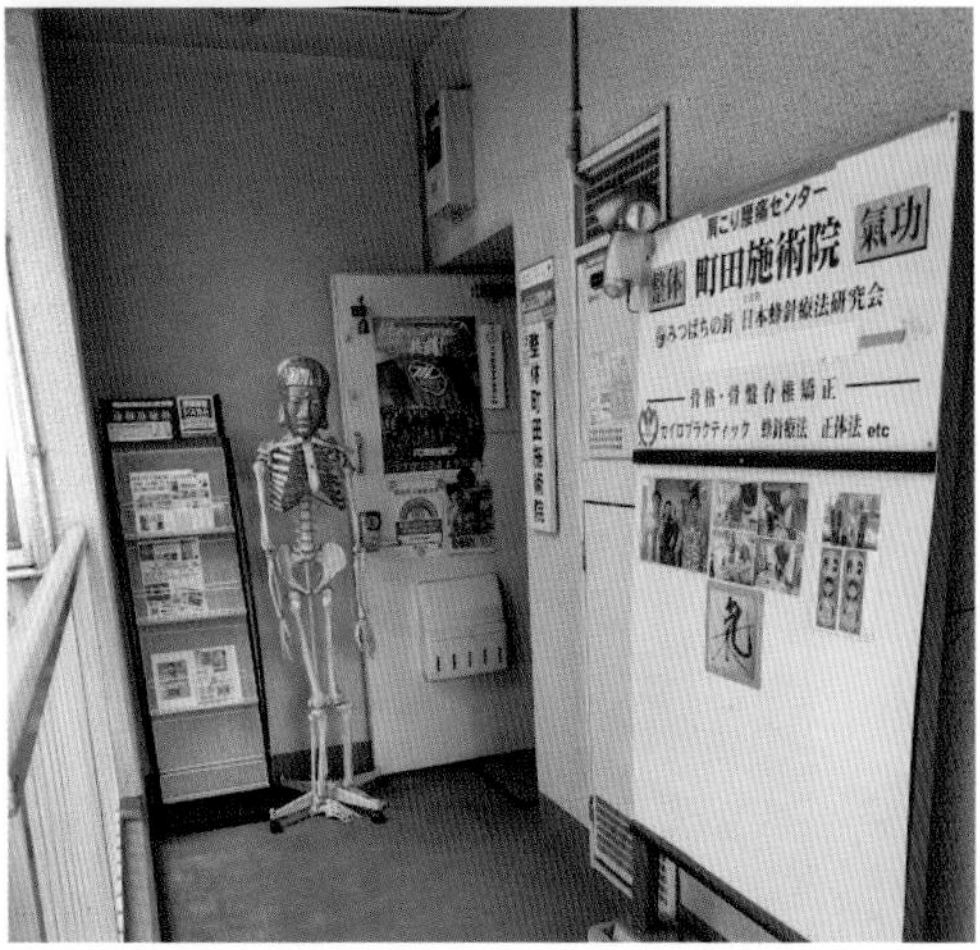

エナジーコイン

「アルミで包んで不調部分に貼ると波動エネルギーがアップします。呼吸器系の不調には鎖骨より数センチ下の胸骨上、腹部の不調なら臍下3㎝のところ、不眠などは眉間に貼ると効果が期待できます。靴底に貼ると、足が軽くなって疲れず、膝痛を忘れるほどです」

所同時に無痛で施術できるのも特長です」

『蜂針療法』は、アピセラピーといい、古代エジプトやドイツ、ロシアなど欧米各国で古くから行われてきた代替医療。日本アピセラピー協会理事として力を入れている療法だ。

「一匹のミツバチが持つ0・1㎎ほどの蜂毒は優れた天然の抗生物質。施術では、蜂針を症状や体質などに合わせて刺す本数や間隔を判断し、蜂針液の量を調節しながら異常箇所や東洋医学のツボに刺します。蜂毒が浸透させますと、炎症や疼痛を緩和し、化膿菌を殺し、免疫力を高めることが期待できます」

『PNS』は、銅、アルミ、真鍮の幅1㎝、長さ180㎝、厚さ0・1㎜の金属箔を渦巻状に巻き、隙間のないように圧着させた夢幻流波動療法開発者山内要氏手作りの『エナジーコイン』を使う療法だ。

「『エナジーコイン』は、金属間の電位差で波動エネルギーを発生させ、体の部位に乗せるとそのエネルギーが伝わり、温めたり、血流を改善したりする効果が生まれます。不調や痛みを緩和させるだけではなく、リンパや血流などのエネルギーの滞った箇所を解消し、健康へと導いてくれます」

古田さんは、セルフケアでの「PNS」の使い方も指導している。

（ライター／斎藤紘）

一歩先のオーラルケア 水だけで磨ける歯ブラシ『ソラデー』

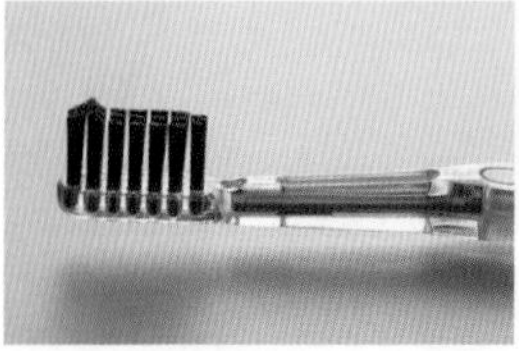

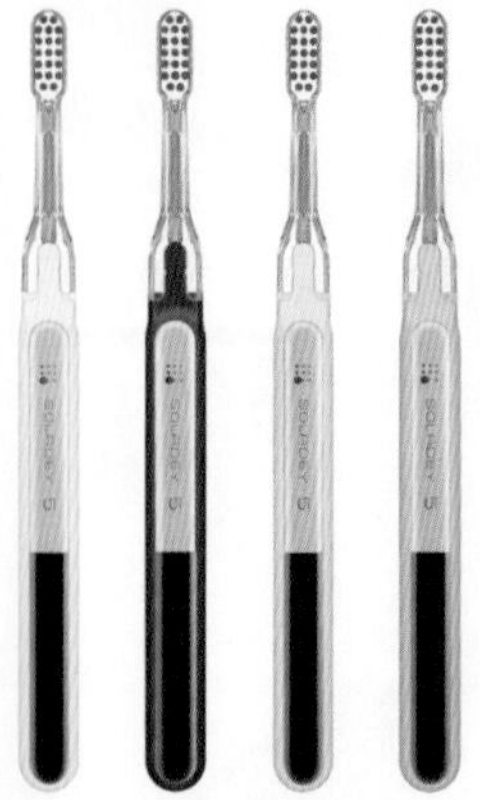

『ソラデー5』2,750円（税込）

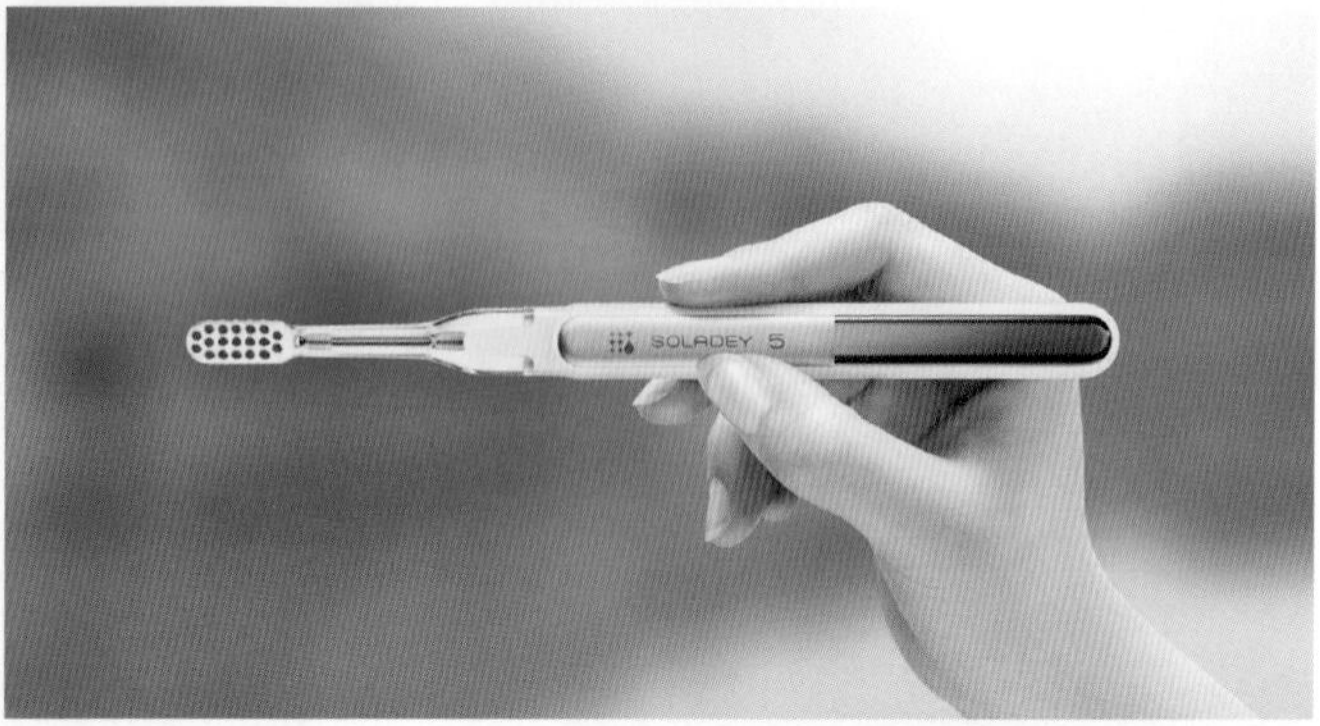

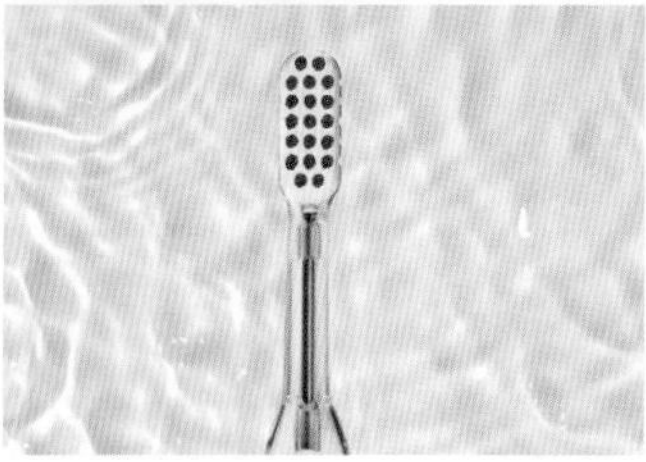

特許技術のTiO_2半導体。

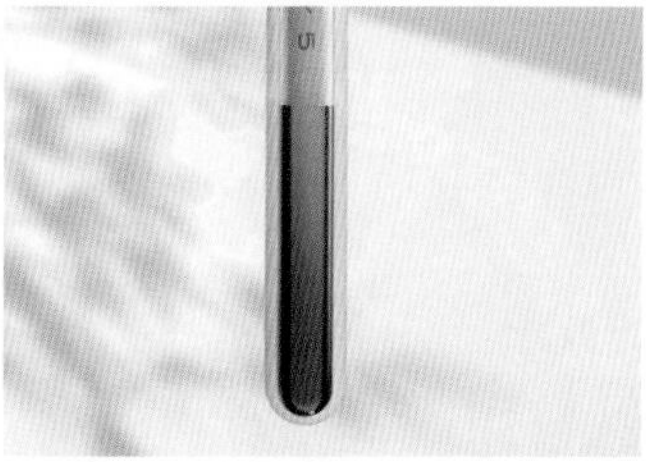

ソーラーパネル内蔵。

オーラルケア製品メーカー『株式会社シケン』が開発した次世代型歯ブラシ『ソラデー』シリーズは、化学の力でオーラルケアに性能を搭載した歯ブラシだ。新製品『ソラデー5』は、独自の特許技術により、製造されたTiO_2半導体（酸化チタン）とソーラーパネルが室内光や太陽光と水に反応することで、マイナス電子（e^-）を発生させる。この特許技術によるブラッシングで歯垢を効率的に除去し、水だけで圧倒的な歯垢除去効果を発揮する。流線状のフォルムは、持ちやすさを重視し、ステンレスプレートを採用。手に馴染む丸みのあるデザインで、子どもから大人まで持ちやすく磨きやすい。歯並びや歯の大きさ・ブラッシング方法に合わせてブラシを交換することもできる。替ブラシは全部で8タイプ。「4列レギュラー（ワイド）」はブラシ面積が広く、歯から歯茎まで効率的に磨けて、極細毛・ふつう・やわらかめの3タイプ。「3列コンパクト」は、1本1本の歯を丁寧に隅々まで磨ける大きさで、奥まった

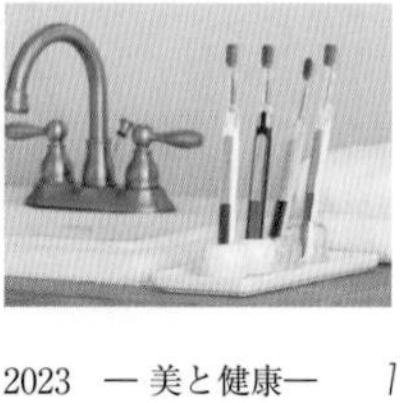

株式会社 シケン

06-6774-0051（平日9:00～17:00）
㊟ 大阪府大阪市天王寺区寺田町2-5-6
https://kk-shiken.co.jp/

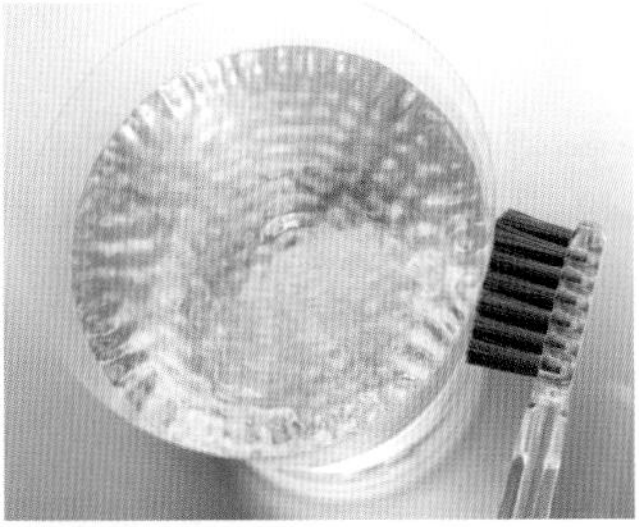

毎分22000回の音波振動がサポート。
（強モード使用時）

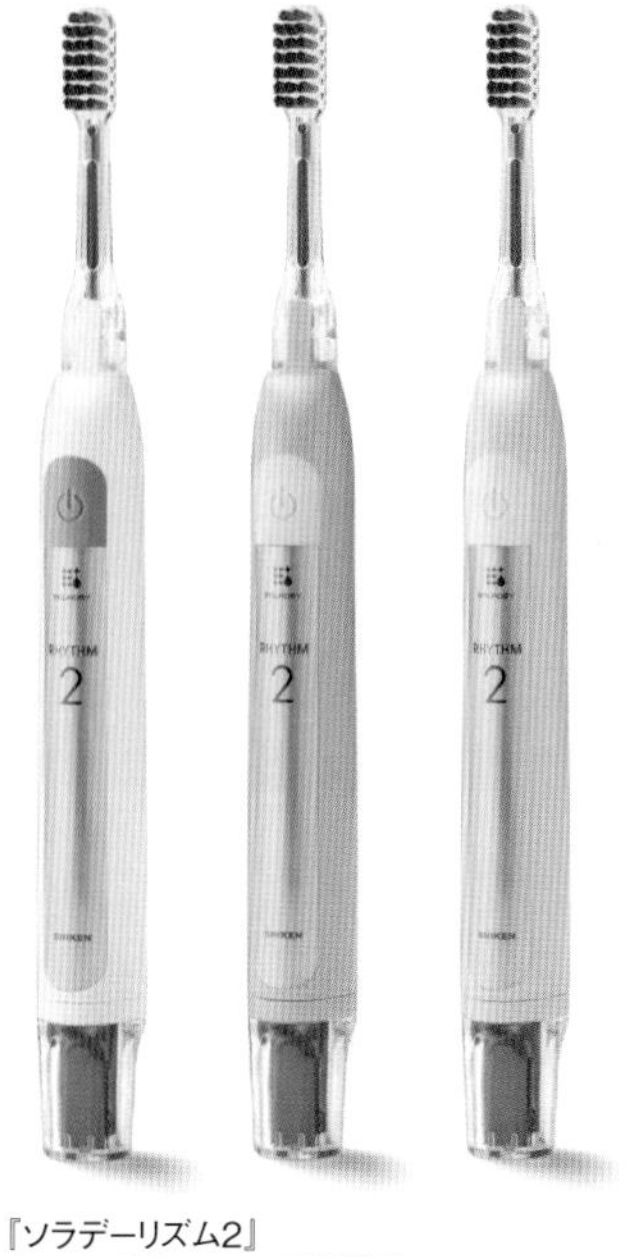

『ソラデーリズム2』
（スタンド付）8,580円（税込）

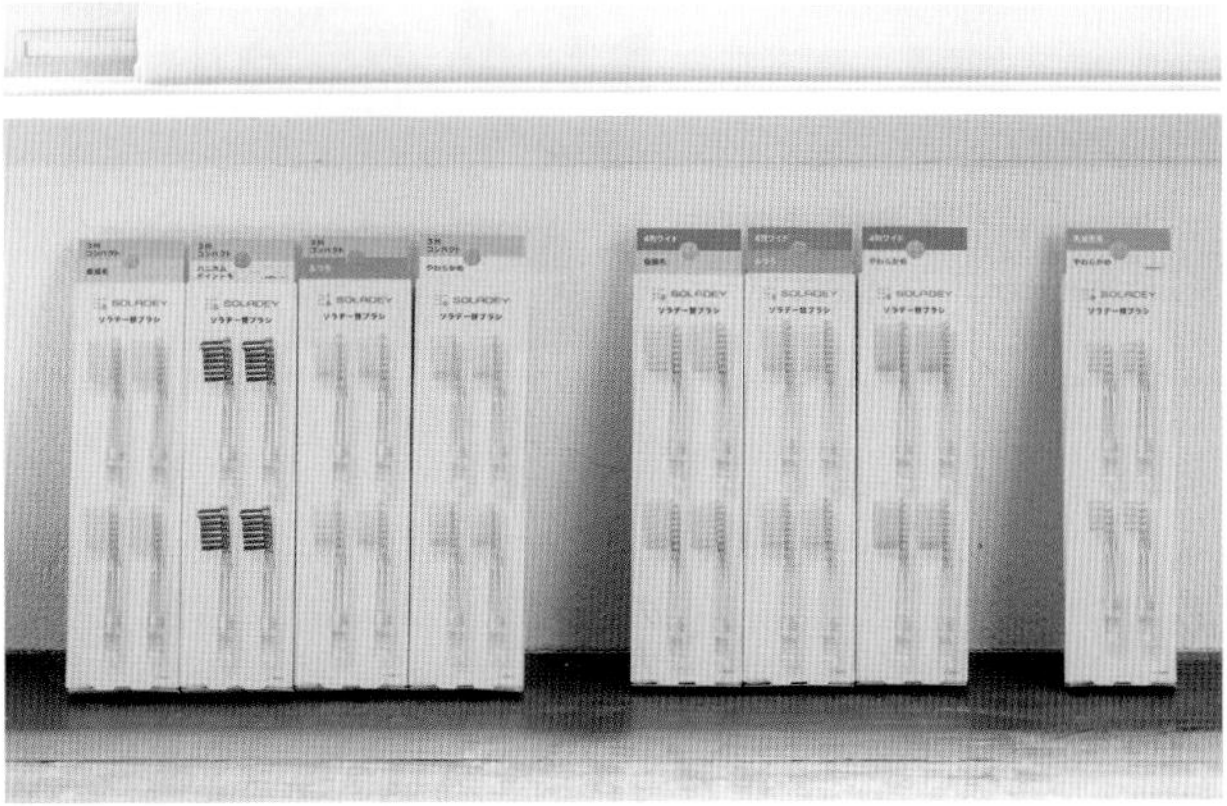

『ソラデー専用替ブラシ』4本入

箇所まで届くハニカムポイント毛・極細毛・ふつう・やわらかめの4タイプ。大切な乳歯を丁寧に磨くのは「乳幼児用」。長寿命毛を採用することでブラシを噛みがちなお子様も安心して利用できる。『ソラデーリズム2』は、特許技術に加えてよりスピーディーに磨ける音波振動式ソーラー歯ブラシ。水と光に加え、音波振動も利用したブラッシングで楽に虫歯菌の付着抑制・除菌、歯垢除去、歯のエナメル質を溶かす乳酸を分解。ブラシの断面を六角形に設定し、銀イオンと備長炭を練り込むことで磨きやすさを追求し、ブラシそのものにも抗菌性をプラス。夜磨くと朝までつるつるが長持ちする。『ソラデー』の開発は、大阪大学歯学部・日本歯科大学東京短期大学をはじめとする12の大学との共同研究で行われ、基礎・臨床研究を経て学会や論文発表累計86報。世界12の国と地域で特許を保有し、世界30ヵ国での販売実績を誇り、日本発のテクノロジーで、オーラルケアの底上げを目指す。（ライター／播磨杏）

52のサロン開業出店支援
1000名以上のサロン開業支援実績あり！

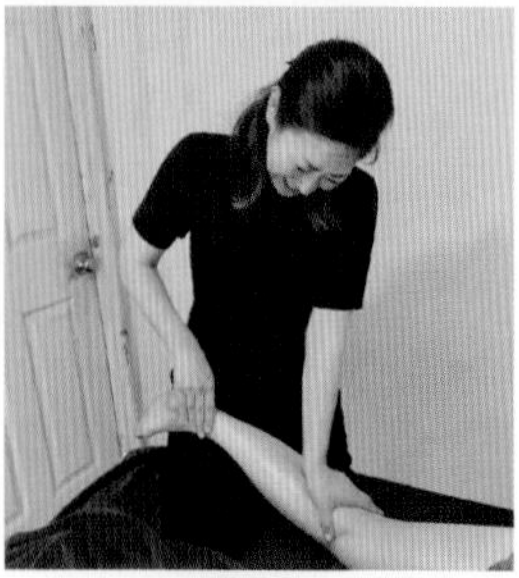

東京心-美容矯正
MINORI school学院長
佐藤美智枝 さん

女性の自立を応援するセラピスト専門の開業スクール。
ほとんどが未経験からチャレンジ！　あなたにぴったりのコースがきっと見つかる！

美容業界約23年目に入る『MINORI-school』学院長の佐藤美智枝さんは、自己資金0円で開業し、セラピストの本質追求とライフスタイルの充実さにこだわってきた。サロン開業で一番大切と感じるのは、「お客様にとって本当に価値のある技術でお客様を笑顔にしたい！」という『想い』だと確信している。これからのAI時代に取って代わることのできないセラピストという価値をセラピストの皆さんに伝えていきたいと考えている。

【2年で90％のサロンが廃業する中、なぜ卒業生は成功できるのか？】

それは、海外では国家資格でもある、医学的根拠のある『お客様を魅了する筋膜手技』の技術と、受講生の想いを形にするための集客ノウハウや経営ノウハウの全面バックアップによりお客様対応に専念できるからだ。同校は、この筋膜手技修得とバックアップサポートが、追加料金なしで活用でき、開業に向けてのコンセプトの決め方や経営者となるためのマインド、戦略なども学べる「独立開業50万円コース」が一番人気だ。（ライター／山城隆輝）

年間1800万円売上実績の受講者輩出
脱毛サロン独立支援の学舎

美容業界24年監修の経験豊富なチームのサポートで最短2ヵ月での開業が可能。

「想像を創造に変え、関わるすべての方に笑みが溢れる人生を提供する」をモットーに様々なエステサロンの経営や独立支援を行っている『Cremir Cherie Japan 株式会社』。脱毛サロンの独立を目指す方向けの脱毛サロンスクール『Cremir-School』は、脱毛の専門的な知識や技術を持つ認定講師による技術講習や具体的な開業や経営の方法、心理学に基づいた営業方法などをイチから学べると好評。脱毛サロン・美容オンラインサロン開業専門アドバイザーによる的確なアドバイスで受講者の悩みや不安にしっかりと寄り添う。最短２ヵ月での開業が可能で、オープン後のサポートも充実。過去には、年間１８００万円の売上実績をあげた受講者も。現在美容業界に従事している方はもちろん、いつか自分のサロンを持ちたいという未経験の方の受講も可能。独立の夢を現実にしたい方にオススメ。また、個人のみならず美容クリニックなど企業よりコンサルタントやスクールの申し込みもあり、その対応も行っている。（ライター／彩未）

Cremir Cherie Japan 株式会社
クレミール シェリ ジャパン
03-6479-3280　info@cremir-c.com
㊟ 東京都豊島区南池袋2-29-16 ルボア平喜南池袋304
https://cremir-c.com/

LINE
お問い合わせはこちらから。

オールハンドの美顔エステ
絶妙なハンドの感触で肌と心をにご褒美

㊮ 10:00〜17:00　㊡ 不定休

オーナー・ビューティアドバイザー
髙橋早苗さん
「2023年で20周年を迎える『セレンナチュレ美顔ルーム』は、より一層みなさんを美肌へと導いていきます」

ツボを刺激されることで血行が良くなり、ハリのある肌に。

神奈川県横浜市保土ヶ谷区の静かな環境に佇むサロン『セレンナチュレ美顔ルーム』は、オールハンドの美顔エステが評判の人気サロン。丁寧なカウンセリングで一人ひとりのお悩みを聞き、シミ・しわ・くすみ・たるみ・吹き出物など肌の状況を確かめる。

東洋医学で用いられる経絡・経穴（ツボ）のマッサージを取り入れたオールハンドの美顔エステは、器具はいっさい使わない。波が寄せては返すような絶妙な感触でα波の眠りを誘う心地よさがクセになる。ツボを刺激することで、肌本来の持つハリのあるすこやかな肌が蘇り、透明感と潤いのある美肌に。さらに身体機能の向上にも繋がる。

使用するのは、飲んでも塗っても身体に良いスクワランを配合した自然化粧品「アーバンイクストール」シリーズ。どんな肌タイプの方も安心して使えるこだわりの化粧品は、購入も可能。サロンは1日3名までの完全予約制なので、早めの予約を。（ライター／播磨杏）

セレンナチュレ 美顔ルーム

セレンナチュレ びがんルーム

☎ 090-4817-2174　☎ 045-334-0358　✉ info@selen-nature.com
㊟ 神奈川県横浜市保土ヶ谷区帷子町2-67-1ストークマンション保土ヶ谷・石田108
http://www.selen-nature.com/

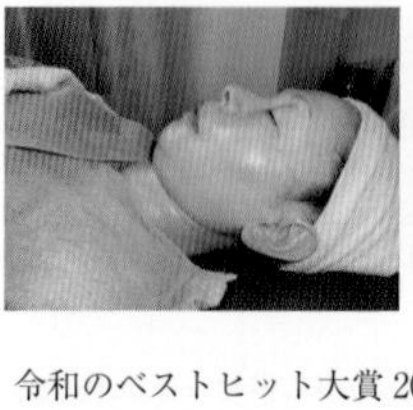

健康的な素肌美を叶える『アーバンシリーズ』。

電流なのに心地いい新感覚マッサージで極上の癒やしをあなたに

㊔ 9:00～21:00（完全予約制）
㊡ 不定休

セラピストの手より微弱の電流を流し、マッサージする技術。

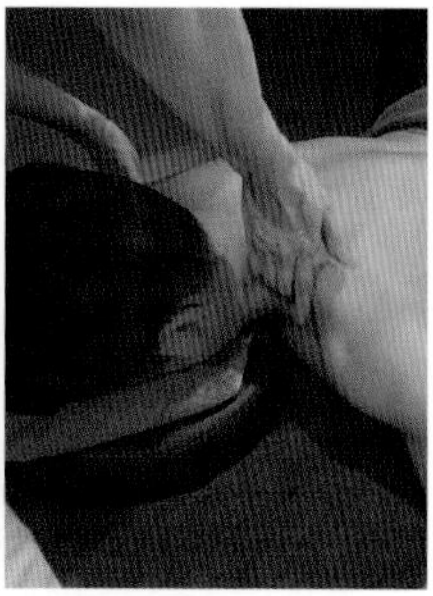

生体電流は、内蔵の動きや代謝、呼吸、体温などを調整する自律神経と密接に関わる。ストレスや疲れ、ＰＣやスマホの電磁波などが原因で生体電流が乱れると身体の冷えやだるさ、コリや肌荒れなど様々な不調が現れる。

セラピストの手から伝わる微弱な電流で、生体電流の乱れを改善して身体の調子を整える新技術『テスラセラピー』を行う広島市の『リラクゼーションサロン suzu』。生体電流がスムーズに流れるように調整することで自律神経の乱れを整えたり、代謝や免疫力のアップ、まぶたのたるみやシワの改善、フェイスラインの引き締め、血流量アップなど様々な効果が期待できる。オールハンドの施術なので、症状のひどい場所をピンポイントで刺激することも可能。セラピストの手のぬくもりと心地よい刺激の電流で施術する極上のマッサージをぜひ一度、体験してみてはいかがだろうか。

（ライター／彩未）

リラクゼーションサロン **suzu**
スズ
✆ 080-1247-0369　✉ suzusalon516@gmail.com
㊟ 広島県広島市佐伯区八幡5-11-23
https://suzusalon.com/

高波動エネルギー×ヒーリング
宇宙と繋がり心・身体・魂を浄化

㊐ 10:00〜18:00
㊡ 不定休

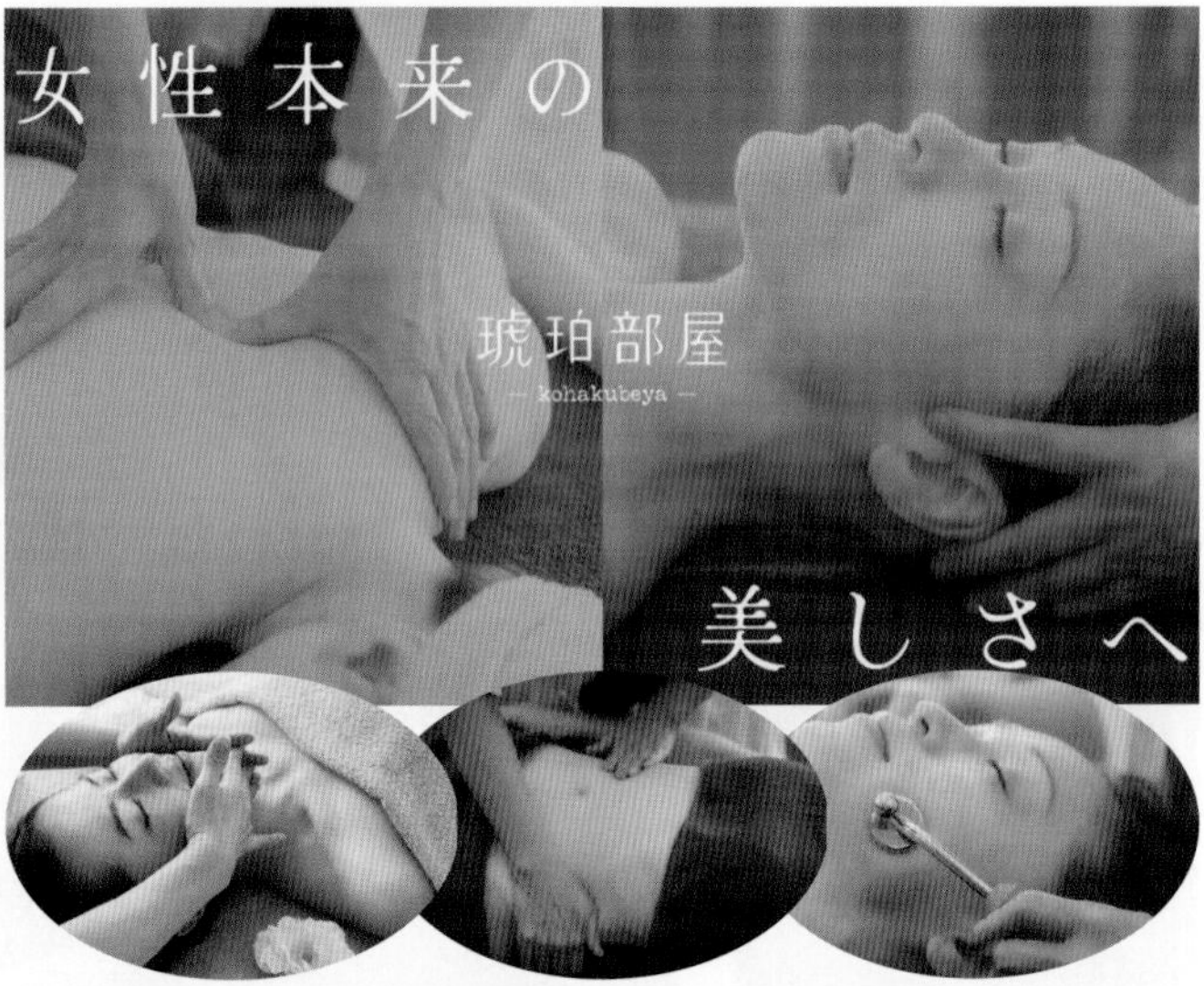

代表 荒川麻衣子さん、真藤知奈さん

『ヒーリング波動エステ フェイシャル（小顔造形、シワ、たるみ、美肌スペシャルコース）』
90分 30,000円（税込）
『ヒーリング波動エステ ボディ（ヒーリング波動エステボディ、マシン、オイルトリートメント、整体）』
90分 35,000円（税込）など

小顔や肌質の改善、身体のラインをきれいに見せるだけではなく、高波動エネルギーとヒーリングで心も身体も浄化する高波動エステサロン『琥珀部屋』。

疲れやライフスタイルの乱れが原因で身体のどこかに不調があったり、悩みを抱えている方は、エネルギーが乱れがち。高波動エステとヒーリングにより、自分の内側の世界に潜在意識を高めていくことで自分の波動を高め、良いエネルギーを呼び込み、不要な負のエネルギーを取り除く。自分と宇宙が繋がっていることを実感すれば、心や身体、魂が浄化されて心がすっと軽くなるという。小顔やネックライン、デコルテの施術は骨格から整え、すっきりとした印象に。

エステできれいになりつつ、自分のエネルギーバランスも整え、運気も輝きもアップ。宇宙と繋がる不思議な体験ができる、まるでパワースポットのような新感覚エステをぜひ体験してみては。

（ライター／彩未）

琥珀部屋
こはくべや
090-9795-2730 kohakubeya@gmail.com
㊟ 東京都練馬区北町7-9-6 アーバンテラス6号館202
https://kohakubeya.com/

琥珀部屋
— kohakubeya —

痛くないのに戻らない
気持ちいい施術で憧れのゆるふわバスト

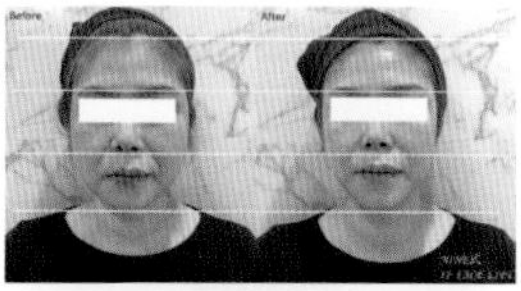

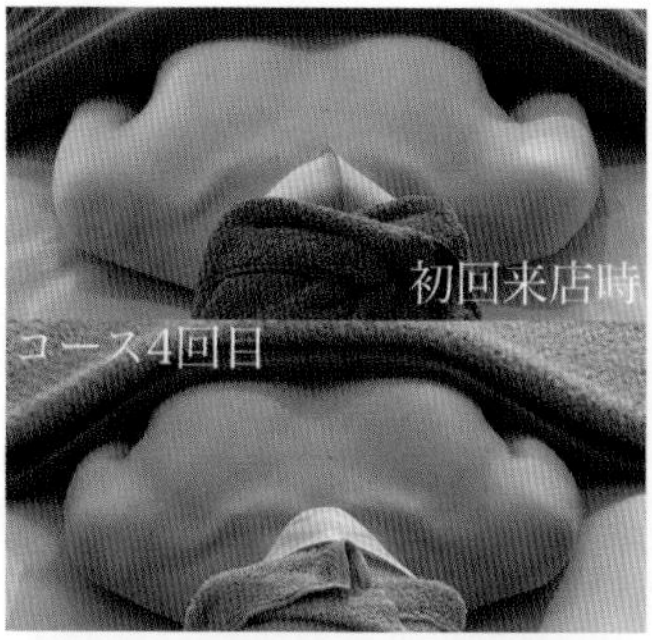

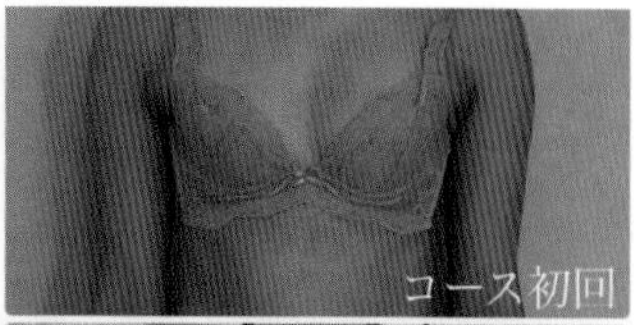

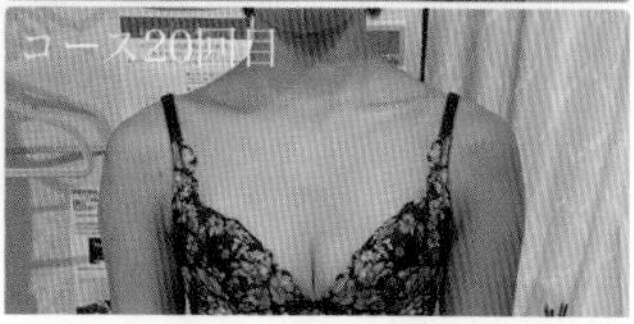

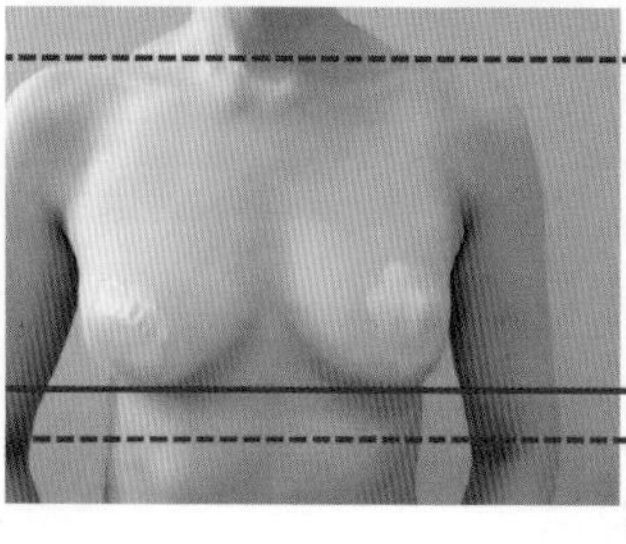

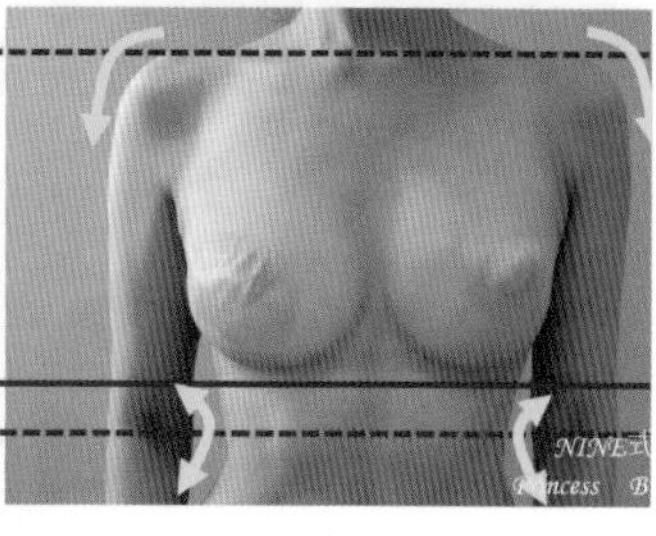

㊝ 9:00～21:30　㊡ 不定休

『驚きのバストUPと筋膜リリース』90分 初回 9,800円（税込）など。

「最も美しい衣装は〝自信〟というベール」をコンセプトに、美しくなりたい女性をサポートするプライベートサロン『甘雨-KANU-』。静岡県初の「NRマシン」を使用した施術が受けられるバストアップ専門店だ。筋肉の浅・深層部にまで達する特殊な波形の周波数の作用で筋肉リペアやほぐし、引き締めを行う。同時に自律神経と女性ホルモンを整え、乳腺をしっかりと刺激することで憧れのゆるふわバストに。「バストが小さい」「胸の垂れやハリ・弾力不足、左右の大きさが違う」などの悩みにしっかり対応。細胞の活性化や血行改善、代謝アップなどバストだけでなく、肩こり・痩身・フェイシャルなどの全身ケアも可能。しっかりとしたカウンセリングと丁寧な施術で身体のバランスを整え、理想のボディラインへ導いてくれる。1回の施術でも効果があるが、続けることで美しい形が定着する。

（ライター／彩未）

甘雨-kanu- by The VIOLUS
かんう
050-8881-3241　support@the-violus.com
㊟ 静岡県静岡市葵区鷹匠2-18-7-204
https://the-violus.com/

韓国カフェのようなおしゃれ空間
スキマ時間で本気のエイジングケア

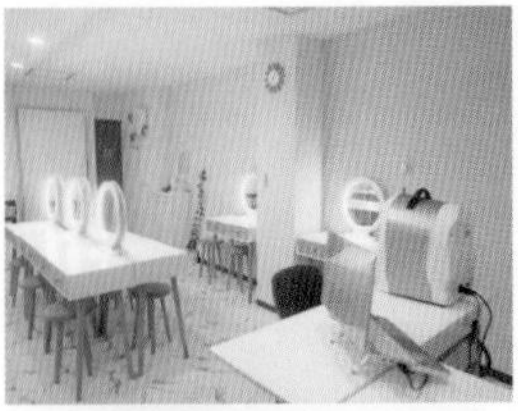

『1回お手軽エイジングケア（お試しメニュー）』1,000円（税込）
『プレミアム エイジングケア・通いたい放題』月額 13,200円（税込）

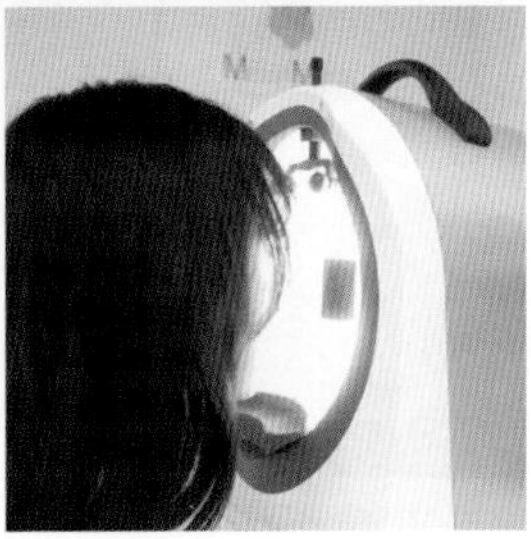

毎日のスキンケアだけでは解決できないお肌の悩みを最新美容機器やオーガニックの力でアプローチして改善するセルフフェイシャルエステ『MELIAMANA』。AIによる肌診断で毛穴やシワ、皮脂量や色素沈着などをしっかりとカウンセリング。診断結果と肌の悩みに合わせて、肌質改善にピッタリのケアプランを提案する。美顔器などの使い方は、スタッフがわかりやすく丁寧に説明してくれるので、初めてでも安心。免疫力アップやビタミン補給などのサプリメントやコラーゲンドリンクの販売など、身体の内側からのケアも積極的。

コスメが充実しているのでデートや婚活、イベントなど気合を入れたいときに利用してそのままお出かけもOK。サブスクの利用で定期的なケアが可能なため、個人利用だけでなく美活クラブの活動拠点などにも利用できる。スキマ時間を有効活用して、本気のエイジングケアにチャレンジしてみては。

（ライター／彩未）

facial esthetic **MELIAMANA** 練馬店
メリアマナ
03-3948-6100　meliamana33@gmail.com
住 東京都練馬区練馬1-18-3 ソサナビル3F
https://meliamana.jp/

MELIAMANA
新宿・中野エリアには、系列の中野新橋店もあり。

新登場、新感覚のスキンケアブランド
お手入れは『プロセスインワン』一つで

これひとつで、5つのスキンケアプロセスを 正しい順序で実感。

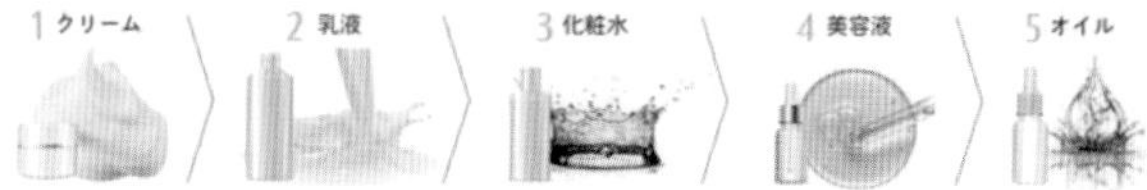

『プロセスインワン メルティクリーム』50g 5,800円（税込）

２０２３年８月にデビューしたスキンケアブランド『FilFARO』のコンセプトは、「巡り・整う」スキンケア。日本の確かな技術と肌に優しいこだわりの素材から生まれたスキンケア商品で、独自のお手入れによる理想のお肌を叶えてくれる。注目は、開発者が７年かけて生み出した『プロセスインワンメルティクリーム』。一つでスキンケアの五つのプロセスを行っていくような感触と実感が得られる逸品だ。ヨーロッパで紀元前から栽培されてきたマドンナリリーの幹細胞に、国産のアサイー、米ぬか、紅麹菌で、ダブル発酵させた「マドンナリリー幹細胞Ｗ発酵エキス」をオリジナル原料として開発し配合。８種の国産アップサイクル美容成分で肌を整え、美しいツヤ肌へ導く。レモン、ベルガモット、ゼラニウム、ティーツリーなど八つのハーブで、思わず深呼吸したくなるような癒しの香りと、肌に載せた瞬間にとろけるテクスチャー。オールインワンではなく、「プロセスインワン」。ぜひお試しを。

（ライター／播磨杏）

FilFARO
フィルファーロ
050-8885-8042　h.fukushima@filfaro.com
㊟ 東京都中央区銀座7-13-6 サガミビル２F
https://filfaro.com/　@filfaro_beauty

『ファーストショット
メルティクセラム』
30ml
6,400円（税込）

ごまの恵みをたっぷりと配合
セサミン×リノール酸が明るい艶肌へ

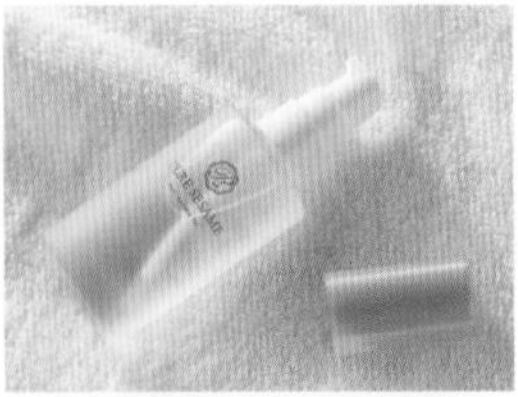

『ピュアセサミオイル［クラシック］』
30ml（約1ヵ月分）
通常価格3,080円（税込）
ごま100％の美容オイル。無添加派の方にオススメ。

『ピュアセサミオイル［ビタミンC誘導体配合］』30ml（約1ヵ月分）
通常価格4,070円（税込）
ごまの天然成分とビタミンCのタッグで、使うたび、美しく、明るい肌へ！

スキンケアシリーズ『PURE SESAME』

「ごま油本来のチカラをお届けしたい」創業298年、世界各地で厳選したごまを使用したこだわりのごま油が人気の老舗ごま油屋『竹本油脂株式会社』。

圧搾製法で丁寧に搾ったごま油を使用した導入美容液『ピュアセサミオイル』は、セサミンの抗酸化力とリノール酸の高い保湿力が自慢。お肌の乾燥による小ジワを目立たなくする。（効能評価試験済み）

ごまの恵みを100％詰め込んだ『ピュアセサミオイル［クラシック］』は、角質層までスーッと浸透してふっくらとハリのある艶肌に導く。

また、『ピュアセサミオイル［ビタミンC誘導体配合］』は、その名の通り、ごまの天然成分にビタミンC誘導体を配合、ブライトニングの領域にまで進化した美容オイルだ。洗顔後、すぐに導入美容液として使えば、お肌の潤いをしっかりキープし、明るく若々しい艶肌へ。

シリーズの美容液クレンジング、化粧水、乳液もお取り寄せコスメとして人気だ。

（ライター／彩未）

竹本油脂 株式会社
たけもとゆし
0120-78-2000 ✉ tc-customer@takcosmeshop.jp
㊟ 愛知県蒲郡市港町2-5
https://www.takemoto-cosmetics.co.jp/

PURE SESAME

こちらからも検索できます。

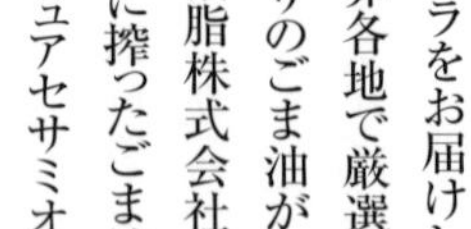

「ごま油は、美容オイルとして理想的」という真実にたどりついた。

楊貴妃も好んだアナツバメの恵み
高い保湿力でぷるぷるの素肌へ

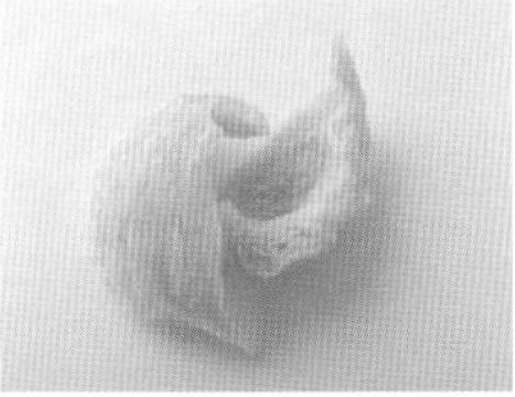

MY SAO® シリーズ

『高保湿化粧水』6,050円（税込）

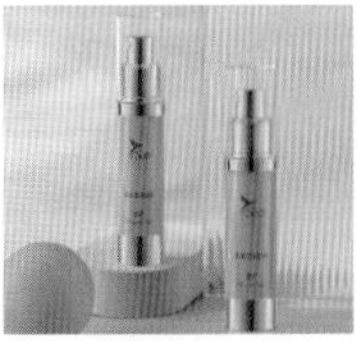

『高保湿美容液』
6,600円（税込）

『美容液M』6,600円（税込）

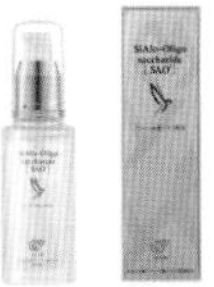

『美容液Y』6,600円（税込）

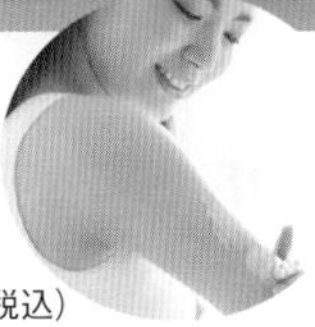

『ボディ
クリーム』
5,500円（税込）

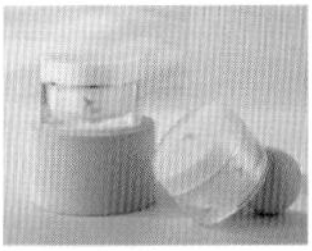

『高保湿クリーム』
8,800円（税込）

『ミスト美容液』
3,850円（税込）

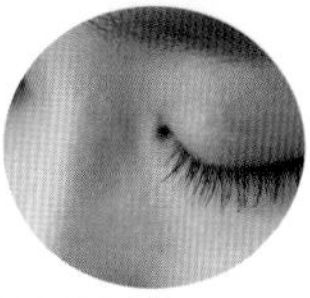

『ソフト洗顔ジェル』3,300円（税込）

世界三大美女の楊貴妃も好んで食したという貴重なアナツバメの巣。アナツバメの巣から特許技術によって抽出したシアル酸を含むシアロオリゴ糖（SAO）を基礎化粧品に贅沢に配合したのが『MY SAO®』シリーズ。

シアル酸は、美肌に関わる成長ホルモンの産生を促す注目物質。肌細胞に働きかけ、コラーゲンや肌の潤い成分の生成を促進したり、肌ダメージの回復もサポート。保湿力があり肌の乾燥や肌のハリ不足が気になる方にオススメの『高保湿化粧水』や『高保湿美容液』の他に、メンズ向けの『美容液Y』、小じわが気になる部分の集中ケアに適した『美容液M』、高い保湿力でぷるんとしたお肌へ導く『高保湿クリーム』、潤いのあるしっとりした洗い上がりの『リフト洗顔ジェル』などもオススメ。乾燥しがちでハリ不足のお肌をしっかりと整え、ふっくらしたぷるぷるの素肌に。

（ライター／彩未）

株式会社 雅嘉貿易
まさよしぼうえき
✆ 03-6905-7808
㊟ 東京都板橋区中板橋11-7
https://www.masayoshi-trading.com/

『まつげ美容液』
3,080円（税込）

植物の感覚に着目
無添加で高機能、時短で極上の美容ケア

『NINE SENSE オールインワンジェル』50g
5,610円（税込）

『NINE SENSE ジェントルスキンクリアローション』
120ml 4,180円（税込）

3大植物成分を配合。

『スタージュ株式会社』の高機能植物化粧品『PHYTOLIFT』がリニューアル。誕生したのが『NINE SENSE PHYTOLIFT』シリーズ。植物が研ぎ澄ましてきた感覚に着目した新感覚の化粧品だ。超高分子で水分を立体的に抱え込む3Dコラーゲン、高密度な網目構造で肌を包みこみ水分を与える3Dヒアルロン酸が、ハリ・弾力・うるおいを持続させ、3Dハリネット成分W※1が引き締まった肌へ導く。さらに植物成分が肌環境をサポートしてエイジングケア効果も発揮。無添加なので安心して使える。角質ふきとり化粧水『ジェントルスキンクリアローション』は、角質を除去して肌表面をなめらかに整える。とろみのあるテクスチャーで、ほのかなローズの香り。一つで9役を担う『ナインインワン』は、ぷるんと弾んで肌にとろける濃密テクスチャーが肌の奥まで浸透※2。オールインワンスキンケアの常識を超え、抜群のうるおいを実感できる。

（ライター／播磨杏）

三つの3D美容成分を配合。
※1 ボタニカルハリネット&セラミドハリネットのこと。
※2 角質層まで

スタージュ 株式会社

0120-2880-76　p-info@starge.jp
㊟ 東京都中央区日本橋本町1-8-16 アポロタワー日本橋7F
https://www.phytolift.jp/

ヒアルロン酸がお肌にワープ
じゅわっと溶ける新感覚フェイスマスク

『ADERAY WARP MASK』
1枚 1,980円（税込）

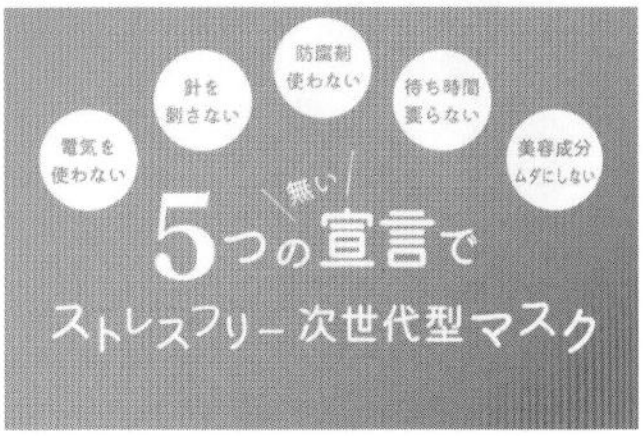

新商品
目元用
『ADERAY WARP EYE MASK』8枚入
4,950円
（税込）

溶ける技術が特許取得。（製法特許第6137858号）

化粧品の企画や開発を手掛ける『株式会社レナータ』の世界初のシート状美容液『ADERAY WARP MASK（アデレイワープマスク）』が話題だ。肌に密着した瞬間にじゅわっと染み込んで溶ける新感覚マスクの秘密は、ナノレベルに小さくしたヒアルロン酸ゲルで作ったファイバーシート。たった1秒の瞬間ケアでヒアルロン酸が角質まで一気に浸透する。

ヒアルロン酸は、1gで6リットルの水分を保有できる超優秀な美容成分。身体の水分を保つ働きをしているが、加齢と共に減少しお肌の乾燥や肌トラブルの原因に。

『ADERAY WARP MASK』は、たっぷり水を抱えたヒアルロン酸がお肌に潤いを与え、弾力のあるお肌へ。さらに最強の若返り成分「NMN」を配合。純度99％以上の「NMN」が、肌の若返りを促し、細胞の代謝を早めて肌トラブルをしっかり改善。明るくきめ細やかなぷるぷる肌に導く。

（ライター／彩未）

株式会社 レナータ
078-334-7400　info@renata.jp
㊟ 兵庫県神戸市中央区加納町4-4-17 ニッセイ三宮ビル9F
https://renata.jp/aderay/

ADERAY

◇使用前

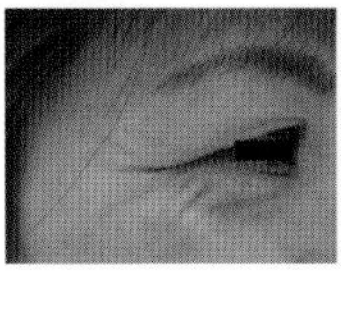

◇1回使用後

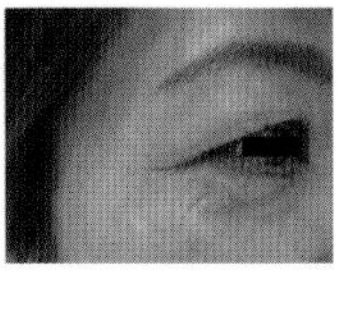

速乾性と保湿力に強いこだわり 忙しい業務中でも手軽にハンドケア

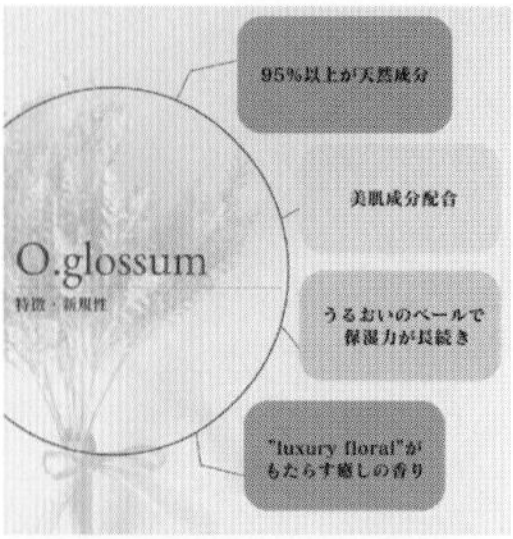

ブランドプロデューサー／手塚 真央

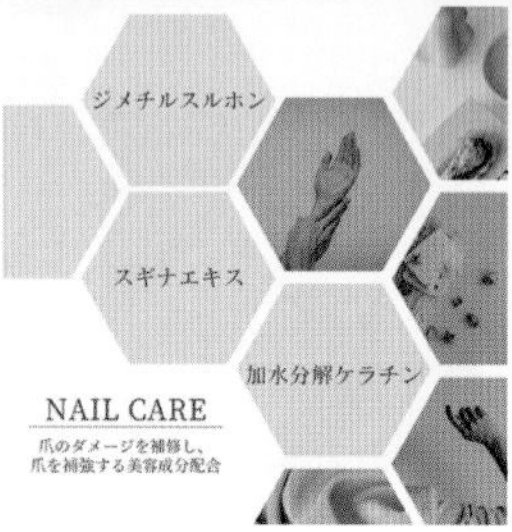

『O.glossum -ハンドセラム-』5,800円（税込）

歯科衛生士が医療従事者の目線から開発した『O.glossum』の『ハンドセラム』が話題だ。感染症予防のため、一日に何度も手洗いや手指消毒をしなければならず、手が荒れがちな医療従事者。塗った直後にベタつく従来のハンドクリームでは、密着性が高い医療用グローブの装着を邪魔するためこまめにハンドケアを行うことが難しかった。忙しい業務中でも手軽にケアできるように「速乾性」と「保湿力」を重視して開発された『ハンドセラム』は、スクワランやホホバオイルなど肌に優しい成分を贅沢に配合し、荒れがちなお肌に潤いをもたらし優しく包み込む。ふわりと香るシトラスフローラルが、疲れた心に癒やしを運んでくれる。医療人だからこその視点で成分と効果にとことんこだわったコスメが、健康と美しさにしっかりと寄り添う。美容師や保育士、主婦など頑固な肌荒れに悩む方にもオススメ。

（ライター／彩未）

O.glossum 株式会社 Be.coeir
オー．グロッサム
✉ info@becoeir.com
㊟ 東京都渋谷区恵比寿1-10-6 清園ビル5F
https://oglossum.base.shop/

『O.glossum』
公式サイト

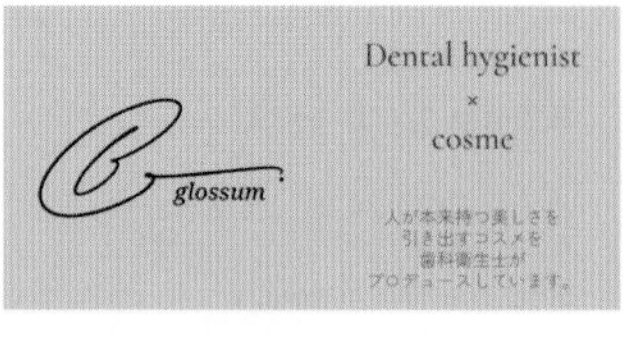

現役美容師が手がけるヘアケアライン
プロだから分かる成分と効能

『CRAS カラーシャンプー』
（ピンク／ヴァイオレット）
各200ml 3,300円（税込）

『KINUKIWAMI セラム（300ml）＆マスク（300g）セット』 10,450円（税込）

大阪の人気美容室「THREELAND」の現役美容師が本気で開発したヘアケアライン『CRAS』。イチオシの『KINUKIWAMI（絹極）』は、名前の通り、何種類ものシルクタンパク質をふんだんに配合したシャンプーだ。加齢や紫外線、ドライヤーやアイロンなどで傷んだキューティクルを補修し、クセや絡まり、広がりやすい髪などの悩みを解決してくれる。菜種油由来のドコサラクトン（エルカラクトン）などで、アンチエイジング効果も抜群。使うとすぐ分かるのがシャンプーして流している時の指どおり。使うたびに憧れのサラツヤ髪に仕上げてくれる。

『CRAS』がこだわっているのは、肌への優しさ、髪への優しさ、内部補修力、持続性、濃度など外面でごまかさない本物の商品。髪を「素材」として日々扱う美容師だからこそ分かる本当に髪が必要とする成分と効能がある。プロが手がける本物のヘアケア、始めてみては。

（ライター／播磨杏）

CRAS 株式会社 THREELAND
クラス
06-6934-1855
㊟ 大阪府大阪市城東区中央1-13-18 角屋がもよんビル4F
https://cras.official.ec/

CRAS

『セラム』詰め替え
1000ml
10,450円（税込）

『マスク』詰め替え
1000ml
16,50円（税込）

マツキヨココカラ発!気になる髪の悩みを解決
健やかな頭皮環境と美しい髪へ

『エムキュア
スカルプ&モイストシリーズ』

『エムキュア
ディープモイス&リペアシリーズ』

『MQURE』

大手ドラッグストア『マツキヨココカラ&カンパニー』が展開するヘアケアブランド『MQURE（エムキュア）』から髪の診断無しで店頭購入可能な『MQURE in STORE』が登場。

『エムキュア　スカルプ&モイストシリーズ』には、イソプロピルメチルフェノール（有効成分）とモイストセラミド（潤湿剤）を配合。頭皮のかゆみやベタつき、フケなどのトラブル対策に。『薬用スカルプ&モイストエッセンス』には、塩酸ジフェンヒドラミン、タマサキツヅラフジアルカロイド（有効成分）を配合。頭皮環境を整えて発毛を促すので、抜け毛が気になる方にオススメだ。

『エムキュア　ディープモイス&リペアシリーズ』は、紫外線や熱のダメージを修復し、指通りの良い髪に導くγ-ドコサラクトンとウィローハーブ&保湿力の高い5種ののセラミドを配合。毛先まで潤いのあるつるつるの髪へ。

自分の髪の悩みに合わせて自由に選択し、健やかな頭皮環境と美しい髪を手に入れて。（ライター／彩未）

株式会社 マツキヨココカラ&カンパニー

03-6880-2010　mk-support@matsukiyococokara.com
住 東京都千代田区神田駿河台4-3 地新お茶の水ビルディング2F
https://www.matsukiyo.co.jp/mkc/mqure/

YOGA　ゆったり落ち着くフローラル・ハーブの香り

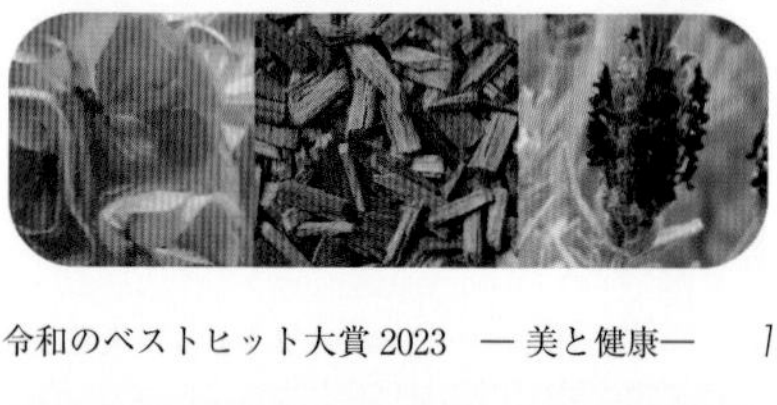

本場バリで修行したセラピスト
癒しとリフレッシュで魅力をより一層輝かす

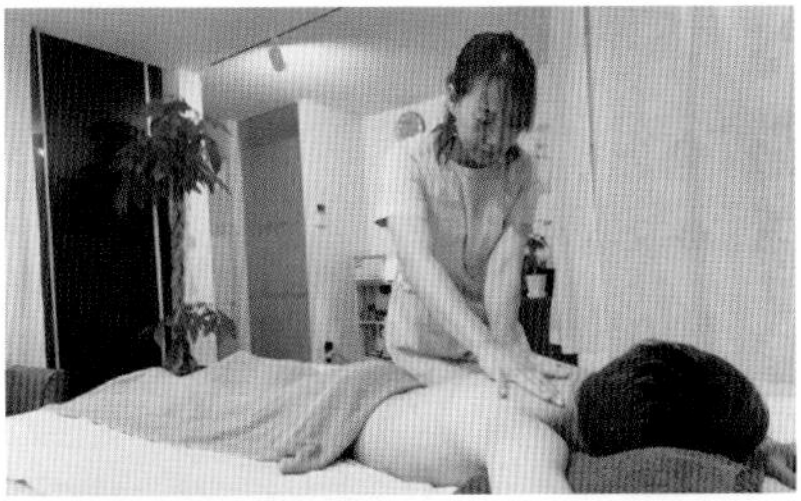

「施術中に悩み相談を受けており、今後オンラインでも相談を受付」

『全身リラックスできるコース』
120分 15,000円（税込）
『全身リラックス+ヘッドマッサージ』
150分 18,000円（税込）など

㊔ 10:30〜Last
（予約受付9:30〜21:30）
㊡ 不定休

ヒーリングテラス For men

ヒーリングテラス フォー メン

070-3312-7542
㊟ 福岡県久留米市東合川町
https://mens.healing-terrace.jp/　lin.ee/SZDEtvV

日々頑張る男性のための美脱毛、リラクゼーションサロン『ヒーリングテラス　For men』。本場バリ島でオイルトリートメントを学び、インストラクターを取得。スポーツ選手やマッサージ好きが通う隠れ家的雰囲気のプライベートサロン。一度体験するとたま来たくなるほど、リラックスしながら本格的な施術を受けられる。疲れた身体を癒すハンドヒーリングや最新美肌脱毛など全身メンテナンスも可能。心身ともに癒しを与え、明日から頑張れる、そんな想いと時間を提供。ぜひ、極上のひとときを。

（ライター／彩未）

5種類の美容原液をバランスよく配合
天然由来成分でお肌を優しく包み潤い素肌へ

『ピュア5ミクス』5,380円（税込）

株式会社 ナローズ

059-361-6007　info@narrows.co.jp
㊟ 三重県四日市市天カ須賀4-6-8
https://amzn.asia/d/cDBJZ0q/

漢方成分でもある植物性プラセンタ、ヒアルロン酸、植物性コラーゲン、プロテオグリカン、セラミドの五つの成分を配合した『株式会社ナローズ』の薬剤師監修美容液『PURE5MIX（ピュア5ミクス）』。高い保湿力で乾燥から守りながらハリ・弾力不足や肌荒れ改善などをトータルでサポート。パラベン、防腐剤不使用で肌トラブルになりやすい敏感肌の方でも安心。エアレス容器採用で最後の一滴までフレッシュなまま。五つのこだわり成分でしっとり潤い素肌へ。

（ライター／彩未）

北海道で栽培された米ぬかで作る化粧品 ボタニカル成分で自然体の素肌に

『Siamam化粧品シリーズ』
6種類セット 10,000円（税込）

株式会社 穴太ホールディングス
あのうホールディングス
0439-29-7793 service@anou-group.co.jp
㊟ 千葉県木更津市潮浜2-1-51
https://anou-group.co.jp/

米ぬかの美容成分をスキンケアに取り入れたのが『株式会社穴太ホールディングス』の『Siamam（シアマム）化粧品シリーズ』。北海道の自社農園で育てた特別栽培米の米ぬかで作るボタニカル化粧品だ。米ぬかには、40種類以上のアミノ酸、ビタミン、ミネラルなどに加え、米特有の美肌成分が豊富に含まれる。そんな米ぬかのエッセンスが、肌をしっとり保湿。無香料・無着色・無鉱物油・ノンパラベンで敏感肌の方も安心して使える。

（ライター／播磨杏）

脳の断捨離で心も身体も完全開放
世界中で話題のヘッドセラピー

出張も行っている。

『アクセスバーズ』60分 10,000円（税込）～　『整腸セラピー』60分 7,000円（税込）～
『脳腸相関セラピー』（120分／150分）16,000円（税込）～

脳と腸のコンディションを整え、心と身体を完全開放に導くお手伝いをする『Conditioning Salon zuu.』。

脳の断捨離とも呼ばれる米国発祥のアクセスバーズは、170ヵ国以上で施術されている海外でも話題のヘッドセラピー。頭部にある32ヵ所のポイントに優しく触れ、脳に溜まっているエナジーを開放。脳にインプットされた疲れを癒やすことで、脳に蓄積された思い込みや先入観、ネガティブな感情などを削除、脳をリラックスさせて思考を軽やかにすることで人生がうまくいきやすくなるように導く。

神経で繋がっている脳と腸。どちらかがバランスを崩し始めるともう一方にも影響するため、整腸セラピーやアロエベラ製品を活用した腸活にも力を入れる。脳腸相関といわれるぐらい、脳と腸をしっかり整えることで、睡眠の質を上げ半永久的に病気知らずの健康な身体になるようサポートする。

（ライター／彩末）

Conditioning Salon zuu.
ズー
090-3714-4765　zuut0piaa@gmail.com
㊟ 沖縄県宮古島市字下里1171-5
lin.ee/eDiCrl6　@zuu_conditioningsalon

LINE　Instagram

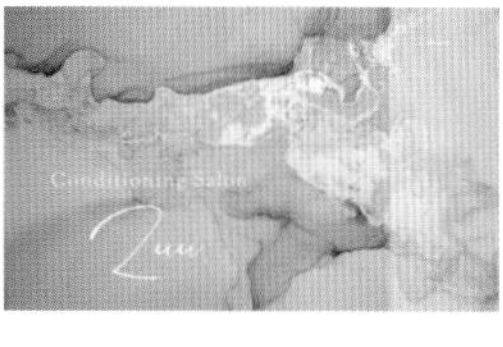

バーオソル×ピラティス×整体理論
人生を変える骨格改善トレーニング

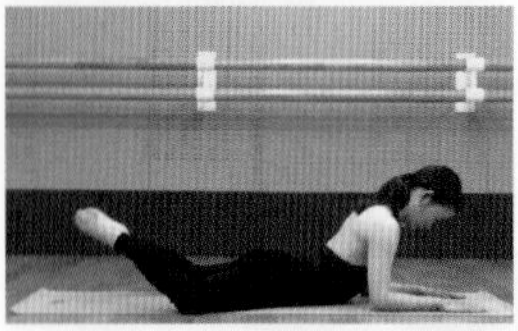

代表 井野美瑞希さん

『バーオソルピラティス&
バレエ入門クラス』
日程・詳細は、お問い合わせを。
『バーオソルピラティス認定指導者
資格取得コース』を開催中。詳細は
HPやアメブロを参照。

フランスのバレエダンサーのトレーニングであるバーオソルと負傷兵のリハビリのために開発されたピラティス、整体理論を融合した「バーオソルピラティス」。正しい呼吸で身体を動かし、骨盤や股関節、背骨などの骨格の歪みを整えると共に体幹を鍛え、健康的な身体づくりを行うものだ。バーオソルとバレエ両方が楽しめる『バーオソルピラティス&バレエ入門クラス』は、体幹を鍛えながら踊る楽しさも学べると好評、ピラティスクラスからステップアップする方や両方体験したい方の入会が耐えない。『一般社団法人バーオソルピラティス協会』代表の井野美瑞希さんは、股関節の痛みで歩くのも辛い日々を過ごしていたという。その後、バーオソルとピラティスを合わせた独自の骨格改善トレーニングを考案し、見事ダンサーへの復帰を果たした。人生を変える力があるバーオソルピラティスのメソッドを記した井野さん初の著書「骨格が変わると人生も変わる!?」も必読。

（ライター／彩未）

一般社団法人 **バーオソルピラティス協会**
バーオソルピラティスきょうかい
☎ 03-5843-9102　✉ bpa0813@gmail.com
㊟ 東京都文京区千駄木3-44-9 パレ・ドール千駄木II-B105
http://barreausolpilates.jp/　https://bpa.tokyo/　アメブロ https://ameblo.jp/odorueigyoman

BPA
Barre au sol Pilates Association

バレエ・ピラティススタジオ
astage

千駄木バレエ・
ピラティススタジオastage
https://astage.info/

360°全方位から生活と思考の習慣をチェック 真の健康を手に入れる

『ベーシックプラン』
6ヵ月 99,000円(税込)
『プレミアムプラン』
6ヵ月 345,000円(税込)

習慣化サークル

心身の健康は、生命の初期の母親の食生活や精神状態、今日までの食習慣や運動習慣、腸内環境、ストレス、幸福感および、あなたを取り巻くすべての環境に左右されるという。

病気のリスクを抑え、いつまでも幸せに生きることを目指す『ライフスタイル リセット クラブ』では、酵素栄養生化学のエキスパート、ママドウ博士独自の「ウェルネス測定」で自分の健康の現在地を把握。ウェルネスを目指すために、今の自分に何が必要かを知り、不適切な習慣を見直し、自分の体を自分でコントロールできるようになるための正しい健康情報を学び実践していく。

自身で基本を整えていく「ベーシックプラン」と、コーチとマンツーマンでじっくり改善する「プレミアムプラン」から選択可能。生涯にわたって健康で病気知らずに生きるために真の健康を手に入れたい方にオススメ。

（ライター／彩未）

360 Wellness 株式会社
スリーシクスティ ウェルネス
03-6205-6244 ✉ info@360wellness.co.jp
㊟ 東京都新宿区西早稲田2-18-23 スカイエスタビル1102
https://360wellness.co.jp/lrc/

360WELLNESS
スリーシクスティ ウェルネス

ママドウ博士

5000年の歴史を持つインドの伝統医療
暮らしに息づく長寿の秘訣

サルバガンダー
（降圧作用のあるハーブ）

アーユルヴェーダ薬に使用する薬物
（生薬原料材）

MINISTRY OF AYUSH
Preventive Health Measures to
BOOST IMMUNITY
Self Care Guidelines by Ministry of AYUSH
Drink warm Water throughout the day
Daily practice of Yogasana, Pranayama & Meditation for at least 30 minutes
Use spices like Turmeric, Cumin, Coriander and Garlic in cooking
Dated: 29 April, 2020

免疫力を強める日常養成法。

ブラフミー（健脳ハーブ）

基礎講座修了書授与式。

結婚式は第二の人生の門出儀式、家族みなで祝福。

５０００年の歴史をもつインドの伝統医療『アーユルヴェーダ』。インドには百歳以上の高齢でも目や耳、鼻、舌、皮膚などの感覚器官が全く衰えていない人たちがいるという。彼らは皆、はっきりとした生きる目的を持っており、いくつになっても身体と心、魂を鍛え毎日を楽しんでいる。『大阪アーユルヴェーダ研究所』では、肉体や心、スピリットを同時に考え、長寿と若さを保つことに重きをおいた予防医学を具体的に学べる講座や実習、健康相談、インド文化や言語、占星術などを行っている。『アーユルヴェーダ』は、「一日をどう過ごすか」が基本。「予防は治療に優る」という考え方から、睡眠の質や食事、体質や気候、風土、季節を考慮し、年齢に合わせて日々の暮らしを整えることで、身体の不調を改善し、病気を予防する。体力や免疫力、自然治癒力などを高めるとともに健康で幸せに生きるための知識とヒントを教える、昨今の統合医療の一環である。

（ライター／彩未）

大阪アーユルヴェーダ研究所
おおさかアーユルヴェーダけんきゅうしょ
06-6305-0102　ih6h-inmr@asahi-net.or.jp
㊟ 大阪府大阪市淀川区西中島4-7-12-501
https://www.e-ayurveda.com/

बच्चों ने गटकी स्वर्णप्राशन की दो बूंद

予防薬ナノゴールド治療（地域野外キャンプ）地域新聞記事

予防薬ナノゴールド治療（地域野外無料診療風景）

ゆらぎ世代の女性をサポート 45種の成分配合の高性能サプリ

『エクオールワン』
60粒(30日分) 2,980円(税込)

女性用健康食品・サプリメントの開発販売を行う『株式会社レディース ヘルスケア ラボ』のオススメ商品が『エクオールワン』。中高年の女性が感じる様々な不調・ゆらぎをサポートするサプリメントだ。

40〜50代女性特有の悩みに対する有用成分をリサーチし、45種の成分を厳選して配合。特にゆらぎ世代の女性の健康と美容をサポートするエクオールを生成する二大成分、大豆イソフラボンとラクトビオン酸をそれぞれ最大量配合。さらにゆらぎのリズムを整えるチェストツリー、美肌に導くフランス海岸松樹皮、体を温める高麗人参など10種の女性サポート成分に、マルチビタミン、乳酸菌・プロポリス・ビタミンDなども配合。一日2粒ですべての成分を摂取できる。

なんだかすっきりしない、前向きになれないなど心や身体のバランスを崩しやすい「ゆらぎ期」は数多くの女性の悩み、同製品で解決してみては。

(ライター/播磨杏)

株式会社 レディース ヘルスケア ラボ

048-932-0100 equol-one@mbr.niffty.com
㊟ 埼玉県草加市栄町2-2-24 フラットフィールドⅡ-202
https://item.rakuten.co.jp/equol-one/002/

L.HC.Lab
Good for All Ladies

馬プラセンタの恵みをたっぷり配合
きらきら輝く自分を好きになる

代表取締役 東佳代子さん
「昨日の私より今日の私をもっと好きであるように」
"Like me today more than I was yesterday"

北海道産サラブレッド馬プラセンタ
純末100%
Long Kiss GOODNIGHT
ツヤ・ハリを取り戻し、
生き生きとした笑顔と気持ちで毎日の輝きを！
飲みやすいソフトカプセル、
1日2粒飲むだけ
Long Kiss
GOODNIGHT

Long Kiss
GOODNIGHT
Long Kiss
GOODNIGHT

『Long Kiss GOODNIGHT』5,940円（税込） 2個セット 10,800円（税込）

希少な北海道産サラブレッド馬の胎盤から丁寧に採取した生プラセンタをカプセルにぎゅっと詰め込んだ『株式会社彩巴』の『Long Kiss GOODNIGHT』。プラセンタは、皮膚や筋肉の修復や再生を促したり、老化を促進する活性酸素の発生抑制や血行促進、免疫機能の向上、睡眠の質の改善、更年期障害を和らげるなど様々な効果がある超優秀な美容成分。成分を壊さないフリーズドライ製法で水分と不純物だけ除去したプラセンタを1500㎎も配合。その他18種類のアミノ酸やヒアルロン酸、コラーゲン、ビタミン、ミネラルなどが豊富で年齢を重ねると気になるお肌のシワやたるみ、くすみ、乾燥や体力低下などの悩みをしっかり改善。成長ホルモンの分泌が多いシンデレラタイムに飲めば、朝まで快眠できるだけでなく、お肌のリニューアル力もアップ。身体の内側から健やかな毎日を全力でサポートする。

（ライター／彩未）

株式会社 **彩巴**
いろは
092-732-8849 info@iroiroha.co.jp
㊟ 福岡県福岡市中央区渡辺通5-6-18
https://iroiroha.co.jp/

shopはこちらから。

iroha Co.,Ltd.

iroha
Co.,Ltd.

美と健康にコメ由来のサプリ
毎日のシリカで美容ミネラルを摂取

『コメからとるシリカ』
60粒（約30日分）2,916円（税込）

代表取締役 西本和彦さん

もう、お水をたくさん飲む必要はありません。
たったの2粒で一日分のシリカを補えます。
コメから
とるシリカ!
高濃度
非結晶ケイ素
シリカ
含有量
52mg
※2粒中
食物繊維
230mg
※2粒中

2022年に発売した『コメからとるシリカ』。サプリメントのネットショップ部門では、2023年に行われた「30代~50代の女性が選ぶ★シリカサプリ3冠獲得」ともなっている人気サプリだ。シリカは、美容に欠かせないコラーゲン、ヒアルロン酸、エラスチンを結びつける役割があるといわれ、美肌を保つには欠かせない。『コメからとるシリカ』は、シリカ含有量の多い無農薬の石川県のもみがらを非燃焼、純精製加工。さらにシリカと相性の良い亜鉛、マンガンなどミネラル7種をバランス良く配合し、パウダー状にしたものを凝縮し、飲みやすいタブレット状に仕上げた。2粒で52㎎ものシリカ含有量で、一日の必要摂取量を簡単に補え、もみがら由来の食物繊維も豊富だ。シリカは美肌だけではなく、健康のバランスを保つイオンバランスを調整したり、トイレ習慣にも効果が期待できるという。これまでシリカ水を飲んでいた人も、シリカを知らなかった方もぜひお試しあれ。

（ライター／播磨杏）

BOOMPLUS 株式会社
ブームプラス
✆ 0744-41-6901 ✉ contactus@boomplus.co.jp
㊟ 奈良県橿原市市川西町935-28
https://www.rakuten.co.jp/yamatomahoroba/

コメから
とるシリカ!

忙しくても健康的に野菜を取り入れたいあなたに『国産青汁×レモンティーAole-アオレ-』を

『国産青汁×レモンティーAole-アオレ-』
90g　定期便 980円（税込）
通常価格　3,280円（税込）

青汁と聞くと誰もが苦～い顔になりそうだが、そんなイメージを覆す青汁がある。『株式会社Anc』の『国産青汁×レモンティーAole-アオレ-』は、国産大麦若葉と飲みやすいレモンティーのコラボで、驚きの美味しさが誕生。すっきりして飲みやすく爽やかな味わいだ。農薬・化学肥料不使用園地にて栽培の鹿児島県産大麦若葉の栄養素にモリンガ粉末・フラクトオリゴ糖・ビタミンCなどをバランよく配合している。植物由来の甘味料（ステビア）を使用しているので、ほんのり甘い。忙しくて外食やファストフードなどが多い方は、野菜を摂ることがなかなか難しい。しかし、ドリンクで飲める青汁はちょっとした時間があれば、簡単に取り入れることができる。野菜が不足すると、便秘や肥満・糖尿病などの生活習慣病を引き起こす恐れもある。野菜不足を感じている方は、ぜひ『国産青汁×レモンティーAole-アオレ-』を飲んで健康な毎日を目指そう。（ライター／河村ももよ）

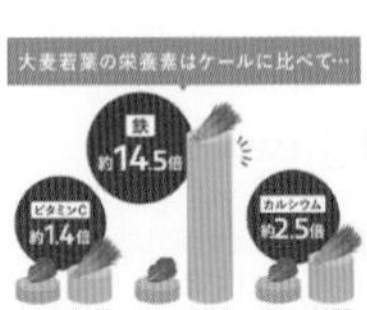

株式会社 Anc
エーエヌシー
052-253-6221　info@anc.nagoya
㊟ 愛知県名古屋市東区泉1-16-7 K21ビル3F
https://aole.jp/lp1/

今まで専門家の手を借りてた適切なリハビリを自宅で小型コンパクトな「助けの手」

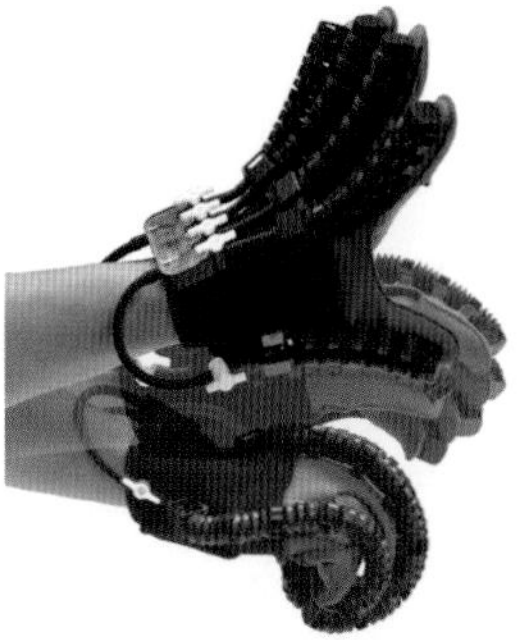

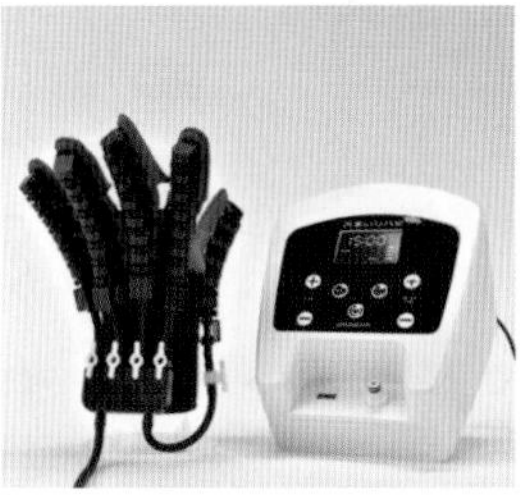

『制御ボックス+アシストグローブセット』
(S･M･L) 129,800円(税込)

まいリハ
株式会社 エルエーピー

脳こうそくや脳出血など死につながることがある脳血管疾患。現在、日本には170万人以上もの患者数がいるという(厚生労働省「患者調査」2020年)。幸い生命の危機を回避したとしても脳疾患を患うと手足にマヒや拘縮(こうしゅく)などの重篤な後遺症が残ることもある。適切なリハビリを施す(回復期)ことである程度回復した後(継続期)も手指をほぐすなど継続的なリハビリが大事だ。従来、理学療法士や作業療法士、介護人の手により行われていたリハビリを個人でできるようサポートする装着型ロボットとして注目の『パワーアシストハンド』を、より手軽に家庭でも簡単にリハビリ訓練ができるようにしたのが『まいリハ』だ。人間工学に基づいた手指関節の動きをプログラムされた空気の力を利用してサポート。患者さん自身が自宅で手軽に繰り返しリハビリ訓練ができる。低圧の空気圧で動くので、手指に過剰な力がかかることもなく安全。お試しの無料体験も実施中。

(ライター/今井淳二)

株式会社 エルエーピー

046-204-9343　info@st246.jp
㊟ 神奈川県厚木市妻田西1-19-22
https://assist-hand.com/

A

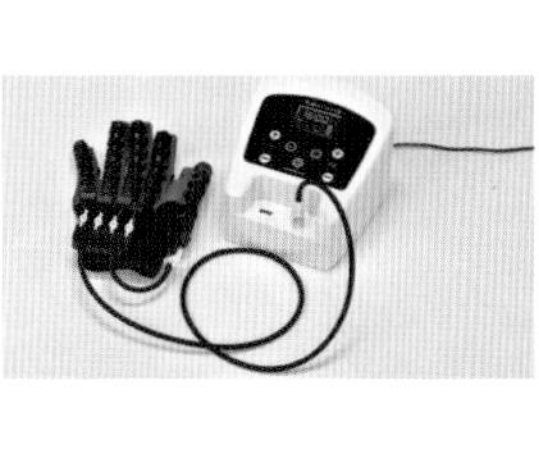

ビューティーサロン併設型
夢のような時間を過ごせる整骨院

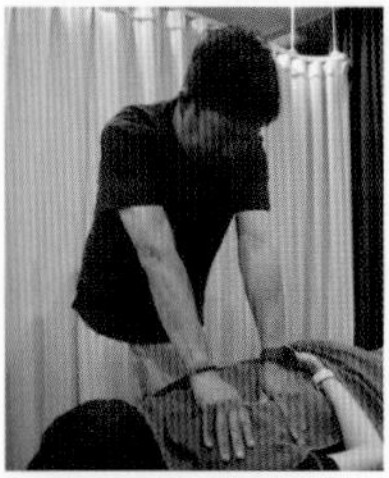

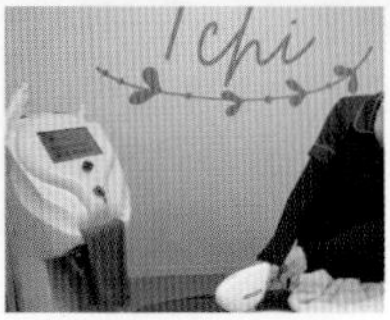

『たかし整骨院』
㊫ 10:00〜20:00
ただし、13:00〜16:00は、
前日まで完全予約の方のみ。
水・土曜日10:00〜13:00
㊡ 日曜日・祝日

『1chi』
㊫ 10:00〜20:00
(最終受付)
㊡ 不定休
「美肌脱毛」「Eライトフェイシャル」が初回半額。

たかし整骨院
たかしせいこついん

☎ 072-940-7625 ✉ takashiseikotsuin@gmail.com
㊟ 大阪府八尾市萱振町1-158
http://blinks.fyi/gobugobu/ https://takashiseikotsuin.net/

「院長先生のマッサージがとても上手い」と大評判の大阪府八尾市にある『たかし整骨院』のたかし院長が、美肌脱毛とEライトフェイシャルの受けられるお店『1chi』というエステサロンとタッグを組み、サロン併設型の整骨院を2022年11月にオープン。整骨院での保険施術とサロンでの脱毛、フェイシャル、EMSが、同じ場所で受けられる。価格もリーズナブル。また、交通事故施術も好評で、顧問弁護士とタイアップを行い、心身のケアに努めている。

（ライター／河村ももよ）

もう挫折しない女性特化パーソナルジム
しなやかな美ボディに

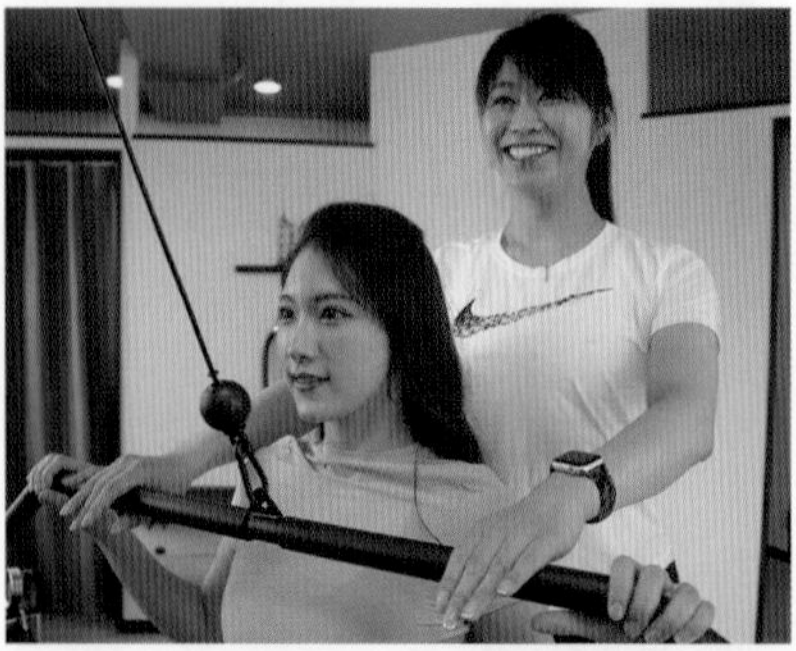

『パーソナルジム』
入会金 30,000円(税込) 1回 50分 6,600円(税込)

女性専用パーソナルジム Dolce
ドルチェ

☎ 070-8939-8498 ✉ dolcetraining@gmail.com
㊟ 東京都葛飾区東金町1-26-1 にのみやビル2F
https://dolce-fitness.com/

「女性ならではのしなやかなカラダ」をコンセプトに、目標に向かって頑張る女性をサポートする『女性専用パーソナルジムDolce』。カウンセリングを元に、個人の体質や目的に合わせたトレーニングの提案や姿勢改善、食事指導、レシピの提供などを行う。パウダールームや休憩スペースには、女性が快適に過ごせるよう細かな配慮がなされている。ダイエット成功者続出中と話題のジムで憧れの美ボディを手に入れてみては。

（ライター／彩未）

周波数の乱れを整えいつまでも若々しく身体の悩みを根本から改善

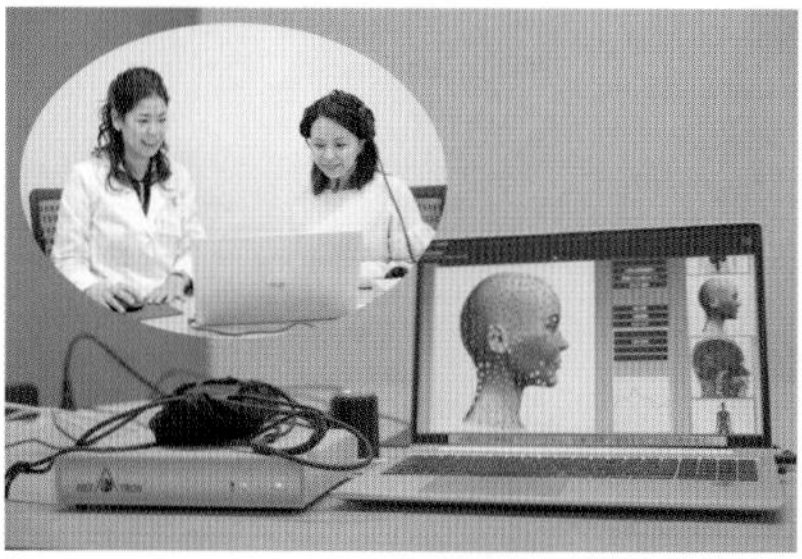

『メタトロン』ヘッドセットをつけて乱れている臓器を整える。『ベーシックコース』60分 12,000円（税込）など

セラピスト
関井真紀子さん

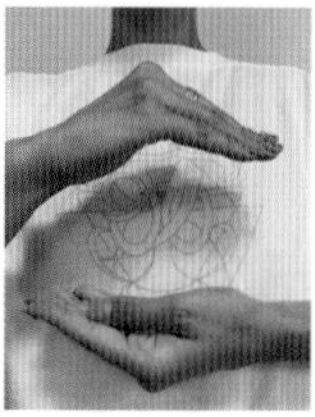

『アウイ』セッション

メタトロンレインボー

070-9044-8367 rainbow24@rakumail.jp
住 埼玉県さいたま市浦和区仲町2-5-1 ロイヤルパインズホテル浦和B1 Mio浦和
https://www.metatronrainbow24.com/

『メタトロンレインボー』は、身体の周波数を測定し、周波数が乱れた臓器を見つけてその乱れを整える『メタトロン』を使用し、あらゆる体調不良を根本から改善してくれるサロン。7月より宇宙の根源からのエネルギーを使用し、悩みやトラウマ解消、体調不良などの悩みを分解・リセットする『アウイセッション』を開始。『アウイ』のみでもOKだが、併用すると心も身体もよりスッキリ、前向きな気持ちに。

（ライター／彩未）

82種類の植物素材を発酵・熟成させた酵素エキスを配合した『MASHIRO株式会社』の『82Xビューティードリンク』は、発売以降アジア圏で根強い人気を誇る高級美容ドリンクだ。乾燥肌が気になる方向けの「コラーゲン」には、フィッシュコラーゲンを12000㎎配合。コンドロイチンや椿種子抽出物などの美容成分が乾燥からお肌を守り、しっとり潤い肌へサ ポート。肌トラブルを改善したい方向けの「プラセンタ」には、厳選した豚プラセンタを450000㎎配合。フィッシュコラーゲンやパイナップル果実抽出物、燕の巣エキスなどの美容成分がハリ艶溢れる肌へ導く。続けやすいよう美味しさも追求。美味しく続ける美容習慣で、憧れの美肌へ。

『コラーゲン82X サクラプレミアム』
500g 12,000円(税込)

『プラセンタ82X サクラプレミアム』
500g 14,500円(税込)

『コラーゲン 82X シハル』
500ml (50ml×10本) 4,200円(税込)

『82X The Pink COLLAGEN』
1箱10本入り 2,800円(税込)

『82X AI Cream (美容クリーム)』
10g 5,800円(税込)

『82X AI Serum (美容液)』
10ml 5,800円(税込)

美味しく
飲みやすいので
続けやすく、
「こんな美味しい美容ドリンクは
飲んだことがない」との声も!

MASHIRO

株式会社 MASHIRO　Tel.0978-37-1184
大分県宇佐市南宇佐2453-1　https://82x.jp/

SAKURA
Premium
PLACENTA
SAKURA
Premium
COLLAGEN

進化する
矯正歯科
デジタル技術で製作する
透明なマウスピース矯正
矯正歯科の先進国アメリカ発祥の
マウスピース矯正を使う治療法。
透明で目立ちにくく、
痛みや違和感が少ないのが特長。
口腔内の健康と審美性、
クオリティーオブライフの向上を実現する。
with Smile
アライナー矯正
TANAKA DENTAL CLINIC
田中歯科医院
田中歯科医院 Tel.04-7164-3000 (代)
千葉県柏市千代田3-15-1 エクセレントビル2F
柏市 田中歯科医院 検索

令和の
ベストヒット大賞
Best Hit in REIWA

最前線医療の現場と
頼れる専門ドクター

人々の健康を守り、病で苦しむ人々を救う
優れたドクターや地域の頼りになるクリニック。

世界の医療が注目!!

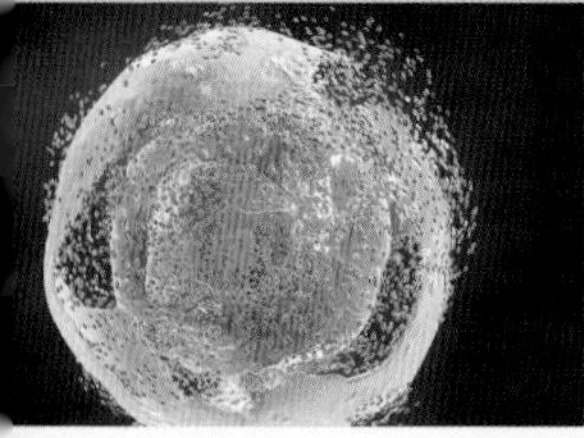

SENOLYTICS セノリティクス

健康寿命における セノリティクス(老化細胞除去薬)の未来に寄せる期待は大きい。

「老化細胞」は、癌や認知症、神経変性に至るまで、様々な老化現象を促進していると考えられている。そこで「老化細胞」を除去することで、老化を遅らせることや、若返りも含めた真のアンチエイジングの未来に期待が高まっている。

細胞の老化とは?

私たちの身体の細胞分裂回数には限界があります。ヒト胎児由来線維芽細胞が、一定回数細胞分裂を経た後、増殖を停止し、その後も細胞が死滅せずに生存し続けている現象を「Leonard Hayflick 博士」が発見しました。この現象は「細胞老化」と名付けられ、細胞分裂の限界を発見者の名前からヘイフリック限界と呼ばれています。

細胞老化の研究から、細胞核の中にある染色体の末端部分であるテロメアが、細胞分裂を繰り返すたびに短くなっていき、ある程度の短さになると細胞老化が始まることが分かっています。さらに、老化細胞では次のような現象が現れます。まず、老化遺伝子の活性化が見られます。これは老化遺伝子のスイッチがオンになっている状態を指します。この老化遺伝子を設計図にしてタンパク質が作られ、そのタンパク質が細胞周期を停止(静止期に移行)させることで、細胞増殖ができなくなります。細胞増殖は停止していても、生命活動はしているので、細胞から様々な物質が分泌されます。その一つに細胞間の会話ツール「エクソソーム」があります。エクソソームには様々な情報が入っていますが、老化細胞では細胞間のコミュニケーションの内容が変化しており「加齢遺伝子」が含まれています。その結果、周りの老化していない細胞まで老化させてしまうのです
また、通常ミトコンドリア（細胞のエネルギー産生器官）は傷んで古くなると「マイトファジー」という現象により、新しいものへと置き換えられます。しかし、老化細胞では、先述の細胞周期を停止させる遺伝子により、マイトファジー現象を、引き起こすシグナルが阻害され、傷んだミトコンドリアが残ったままになります。この傷んだミトコンドリアは、活性酸素種を撒き散らしたりして、細胞内に悪影響を及ぼします。この活性酸素やその他の類する物質により、遺伝子や細胞内器官が傷害されるため、その遺伝子を設計図として作られるタンパク質にも異常が起こります。アルツハイマーを引き起こす、異常アミロイドβがその一例で、正常アミロイドβは、水溶性で神経細胞に蓄積しないものなのですが、異常アミロイドβは難溶性のため蓄積することで、神経細胞に死をもたらします。

世界で老化細胞の研究領域が拡大!!

残念なことに、幹細胞や免疫細胞も老化するため、新しい細胞が生み出されません。当然、免疫細胞がガン細胞や病原体を駆除する能力も落ちているため、ガンになったり病気にかかりやすくなります。このように、細胞の老化は神経変性や癌、罹患率上昇、肥満などの様々な老化関連の疾患を身体全体に引き起こすことになります。

昨今、老化の原因を生物学的に把握できてきたことから、老化関連疾患の治療方法に関するいくつかのアイデアが生まれてきています。その有力候補が「セノリティクス」です。これは老化細胞を標的にアポトーシス（細胞の自殺）を起こさせる薬剤を投与し、老化細胞そのものを除去する治療法です。

また、老化細胞を除去するのではなく、老化細胞の停止している細胞周期を薬剤で再び動かすという試みもされています。老化ヒト線維芽細胞内にある特定の酵素を阻害すると、老化細胞の細胞周期が再び回り始め、皮膚再生能力が復活したという報告もあります。これはいわゆる細胞の若返りと言ってもよく、先述の老化細胞除去とは異なる治療方法になる可能性があります。

世界では、老化細胞の蓄積により引き起こされる様々な疾患、アルツハイマー、循環器系疾患、骨粗鬆症、糖尿病、腎疾患、肝硬変等に対して、セノリティクスを用いた臨床試験が試みられており、病気が改善されたという報告もすでにあります。この「セノリティクス」の概念は医療分野だけに留まらず、老化細胞を除去することで健康寿命を延ばすことができる可能性が示され、近年では老化細胞の研究が増えてきています。化粧品・健康食品分野でも注目されているホットなテーマです。近い将来、セノリティクスに関する新たな市場やビジネスが大きく成長していくと考えられます。

長年、研究の世界に携わってきましたが、この10年で「老化」をテーマにする研究は目まぐるしく進化しており、私共研究者にとっての大きなチャレンジです。このセノリティクスという研究領域が世界で注目される理由はまさに必然といえます。

株式会社ミューズ
代表　中島 洋

株式会社ミューズ　高知県室戸市室戸岬町 1828-3　TEL 0887-22-2212

弓部＋下行大動脈手術の変遷

	1980年代	1990年代	2000年以降
手技	正中切開＋左開胸	Elephant Trunk	Open Stent Graft
特徴	侵襲大	2期的手術が7割必要	手術が1回で済む可能性が高い

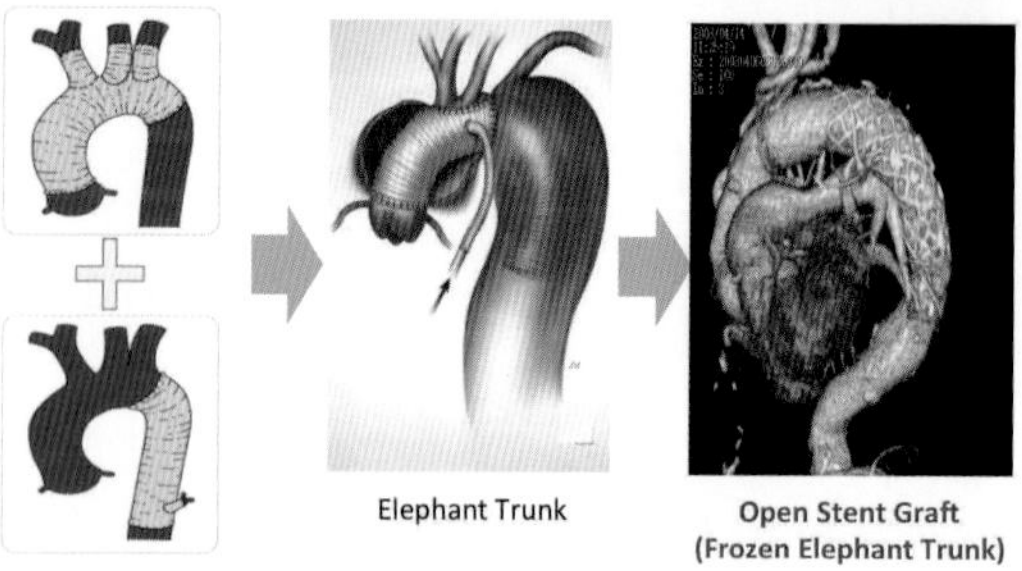

『オープンステントグラフト』図

診療体制の進化を牽引し
地域医療に貢献
病院組織の課題解決に
業務をマニュアル化

診療科の長所を伸ばし
チーム医療の発展図る

「地域医療への貢献度を高めるため、診療体制を進化させる」

21の診療科と病床430床、手術室9室を擁する国内有数の医療機関、千葉県松戸市の『新東京病院』新院長の中尾達也さんが2023年6月の就任に際し、約1000人のスタッフに示した決意だ。各診療科の長所を伸ばすことと、組織的な課題の解決に一丸となって取り組むことを方針に掲げ、進化を牽引していく考えだ。

中尾院長は、右胃大網動脈を使った冠動脈バイパス手術を世界で初めて開発した医師や天皇陛下の冠動脈バイパス手術を施行した医師など国内外屈指の名医が在籍した心臓血管外科で14年間活躍した三学会構成心臓血管外科専門医。その心臓血管外科を含め全診療科について、先進医療技術と最新鋭の医療機器による高精度の診療、スタッフの献身的な働きで国内屈指の治療実績を重ねてきたことを指摘すると同時に、アカデミックな風土を特長として挙げる。

「新東京病院は、以前からアカデミックな医師であることを要求される風土があります。心臓内科を筆頭に毎年多くの英語論文を世に出しており、自分たちの診

中尾達也 院長
広島大学医学部卒。2014年『新東京病院』副院長兼心臓血管外科主任部長。三学会構成心臓血管外科専門医。三学会構成心臓血管外科専門医認定機構修練指導医。日本冠疾患学会評議員。腹部、胸部ステントグラフト実施医。2023年6月『新東京病院』院長就任。

ソーシャルワーカー・保健師による対応時間
月〜土曜日9:00〜17:00

医療法人社団 誠馨会 **新東京病院**
しんとうきょうびょういん
047-711-8700
㊟ 千葉県松戸市和名ヶ谷1271
http://www.shin-tokyohospital.or.jp/

療や手術をきちっと検証していることころは何より誇りとするところです」

こうした長所を重視する一方、中尾院長は課題にも目を向ける。

「他のグループ病院と比べて大きく出遅れている病院機能評価や働き方改革などの宿題が山積しています。これらの宿題を一つずつ解決し、チーム医療を発展させ、スタッフ一同が新東京病院で働くことを誇りに思い、地域医療により貢献することができる診療体制に進化させていくことが院長の使命と考えています。これを実行する上で重視するのは、文章で人を動かすこと、情報を共有することです。院内の業務をマニュアル化し、人が変わっても組織として業務を滞りなく継続できる仕組みを作っていきたいと思っています」

現在、同病院は外来を松戸駅東口の新東京ハートクリニックと新東京クリニックに置き、その間をシャトルバスで送迎しているが、年月経過とともにタイムスケジュールに問題が生じているといい、この課題にも取り組むという。

最近、著書を出版した（写1）中尾院長は、心臓血管外科主任部長も兼務し、病院管理者としての仕事と並行して、大動脈瘤に対する日本発の医療技術、オープンステントグラフクラフト法による手術治療などを行い、また、海外で高い評価を得てきた同手術法の海外への普及にも継続して力を入れていく。（写2・3・4）

（ライター／斎藤紘）

著書「いのちを救い、縁を繋ぐ生き方 心臓血管外科医が次代へ伝えたいメッセージ」現代書林刊（写1）

2022年4月、大動脈に関する国際シンポジウムのオンライン。（写2）

2019年11月、イタリアボローニャ大学での発表。（写3）

2019年11月、ボローニャ大学、Bartolomeo心臓血管外科教授と。（写4）

慢性副鼻腔炎の局所麻酔日帰り手術で実績 鼻中隔弯曲症なども内視鏡下で安全に手術

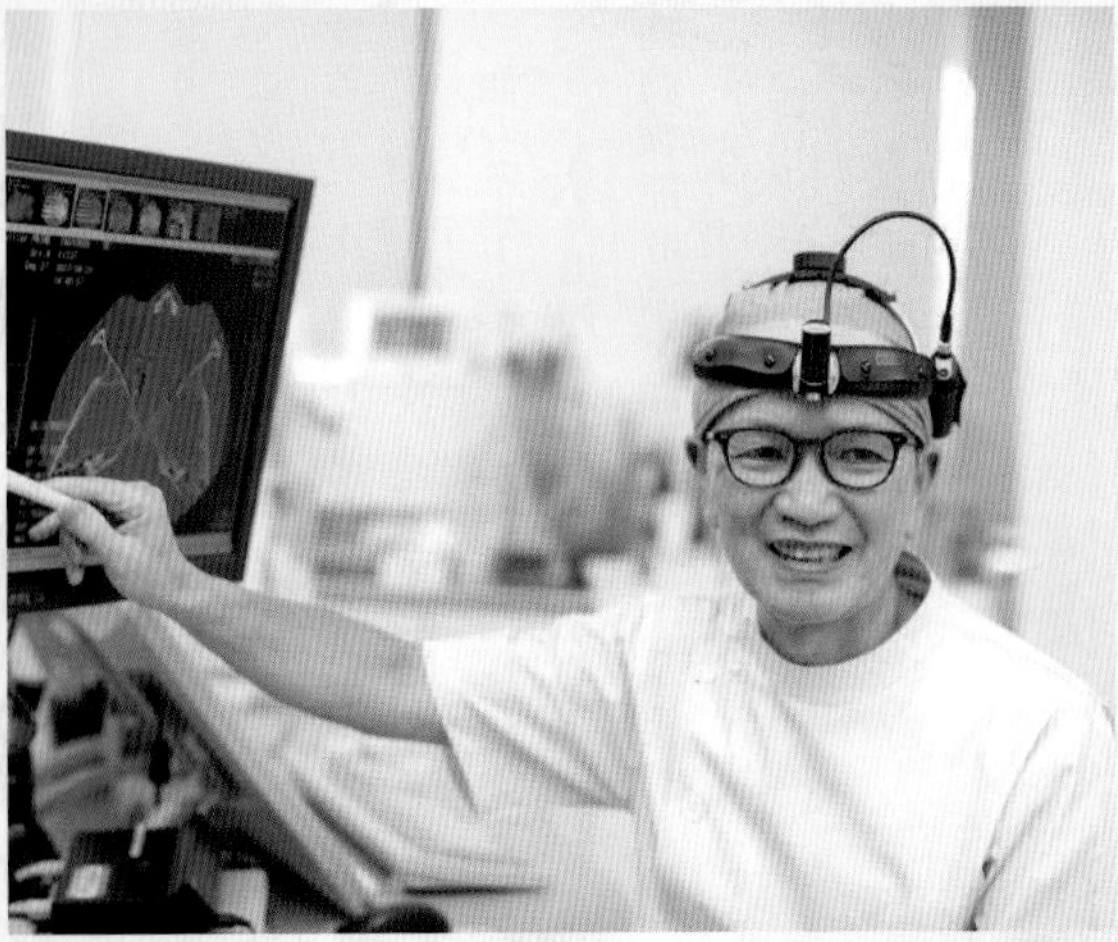

石戸谷淳一 院長
徳島大学医学部卒。国立国際医療センター研修医。医学博士（東京大学医学部）。米国の国立衛生研究所（NIH）にResearch Fellowとして留学。国立国際医療センター・耳鼻咽喉科医長、横浜市立大学附属市民総合医療センター耳鼻咽喉科教授。

生活の質の改善に有効
長年の臨床研究が反映

通常は、入院して全身麻酔で行う鼻・副鼻腔の手術を局所麻酔による日帰り手術で安全に行い、入院する時間が取れない人や幼い子どもを抱える母親などの多くの患者さんを辛い鼻症状から解放しているのが『石戸谷耳鼻咽喉科』の石戸谷淳一院長だ。東京大学や米国の国立衛生研究所で研究を重ね、横浜市立大学市民総合医療センターでは教授も務めた医学博士。内視鏡による副鼻腔手術の経験は30年以上にも及び、鼻・副鼻腔の診断・治療・手術に関する幅広く深い知見と高度な医療技術が手術の信頼性を支えている。また、昨今話題になっている難治性の好酸球性副鼻腔炎に関する論文も数多く執筆し、その診断基準作成にもかかわった国内屈指の副鼻腔炎の名医だ。手術は、毎週火曜日と金曜日に2例ずつ行い、局所麻酔で実施した手術は『石戸谷耳鼻咽喉科』だけでも千例を超える。局所麻酔なので手術中に多少の痛みは時々あるが、全く痛くなかったと述べる患者さんも多く、手術直後に「痛みがとても辛かった」との感想を述べる患者さんは皆無。手術中に患者さんとおしゃべりをして患者さんをリラックスさせることが局所麻酔手術のコツだという。

「副鼻腔は、鼻腔と細い通路でつながっている骨の

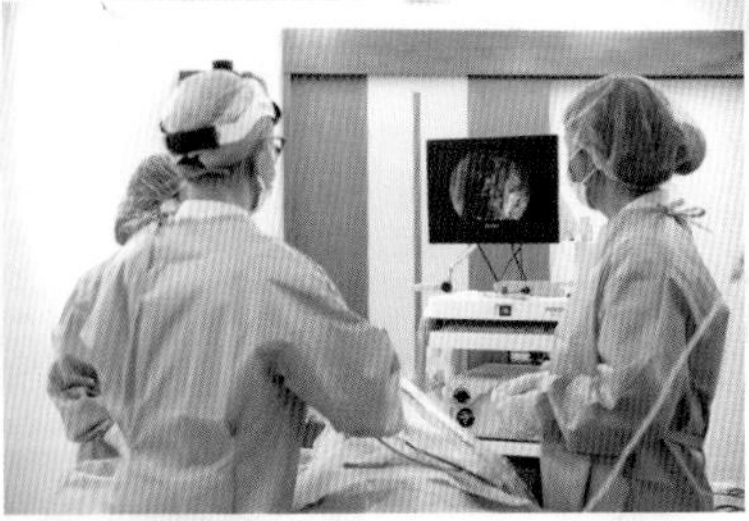

慢性化した副鼻腔炎に対する低侵襲の日帰り手術で声価を高める。

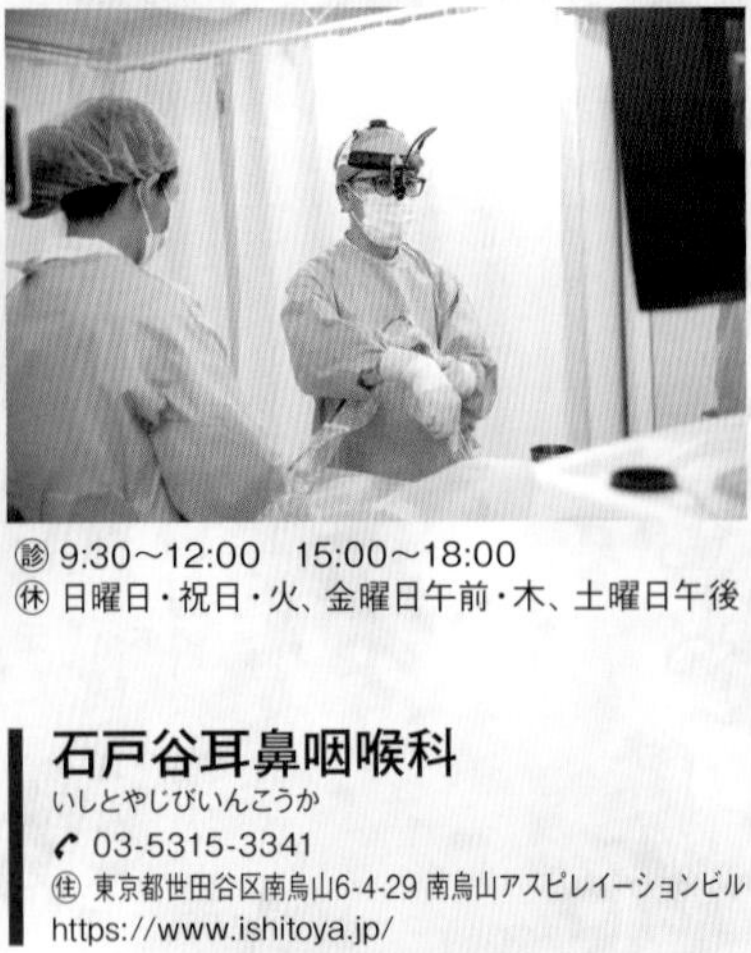

㊟ 9:30〜12:00　15:00〜18:00
㊡ 日曜日・祝日・火、金曜日午前・木、土曜日午後

石戸谷耳鼻咽喉科
いしとやじびいんこうか
☎ 03-5315-3341
㊟ 東京都世田谷区南烏山6-4-29 南烏山アスピレイーションビル
https://www.ishitoya.jp/

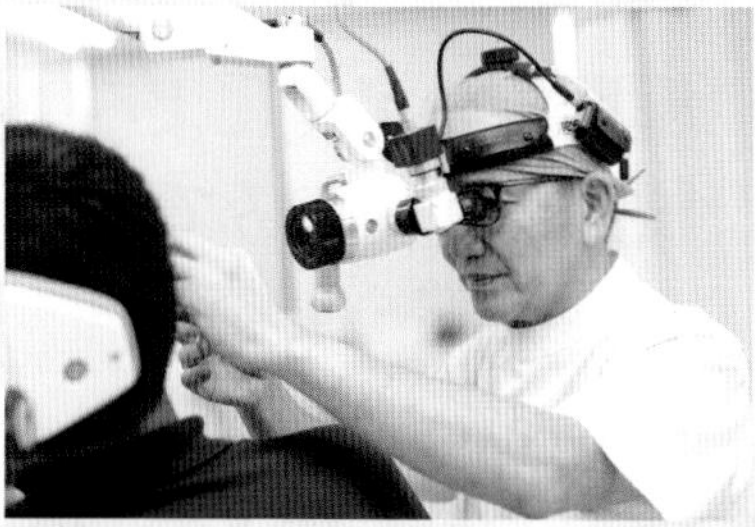
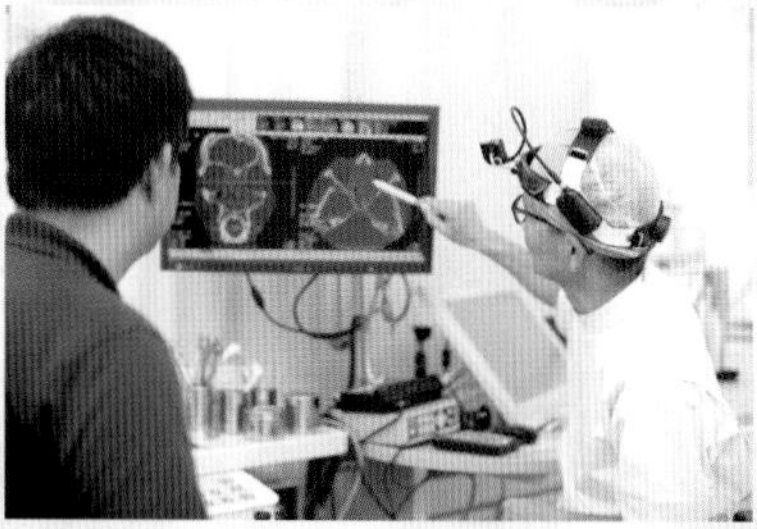
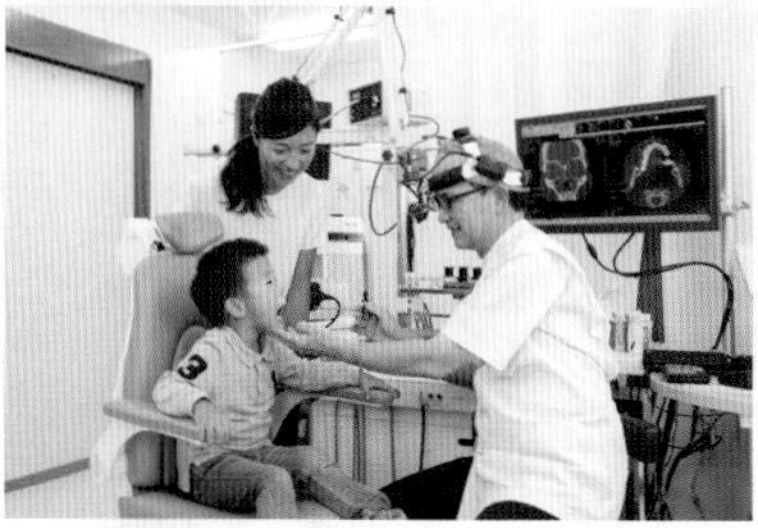
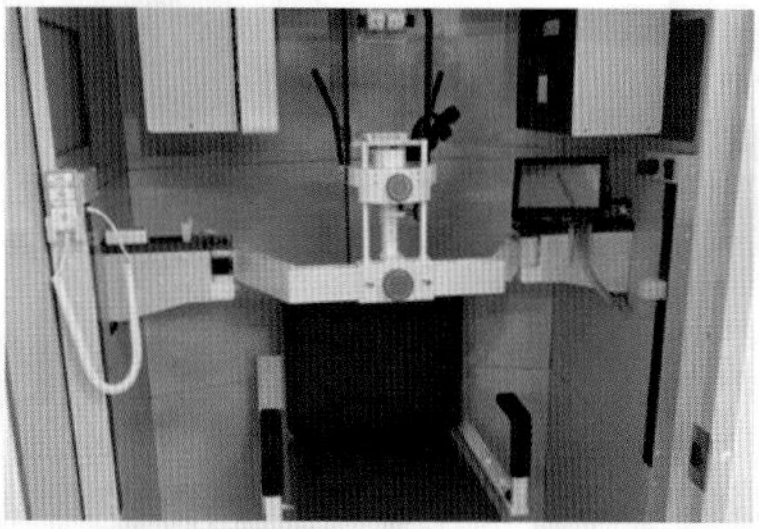

空洞で、左右に4個ずつあり、通路が狭いために炎症が長引きやすく、副鼻腔炎には慢性炎症が生じやすいです。内視鏡手術は、鼻の穴から内視鏡を挿入して患部を拡大したモニター画面を見て行うので、安全で低侵襲な手術が可能です。鼻茸や副鼻腔の病的な粘膜を除去し、各副鼻腔と鼻腔との細い通路を大きく開放して副鼻腔炎が再発しにくくします。昨今注目されている難治性の好酸球性副鼻腔炎に対しても、局所麻酔で全身麻酔の手術と同じ手術ができます。また、左右の鼻腔を仕切りする鼻中隔が曲がっていて鼻閉や嗅覚低下などを生じる鼻中隔弯曲症に対しても、曲がっている部分の軟骨や骨を摘出する鼻中隔矯正術を局所麻酔で行っています。さらに、アレルギー性鼻炎に対しては、鼻腔の下鼻甲介手術や後鼻神経切断術も有効です。これらの手術によって長年の鼻閉・鼻漏・痰・咳だけでなく、風邪をひいた時や飛行機の乗った時の頭痛などからも解放され、『世界がかわった』とおっしゃる方も少なくありません。鼻・副鼻腔の構造や病態は個々の患者さんによって様々ですので、大病院での長年の経験が現在の私の診療に生きています」

『石戸谷耳鼻咽喉科』では、症状や病歴に加えてCT検査や内視鏡検査も同時に行って詳しく調べるので、初診当日に自分の鼻・副鼻腔の状態を説明してもらえる。手術やセカンドオピニオンを希望して遠方から受診する患者さんや『石戸谷耳鼻咽喉科』で手術を受けた知人から勧められて受診する患者さんも多い。こうした緻密、丁寧、安全重視の確かな診療姿勢が評判になり、診察予約が取りにくい日も少なくないという。

（ライター／斎藤紘）

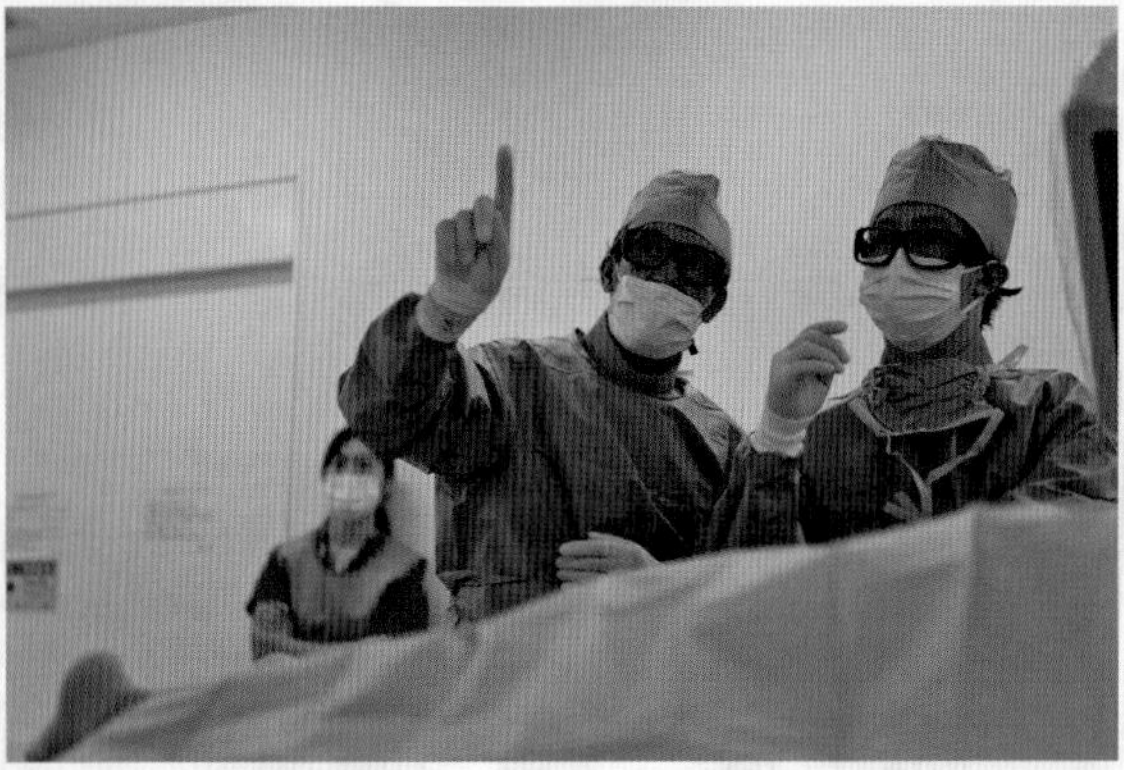

椎間板の老化による腰痛を注射のみで改善 国内で唯一実施の日帰り腰痛治療法

特別な医療材料を注入 国内外から治療に来院

背骨の骨と骨の間にあってクッションの役割を果たす椎間板の変性や老化によって起こる腰痛を改善する方法として『セルゲル法』という局所麻酔による注射療法を国内で唯一導入しているのが2022年9月に開院した『ILC国際腰痛クリニック東京』だ。世界の先進腰痛治療技術を駆使して治療に取り組む箕輪忠明院長は、負担が少ない日帰り治療であることや手術ができない人でも実施できることなど『セルゲル法』のメリットを挙げ、腰痛治療の有効な選択肢として推奨する。

「『セルゲル法』は、専門的には経皮的椎間板インプラントゲル治療術といい、椎間板の変性や老化によって起こる腰椎椎間板ヘルニアや腰部脊柱管狭窄症、腰椎変性すべり症、坐骨神経症などによる腰痛の改善を目指す治療法です。局所麻酔下でX線透視装置を使用しながら、0・8㎜という極細の穿刺針を背中から椎間板に留置し、セルロースを配合したディスコジェルという特別な液体状の物質を注入します。ディスコジェルは、椎間板自体を修復するだけでなく、クッション材にもなって椎間板が持つクッション機能のサポートも期

箕輪忠明 院長
日本医科大学医学部卒。日本がん治療認定医機構がん治療認定医、日本医師会認定産業医、日本腰痛学会会員、日本内視鏡外科学会会員。

㊟ 9:00〜17:00 ㊡ 木・日曜日・祝日

医療法人OJ会 ILC国際腰痛クリニック東京
アイエルシーこくさいようつうクリニックとうきょう
03-6712-3111
㊟ 東京都港区港南1-8-15 Wビル1F
https://ilclinic.or.jp/

待できます。セルロースが椎間板内部をコーティングして修復することで、髄核が外側に漏れ出なくなります。インプラントして残るので将来にわたって椎間板の温存も期待でき、再発のおそれが極めて少ないのも特長です」

治療時間は30分から40分程度で、治療後約60分安静にすれば帰宅でき、入院の必要がなく、日帰りで治療が受けられるという。

「2007年にフランスで始まった『セルゲル法』は、欧州を中心に世界54ヵ国以上で導入されている腰痛治療法です。海外で特別なトレーニングを受けた医師しか施術ができず、注射するディスコジェルも認定医師しか入手できないため、日本国内では今のところ当クリニックしか行っていません。メスを使わないため、全身麻酔ができない方、持病や服薬中のお薬の影響で手術ができない方でも実施することができます。外科的手術を行ったものの効果が無かったといった場合でも治療可能です。仕事や家事で入医治療が困難な方にも適しています」

同クリニックには、『セルゲル法』による治療を求めて高齢者を中心に幅広い年齢層の人たちが全国から訪れ、海外からも治療希望者も増え始めているという。

（ライター／斎藤紘）

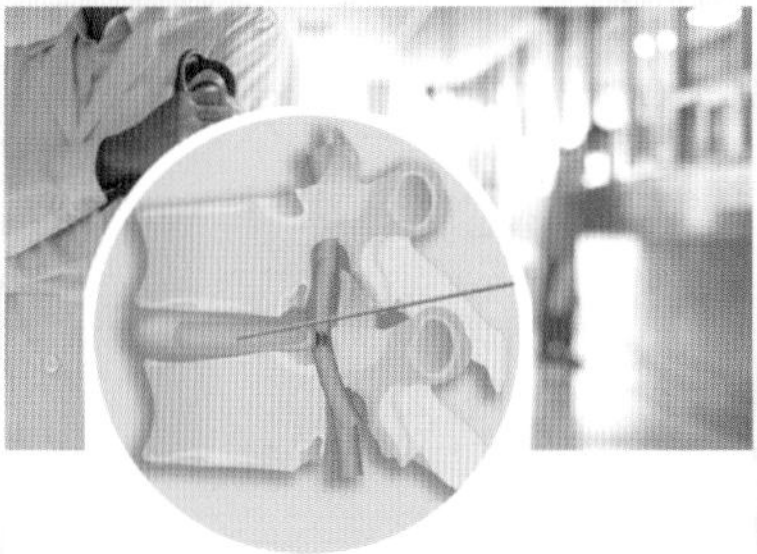
『セルゲル法』

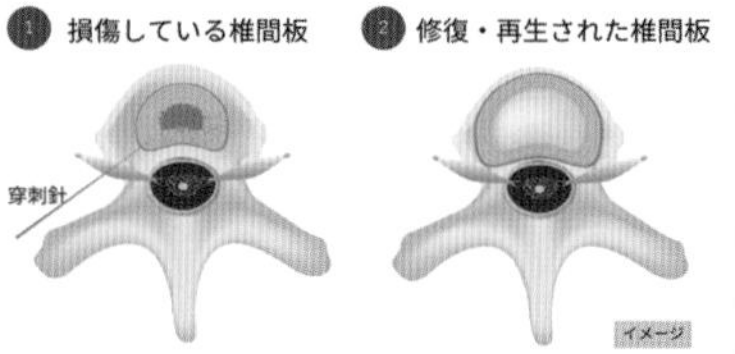

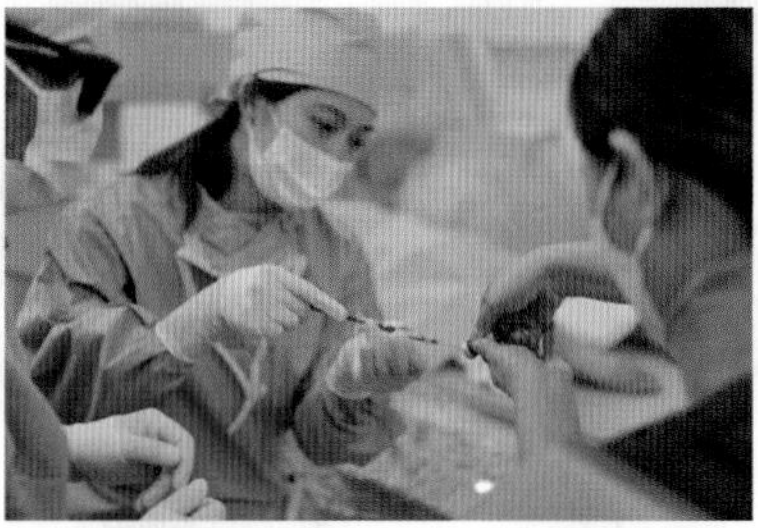

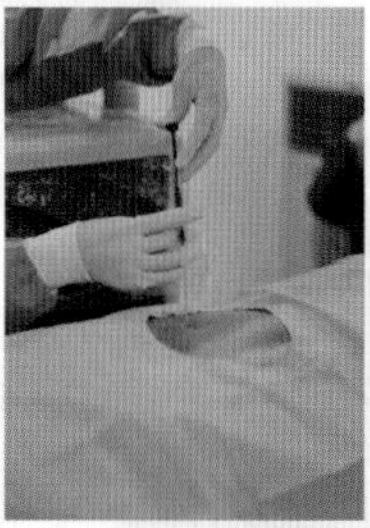

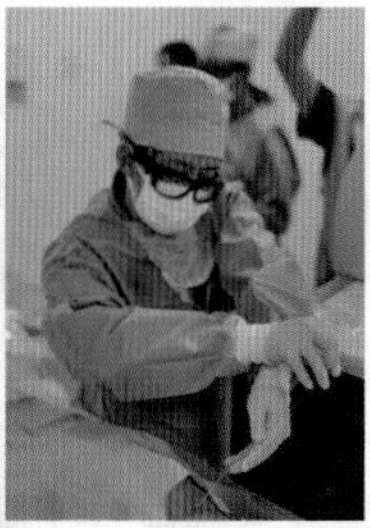

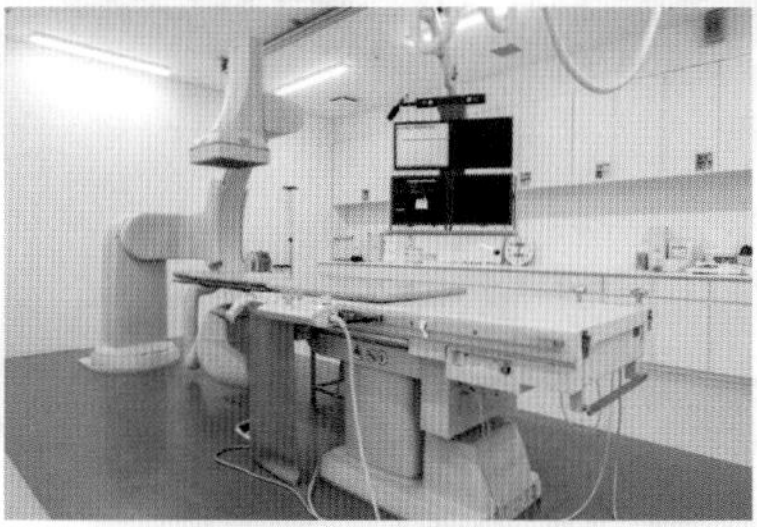

たるんだフェイスライン
切らずにスッキリ
清潔感ある美しい口元で
表情も明るく

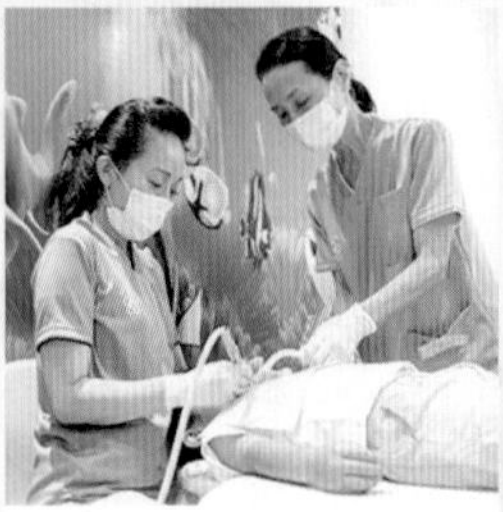

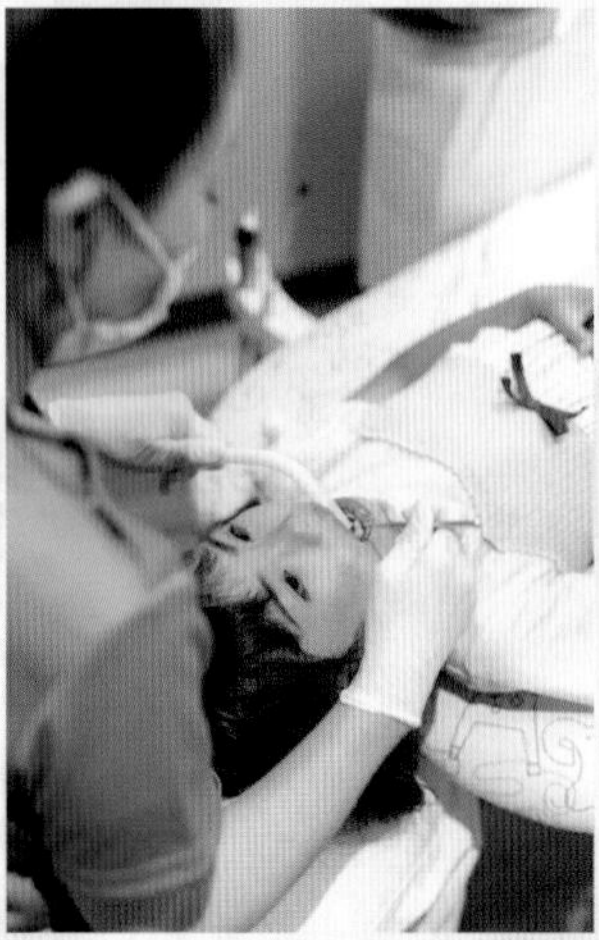

松原有為子 院長
朝日大学歯学部卒。日本小児歯科学会小児歯科専門医。日本歯内療法学会、日本アンチエイジング歯科学会に所属。アロマテラピーアドバイザー、子育て心理学カウンセラーを取得。

子どもが嫌がらない ずっと通いたい歯科

岐阜県内の歯科クリニックで初めて『HIFU』を導入した『医療法人聖昊会大野歯科クリニック』。

『HIFU』とは、SMAS筋膜に高エネルギーの超音波を当てて皮膚の深い部分のタンパク質を凝固させ、フェイスリフトを行う美容法。高エネルギーを一点に集中させ、必要な部分にピンポイントでエネルギーを届けることで肌のたるみやシワ、二重顎などの気になる部分をナチュラルに引き締める。高温となる部分が限定的なため、表皮層や真皮層にダメージを与えずに施術可能。SMAS層に熱ダメージを与えると組織を修復するためにコラーゲンやエラスチンなどの美肌に必要不可欠な成分の生成が促進され、14日程度でお肌のハリや艶がアップする。シミやニキビ跡、たるみ毛穴などの肌トラブルが改善し、きめ細やかでふっくらしたお肌に。効果は、施術直後から感じられ、1ヵ月ほど継続。繰り返し施術を行うことで、効果は長続きする。メスや針を使用しないので傷跡は一切残らず、顔も腫れにくい。細かく出力を調整し、痛みを調整することで、やけどや皮膚の赤みなどの副作用が少ないというメリットもあるという。

歯のクリーニングやホワイトニングも合わせて行

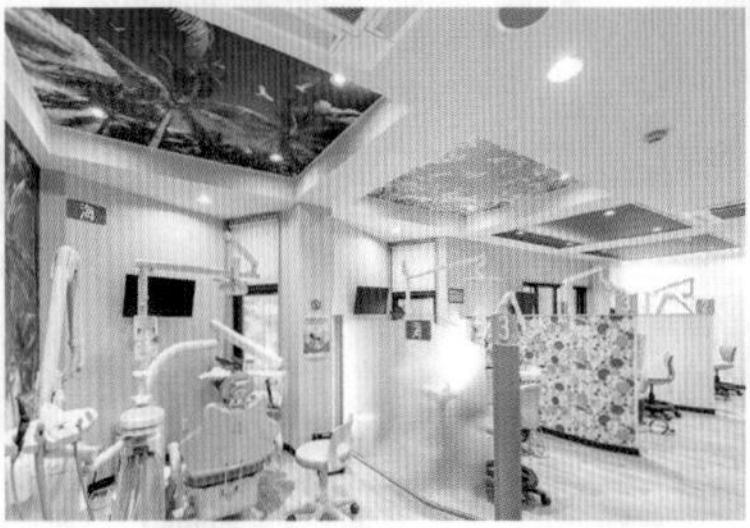

診 9:00～12:30　月・土曜日14:00～18:00
火曜日14:00～17:30　水・金曜日14:00～18:30
休 木・日曜日・祝日

医療法人 聖昊会 **大野歯科クリニック**
おおのしかクリニック
058-384-8855
住 岐阜県各務原市鵜沼東町2-56-9
https://st-sky.net/

えるので、口元に清潔感が増し、美しさがよりアップするのでオススメだ。

また、口腔外科専門医が難しい親知らずの抜歯インプラントも行っている。

『大野歯科クリニック』は、「ママとこどものはいしゃさん加盟クリニック」として、小児歯科治療や小児矯正にも積極的だ。

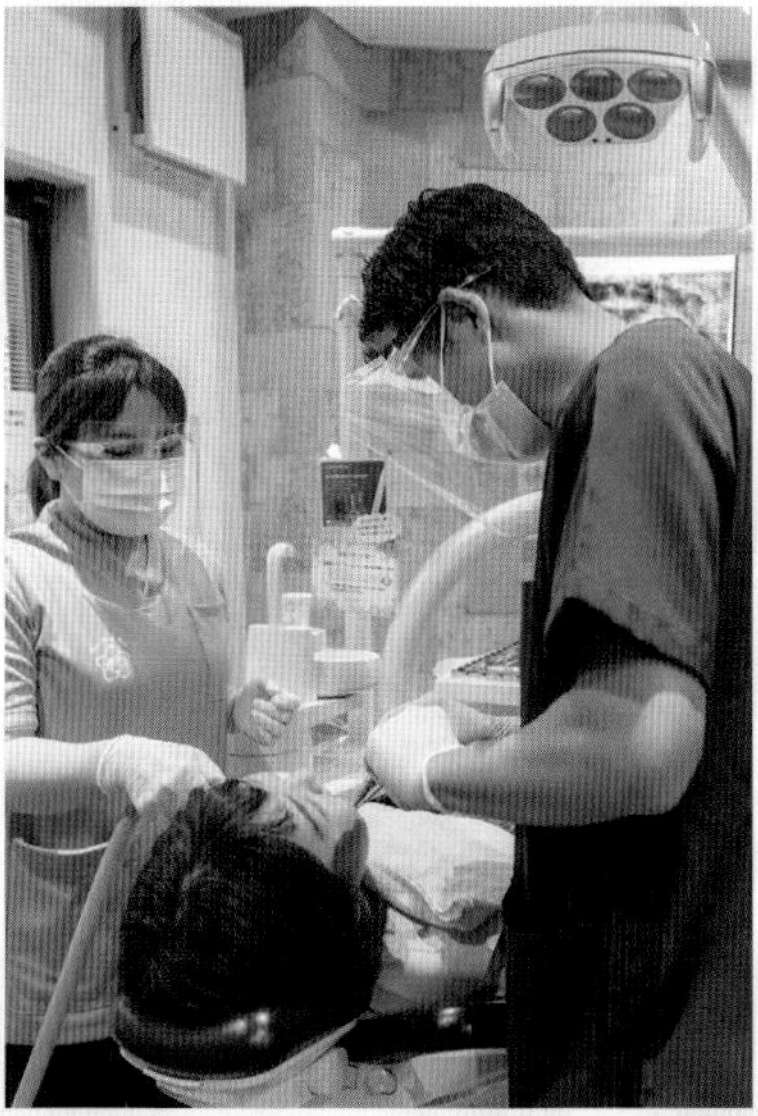

小児歯科専門医の松原有為子院長や子育て経験が豊富なスタッフによって、子どもが歯医者を怖がらないよう細かに配慮。一緒に口の中を鏡で見たり、治療機器を触ったり少しずつ慣れることからはじめる。身体を無理に抑えたり、すぐに治療をはじめるということはない。継続的な歯磨きの指導やフッ素塗布、定期検査などでお口の健康をサポートする。

一般のクリニックより2倍の広さのキッズスペースやキッズ専用診療室の可愛い壁紙、天井についたテレビなど子どもが飽きずに待てる工夫も。保育士が在籍し、無料で預かりサポートをしているので、子育て中のママでも安心して治療ができると好評だ。

0歳からの口腔育成を目的とした、お口の発達のためのトレーニング、保育士による運動の指導、予防のためのブラッシング指導、管理栄養士による離乳食などの情報発信をしている赤ちゃんセミナーを定期的に開催している。

（ライター／彩未）

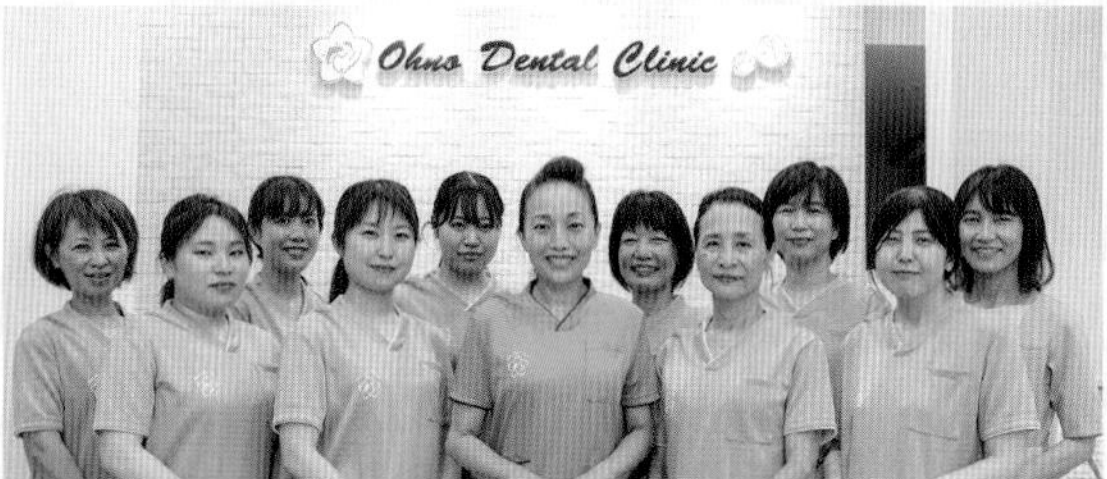

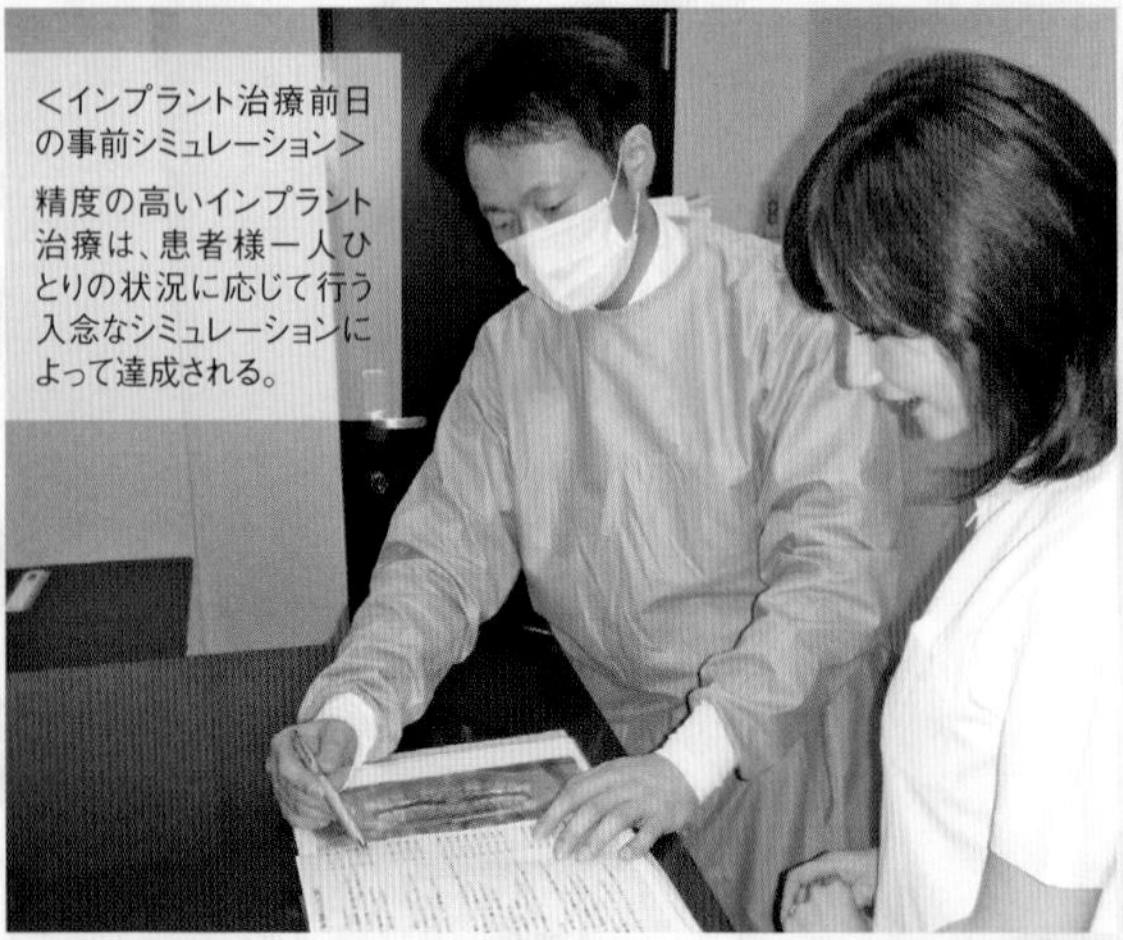

<インプラント治療前日の事前シミュレーション>
精度の高いインプラント治療は、患者様一人ひとりの状況に応じて行う入念なシミュレーションによって達成される。

インプラントの精度を支える経験と医学的識見 矯正中の美しさに徹底的に拘る歯科矯正

骨移植術など臨床応用 多様な治療法の選択肢

インプラントや矯正治療分野での高度な医療技術でひときわ存在感が高いのが『東京審美会306デンタルクリニック』の中田圭祐院長だ。東京大学医学部口腔外科学教室で骨移植術や再生医療ついて研究。東大病院での歯科インプラント治療や矯正外来、東京・青山審美会歯科矯正での精緻な審美・矯正治療と、深い医学的識見が東京審美会での診療に投影され、患者さんのあらゆる歯の状態や要望に沿えるよう治療法に多様な選択肢を持っているのが特長だ。

「インプラントは、失った歯の代わりにチタンの歯根を骨に埋め込む治療です。歯は顎骨に支えられていますが、歯を失うと顎骨もやせ細り、徐々に吸収していきます。一般的には、噛む力も弱くなり、歯ごたえのある食事を楽しめなくなるだけでなく、顎骨の吸収によりお顔が変わってしまったり、顔にしわが増えがちになりますが、最後には吸収していく顎骨のせいで、入れ歯さえ不安定になっていきます。その点、インプラントは、顎骨と結合するため、顎骨の吸収を予防し、美しい顔かたちを維持できるのも大きな特長です。既に、吸収により顎骨がやせ細っている場合でも、『東京審美会』なら高度な再生医療により、インプラント治療と同時に顎骨を増やすことにもでき、健康寿命を延ばすインプラントの恩恵を多くの患者さんにお届けしたいと考えてい

中田圭祐 院長
国立鹿児島大学歯学部、東京大学医学部口腔顎顔面外科・矯正歯科を経て、青山審美会歯科矯正にて審美・矯正治療に従事。2008年『東京審美会306デンタルクリニック』を開設。

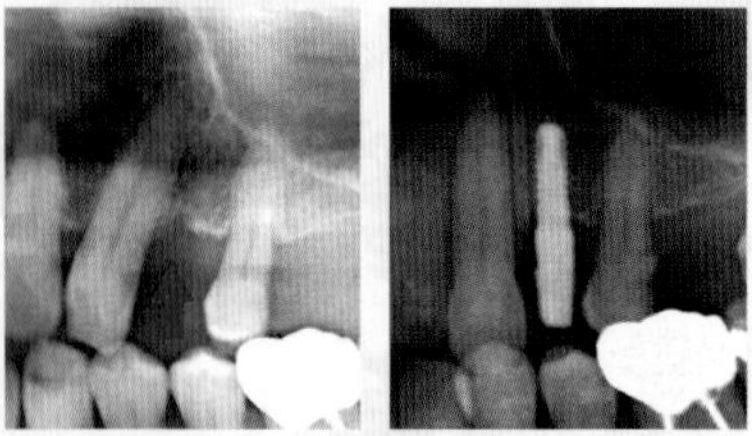

隣の歯が斜めでも『東京審美会』なら、まっすぐにインプラントを入れることができる。

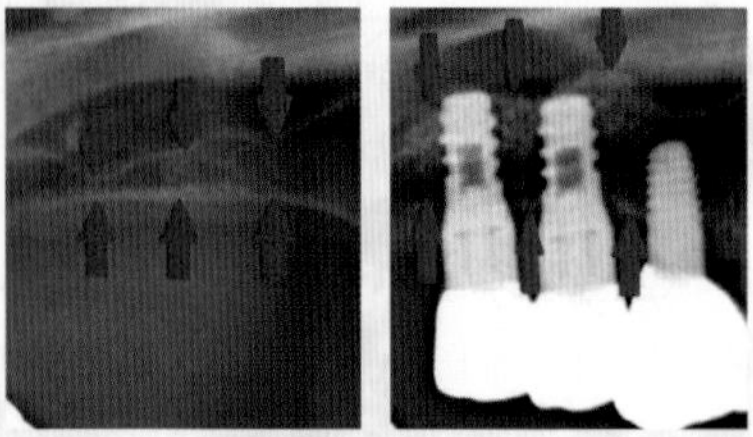

骨の厚みが不足でも『東京審美会』なら、再生医療で骨を増やし、安全にインプラントを入れることができる。

㊡ 12:00〜20:00(完全予約制)
㊡ 月曜日・祝日

東京審美会306デンタルクリニック
とうきょうしんびかいさんまるろくデンタルクリニック
03-3611-5588　tokyo306premium@yahoo.co.jp
㊟ 東京都墨田区立花5-2-4 キャッスルマンション亀戸立花1F
http://www.tokyo306.com/

ます」

　昔は、歯を失うと『入れ歯』か『ブリッジ』の選択しかなく、余儀なく次から次へと歯が減っていくということに諦めるしかなかったが、現代医学ではインプラントにより、残りの歯も守っていくことができる。

　治療前日は治療のシュミレーションを入念に行い、当日の治療に万全を期すのも他院にはできない特長だ。アフターケアも充実しており、歯周ケアから歯のクリーニングまでを1年に4回行う。保証期間内は何度でも利用できる最長10年の安心保証は、インプラントだけでなくかぶせたジルコニアクラウンも対象だ。

「インプラントは、東京審美会で受けようと決めていた」

　患者さんが口にしていた言葉にも頷ける。

　大切な歯を守り、噛み合わせを守るのは、インプラント治療だけではない。歯ならびや噛み合わせを治す矯正治療では、矯正中の美しさにも徹底的にこだわるのも『東京審美会』の特長だ。

　審美的歯科矯正法では、美しいセラミック製・サファイア製の矯正装置のほか、人工ダイヤモンドにも使われるジルコニア製の矯正装置、歯の裏側に矯正装置を取り付けるリンガル（舌側）矯正、インビザラインで知られる透明なアライナーを使うアライナー（マウスピース）矯正、成長期に顎のサイズを拡大補正する床矯正、また、乳歯列期の顎の成長を促し、歯ならびを改善するEF-LINE（機能的矯正装置）など、多種多様な矯正に精通している。

『美しさを守るのは私たちしかいない』

『患者さんの思い、ご要望を対話の中でしっかりとくみ取り、患者さんのイメージする理想の美しさ、理想の噛み合わせのために最適な治療を提供していきたい』

　中田院長の言葉に、頼もしさと優しさ、感動を覚えた。


（ライター／斎藤紘）

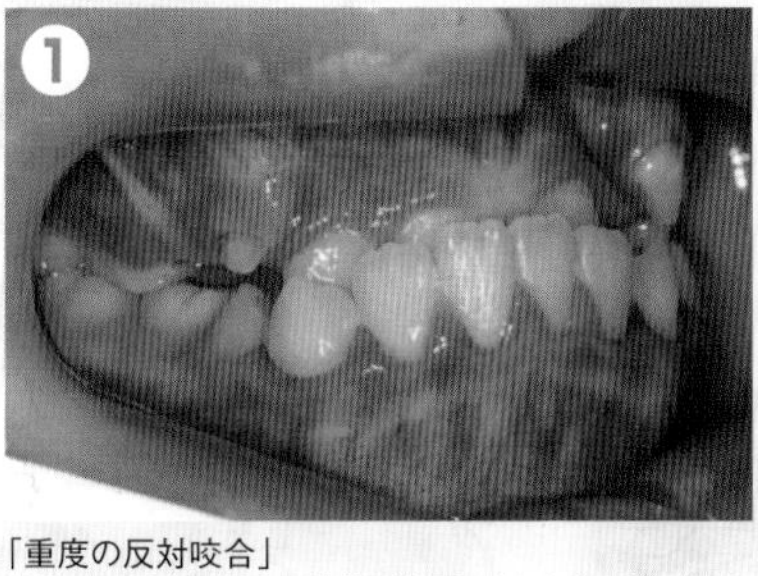

「重度の反対咬合」
他院では骨を切断する手術が必要かもしれないといわれ、怖くなって相談に来院。

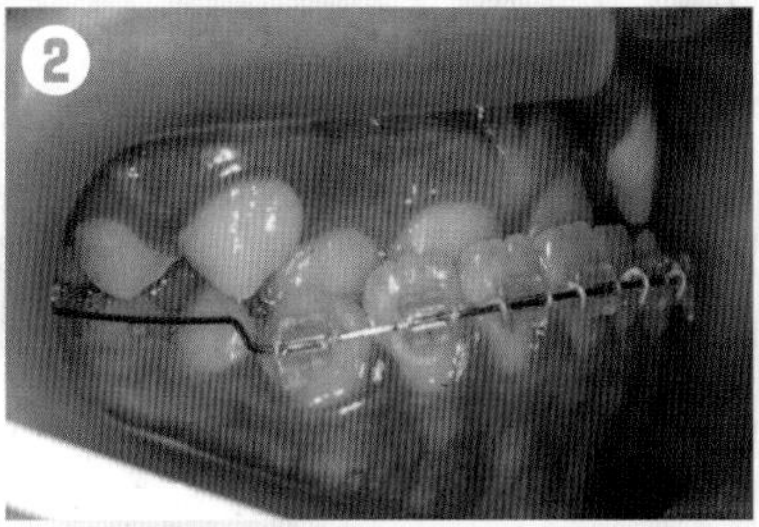

成長期にあるので、顎の成長を促す矯正治療を開始。
上顎は歯の裏側に、下顎は歯の表側に矯正装置を装着。
小児の裏側（舌側）矯正は世界的にも珍しい。

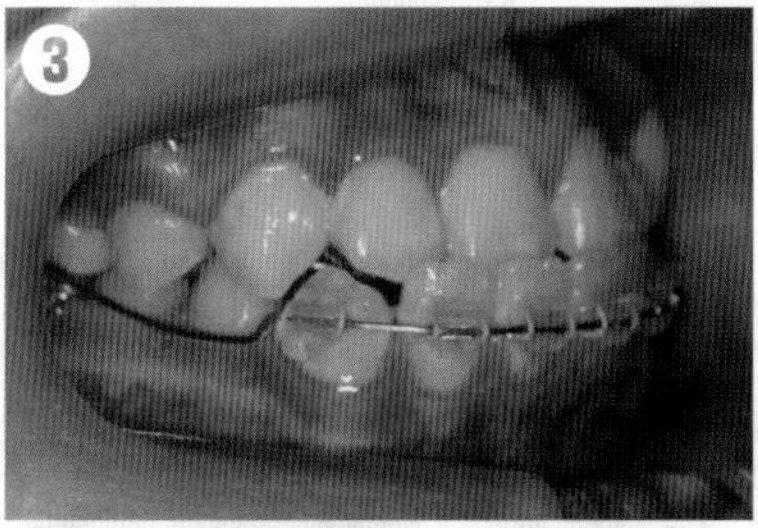

下顎を下に下げる圧下を行うことにより、上の歯が前に出られる道が開けてきた。
患者さんの笑顔が目に浮かぶ。

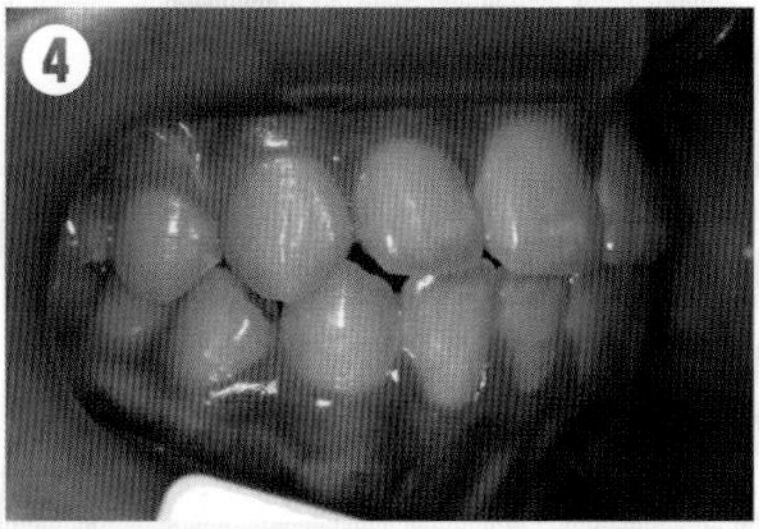

「人生が変わる瞬間」
「美しい歯は人生を変える」
中田圭祐院長のやさしい語りに、思わず頷いてしまう。

認知症予防や進行抑制の効果が期待できるといわれている『ノルディックウォーキング』の実践を推奨

『ノルディックウォーキング』

脳に対する刺激強まる 著書で研究成果を詳述

高齢化が加速するのに伴って増える認知症。2025年には、約700万人、高齢者の約5人に1人が罹患するとの推計もあり、認知症の人が尊厳を保持し、希望を持って暮らすことができるよう、施策を総合的に推進することを目的に掲げた認知症基本法が2023年6月に成立、国も本格的に対策に乗り出す中、認知症の予防や進行抑制の効果が期待できると北欧フィンランド発祥の『ノルディックウォーキング』を推奨しているのが、『松谷病院』の松谷之義理事長だ。

『ノルディックウォーキング』は、スキーのストックのような2本のポールを使って歩くウォーキング。1930年ころからフィンランドのクロスカントリーチームのオフシーズンのトレーニングとして行われたことに端を発し、愛好者が世界に広がった。

「通常のウォーキングは圧倒的に下半身の筋肉が使われますが、『ノルディックウォーキング』はポールを使って4足歩行するために上半身から下半身まで全身の90%以上の筋肉を使い、脂肪燃焼効果が非常に高い有酸素運動です。場所や季節を問わず、ポールとシューズさえ揃えばすぐにでも始められ、一人

松谷之義 理事長
京都大学医学部卒。1983年『松谷医院』開設。2012年「日本ノルディック・ウォーク学会」発足、会長就任。2019年同名誉会長就任。医学博士。呼吸器専門医、総合診療医、認知症サポート医、認定産業医、健康スポーツ医。

医療法人 松徳会 **松谷病院**
まつたにびょういん
072-859-3618
㊟ 大阪府枚方市津田西町1-29-8
https://www.matsutani.or.jp/matsutani/

でも仲間とでもできるのが魅力です」

このウォーキングが認知症の予防に有効という。

「脳が正しく働くためには、絶えず十分な血液が流れている必要がありますが、高齢者の脳では記憶などを司る海馬で脳血流の低下が見られることがあります。この状態に有効なのがウォーキングで、アメリカのピッツバーグ大学が行った研究では、一般に加齢とともに縮小することの多い海馬がウオーキングをしていた人は大きくなったという研究結果が出ています。『ノルディックウォーキング』は通常のウォーキングに比べ上肢を使うという動作が加わり、血流改善効果がより大きく、脳に対する刺激はウォーキングに比べ強まり、認知症の予防に大きな期待が持てるのです」

松谷理事長は、介護予防に取り組む中で『ノルディックウォーキング』に出会い、視察先の介護先進国フィンランドで中高年者たちがストックを持って列をなして歩いている光景を見て、日本で普及させたいと2012年に日本『ノルディックウォーキング』学会を設立した。2022年10月には『ノルディックウォーキング』に関する研究成果や実践方法、医療への応用、健康寿命などについて詳述した著書「私と『ノルディックウォーキング』との歩み」を刊行した。

（ライター／斎藤紘）

『ノルディックウォーキング』の愛用者の声
『膝の病気で歩行が思うようにいかず、悩んでましたが、初めて使用して歩行が今までより楽にできるようになりました」

著書
『私とノルディックウォーキングとの歩み』
日興企画刊

「医師がすすめる介護予防
―健康寿命をのばそう」
新元社刊

「Dr.松谷が教える
『ノルディックウォーキング』
でダイエット」
みずほ出版新社刊

「ノルディックウォーキングのススメ-メタボも介護もこれで解決! 北欧生まれの新しいスポーツ」
ぎょうせい刊

「枚方市地域包括支援センター松徳会」
☎ 072-805-2165
㊟ 大阪府枚方市宮之阪2-2-2 スカイパレス有馬202
「松徳会居宅介護支援事業所」
☎ 072-897-5600
㊟ 大阪府枚方市藤阪天神町1-60
「松徳会ヘルパーステーション」
☎ 072-896-0662
㊟ 大阪府枚方市津田西町1-29-15-101

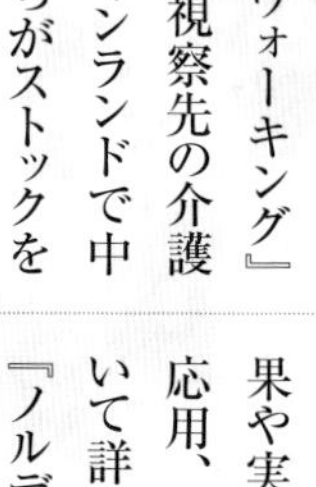

老健ふじさか
☎ 072-897-0111
㊟ 大阪府枚方市藤阪天神町1-60

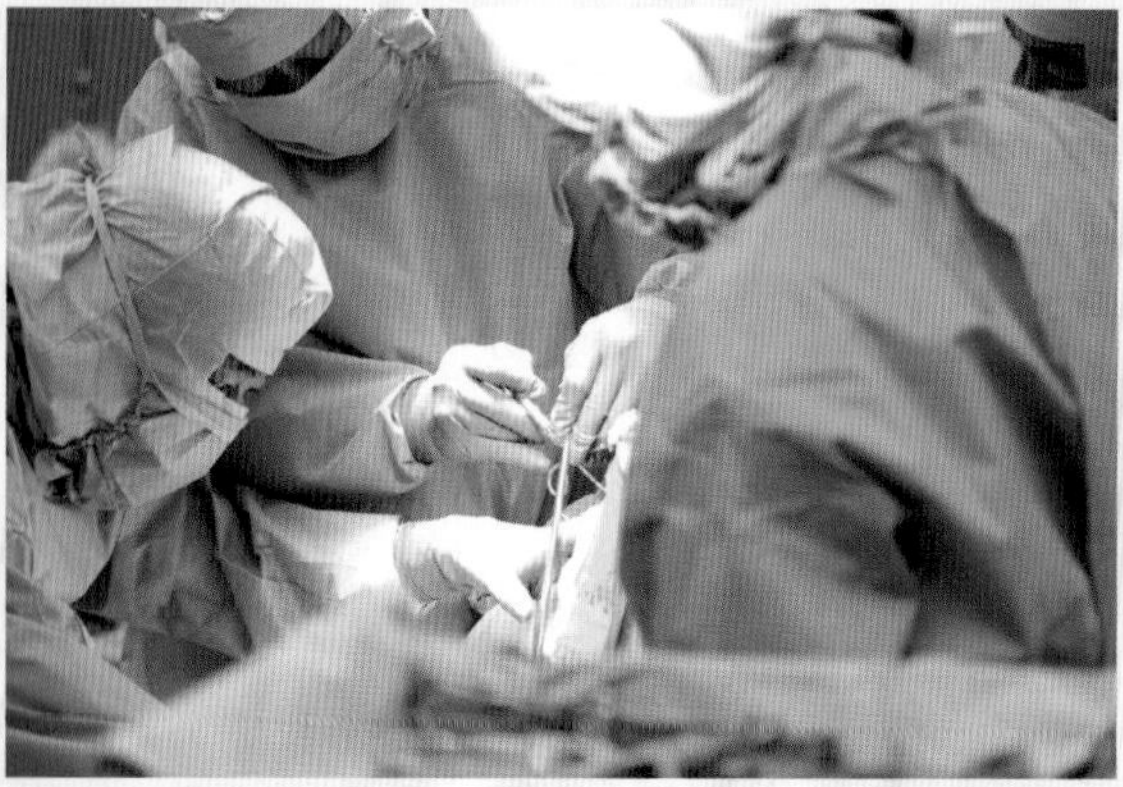

スポーツ外傷・障害の治療リハビリで実績 整形外科専門医などが高度の技術を駆使

組織の再生医療も可能 専門外来で4万人治療

スポーツ活動中に起こるスポーツ外傷や身体の特定部位が酷使されることで起こるスポーツ障害の治療、リハビリで声価を高めているのが『リハビリテーションセンター熊本回生会病院』だ。プロバスケットボールの熊本ヴォルターズのチームドクターも務める鬼木泰成院長をはじめ、整形外科専門医や理学療法士、作業療法士、言語聴覚士、臨床心理士などが在籍、熊本初のSMCスポーツメディカルセンターを中心に各専門分野の医療、リハビリ技術を生かし、連携しながらスポーツライフをサポートする。

「SMCでは、高度な技術が要求される膝前十字靭帯再建術、内側膝蓋大腿靭帯再建術、半月板制動術、足関節機能再建術などの手術が可能です。また、自己血から抽出した高濃度のPRP多血小板血漿を用いて自己組織の修復を促す再生医療やAPS自己タンパク質溶液を関節内に投与して痛みをやわらげるAPS療法でも効果を上げています」

SMCに治療に訪れたプロスポーツ選手をはじめジュニアからシニアまでのスポーツ愛好家は、2015年の開設以来、延べ約4万人にのぼる。

（ライター／斎藤紘）

鬼木泰成 院長
熊本大学医学部附属病院整形外科医局長などを経て、2023年4月院長に就任。日本整形外科学会認定の専門医、スポーツ医、運動器リハビリテーション医。

㊗ 9:00〜17:00　土曜日9:00〜12:30
㊡ 日曜日・祝日

医療法人 回生会 リハビリテーションセンター熊本回生会病院
くまもとかいせいかいびょういん
096-237-1133
㊟ 熊本県上益城郡嘉島町鯰1880
http://www.reha-kaiseikai.or.jp/

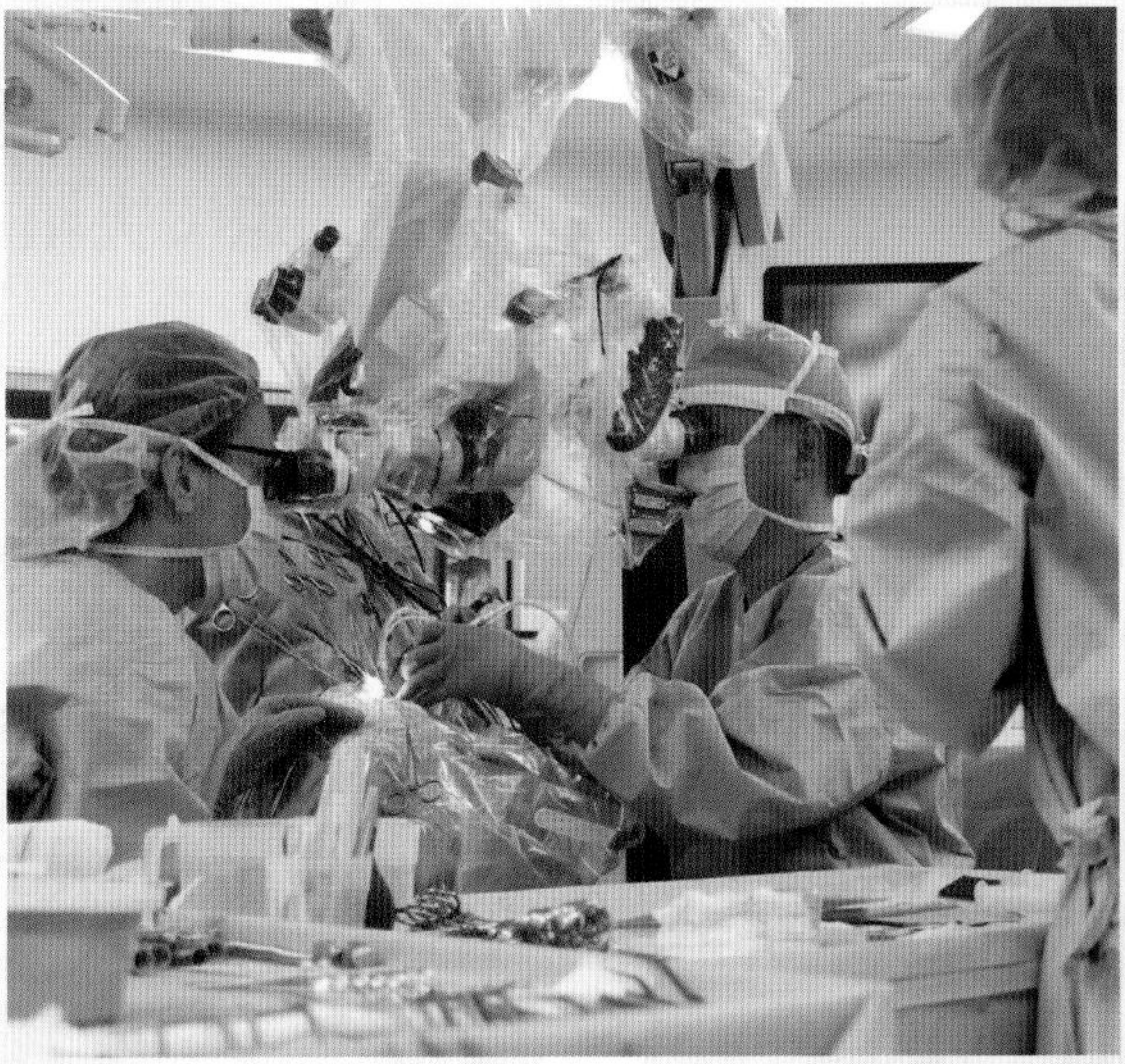

ポルトガルからの研修生のイザベルさんとの手術。

命に関わる脳卒中を高度医療で的確治療 薬物療法や開頭術 脳血管内治療を駆使

時間と闘いながら治療 後遺症の回避にも努力

高齢化と共に増え、日本人の死因の4位で年間約10万人が亡くなる脳卒中の治療に力を入れ、治療実績を重ねているのが『総合南東北病院』の脳神経外科だ。部長を兼ねる西村真実院長を中心に専門医が脳卒中センターで急を要する重篤な症状にも最新の医療技術で対応する。

「脳卒中は、血管が血栓で詰まって起こる脳梗塞、脳出血、くも膜下出血をあわせた疾患の総称です。命に関わるだけでなく、命を救えても手足の麻痺や感覚障害、脳機能障害などが後遺症として残りますので、治療は時間との闘いになります。脳卒中センターでは、急性期脳梗塞に対するtPA(アルテプラーゼ)という薬剤で血栓を溶かす薬物療法や血栓回収術、ナビゲーションや蛍光血管撮影とリンクした最新の顕微鏡下に頭蓋底手術のテクニックやパイパス術を併用した手術など脳血管内治療や開頭術を駆使し、治療の精度を高めています」

脳卒中センター長は、西村院長が長らく務めてきたが、2022年4月からは血管内治療のスペシャリスト竹村篤人医師が引き継いだ。

(ライター/斎藤紘)

西村真実 院長 兼 脳神経外科部長
日本脳神経外科学会認定脳神経外科専門医、日本脳神経血管内治療学会認定脳血管内治療専門医、日本脳卒中学会認定脳卒中専門医。脳卒中の外科学会代議員。脳神経外科手術と機器学会学術企画委員。

救急指定医療機関として、
24時間365日の医療体制

㉁ 8:30〜
㊡ 日曜日・祝日・年末年始(救急指定病院)

こちらからも検索できます。

社会医療法人 将道会 **総合南東北病院**
そうごうみなみとうほくびょういん
0223-23-3151 info@minamitohoku.jp
㊟ 宮城県岩沼市里の杜1-2-5
http://www.minamitohoku.jp/

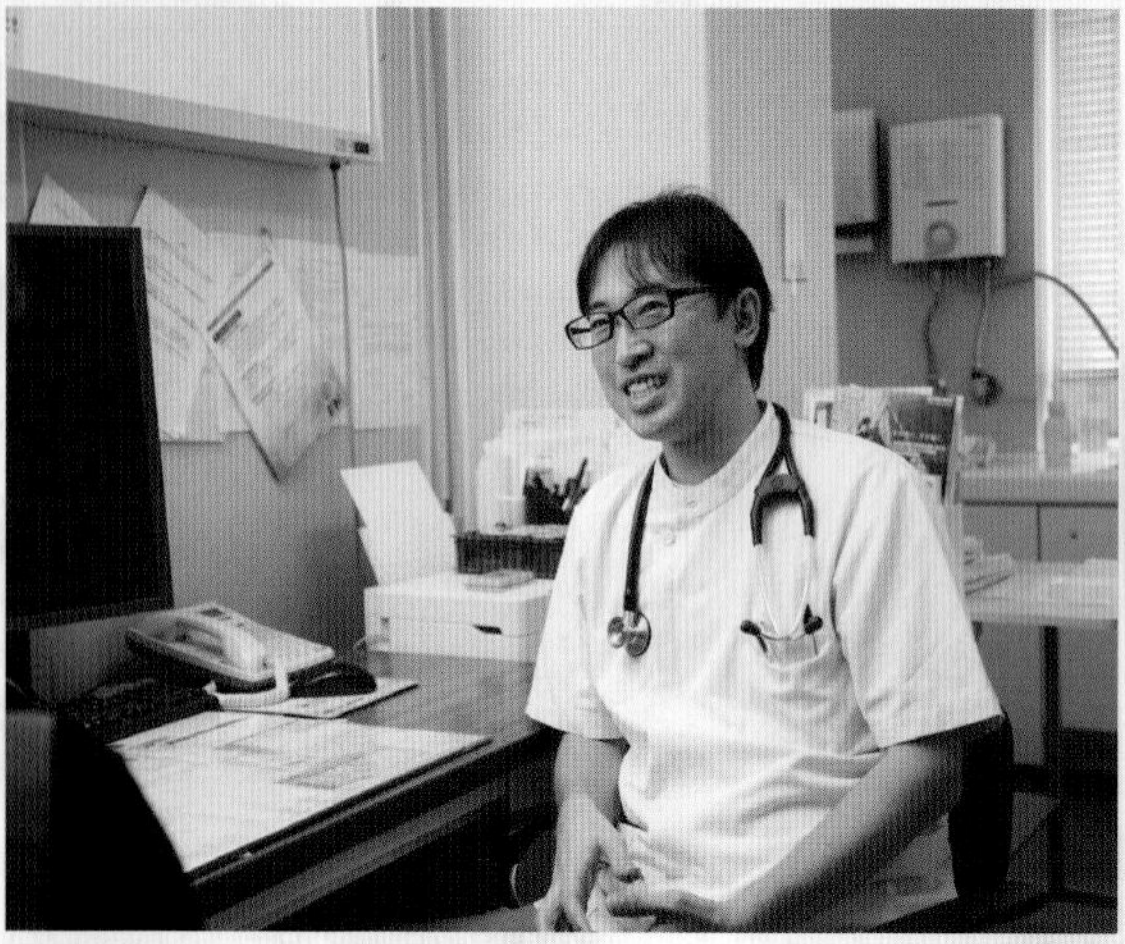

原口剛 院長
日本循環器学会専門医、日本不整脈心電学会不整脈専門医、日本臨床内科医会認定医。

心臓関係の病気を専門に診断治療で実績 最新の検査手法で病変の早期発見に注力

循環器専門医3人在籍 不整脈の治療も重要視

1988年開院の『原口病院循環器科内科』は、脳卒中や心臓病、高血圧、糖尿病、高脂血などの生活習慣病の中でも特に心臓関係の病気を専門に診断、治療で実績を重ね、地域のかかりつけ医の役割を担ってきた病院だ。原口信一理事長、原口剛院長、織田為男副院長の3人の医師とも日本循環器学会専門医で、その学識が診療の信頼性を支える。

循環器外来では、CT検査やレントゲン検査、内視鏡検査、超音波検査（エコー）、心電図検査など最新の検査機器で精査し、狭心症や心筋梗塞、心臓弁膜症、不整脈、心筋症などの病変の早期発見に努める。合併症として起こる病気が多い動脈硬化については特に注意を払い、悪化させる糖尿病や高脂血症、心臓内にできた血の塊の血栓で脳動脈がつまる脳梗塞（脳塞栓）なども関連疾患として診察、治療する。

突然死のリスクもある不整脈の窓口があるのも特長で、ペースメーカー移植術などによって安定した状態を維持する。循環器疾患は喫煙や飲酒などの生活習慣との関連が深いので生活習慣の改善も指導する。

（ライター／斎藤紘）

待合室

受付

診 8:30～12:30　13:30～17:30
休 日曜日・祝日・木、土曜日午後

医療法人 原信会 **原口病院循環器科内科**
はらぐちびょういんじゅんかんきかないか
092-822-0112
住 福岡県福岡市早良区小田部6-11-15
https://haraguchi-hp.com/

胆石を含む胆嚢を摘出する
胆石症短期滞在手術
再発を防ぎ整容性が高く
傷口が小さい術式

入院期間はわずか4日
早期の検査治療を推奨

『板橋中央総合病院消化器病センター』の多賀谷信美センター長は、整容性が高く傷口が小さい内視鏡外科手術による消化器系疾患の治療で国内屈指の実績を重ねる専門医。その象徴が胆石症短期滞在手術だ。

この手術は、腹腔鏡下胆嚢摘出術で胆石を含む胆嚢を摘出するのが特長だ。

「単孔式腹腔鏡下胆嚢摘出術は、おへその部分に2、3㎝程度の孔を二つ開け、そこから5㎜径の鉗子を3本挿入し、結石を含む胆嚢全体を取り除いてしまう方法です。胆石症で最も多いのは、胆汁のコレステロールが結晶化して石になっていくコレステロール結石で、結石だけ摘出してもほとんどの場合再発するからです。手術後、孔はおへその中に隠れて目立たなくなります。入院期間もわずか4日間で済み、美容的にも優れた手術法です」

胆石症は、食生活の欧米化に伴って増えている疾患。痛みや吐き気、食欲低下、自覚症状が伴わない肝機能障害などの症状があり、黄疸を引き起こしたり、胆のうがんを誘発したりするリスクもあるといい、症状があれば早期に検査を受け、早期に治療することを勧めている。

（ライター／斎藤紘）

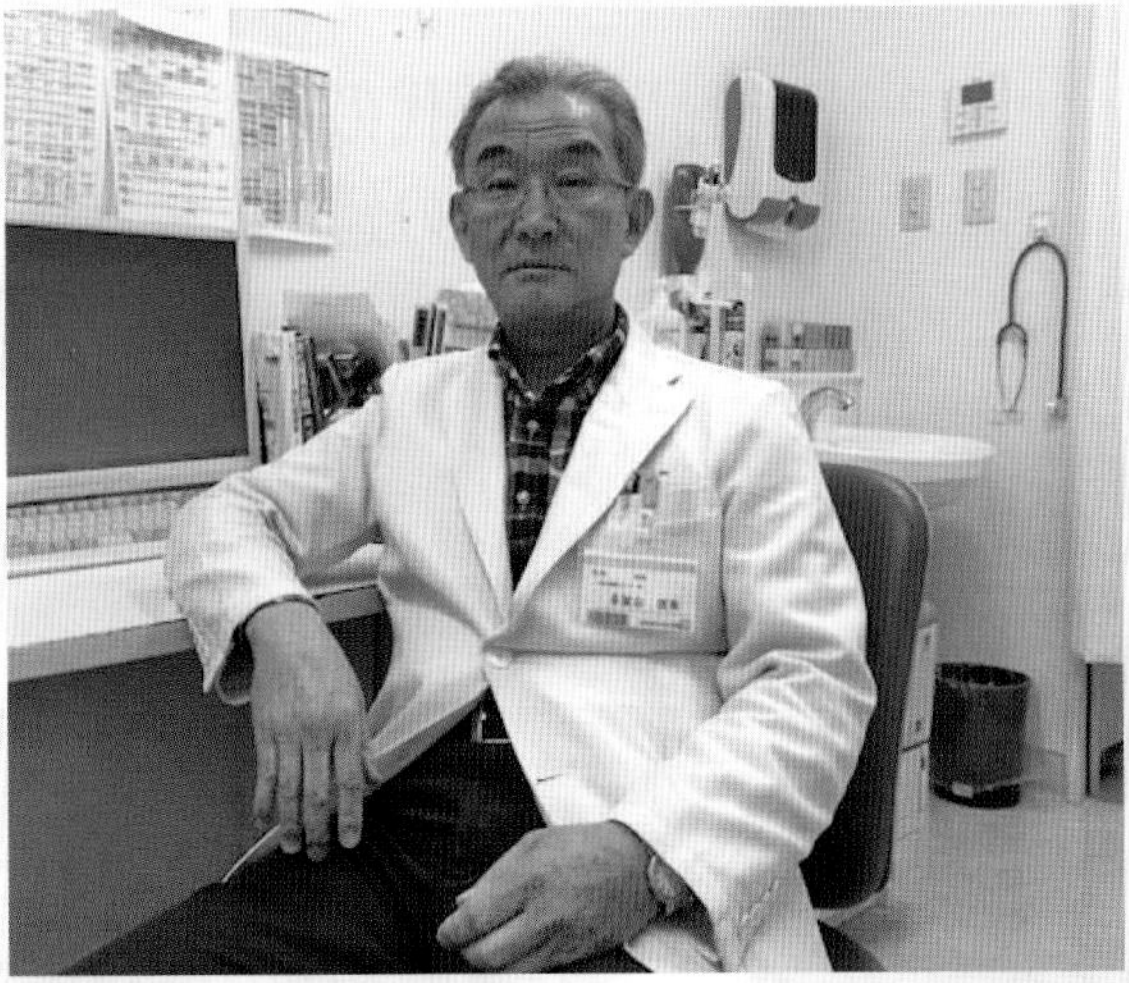

多賀谷信美 センター長
日本外科学会専門医、日本消化器病学会専門医、日本消化器内視鏡学会や日本大腸肛門病学会、日本消化器外科学会の専門医。

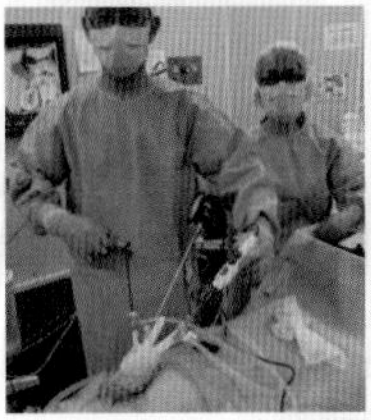

単孔式腹腔鏡下胆嚢摘出術を施行

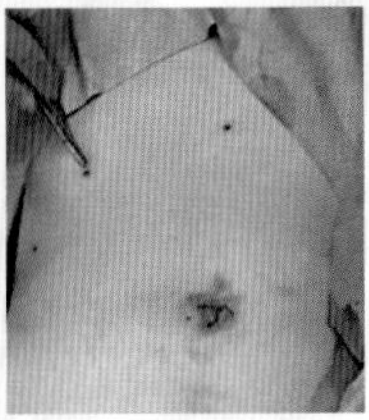

細径内視鏡下胆嚢摘出術施行後の腹部

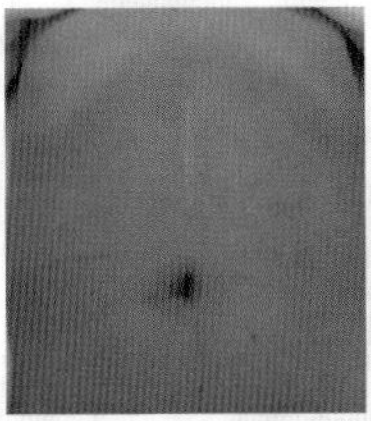

単孔式腹腔鏡下胆嚢摘出術前の腹部

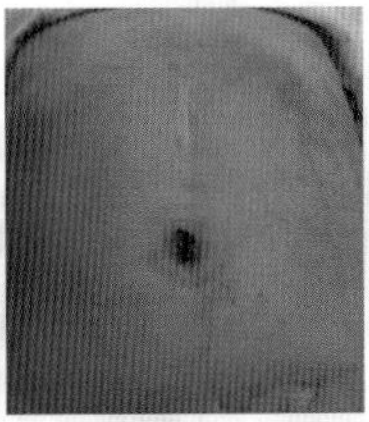

単孔式腹腔鏡下胆嚢摘出術後の腹部

診 8:30〜12:00
14:00〜17:00
土曜日 8:30〜11:30
休 日曜日·祝日·
土曜日午後

板橋中央総合病院 消化器病センター
いたばしちゅうおうそうごうびょういん
☎ 03-3967-1181 ✉ tagaya.nobumi@ims.gr.jp
住 東京都板橋区小豆沢2-12-7
http://www.ims-itabashi.jp/service/geka.html

増田博 院長
大阪市立大学医学部卒。国立大阪南病院、島田病院勤務を経て、1994年『ますだ整形外科クリニック』を開院。日本整形外科学会認定整形外科専門医。日本整形外科学会認定スポーツ医。

高齢化時代の課題 健康寿命の延伸に尽力 訪問リハビリで 要介護者の機能回復訓練

専門のスタッフが対応 デイサービス施設併設

超高齢化時代の課題である健康寿命の延伸に役立つ診療体制を築き、地域住民から信頼を集めているのが『ますだ整形外科クリニック』の増田博院長だ。院内のリハビリテーション科で身の回りの動作など失われた機能の回復を図るだけでなく、通院が困難な要介護の高齢者の生活機能の維持向上を図る訪問リハビリテーションにも力を入れる。

「リハビリテーション科の特長は、運動療法に力を入れていることです。電気治療器や機械を利用するだけでなく、理学療法士や柔道整復師、スポーツトレーナーが患者さんの体に触れ、しっかり動かしていく方法をとっています。訪問リハビリテーションでは、患者さんの能力に応じて関節可動域訓練や筋力トレーニング、起きる、座る、立つ、歩くといった基本動作訓練、食事、トイレ、入浴といった日常生活動作訓練などを組み合わせ、一人ひとりに合ったプログラムで行います」

医院には、高齢者が健康器具を揃えた空間で体操やレクリエーション、食事などができるデイサービス施設「エンジョイ」も併設している。

（ライター／斎藤紘）

デイサービス『エンジョイ』では、年々落ちる体力・気力を体操、リハビリ作業、レクリエーションなどで元気にしてくれる。

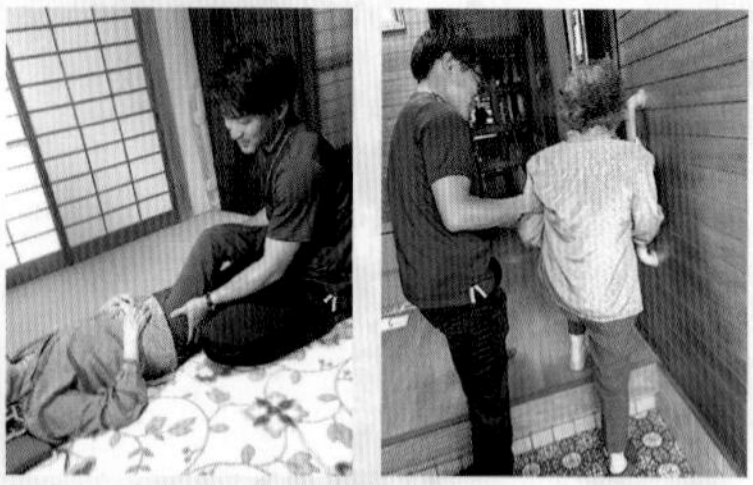

訪問介護リハビリテーションでは、利用者の心身機能、動作能力、日常生活の能力に応じて、オーダーメイドのプログラムで、その人らしい生活を応援。

㊟ 9:00〜12:45　16:00〜19:00
木・土 9:00〜12:45
㊡ 日曜日・祝日・木、土曜日午後

ますだ整形外科クリニック
ますだせいけいげかクリニック
072-957-6815
㊟ 大阪府羽曳野市白鳥2-16-29 H&Kビル1F
http://www.masuda-seikeigeka.com/

悩みや体質を考えた
オーダーメイド治療
コンプレックス解消で
明るく輝く笑顔に

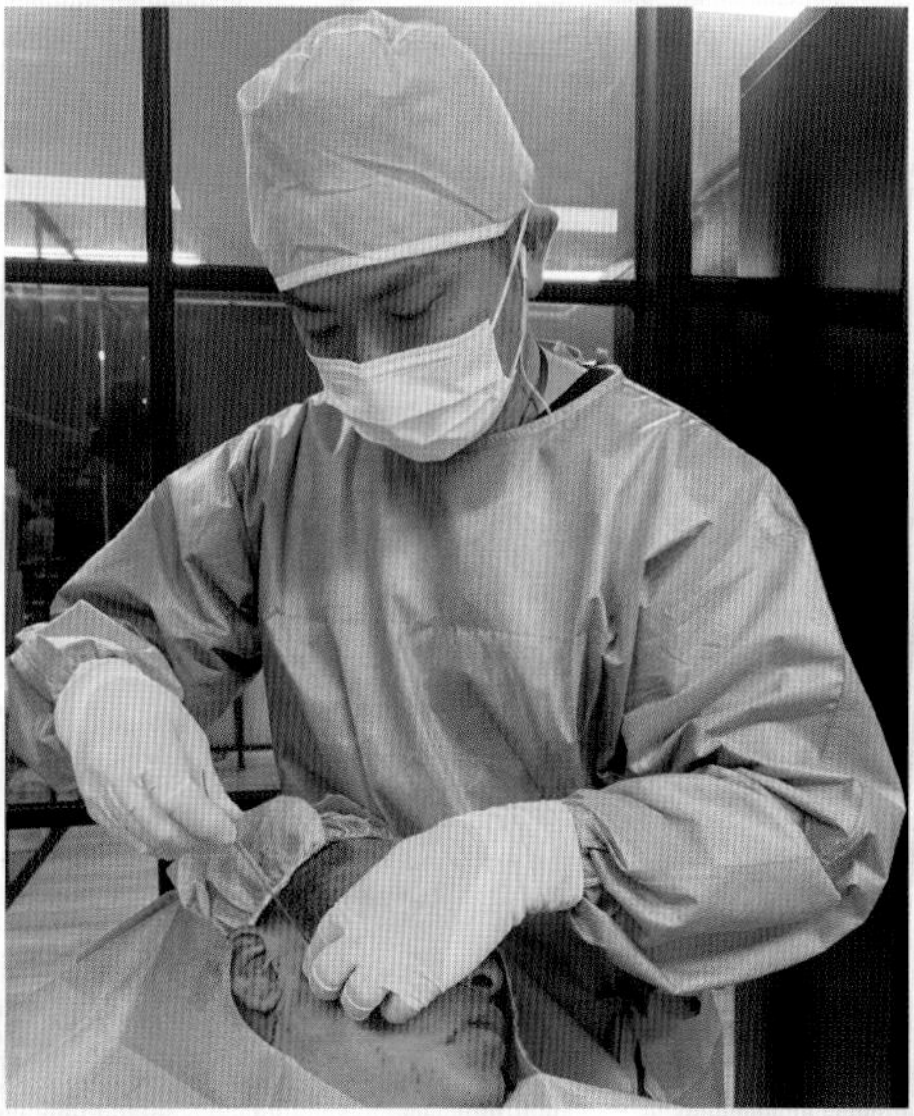

形成外科出身だけでなく、自己研鑽も欠かさない。新しい技術を得るため韓国研修も行っている。

患者さんと二人三脚
美容のホームドクター

お肌の乾燥やテカリ、シミ、シワ、ニキビ、など肌の悩みは人それぞれ。肌だけでなく、美容の悩み、コンプレックスも人それぞれ。患者さんのお悩みやご希望を丁寧にカウンセリングし、身体の特徴を踏まえた上でのオーダーメイドの治療法を提案する美容のホームドクター『ビア ジェネラル クリニック』では、徹底したカウンセリングから導き出す施術内容やドクターズコスメの提案は、患者さんの満足度も非常に高い。施術は、糸リフトや注入系が人気で、多くの患者さんが口コミでの紹介というもの。完全予約制で予約は必須だが新規の患者さんも歓迎している。コスメは、生活習慣や環境からの肌ダメージも考慮して複数のメーカーを組み合わせたパーソナライズされたラインを提案。美容だけでなく保険診療も兼ね備え、一般的な健康の悩み相談にも対応。施術後の悩みや化粧品での肌トラブル、些細な健康の困りごとや心配事もオンライン診療でも相談可能。自宅でのサポートも手厚い。高い技術力で一人ひとりにしっかりと寄り添いながら、希望に寄り添っていく。

（ライター／彩未）

岡田恭典 院長
「自分の肌への不満やコンプレックスを解消し、日常を笑顔で過ごしてほしい」と2022年に開院。ドクターズコスメや多数の鍼灸院と提携。一人ひとりの体質を考慮した二人三脚の治療で「美肌」を目指す。

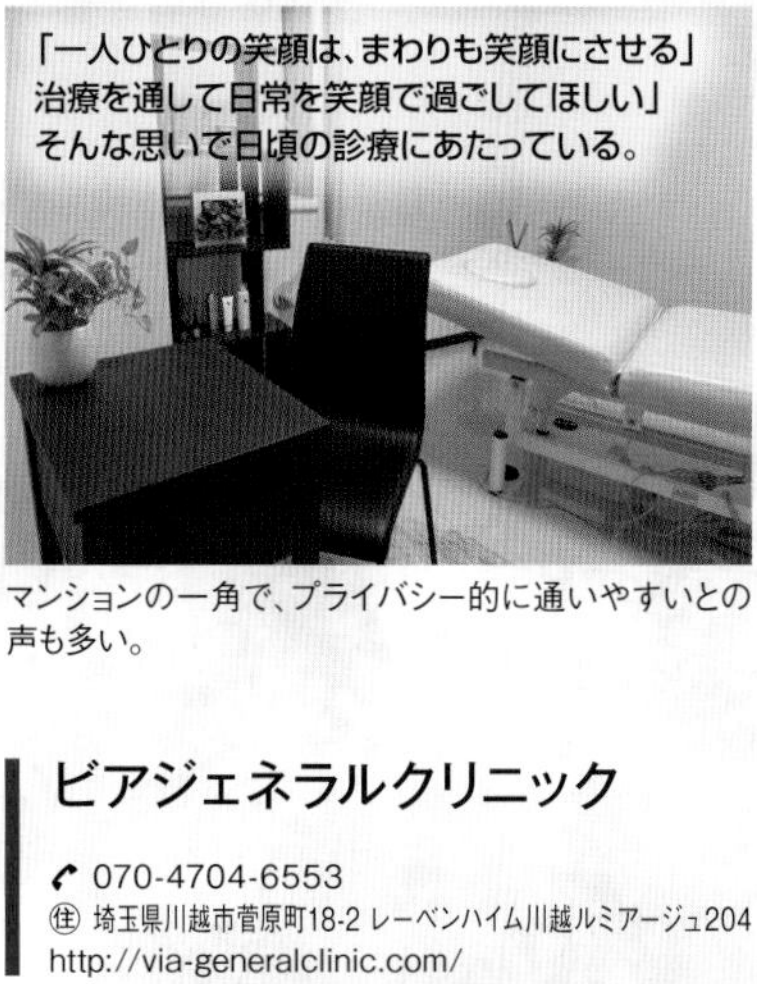
「一人ひとりの笑顔は、まわりも笑顔にさせる」
治療を通して日常を笑顔で過ごしてほしい」
そんな思いで日頃の診療にあたっている。

マンションの一角で、プライバシー的に通いやすいとの声も多い。

ビアジェネラルクリニック

070-4704-6553
住 埼玉県川越市菅原町18-2 レーベンハイム川越ルミアージュ204
http://via-generalclinic.com/

健康長寿のカギは
噛む力の維持
少数のインプラントで
画期的な治療法を推奨

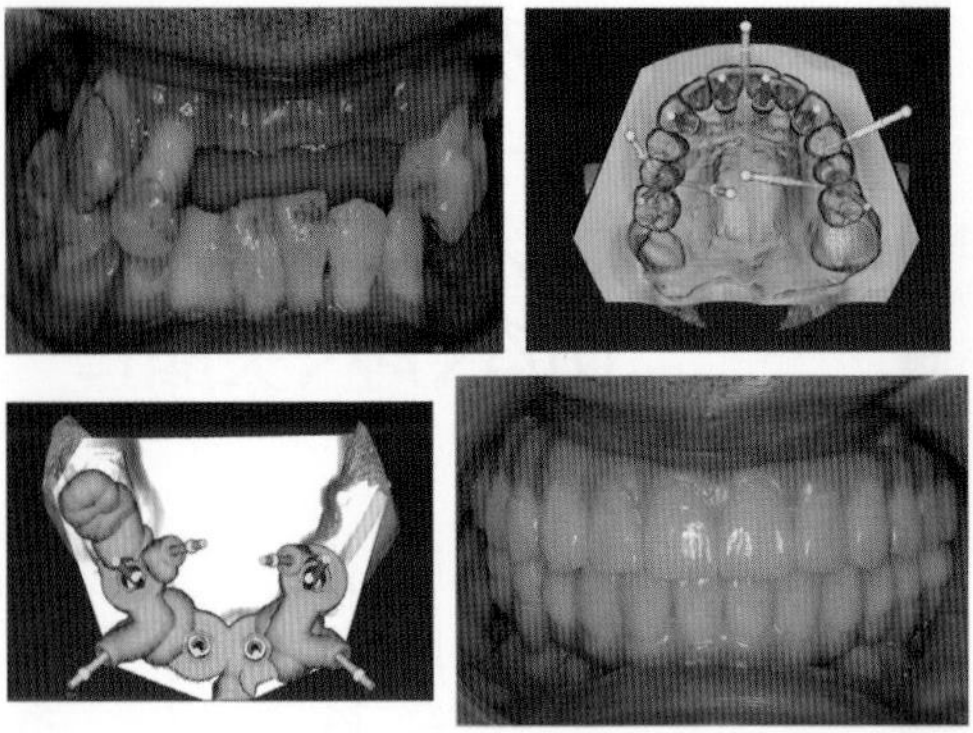

『オールオン4 』及び『オールオン6』の治療。左上が治療前、コンピュータで治療計画し、右下が治療後、少数のインプラントを利用した画期的な治療。

その日に固定式の仮歯 健康長寿につながる

「理想とする高齢社会の姿は健康長寿。そのカギを握っているのが噛む力の維持です。認知症の予防にもつながります」

日本口腔インプラント学会指導医であり、日本アンチエイジング歯科学会理事でもある『田中歯科医院』の田中譲治院長。すでに多くの歯を失った方にオススメの治療に「オールオン4治療」と「インプラントオーバーデンチャー」がある。

『オールオン4治療』は、インプラント治療の一種で、4本または6本のインプラントを用いて、すべての歯を支える固定式の人工歯を装着する治療法で、ひどく悪くなった歯は抜いて、インプラントを埋めて、その日に固定式の仮歯を入れる短期集中治療が特長です。歯がすべて欠損している場合や残っている歯の動揺が強く、抜歯が必要な場合に適しています。『インプラントオーバーデンチャー』は、2～4本のインプラントを利用して入れ歯をしっかり安定させる治療法のことで、入れ歯で困っている方に大変喜ばれています。総入れ歯でも部分入れ歯でも適用できます」

いずれも噛む力が維持できるので、健康寿命の延伸につながる。

（ライター／斎藤紘）

田中譲治 院長

1989年、地元柏市にて『田中歯科医院』開院。2008年、日本大学松戸歯学部臨床教授。日本口腔インプラント学会指導医、日本歯科審美学会理事。日本アンチエイジング歯科学会理事。

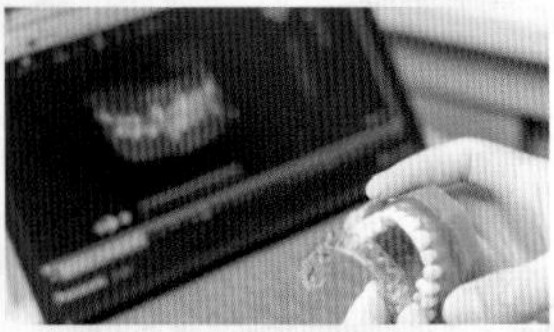

笑顔がつくれるよう、患者さんに寄り添った矯正治療。マウスピース矯正にも力を入れている。

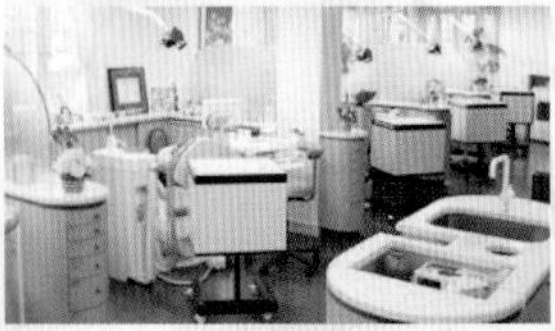

患者さんの希望を最優先。気になることは何でもお尋ねを。

診 9:00～12:30
14:00～20:00
（土 17:00まで）
休 日曜日・祝日
https://www.shinbi-implant.com/

田中歯科医院
たなかしかいいん
04-7164-3000（代）
住 千葉県柏市千代田3-15-1 エクセレントビル2F
柏市 田中歯科医院 検索

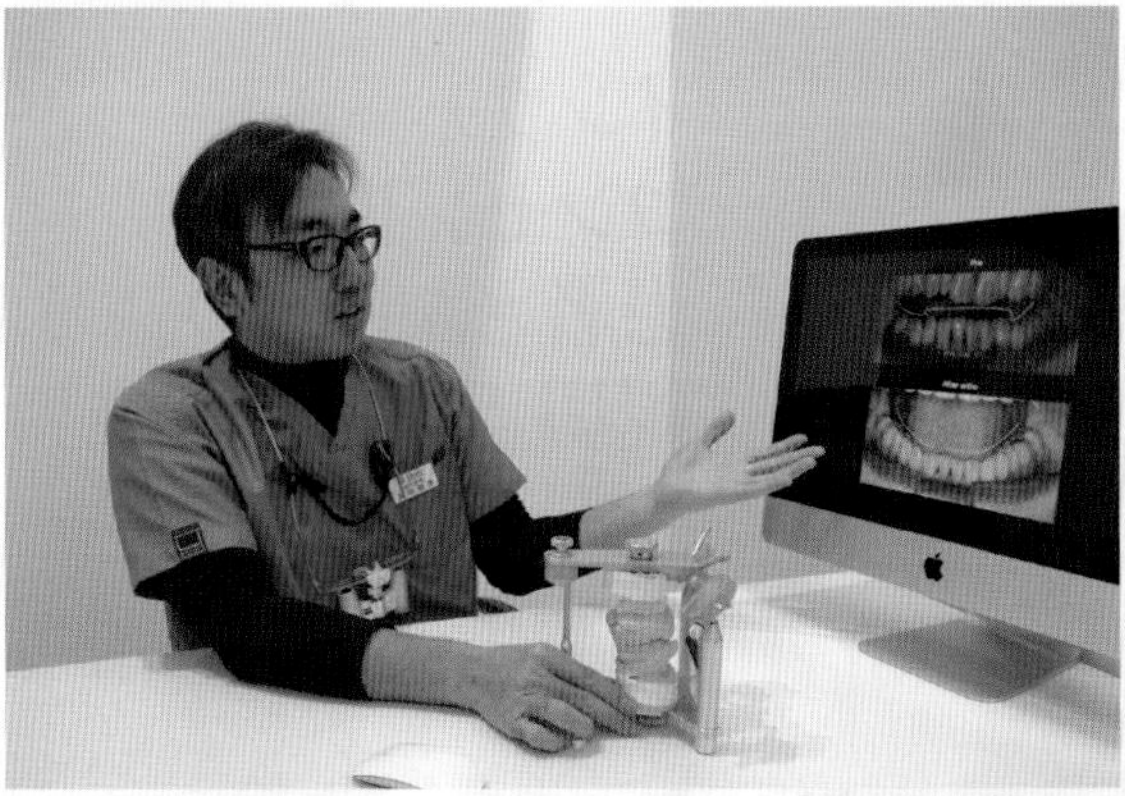

全身に影響が及ぶ
悪い噛み合わせを治療
科学的診断に基づき
最適な治療法を選択

動的静的の両面で検査
治療完了後のケア徹底

「顎の動きと歯の調和がとれてなければ様々なトラブルが起きてしまいます」

『TAGOデンタルクリニック』の多胡親孝院長が臨床歯学博士の学位を取得した研究のテーマに噛み合わせを選んだ理由だ。診療では科学的データによる診断を重視し、CTや頭蓋骨のレントゲンなどの静的検査と顎の動きを見る動的検査の両面で骨格の形態や歯根、神経の状態、噛み合わせの悪い部分などを特定、歯の形態修正、マウスピースを使うスプリント療法、顎位修正など最適な方法で治療する。

「人間の身体は噛むことと連動して強い力を発揮できるようになっています。噛み合わせが悪いと、虫歯や歯周病、顎関節症などの発症リスクを高めるだけでなく、顔のゆがみ、肩こり、頭痛、自律神経失調症、血圧異常、不整脈など全身に悪影響が及ぶ恐れがあります。健康な生活を送るためにも、悪い噛み合わせの早期治療が大事です」

治療は顎の成長が旺盛な小学生低学年からでも始めることができるという。治療完了後も、むし歯予防やメンテナンスをサポートする。

（ライター／斎藤紘）

多胡親孝 院長
北海道医療大学歯学部卒。東京歯科大学水道橋病院臨床研修を経て神奈川歯科大学大学院卒。歯学博士（臨床歯学）。山王グランドビル歯科を経て青木歯科で噛み合わせ治療の経験を重ね、2018年『TAGOデンタルクリニック』開院。

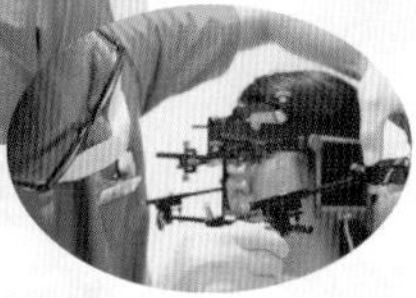

恩師青木聡・青木歯科院長との共著書
「ツーランク上の美しさと健康が手にはいる歯の『かみ合わせ』の教え」
ヴィレッジブックス刊

診 9:30〜13:00
14:30〜19:00
（土曜日
15:00まで）
休 水・日曜日・祝日

こちらからも
検索できます。

こちらからも
検索できます。

TAGOデンタルクリニック
タゴデンタルクリニック
048-430-6480
住 埼玉県戸田市喜沢1-33-10
https://www.tago-dental.com/

歯科医師の里香先生と愛里先生、受付の奥様。

インフォームドコンセントを重視 患者さんに寄り添う 親切丁寧な施術

審美歯科に評判 染みないホワイトニング

開院以来、インフォームドコンセントを重視している立川市の『林歯科医院』。口腔内でどのようなことが起こっていて、どのような治療をしていくのか、親身で丁寧な説明をしてくれるので、安心して治療を受けられる。定期診断やクリーニングなど予防治療にも力を入れており、小さなお子様から高齢者の方まで、幅広い世代の人々が通う人気歯科医院だ。また、総合的審美歯科治療も評判。最新の歯科用ＣＴやマイクロスコープなどの最新の機器、林院長の熟練技術、さらに女性歯科医師の丁寧なカウンセリングと丁寧な治療に評価が高い。特殊な光触媒を使用したオフィスホワイトニングは染みにくく、光沢のある自然な白さへ導いてくれる。ホワイトニングなどの際には、アイマッサージャーも利用できる。女性誌などメディアでも紹介され、遠方から訪れる人も多い。

２０２３年２月にリニューアルしたばかりの明るく清潔な院内は、エステサロンのような雰囲気。アロマの香りが広がり、心地いい音楽が流れるリラックス空間だ。Facebookで日々の近況などが綴られていて、親しみやすさを感じるのも魅力。

（ライター／播磨杏）

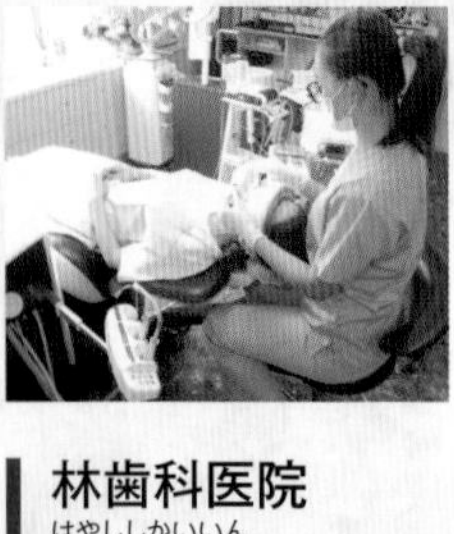

㊟ 9:30〜12:00
15:00〜17:30
（最終受付17:00）
㊡ 土・日曜日・祝日
（第1日曜日は
矯正治療日）

林歯科医院
はやししかいいん
042-534-0648 ㊟ 東京都立川市若葉町3-70-5
https://dentist-2137.business.site/
http://dentist-2137.business.site/

暮らしを彩る
話題のアイテム

日比の暮らしの中で、役立つ商品やお洒落なアイテムなど、
購買意欲をそそられる話題のアイテム。

エゾシカの個体差を活かした洗練されたデザイン

体に優しく包み込む柔らかさと防寒性

北海道札幌市中央区に拠点を構え、エゾシカの革や子羊の毛皮を使用したバッグや小物などの革製品を製作・販売している「株式会社24K」。同社のアルチザンデザイナー高瀬季里子さんと、写真家の佐々木育弥さんが立ち上げた新ブランドが『HADACA 肌鹿(はだか)』。「エゾシカ一頭一頭の革をそのまま活かすこと」をブランドコンセプトに掲げ、自然回帰かつサステナブルなクリエイションを展開。エゾシカの革は、個々のエゾシカが歩んできた時間や体の傷痕を物語る独自の肌を持っている。その肌を「肌鹿」と称し、それぞれを異なる存在として尊重しケンカ傷や枝による切り傷などをそのまま取り入れた「あるがままを活かす」服作りを行っている。ハイブランドでありがちな傷のない革を良しとする価値観に疑問を投げかけるあえて革の個体差を活かした商品が高い評価を獲得している。

同ブランドがエゾシカの革を使用しているのには、北海道の農林業被害の一因であるエゾシカの有効活用を追求したいという想いがあるからだとい

『coat』

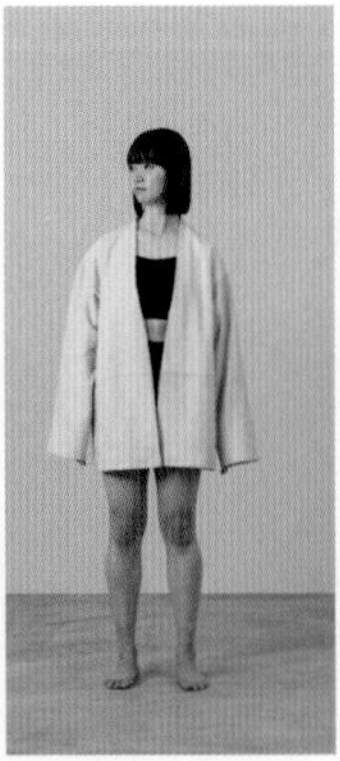
『jacket』

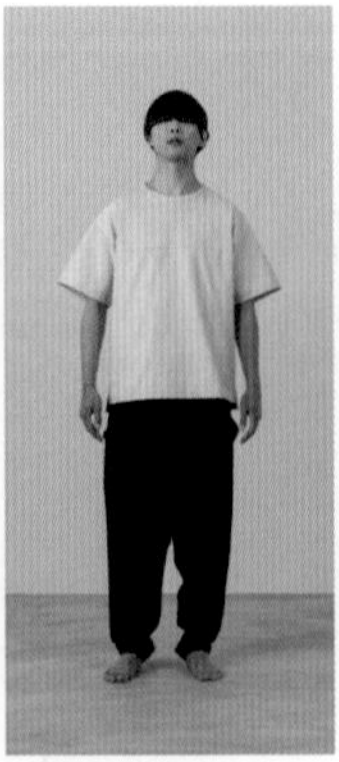
『pullover』

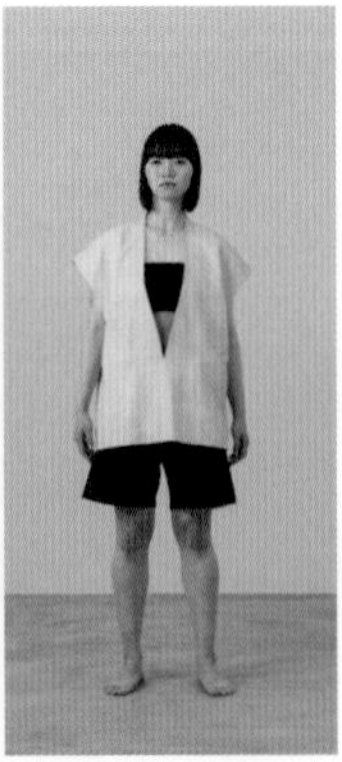
『vest』

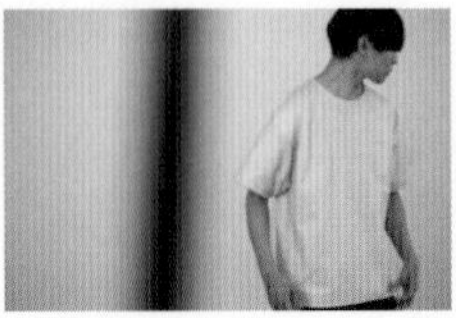

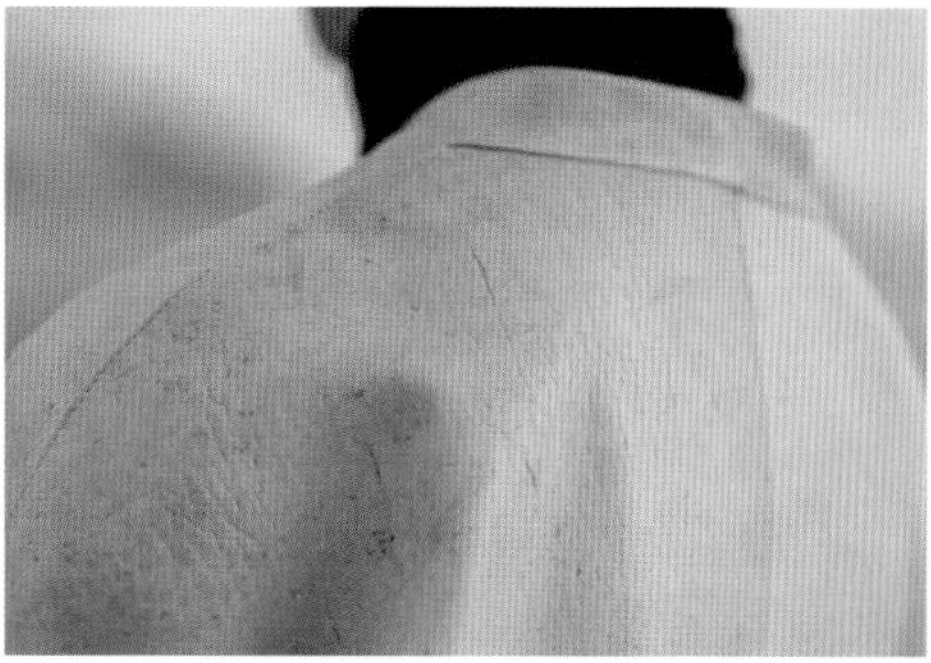

う。現在の北海道の農林業被害額は、およそ45億円、そのうち8割がエゾシカによるもの。そのほとんどが頭数調整だけされて廃棄されてしまう現状を少しでも改善したいとエゾシカの革を使用している。

　また、エゾシカの持つ機能性を活かした服作りも同ブランドの特長の一つ。エゾシカは、「レザーのカシミヤ」と呼ばれるほど柔らかい素材として知られている。革の繊維に空気が含まれているため、体を優しく包み込む柔らかさはもちろんのこと、防寒性にも優れている。そんな機能性と個体差を活かしたデザインを融合させた商品は着心地も抜群。現在はコートやジャケット、プルオーバー、ベストの4型を販売中。エゾシカの革の個体差を感じる風合いはもちろん、ノーカラーで仕上げたコートやジャケット、ユニークなカッティングが目を引くプルオーバー、深いVネックが特長のベスト。洗練されたデザインに昇華、それぞれが唯一無二の魅力を放っている。

　北海道の大自然で生まれたエゾシカの革を使用したモダンで個性的な服たちがありのままのあなたを包み込む。気になる方は公式ホームページ・公式インスタグラムをチェックしてみては。

（ライター／長谷川望）

HADACA 肌鹿　株式会社 24K

ハダカ

011-577-8104

info@24kirico.com

㊟ 北海道札幌市中央区大通西18-1-40-307

http://www.hadaca.jp/　@hadaca_official

トラックに乗せて
動くサウナ誕生
森や湖、キャンプ場
「サウナをもっと自由に」

木材の加工技術を活かして新たなサウナ事業

山梨県・八ヶ岳南麓、北杜市にて、住宅用パネル、集成材、木質ペレットなどの製造を行う「山梨住宅工業株式会社」が、サウナ事業をメインとする新会社『Laatikko』（フィンランド語で「箱」という意味）を2022年10月に設立した。同社が販売するのが『Moving SAUNA』。フィンランドのサウナ文化からインスパイヤされて開発された「動くサウナ」だ。軽トラックなどに乗せて移動でき、海や川、湖やキャンプ場など好きなロケーションでサウナを楽しむことが可能。本場フィンランドのように水風呂として湖に入る、という夢も実現するのだ。大きな窓がついているので室内から青空や星空も楽しむことができる。持続可能な森林管理を促進する「PEFC」認証を受けたフィンランド直輸入の木材を使用し、トラックのサイズに合わせて製造可能。屋根の形状やデザインも希望に合わせて施すことができる。

熱源は、工場生産で出る端材を有効利用できるオリジナルの薪ストーブを使用し、地球環境にも配慮したシステムになっている。この「動くサウナ」の開発は、コロナ禍とウッドショックのWパンチがきっ

『Moving SAUNA』

moving　SAUNA

標準サイズ　W:1340㎜ H:1693㎜ L:1786㎜

屋根:ガルバリウム鋼板

外装材質:アルミ複合板

かけとなった。ふと、「ああ、しばらくサウナに入ってないな…」と思った開発者の頭によぎったのはフィンランドの森と湖の風景。日本国内の屋内サウナでは再現できない。そこで思いついたのが、日本でも北欧で体験した湖に飛び込む屋外サウナの開発だったという。そこから、同社の「木質パネル接着工法」を応用し、「サウナ箱」を製作。日本の田舎でダントツの普及率を誇り、費用的にも手に入れやすい軽トラで運ぶことを思いついた。サウナ建設に関しての専門ではない同社は、フィンランドのサウナを現地で研究し、試行錯誤しながら独自の技術と経験を活かし、理想の「サウナ箱」を実現。完成発表は、フィンランド式に「HARJAKAISET」で祝った。地域のイベントで披露したり、2023年には地元北杜市のふるさと納税返礼品にも登録。現在は、軽トラックに搭載できる試作機が8号機まで完成。すでに一般納品が進んでいる。今後は、さらに販売チャンネルを増やしていく。

（ライター／播磨杏）

株式会社 Laatikko　山梨住宅工業 株式会社
ラアティッコ
0551-32-3205
info@laatikkosauna.jp
住 山梨県北杜市長坂町長坂上条2228-5
https://laatikkosauna.storeinfo.jp/

Laatikko

高い技術力を活かしたオリジナルの猫専用の家

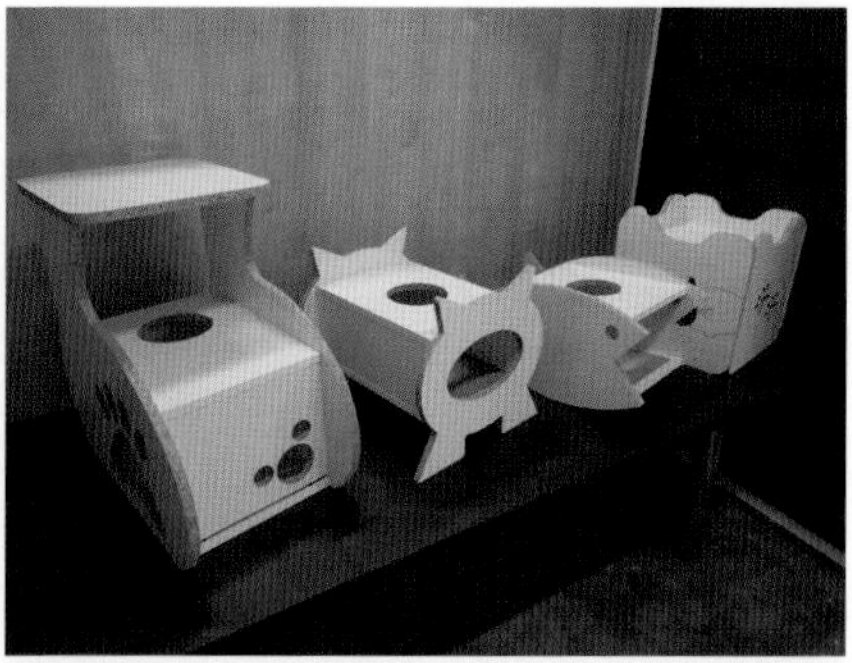

計算されたデザインで猫本来の行動を引き出す

『株式会社エクセレント』は、リフォームやオリジナル家具・什器の製作など、総合的な内装改装を手がけている施工会社。一般住宅から店舗、オフィス、クリニック、アミューズメントパークなどの大型施設まで、幅広い建物の総合的な内装改装の企画・デザイン・施工実績があり、統一感のある美しい空間づくりに定評がある。また、高い技術力を活かし、オリジナル商品の製造・販売も行っている。カプセルベッドや喫煙ブース『エックボックス』、災害用ベッドなど商品ラインナップは多岐に渡る。

　中でも人気なのが猫関連商品。『ネコハウス』は、ネコの耳のフォルムやハウス本体にくり抜かれた猫の足形など、可愛らしいデザインが特長の猫専用のお家。木材を使用し、しっかりとした造りで設計されており、猫が安心して休める空間を提供してくれる。多数ののぞき穴を通じて飼い主さんとの遊びも楽しむことができる工夫もある。「狭いところに隠れて休む・遊ぶ」という猫本来の行動を引き出してくれる。組み立てもシンプルで簡単。

『猫型』9,200円（税込）

『猫型』
9,200円（税込）

『2段型』
10,800円（税込）

木ダボをはめ込んでいくだけであっという間に完成。木製なのでプラスチックや布製の物と比べると多少重く感じるが、女性一人でも持ち上げられる軽さで持ち運びにも困らない。設計図面から材料加工、仕上げまでを社内で一貫して行い、細かい手直しや指示にもスピーディーに対応。デザイン変更やフルオーダーも受け付けており、お悩みの方にもオススメしたい。

　また、店舗や施設用の特注家具製作を請け負う中で、納品後のまだ使用可能ながら廃棄せざるを得ない端材や使用しなくなった木材を有効活用できないかという想いから『ネコハウス』の製作がスタートしたといい、サステナブルな取り組みとして「SDGs」にも貢献している。

　高い技術力と持続可能な取り組みによる社会貢献が高く評価されている『ネコハウス』で猫とともに素敵な空間を共有してみてはどうだろうか。

（ライター／長谷川望）

株式会社 エクセレント

049-255-2520
sp@ex-nt.co.jp
㊟ 埼玉県富士見市下南畑3767-6
https://www.ex-room.jp/

こちらからも
検索できます。

NEKO HOUSE
ネコハウス
https://www.ex-room.shop/

エコタン テクノロジーが 健康的な毎日を サポート

着用するだけで血流促進効果を発揮

『アムズ企画株式会社』の『AMESBALANCE』は、世界初のサステナブルリカバリーウェア。新宿の東急ハンズでも取り扱いが開始されるなど今、話題沸騰中のアイテムだ。アイテムの素材には、もみ殻とホタテの貝殻の炭が持つ高い保湿効果と殺菌作用に着目して開発された「エコタンテクノロジー」(特許取得)を採用。着用するだけで血流促進効果を発揮し、筋肉の疲れを和らげてくれる。

また、自律神経の安定させ交感神経と副交感神経のバランスを整える作用もあり、血流を良い状態に整えてくれるという。天然素材の贅沢な肌触りとエコタンテクノロジーの究極のリカバリー効果で健康的な毎日をサポート。忙しい現代人にぴったりのアイテムに仕上がっている。アイテムもオーガニックコットンTシャツやシルクレッグウォーマーなど多彩に展開中。

2023年6月にリニューアルした「ハンズ新宿店」でも取り扱いを開始。『AMESBALANCE』であなたの生活に革命を。

(ライター/長谷川望)

『オーガニックコットンTシャツ』9,900円(税込)

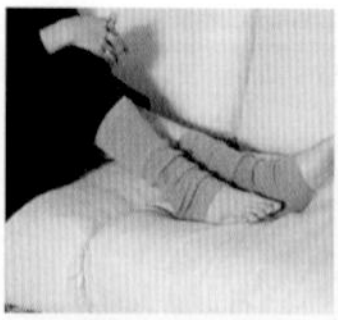

『シルクレッグウォーマー』6,600円(税込)

『ZERO-2 CARE CREAM』
120ml 5,500円(税込) 50ml 3,300円(税込)

AMES BALANCE アムズ企画 株式会社
アムズ バランス
048-878-8990
㊟ 埼玉県春日部市南3-18-1
https://amesbalance.stores.jp/

新宿店にて展示。

やさしい触り心地
しなやかなメリノウール
寒い日も
快適に過ごそう

インナーメーカーがつくる
メリノウール100%インナー

最高級ウールの「メリノウール」の中でも特に細い15・5μのの「スーパーエクストラファインメリノ」のみを使用した『WOOLLAYER』。

日本製の極細繊維で作るしなやかな伸縮性が特長のベースインナーは、肌触りが良く着心地も快適。身体の動きを妨げないスパイラルカット製法を採用しており、機敏な動きにもしっかり対応する。また、断熱性や吸放湿性能、温度調整に優れ、汗をかいても身体の表面で水分を蒸発。身体の本来の機能をサポートし、常に快適な着心地を実現。抗菌性・消臭性で汗をかいても匂わないとビジネスマンや登山家の愛好者も多い。

ウールが水に触れたときに起こる生地の縮みや型崩れを防ぐため、ウール繊維の表面の毛羽立ちを落とす加工がされており、洗濯機で洗っても縮まない。家庭でのお手入れも楽々。

あっと驚く着心地のベースインナーで毎日を快適に。さわって欲しい肌触りで、春・夏・秋、そして冬もあらゆるシーンにいかが。（ライター／彩未）

『長袖丸首ロングスリーブ』
（グレー、ブラック／M・L） 17,600円（税込）

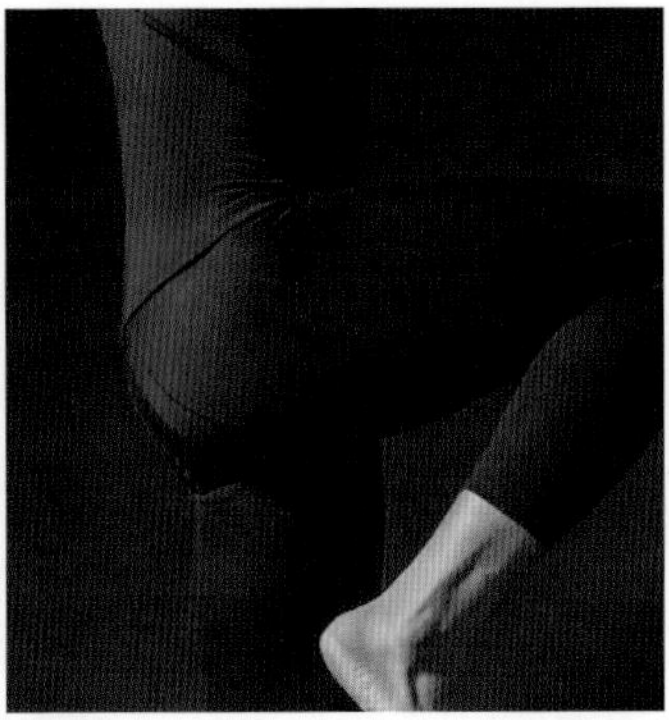
『前開きロングタイツ』
（グレー、ブラック／M・L） 17,600円（税込）

WOOLLAYER
ウールイヤー
072-728-8011
post@as-ya.jp
㊟ 大阪府箕面市船場東3-3-7
https://www.ascorp.co.jp/woollayer/　http://www.as-ya.jp/

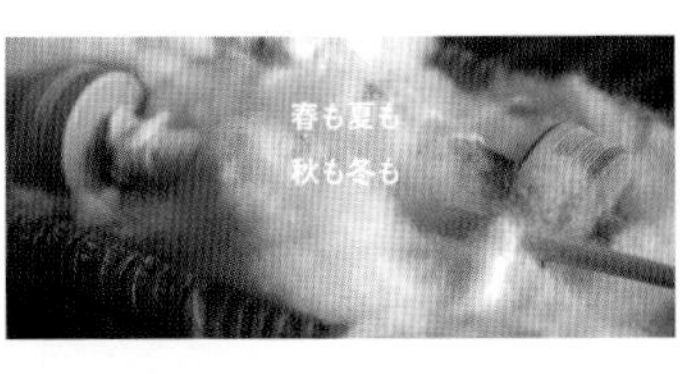

安心の日本製
ふんわり&高吸水力
洗っても効果を保つ
抗菌・抗ウイルスタオル

特殊な繊維加工で実現 次世代型高機能タオル

「人や環境に優しい」をモットーにこだわりの日本製雑貨を販売する『ktp.labo®』は、約半世紀にわたりテキスタイルを供給する素材商社「フジサキテキスタイル株式会社」が2020年に立ち上げたブランド。こだわり抜いた上質な生地を使用した商品やエコ素材を使用した雑貨などを展開している。

オススメは、『抗菌・抗ウイルスタオル』。抗菌・抗ウイルス機能繊維加工技術「CLEANSE®」を施した高性能タオルであり、家庭洗濯50回後の効果を確認。繊維の間にたっぷり空気を含んでいるのでふんわり柔らか、そして驚くほどの吸水力。ふんわり性も洗濯の度に増し、風合いも長持ちする。厚みのある生地の素材は肌に優しい天然素材、綿100%。シンプルなデザインで、ホワイト・ベージュ・カーキ・ネイビーの4色展開。男女問わず、どんなインテリアにもマッチする。

ハンドタオル、フェイスタオルサイズ、バスタオルがあるので様々なシーンで活用できる。

（ライター／播磨杏）

『抗菌・抗ウイルス
フェイスタオル』
2,090円（税込）

『抗菌・抗ウイルス
バスタオル』
4,180円（税込）

『抗菌・抗ウイルス
ハンドタオル』990円（税込）

ktp.labo®
ケーティーピーラボ
フジサキテキスタイル 株式会社
03-3626-4133
㊟ 東京都墨田区亀沢2-8-5
https://ktplabo.thebase.in/
https://tsuku2.jp/ktplabo/

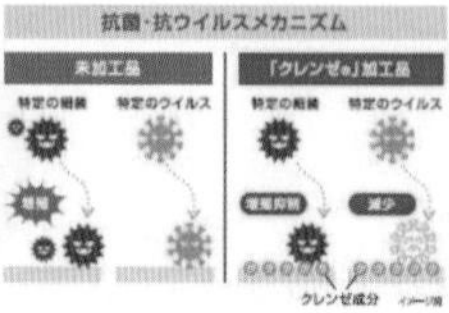

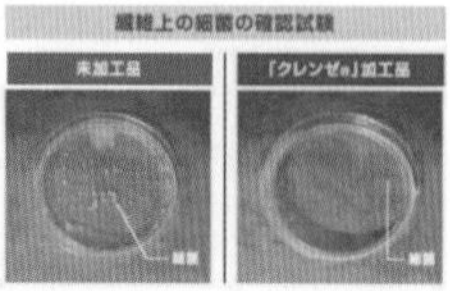

現実とファンタジー
魔女御用達?!
魔力溢れる
奇妙な洋装雑貨店

魔法好きにはたまらない個性的なアイテム

現実とファンタジーの狭間にある、奇妙な洋装雑貨店『マギカバザール』は、魔女やファンタジーが好きな大人のための不思議なお店だ。店主であるミスリザが集めた魔女やおとぎ話をテーマにした洋服、魔力溢れるちょっぴり不思議なアイテムなどが揃う。人気No．1は『失われた時を刻む時計〜インパクトがある個性派Bag〜』。実際に動くリアル時計があしらわれた、不思議の国アリスのようなレトロデザインが目を惹く。魔女コーデなど、少しダークで可愛いスタイルにぴったり。また、『人魚の涙〜恋の媚薬香水瓶〜』は、アンティーク感たっぷりの香水瓶。気になる相手がいる方は、好きな香水を入れてオリジナルの魔女の媚薬に。毎年9月頃より、魔女のアウター商品の販売も始まる。秋からが魔女コーデの本番。これを機にあなたも魔女支度を始めてはいかが。魔女・魔法使い・魔法・妖精・幻想生物・おとぎ話が好きな方は、ぜひ店主リザのコレクションを覗いてみては。

（ライター／播磨杏）

『失われた時を刻む時計〜
インパクトがある個性派Bag〜』
13,800円（税込）

『デネブ〜
魔女のショールケープ
ブラウス〜』
8,980円（税込）

『バタフライ
エフェクトI
〜蝶が舞う
チュールスカート』
8,980円（税込）

『人魚の涙〜
恋の媚薬★
香水瓶〜』
3,980円（税込）

奇妙な洋装雑貨店 **マギカバザール**

✉ magica.bazaar@gmail.com
https://www.magica-bazaar.com/

こちらからも
検索できます。

宝石そのものの美しさがキラリと光る身につけると胸が高鳴るジュエリー

全く同じ石はない自分だけの風合いを楽しむ

天然の宝石そのものの繊細で美しい輝きを大切にしたジュエリーの数々を手掛ける『JEWELRY IPPO』で一番人気の『ベゼルシリーズ』。ベゼルとは、宝石の周りをぐるりと囲む石座のこと。傷つきやすい天然石を守るとともに実際の大きさよりもボリュームがあるように見えるため、天然石本来の美しさをより引き立てる。ベゼルカッティングが施されたリングやピアス、ネックレスは、シンプルなのに存在感があり、フォーマルだけでなくカジュアルシーンにもピッタリ。爪がなく服や髪にも引っかかりにくいデザインは、ポイントジュエリーとして普段使いしやすい。天然石のため、同じ種類の石でも全く同じものは存在せず、それぞれ風合いが異なる。他にも、シルバー商品などもあり、天然石ジュエリーと合わせて普段使いにアレンジできるようにデザインされている。

ハンドメイドで丁寧に作り上げられた素敵なジュエリーは、身につけるだけで気分があがる。

（ライター／彩未）

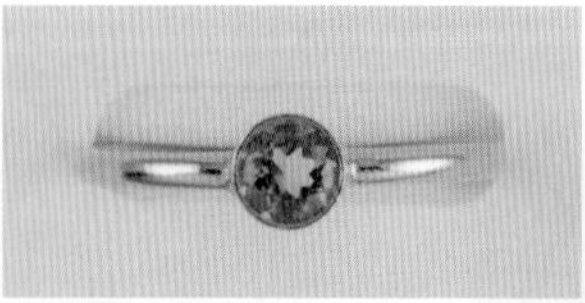

『ピンクアメシスト ベゼルリング』
7,500円（税込）

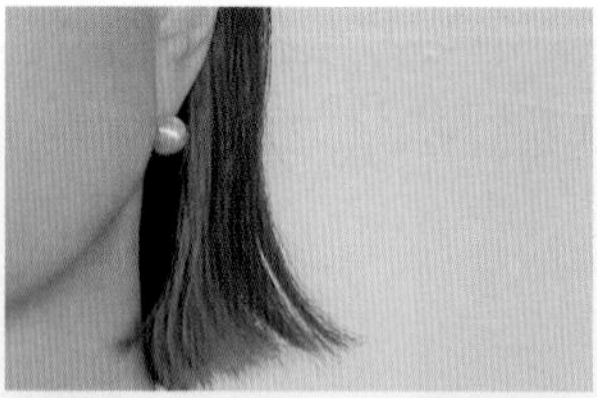

『シルバー一粒ピアス』
10,800円（税込）

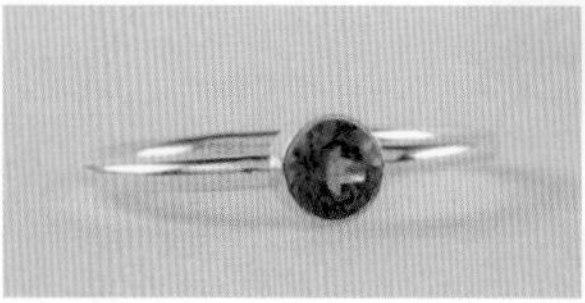

『ロンドンブルートパーズ ベゼルリング』
8,500円（税込）

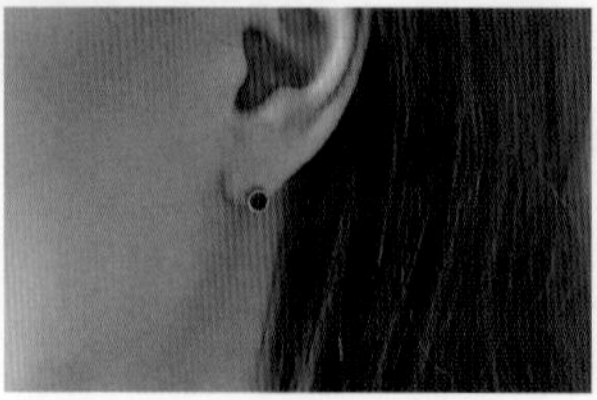

『ロードライトガーネットベゼルピアス』
7,800円（税込）

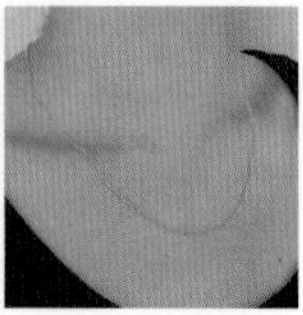

『バブルスフィアカットボールチェーンネックレス』
7,900円（税込）

『スカイブルートパーズベゼルネックレス』
8,800円（税込）

JEWELRY IPPO
ジュエリー イッポ
✉ ippo140621@gmail.com
㊟ 茨城県牛久市
https://ippo14.official.ec/

IPPO

優雅な輝きと品格を纏うジュエリーブランド

シンプルで上品なデザインはあらゆるシーンにマッチ

『EVER BRILLIANCETHEE（エバー ブリリアンス）』は、インターネット通販専門のジュエリーオンラインショップ『JEWELRY CASTLE』が立ち上げたオリジナルジュエリーブランド。「あらゆるシーンでひときわ輝く、高品質ジュエリー」をコンセプトに、優雅な輝きと品格を纏うジュエリーを展開している。

金属アレルギーの主な原因のニッケルやコバルトなどは不使用。熟練の職人によりカットされたジルコニアは、上質なダイヤモンドと同等の美しい輝きを放つ。派手過ぎず、でも存在感があるシンプルで上品なデザインで、普段使いはもちろん、ビジネスシーンやフォーマルなイベントにもぴったり。また恋人へ贈るプロポーズリングも豊富なデザインが展開されており、忘れられない特別なひとときを演出してくれる。

洗練と品格を兼ね備えた『EVER BRILLIANCE』のジュエリーで日常に輝きを。

（ライター／長谷川望）

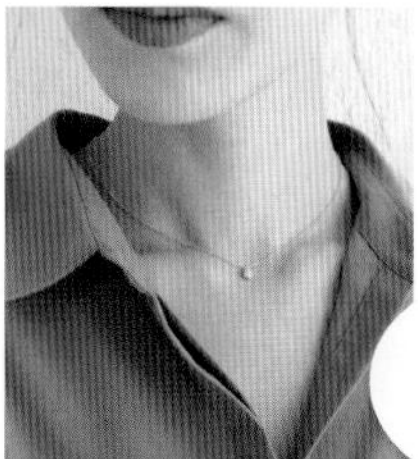

『EVER BRILLIANCE 0.1カラット モアサナイベゼル一粒ネックレス』
11,000円（税込）

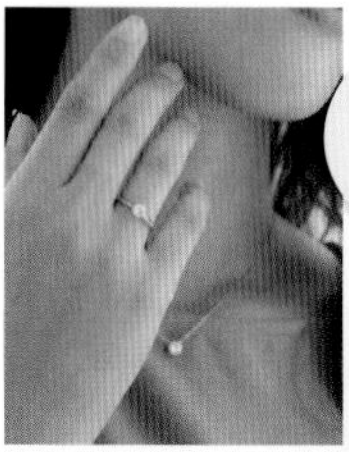

『0.3カラット 6爪ソリティアリング』
11,000円（税込）

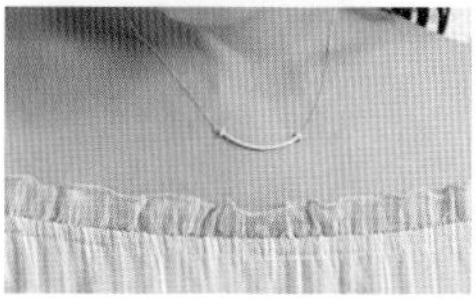

『スマイルバー ネックレス』
16,280円（税込）

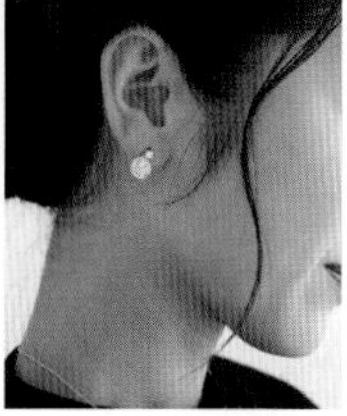

『2.58カラット エレガント Haloピアス』
18,150円（税込）

ジュエリーキャッスル

03-6761-3313
shop@jewelrycastle.jp
㊟ 東京都練馬区東大泉3-22-8
https://www.jewelrycastle.jp/

JEWELRY CASTLE

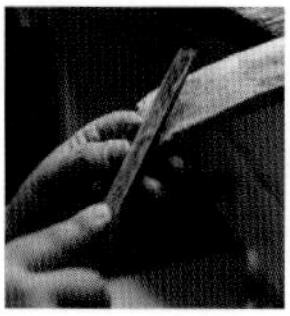

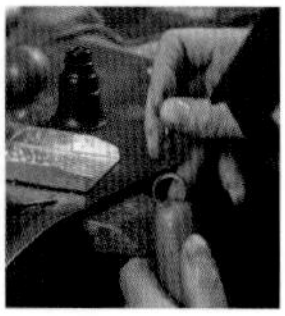

国内最大の宝飾産地「宝石のまち甲府」特選ジュエリー

自然豊かな都市「甲府」で育まれた逸品

『甲府市』は、山梨県のほぼ中央に位置する美しい自然に恵まれた都市。戦国時代以来、500年以上に渡り、多くの人・もの・文化が集い交わる周辺地域の中心となっている。そんな『甲府市』のふるさと納税の返礼品では、フルーツやワインといった名産物や郷土料理であるほうとう等のグルメが豊富に揃えられている中で、最もオススメなのがジュエリーだ。古来より水晶の集積産地である『甲府市』では、企画、買い付け、研磨、加工から流通までがすべてが揃う世界的にも珍しいジュエリーの集積産地。好きな宝石を選び希望通りにジュエリーを製作してもらえる唯一無二のジュエリーを生み出せる場所、それが「宝石のまち甲府」だ。

返礼品では、最新のデザインを取り入れた、ネックレス、イヤリング、ピアス、リング、など様々な種類のアクセサリーを用意している。

（ライター／奈良岡志保）

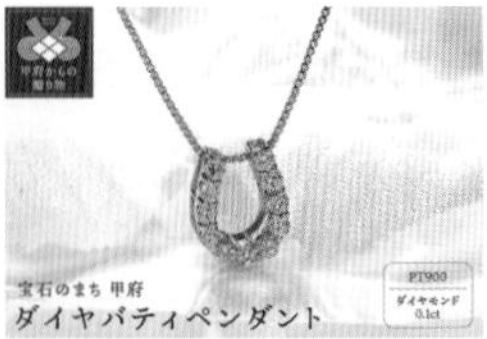

寄付金額 100,000円以上

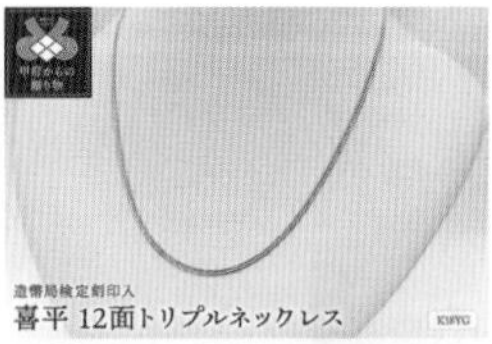

寄付金額 300,000円以上

寄付金額 100,000円以上

寄付金額 300,000円以上

甲府市《こうふし》 産業部産業総室ふるさと納税課

✆ 055-237-5328

㊟ 山梨県甲府市丸の内1-18-1

https://www.city.kofu.yamanashi.jp/kikaku-somu/shise/kifu/oen.html

ファッションを
自由にする
新感覚
コンパクト財布

本体37ｇという
圧巻の軽さと抜群の収納力

『sumo56』は、2020年に設立された革製品販売業社『Allcraft』が展開しているオリジナルレザーブランド。「シンプルだけど普通とは少し違う」レザーアイテムを多数販売している。なかでもオススメなのが新感覚コンパクト財布『Oby（オビー）』。「あなたのファッションを自由にする」というコンセプトのもと、キャッシュレス化が進んだ現代人の生活スタイルに合わせて作られたコンパクトな革財布だ。2枚の革をサイコロの展開図からイメージしたダイス構造を採用することでの三つ折り財布ながら薄さ約1㎝、本体37gという軽さを実現。小さいながら収納力もカード5枚にお札5枚、小銭15枚と鍵1本を収納可能と申し分なし。ポケットに入れても不格好に膨らまないコンパクトさでスマートなスタイルでお出かけできる。現代の価値観、ファッショントレンドともマッチし、どんな服装、どんな場面でも違和感なく使用できる。カラーも定番のブラックからブルーやオレンジなどバリエーション豊富に展開。

（ライター／長谷川望）

『コンパクト財布 oby』
カラーはブラック、オレンジ、ブルー、オリーブ、イエローの5色を用意。

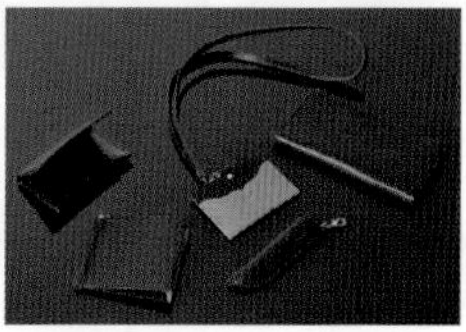

国内生産にこだわったワンポイントカラーの『レガシーシリーズ』。

Allcraft
オールクラフト
070-8444-7689
info@allcraft.work
㊟ 大阪府堺市中田出町1-2-14-201
https://allcraft.work/

ホームページ

Instagram

磁石の力で ぴたっとくっつき 持ち運びが楽な マグネット付きマウス

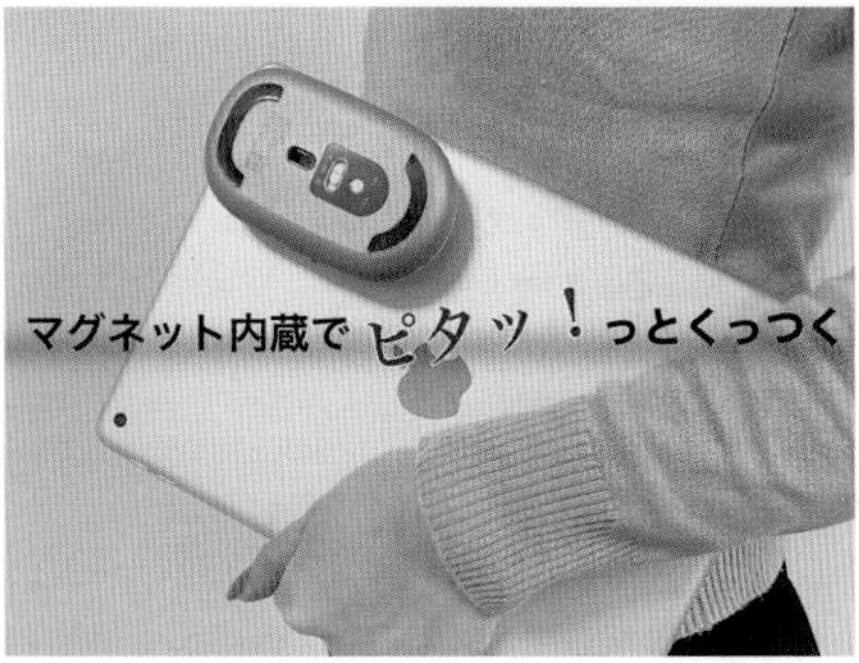

リモコンにもなる多機能マウス

オフィスの内外問わず、今やほとんどの業務にノートパソコンは一人一台、不可欠。かつてはタッチパッドでの操作が主流だったが、軽量小型のワイヤレスマウスの普及に伴い、作業効率を重視してマウスで操作する人も増えている。だが、肝心な時にマウスを持ち出し忘れてたり、会議などのちょっとした移動時に煩わしく思ったことはないだろうか。

『ピタッとくっつくマウス』は、マグネット内蔵でその名の通りノートパソコン本体にピタッとくっつけて持ち運べるワイヤレスマウス。パソコン表面が磁石が付かない素材でも、付属のマグネットシートを貼り付ければＯＫ。人間工学に基づいたスマートでコンパクトなサイズで、手にもピタッとフィット。クリック音が気にならない静音仕様。

さらにスイッチ切り替えでBluetooth リモコンとしても使える。スマホでの写真や動画撮影、タブレットやパソコンなどを最大10m離れたところから操作でき、プレゼンなどにもオススメ。今までにないうれしい機能だ。

（ライター／今井淳二）

『ピタッとくっつくマウス』
（ホワイト・シルバー・グレー）4,980円（税込）

●DPI調節

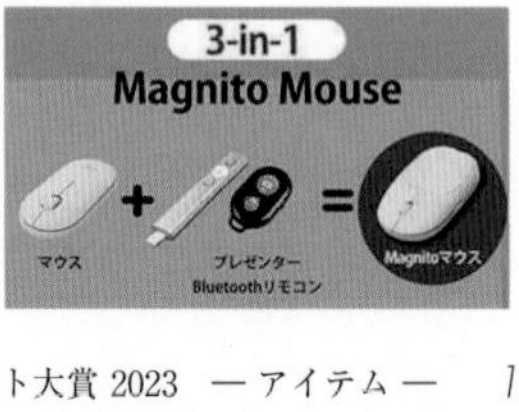

壁や天井に穴をあけずにギター棚をDIY

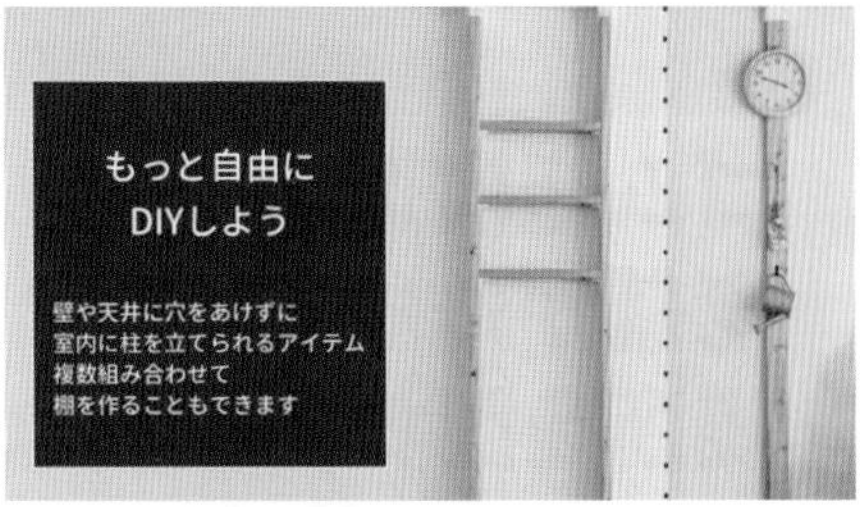
もっと自由に
DIYしよう
壁や天井に穴をあけずに
室内に柱を立てられるアイテム
複数組み合わせて
棚を作ることもできます

DIAWALL
ディアウォール®

ギター2本と周辺機器を収納可能

ねじや釘などを扱う建築資材のプロ『若井産業株式会社』の『ディアウォールシリーズ』は、お部屋を大切にしながら自由自在にDIYを楽しむことができるアイテム。収納にお悩みの方や壁に穴をあけたくない方にオススメだ。壁や天井に穴をあけずに室内に柱を作れるので賃貸でも安心して使用可能。さらに、工具や脚立いらずに施工可能なので誰でも簡単に本格的なDIYができると今、話題沸騰中。

特にオススメなのが『ディアウォールギター棚セット』。ハンガー2個が含まれており、ギターを2本まで掛けることが可能。ギター本体以外にもコードなどの周辺機器を収納できる便利なフックも4種類が付属。このセットだけでギター関連のものを収納できる。カラーは、ホワイトとダークブラウンの2色展開。お部屋の色や雰囲気に合わせてお気に入りのギターを掛け、お気に入りの場所を作ってみてはどうだろうか。

（ライター／長谷川望）

DIAWALL
ディアウォール
ギター・マガジン・レイドバックに掲載の棚を
そのまま再現できる
ギター棚セット
木材カット
無料
高さ
~2,600mm
棚板
800mm
Photo: Yoko Yamashita

『ディアウォールギター棚セット』
（ギター2本+小物置き）34,800円（税込）

Photo by Takashi Hoshino

8本収納 47,800円（税込）

若井産業 株式会社
わかいさんぎょう
06-6783-2081
info@wakaisangyo.co.jp
㊟ 大阪府東大阪市森河内西1-6-30
https://store.wakaisangyo.co.jp/ @diawall_pr

Instagram

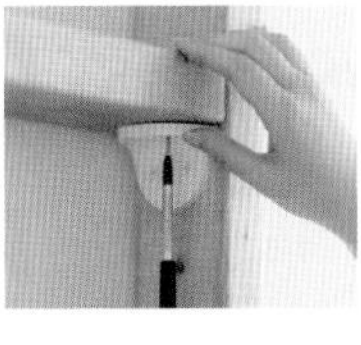

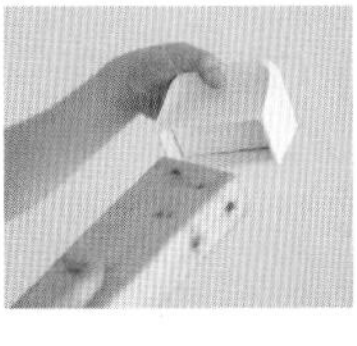

ゴム紐製造の老舗が作り上げた場所を問わず便利な結束ゴムバンド

伸縮性、耐久性に加え滑り止め機能も

1936年の創業以来、ゴム紐や織ゴムのトップブランド「金天馬ブランド」で衣料関係業者や手芸愛好家達を支え続け、日本の繊維業界、ファッション業界で知らぬ人はいない『川村製紐工業株式会社』。同社では、その技術とゴム紐の特性を活かすべくアウトドアブランド『GEAR FIT』を立ち上げた。

その第一弾として発表されたのが『グリップゴムバンド』だ。すべり止めの付いたゴムベルト。長年培ってきたゴム加工の技術による優れた伸縮性と野外での使用を前提とした耐久性を両立させたゴム製結束バンド。テントやリュックなど各種のアウトドアギアの結束、自動車や自転車への固定などはもちろん、手帳やノートとペンを挟んでノートバンド、お箸を挟んだり、円形のお弁当箱でもしっかりまとまるお弁当箱バンド、充電器やマウスなどこまごまと周辺機器をまとめてPC周りにと日常生活全般、用途は無限大に広がる。アウトドア専門店や同社ネットショップで販売。

（ライター／今井淳二）

『グリップゴムバンド』2本入 1,430円（税込）

GEAR FIT 川村製紐工業 株式会社
ギアフィット
0572-22-3345
info@seichu.co.jp
㊟ 岐阜県多治見市白山町1-1-5
https://seichu.co.jp/

GEAR
LIFE IS NOBI NOBI
FIT

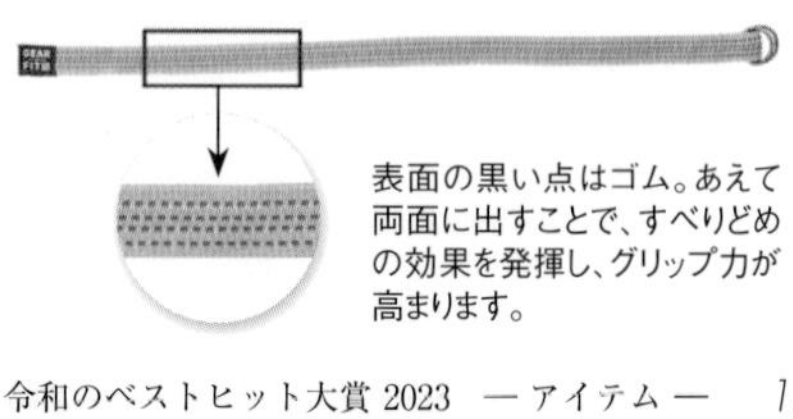

表面の黒い点はゴム。あえて両面に出すことで、すべりどめの効果を発揮し、グリップ力が高まります。

触覚、視覚、嗅覚を安らかに刺激する絵本に出てくるような小さな家の香炉

「癒しを感じる、自然を感じる」木の持つぬくもり、心地良さ

温かみを感じさせる柔らかな手触り、そしてその色や木目、香りから感じる落ち着きとやすらぎ。私たちに最も身近な素材として、おもちゃから日用品、大規模な建築物まで「木材」が今、改めて見直されてきている。

置物からアクセサリーなど身近に置いて、使って、心身がホッと癒やされるような優しい木製の雑貨を集めて販売しているのが『Cheers』。

自然由来のやわらかな色合いと数々のユニークな造形は、全国の作家さんが手掛けた賜物だ。

中でも今人気なのが『小さな家の香炉』。木製の小さな家の中には香炉がセットでき、お香を炊くと家の煙突からゆらりと静かにお香の煙が立ち上がり、その様子は眺めているだけで香りと相まって、何ともいえないリラックスした時間が過ごせる。和洋どんな部屋にもぴったりな明るい色合いと木目が引き立つ本体には、丈夫なナラ材を使用しており、耐久性もバッチリ。

（ライター／今井淳二）

『小さな家の香炉』4,200円（税込）
お香（10個）とセットで 4,970円（税込）

スタイリッシュな『小さな木の香炉』
4,200円（税込）

Cheers
チアーズ
03-5577-3230
info@cheers-shop.jp
https://www.cheers-shop.jp/

こちらからも
検索できます。

防災安全協会推奨品認定取得 パワフル電源＆ソーラーパネル

一家に一台の自己発電 もしもの備えにアウトドアに

キャンプや車中泊などのアウトドア、DIYや野外イベントなどで安定した電気の供給が可能となるポータブル電源と折り畳み式ソーラーパネルが好評の『ASAGAOJAPAN 合同会社』。

高級EVへの導入が進む安全性の高い「リン酸鉄系リチウムイオン」を採用したポータブル電源『ASP15-JP』は、1500Wの高出力と1344Whの大容量を実現。状況に合わせて500wと1000wの充電切替が可能で、超高速充電機能付きだ。車載アクセサリー電源でも充電できるが、折り畳み式ソーラーパネル『ASSP400-JP』を組みあわせると、より安定した電力供給が可能に。『ASSP400-JP』の最大出力は、400w。折り畳むと約77㎝ほどの大きさになり持ち運びや収納、保管も楽々。

また、一般社団法人防災安全協会の推奨品認定を取得。地震や水害などの大規模災害の備えにもオススメ。

（ライター／彩未）

ASP15-JP

『ASP15-JP』
店頭想定売価
149,900円(税込)

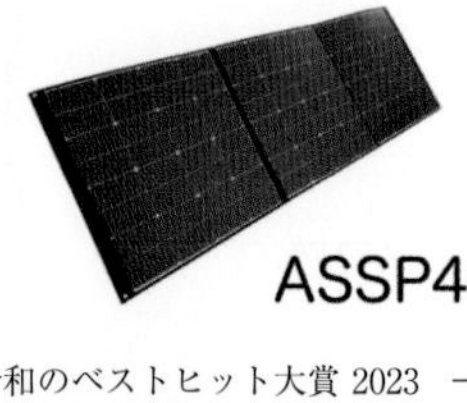

『ASSP400-JP』
店頭想定売価
99,900円(税込)

ASSP400-JP

正規販売代理店 シリウス 株式会社
03-5244-4359
info@siriuskk.com
㊟ 東京都港区浜松町2-2-15 浜松町ダイヤビル2F
https://www.siriuskk.com/

水道の接続なしで
どこでも飲料水生成
高性能の
次世代結露式製水器

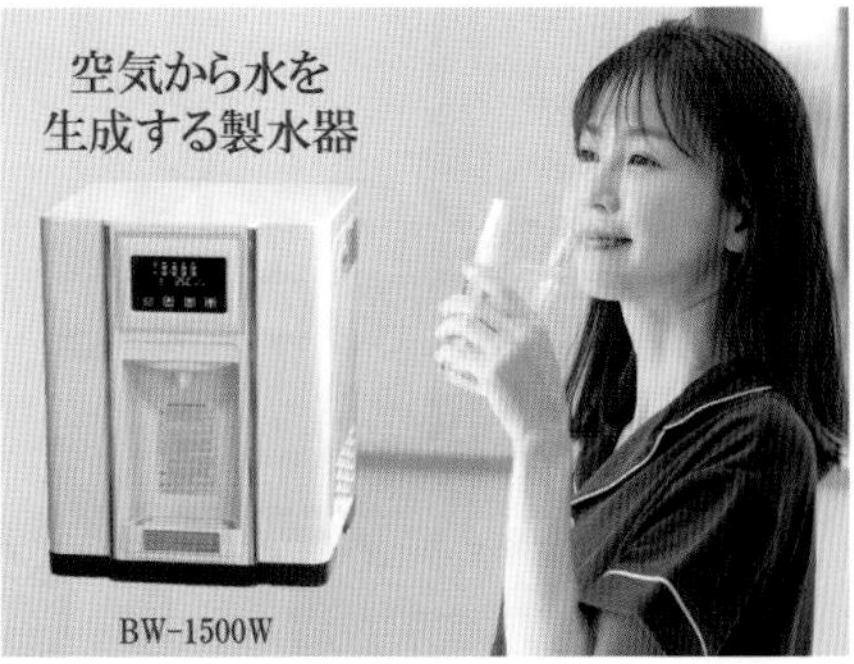

1日で最大15L生成が可能
微粒子を除去し除菌も

太陽光で自宅の電気を賄うように飲料水を自宅で作る。こんな夢を叶える製水器が誕生した。空気清浄機メーカー『グリーンコアテック合同会社』の『ベルウォーター BW-1500W』。空気中の水分から結露によって水を生成し、フィルターと除菌により、安全でおいしい飲み水を作り出す装置だ。国内では類例のない高性能の次世代製水器で、水質検査をすべてクリアしている。また、本機は災害時にも役立つ。水の生成には電気を必要とするが、災害時に最も早く復旧するのは電気といわれており、近年は太陽光発電を備えた戸建ても多い。日常は宅配水の代わりとして使い、災害時には飲料水確保用に使うフェーズフリー（日常も非常時も役立てる考え方）を取り入れるユーザーも増えている。宅配水の代わりに使うとタンクの置き場や重いタンクの移動の問題なども解消されるためにオフィスや待合室などでの利用も増えている。製水量は温度と湿度によって変わるが、1日5～15L生成する。工事などは一切不要で、コンセントに差せば、自動で水を作り出す。Amazonや全国の家電量販店で購入可能。

（ライター／斎藤紘）

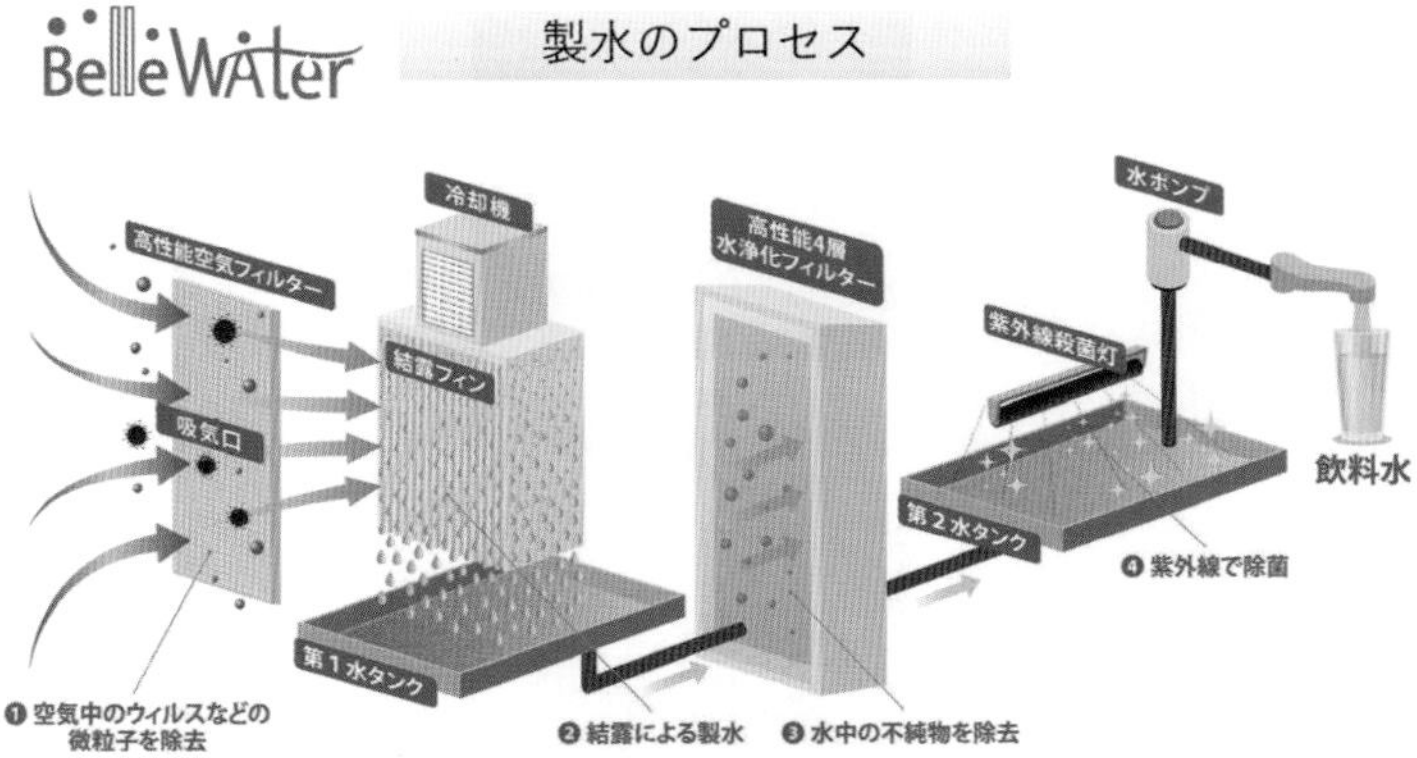

グリーンコアテック 合同会社

075-600-2795
info@greencoretech.com
㊟ 京都府京都市上京区宮垣町91-102
https://greencoretech.com/

商品ページ　動画紹介

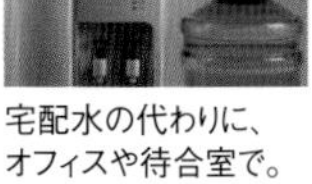

宅配水の代わりに、
オフィスや待合室で。

安心のブランド
初心者でもOK
最高級仕様
ドイツのフライパン

カリッ、ジューシー
プロ並みの焼き具合を実現

独自の最先端技術とクラフトマンシップの融合で「料理をユニークな体験にするため」に情熱を注ぐドイツの調理器具ブランド『フィスラー』。中でも注目は『オリジナル プロフィ コレクション フライパン』。IHを含むすべての熱源に対応するステンレス フライパンだ。独自のノボグリル加工により素材の脂が出やすくなるので、少しの油で表面はカリッ、中はジューシーに調理ができる。独自設計のフチは、どこから注いでも液ダレしないのでキッチンを汚さない。鍋内側にある目盛も使いやすい。ステンレス フライパンは、だんだんと剥がれる表面加工がない。ステンレス自体が錆びにくく、耐久性も高いので、長く使える。一度熱すると冷めにくい性質を持っているので、余熱調理などにも適している。「ステンレス フライパンは、くっつきやすい」というイメージがあるようだが、食材をいれる前にしっかり予熱すれば、料理初心者でもプロのような「ユニークな体験」ができるフライパン。15年保証付き。

（ライター／播磨杏）

『オリジナル プロフィ コレクション フライパン』
24㎝ 35,200円（税込）
28㎝ 39,600円（税込）

フィスラージャパン 株式会社

03-6275-0750
info-fissler-japan@fissler.com
㊟ 東京都千代田区神田錦町2-2-1 KANDA SQUARE11F
https://www.fissler.com/jp/

プロ御用達
至福の使い心地が
体感できる
家庭用包丁

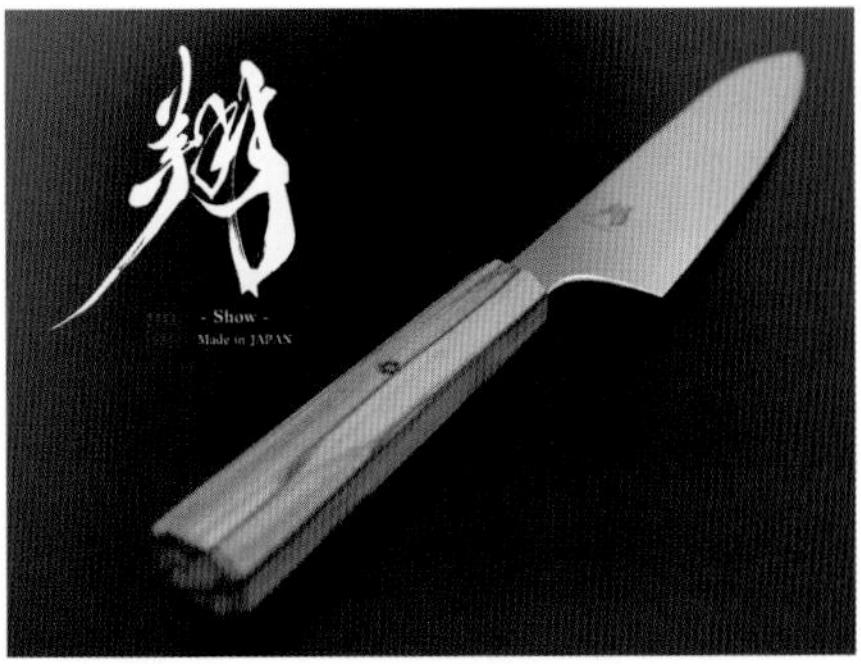

トップシェフが愛用する包丁を家庭用に使いやすく

日本を訪れる外国人観光客に人気のお土産として「包丁」が注目を集めている。一度使った人は、切れ味、使い心地、デザイン、耐久性など日本の包丁は世界一だと口を揃える。

包丁製造元『子の日』は、世界中のトップシェフから愛用されるハイエンドの包丁メーカーとして知られ、プロの料理人に沢山の愛用者を持つ。プロ向け包丁は1～2年待たなければ入手できない程の人気ぶりだ。

そんな『子の日』が、プロ向け包丁と同様の製法である、熟練の職人の手仕上げで作り上げる家庭用モデル『翔』シリーズを発表した。和的な印象が際立つ『翔』と、刃に浮かぶダマスカス模様が美しい『翔 Damascus』がラインナップだ。

刃はプロの料理人が納得する切れ味はもちろん、軽くて、錆びにくく、手入れがしやすい包丁となっている。料理することが楽しくなり、長く使い続けられる逸品だ。

（ライター／今井淳二）

『翔Damascus切付』180㎜
2023年末までに各8種の形状をラインナップ予定。

『翔牛刀』180㎜

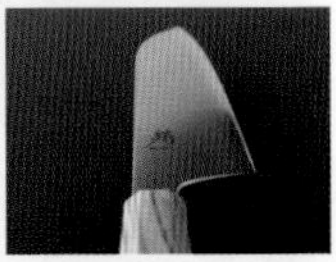

『翔三徳』180㎜

『翔筋引』195㎜

株式会社 子の日
ねのひ
●ご購入、修理などのご相談はこちら　湘南本社工場 ✆ 0465-20-5959
●ショールームご来店予約などはこちら
築地店（ショールーム） ✆ 03-6264-1168
https://nenohi.jp/

湘南本社工場

築地店A館

築地店B館

茶こしなし
線で濾す新発想
洗いは一瞬
新感覚の急須

すべてのお茶とコーヒーを手軽に
サステナブルな急須

宇治茶振興事業に携わった経験から「気軽に茶葉や豆を楽しむ暮らしを広げたい」という思いで開発したという『株式会社 AO Labo.』の『ちゃPod』。従来の急須は、茶こしに茶葉が詰まりやすくお手入れが面倒という問題があった。そこで小さな突起が付いた蓋と本体との間にわずかにあいたスキマから茶葉や豆を濾すというこれまでにない発想で茶こしフリーを実現、特許を取得した。

厚みのある樹脂製の本体は、熱湯を入れても熱さを感じず、うっかり落として割れることもない。使用後は、茶がらや珈琲がらが入った本体に水を入れてひっくり返すだけ。究極のシンプル構造が一瞬のお手入れを可能にする。使い終わった茶葉や珈琲豆は土に返せるので、ゴミが出ず環境にも優しい。

忙しい人、疲れている人にもオススメ。ティータイムで心も身体もリラックスしてみて。

（ライター／彩未）

『ちゃPod』3,470円（税込）
アマゾンにて購入可能。

株式会社 AO Labo.
アオ ラボ
0774-80-4302
contactao@aolabo.net
㊟ 京都府宇治市木幡陣ノ内9-77
https://www.aolabo.net/ ちゃPod 検索

へら絞り加工で生み出すプロダクト職人技が詰まった志向のカップ

東京 江戸川区の町工場で
世界に誇れる ヘラ絞り

手作りの趣が魅力
究極の機能性×デザイン性

各種金属へら絞り加工を始めとした事業を行う『髙橋絞工業株式会社』が立ち上げたブランド『TASHIKA』。自社の金属塑性加工技術を使った「絞り加工」を駆使してライフスタイルプロダクトをデザインするブランドだ。

イチオシは、『TASHIKA Cup』。絞り加工の際に発生する跡である「ヘラ目」をデザインとして強めに残した味わいがあり、手に取ると独特の手触り感を感じさせる。仕上げ塗装はアルマイト塗装（白銀）で施し、シックでスタイリッシュな印象。日々の中に溶け込むフォルムと素材にこだわり、何度も微調整を重ねて完成。目には見えない細かな職人技が詰まった逸品だ。

『TASHIKA Cup LOGOver.』は、ブランドロゴをレーザー刻印で仕上げ、より洗練された印象。すべて一つひとつ手作業で作られており、職人技が詰まっている。アルミ製ながらの軽さと使いやすさ、デザイン性は絞り加工で作る器の魅力を感じさせる。

ひと味違ったオシャレなプレゼントに、自宅はもちろん、キャンプなどにもオススメだ。

（ライター／播磨杏）

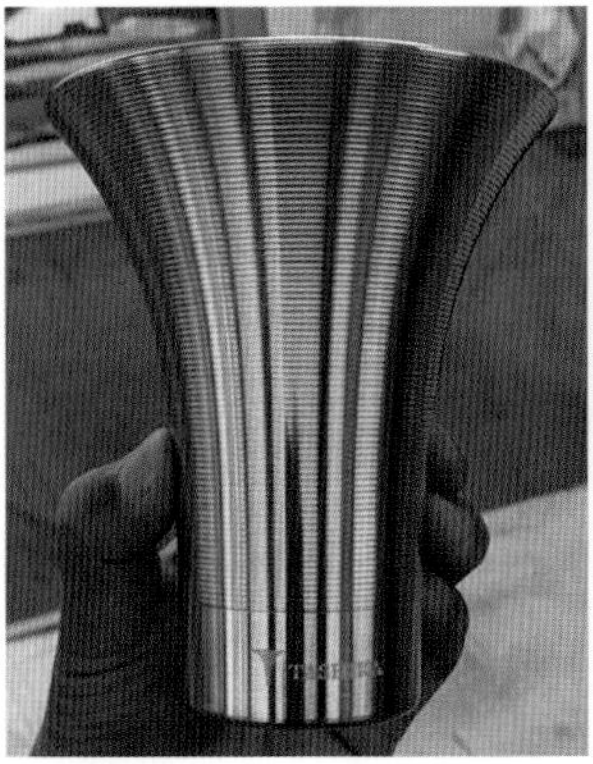
TASHIKA

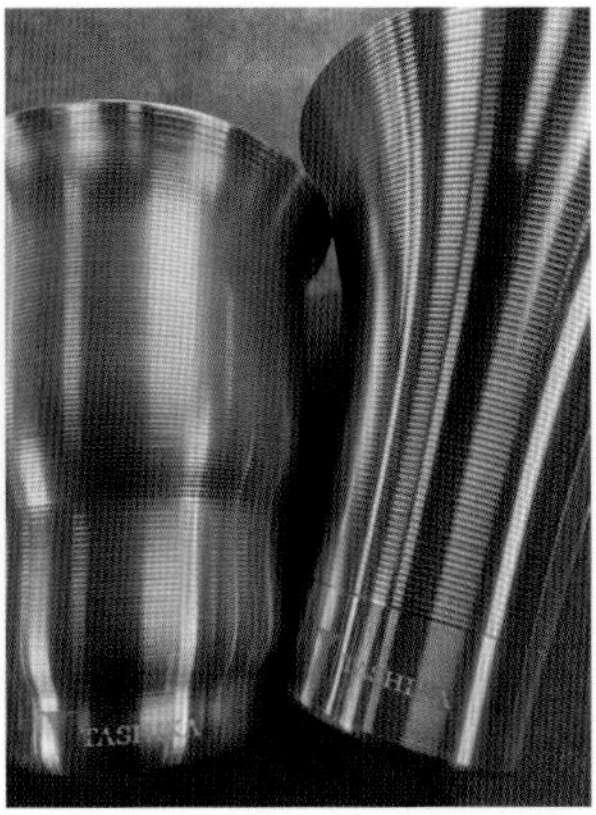
TASHIKA

『TASHIKA』

髙橋絞工業 株式会社
たかはししぼりこうぎょう
03-3681-5519
tashika@sage.ocn.ne.jp
㊟ 東京都江戸川区平井2-9-16
https://www.shibori-takahashi.com/

自然素材がもたらす究極のタンブラー

国産材の新たな可能性へ

桧は世界最高レベルの建築木材といわれ、その優れた強度により、古くから神社仏閣の建築材として使われてきた。伐採直後から強度が増すといわれ、伐採後200年でピークに。触り心地も光沢も良いため、長年使用することによってツヤも味も出てくる。桧には、気分を落ち着かせる効果や抗菌効果などもあり、リラックスにも最適な木材だ。『RE:WOOD』が贈る究極の『国産木材タンブラー NAJIMU』は、雄大なびわ湖の自然で育った桧で制作されたハンドメイドタンブラー。塗装には、水も浸透させないガラス塗料を採用。木の風合いを生かしたまま、擦傷や輪ジミ汚れに強い仕様に。さらに仕上げには、日本ミツバチの蜜蝋ワックスを使用。同じ木目はないゆえに、一つひとつが唯一無二の商品となっている。口元が薄く仕上がっているので非常に飲みやすく、唇に当たる感覚は優しく温もりを感じ、今までにない経験を楽しんでもらえる。慌ただしい時代だからこそ、ヒノキタンブラーで充実したスローな時間を過ごしてみては。

（ライター／奈良岡志保）

RE:WOOD 株式会社 土山木協
リ：ウッド
0748-66-1195
info@tsuchiyama-w.com
㊟ 滋賀県甲賀市土山町南土山乙421-1
https://www.rewood-style.com/

こちらからも
検索できます。

アウトドアでも揚げたてのフライをキャンプ飯でもっと楽しく

気軽にキャンプで揚げもの調理

休日やバカンスをキャンプなどアウトドアを楽しむレジャー。専用の調理道具やノウハウも巷にあふれ、すっかり定着した感がある。しかしながら、焼く、煮る、炒めるといった調理法は比較的簡単だが、揚げるのはアウトドアではなかなか至難の業だ。

大阪府東大阪市の金網製品メーカー『株式会社イゲタ金網』では、キャンプでご飯を炊く時などに使うメスティンで使用する金網状のフライヤー『FLYDAY』を発表。ご飯が炊けるメスティンは1・5号用と3号用があり、用途(容量)に合わせて2種類のメスティンで油を熱し、揚げたいものを入れた『FLYDAY』をそのまま投入。頃合いになったらサッと引き上げるだけ。

金網の交点を溶接するメーカーならではの技術で、揚げ物が油ぎれ良くサックリと仕上がる上、汚れも残りにくくお手入れもラク。

取っ手を折りたたんで、そのままメスティンに収納して持ち運びできる。

（ライター／今井淳二）

『FLYDAY』1.5合用 4,400円(税込)
3合用 7,700円(税込)

株式会社 **イゲタ金網**
イゲタかなあみ
✆ 06-6789-3661
✉ info@igeta-kanaami.co.jp
㊟ 大阪府東大阪市西堤学園町1-8-9
https://www.igeta-kanaami.co.jp/

溶接金網・ひし形金網製造メーカー
株式会社イゲタ金網

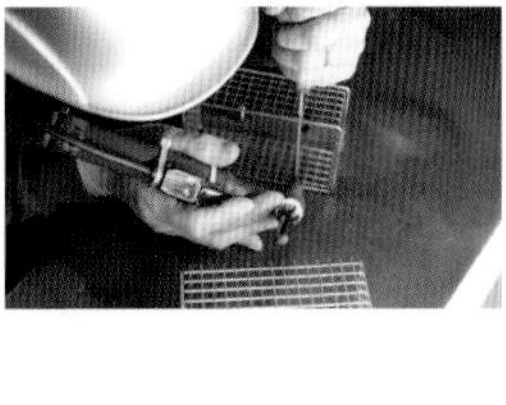

環境に優しい
100%天然由来
その香りは
人にも優しい

国産ヒノキをはじめ天然樹木35種類の植物精油

菌や虫に対して強いことから建材としても多く使われ、日本人にとって馴染みの深い樹木であるヒノキ。間伐材から抽出した精油には、高い抗菌・殺菌性も認められている。「自然のチカラで食と環境の安全を守る」と無添加食品や身体・環境に無害な衛生アイテムなどを手掛けている『ココロン株式会社』では、ヒノキの精油パワーを生かした除菌型消臭剤『森のチカラ』を販売している。国産ヒノキをはじめとする35種類以上の天然樹木・植物精油から作られており、部屋に噴霧するだけでウイルス・細菌を瞬時に除菌。飛沫感染や接触感染を防ぐ効果が期待できる。また、一面に広がるヒノキなどの芳しい樹草木の香りが副交感神経を刺激し、自然治癒力や集中力が高まり、鎮静効果で気持ちも安定。まるで森林浴のような空間を作り、快適で質の高い環境に。化学物質を含まない100%天然成分なので、小さな子どもやペットがいる部屋でも安心して使える。この他にも、自社ネットショップでは〝自然・健康・安全〟を考え、身体と環境に安全な商品を取り揃えている。

(ライター/今井淳二)

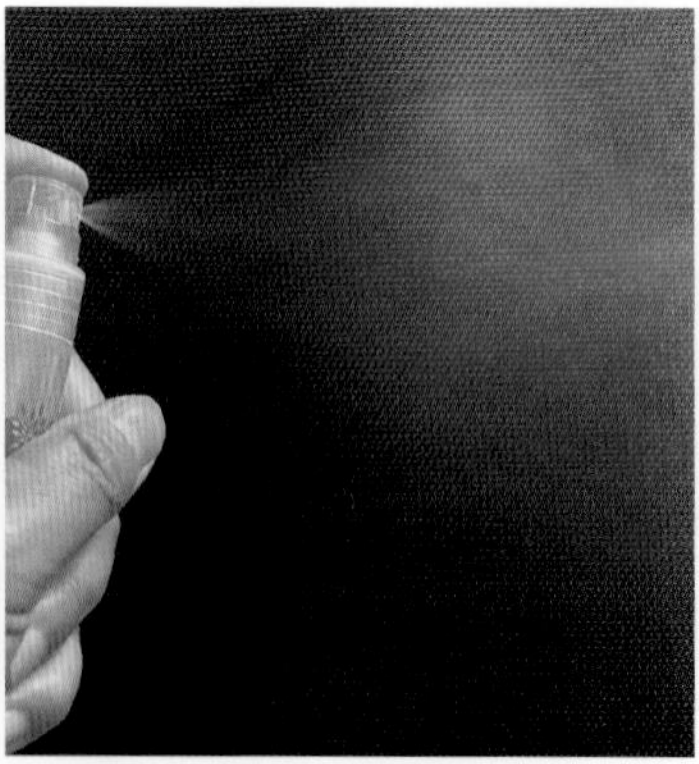

『森のチカラ』19ml 550円(税込)　5本セット 2,200円(税込)　10本セット 3,850円(税込)

ココロン 株式会社

0948-55-1786
cocoron2019@outlook.jp
㊟ 福岡県飯塚市小正135-7
https://cocoron5560.com/

ココロン株式会社

BASEショップ

こちらからも検索できます。

『無添加濃厚果汁100%ぶどう・マスカットジュース』
1.5L 1本
1,980円(税込)

進化した『LJ-02』24時間充電で長時間利用が可能に壁掛けタイプも登場

上向き自動液体噴出装置
LiquidJe

ひょうご新商品調達認定制度
認定商品

どちらも特許取得済

キューブデザインモデル『LJ-01』

コンパクトモデル『LJ-02』

オプション品にバッテリー内蔵のカバー

「神戸発優れた技術」に認定されている『株式会社ライズテック』が開発した非接触型・上向き自動液体噴出装置『リキッドジェット』は、触れることなく、手指に消毒液や除菌液を塗布することができる世界初の噴出装置だ。センサー感知で、手をかざすだけで消毒液や除菌液が上向きに噴出するので、衛生的。消毒液や除菌液の液ダレがなく量の使い過ぎがないので、「SDGs」の理念にも合致する。サイズは2種類。コンパクトな「Cplus3」は、オフィスのデスクやご自宅の机の上、玄関などに。「キューブタイプ」は、お店や医療施設、公共施設などで使われている。スタイリッシュフォルムは映えもよく、ピンクやブルーなど5色から選べる。公的機関のお墨つきを得られた製品は更なる進化を遂げた。これまでは電池式であったが、『LJ-02』のオプション品に充電式バッテリーが内蔵されたカバーが新登場。24時間連続通電可能なので、電源のない場所でも長時間の使用が可能になり用途が広がる。例としてあげれば壁掛けタイプの登場もその一つ。これからもどんどん使い方の可能性は広がりそうだ。

（ライター／播磨杏）

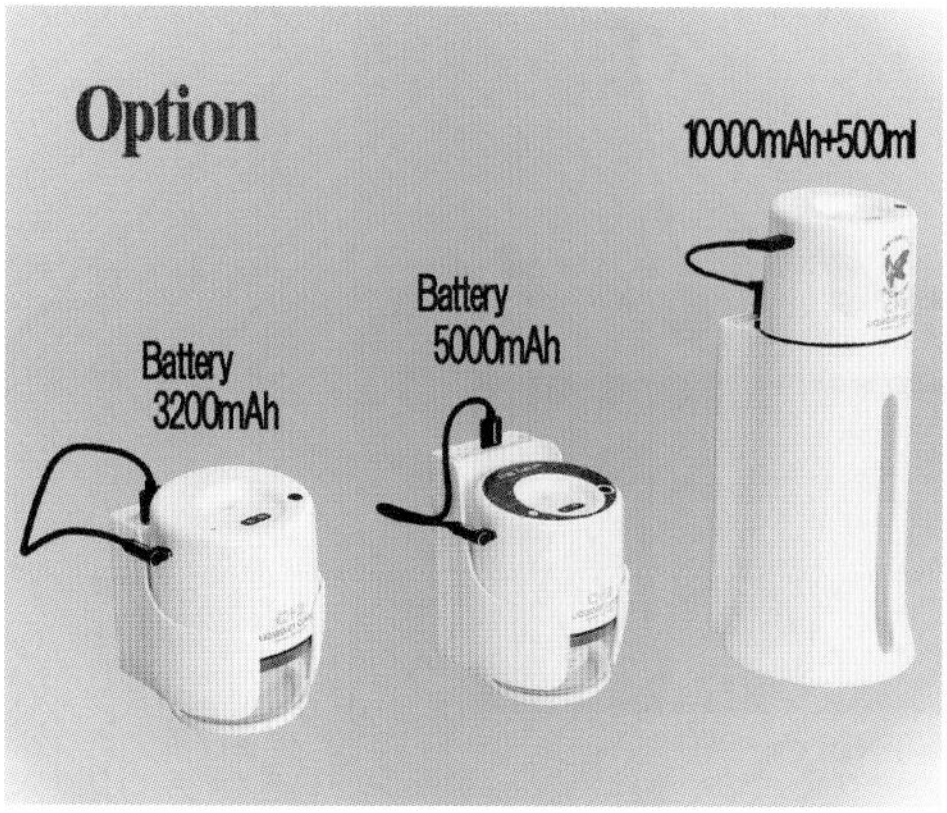

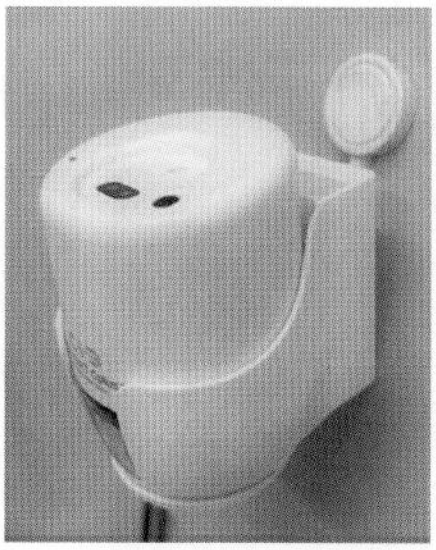

壁掛けオプション。

LJ-01 カラーラインナップ

日々の移動を より快適で スマートにする 新型電動キックボード

最高峰の技術と スタイリッシュなデザイン

『KintonemodeloneS』は、「人類の移動を超スマートに」をビジョンに電動モビリティ製品の企画、開発、製造、販売を行っている『株式会社KINTONE』が発売する新型電動キックボード。部品の一つひとつから厳選して仕入れ、茨城県の自社工場でいちから作り上げている国産の電動キックボードで、型式認定も取得している。２０２３年７月の法改正により、16歳以上であれば免許不要で運転することが可能になり、今注目を集めている分野だ。最高峰の技術と洗練されたデザインが融合したこの一台には、様々な機能が搭載されている。ハンドル中央にあるＬＥＤディスプレイでバッテリー容量が確認できるほか、公道走行・歩道走行モードの切り替えもワンタッチで簡単にできる。表示画面も公道モード時は緑色で「Ｄ」、歩道モード時は白い歩行者マークが表示されるなど視覚的にも分かりやすい。さらにＬＧ製の大容量36Ｖ／９・６Ａｈバッテリーも用意されており、航続距離も約30㎞と長い距離をスムーズに移動できる。

（ライター／長谷川望）

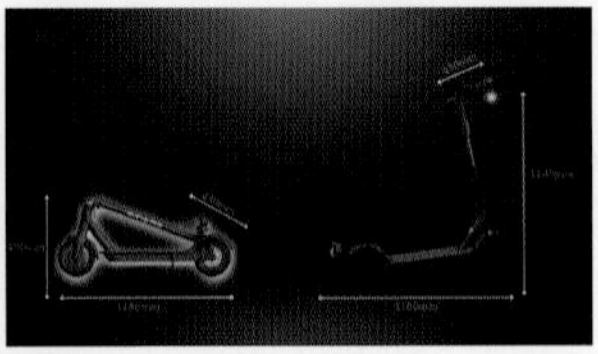

『Kintone model one S』
99,800円（税込）

株式会社 KINTONE
キントーン
050-1743-9444
info@kintone.co.jp
㊟ 茨城県常総市豊岡町乙2008-1
https://kintone.mobi/

Kintone

すでに海外では優れた実績と信頼プレミアムなペット用サプリメント

絶大な人気サプリが日本上陸

毎日の食事の他に不足しがちな栄養素を補い、健康を維持するためにサプリメントを摂取して効果を発揮することもあるが、それは大切な家族の一員でもあるペットにも当てはまる。日本と同様、それ以上にペットとの距離が近く、ケアの考え方も進んでいるペット大国アメリカから、ペット用プレミアムサプリメント『Zesty Paws』が日本上陸。最新の動物栄養学に基づき、最高品質の原材料を配合。人間が摂るサプリメントと同様の基準で品質と安全性を確保したペットのための機能性健康食品だ。人工香料、着色料、保存料は一切使用していない。

『Zesty Paws』は、美味しいトリーツサプリとオイルの商品構成で、それぞれの効能・効果はペットが持つ本来の免疫力をサポートする消化器ケア、健康的な肌と美しい毛艶の維持、アレルギー症状のケア、ストレスケアと多岐にわたる。いつまでも健康的に長生きしてもらうため、普段のフードと合わせて食べさせたい。

（ライター／今井淳二）

プレミアムサプリメント『Zesty Paws』

WePet　SugaJapan 株式会社
ウィペット
03-6284-2359
support@suga-japan.co.jp
㊟ 東京都台東区上野3-16-3
https://www.wepet.jp/

wepet
ideas for health

抜け毛を気にせず遊んであげられるペットとの毎日を楽しく、おしゃれに

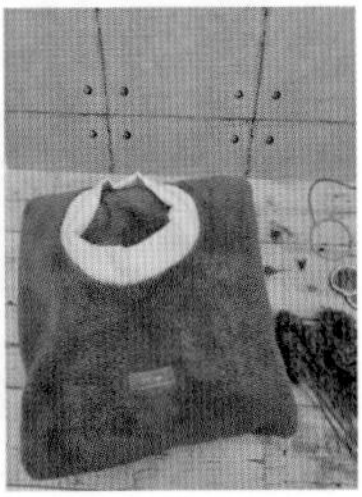

『マイクロファイバータオル』
8,000 円（税込）

大好きなペットと一緒 オリジナルファッション

家族の一員ともいえる愛犬・愛猫など、ペットが身につける専用の洋服やアクセサリー、グッズを、専門のショップやブランドなどで購入している人も多いだろう。『大型犬飼い主様専用グッズ取扱店 mili mili owner』では、ペットではなく、飼っている方に向けた洋服やカバンなどのグッズをラインナップ。Tシャツやパーカなどを取り揃えている。

「ペットとの信頼関係を築くきっかけを作るお手伝いを」と、洋服にはペットの毛がつきにくい素材を使用。「下ろしたばっかりの服だから今日は一緒に遊んであげられない」という心配も無用、ペットと飼い主とのスキンシップの機会を増やしてあげることができる。デザイン・色使い共にシンプルだが、ファッショナブルなツボを押さえているので、部屋着としてはもちろん、そのままお散歩に出かけてもおしゃれと好評。また、散歩の際にうれしい容量たっぷりで丈夫な倉敷帆布製のトートバッグ（2way）『お散歩カフェバッグ』も人気だ。

（ライター／今井淳二）

『アノラックパーカー』
（サイズ／M・L）
10,000円（税込）

『刺繍パーカー』
（サイズ／S・M・L・XL）
9,000円（税込）

『mili mili プリントパーカー』
（サイズ／S・M・L・XL）
9,000円（税込）

『ハーフパンツセットアップ』
10,500円（税込）
『パーカー単品』7,400円（税込）
『ハーフパンツ単品』7,400円（税込）

『お散歩カフェバック』
8,600円（税込）

大型犬飼い主様専用グッズ取扱店 **mili mili owner**
ミリ ミリ オーナー
https://milimili0111.base.shop/
milimili___owner

『mili mili オリジナルキャップ』
3,800円（税込）

『シルエットバックプリントTシャツ』
3,600円（税込）

大型犬のリードや首輪可愛いものが無いとあきらめていた飼い主さん必見!

毎日の散歩が楽しみなグッズが多数

大型犬を飼っている人たちにその魅力を聞くと、「性格が穏やかで癒やされる」「番犬・見守り犬として頼もしい」「頭がいい」「一緒になって体を動かして遊べる」というような点があがる。しかしながら、日本では狭い国土における住宅事情もあってか、ペットとして飼われるのは、中・小型犬が中心で、グッズも色・デザイン・ブランド共に豊富だが、大型犬用となると種類もデザインもグッと限られてきた。そんな中、「大型犬だって可愛いのが欲しい」と、遊び心を込めた贅沢な素材使いとシルエットで作った大型犬専用グッズのショップが『大型犬専門グッズ mili mili』だ。リード、首輪、ハーネスといったお散歩用グッズを中心に、デザインはもちろん、そこに機能性をプラスし、縫製は全て国内の職人が一つずつ心を込めて製作した少し贅沢な作り。大型犬用だけに耐久性もバッチリだ。

また、飼い主さん用、毎日のお散歩が楽しみになるような、わんちゃんも喜ぶクールネックやバケットハット、キャップなど可愛いオシャレアイテムが好評。

（ライター／今井淳二）

『大型犬クールネック』
4.800円（税込）
暑い季節でもクールネックをつけて散歩に行っても首回りを冷やしてくれとても可愛いお花柄にフリルを纏いオシャレアイテム。

『大型犬肩掛けリード』
19,800円（税・送料込）
『小型犬肩掛けリード』
16,800円（税・送料込）
『手持ちリード・ハーフチョークセット』
26,800円（税込）

『大型犬バケットハット』
5,800円（税込）
大型犬のバケットハットに保冷剤が入っており、直接頭に日光が当たらないようになっており、またつばも長めの設計。

大型犬専門グッズ mili mili
ミリ ミリ
https://milimili2022.base.shop/
mili__mili2021

自分の髪や地肌を いたわるように ペットも 洗ってあげたい

ヒトにも犬猫にも優しい
プラセンタ美容液配合
ペットシャンプー

皮膚や毛質に悩むペットに 史上最高のシャンプーを

『株式会社ソレイユ』の皮膚に優しいペット用育毛シャンプー『マリーチトゥデイシャンプー』は、皮膚に優しい活性剤を選び、今までのペット用シャンプーには見られない成分を配合。化粧品として登録されている、育毛と保湿のできる新しいペットシャンプーだ。同社は、捨てられたり、飼えなくなったペットなど保護犬・保護猫活動を行っており、皮膚の状態や悩みを抱える犬猫のために何か良いシャンプーは無いかと考えたのがきっかけだという。馬のたてがみから取れた保湿成分のプラセンタは、皮膚のバリア機能を整えて皮膚に潤いと毛にツヤを与えてくれる。育毛・発毛成分であるミノキシジルの類似成分で、副作用の少ない育毛成分ピティオキシジルは、皮膚の状態を整えて血行を促進し、脱毛した部分の毛根に作用して育毛を促す。香りにも注意を払い、犬猫にとっても落ち着く香りであるジャスミンを中心とした高級感のある香りで、シャンプーの時間を癒しの空間にしてくれる。

（ライター／今井淳二）

『マリーチトゥデイシャンプー』
250ml 3,080円（税込）

健やかな毛並みと皮膚の保湿の為の
ピティオキシジル・アナツバメ巣エキス配合

皮膚に優しいペット用シャンプー。

株式会社 ソレイユ

0721-93-1540
㊟ 大阪府南河内郡河南町寺田128-1
https://www.maricitoday.com/

葉山生まれの高級感漂うペット専用ナチュラルソープ

犬にも自然にも優しい固形ソープ

葉山生まれのペット専用ライフスタイルブランド『RIOTS（リオッツ）』。言葉の意味は、「騒動・騒乱、ごった返す、多種多彩、ほとばしる、沸き立つ」とも訳される。葉山の美しい自然の中、人々とペットたちが住む魅力的な町。海も広がり、犬がとても似合う。そこから生まれた洗練されたブランドだ。

犬にも地球に優しい固形石鹸『RIOTS』は、原料にこだわり、ペットにとって安心・安全な成分のみを使用。地肌から汚れと余分な皮脂や嫌な臭いを綺麗さっぱり洗い流して代謝を促進する。さらに潤い成分を補充し、地肌の健康を保つ。皮膚トラブルがあるペットにも低刺激だから安心だ。

被毛を保護・コーティングする成分も配合しており、被毛の潤いが持続、コンディショナーやリンスは不要だ。香りは全12種類。

高級石鹸にも使われるワンランク上の上質な成分を贅沢に配合しているので、洗い上がりの違いがすぐにわかる。

（ライター／河村ももよ）

「ライチ&ピーチ」

『RIOTS』2,200円（税込）

ライチ&ピーチ、ホワイトムスク、ジャスミン&リリーなど12種類。

RIOTS HAYAMA　株式会社 ライチデザインワークス
リオッツ
0468-97-7853
info@riotssoap.com
㊟ 神奈川県横須賀市佐島の丘2-8-12
https://www.riotssoap.com/

「ジャスミン&リリー」

「キンモクセイ」

願いが叶う
縁起が良いのにかわいい
サスティナブルな
お守りバッグ

ハンドメイドブランド『R.I.P』は、新品のまま廃棄される洋服を利用し、服や雑貨などにリメイクして販売している。『OMAMORI BAG』は、国産織物のハギレをリメイクした巾着風ショルダーバッグ。巾着型は「日本のお守り」、柄は「二十四節気」をイメージ。バッグの中心部には、古来から願い事が叶うようにと受け継がれる「二重叶結び」を採用。すべて一点もの。ハンドメイドの温かみあふれる可愛いすぎるバッグが揃う。

（ライター／彩未）

『OMAMORI BAG』13,200円（税込）

R.I.P
リップ
✆ 054-253-9011
✉ info@en-imi.com
㊟ 静岡市葵区両替町2-4-15 静岡O.Nビル4F
https://en-imi.com/pages/r-i-p

隠さないウィッグ
『つけるパーマ』が登場
パーマを
”着こなす”時代へ

『株式会社MIGUSHI』の『つけるパーマ』は、これまでと真逆の発想。「隠すため」のものではなく、おしゃれに着こなし魅力を引き出す「魅える」存在の隠さないウィッグだ。重さは、帽子の約半分の35g、下地も一円玉程度の厚さ1・5㎜で圧倒的な軽い付け心地を実現。また、東京・築地にある美容室「上松」と提携し、持ち込めば自由にカットできる。詳しくは、公式サイトをチェック。

（ライター／奈良岡志保）

『つけるパーマ』19,800円（税込）

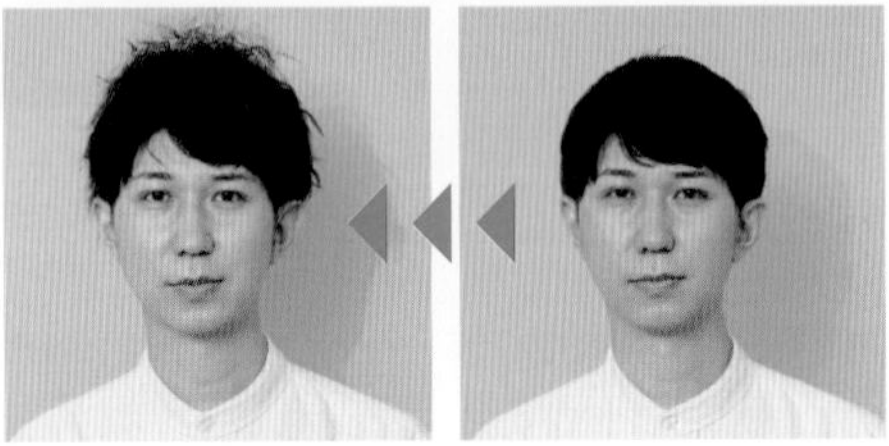

株式会社 **MIGUSHI**
ミグシ
✆ 050-1807-5394
✉ info@migushi.jp
㊟ 東京都新宿区西新宿3-3-13 西新宿水間ビル6F
https://www.migushi.jp/

毎日使うとわかる「朝が違う」と評判の高性能寝具

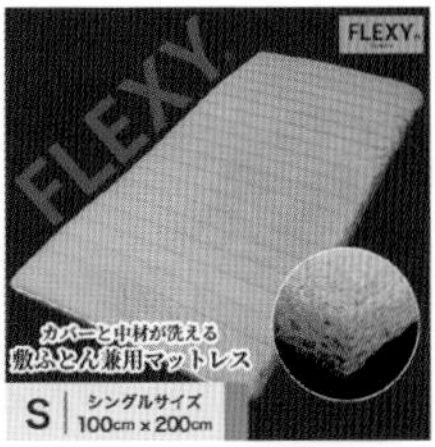

『敷ふとん兼用マットレス』シングルサイズ 43,780円(税込)

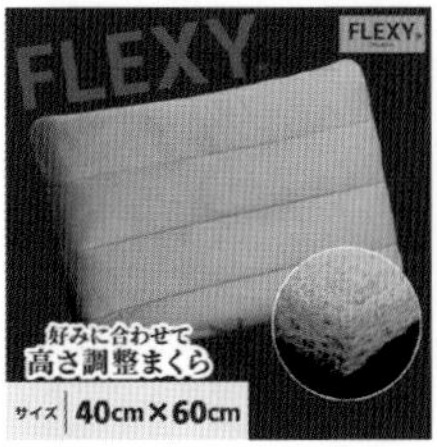

『高さ調整まくら』10,780円(税込)

上質な睡眠のためには、寝具選びが何よりも大事。『音部株式会社』の『FLEXY®（フレキシー）』は、体圧を分散し、寝返りも楽な高反発性の敷布団兼用マットレス。中材に使われている「SEEDS CORE®」は、ポリエチレン素材のファイバーが複雑に絡み合った三次元構造体で、クッション性、通気性に優れており、さらにカバーは洗濯機で、中材も水洗いできるので簡単なお手入れで清潔に使い続けられる。中材は、厳しい品質管理で安心・安全な国内生産品だ。（ライター／今井淳二）

音部 株式会社
おとべ
0533-68-7181
pearl_collection@otobe.co.jp
㊟ 愛知県蒲郡市三谷北通4-81
https://www.otobe-pc.com/

こちらからも
検索できます。

2024年は『ACTIO手帳』で自分のさらなる成長を目指そう

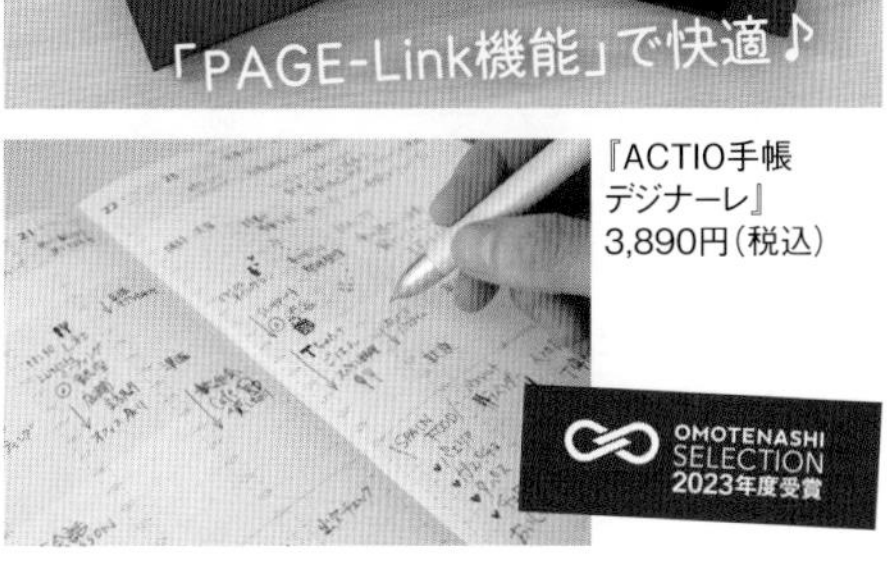

『ACTIO手帳
デジナーレ』
3,890円(税込)

『EDUL Design株式会社』の自己成長ツールとして『ACTIO手帳デジナーレ』は、月間と週間ページとの間をワンアクションで行き来できる便利で快適な特許機能を採用した手帳。こだわりと自由度を両立したレイアウトデザインなど細部に渡り使い手にとってありがたい手帳となっている。机上で平坦に開ける使いやすさと堅牢性を兼ね備えた独自製本で、使いやすさを徹底的に追求したビジネス手帳だ。（ライター／河村ももよ）

EDUL Design 株式会社
エデュール デザイン
06-7177-7350
contact@edul-design.com
㊟ 大阪府大阪市北区東天満2-9-4 千代田ビル東館6F
https://www.edul-design.com/

美しき日本の概念「侘び寂び」が身近にある生活

〝Cool Japan〟と海外からも称賛されている日本の「侘び寂び」を感じられる盆栽やオリジナルの盆景『侘水景(わびすけ)』『寂州景(さびすけ)』、池を泳ぐ錦鯉のようなメダカ、オリジナルグッズなどの商品を取り扱っているのが『Wabisabi.jp』だ。小さな景色が生み出す癒しの空間、そして時間と共に楽しさと深みを増す、育てる喜びが共にある。一日として同じ姿はない一期一会の「侘び寂び」を日常に取り入れてみよう。(ライター/今井淳二)

『侘水景』

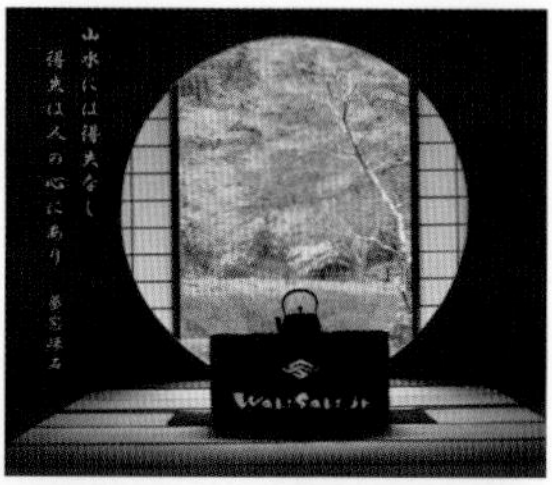

『寂州景』

萩焼 淡青釉ぐい呑

『めだか』

『盆栽』

ブランド商品『筆ペン(もみじ)』

Wabisabi.jp

株式会社 YBB

ワビサビドットジェイピー

0820-23-6838

contactus@ ybb-wabisabi.jp

㊟ 山口県柳井市新市南3-1

https://ybb-wabisabi.jp/

こちらからも検索できます。

北海道ならではのエゾマツを使った美しい木のうつわをお手元に

北海道大雪山の東側、山間の小さな町、置戸町の地域クラフトブランド『オケクラフト』。置戸町の「オケ」と地域産業として生産されていた曲げ桶の「オケ」にクラフトを合わせて名づけられた。代表的な商品は、エゾマツの椀。エゾマツは軽くて美しい白い木肌で、このエゾマツから『オケクラフト』はスタートしたという。最初に手にするならこちらがオススメ。美しいエゾマツの年輪を見ながらいただく汁物は、目にも味にも旨味が増しそうだ。(ライター/河村ももよ)

『椀』3,960円(税込)〜
『めし椀』3,630円(税込)〜

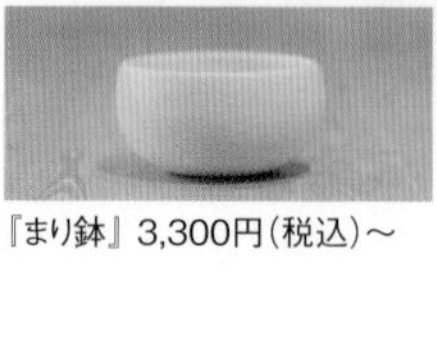

『まり鉢』3,300円(税込)〜

『プチボウル』2,420円(税込)〜

オケクラフト

0157-52-3170

info@okecraft.or.jp

㊟ 北海道常呂郡置戸町字置戸439-4

https://okecraft.or.jp/

OKE CRAFT オケクラフト

家紋彫刻師が心を込めて彫りあげた木彫立体家紋

家や一族の象徴である家紋。今でもお墓や紋付き袴はもちろん、旧家では欄間などにも見かけることができ、家族が連綿と紡いできた歴史を思い起こさせる。そんな家紋を様々な銘木でインテリアとして加工したのが『有限会社杉山木型製作所』の『家紋彫刻』だ。木目を生かしたシンプルなものから鮮やかな多色づかいのものまで、受注生産にて受け付けている。歴史と伝統を表したその姿は、和室にも洋室にもフィットする。

（ライター／今井淳二）

木彫り立体家紋「百十三番」家紋名『西六条藤』
天竜欅（ケヤキ）423ミリ 180,000円（税込）
※家紋など個別に制作いたします。お問い合わせ下さい。

有限会社 **杉山木型製作所**
すぎやまきがたせいさくしょ
053-441-5958
s-kigata@sea.plala.or.jp
㊟ 静岡県浜松市南区田尻町31
https://s-kigata-kamon.work/

電源や配線なしでLEDのような輝きを放つ驚きのアイテム

『デコソラ』は、店舗装飾・イベント装飾を手がける『株式会社インターコスモス』が提供するデコレーションチップ・交通標識の逆光対策として開発された商品だ。太陽光や既存の光源のみを利用しながらも、LEDを使用しているかのように輝いてくれるのが最大の特長。電源や配線なしで使用できるのはもちろん、定期的なメンテナンスや修理がほとんど必要無く、光源が確保できる場所であれば半永久的に使用が可能。

（ライター／長谷川望）

YouTube

『デコソラ（DecorationSolar Chip）』

株式会社 **インターコスモス**
0120-15-4954
kouho@inter-cosmos.co.jp
㊟ 大阪府大阪市北区紅梅町3-16 インターコスモスビル
https://www.inter-cosmos.co.jp/

毎日飲む水から始める健康でエコにもつながる新習慣

カートリッジの入った専用容器に水道水を入れるだけ。有機フッ素化合物を含む21項目もの不純物を除去。さらに美と健康に大切なミネラル、シリカが溶け込んだ水になるのが、『Answer』の家庭用浄水ポット『アンサー・リトゥーナ』だ。カートリッジ1本あたり500㎖ペットボトル約800本分を浄水することが可能。毎日の水は「買う」から「作る」へ。脱プラごみで環境にも優しい生活を。

（ライター／今井淳二）

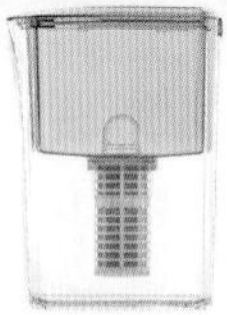

『アンサー・リトゥーナ』
ピッチャー&カートリッジセット

Answer 株式会社 Second Earth
アンサー
03-5539-5340
info@answer-pro.jp
㊟ 東京都港区北青山2-7-13 プラセオ青山ビル3F
https://answer-pro.jp/

希少な型板ガラスをアップサイクル昭和レトロなお皿の上品な華やかさ

現在では生産されていない希少な昭和の国産障子用型板ガラスを使用し、ハンドメイドで一つひとつ丁寧に作るガラスのお皿が好評の『旭屋ガラス店』。どこか懐かしさを感じつつもシンプルで可愛らしいデザインは、和洋中どのお料理にも使え、食卓に華やかさをプラス。そのまま飾ったり、アクセサリー入れにすると上品で落ち着いた印象のインテリアに。日本のレトロ感を醸しだす情緒ある柄模様。元板がなくなり次第販売終了のため、お早めに。

（ライター／彩未）

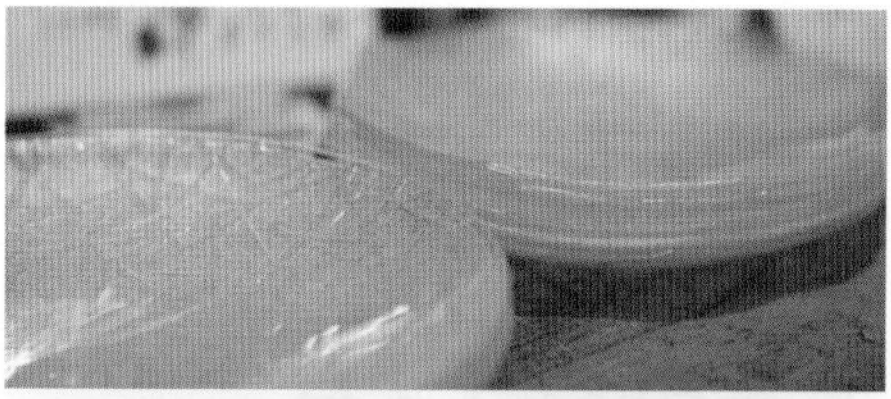

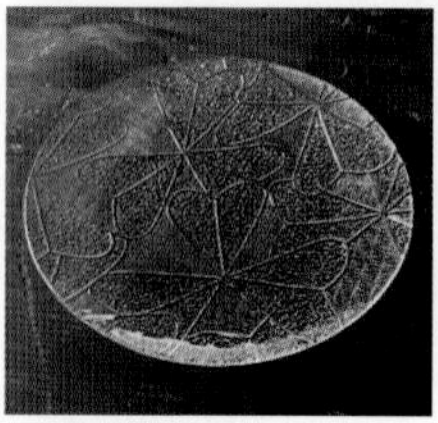

『昭和型板ガラス「クローバー」』
小 1,650円（税込）
中 2,200円（税込）
大 2,750円（税込）

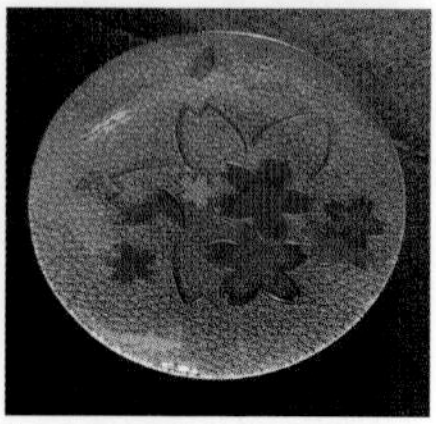

『昭和型板ガラス「さくら」』
中 2,200円（税込）
大 2,750円（税込）

旭屋ガラス店
あさひやガラスてん
078-611-4491
inishie2002@gmail.com
㊟ 兵庫県神戸市長田区二葉町2-8-2
https://asahiyagarasuten.com/

ものづくりの街 新潟県三条市で 生まれた唯一無二の キャンプギア

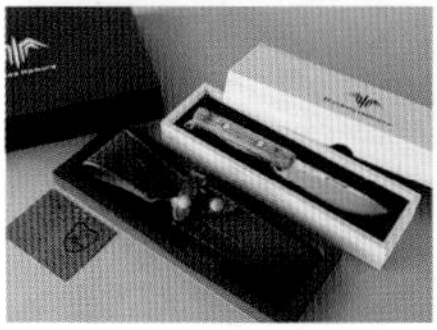

『Bushcraft knife Prominence MH-001』38,500円（税込）

優れた鍛造技術で金属部品や工具を作り出す『株式会社小林工具製作所』のギアブランド『Muthos Homura』の『Prominence MH-001』は、キャンプに欠かせない究極のブッシュクラフトナイフ。高級感あるローズウッドのハンドルに据えられた高強度特殊ステンレス鋼は極厚の5・5㎜、左右非対称の刃は、薪を割るバトニング、火起こしの上級テクニックであるフェザリングにも遺憾なく力を発揮。付属のシースもこだわりの栃木レザーだ。

（ライター／今井淳二）

株式会社 **小林工具製作所**
こばやしこうぐせいさくしょ
0256-33-2626
kaihatu@kobayashi-tools.com
㊟ 新潟県三条市新光町13-27
http://kobayashi-tools.com/

使いやすさに定評 生花用ハサミに 精悍な 黒刃タイプが登場

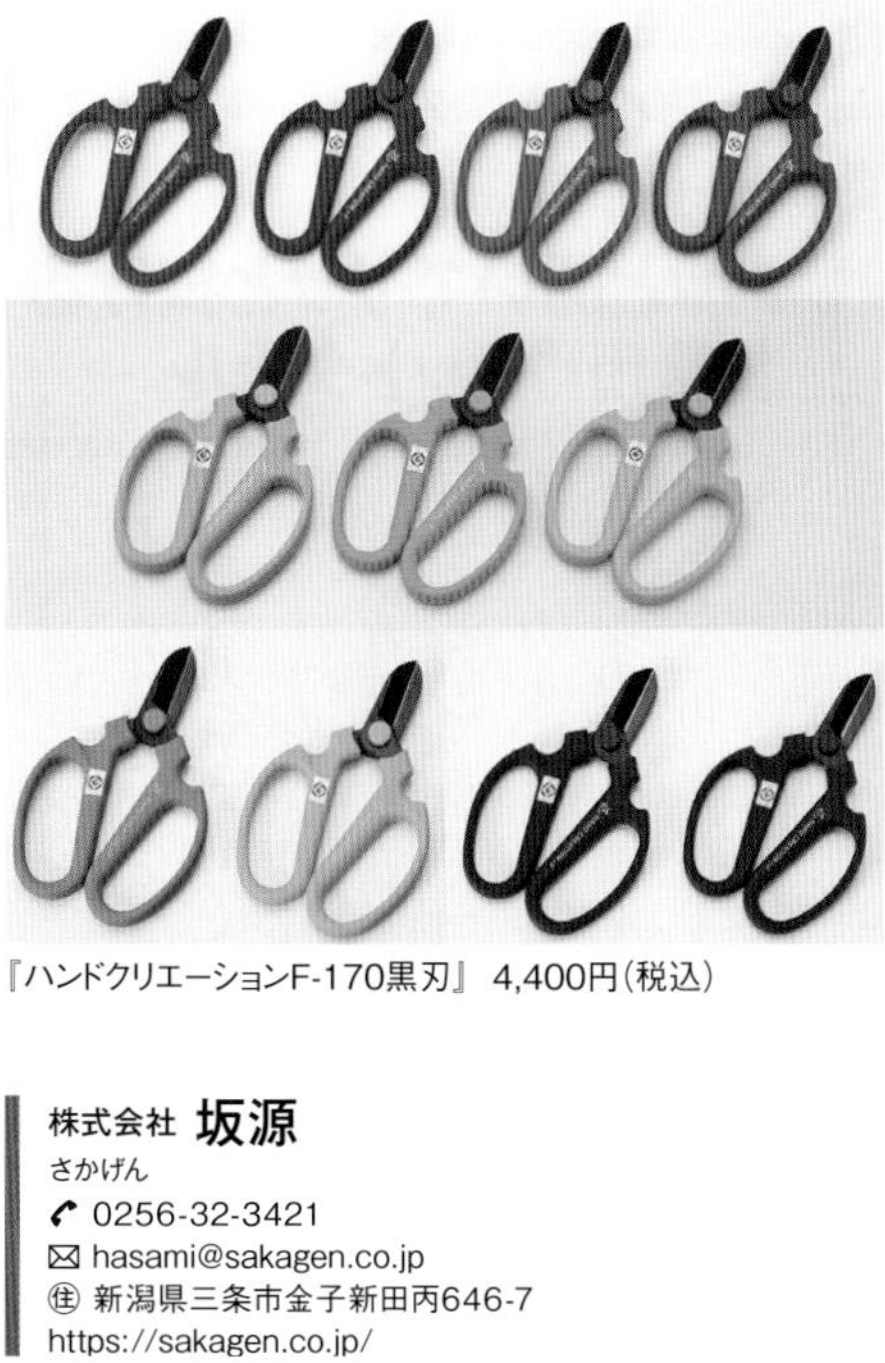

『ハンドクリエーションF-170黒刃』 4,400円（税込）

刃物の町新潟県三条市で1903年の創業以来、プロフェッショナル御用達の生け花用ハサミ・生花用ハサミを製造している『株式会社坂源』。中でも多くの華道家やフラワーデザイナーも愛用している『ハンドクリエーションF-170』から黒刃バージョンが登場して早くも人気に。刃部をフッ素樹脂でコーティングしたことで、錆びにくく、お手入れも簡単。ハンドル末端まで鉄を使用しており、丈夫さも折り紙付き。

（ライター／今井淳二）

株式会社 **坂源**
さかげん
0256-32-3421
hasami@sakagen.co.jp
㊟ 新潟県三条市金子新田丙646-7
https://sakagen.co.jp/

高級車の風格を損なう嫌な白サビをケアする研磨用スポンジ&コーティングセット

欧州車のウインドウ周りに使われているアルミモール。その輝きは、独特の高級感を醸し出すが、時が経つにつれ発生する白サビに悩まされているオーナーも多いという。アイオン株式会社の『プラスセーヌアルミモール白サビ落とし&コーティングセット』は、独自開発の保水研磨スポンジで優しくサビ落とし。仕上げに水溶性ガラスコーティング剤を塗布することで研磨キズを目立たなくして白サビの再発を防止する。

（ライター／今井淳二）

『プラスセーヌアルミモール白サビ落とし&コーティングセット』
オープン価格

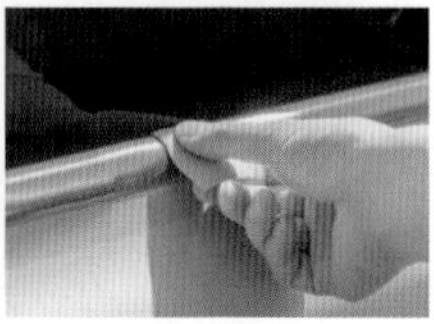

アイオン 株式会社

06-4790-7855
㊟ 大阪府大阪市中央区谷町2-6-5 ソフト99ビル4F
https://www.aion-kk.co.jp/

お墓の掃除をもっと手軽にパッと開いてサッと拭けるお墓用ウェットタオル

お墓の近くに水道がなく、水を入れた重たいバケツを運ぶのが大変な時にオススメなのが『お墓メンテナンス本舗』の『お墓丸ごとウエットタオル』だ。ウエットタイプの90×30㎝の大判サイズで、1枚あればお墓1基をまるまる拭き上げることができる。アルカリ電解水を含み、力を入れても破れにくい厚手のタイプなので、お墓を傷つけることなく、しっかり汚れを落とすことができる。

（ライター／奈良岡志保）

『お墓丸ごとウェットタオル』
90×30㎝ オープン価格

お墓メンテナンス本舗
おはかメンテナンスほんぽ
✉ ohaka@seiwa-seiketsu.co.jp
㊟ 岡山県岡山市中区国富2-17-3
http://www.ohaka-honpo.jp/

こちらからも
検索できます。

令和の
ベストヒット大賞
Best Hit in REIWA

社会に貢献する サービス&ビジネス

経済の発展と人々の生活を支える
様々なユニークなサービスを厳選して紹介。

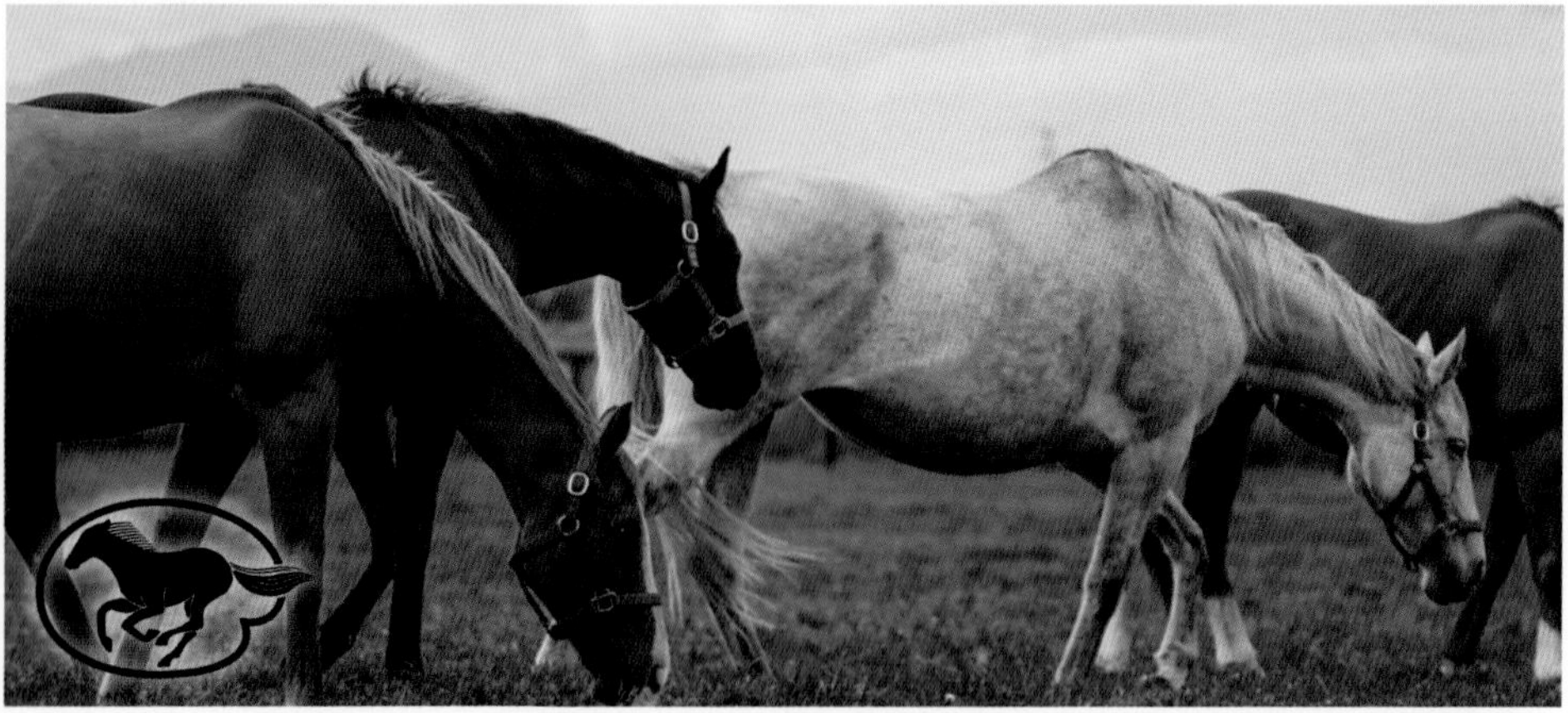

高級感で魅了する馬毛商品
世界初の製造方法で織る馬毛織物

徹底した品質管理貫く
全製作工程が手づくり

天然の光沢を持った独特の色合いが楽しめる帽子やコサージュ・ブローチ、馬毛二重のれん…。北海道札幌市の『蓮馬株式会社』が希少性の高い高級素材である馬毛の織物、馬毛『飛翔織』で作る商品の一端だ。この織物は同社の古田峰王会長が約20年前に発明した世界初の製造方法で織ったもので、ヨーロッパなどで一般的な馬毛と綿や麻、ポリエステル繊維などとの混紡ではなく、横糸も縦糸も100%の馬毛という純正馬毛織物だ。その高級感が評判を呼び、注文から手に入るまで1年待ちというほどの人気だ。

「従来の混紡の馬毛織物では、馬毛特有の光沢や風合いを生かすことができませんでした。また、68センチの尻尾の毛を撚った糸で織っても68センチ四方の織物しかできず、製品を作ることはできません。これらの課題を解決したのが、馬毛『飛翔織』の製造方法です。機織りと235工程から成り、長さの揃った馬毛の束を準備し、この馬毛束から馬毛を一本一本取り出して、4本1組として長さ方向へ仮止め手段を用いて連結して一本の馬毛糸を形成します。この馬毛糸を横糸縦糸として織り、幅110cmの馬毛織物の反物を作ります」

コサージュ

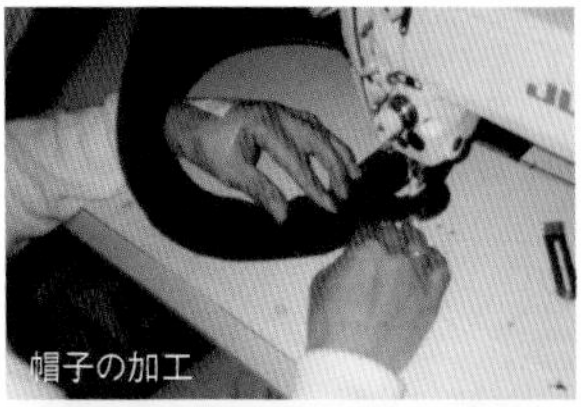

飛翔織

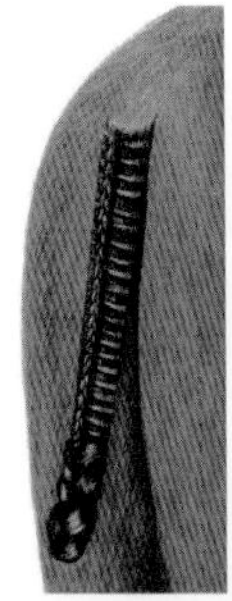

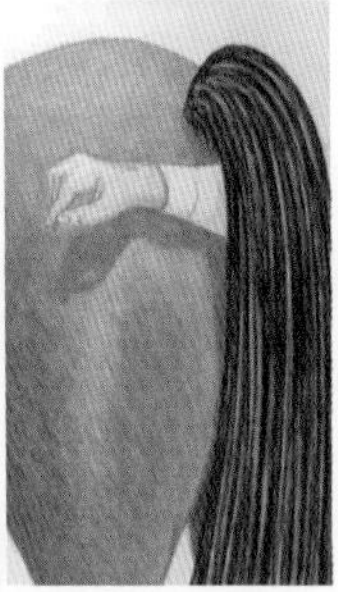

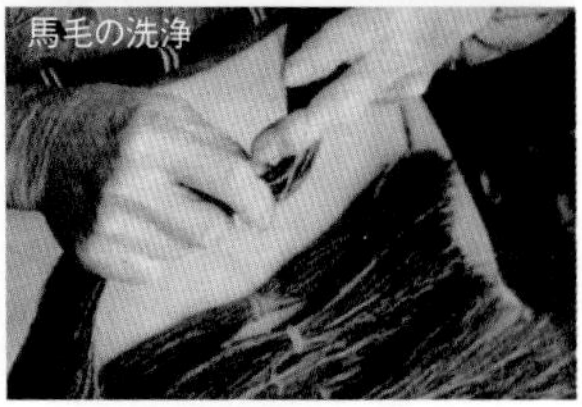

日本でなじみの浅い、
馬毛(ホースヘアー)の発信、
普及を行うドイツ(ベルリン)の
『OLBRISH』。

創立40周年

日本初上陸ブランド"OLBRISH"
Made in Germany

ブレスレット

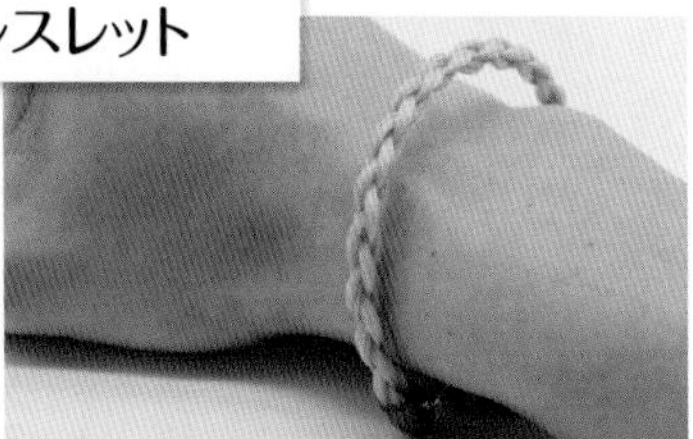

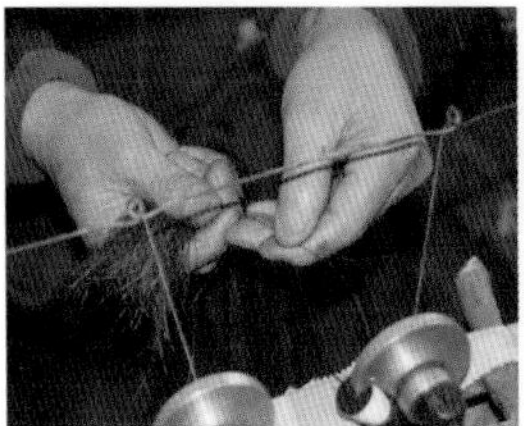

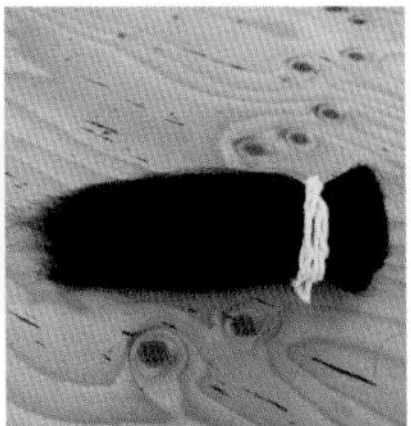

古田会長は、製品開発に当たって、19世紀以降、家内工業で毛織物材料を大量に製造し、中欧の繊維大国といわれるチェコの職人に織機を提供して機織りを依頼。また、馬毛は世界から馬毛が集まるイタリアの馬毛市で調達するルートを構築した。さらに、完成した馬毛織物はドイツの専門機関で検品してもらった後に輸入するなど徹底した品質管理を貫く。

　馬毛『飛翔織』で作った商品の代表格が手づくりの帽子。男女兼用の『中折ソフト帽子』は56～60㎝のフリーサイズで、羽根のような軽さだ。女性用の『ハイバック帽子』はサイズが56～60㎝のフリーサイズ。びん皮でサイズ調整が可能だ。女性用の『つば広帽』はサイズが59㎝のフリーサイズで散歩などに最適。男女兼用の『キャップ

『ランチョンマット』

『馬毛二重のれん』

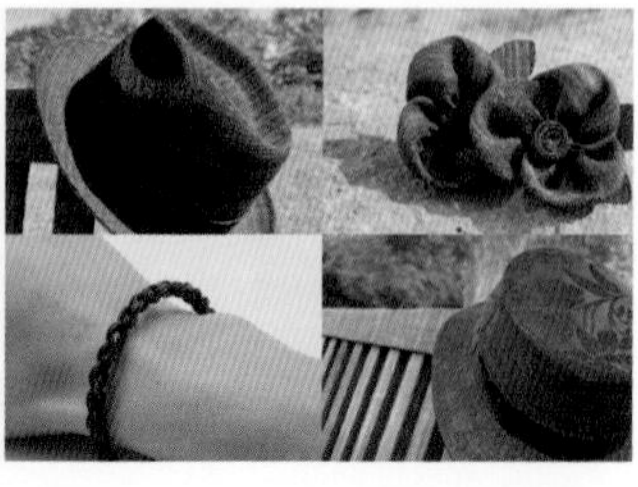

帽』は、サイズが59㎝のフリーサイズ。ゴルフや散歩など幅広いシーンで使える。いずれも天然の弾力に富み、通気性がよく、夏は涼しく、冬は暖かいのが特長だ。

『馬毛二重のれん』は、古田会長が約2千頭分の最上級の馬毛を使って約3年かけて織り上げたもので、白と茶色のストライプが印象的で、凛とした風格と重厚さが際立つ逸品だ。『ランチョンマット』『コサージュ』『四つ葉のクローバー仕立てバッチ』も好評だ。

（ライター／斎藤紘）

蓮馬 株式会社
れんま
✆ 011-738-3040
✉ info@renma.co.jp
㊟ 北海道札幌市北区北38条西4-1-22-111
http://renma.co.jp/

RENMA

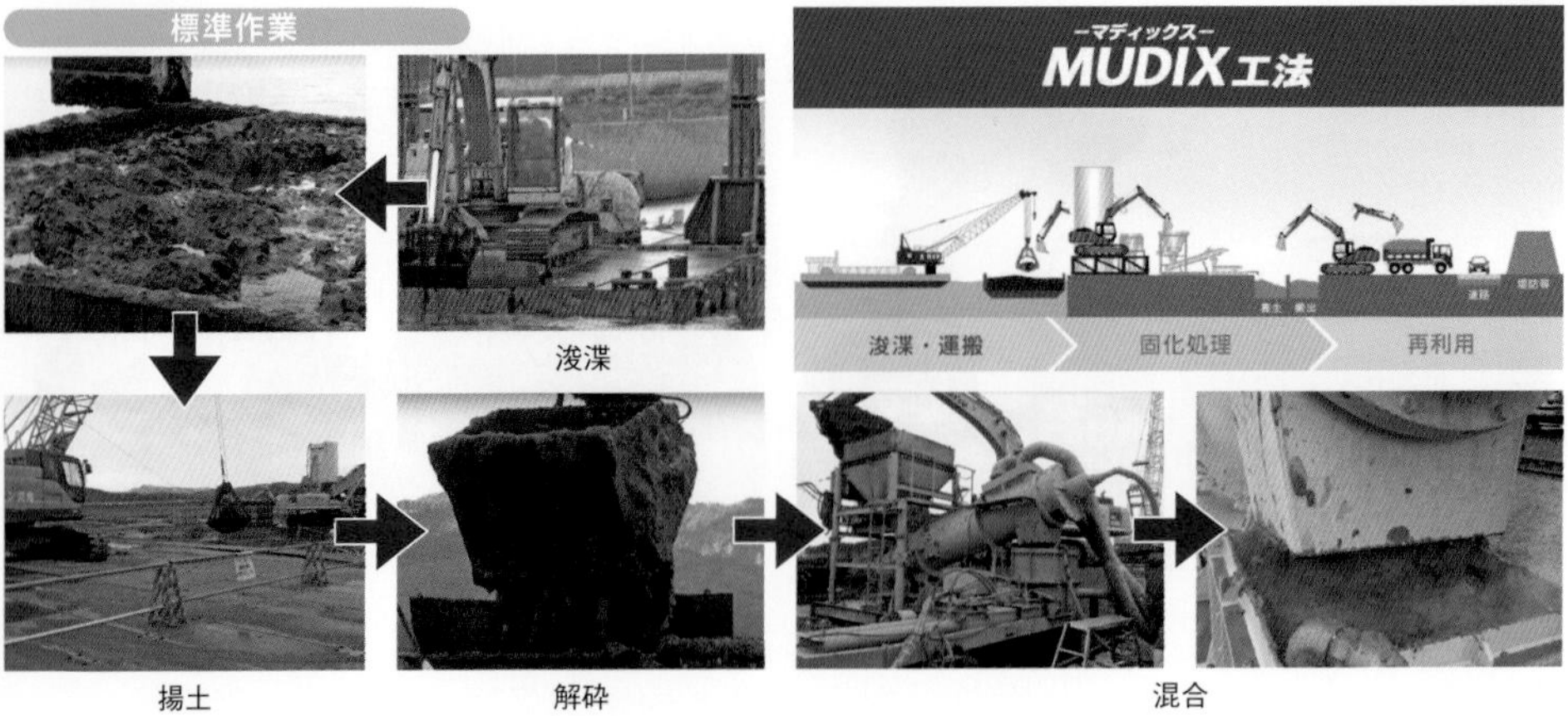

建設残土や浚渫汚泥を改良土に再生
連続式泥土固化処理工法の普及図る

幅広い再利用の用途例
環境保全に大きく寄与

2億8998万㎥。総務省が2021年に公表した2018年度の建設残土発生量だ。こうした建設残土や河川・湖沼からの浚渫ヘドロなどの課題である再利用のソルーションとなる工法がある。建設、建機、建設資材などの大手18社でつくる『泥土処理研究会』の『MUDIX（マディックス）工法』。財団法人土木研究センターが「建設事業への廃棄物の利用技術」として1986年に開発した汚泥処理技術を進化させた連続式泥土固化処理工法で、そこから生まれる改良土は建設現場の多様な用途に利用され、環境保全に大きく寄与している。

『MUDIX工法』は、円筒状の混合室、改良材を入れるホッパー、荷重を電気信号に変換するロードセル、ローター形の排出装置などで構成される装置を利用する。処理対象の泥土が混合室に連続的に供給され、その中を流下する途中で空気圧送で吐出散布されるセメント系固化材や石灰などの改良材と混合撹拌され、下部の排出装置から定量の改良土が排出される仕組み。

泥土と改良材との混合量の割合は、排出装置の回転速度の調整とロードセルによって計測される改良材のホッパー内の減少量を調整することによっ

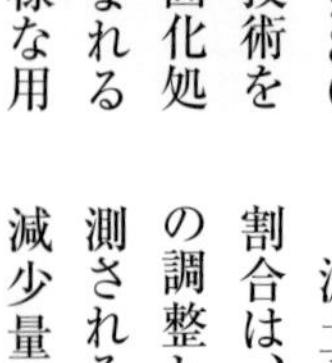
河川浚渫土を耐震護岸堤体基盤材に活用。

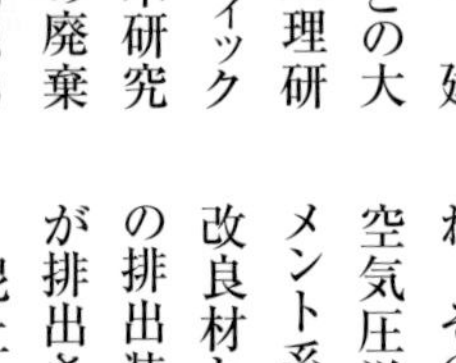
湖沼浚渫土を河川堤防に活用。

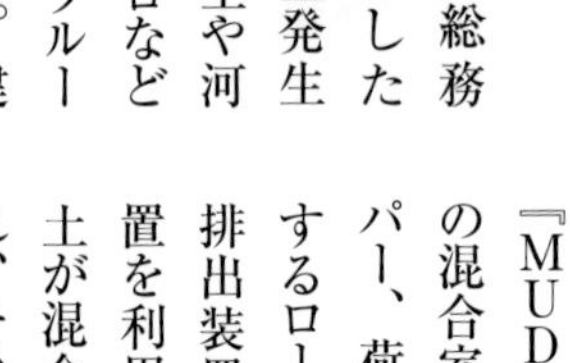
港湾浚渫土を港湾埋立盛土に活用。

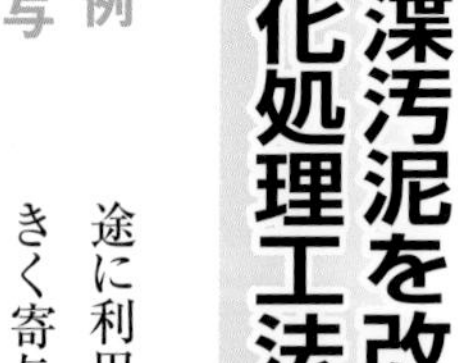
ダム堆積土砂を盛土に活用。

再利用

養生、改良数時間後。

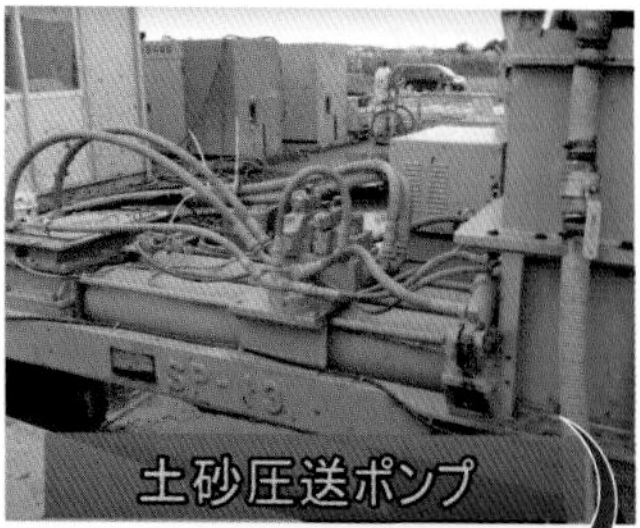

圧送

ポンプから排泥管により養生ピットへ打設。

て任意に設定することができ、高精度の混合で所要の混合割合の改良土が得られるのが特長だ。

この工法の長所は、連続処理方式のため処理能力が大きく経済的、集中管理方式の採用で泥土の性状に応じて改良材添加量や処理スピートを自由に変更可能、粉粒体材料を使用するため強度の発現が早く、改良土のハンドリングが容易、泥土の性状に応じた各種改良材が使用可能、クローズドシステムの採用で粉塵の発生がない、騒音や振動が少なく、防臭効果も期待でき安全で無公害など多岐にわたる。この工法で固化処理された改良土の用途は幅広い。同研究会がまとめたこれまでの施工事例によれば、河川、港湾、湖沼、ダムなどの浚渫土や残土、火山噴火物などを 港湾、河川の埋立土、矢板護岸の中詰材、河川堤防、スーパー堤防、高速道路、造成地の盛土材、砂防堰堤材、運搬用材 などとして再利用された。

『泥土処理研究会』は、国土交通省が推進する建設リサイクル推進計画を背景に、環境保全を目的に施行された土壌汚染対策法に基づく措置・対策としても『MUDIX工法』の普及を図っていく方針だ。

（ライター／斎藤紘）

火山噴火発生土を火山砂防堰堤に活用。

津波堆積土を盛土材に活用。

発生土を高規格道路盛土に活用。

泥土処理研究会
でいどしょりけんきゅうかい
☎ 03-3272-6502 ✉ deido-ml@deidoken.gr.jp
㊟ 東京都中央区日本橋室町1-13-7 PMO日本橋室町
（伊藤忠TC建機株式会社内）
https://www.deidoken.gr.jp/

地域清掃・ボランティア活動をはじめ、環境美化に取り組む

エコな取り組みで環境配慮 地域の整備をトータルに行う

「SDGs」に注力した 見本にしたい優良企業

広島県の『有限会社ニシマキ産業』は、「エコアクション21」、「SDGs」活動に積極的な会社として評価、注目され、多くのメディアにも取り上げられている環境整備のトータル企業だ。設立時から「後世に恥じない環境づくりを目指します」というスローガンを掲げ、尾道市を拠点に、全国各地で洗浄および大型吸引車を中心としたプラントのメンテナンスや災害復旧の現場支援作業に従事している。ツインバック特殊車両による粉塵粉体の回収作業など、多様なニーズに応えるため、吸引車、パウダークリーン車、粉体吸排車、高圧洗浄車、ツインバック車など、特殊吸引車の中でもさらなる特殊吸引車を使用し、作業を行っている。2t～11t車までの各種特殊自動車を保有し、日夜環境改善に取り組む。近年では、目で見ることのできない下水管や地下の埋設管などのカメラ調査、ラジコン草刈機で公園や土手を整備できた雑木などには、粉砕機などでチップ状の肥料にしたり、庭や土手の除草防止に役立てている。生活環境改善事業も行っている。さらに、できる限り減量化やリサイクルを中心とした処分方法を提案しながら、産業廃棄物収集運搬、土木事業も展開。理念は、「できる限り減

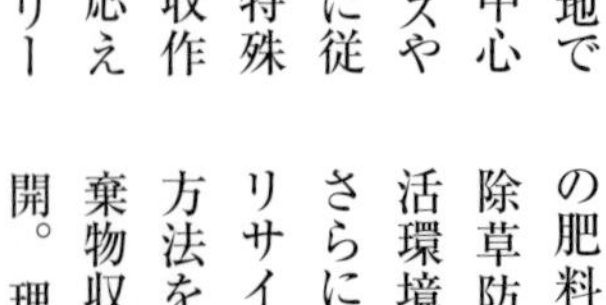

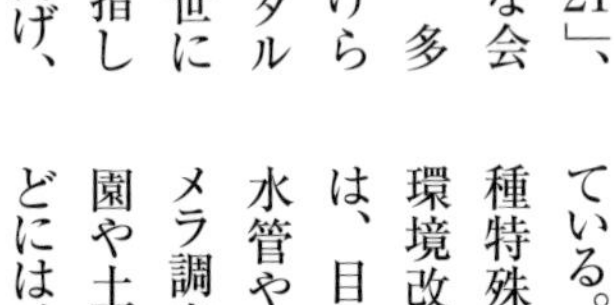

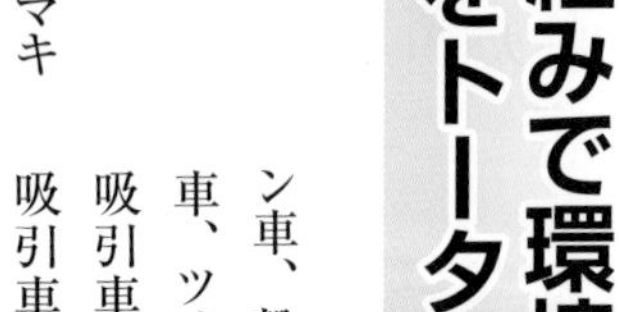

吸引車、ツインバック、高圧洗浄車など約24台使用。

量化し、持ち込む」。代表の西牧修作さんを中心に、従業員一同一丸となって環境に配慮した事業を行う。特に「エコアクション21」で、明確に結果を出しているのが軽油とガソリンの使用量。給油レシートを回収することで、どの業務にどの程度の燃料が必要なのかをデータ化。社内で明確化することで、社員一人ひとりがエコドライブやタコグラフの推進により、ムダな運転が減ったという。また、週3回の朝礼をオンライン化することで、本社と現場間の移動にかかる燃料と時間を削減。社員全員に発言の機会を設け、コミュニケーションも活発化した。過去10年間で59%のCO_2削減に成功。特殊車両での労働時間の削減や「エコアクション21」の評価、美化活動などを掲載した社内報を社員の自宅に送付し、家族内でも話題となっているという。その真摯な取り組みから「エコアクション21オブザイヤー2022環境経営レポート部門」の優良賞を受賞している。また、環境省が推進する国民運動「COOL CHOICE」に賛同し、地球温暖化対策のための取り組みも欠かさない。空調服で熱中症対策を行う、ブラインドを効果的に利用する、ゴーヤのグリーンカーテンでCO_2削減、コピー用紙は裏面も使い有効活用するなど、小さなところまで細かく心掛けている。

（ライター／播磨杏）

尾道商工会議所より創立128周年永年勤続優良従業員表彰。

有限会社 ニシマキ産業

ニシマキさんぎょう

0848-29-7858

㊟ 広島県尾道市高須町5630-1

http://nishimaki.jp/

年間管理のトータルクリーニング 清掃と設備メンテをワンストップで

清掃後に抗菌施工実施 清掃コスト抑制に寄与

大阪・浪速区の『株式会社アンプラ』は、商業施設や店舗、ホテル、病院、オフィス、住宅などの清掃から衛生設備機器の管理、害虫駆除まで一括で請け負う業界では異例の『トータルクリーニングシステム』で業績を大きく伸ばしている会社だ。クライアントと年間管理契約を結んで月ごとの管理計画に沿って業務を進める周到な事業スキームと確かな仕事ぶりが評価され、契約を結んだ事業所はコンビニチェーン、ショッピングモール、ホテル、建設会社、商業ビル会社、映画館、児童施設、学習塾、神社、駐車場会社など多様な業種に広がっている。

「トータルクリーニングシステム」で同社が行う業務は、客席床や厨房床、厨房フード、窓や・出入り口ガラス、埋設管排管、排気ダクト、グリーストラップなどの清掃、カーペットや椅子、ソファなどインテリアのクリーニング、空調機や冷蔵庫、給排気設備、給排水設備のメンテナンス、貯水槽や冷却塔点検清掃と水質検査、ゴキブリやネズミ、家ダニなどの害虫駆除、抗菌施工など広範囲にわたる。

清掃後には、『バイオプロテクト5000c』という薬剤を静電スプレーであらゆる部分に噴霧し強力に薬剤を固着させ、新型コロナウイルスを含む18

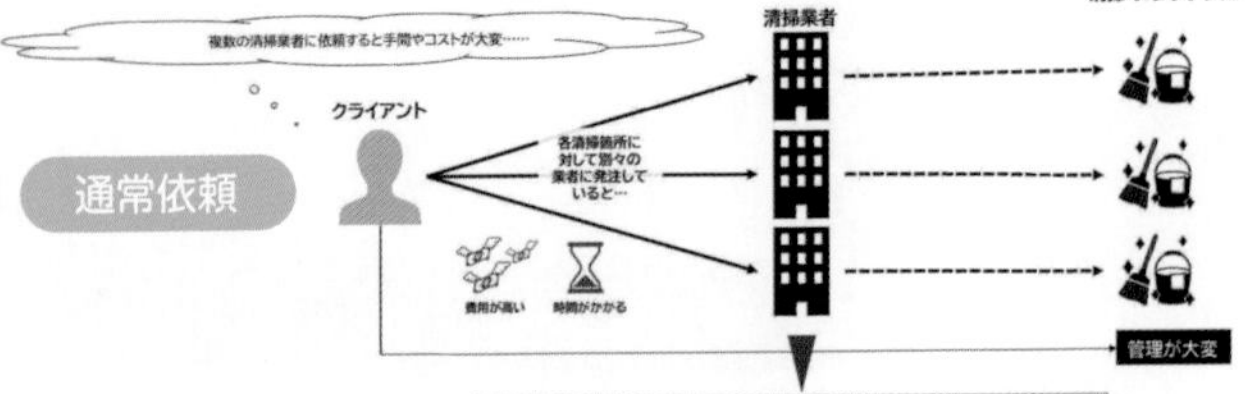

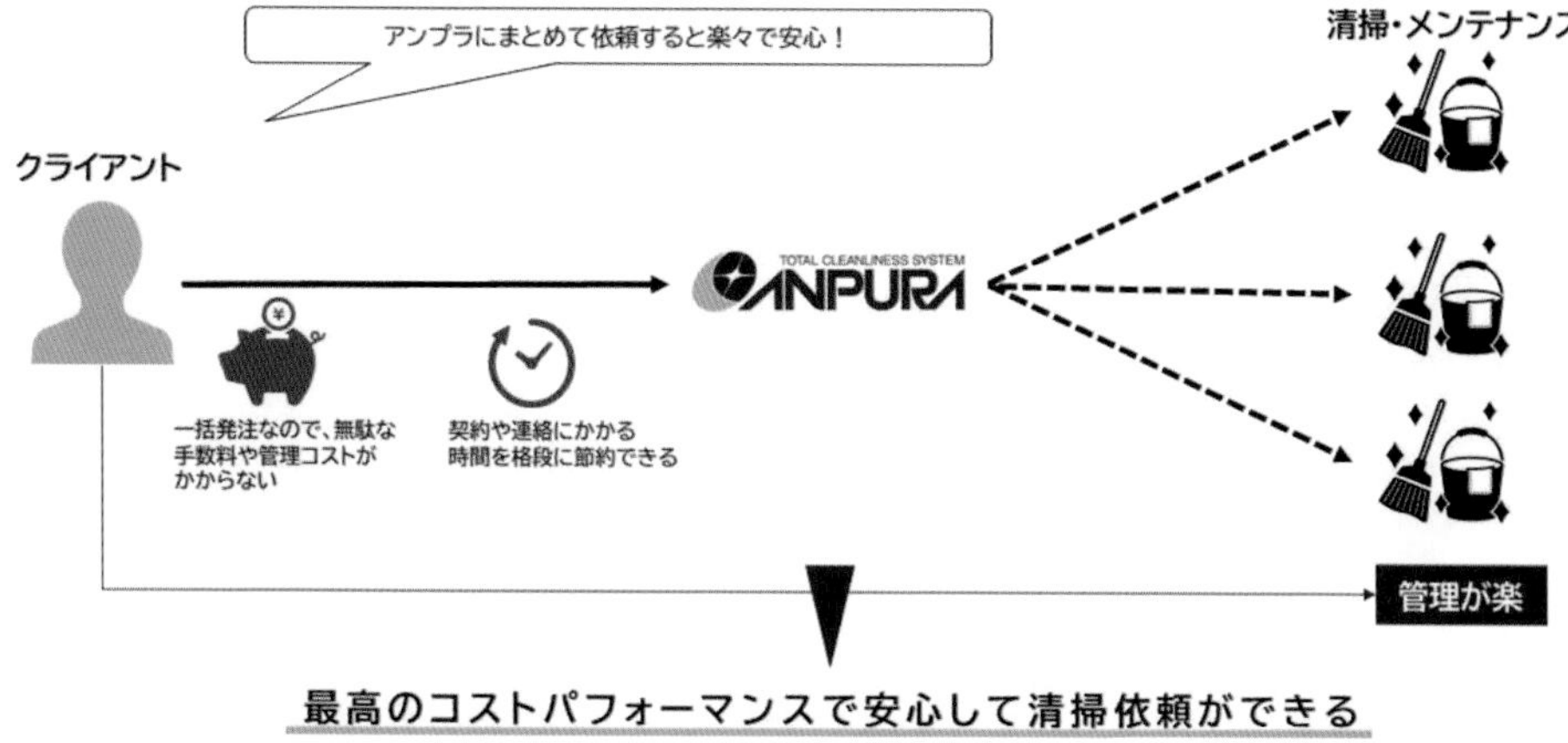
アンプラにまとめて依頼すると楽々で安心！
クライアント
TOTAL CLEANLINESS SYSTEM
ANPURA
清掃・メンテナンス
一括発注なので、無駄な手数料や管理コストがかからない
契約や連絡にかかる時間を格段に節約できる
管理が楽
最高のコストパフォーマンスで安心して清掃依頼ができる

種類の細菌・ウイルス・微生物を90日以上にわたり物理的に消滅させ、施工済ステッカーを発行する徹底ぶりだ。

「施設の美観や設備の機能を維持するには、施設側の日常的な清掃と定期清掃業者による清掃の分業化が有効です。定期清掃には様々な項目があり、それらの業務をそれぞれの専門業者に依頼するとなると、手配が面倒で大きなコストがかかりますが、年間管理システムを組むことによってランニングコストを削減し、発注の手間を省くことできます。特定の業務にしぼった年間管理契約も可能です」

２０２１年６月から経営を担う代表取締役の吉田里美さんは、早世した創業者が確立したこの業務スキームを堅持し、清潔な社会環境に貢献していく決意だ。

同社は、従業員の健康増進の取り組みが高く評価され、「経済産業省」から健康経営優良法人に認定されているほか、プロバスケットボールBリーグの「大阪エヴェッサ」のオフィシャルパートナーとして地域活性化にも力を入れ、２０２２年、浪速区内の公立中学校３校にバスケットボール12球を寄贈し、当時の松井大阪市長から感謝状を贈られている。２０２３年度もバスケットボールとビブスを寄贈し、応援している。

（ライター／斎藤紘）

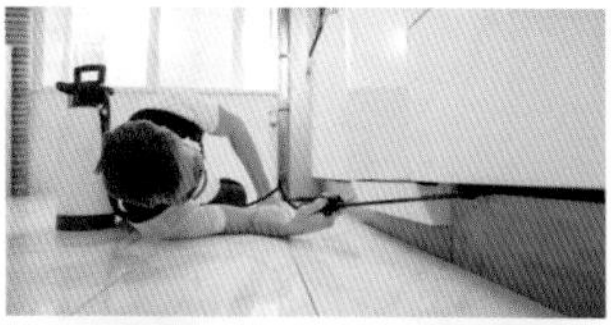

株式会社 アンプラ
06-6644-9191
info@anpura.jp
㊟ 大阪府大阪市浪速区敷津西2-1-5 アリタビル大国3F
https://anpura.net/

私たちは
B.LEAGUE
大阪エヴェッサの
オフィシャルパートナーです
OSAKA EVESSA

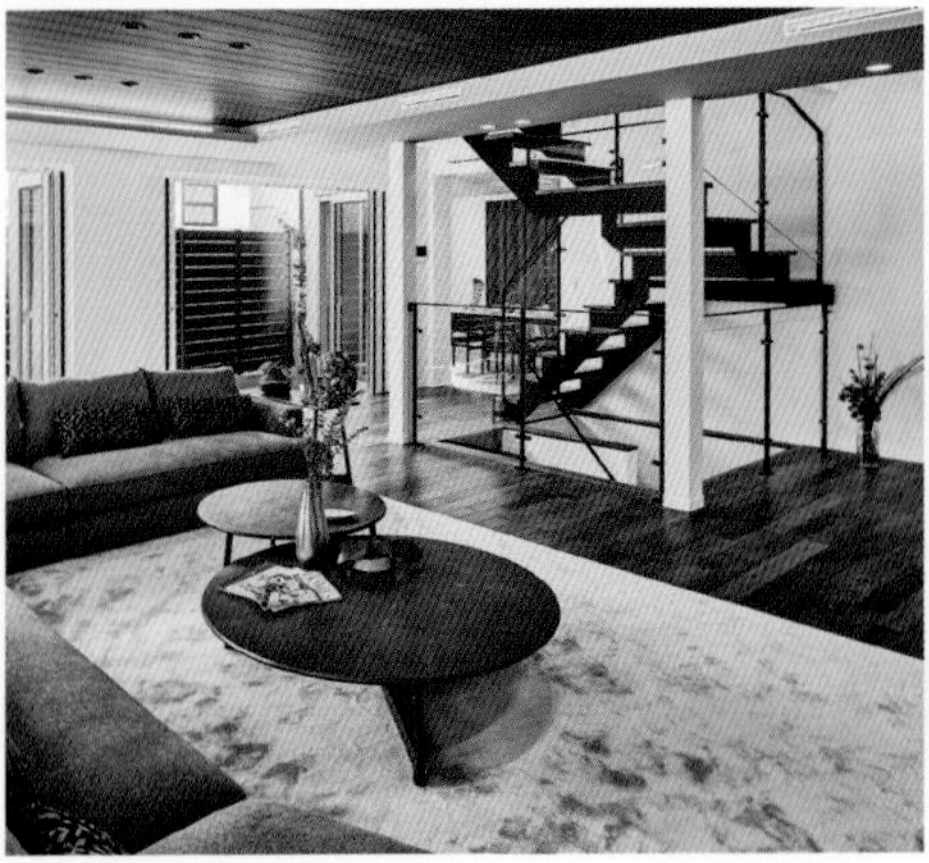

鉄骨階段No.1ブランドが提案
個人住宅向け階段ブランド

70年以上の知識と技術
圧巻のクオリティ

『YOKOMORI』こと「株式会社横森製作所」は、半世紀以上にわたって階段をつくり続けてきた「階段屋」。どんな建物でも寸分の狂いもなく納めることができる寸法精度。つくり手がその意匠性を最大限に発揮できる技術力。そして美しく合理化された生産ラインと、徹底して安全と品質を追求する姿勢。超高層ビルにおいてのシェアは80%以上。日本一の高さを誇る「東京スカイツリー®」や「六本木ヒルズ」「あべのハルカス」など、数々の超高層ビルや有名建造物に『YOKOMORI』の階段が使われており、その実績は確かなものだ。

そんな鉄骨階段No．1ブランドである『YOKOMORI』がこれまで培ってきたすべてを注ぎ込んだのが個人住宅向け階段ブランドの『SYSTAIR（システア）』。「横森製作所」が70年以上にわたり蓄積してきた知識と技術を基に開発され、カスタマイズ性の高さ、クオリティ、サポート体制のどれもが最高レベルで実装された「住宅用の魅せる鉄骨階段」だ。

特筆すべきは、そのカスタマイズ性の高さ。階段を構成する「タイプ」「踏板」「ササラ桁」「手すり」の仕様と素材を豊富なラインナップの中からセレクトでき、お部屋の間取りや広さなどに合わせて、段数や

幅も設定可能。規格品のような手軽さでフルオーダークラスのこだわりを実現してくれる。こうしたカスタマイズを実現できるのも独自のCADを使用した多種多様な間取りに納める設計技術や伝統の溶接技術による美しく確かな製作があるからこそ。お客様の要望を引き出し、提案する営業スタッフの姿勢や専任の熟練工による責任施工といった個々の技術力を活かして高いクオリティを実現している。

また設計から施工、経年劣化やライフステージに応じた部品交換といったメンテナンスまでも『YOKOMORI』がトータルサポートしてくれる点も大きな魅力。引渡し後の対応も2年間無償と、長期間に渡る快適な住空間を実現。10年後、20年後も、安心して暮らせる万全のサポート体制となっている。

公式ホームページでは、モデルハウスや展示場に加え、実際の住宅の施工例を掲載中。階段メーカーからのコメントも付いておりイメージがつきやすい。『SYSTAIR』の階段で家、そして暮らしのクオリティが上がる。

（ライター／長谷川望）

『SYSTAIR』ショールーム

YOKOMORI　株式会社 横森製作所
ヨコモリ
03-3460-9229（住宅事業部）
interior@yokomori.co.jp
㊟ 東京都渋谷区幡ヶ谷1-29-2
https://systair.jp/

SYSTAIR®
システア

一級建築士とペット住宅専門家が手掛ける

～ペットの幸せのためのリフォーム～

PETCIA by smacia

ペットシアは、家族であるワンちゃん、ネコちゃんとともに幸せに暮らすためのリフォームです。

ニーズに合わせたリフォームプランで豊かな生活をサポート

一級建築士が提案設計から施工まで一貫して対応

『スマシア株式会社一級建築士事務所』は、リノベーション、リフォーム、リニューアルを創造する建設会社。「お客様の想いをカタチに」をモットーに住宅のリフォームから店舗のリニューアルまで幅広い物件を経験豊富な一級建築士が提案、設計から施工まで一貫して対応している。

「素敵なお家に住みたい」「ペットが喜ぶ家にしたい」「自宅でサウナを楽しみたい」「今すぐゴルフがしたい」そんな想いを叶えるのがリフォームプラン『smacia reform style』だ。

中でも、ペットとの共生を考えた『PETCIA by smacia』は、特に注目を集めているプランの一つ。人間が住みやすいようにできている住宅だが、ペットにとってはどうなのかという考えから生まれた、ペットと幸せに暮らすためのリフォームプラン。ペットの幸せを追求し、より快適な生活環境を提供することを目指している。

例えば、猫のためのリフォームを提案している『にゃんだふる』では、飼い主さん目線に立ったニオイや騒音の解消はもちろん、猫目線にも立った設計で、キャットウォークや傷がつきにくい表面加工でペット対応クロス・フローリング、ペットドアなど様々なアイデアを提案。犬のためのリフォーム『わんだふ

る』では、犬の行動や健康を考慮した空間設計で犬との生活をより楽しいものえと変えてくれる。壁付けリードフックや足洗い場など犬と暮らすにあたって必須のリフォームも実施してくれる。壁付けリードフックは、デザインも豊富で好みのものやお家の雰囲気にあったものを選択可能だ。

また、『smacia reform style』では、自宅でサウナを楽しめる『SaunaCIA』や自宅でゴルフを楽しめる『GolfCIA』なども提案。『SaunaCIA』は、自宅で本格的なサウナ体験を実現してくれる。庭に設置するオープンエアサウナや室内に設けるコンパクトなサウナルームなど多様なニーズに対応。心地よい温熱効果に包まれながら疲れを癒し、リフレッシュすることができる。『GolfCIA』は、自宅でゴルフを楽しむための特別な空間を提供してくれるプラン。五つのシミュレーションゴルフコースが楽しめる環境を整えてくれる。

『PETCIA』『SaunaCIA』『GolfCIA』の個々のプランは、それぞれのニーズに合わせたリフォームプランを提供し、豊かな生活をサポートしてくれる。

（ライター／長谷川望）

『PETCIAfor business』の流れ

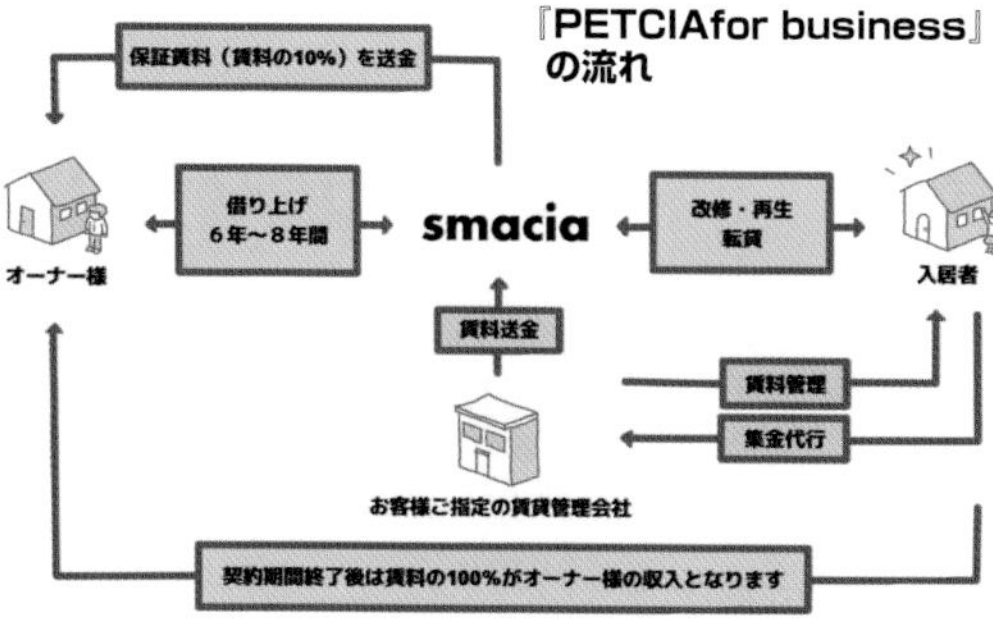

PETCIA by smacia
ペットシア バイ スマシア
03-6904-1806
t-wako@smacia.co.jp
㊟ 東京都板橋区成増2-15-18 成増プライム8F
https://www.smacia.net/tokyohp/pet/

Instagram

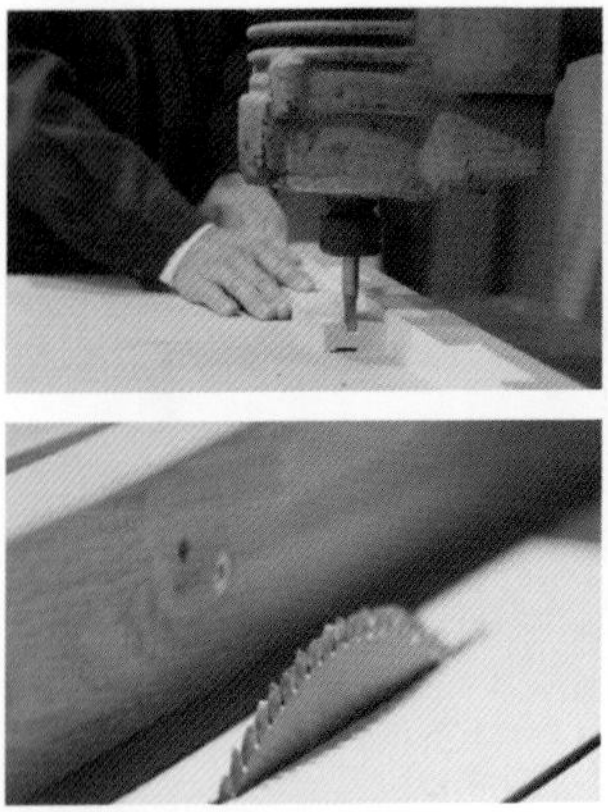

匠の技から生まれる、木の逸品。

こんにちは 株式会社 A・1インテリアの 光永と申します
こんにちは
よろしく お願いします

「お客様のニーズにマッチする商品作り」動画で紹介。詳しくはホームページを。

木工家具の完成度の高さに高評価 発注元の要望に的確に沿う職人の腕

多能工職人が手づくり 顧客の負担軽減も工夫

　商品陳列台、レジカウンター、収納什器、壁面収納オブジェ、テーブルや椅子などの造作家具、収納家具…。『株式会社A・1インテリア』の工房で、分業方式ではなく、多能工職人一人ひとりが自動カンナ機やプレス機、大型パネルソーなどの木工機械を使って作り上げる一品仕様のオーダーメード製品の一端だ。工務店や設計事務所、家具メーカなどから受注し、形や構造、サイズ、デザイン、素材、性能など設計や仕様に忠実に作り上げる完成度の高さが評価され、「なくてはならないパートナー企業」と信頼を集めてきた。

「特注品のご依頼があれば、ヒアリングを行い、品質、価格、納期のすべての面からお客さまのご要望にお応えできるよう、熟練の職人たちが積み重ねた経験と知識を生かして、丁寧な手仕事で世界に一つだけの製品を作り上げます」

　情報処理分野の専門学校を卒業後、パソコン販売企業に就職し、22歳から飲食業に転職、30代後半まで約15年間活躍した後、36歳で家業を継いだ代表取締役の光永政洋さんが堅持する「妥協を許さず高い品質を追い求める製作スタンス」だ。製作した什器や家具類は、飲食店や物販店、美容室、ショッピングセンター内テナ

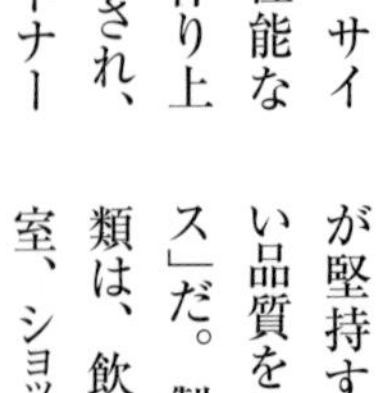

代表取締役
光永政洋さん

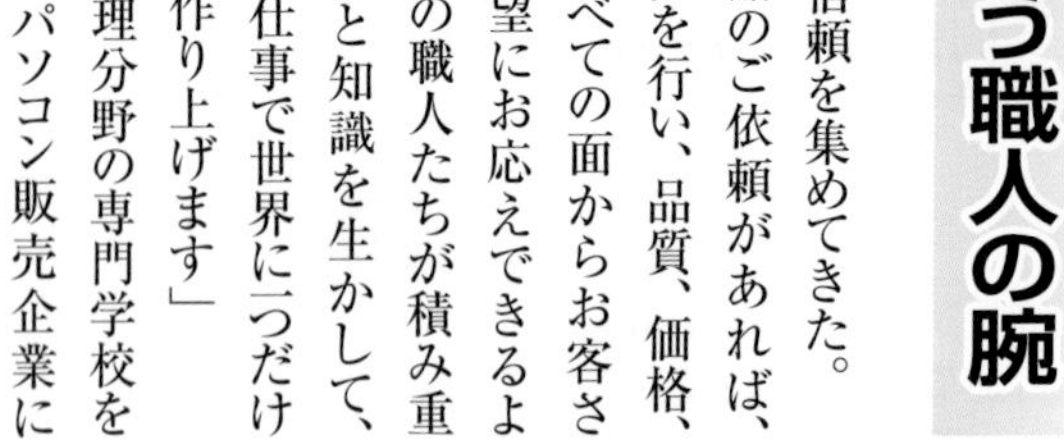
技
こだわり
ノウハウ
お客様のご要望 イメージ
A・1インテリアの技術
お客様ニーズに マッチする製品

ント、オフィス、病院、学校などに納品され、造形美と使い勝手の良さは使う人にも、出入りする人にも笑顔をもたらしてきた。

建築業界では、コロナ禍などを背景に輸入品も含め木材や木製品の価格が前年の6割超も値上がりしたウッドショックの影響が続いているが、光永社長は質を落とさない条件でより安い素材を探し出して提案し、発注元の負担を軽減する工夫にも努力する。10年以上同社に製作を依頼してきた家具メーカーが製品の完成度とともに評価するのが光永さんの人材育成手法だ。職人の考える力を養いながら応用の効く技術を習得させていくもので、技術継承と特注への対応を可能にし、取引の長期継続につながった。

「オリジナル家具の製造は本当に奥が深く、チャレンジしがいがある仕事。ものつくりが好きな方なら、きっと同じ感動を味わえると思います。チームワークも抜群で、ともに考え学びながら技術を磨いていける環境です」

大学でアニマルバイオサイエンス学を学び、ペット関連企業で働いた後、家具職人を目指して『A・1インテリア』に入社した若き職人の言葉から人材育成の成果が伝わる。

「職人技を次世代に伝え、さらに技術を進化させていきたいと思っています」

光永さんの決意に揺らぎはない。

（ライター／斎藤紘）

株式会社 A・1インテリア
エーワンインテリア
0567-69-5560
info@a1-int.jp
㊟ 愛知県愛西市大井町同所125-2
https://www.a1-int.jp/

A・1インテリア
匠の技から生まれる、木の逸品

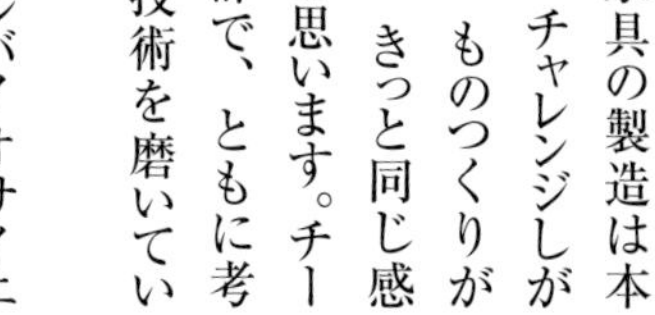

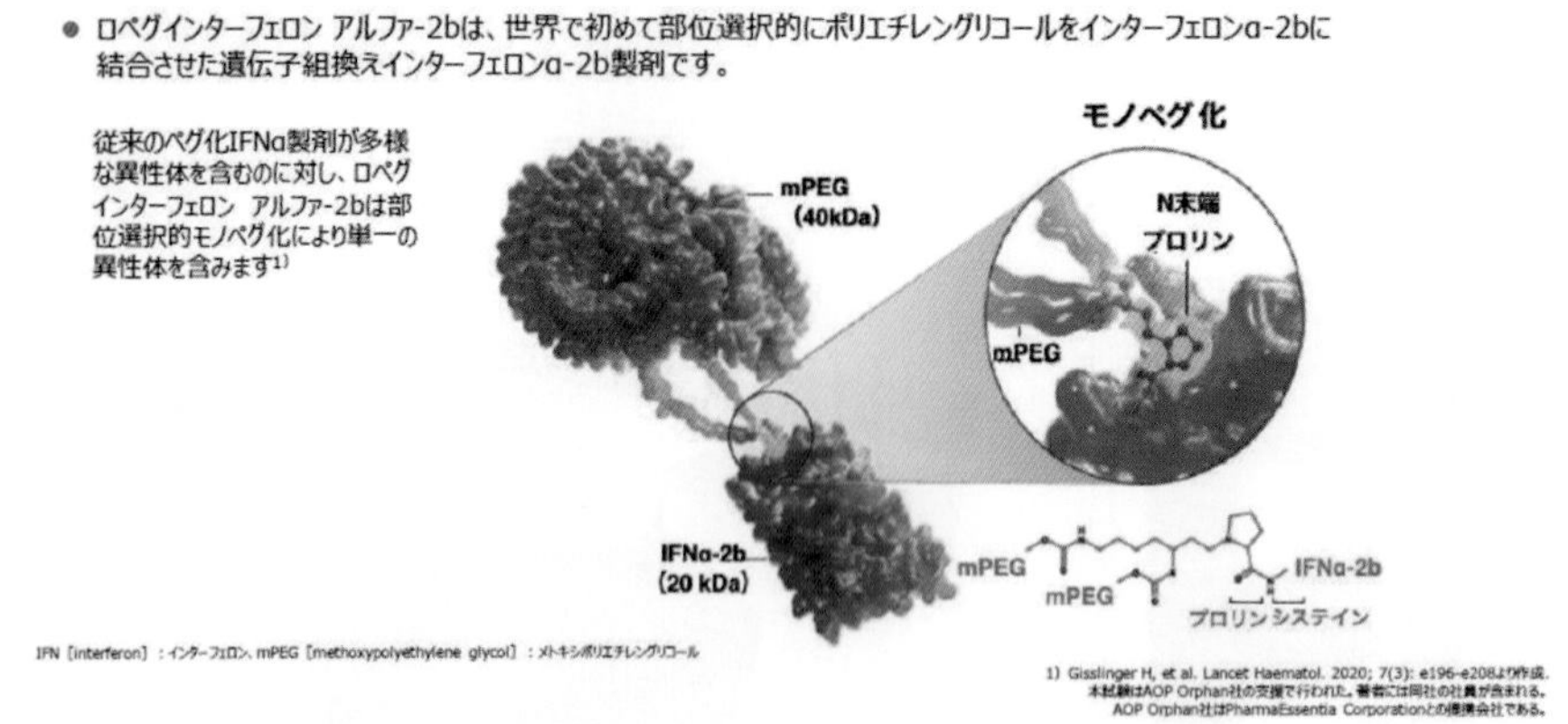

● ロペグインターフェロン アルファ-2bは、世界で初めて部位選択的にポリエチレングリコールをインターフェロンα-2bに結合させた遺伝子組換えインターフェロンα-2b製剤です。
従来のペグ化IFNα製剤が多様な異性体を含むのに対し、ロペグインターフェロン アルファ-2bは部位選択的モノペグ化により単一の異性体を含みます1)
モノペグ化
mPEG (40kDa)
N末端 プロリン
mPEG
IFNα-2b (20 kDa)
mPEG
mPEG
IFNα-2b
プロリン システイン
IFN［interferon］：インターフェロン、mPEG［methoxypolyethylene glycol］：メトキシポリエチレングリコール
1) Gisslinger H, et al. Lancet Haematol. 2020; 7(3): e196-e208より作成。
本試験はAOP Orphan社の支援で行われた。著者には同社の社員が含まれる。
AOP Orphan社はPharmaEssentia Corporationとの提携会社である。

部位選択的モノペグ化技術　『ロペグインターフェロンアルファ-2b』

部位選択的モノペグ化技術で創薬 真性多血症に有効な新治療薬を開発

革新的な技術により患者負担を大幅に軽減

　台湾の医薬品メーカーの日本法人、『ファーマエッセンシアジャパン株式会社』の最初の製品である真性多血症の新治療薬『ロペグインターフェロンアルファ−2b（商品名ベスレミ）』が欧米などに続き、日本でも製造販売承認を得て、2023年6月より発売された。真性多血症は骨髄増殖性腫瘍の一種で、本製品は既存治療の効果が不十分な場合に用いられ、腫瘍細胞に対する増殖抑制効果が期待できるという。この新治療薬の開発を可能にしたのがコアテクノロジー、『部位選択的モノペグ化技術』だ。

　『部位選択的モノペグ化技術』は、タンパク質内にある特定のアミノ酸にポリエチレングリコール（PEG）という高分子化合物を固定させ、選択的に活性や反応性などの機能を変化させることができる革新的な技術。化学的に均一なペグ化タンパク質の生成を可能にするという。

　こうした特徴を持つ『部位選択的モノペグ化技術』が薬にもたらす具体的な効果について、同社代表取締役の米津克也さんは次のように解説する。

「医薬品に使用することにより、ポテンシャルが高いにも関わらず十分な効果を発揮できていない医薬品の可能性を最大限に引き出すことが可能と

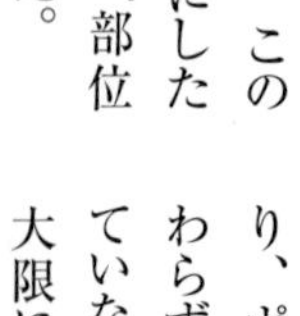
開発担当兼取締役副社長
佐藤俊明さん

新たなリサーチセンターの開業:
アメリカ マサチューセッツ州
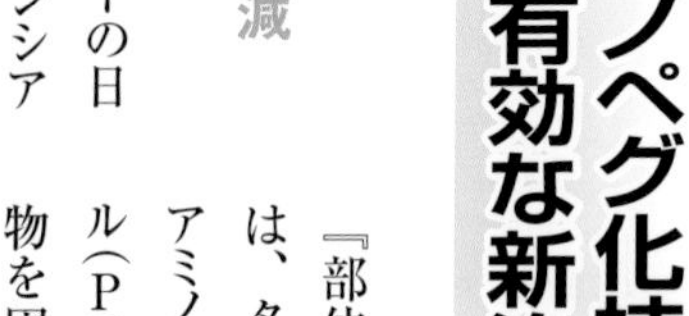

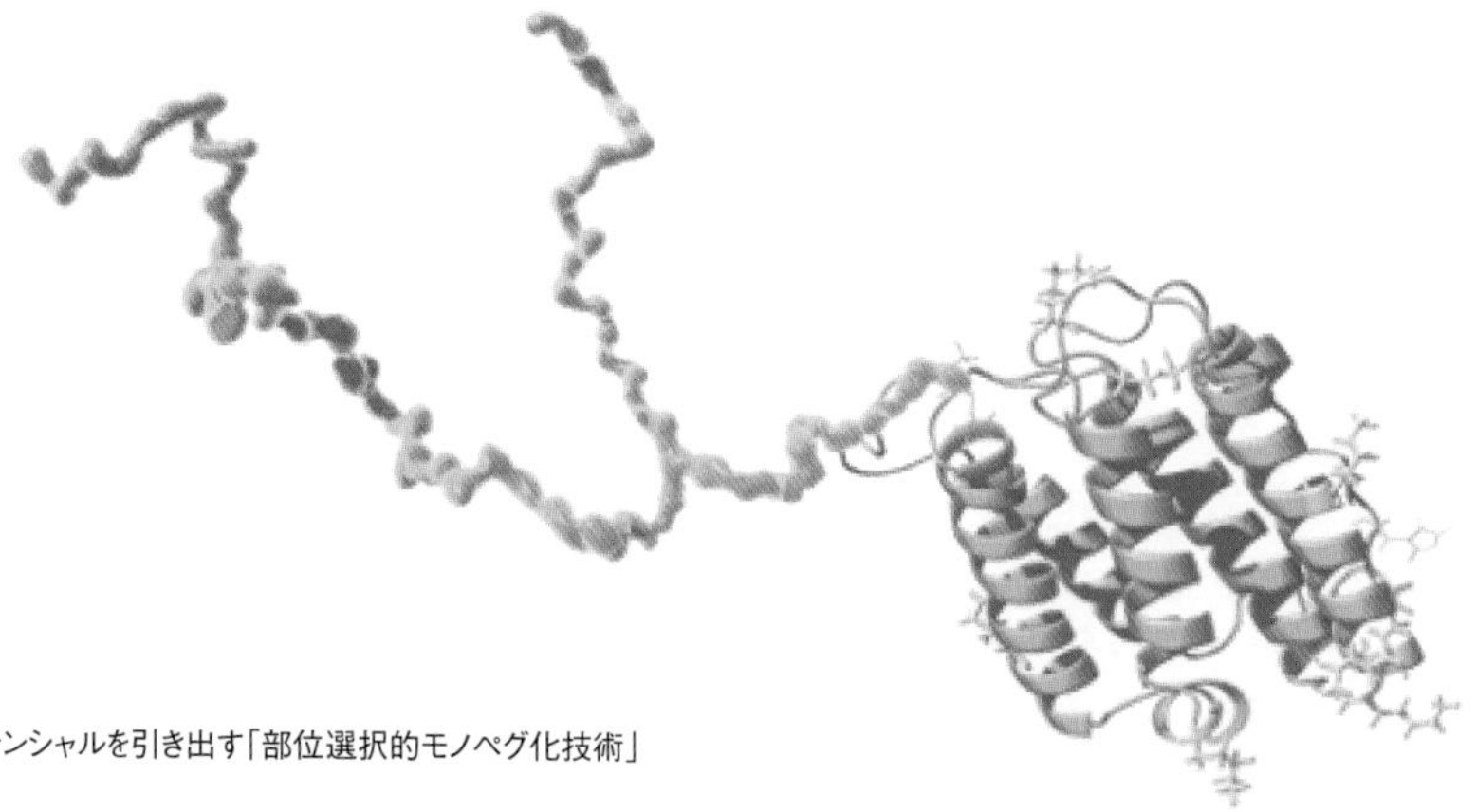

薬剤のポテンシャルを引き出す「部位選択的モノペグ化技術」

考えられています。この技術を使用することで、優れた薬物動態、薬力学的特性を示す、長時間作用型タンパク質医薬品を創り出すことを可能にしました。また、タンパク質医薬品の体内における分解を抑制することで半減期を延長させ、効果を長時間にわたって持続させ、投与間隔の延長が期待できます。さらに、選択的モノペグ化タンパク質は（他の）異性体により引き起こされる副作用の懸念がないため、患者さんの負担の軽減につながります」

　同社製品として、創薬の対象にした真性多血症は、骨髄中の造血細胞の異常によって全種類の血球が過剰生産される上、治療のために一定量の血液を体外に取り除く瀉血などによって合併症を引き起こすこともある病気。新治療薬『ベスレミ』は、『部位選択的モノペグ化技術』の効果に加え、体内の免疫を調整し、遺伝子変異のある造血幹細胞の排除、増殖抑制の働きや合併症予防効果もあるという。「ベスレミ」は、世界38の国と地域で発売されている。

　同社は2017年の設立以来、新薬の研究、開発に取り組み、今後も『部位選択的モノペグ化技術』で新規性の高い医薬品の創製を目指す。

（ライター／斎藤紘）

代表取締役 米津克也さん

ファーマエッセンシアジャパン 株式会社

https://jp.pharmaessentia.com/

Better Science, Better Lives.

医療は今、新しい答えを待っている。

資金が無くても会社が買える

企業買収プロセス構築コンサルタント

M&Aを自力で行える仕組みづくり支援 企業価値の向上や事業承継実現の手段

精緻包括的なコンサル 社長の成功体験を投影

事業会社が企業価値を高めたり、人材不足で進まない事業承継を実現したりする手段として、M&A企業の買収・合併を自力で行える仕組みづくりを支援するコンサルティングで存在感を高めているのが『タフコンサルティング株式会社』だ。前職の中小企業時代、10年間で26社の会社買収案件に携り、15社27億円の資金調達によってM&Aを成功に導いた代表取締役の髙畑豊さんの経験と知見を生かしたコンサルティングパッケージのプログラムはM&Aに必要な知識とノウハウを網羅した教科書ともいえるほど精緻かつ包括的な構成だ。

コンサルティングは、髙畑さん自ら企業に出向いて、1回2時間、標準期間6ヵ月で9回行うパッケージ制。冒頭、M&Aを自力で行える社内体制を構築するための3大要素として秘密厳守ができる担当者の選定、営業・事業に精通した人材の選定、財務に強く金融機関との折衝能力のある人材の育成を挙げた上で、プログラムを進める。

第1回目の「現状認識と目指すべき方向性」では業界の経営環境の掌握やM&Aのメリット、デメリットなど、第2回目の「M&Aにおける自社の方針設定づくり」では相手企

業の選定戦略や条件の確認など、第3回目の「M&Aにおける価格の算出と交渉戦略」では希望する相手先の価格設定法や担当者とのコミュニケーションの実践法など、第4回目の「M&Aにかかる資金調達の戦略と調達法」では買収資金の確保するための要諦やM&Aに関する税金の注意ポイントなどを教示する。

第5回目の「相手先企業の財務情報の詳細な調査把握法」では、関連会社の掌握や資産、負債の管理確認など、第6回目の「対象会社に対する重要人物及びノウハウ等の確認」では実権者の把握やトップ同士の面談ポイントなど、第7回目の「労働関係の詳細な把握の実務」では就業規則、退職金規定の状況と考え方や労働組合との折衝と対応法など、第8回目の「相手先企業の契約関係等の掌握の実務」では、業務上の契約の掌握手順と実務や訴訟紛争の注意点など、第9回目の「最終確認と長期戦略・重要人物の任務の在り方」では、契約関係の突合実務やクロージングにおけるアプローチの実務及び連続M&A戦略を解説する。

髙畑さんは、M&Aに関するセミナーも開いていて、コンサルティングを受ける前にセミナーを受講すると、理解しやすくなるという。

（ライター／斎藤紘）

代表取締役 髙畑豊さん

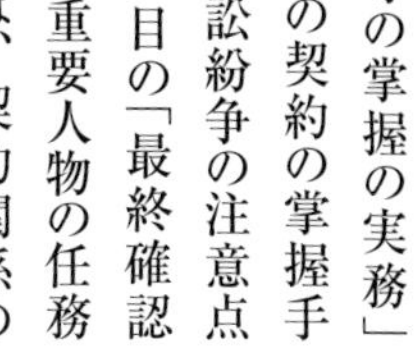

RGP
To the Power of Human™

コンサルタントに成長できる機会提供
専門性の高いコンサルティングで実績

常駐し現場と作業協働
成長のための要諦教示

日系や外資系のグローバル企業などのクライアントにコンサルタントを常駐させ、経営課題の解決をサポートする事業で存在感を高めているのが米国の大手コンサルティング会社「RGP」の日本法人『リソース・グローバル・プロフェッショナル・ジャパン株式会社』だ。同業他社との違いが際立つのがジャパン・カントリー・マネージャーの島田嗣仁さんの事業推進手法。コンサルタントに成長できる機会を提供し、常駐先で経験を重ねさせながらキャリアアップを支援するもので、そこで培われた知識とスキルが新たなクライアントの獲得と満足度の最大化につながる好循環を生み出した。

同社に在籍するコンサルタントは、若手からシニアまで約450人。社員コンサルタントと財務会計や企業戦略、リスクマネージメント、テクノロジー、デジタル技術などに精通した業務委託契約の個人事業主で構成、ほぼ全員がバイリンガルだ。クライアントのプロジェクトの実行時やM&A後、決算時などの特定期間にのみ必要となる専門スキルや知識を持った人材を提供してサポートするとの基本コンセプトの下、最も適したコンサルタントを選び、略歴を提示してクライアントの希望などとマッ

チングさせた上で常駐させるスタイルを堅持してきた。

「大手コンサルティング会社などでは、一般的にコンサルタントが一つのプロジェクトに長期に関わるケースが多く、プロジェクトによって成長の道筋が決まってしまいますが、コンサルタントが成長するには数多くの多様なプロジェクトを自ら遂行することが重要。コンサルティング会社が去った後に、クライアントの担当者と協働しながら体験学習的に宿題を片付けていくような作業を一つひとつこなしていくことが地に足のついた経験となり、新たな専門領域などに巡り合う貴重な成長の機会になります。当社では、国内外でそうした案件を数多く手掛け、コンサルタントの成長につなげています」

島田さんは、こうした経験を重ねてロングライフ・コンサルタントになるための要諦として、「楽観的に前向きな態度でいること」「好奇心を多面的にもっておくこと」「共感を示して接点を求めること」「協働すること」と、クライアントと合意の上で担当する業務を明確にして「契約すること」を挙げ、コンサルタントに自覚を促す。こうした事業推進手法が功を奏し、クライアントは増える一方だ。

（ライター／斎藤紘）

リソース・グローバル・プロフェッショナル・ジャパン 株式会社

03-6775-9168
tokyo@rgp.com
住 東京都千代田区丸の内1-11-1 パシフィックセンチュリープレイス丸の内13F
https://www.rgp-jp.com/

rgp.com

撮影／ⒸS.AKAGI

未経験からプロの動画クリエーターになる

STUDIO US

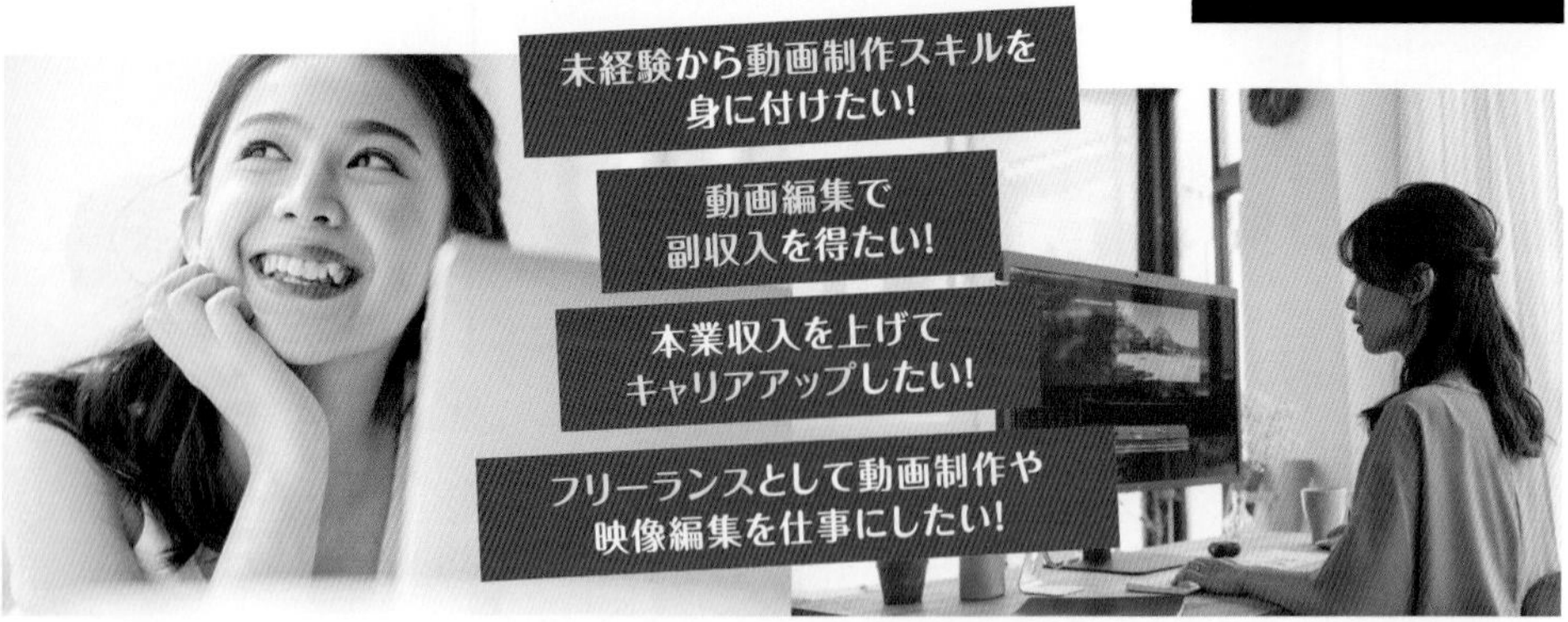

未経験から動画制作スキルを身に付けたい!
動画編集で副収入を得たい!
本業収入を上げてキャリアアップしたい!
フリーランスとして動画制作や映像編集を仕事にしたい!

新たなアプローチとクリエイティブな発想で多様な事業を展開

セブ島では接骨院とトレーニングジムも立ち上げ予定

オンラインスクールの運営やコールセンター事業など様々な事業を手掛けている『株式会社 AHGS』。オンラインスクール運営では動画編集のオンラインスクール『studio US』を運営。『studio US』は、豊富な動画教材やプロ講師によるライブ授業を通じて、実践的なスキルを身につけることができるオンラインスクール。単に動画制作を学ぶだけでなく、実際の仕事に活かせるスキルを学ぶことができるのが最大の特長。プロが現場で実践するリアルなスキルを学べると受講者からも好評だ。

さらに『studio US』のプラットフォームを活かしてWebデザインやWebマーケティングなどのコースも提供している。また、スクールの卒業生や講師による動画制作の請負事業も展開。多くの企業からの依頼を受け、クリエイティブな分野でも成果を上げている。

コールセンター事業は、沖縄と長崎県の壱岐島、東京に加えてフィリピンのセブ島でも行っている。セブ島でのコールセンター業務と聞くと不思議に思うかもしれないが、インターネットの発達により、フリーダイヤルや03番号での通話が可能で、日本で行うようなコールセンター業務と変わりないという。

受講料
月4,584円～
ポートフォリオ作成も簡単にでき、仕事の取り方講座も充実で安心。
案件紹介などのサポートもあるので、受講中に実績を積める。
受講生同士のオンラインコミュニティがあるので、生徒同士で支え合って学習を続けることができる。

未経験から2ヵ月で稼ぐことができる。

セブ島

トレーニングジム

　またセブ島では、接骨院とトレーニングジムの施設も立ち上げる予定。海外では接骨院や整体といった施設自体がなく、腰が痛いとなっても根本的な治療を行える場所が専門的な病院に行かない限りない現状だという。こうした現状を解決し、より手軽に身体のケアや痛みの解決を手助けしたいという想いが開院へのきっかけ。トレーニングジムに関しても、一般の方が気軽に通えるようなジムが不足しているところに目を付けたのが立ち上げに至った理由だ。いわゆるアスリートだけでなく一般の人が通えるジムを創設することで手軽に運動できる場所やアスリートに気後れせずにトレーニングできる環境を整備している。

　今後は、接骨院とトレーニングジムを現地企業とも提携し、提携先の従業員の方が安く利用できる仕組みを構築していくという。

『AHGS』は、語学留学とビジネスを結びつけ、セブ島を中心に多様な活動を展開している。新たなアプローチとクリエイティブな発想により、地域社会に貢献する企業として、今後の事業展開からも目が離せない。

（ライター／長谷川望）

スパ

株式会社 AHGS
アークス
03-6369-9623
info@ahgs.co.jp
㊟ 東京都千代田区九段南1-5-6 りそな九段ビル5F
https://ahgs.co.jp/

革新的
簡単に 安全に
ネーミングライツ
を導入できる
mEI2
メイメイ
新しい
“応援”の形
サークルのスポンサーを獲得！
名づけの権利を対価にスポンサー募集。
メイメイで保護猫活動を応援！
保護された猫ちゃんの名前を募集しています。
保護団体と一緒に「里親募集活動」を
命名権を通じて一緒に行っていただけませんか？
ハンドルネーム
キャラクター名
カクテル名
メイメイが仲介するから
安心・安全
登録・出品は
無料
いろんな名前の売り買いができる
命名権※（ネーミングライツ）は個人へ
※「名前を付ける権利」を売買するビジネスのこと
株式会社
めいめい

命名権を自由に売買できる革新的なプラットフォーム

命名権（ネーミングライツ）のフリーマーケット誕生

『メイメイ』は、ネーミングライツに関する新規サービスの創出やコンサルティング事業を行っている『株式会社めいめい』が運営する、命名権を自由に売買できるプラットフォーム。500円から出品可能であり、「命名権を売りたい出品者」と「命名権を買いたい買主」をマッチングさせる画期的なプラットフォームとして注目を集めている。命名権というと単純に名前をつけるだけと思われがちだが、命名権が持つ広告効果や新しい応援の形に着目したのがこの『メイメイ』だ。

例えば、自治体や企業が施設の命名権を売買し、財源を確保する一方、命名権の購入側も施設利用者に自社の宣伝ができる。

命名権導入による新しい応援の形

ネーミングライツでは、「応援」の側面もある。2021年には、飲食店の「串カツ田中」が新型コロナ発生での経営難から、1ヵ月間約2千万円で看板の命名権を販売した事例が大きな注目を集めた。購入者は、店舗名での宣伝により知名度が劇的に向上した。飲食店側も命名権の収益に加え、この話題が生んだ広告効

こんなメイメイが売れました！
sold out
価格：1,500円（募集締切）
【オリジナル☆新作パン】プラントベーススコーンの名前を募集
商品名・メニュー名
価格：500円（募集締切）
Twitterユーザー名にPR文字を追加します！
ハンドルネーム・ペンネーム
価格：10,000円（募集締切）
【千葉】バスケットボールサークル名称権利
屋号等・チーム名等
価格：5,000円（募集締切）
主催しているボードゲーム会のイベント名を募集します。
イベント名
Thank you
価格：3,000円（募集締切）
★serina★愛用のバックの命名権
ハンドルネーム・ペンネーム

果も発生する結果となった。

しかし、命名権の導入に際して、提供条件をどう設定するかは複雑な問題だった。例え募集要件が作れたとしても、その内容が購入者側に不利と感じられる内容となってしまうケースが多く、積極的な導入が進まない現状だ。

命名権をスムーズに導入する方法

『メイメイ』では、発生しうる問題・トラブルなどを「仕組み」で防げるよう、システムで整備されている。取引に『メイメイ』を通すことにより命名権の売買を安全・安心・簡単に行うことを可能にしている。さらに、手軽に命名権を売買できるのも『メイメイ』の大きな特長。出品したい命名権の「命名条件」、「出品期間」や「金額」などを入力するだけで簡単に出品が可能だ。パン屋の新作パンの命名権やイラストのキャラクターの名前、ビルの命名権、駐車場の命名権などアイデア次第で無限大。

メリットしかない命名権を簡単導入

『メイメイ』では、贈与が成立した際にのみ手数料が発生する仕組みであり、無料で出品もでき、出品者は少額な出品でも確実に利益を上げることができるところも魅力的だ。インフルエンサーやyoutuberやライバーなどで「投げ銭」の代わりに『メイメイ』が導入されている。購入者はお金だけの関係ではなく、配信主と一緒に配信を盛り上げることができる。

命名権は、身近なもので副収入を得ることが可能になったり、低価格で広告が打てたり応援という形で命名権を購入できたりなど、様々な使い方ができ大いなる可能性を秘めている。気になる方は、まずは無料登録&無料出品から始めてみてはいかがだろうか。

（ライター／長谷川望）

帆前掛けがふるさと納税の返礼品
生地で作ったオリジナル雑貨も人気

独特な風合いを生出す
伝統的な染色技法活用

昔ながらの染色技法で昔ながらの豊橋帆前掛けを印染して事業で67年の歴史を刻む老舗染物店『鈴木捺染』の挑戦が止まらない。鈴木良治2代目代表の発想力と技術力で硫化染めのお洒落な綿繊維雑貨を世に送り出し、2023年には「郷土歴史絵帆前掛け」を製作、豊橋市のふるさと納税の返礼品になった。「干支カレンダー帆前掛け」も人気だ。

帆前掛けは、酒蔵や米穀店、味噌や醤油の醸造元、肥料問屋などで重量物を扱う職人が腰に巻く日本伝統の仕事着。明治時代に考案された紡績機ガラ紡で紡いだガラ紡糸と綿、織り上げた生地に硫化染めで印染して仕上げる。老舗蔵元名入帆前掛けや企業名入り帆前掛けは海外からも注文が来るほどだ。ふるさと納税の返礼品になったのは、東西交通の要である東海道と東海道五十三次の江戸側から数えて三十四番目の宿場にあたる吉田宿をイメージした帆前掛けと、ロマネスク様式を基調とした国の登録有形文化財の豊橋市公会堂と現役で走る路面電車をイメージした帆前掛け。いずれの帆前掛けにも豊橋市徽章である千切(ちぎり)マーク「豊橋ちぎり」が付いている。14000円以上の寄付の返礼品だ。

『帆前掛けトートバッグ』

昔ながらの帆前掛けも。

アウトドア用品メーカーが鈴木代表の実力に着目し、コラボで遊び心のあるデザインの野外活動用帆前掛けのエプロンを開発して売り出した例もある。

綿繊維雑貨は、トートバッグやテーブルクロス、ランチョンマットなど多岐にわたるが、生地は鈴木代表が独自に開発したもので、通常の帆布より厚い綿100％のソフトでアジアンテイストな感じの生地。専用の織機で一定の幅に整えられた生地に、伝統技法の硫化染めで花鳥風月をモチーフにした絵や柄、江戸小紋などの模様を手染し、長さ8m、幅48cmの反物にしたもので、独特の風合いを持つ。

このほか『鈴木捺染』では、暖簾、手拭い、タオル、旗などの卸売販売、染色用機器・器具備品の設計制作、染色用型紙手彫り制作などの事業も手がける。

「日本の美しい景色、貴重な歴史や奥深い伝統文化を世界の多くの人々に、もっと知ってもらいたい思いで、伝統の染色技法を生かし、芸術的また創造的に印染して伝承していきたいと思っています」

伝統技術を基盤に染色の可能性を広げていく鈴木代表の創作意欲は膨らむ一方だ。

（ライター／斎藤紘）

二代目 鈴木良治さん

鈴木捺染
すずきなせん
0532-31-8500
info@someru.net
㊟ 愛知県豊橋市花田町字野黒82-3
https://www.suzukinasen-web.net/ 鈴木捺染 検索

SUZUKI NASSEN

頼りにされる骨董・美術品の出張買取
遺品整理や生前整理でも誠実に対応

目利きの専門家が鑑定
備前焼宝瓶を高額買取

「ムカチをカチに」

岡山県全域を営業エリアに骨董品や美術品の出張買取を専門に手がける『株式会社タイムライン』代表取締役の濵崎義孝さんが掲げた経営理念だ。備前焼や掛け軸、銅器鉄器など金属工芸品、花瓶や壺、皿などの陶磁器、茶道具、刀剣、武具、仏像、仏具などが対象で、毎月約2500点もの古美術品を鑑定、査定している確かな目利きのスタッフが査定し、適正な価格で買い取る。

「当社の出張買取を利用して頂きと思っているのは、断捨離を進めている方やご家族が亡くなって遺品整理を進めている方、ご家族が施設などに入り、生前整理を進めている方、親族の空き家に残っている残置物を処理したいと思っている方などです。遺品整理や生前整理に際しての買取では、遺品整理士や遺品査定士の資格を持つプロがお伺いします。いずれの場合でもお客様の個人情報は厳守し、社名が入っていない車で伺いますので、安心してご依頼いただけます」

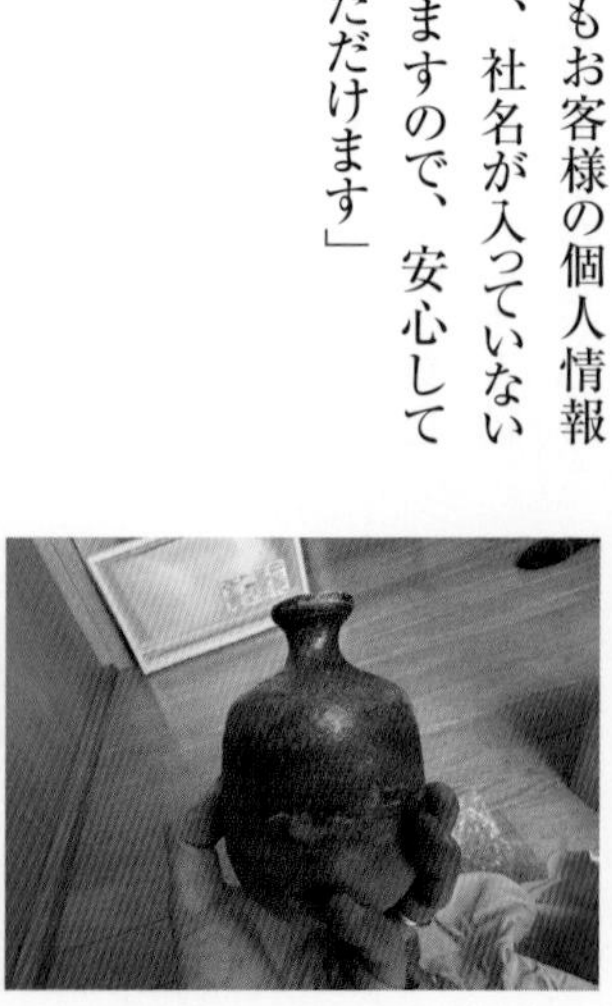

花瓶や陶磁器

備前焼

仏像・仏具

掛け軸

刀剣・武具

買い取った骨董品で多いのは、日本六古窯の一つ、岡山県備前市周辺を産地とする備前焼。年間の買取実績は、3000点超にのぼるという。

「備前焼の中でも取手の無い煎茶急須である宝瓶は海外でも人気が高く、特に古の名工の作品が非常に高額で取引されています。名工の西村春湖、金重陶陽、大饗仁堂、石井不老、鈴木黄哉といった昭和初期頃に活躍された名工の作品は高額で買取が可能です。こうした人気に乗じて最近は贋作が大量に出回っています。当社では、お客様が入手したタイミングや作風を吟味し真贋を見極めます。真作の場合、多少の欠けや痛みがあっても査定額はつけられます」

濵﨑さんがこの事業を始めたのは、前職のリフォーム会社での経験がきっかけだという。

「リフォームを手がけた大低の古民家には備前焼の焼き物がありました。また、茶道具や掛け軸やアンティーク家具、絵画など価値のあるものが残置されていることがありましたが、引き取り手がなく、廃棄されてしまうものも少なくありませんでした。それらを古物業界に流通させ、愛好家の下で価値を維持すべきと考え、ネット販売を仕事の合間に手掛け、軌道に乗ったところで本業にしたのです」

同社は現在、買い取ったものを国内外で販売しているが、中国や韓国の東洋美術、ヨーロッパやアメリカの西洋アンティークを現地で買い付け、国内で販売することも構想する。

（ライター／斎藤紘）

金属工芸

株式会社 タイムライン

0120-846-263
info@timeline-kottou.com
㊟ 岡山県岡山市南区浜野4-8-6
https://www.timeline-kottou.com/

写真で確認の方はLINEで。

LINE

完全受注生産、世界に一つだけ!!

ライフスタイルや目的に沿った大きさ、形、色、内装、設備など細部に渡るこだわりもじっくりと相談、ベストな一台を提供してくれる。

世界に一つのトラキャンで夢のキャンピングカーライフを

カスタマイズ性の高さとクオリティの高さが魅力

兵庫県に本拠を置く『SECRETBASE 58』は、「トラキャン」と呼ばれる軽トラックの荷台に居住用のキャンピングシェルを装着したカスタムカーの製造・販売で近年、注目を浴びている企業。市販車をユーザーそれぞれの使用目的に特化した改装を行い、使い勝手の良いキャンピングカーを手ごろな価格で提供。最近のアウトドアブームも相まって夢のキャンピングカーを手に入れたいという需要もあり、全国各地から注文が殺到しているという。

『SECRETBASE 58』のカスタムカーの特長は、軽トラックの燃費が良い、価格が安い、税金が安いといった「優れた経済性」と市町村道などの細い道路や狭い駐車スペースでも取り回しがラクな使いやすさ。シェル内の居住空間は、これまでに培ってきた住宅リフォームと自動車鈑金塗装の技術を活かしてオリジナルで製作、シェル内の壁・床・天井に住居用の断熱材を使用している。室内は、見た目以上に広々としており、室内で立ったり足を伸ばして寝ることにも不自由しない。さらに水回りを設けたり、冷暖房空調設備を備えることも可能。用途に合わ

せたカスタマイズ性の高さも同社が選ばれる理由の一つだ。シェルの外壁には、遮熱性にも優れているガルバリウム鋼板を採用。カラーバリエーションも約65種類と豊富でお好きなカラーで外壁を彩ることができるなど、住居用素材の採用と高いカスタマイズ性を誇るしたシェル内、そして高い耐久性とオシャレを両立させた外観を実現した。

シェルは取り外すことも可能なので、使用しない時は普通の軽トラックとして活用することもでき、設備など細部に渡ってお客様の要望をじっくりと聞き入れた丁寧な対応で「世界に一つしかない」唯一無二の一台を作り上げてくれる。キャンピングカーやキッチンカー、移動事務所など様々な用途で活躍する。

また、のYouTube公式チャンネルも開設しており、様々な情報を発信している。全国のオリジナルキャンピングカーのオーナー紹介では、一台一台がまったく異なる仕上がりとなっており、各オーナーのこだわりが存分に楽しめると話題だ。

（ライター／長谷川望）

SECRET BASE 58
シークレット ベース ごじゅうはち
090-3281-0058
secret-base-58@docomo.ne.jp
㊟ 兵庫県加古川市東神吉町天下原52
https://secretbase58.com/　@secretbase58

こちらからも
検索できます。

LINE

風光明媚な地で安らぎの生活を満喫
施設運営の隅々まで光る入居者目線

都会の喧騒とは別世界
充実のリゾートライフ

都会の喧騒や窮屈さとは別世界の自然に恵まれた環境と清浄な空気の中で安らぎに満ちた生活を満喫。国内屈指のリゾート地、箱根の山裾、神奈川県小田原市で「一般財団法人長寿会」が運営する介護付有料老人ホーム『長寿園』を終の棲家に選んだ入居者たちに笑顔をもたらす理由だ。

眼下に相模湾のパノラマを望み、裏山では蜜柑狩りやタケノコ狩りが楽しめ、沢ガニにも逢える。春には梅や桜、初夏には紫陽花が咲き、秋には紅葉が山を彩る、そんな風光明媚な地にある『長寿園』は、日本の老人ホームの草分けとして昭和29年に開設された。

居室は、ワンルームタイプから2人で暮らせる2LDKタイプまで17タイプ、計146室があり、全居室が南東向きで日当たりは良好、部屋ごとに眺望が異なる。共用スペースも充実し、窓辺の緑が楽しめるロビー、眺望抜群の屋上テラス、自然の中に溶け込めるウッドデッキテラス、図書室、水屋も備えた茶室、映画鑑賞が楽しめるDVDルーム、大浴場、介護予防のトレーニングもできる教養娯楽室、ダンスやカラオケ、クラブ活動ができる大ホール、ビリヤードルーム、植物栽培が楽しめる菜園、相模湾が一望できる食堂ラウンジ

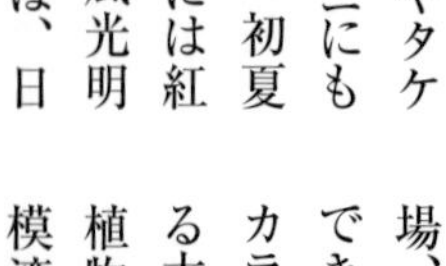
機能訓練室

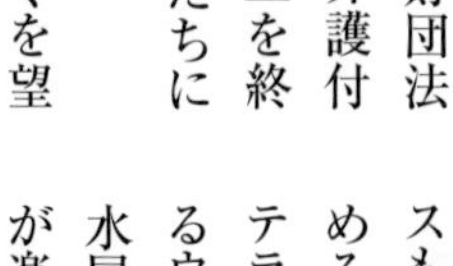
大浴場

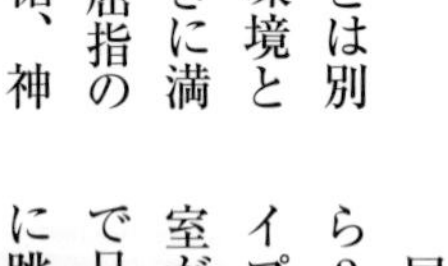
食堂

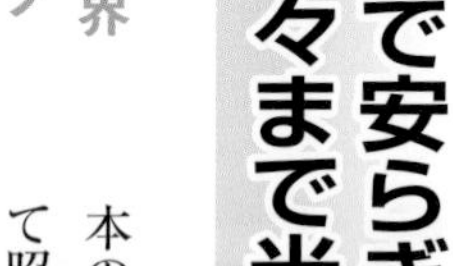
ロビー

展望ラウンジ

図書室

DVDルーム

屋上テラス

ウッドデッキ

大ホール

などがある。園内に内科の診療所もあり、医療体制も安心だ。

食事にも心遣いがある。年数回ほど厨房スタッフも交えた意見交換会を開いて、入居者から味や食材の硬さなどについて聞いて改善に努め、残さずに食べてもらえるように食材を細かくカットしたり、アレルギーや嗜好で食べられないものは可能な限り代替えしたりして対応する。調理に使う水も地下100mから汲み上げたミネラル豊富な敷地内の専用地下水だ。

イベントも年中行事や行楽、バイキング、上映会、日本全国から取り寄せたスイーツが楽しめるサロンなどバラエティに富む。2022年11月からは、健康音楽教室を開始。ピアノ伴奏で基本的な発声法を楽しく学びながら、上気道を鍛え、免疫力を高めることを目指す。

外出する時に園のシャトル便を利用できるのも好評だ。小田原駅便が平日4往復、箱根湯本駅の隣駅の入生田駅への便が午前6時半から夜8時まで、12時台をのぞき毎時間1〜4本運行する。箱根湯本で日帰り温泉を楽しんだり、小田原のまち歩きしたりできる。

施設、設備、運営の隅々まで入居者目線が光る有料老人ホームの理想形がここにはある。

（ライター／斎藤紘）

食事の一例

公益社団法人全国有料老人ホーム協会正会員 **長寿園**
ちょうじゅえん
☎ 0120-737-757
㊟ 神奈川県小田原市入生田475
https://www.chojuen.or.jp/

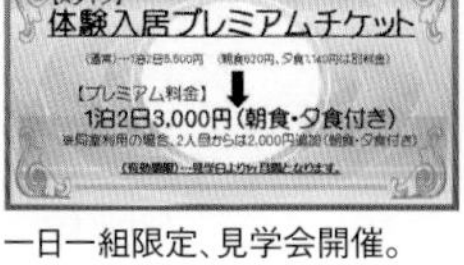

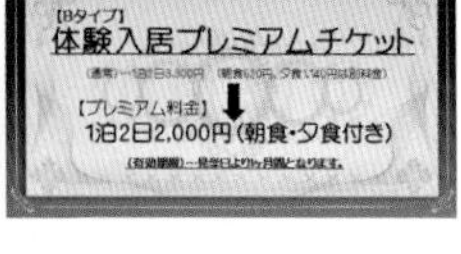

一日一組限定、見学会開催。
参加された方にもれなく「体験入居プレミアムチケット」プレゼント!!

『ケヤキ倶楽部越谷』(埼玉県越谷市)

『ケヤキ倶楽部蓮田』(埼玉県蓮田市)

「よいものをこの手から」安心して日常生活を送るために

医療も介護も 一人ひとりに合わせた生活支援

大阪府や兵庫県、埼玉県、熊本県を中心にサービスつき高齢者向け住宅、有料老人ホームの居室への訪問看護サービスや訪問介護サービスを提供する『株式会社シーヒューマン』。「よいものをこの手から」を経営理念に、高齢者が住み慣れた場所で安心して日常生活を送るための支援を行う。

訪問介護サービスとは、一人で生活を送ることが難しい要介護の高齢者の居住空間に訪れ、生活支援を行うこと。介護スタッフが利用者の入浴や排泄、食事などの介護、掃除、洗濯、調理などの援助、通院時まで幅広くサポートする。

また、訪問看護サービスでは、看護師が居室に訪問して利用者の病気や障がいに考慮した医療ケアを提供する。健康状態の観察や病状悪化の防止・回復、服薬管理、リハビリテーション、療養生活を送る上での相談などの支援を行う。看護師が主治医や薬剤師、ケアマネジャー、歯科医師と密に連携することで、居室で医療行為を受けることが可能に。

支援サービスを提供するのは、介護士(有資格者)や看護師の資格を持ち、豊富な知識と経験があるプロのスタッフたち。支援が必要な高齢者が日々の生活を安心して暮らすために、高品質なサービスを提供

『アイリス倶楽部初芝 』(大阪府堺市)

『夢の里』(大阪市西成区)

『ハナミズキ倶楽部尼崎』(兵庫県尼崎市)

『ケヤキ倶楽部三橋』(さいたま市西区)

『ケヤキ倶楽部上木崎』(さいたま市浦和区)

『ケヤキ倶楽部東浦和』(さいたま市緑区)

『ケヤキ倶楽部日高』(埼玉県日高市)

『ケヤキ倶楽部浦和美園』(さいたま市岩槻区)

『ケヤキ倶楽部大間木』(さいたま市緑区)

する。

同社が運営するサービス付き高齢者住宅やケアハウスの居住空間は、支援サービスが受けやすいゆったり設計。落ち着いた雰囲気のプライベート空間で一人ひとりのレベルに合わせたきめ細やかな支援を受けられると好評だ。介護士や看護師も明るく和やかな雰囲気で、些細な悩みを相談しやすいのも特長。スタッフのチームワークも良く、連携も密なので、どのスタッフの支援でも安心して受けられる。看護師は、ほぼ24時間体制のため医療度の高い利用者様の受け入れを積極的に行っている。医療処置・特定疾患・精神疾患の方なども対応可能、また、急な身体の体調の変化やトラブルにいつでも対応可能なのも大きなポイントだ。

同社は、介護保険や在宅介護の相談からサービスにつき高齢者住宅や住宅型有料老人ホームなどへの入居まで途切れることなくサポート。現在も高齢者が適切な支援を受けられるようにと事業を拡大している。すべての高齢者が自分らしく快適な生活を送れるように支える介護・看護事業を通して、地域社会に大きく貢献する。

（ライター／彩未）

代表取締役社長
尾向和子さん

株式会社 シーヒューマン

06-4304-0050
info@c-human.co.jp
㊟ 大阪府大阪市天王寺区上本町6-2-26 大和上六ビル504
https://www.c-human.co.jp/

『グラン倶楽部合志』
(熊本県合志市)

『サルビア倶楽部雲雀ヶ丘』
(神戸市長田区)

理想郷的な住宅型有料老人ホーム
類例をみない充実ぶりの医療介護支援体制

医療法人が経営の母体
安心で快適な生活環境

子育ても仕事も為し終えたシニア世代が第二の人生を豊かに過ごす理想郷ともいえる住宅型有料老人ホームがある。交通至便で住環境や商業施設が整いながら豊かな自然に恵まれた埼玉県さいたま市見沼区の『聖蹟プライムコート東大宮』。高級ホテルと見紛うほどの豪華な空間構成や生活環境が魅力だが、最大の特長は病院や介護老人保健施設などを運営する「医療法人財団聖蹟会」が経営母体で、医療、介護体制が類例をみないほど充実し、安心して暮らせることだ。

同ホームは、鉄筋コンクリート造り地上10階建て。一般居室151室、一時介護室1室のほか、22室の介護付有料老人ホーム『聖蹟プライムケアコート東大宮』、154床の介護老人保健施設が同じ建物にある。こうした施設構成は、独自のコンセプトに基づくものだ。

『聖蹟プライムコート東大宮』の説明は明確だ。

「当ホームは、自立ゾーンとして一般居室、介護ゾーンとして介護付有料老人ホームを設けました。自立ゾーンは、要支援や要介護1・2の認定を受けたご入居者が一般居室での生活を維持しながら、訪問介護のヘルパーによる生活支援や

ダイニング

フロント

ロビー

居室（家具などはイメージです）

入浴介助、訪問リハビリを受けることできます。介護ゾーンは、常時介護が必要になった場合に住み替えができるように設けたもので、ご入居者の状態に応じて安心して生活いただける環境を整えています」

　プライムコートのサービスの一つである健康管理室では、日常の健康管理だけでなく、入居者の体調がすぐれないときには食事を部屋まで運んだり、買い物を代行したり、医療機関への通院の介助をしたりする徹底ぶりだ。

　一般居室は、全戸東南向きの開放感あふれるバルコニーを配した快適設計で、室内はすべて引き戸を採用し、車椅子での移動も可能だ。フロントにはスタッフが常駐し、鍵の預かりや来訪者、宅急便の取次ぎなどで生活を支える。自然光あふれる開放的なメインダイニング、個室のプライベートダイニング、低温サウナを備えた大浴場、ラウンジ、3階屋上庭園、趣味やスポーツ、サークル活動などに利用できる多目的クラブ室、麻雀ルーム、カラオケルームなどがあり、入居者は複数のスタッフに見守られ、安心して第二の人生を送っている。

（ライター／斉藤紘）

大浴場

聖蹟プライムコート東大宮
せいせきプライムコートひがしおおみや
☎ 0120-151-628
㊟ 埼玉県さいたま市見沼区春野2-10-25
http://www.seisekiprime.com/

こちらからも
検索できます。

3階屋上庭園

樹木と草花に囲まれた樹木葬庭苑
閑静好立地の由緒ある古刹で運営

心が安らぐ墓苑の演出
承継人不要で宗門不問

モミジを中心に和と洋の樹木と花を美しく組み合わせたレンガ積みの墓所にプラチナグレーのフラットな墓石が並ぶ。ガーデンデザインや樹木葬運営を手がける「有限会社りんどう」が、東京・新宿区の古刹、「日蓮宗蓮紹山瑞光寺」で運営する『牛込庭苑』は、故人を心安らかに偲ぶことができる樹木葬の庭苑だ。開苑時の46区画からエリアを拡大し続け、現在墓所中央に新設された区画「雅」を見学すれば、庭苑演出のコンセプトと企画力を直に感じることができる。

『りんどう』の樹木葬は、花木に囲まれた庭苑で安らかに眠る自然葬。『牛込庭苑』は、最後の納骨から13年（最長33年）の埋葬期間後、お骨を永代供養塔に移し、墓じまいするシステム。承継人不要で、宗門も不問、檀家になる必要もなく、遺族に負担がかからないように工夫されている。お墓が故郷にあってお参りが大変などといった理由や墓じまいによる他のお墓からのお骨の改葬の受け入れも可能だ。

樹木葬墓は「自分らしく眠る１人用」（販売価格50万円～、年間護持会費３０００円）、「夫婦や親子など身近な方と眠る２人用」（１３０万円～、年間護持会費８０００円）、

「家族の思い出とともに眠る1人～4人用」（180万円～、年間護持会費15000円）の3タイプがある。すべてペットと一緒に入れる区画だ。管理人が常駐しているので、メンテナンスも行き届き、寺院で法事や法要などを執り行うこともできる。駐車場も完備し、車での墓参も便利だ。

「瑞光寺」は1595年（文禄4年）、安土桃山時代の終わりに上聖院日亮上人によって創建された古刹。創建以来の寺領2000坪を有し、由緒ある歴史が息づく寺院だ。江戸時代は大名や旗本が住んでいたという、都心ながら閑静な佇まいの住宅街にあり、都営大江戸線牛込柳町駅から徒歩約1分という好立地だ。

『牛込庭苑』は、予約優先で土日祝日も含め午前9時15分から午後5時まで見学できる。「瑞光寺」墓所内に、新たに納骨堂タイプのお墓も新設した。

（ライター／斎藤紘）

牛込庭苑　有限会社 りんどう
うしごめていえん
☎ 0120-06-1194
✉ info@rindo.life
㊟ 東京都新宿区原町2-34
https://rindo-heart.com/
RINDO

「瑞光寺」

急傾斜地での造材を得意とするハーベスタ

林業の生産性安全性の向上に寄与 作業性に優れた伐倒造材機械登場

小型軽量化で負担軽減 急傾斜にも対応が可能

危険な作業を伴う林業の生産性と安全性を飛躍的に高める機械が登場した。『イワフジ工業株式会社』が開発し、2023年4月から受注を開始したハーベスタ（伐倒造材機械）『GPH-25』。従来チェンソーで行っていた立木の伐倒、枝払い、測尺玉切りの各作業と玉切りした材の集積作業を一貫して行う機械で、先行機種より小型軽量化したのが特長だ。

『GPH-25』は、重量695kgで取り回しの作業性に優れ、急傾斜に対応したチルトダウン角度（33度）と無段階姿勢制御によって容易に傾斜材へのアプローチが可能。3枚の幅広なカッタが太い枝も確実に払い落し、材を確実に挟んで抱え上げる並行リンク機構を採用している。材掴み後の逆送りをサポートする専用のリヤアームも装備。材の切断時間を短縮する油圧構成で作業効率が向上する。小型軽量化によってオペレータの疲労軽減と作業安定性が確保される。

（ライター／斎藤紘）

『GPH-25』
全長1330mm
全幅1050mm　全高1320mm
重量695kg　最大開き幅590mm
最大許容荷重1000kg　旋回角度360°

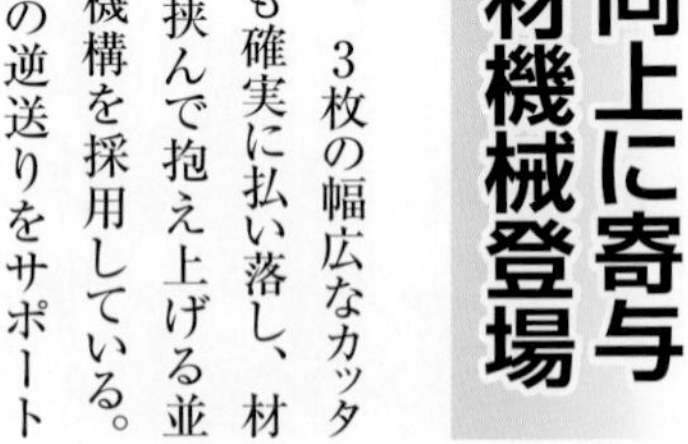

イワフジ工業 株式会社
イワフジこうぎょう
0197-23-3111
info@iwafuji.co.jp
㊟ 岩手県奥州市水沢字桜屋敷西5-1
http://www.iwafuji.co.jp/

水道水への鉛溶出の可能性を指摘 鉛製給水管の取り替え工事で実績

工事費助成制度を利用 事前の安全対策も助言

蓄積性のある毒物の鉛が水道水に溶出するおそれのある鉛製給水管の取り替え工事で地域住民から頼りにされているのが高松市の『株式会社滝口水道』。水道本管の分岐場所から蛇口までの給水管を硬質塩化ビニルライニング鋼管や二層ポリエチレン管、硬質塩化ビニル管などに換えるもので、厚労省が全国で推進し、香川県広域水道企業団の取り替え推進のための工事費助成制度が利用できる。代表取締役の滝口実紀雄さんは、「高松市内では今なお多くの世帯で鉛製給水管の使用が続いています。長時間水道を使用されなかった時の溜まり水には、鉛がわずかに溶出することがあります」と、取り換えを推奨する。取り換えまでの対策として、使い始めの滞留水を飲むことは控え、バケツ一杯分程度を目安に洗濯や散水などに使うことも助言する。助成制度利用に必要な手続きも代行する。

（ライター／斎藤紘）

鉛管引替工事

鉛管の漏水による修繕工事。

株式会社 **滝口水道**
たきぐちすいどう
087-813-4525
info@takiguchisuidou.com
㊟ 香川県高松市鶴市町1595
http://takiguchisuidou.com/

晴
雨
come RAIN or come SHINE
晴れても
雨でも
いい天気。

断水や停電でも生活に困らない生活水と電気の自給自足システム

先進的な住環境を実現 増える住宅新築時導入

災害などによる断水や停電でも困らない生活水と電気の自給自足システムがある。『株式会社ＴＯＫＡＩ』の『ＧＱ(ジーク)システム』。雨水と太陽光を利用するもので、化石燃料に頼らない先進的な住環境を実現する。同システムには4つのタイプがあるが、住宅の新築やリフォーム時での導入例が増えているのが『ＧＱシステム Light-Plus』。初期雨水カット設備付き雨水タンクと太陽光発電パネル、ポータブル蓄電池などから成る。専用のフィルタを通して容量720ℓ雨水タンクに貯められた雨水はトイレや洗濯機の給水配管、外部の散水栓に供給される。貯水量が少なくなった場合は、水道水がタンク内に自動的に供給される。太陽光で作られた電力は宅内に供給され、停電時には太陽光発電の自立運転により特定5回路に電力を供給。発電ができない夜間などは、ポータブル蓄電池や外部電源からの電力を特定回路に供給する。

（ライター／斎藤紘）

高機能フラッグシップタイプ
GQ SYSTEM Advance
水と電気を完全自給自足。自然エネルギー（雨と太陽）だけで暮らす。

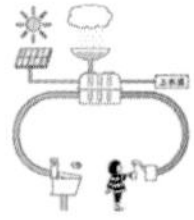

快適エコロジータイプ
GQ SYSTEM Water-Conscious
水と電気をバランスよく自給自足 自然エネルギー（雨と太陽）を基本に暮らす。

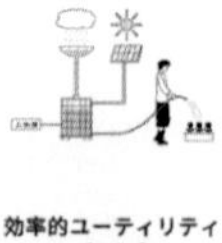

効率的ユーティリティタイプ
GQ SYSTEM Light-Plus
雨水をためて活用。自然エネルギー（雨と太陽）を付加（プラス）して暮らす。

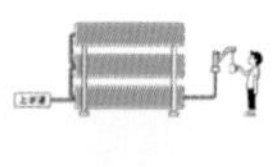

先進レジリエンスタイプ
GQ SYSTEM Value
生活水を常時備蓄。自然エネルギー（太陽）を上手に活用して暮らす。

こちらからも検索できます。

ジークシステム
GQ SYSTEM powered by TOKAI

株式会社 TOKAI
トーカイ
054-273-4831
gq-info@tokaigroup.co.jp
㊟ 静岡県静岡市葵区常磐町2-6-8
https://gq-system.jp/

水冷式常用／非常用兼用ガス発電機『INDUSTRIAL SERIES』

空冷式非常用ガス発電機『GUARDIAN SERIES』

水冷式非常用ガス発電機『PROTECTOR SERIES』

万一の備えにガスによる クリーンな自家発電機

災害大国 日本の新常識へ

近年、予測できない規模の災害などでライフラインがダメージを受けることもしばしば。中でも電気を失うことは、病院や避難所、また企業にとっても致命的だ。京都を拠点にガス発電機やCHPの販売、環境プラントのエンジニアリング、ビルメンテナンスなど環境に配慮した事業を展開し、持続可能社会の実現に貢献している『株式会社シーエープラント』は、米「GENERAC」社の正規代理店として日本国内で『ガス発電機』の販売に注力している。国内の導入実績は既に350台を超え、年々導入件数は増加している。燃料となるガスは、都市ガス・LPガスのいずれもラインナップがあり、国内で流通しているガス発電機では最多数の機種を準備している。

災害対策には、LPガスとの親和性が高く、必要な稼働時間分の備蓄を行うことで安定した電力供給が可能。現在主流のディーゼル発電機は、燃料である軽油が酸化し劣化してしまう燃料であるが、LPガスは劣化がなく長期保存が可能であり、非常時の備えとして最も適している。また、ディーゼル発電機よりもCO_2の排出量が少なく、より環境に優しい発電機といえる。

（ライター／今井淳二）

病院・福祉施設・自治体・ホテル・商業施設・工場など、様々な施設へ導入が進んでいる。

株式会社 シーエープラント

075-334-5223
㊟ 京都府京都市右京区梅津町尻溝町67-1
https://generac.jp/

GENERAC INDUSTRIAL POWER

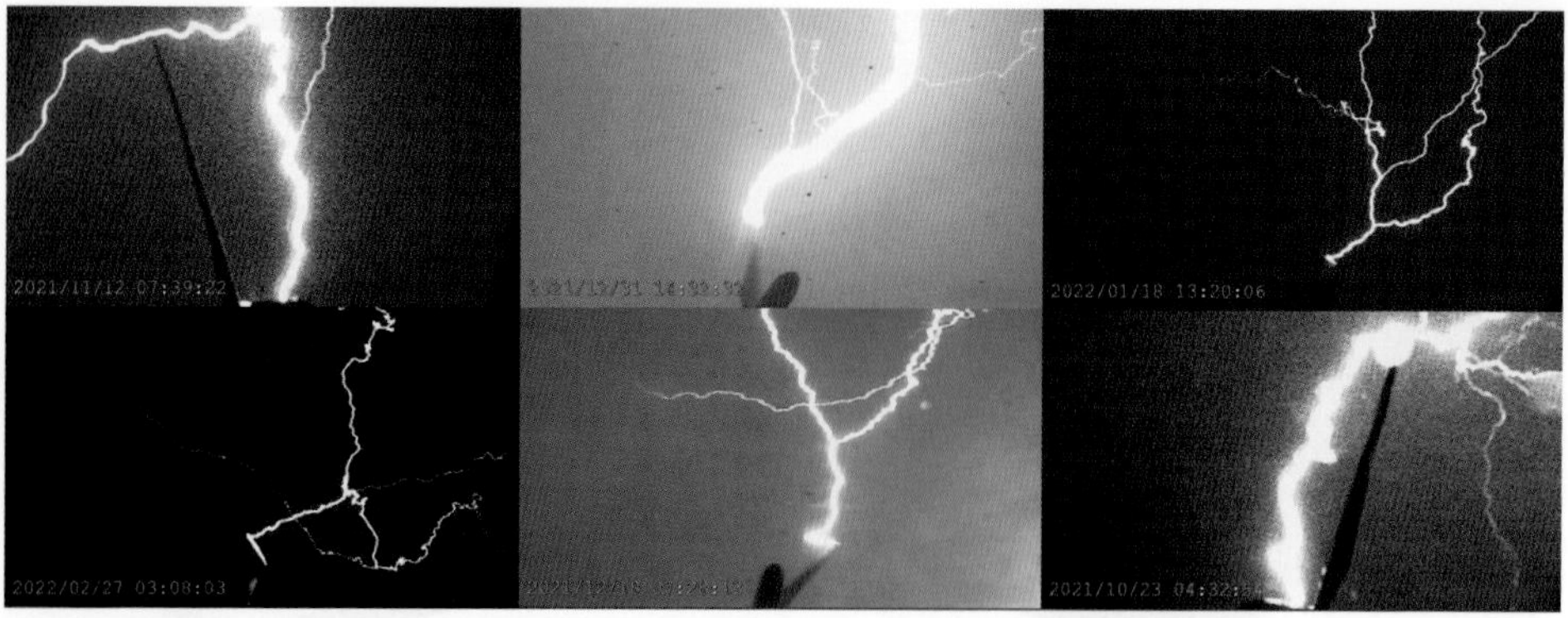

本システムで実際に撮影した稲妻（雷道）の画像例。冬季雷のため風車の羽から空に向かって雷道が伸びているものが多い。つまり羽に強力なエネルギーが集中し、最悪の場合、大きなトラブルに繋がる。

超高感度カメラとコンピュータで 風力発電設備の落雷箇所や損傷特定

雷検知の特許技術活用 稼働停止時間を最小化

風力発電設備が故障する最大の原因は落雷。その有力な対策として注目されるのが、カメラ機器開発のベンチャー、『株式会社 D-eyes』が中部大学の山木和男教授、ケイプラス社、エイプス社と共同で特許を取得した雷検知システムを基に開発した『風車用落雷監視カメラシステム Lightning.Eyes』。レセプタ（受雷装置）を使った落雷検知では困難だった、雷が落ちた回転翼の特定や損傷状態の確認を可能にする技術で、落雷によるダウンタイムの最小化に寄与する。『D-eyes』の雷検知用と風車撮影用の複数の超高感度カメラ、コンピュータ、サーバなどから成り、雷の閃光を検知すると同時に、画像をコンピュータで解析、稲妻の先端が当たった回転翼の箇所や損傷状態も確認できる。そのデータはサーバ経由で監視部門に送信されるので、間を置かず修理などの対応が可能になる。

（ライター／斎藤紘）

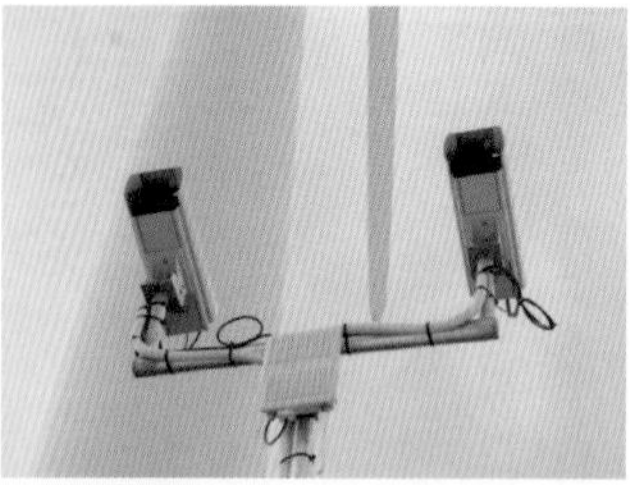

カメラ配置例
あらゆる稲妻を捉えるため、設定の異なる2台の特殊カメラで捕捉。出力画像にAI処理を施し落雷箇所を特定する。

洋上風力発電
風力発電所は、風の良い日本海側沿岸部に集中する。今後は更に風車が大型化し、海岸線から洋上（落雷頻度の多い方向）へと開発が進む。

株式会社 D-eyes
ディ アイ
072-242-7678
info@d-eyes.net
㊟ 大阪府堺市北区中百舌鳥町2-34
https://d-eyes.co.jp/

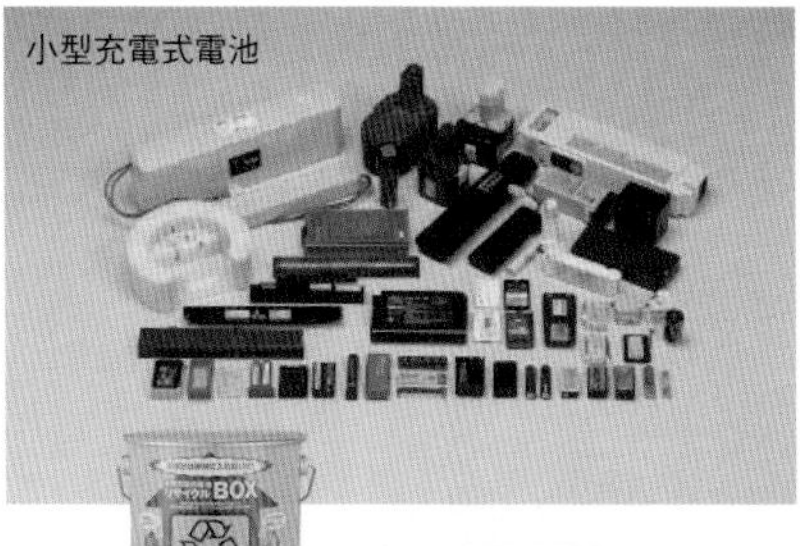

回収用
のリサイクルBOX缶
（量販店、ホームセンター
などに設置）

小型充電式電池の
リサイクルマーク

一般社団法人JBRCの小型充電式電池の回収量推移

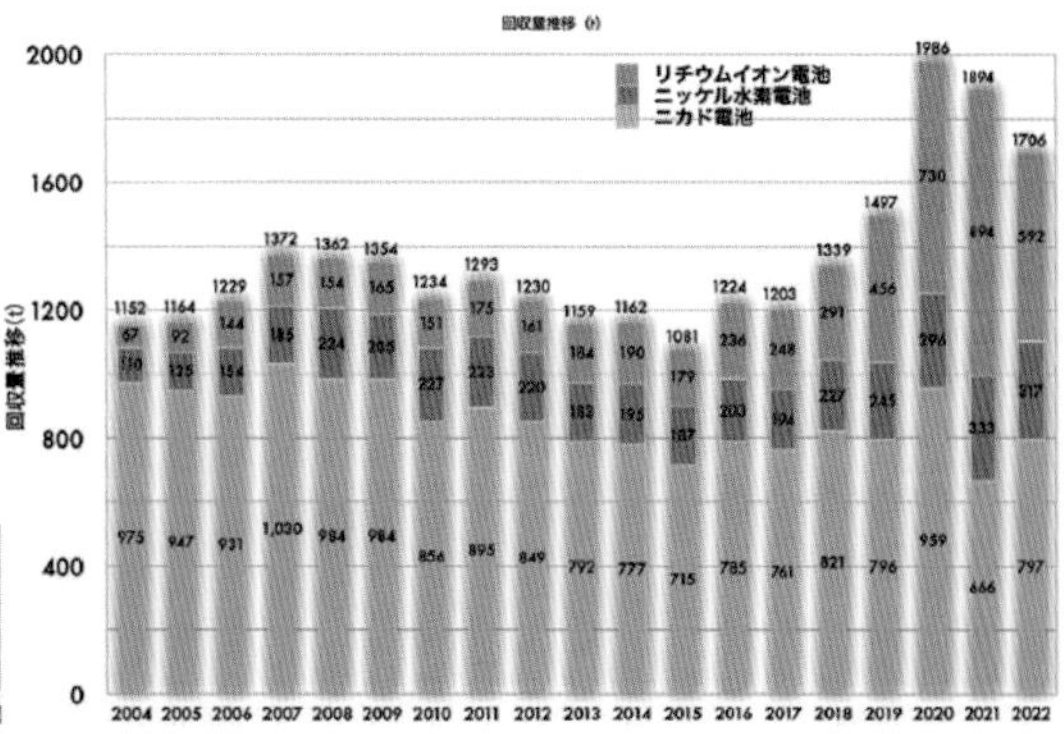

充電池を正しい手順で正しく回収すれば有効な資源に

地球環境保全や「SDGs」にも貢献

充電して使用する機器の小型充電式電池やスマホのモバイルバッテリーなどに付いている矢印が三角形に回っている「スリーアローマーク」は、回収・リサイクルが必要であることを示す記号。それぞれがリチウムイオン電池、ニカド電池、ニッケル水素電池と種類別に区分されており、これらに使われている貴重な金属資源は、リサイクルすることで再度製品として流通させることができる。2001年4月に施行された「資源有効利用促進法」に基づき設立された『一般社団法人JBRC』では、循環型社会を目指し、暮らしに根付いたリサイクルの一環として、小型充電式電池の回収ルートを構築。その運営や情報提供、さらに一般ユーザーやメーカー、自治体などに対する啓発活動などを行っている。その地道な活動を通し、地球環境の保全や「SDGs」実現可能な社会システムの一端を担う。なお、安全回収のためにユーザーには排出の際の絶縁処理、使い切り（放電品）を呼びかけている。

（ライター／今井淳二）

展示会への出展風景。

一般社団法人 JBRC
ジェービーアールシー
03-6403-5673
㊟ 東京都港区芝公園3-5-8 機械振興会館
https://www.jbrc.com/

産業廃棄物広域認定第39号取得
一般廃棄物広域認定平成30年第4号取得
小型充電式電池リサイクル
一般社団法人 JBRC

出前授業風景。

イタリアから直輸入 世田谷区のセレクトショップ

仕事もプライベートも 大人の女性のファッション

大人の女性のためのインポートセレクトショップ『FUTURO』は、イタリアから直接仕入れる婦人服・バッグ・アクセサリーなどファッションアイテムを取り扱っている。バイヤーが厳選する、他店にはない特別ラインナップがずらり。スタイリッシュ、カジュアル、コンテンポラリー、フェミニンなど、シーンに合わせて楽しめるイタリアンファッションに出会える。扱うブランドは、「wendy trendy」「WIYA」「VANNILA」などイタリアブランドだけでも10ブランド以上。ミラノを中心に毎月2回、新しい商品を仕入れているので、常に新鮮なアイテムに出会えるのも魅力。

その他、ヨーロッパや日本のブランドも数多く取り扱い、一人ひとりの「好き」が見つかる空間になっている。洗練されたセンスを持つスタッフがあなたのショッピングをサポート。上質素材とシルエットにこだわるミラネーゼ風ファッションで気分も一新。

（ライター／播磨杏）

FUTURO
フトゥーロ
経堂店 ✆ 03-6413-1526
✉ style46116@gmailcom
㊟ 東京都世田谷区経堂2-5-16 遠藤ビル1F
https://selectshop-futuro.tokyo/

経堂店

祖師谷店
✆ 03-6411-9598
㊟ 東京都世田谷区祖師谷1-35-6 グレイスゼルコバ102

きものを通じた「SDGs」活動 日本文化の技術や知恵を学び活用

『いち瑠』の思い きもの文化を残したい

きもの着方教室『いち瑠』は、「きものを自分で着ておでかけを楽しむ」をコンセプトに全国展開している、「一般財団法人日本和装協会」認定校のきもの着付け教室。

きもの文化は、着る人と作る人がいて成り立つもの。きものを楽しむ消費者がいれば、それを作る生産者やお直しをする技術者も存続することができる。その構造を支えるのが『いち瑠』の役割と考えている。

着たいけれど着られない人には着付け教室があり、家に眠るきものに困る人には、お直しやリメイクの相談を受け付けている。着る機会のない人には、一緒にお出かけできるようなイベントを用意。

「きものを知り、触れて、着て、出かけて、人の目に触れて、その魅力を多くの人に伝えていただくことが、私たちとみなさまが一緒にできるSDGsな取り組みの一つであると考えています」

（ライター／彩未）

きもの着方教室 **いち瑠**
いちる
03-6810-0517（本部）
ichiruinfo@ichikara.jp
㊟ 東京都千代田区丸の内3-1-1 国際ビル2F
https://ichiru.net/

こちらからも検索できます。

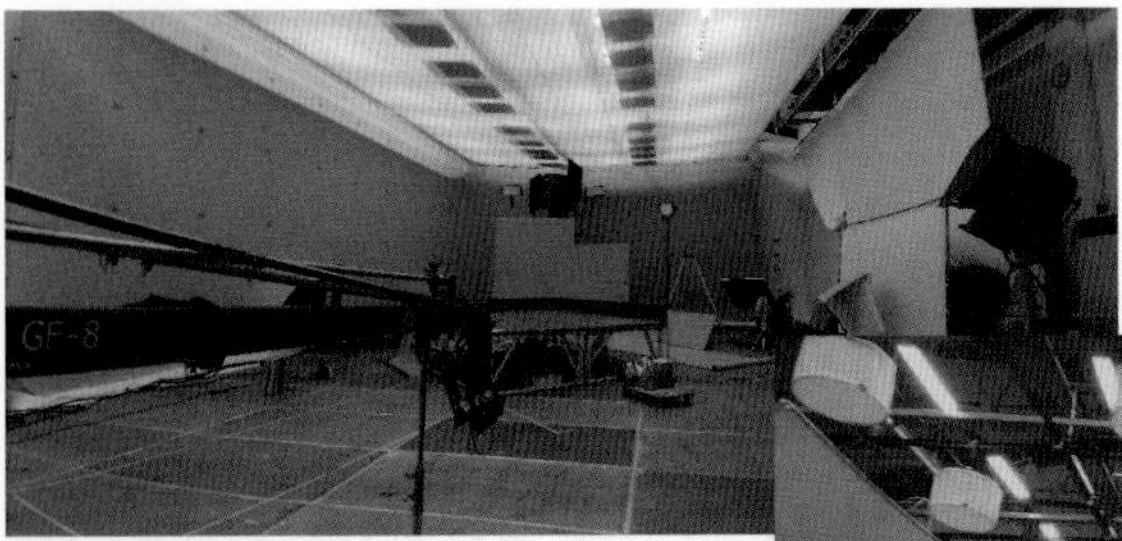

『クロマキー撮影』
広い面積を活かし、車の撮影や大規模な合成画像・映像など可能。

STUDIO WAREHOUSE

CM・PV・クロマキー撮影・WEB動画など撮影ニーズに対応

関西最大級のホリゾントスタジオ

『合同会社 STUDIO WAREHOUSE』は、関西最大級の撮影スタジオ。145坪の広々とした空間と高い天井であらゆる撮影ニーズに対応。天井高7・5m、幅32mという広さを活かし、クレーやドリーを使っての撮影や建て込みのセット撮影、同録撮影やイベント利用も可能。ムービーとグラフィックでの同時進行の撮影や複数チームでの撮影、カット数が多いCMやグラフィックも展開する広告撮影があってもスムーズに進行できる。照明用電源や昇降バトンなど吊元も豊富で様々な表現が可能だ。天井を覆う白幕に加え、床面壁面の塗装も可能であるなど全面クロマキーや黒背景などクオリティの高い撮影環境をつくることができる。控え室やキッチンルームも完備され、重量物も車両ごと搬入できるプロからアマチュアまであらゆるクリエイターたちが自由な発想で撮影に臨める理想的な撮影スタジオだ。

（ライター／長谷川望）

基本料金
全面145坪 31,900円（税込）/1時間
電気料金 1kw 165円（税込）
施設管理費 16,500円（税込）など
詳細はお問い合わせ下さい。

合同会社 スタジオウエアハウス

06-6684-4440
info@studio-warehouse.com
㊟ 大阪府大阪市住之江区北加賀屋5-4-43
https://studio-warehouse.com/

こちらからも
検索できます。

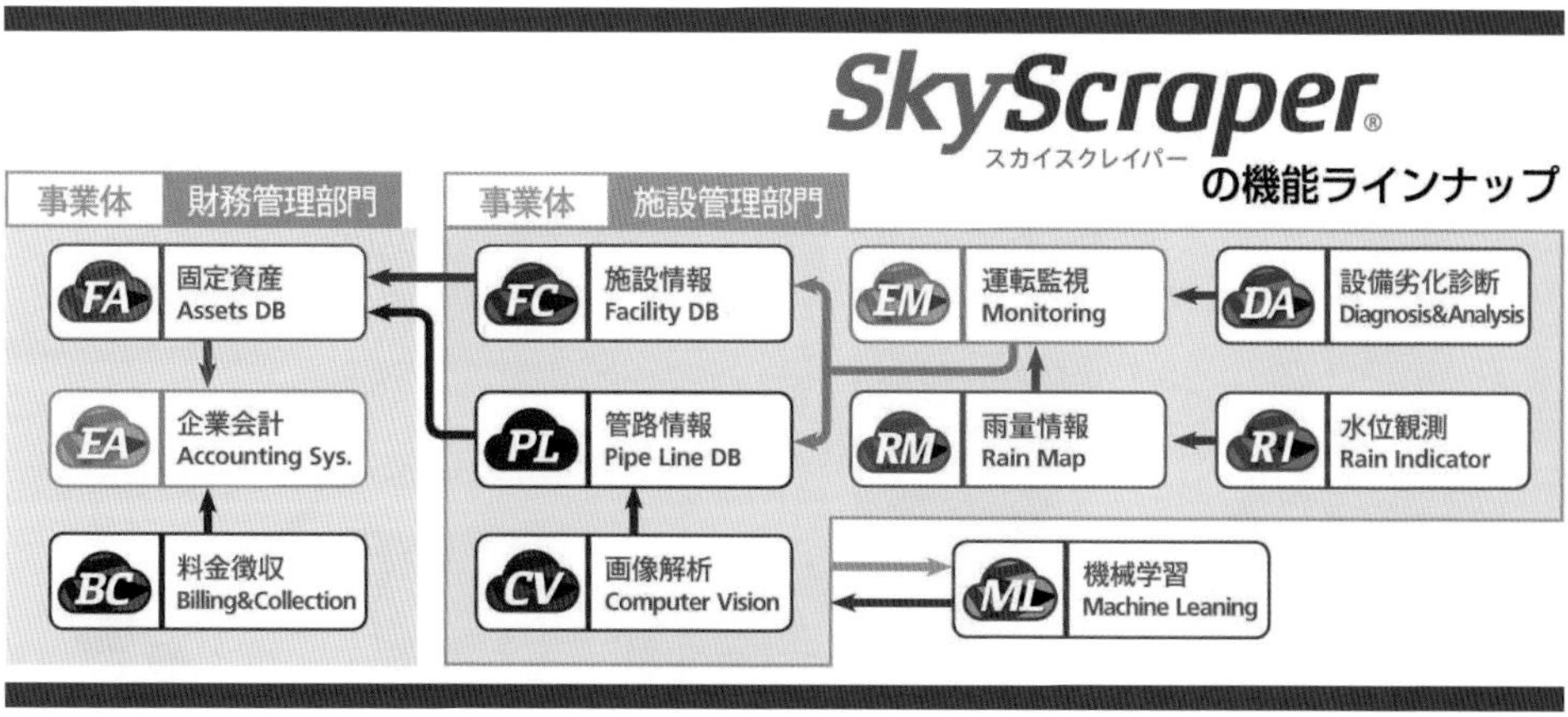

IoTで上下水道事業の運営を支援 工事から料金徴収まで幅広くカバー

管路施設の情報も管理 雨量や水位も即時収集

上下水道事業の運営管理の効率を飛躍的に高めるクラウドサービスがある。上下水道に関する国内屈指のコンサルティング会社『株式会社NJS』が開発したIoTプラットフォーム『SkyScraper®（スカイスクレイパー）』シリーズ。浄水場や下水処理場、ポンプ場などで稼動する設備の建設段階から維持管理段階における様々な情報を一元管理し、施設の適性、効率的な管理の実現を支援する。工事や運転などを支援する『SkyScraper FC』、管路施設の情報を地図上で管理する『SkyScraper PL』、設備の状態を遠方監視する『SkyScraper EM』、雨量や水位をリアルタイムに収集できる『SkyScraper RM』、料金徴収の課題を解決する『SkyScraper BC』、公営企業会計を円滑化する『SkyScraper EA』、固定資産管理を支援する『SkyScraperFA』など上下水道事業のライフサイクル全体をカバーする。

（ライター／斎藤紘）

管路等閉鎖空間調査点検用ドローン『AirSlider®』

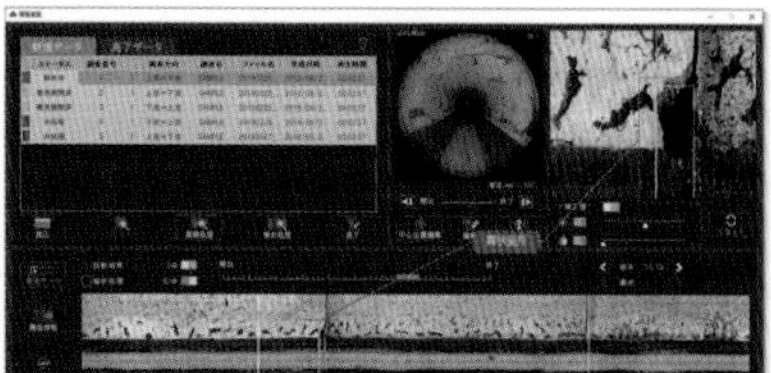
AIを用いた管路劣化診断の自動化。

株式会社 NJS
エヌジェーエス
03-6324-4355
㊟ 東京都港区芝浦1-1-1
https://www.njs.co.jp/

不安定なサッカーゴールをしっかり固定

痛ましい事故を二度と起こさないために

サッカーゴールが強風であおられて倒れ、その下敷きになった子どもが亡くなるというニュースを聞いたことはないだろうか。大きな鉄骨を組んだ姿に一見安定しているように見えるが、アンカーなどで地面に固定していないと、わずか19キロの引っ張り力で簡単に倒れてしまうというデータもある。

サッカーゴールの固定に、従来型の打設方式ではなく、スクリュー式でより地中にしっかり埋め込むことができる画期的なアンカーが、サッカー王国静岡県浜松市の『株式会社クリエイティブ・システム』が開発した『Gスクリュー』。Tレンチを使って子どもの力でも埋め込めるうえ、電動工具を使えばわずか6秒で埋め込み可能だ。使わない時は上部に樹脂キャップを被せてマーカーとして使用でき、また豊富なオプションパーツにより、テントやビニールハウスなど強風が心配な様々なケースでの固定にも対応する。

（ライター／今井淳二）

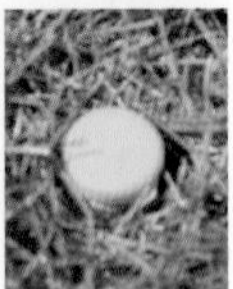

株式会社 クリエイティブ・システム

053-482-7100
info@creative-systems.co.jp
㊟ 静岡県浜松市北区東三方町445-5
https://www.creative-systems.co.jp/gscrew/

「未来の物販術ドア」

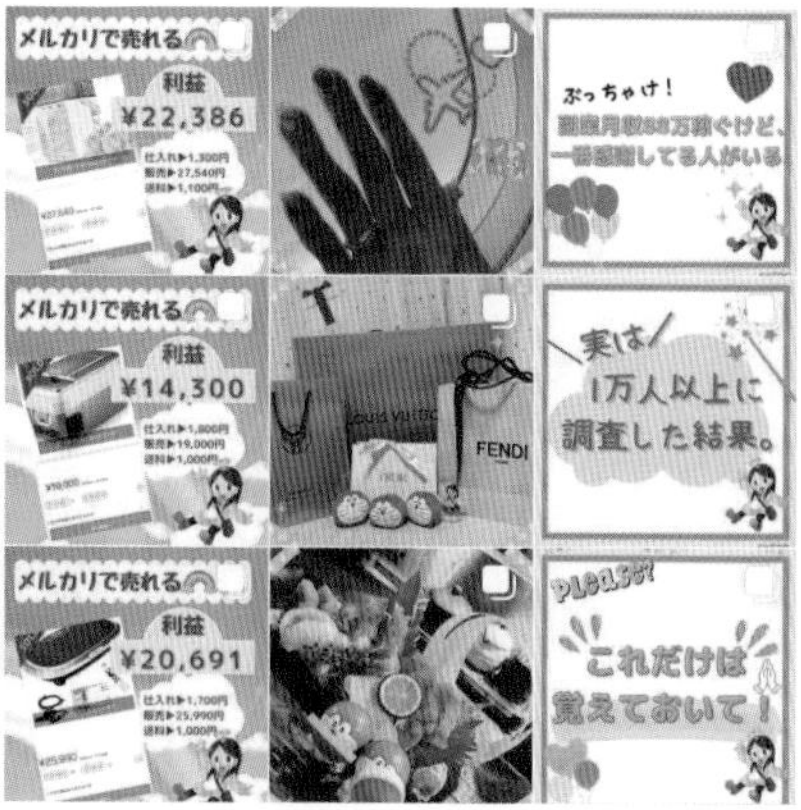

夢のマイペース出店。

副業で月収88万円も夢じゃない 22世紀の物販術を伝授

元OLの実体験が語る働き方を変える人生好転法

「毎日仕事に追われる日々。副業で楽しく稼げないだろうか」と思っている方は多いのではないだろうか。そんな方に紹介したいのが元銀行員OLのびこさんの『ミライ物販』。

会社員時代、努力しても給料が上がらないことに気づき、副業に目覚めたのびこさん。アフィリエイトは三日坊主で挫折したが、そこで知ったのが画期的な物販の方法。他の出品者との商品の差別化や在庫の置き場所など難点もあり、なかなか結果に繋がらず断念してしまう人も多い物販ビジネスだが、ある戦略と工夫で副業だけで月収88万円を達成したのだという。その後脱サラし、現在は『未来を切り開く22世紀の物販術』を伝授している。

実際の体験に基づいたアドバイスなので信頼性があり、分かりやすいと評判。のんびり屋でメガネっ子の「のびこ先生」の親しみやすいキャラクターも魅力だ。

（ライター／播磨杏）

のびこ ミライ物販
ミライぶっぱん
080-9416-5622
shibayuka346@gmail.com 住 東京都立川市
@nobiko.miraibuppan
@nobiko_mirai @8BIQTOs

LINE

代表 のびこさん

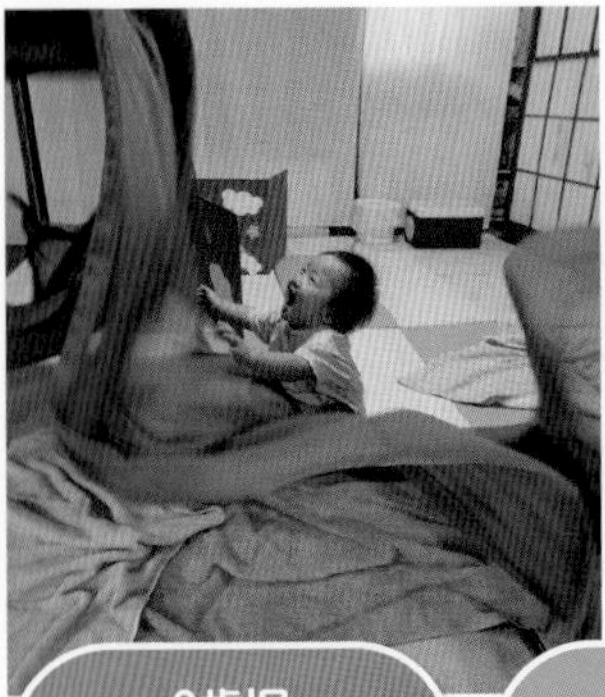

0歳児
エンジェルクラス

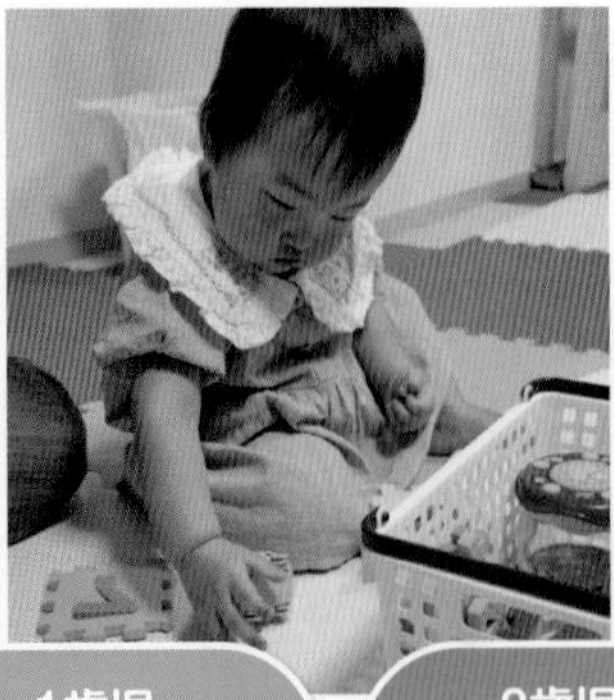

1歳児
ベビークラス

2歳児
トドラークラス

3～6歳児
プレクラス

主体的な遊びを通して意欲・粘り強さ・探求心を育てていく幼児教室

1クラス定員五名の愛情豊かな教室

東京・JR西荻窪駅から徒歩約4分の『にしおぎ幼児教室アクティブエンジェル』は、子どもの頃から生きる力を身につけていくことを目指し、お子様一人ひとりが夢中になれることを見つけていく。0、1歳は、火～土曜日10時30分～と、11時30日～の2クラスがあり、好きな曜日にいつでも通える。（※）クラスの前後には、親子サロンとしてお部屋を開放している。離乳食や授乳はもちろん、ママ、パパ同士のコミュニケーションの場としても使える。2歳児には知育を、3～5歳児には小学校入学の準備に必要な内容を取り入れている。定期的に小児科医のカウンセリングやベビーマッサージなど、専門家によるプログラムも実施する。「子どもたちの手を動かさせてくれる活動内容が多く、先生は見守っていてくれる。それを子どもたちが楽しんでいるのが良かった。また行きたいといつも言っている」「いろいろなことに触れることができ、製作や読み聞かせ、歌やピアノによるリトミック、そして英語も体験。毎回、楽しかったと教室でのことを話してくれる」などの体験者の方々の声が寄せられている。お教室での活動は自宅での遊びのヒントとなる。

※希望のコースを選択（週1、週2、週3、平日何度でも）

『0歳児 エンジェルクラス』 7,700円（税込）～/月
『1歳児 ベビークラス』 9,900円（税込）～/月
『2歳児 トドラークラス』 12,100円（税込）～/月
『3～6歳児 プレクラス』 13,200円（税込）～/月

にしおぎ幼児教室 アクティブエンジェル

03-5941-6552
㊟ 東京都杉並区西荻南2-20-1 松本ビル202
https://www.active-angels.jp/

年に数回、アウトドアでの活動を企画、実施。

遊びながら楽しく効率的に学習できるアプリ

たくさんの言葉を学んでことばはかせに！

小さな子どもが楽しく遊びながら、子ども・幼児に人気の様々なジャンルのことば（日本語・英語）を覚えられるのが、『株式会社AppReply』の幼児向けの知育アプリ『めざせ！ことばはかせ』だ。まず「おぼえよう」を楽しむ。絵と一緒に読み方をひらがなと英語で表記。音声でネイティブ発音を再生することも。いくつもの言葉を見ることで星を獲得。すると今度は「はかせに挑戦」することができ、結果に応じてご褒美カードやご褒美コインが貰える。カードをコレクションしたり、コインを使って簡単操作で遊べるミニゲームを楽しめたりと、繰り返し遊べることにより覚えたことばの定着が期待できる。対象年齢は、ことばを覚え始める2歳の幼児から英単語の勉強を始めたい園児、小学生と幅広い。期間設定して課金される有料アプリだが、まずはダウンロードして無料プランで試すことができる。

（ライター／今井淳二）

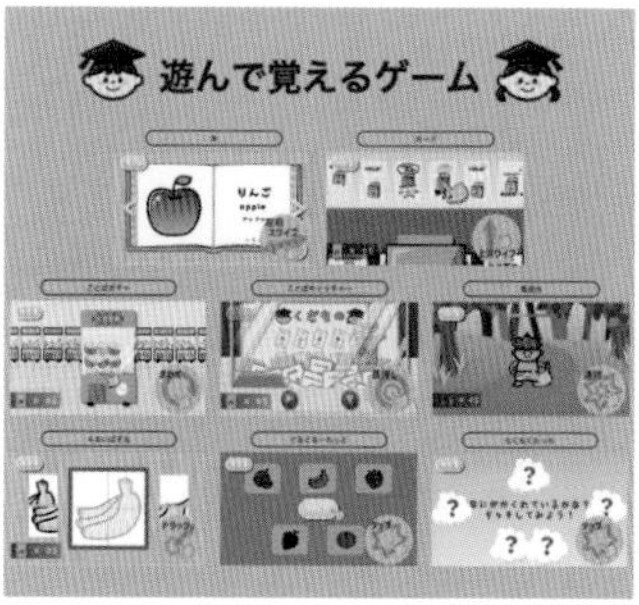

株式会社 AppReply
アップリプライ
042-816-2875
kotoba_hakase_support@appreply.co.jp
住 東京都町田市中町1-2-5 SHELL MIYAKO V 3F
https://appreply.co.jp/kotoba/

ダウンロードは
こちらから。

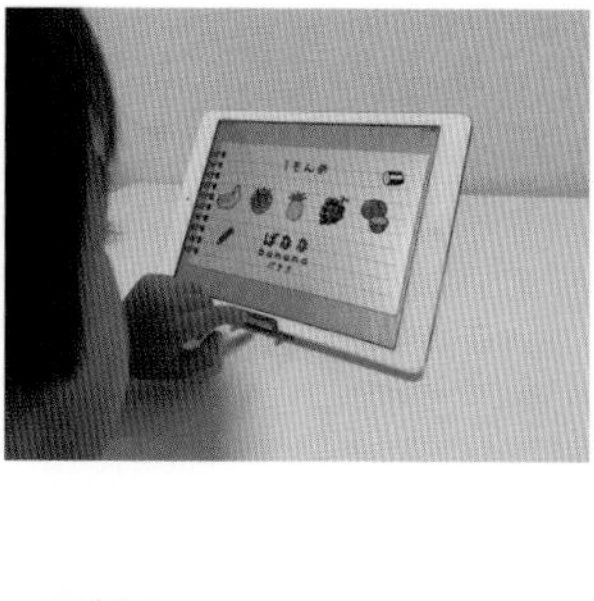

イチゴ栽培の大きな柱となる苗を安定・育成

イチゴ栽培に特化した専用培土

70年以上に渡り農業機械メーカーとして、様々なジャンルで付加価値の高い製品の開発から生産、販売までを一貫して手掛け、日本の農業発展に寄与してきた『みのる産業株式会社』。「株式会社クラレ」と共同開発した固化培土『エクセルソイル』は、特殊ポリエステル繊維で培土を固めた育苗資材で花や野菜の生産だけでなく壁面緑化や屋上緑化など幅広い分野にも応用されている。この『エクセルソイル』を使い、イチゴの育苗に特化した培土としたのが『イチゴエクセルキューブ』。親株から発生させたランナーを採取して育苗する「挿(さし)苗用」、種をまいて育てた４０６穴プラグ苗の２次育苗用に「セル苗用」を用意している。従来の作業で必要な培土原料の混合や消毒、土詰めなどが不要で作業が大幅に省力可能。ポリポットや鉢を使わないので全面からの気化熱により培地温度が下がるため花芽分化が早まる傾向がある。根巻きを起さないから定植後の活着も早く、底面からの吸水も安定し、炭疽病などのリスクが低減できる。培土製造時に１００℃の加熱を行い、培地由来の病害虫リスクも少ない。

（ライター／今井淳二）

育苗方法により挿し苗タイプとセル苗タイプの2種類から選べる。

みのる産業 株式会社
みのるさんぎょう
086-955-1123
住 岡山県赤磐市下市447
https://www.minoru-sangyo.co.jp/

こちらからも検索できます。

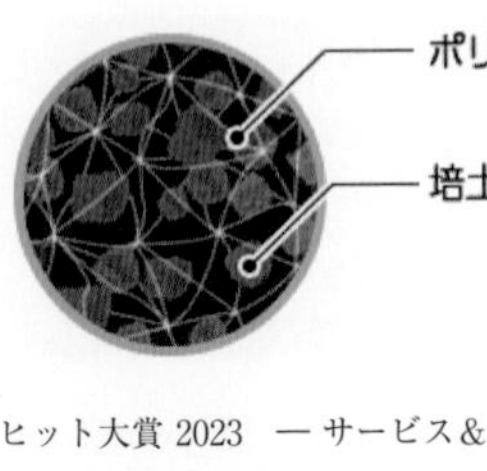

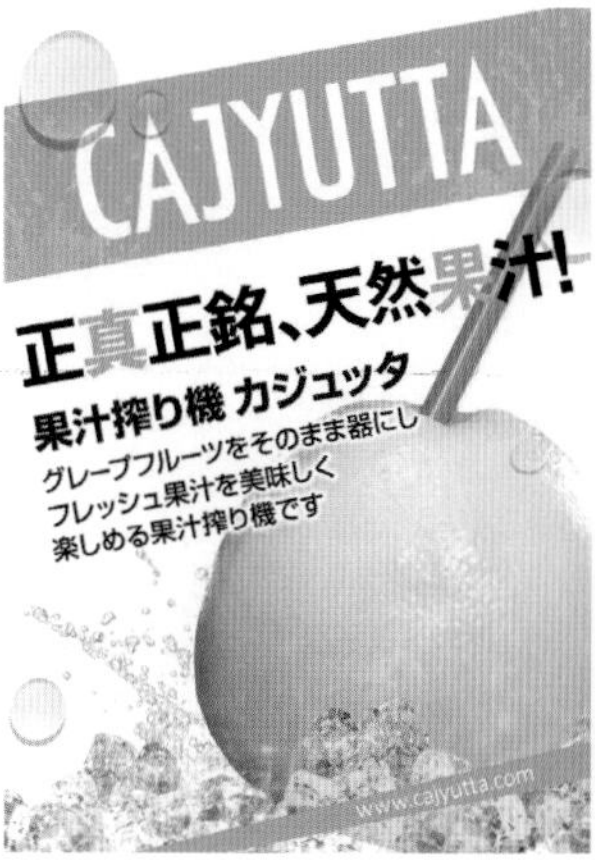

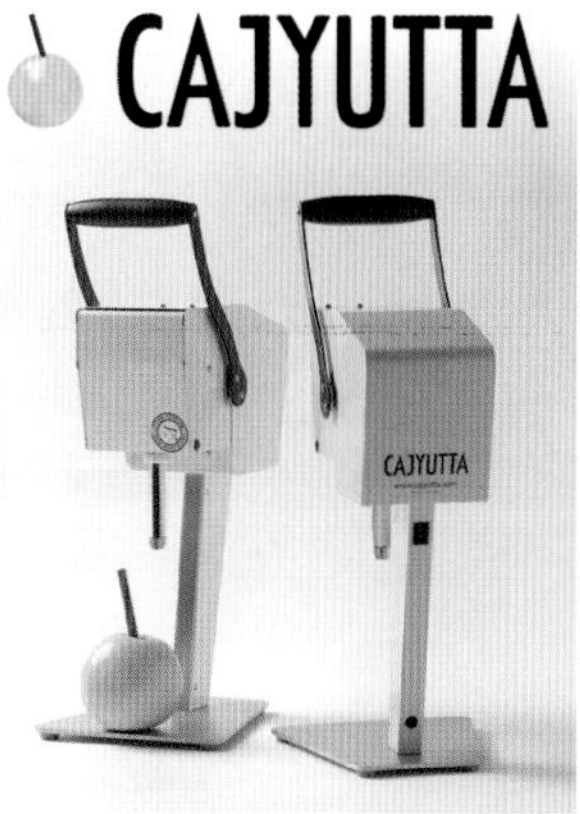

天然果汁を越えた圧倒的な果実感が味わえるジューサー

まるで果実を食べているようなジュース

ミキサーで潰したり、ジューサーで果汁を搾り出すのとはひと味もふた味も違うエンタメ要素も含んだ画期的なジューサーを販売する『株式会社カジュッタ』。果物の果皮を器としてそのまま残し、少し果肉の粒が残る100%天然果汁ジュースがたっぷりと出来上がる。果実の芯を抜き、その中に『カジュッタ』の刃物ユニットを差し入れ、本体のレバーを操作すると果実の中でチタン合金製の3枚の刃が楕円状に広がり回転。果肉を砕いて果汁にするという仕組みだ。そのままストローを差し込むだけで、インパクト抜群なフレッシュジュースが完成する。本来廃棄となる果皮を活かし、別途容器を使わないからエコな上、果汁生成の際空気に触れる面を極力減らすことで酸化も抑えられ、より果実本来の甘さも際立つ。その美味しさと楽しさから、お店やイベントなど様々なシーンで活用されている。

（ライター／今井淳二）

株式会社 カジュッタ

0266-78-6220
info@cajyutta.com
㊟ 長野県諏訪郡下諏訪町東高木9050-3F
https://cajyutta.com/

芯抜き器のレクチャー動画あり。

トレーナー兼トリマーならではの何でも相談できるペットサロン

様々な悩みを解決 まかせて安心のサロン

しつけやお手入れの仕方、お世話など愛犬のことなら何でも相談できるのが千葉県印西市のペットサロン『hana87』。犬の気持ちや行動、好不調などを知り尽くし、ドッグトレーナーの資格も持つオーナーが「愛犬のことで、困っている飼い主を助けてあげたい」「お手入れをしながらしつけの相談や話し相手になれる空間を作りたい」という思いからオープンさせた。トリミングはもちろん、しつけの相談、『いぬのほいくえん(デイケア)』、『いぬのようちえん(トレーニング)』、ドッグホテル(ケージフリー)、ドッグランなどサービスは多岐にわたる。他所で問題行動により断られたことのある犬や老犬を理由にお手入れをしてもらえないというような愛犬もトレーナー目線で上手に誘導しながらトリミングしてくれる。ペットレスキュー資格やアジアスキンケア資格など様々な資格も保有しており、安心して預けられる。（ライター／今井淳二）

専用予約サイトでご希望の時間が予約できる。

トリミングサロン・いぬのほいくえん hana87

ハナハナ

0476-37-6211

info@hana87.pet

住 千葉県印西市鹿黒南3-1-2

https://hana87.pet/

自由に見学もできるアットホームサロン!

心療カウンセリングにオラクルカードの組み合わせ

心療カウンセリングやコーチング、オラクルカード占い三つのハイブリッド型セッションを行う『まどかgrace』。経営者・起業家・著名人を含め、鑑定経験は1万5000人超えという実力者だ。オラクルカード占いの結果とカウンセリング、コーチングを通して、心の奥底に眠る望みを引き出す。そこから特殊な先読み能力で理想の未来へと導いてくれる。恋愛、人脈、仕事、財運など内容は様々。人生のファストパスを手に入れ、あなたのトリセツを受け取る。「1回のセッションで変わった！」という声多数。

（ライター／播磨杏）

『オンラインセッション』
30分 12,000円（税別）
60分 22,000円（税別）
『3ヵ月オーダーメイドコース』
60分×12回+メール鑑定24回
368,000円（税別）

まどかgrace
まどかグレイス
090-5519-0829
ma.cherie.grace@icloud.com
㊟ 東京都港区（オンラインセッション）
@madoka.grace　@m.grace

日本発祥の和のセラピーで理想の自分になる

自分と向き合う開花サロン『キラLABO美麗』のメニューである『勾玉セラピー』は、顕在意識・潜在意識・集合意識に働きかけ、無意識領域である、潜在意識や集合意識を30秒で使いこなす日本発祥の和のセラピーだという。使用されるのは、太古の時代から日本の三種の神器と伝えられている「勾玉・剣・鏡」。古(ルビ・いにしえ)を感じる神秘的なセラピーだ。ぜひ、意識と感情にダイレクトにアプローチする『勾玉セラピー』を受け、思った通りにしかならない自分の理想の現実を創造してみては。

（ライター／河村ももよ）

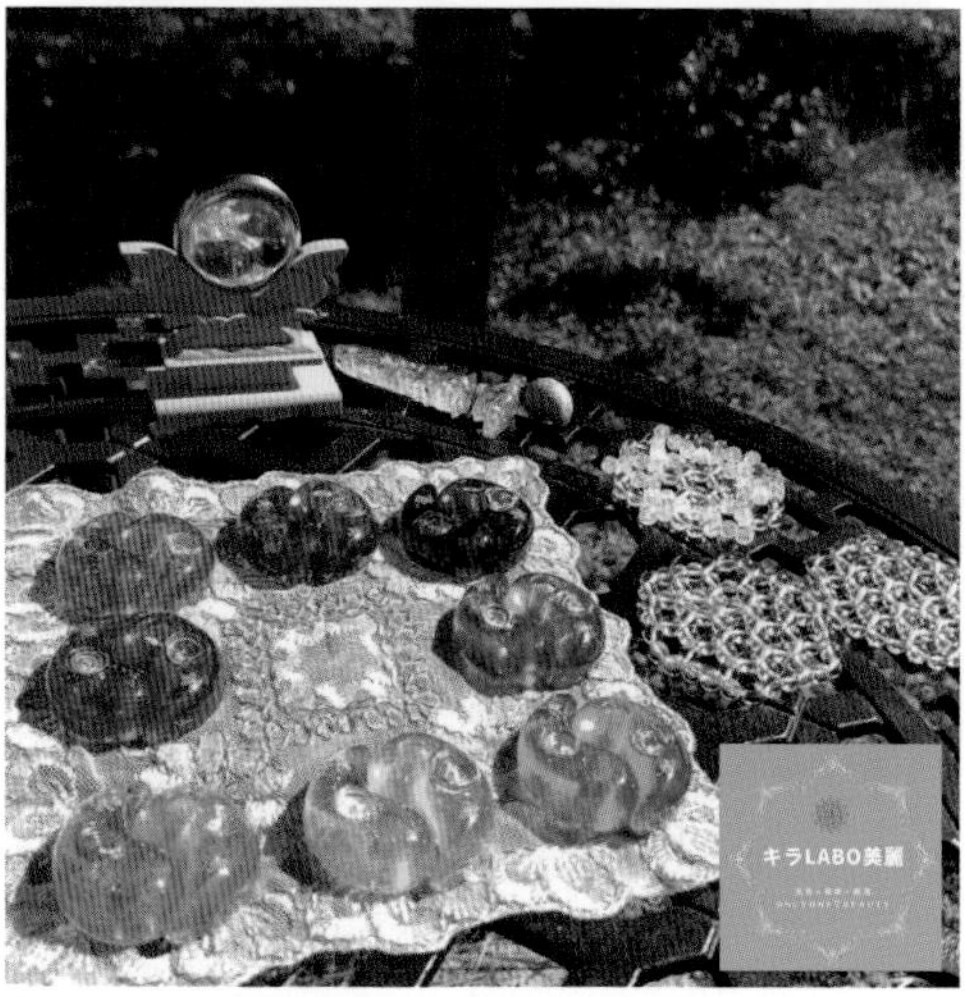

『勾玉セラピー』初回限定 40分 3,500円（税込）（オンライン可能）
2回目以降　30分 5,500円（税込）

キラLABO美麗
キララボみれい
070-9065-2948
kirarinn.2358@gmail.com
㊟ 栃木県芳賀郡益子町大沢2614
キラ LABO 美麗　検索　@mie_smile1002

必要のない修理をして金を騙し取るリフォームの悪質商法が横行する中、「ここなら安心」と信頼を集めているのが総合リフォーム会社『株式会社レクシード・ジャパン』だ。手がけるのは、住宅や店舗、集合住宅の内外装、屋根のリフォームや修理、塗装。有資格者が多数在籍し、修理依頼があれば動画で劣化個所を撮影、外壁は膜厚測定器を用いて塗装面を数値化し、エビデンスに基づいて説明。施主納得の上で最適な工法で施工するスタンスを貫く。こうした施工体制を築き、約40人のスタッフを牽引する代表取締役の川田大さんは、10年間大工職人として経験を積み、設備機器メーカーに転職、塗装部門の担当としてサラリーマン生活を送った経験を持つ。日々吸収する経済情報などを交えた営業トークは楽しく、施主の信頼感を増幅させる。

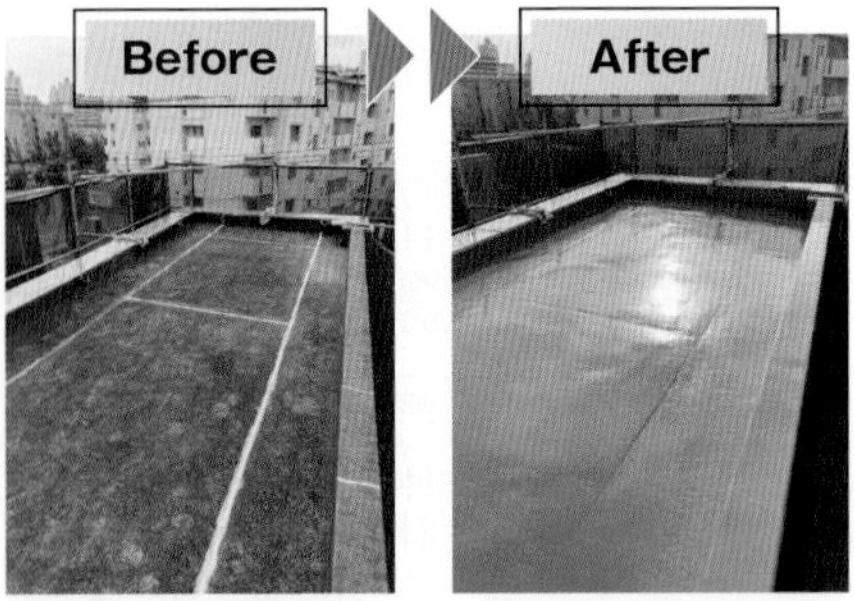

株式会社 **レクシード・ジャパン**

TEL■06-7505-4699

E-mail■rexeed_japan@yahoo.co.jp

大阪府大阪市東淀川区井高野2-9-5

https://yaneiroha.com/store/info/osaka/painting/gaihekitosou/

エビデンスに基づいて説明し 施主納得のもと最適工法で施工

信頼を集める総合リフォーム会社

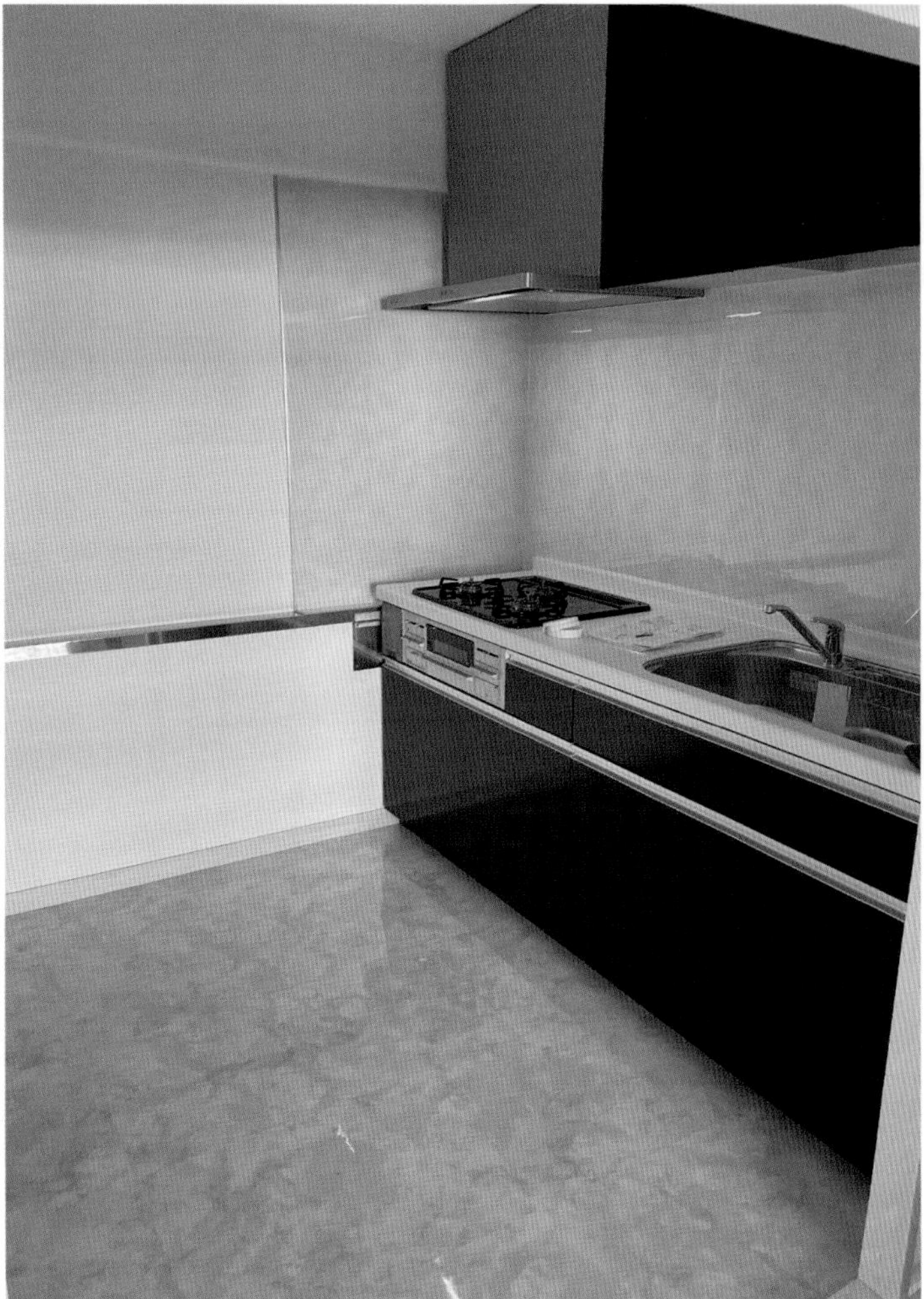

代表取締役
川田大 さん

高校卒業時に大工の先輩から誘われて大工職人になり、10年間、職人経験を積み、後に設備機器メーカーへ転職。そこで塗装部門の担当としてサラリーマン生活を送った後、2016年独立、『株式会社レクシード・ジャパン』を創業。

業界初のサブスク型顧問弁理士誕生

競合他社に対し、優位性を確立するうえで重要な独自の技術や商標、意匠などの知的財産権。その権利取得に関する困り事などの相談を月額4980円でできる知財業界初の『サブスク型顧問弁理士』が『弁理士法人公文社特許商標事務所』より誕生した。

所長・弁理士　庄司薫さん

サブスク型顧問弁理士

- 初期費用：不要
- 相談回数：無制限要
- 相出願費用軽減の特典あり
- 月々の定額制

初期費用は不要、契約中の相談回数は無制限、途中解約も可能で、契約期間6ヵ月以上の場合、1年に1回、特許出願にかかる基本料金から5万円を割り引くリーズナブルな料金設定だ。大手企業にあるような法務部や知的財産部がなく、一般的な手数料の相場から弁理士への相談は敷居が高いと感じ、二の足を踏んでいた中小企業には願ってもないサービスだ。

「中小企業のお役に立ちたい」との代表、庄司薫さんの真摯な思いが伝わる。

特許・商標・意匠でお悩みの方、
月額4,980円（税込）で
弁理士と顧問契約で問題解決！
特許権
地理的表示法
育成者権
商標権
意匠権
定額で
知財
に関する相談が
無制限
®
©
TM
SM
実用新案権
回路配置利用権
商号
不正競争の防止
著作権
弁理士法人
公文社特許商標事務所
TEL.050-3094-8513
茨城県水戸市大工町1-2-3 トモスみとビル4F
https://kobunsya-pat.jp/

目には見えない世界を視通す

Instagram

「運気の上げ方・浄化の仕方・運気の掴み方などを発信しています」フォロワー限定割引やキャンペーンなどあり。

@spiritual.briller

貴方の幸せを照らします

霊視鑑定やカウンセリング、ヒーリングをメインに、相談者の悩み解決をサポートして、幸せな方向へ進めるよう導いてくれると好評の『Briller』の友里嘉さん。鑑定歴は10年以上、大手占いサイトで鑑定歴6年の実績をもち、現在でも電話占いサイトで鑑定を続けている経験豊富な鑑定師だ。電話から伝わる声のエネルギーから目には、見えない世界にアクセスする霊視占い。物質や時間の制限がない霊的な世界を視ることで、相談者の現在だけでなく、過去や未来の姿を知ることができ、悩みに影響を与えている根本的な原因も探ることができるという。相談できる内容は、恋愛や対人関係、仕事関係、相手の気持ち、過去視や未来視、言葉の真意や本質、物事の流れと幅広い。少しでも気持ちが楽になるよう悩みの解決策やエネルギーの整え方、運気の動かし方、浄化など様々な角度からアドバイス。霊視を通して不安や悩みを抱える相談者が新たな一歩を踏み出せるようにお手伝いする。

友里嘉さん

犬の訓練士でもあり、鑑定士でもあるエナジーヒーラー。霊感・霊視・カウンセリングに加え、動物限定の『アニマルエナジーヒーリング』を行っている。『遠隔ヒーリング』も可能。

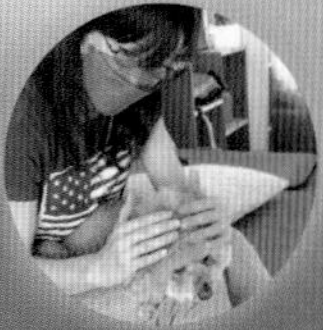

電話鑑定

『お試しコース』
20分／5,000円（税込）

『通常コース』
30分／7,500円（税込）

『じっくりコース』
60分／15,000円（税込）

『色々じっくりコース』
90分／22,000円（税込）

『エナジーヒーリング』

Briller

https://briller-s.com/

静岡県浜松市（詳細は予約時に）

沼津の街中に道祖神がある？

富士・箱根・伊豆に3000以上の道祖神がある

はじめまして。

私、「沼津の道祖神」の自称案内役である道神素絵（Moe MICHIKAMI）です。私は沼津の道祖神を卒論のテーマにしています。これまでに沼津の道祖神全158基を調査し終えて、これから卒論にまとめるところです。今年に入って、曽祖父母が待ち合わせ場所にしていた〝幻の道祖神〟を見つけることができました。他にもこれまで文献やネットで報告がなかった道祖神を見つけたり、行方不明になっていたものの移転場所を明らかにすることができたりしました。卒論が完成したら、皆さまに見ていただきたいので、応援をよろしくお願いいたします。

道神素絵 Moe Michikami さん

沼津生まれの沼津育ち。道神家の長女。歴史学を専攻する大学3年生。性格はツンデレかな。道神家には曽祖父母のロマンスの話が伝わっていますが、その舞台となった道祖神が再開発で行方不明となっていました。素絵は、その“幻の道祖神”を探し求め、沼津の道祖神の調査を開始、全158基の調査を終えたところです。伊豆石文化探究会の伊石豆花は、素絵のいとこ。素絵を描いてくれたのは絵師のMərü(メル)さん。

私が道祖神に興味を持ったのは、ある日近所を散歩していたら、道路の脇に道祖神を見つけたことがきっかけです。沼津の駅北の住宅地の中に道祖神があるとは、意外でした。道祖神を見て思い出されるのは、松尾芭蕉の『奥の細道』です。その冒頭には『・・・そゞろ神の物につきて心をくるはせ、道祖神のまねきにあひて、取もの手につかず。・・・』と記されています。現代の言葉にすると、「人の心を誘惑する神にとりつかれて心が落ち着かず、道祖神の旅へ行こうという招きにあって、何も手につかない」であり、芭蕉の旅への熱意が伝わってきます。松尾芭蕉は、『野ざらし紀行』と『笈の小文』で東海道を訪れています。

『道祖神』とは

村の境界や峠、道の分岐点など祀られて外来の疫病や悪霊を防いでくれる神様。子孫繁栄、縁結び、旅行安全の神としても信仰されている。起源は奈良時代や平安時代といわれ、その集落や地域を守る守り神として民間信仰によって広まった。決まった形がなく、石で作られたものが多いが形状は様々。像の種類もバラエティに富む。

鎌倉時代以前の沼津には、海沿いの東海道の他に、愛鷹山のふもとを通る根方街道の二つの東海道が通っていましたので、道祖神が存在することは古い歴史がある地区であることを現代に伝えています。

「道祖神って何?」と思う人が多いと思いますので、解説します。道祖神は、日本の民間信仰として伝わる道ばたの神であり、石像や石碑の形で祀られ、集落の境や村の中心、道の辻、三叉路などに置かれ、疫病が集落に入るのを防ぎ、集落の守り神、子孫繁栄、旅や交通安全の神として信仰されてきました。昔の人は、疫病が流行すると神仏に祈るしかなかったことでしょう。道祖神は、江戸時代に新田開発が盛んになるとともに増えていきました。

道祖神は子どもを守る役割があるため、道祖神のお祭りは、どの地域でも子どもが中心となってきました。形は僧形が基本ですが、地蔵・石祠・文字などの形の場合もあります。また、静岡県東部には単体・坐像・丸彫りの僧形の道祖神が多くみられ、これは伊豆型と呼ばれています。

今日、世界は再び疫病の災禍に襲われました。沼津駅北には疫病終息を祈願し、新たな道祖神が2基建立されました。さらに今年に入って、沼津市本田町の愛鷹神社（三神社）の社殿内に3基の伊豆型道祖神があることを新たに発見しました。これが私の探していた〝幻の道祖神〟です。

道祖神は、地域の人たちの生活を静かに見守り続けてきました。東海道五十三次の宿場町の一つであった沼津は沼津大空襲を受けて焼け野原となり、戦後、近代的な街並みに姿を変えましたが、そんな市街地の中にも道祖神が残されています。

道祖神といえば長野県安曇野市が、約400基の道祖神があることで有名です。静岡県東部には3000基を超える道祖神が今なおありますが、あまり知られていないのが実情です。地域の人々に大切に保存されている道祖神もありますが、開発で失われてしまった道祖神やいつしかその存在を忘れ去られて損耗が進んでいる道祖神もあります。私は、人々とともに地域の発展を見守ってきた道祖神を守り、後世に伝えていきたいと思っています。

道祖神を通じて、歴史ある沼津と伊豆の再発見をしてみたらいかがでしょうか。

沼津の道祖神

富士・箱根・伊豆の道祖神
3000基を超える『道祖神』の情報を収載

Facebook「沼津の道祖神」

TEL.055-926-8241　fwkk8987@nifty.com
静岡県沼津市本田町5-17 デンタルオフィスみなと内
Facebook 沼津の道祖神　検索

四柱推命による占いと特別料理
中小企業の人材コンサルティングも

合同会社 **翠輝**
080-7706-6072
llc.suiiki.konsaru@gmail.com（企業コンサル）
llc.suiiki.uranai@gmail.com（個人占い）
㊟ 和歌山県御坊市湯川町丸山38-6
https://kanbarasenroku.com/

代表社員 翠輝（すいき）さん
母親は身体が弱く、3歳から児童養護施設で生活。幼い頃から霊感が強く、困った時もあったが、先祖たちの力を借りて調整できるようにもなったといい、そんな時に『鳥海流四柱推命』に出会い、鑑定師、神原仙六として活躍。現在は『四柱推命』の講師としても活動。

紀伊水道に面し、対岸に四国・徳島を望む和歌山県御坊市に2023年9月、ユニークな和風喫茶『翡翠庵（ひすいあん）』がオープンした。占い、悩みの相談、人生相談が受けられるのに加え、太古の中国で生まれた占い、「四柱推命」の陰陽五行の考えに基づいて調理されるスペシャルメニューの料理を堪能することができる他に例のない喫茶店だ。

占いも相談も調理も一人でこなすのが、経営する『合同会社翠輝（すいき）』代表社員で、四柱推命の講師とフードコーディネーターの資格を持つ萃輝さん。開店直前まで四柱推命鑑定師、悩み相談カウンセラーとして大阪・大東市で「神原仙六相談所」を営み、これも類例のない四柱推命を利用した中小企業の人材コンサルティングなどを行ってきた異色の経営者だ。

「大阪で一般の人の悩みの相談や中小企業の人材育成などのコンサルティングを行ってきましたが、陰陽五行の考えに基づく料理も同時に提供できるような喫茶店を出したいと思うに至り、近畿圏で物件を探しました。その結果、見つかったのが御坊市の廃業が決まっていた住宅付きの寿司店。海まで10分という好立地で、新鮮な海の幸、山の幸が手に入る上に、車10台分の駐車場もあり、購入して20人ほどが座れる和風テイストのお店にリフォームしました」

その新鮮な海の幸、山の幸を利用したスペシャルメニューの根底にある萃輝さんのブログがある。四柱推命では、陰陽五行の考え方は木、火、土、金、水それぞれの五行は万物にあてはめることができる。

相関図

例えば、「1．木は肝臓と胆のう」「2．火は心臓と小腸」「3．土は脾臓と胃」「4．金は肺と大腸」「5．水は腎臓と膀胱」となり、それぞれの不調に良い食材を説明している。

これらのバランスを考え、陰陽五行の力を取り入れるためのレシピが「レインボー鍋」。大根、ニンジン、ニラ、青ネギ、きくらげ、ゴボウ、油揚げ、豚バラにだしと味噌と豆板醤を合わせた調味料スープが全体的に調子を整えたい時、オススメだ。

萃輝さんによると、四柱推命は古代の中国で陰陽五行説を元にして生まれた、人の命運を推し量る占いで、膨大な過去のデータを元に鑑定する方法が確立している統計学に基づく占いで、人生の真の目的などを科学的、客観的に知ることができることから「占いの帝王」とも呼ばれることがあるという。

陰陽五行と食材

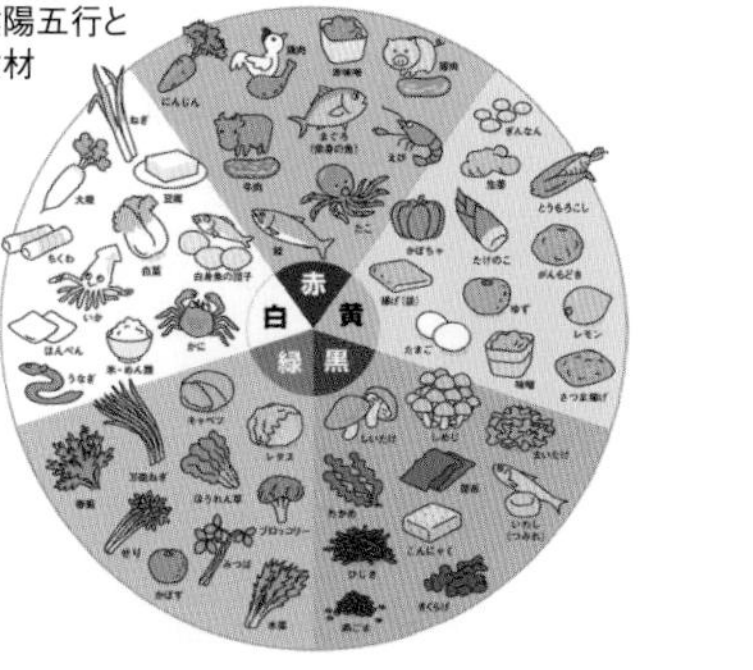

五行	身体の臓器	症状	食材	食材系統
木	肝臓・担のう	頭痛・便秘・情緒不安定	カボス・ほうれんそう など	酸っぱい食材・青い（緑）食材
火	心臓・小腸	情緒不安定	ゴーヤ・赤味噌 など	苦い食材・赤い食材
土	脾臓・胃	むくみ・リンパの滞留	かぼちゃ・コーン など	甘い食材・黄色い食材
金	肺・大腸	免疫低下	こんにゃく・豆腐 など	辛い食材・白い食材
水	腎臓・膀胱	排泄障害・生殖機能障害	醤油・黒ゴマ など	塩辛い食材・黒い食材

陰陽五行食材表

萃輝さんは、社会に出てから高級料理店や寿司店、沖縄料理店などで調理師として活躍したり、運送業や建築業で働いたり、介護士として活動したりしたが、「先祖が出雲大社の神官、曽祖父はキリスト教の宣教師だったという血筋からか、子どものころから霊感が強かった」といい、霊と交信できると仕事仲間や友だちの間で評判になり、相談を受けるようになったという。

この中で四柱推命の存在をWEBで偶然知り、さらに調べて出会ったのが鳥海（とりうみ）流四柱推命だ。

「四柱推命は年柱、月柱、日柱、時刻柱の四つの柱で占いますが、私が学んだ鳥海流四柱推命は人生を明るく楽しくすることに重点をおいた占いで、年柱、月柱、日柱の3つの柱で鑑定するのが特長です。年柱とは0～29歳の間で親や先祖、上司や社会との関係を表し、月柱は30～59歳の間で仕事や組織を表し、日柱とは60歳からとしてプライベートや性格、恋愛を表し、それらをもとにそれぞれの年代や性格などを含めて鑑定します」

萃輝さんは、鳥海流四柱推命の普及を図る一般社団法人日本占道協会で学び、講師名「翠輝」で講師資格を取得した。その実力を生かす場としてはじめは『神原仙六相談所』を開設し、近くなら対面で、遠方ならZoomやLINE電話などを使用した鑑定を行った。

『相談』
30分 5,000円（税込）
60分 10,000円（税込）
『四柱推命鑑定』
お試し15分 3,000円（税込）
30分 5,000円（税込）
60分 10,000円（税込）

「当初は、一般の方の悩みや人生についての相談に対応していました。鳥海流四柱推命を使用して、人生全般の運勢や年ごとの運勢を割り出したり、仕事運や結婚運、恋愛運など人に関係の深い運命やLGBTなど身近な人には少し話しづらい悩みの解決法などをお伝えしたりし、人生の道しるべの一つとして、お悩みの解消につなげていました」

相談に対応する日々が続いていたある日、知り合いの中小企業の社長から人材の課題について相談を受け、「ここでも四柱推命が利用できる」と始めたのが中小企業が抱える人材育成や配置の課題を解決に導く経営コンサルティングだ。そのコンセプトは明確で、手法は周到にして多角的だ。

「人材育成とは、企業にとって有利な方向へ人材を導き育成していくことです。新卒社員や中途社員として企業に入ってきた新しい人材の能力を最大限活かすために、企業ごとの仕事の進め方や考え方を学んでもらう過程のことです。その目的は、企業の経営資源である人をフル活用して企業全体の競争力を高め、利益を最大化させることにあります。特に現代の日本では人材が限られるため、どうやって育成していくかということは経営戦略の柱となってくる要素といえます。一部社員や幹部のみではなく、組織全体として取り組むべき課題として位置づけることができます」

人材育成の意義をこう指摘した上で、萃輝さんは具体的な対策を示す。

「まずは、企業にとっての理想の人材像を確立するところから逆算する形で始めます。社員にどのようなマインドを持って仕事に取り組んでもらいたいかや仕事に関する技能はどの程度求めているかなどを具体的にリストアップしていきます。その上で、必要な研修や教育機会を調整していきますが、研修会や教育の機会を用意したとしても、人材の適性を見極める必要はどうしても生じます。適性を正しく把握し、正しく調整することで、社員は自分の得意を社内で生かしていくことができるようになります。そのために提案するのが、四柱推命を活用した適性判断です。経営者の方から社員の生年月日などをお聞きし、四柱推命の陰陽五行説を応用、人材の運命という観点から、社員一人ひとりの個性を把握します。その上で、個性に見合った配置転換を提案します。人材配置の変更をすることで、新入社員を雇うことなく組織全体の能力分布を適正化、活性化することもできます」

こうした経営コンサルティングは、拠点が御坊市に変わってもオンラインや出張で全国対応が可能という。

もう一つ、萃輝さんは社会貢献度が高い活動にも力を入れている。子どもが発するSOSへの対応だ。育児放棄や家庭内暴力、虐待などに遭った子どもからの電話相談を24時間体制で受け入れ、確定要素がなく警察への通報が難しい場合でも、子どもを救助する全国のNPOに連絡したり、法テラスや知り合いの弁護士、司法書士などに相談したりして対応策を考えるボランティア活動だ。その一例。

「深夜にSOSの電話がありました。色々なサイトの中から当事務所を探したとのことでした。住んでいる地域は東京の方とのことでしたので対応が難しいとは感じました。SOSの内容は育児放棄の問題でした。母親はずっと働きに出ており、食事は学校での給食1食のみ、休みの日は1食だけ作ってあるとのことでした。父親はいるようなのですが、飲みに歩いていたりと家にいないようです。どのような対応ができるか考えましたが保護に向かうことは難しく、悩みました。匿名での連絡でしたので情報が無さすぎて児童相談所など専門機関への連絡も不可能でした。今回はご本人様に学校に来ているカウンセラーや保健室にいる先生に相談をすること、地域でもし子供食堂をやっているならそこに顔を出すこと。その際は私の名前と連絡先を伝えその時のお金は私が出すことをお伝えしました」

この活動の背景には、萃輝さんの子ども時代の辛い経験がある。徳島県の佐古で生まれ、2歳で岐阜に移住したが、実母が身体が弱く、3歳から児童養護施設で生活をするようになり、18歳で社会に出たものの、母とは音信不通になったという。その母とは不思議な縁の繋がりで2018年に再会することができ、今は一緒に暮らしているという。

「子どもからのSOSはとても勇気のいること。どんな時間でもできる限り対応しますので、連絡して下さい」

これが萃輝さんの不遇な子どもへの心からのメッセージだ。

翠輝

こちらからも
検索できます。

column

相談者の「自己実現」をサポートするカウンセラー

具体的な
行動を提案
大切なのは
実行すること

NGH(米国催眠士協会)認定ヒプノティストの資格証。

NORIKO ISHIBASHI
いしばしのりこ
TEL/080-4096-5858　E-mail/n.ishibashi58@gmail.com
東京都渋谷区神宮前2 INSIDE
https://noriko-stone.com/
Youtube　INSIDE ヒプノシス 音声ファイル　検索
こちらからも検索できます。

私はカウンセラーとして、仕事やお金、人間関係など、様々なご相談に対応しております。近年、ありのままの自分で生きることを目指し、色々と思い悩む方が増えておりますが、そのご協力をさせていただくこともあります。具体的に、心理学でいう「自己実現」……自分の内なる可能性を自ら開花させ、自分のあるべき姿／ありたい姿に近づいていくことを指す言葉なのですが、それを叶えるためにリードする役割を担うこともあります。ご相談いただく方は、実際に行動を起こしていない方が大半です。まだ自分の中で迷いがあり、足踏みをしている状態なのでしょう。そこで、お話を伺いながら、具体的にどのような行動をするのが良いかをご提案し、背中を押すようにしております。「自己実現」のためには、とにかくトライアンドエラー（試行錯誤）が大事です。もし、相談者の方がカウンセリング後に行動に移していない場合には、次回の予約は受け付けないようにしております。厳しいと感じるかもしれませんが、ただ「こうしたいああしたい」とお話しただけで満足されてしまっては、「自己実現」までには至らないからです。カウンセラーに相談をするほど理想の自分を思い描いているのであれば、机上の空論として終わらせてしまうのを避けるために、否が応でも行動に移すべきなのです。本気で「自己実現」したい方は、ぜひ一度ご相談ください。

主宰
石橋典子さん

学習院大学法学部政治学科卒。実業家の祖父からビジネスについてレクチャーを受け、大学卒業後は民間気象事業会社、クリエイティブ事業会社にてセールス・マーケティング・ブランディング業務に携わる。現在はカウンセラーとして、様々な業界のクライアントにメンタルヘルスの大切さを伝えている。

令和の
ベストヒット大賞
Best Hit in REIWA

時代が求める
プロフェッショナル

本物の知識や技術をもった専門家が
この厳しい時代には必要とされる。
様々な分野で活躍している優れた人々。

「一般社団法人やさしいあかりでつなぐ地方創生ネットワーク」に加盟

会長
菱沼博之 さん

祖父や父親が経営者で早くから独立心を抱く。自衛隊を除隊した21歳の時から父親の仕事を手伝いながら建設業のノウハウを磨き、24歳で独立。『ライフ建設』、『ライフ興産』、『ライフ開発』、『ニシオカリース』で構成する『ライフグループ』会長。

リスクマネージメントに光る経営理念 作業員の健康と安全を守る重層的対策

多種多様な事業に潜む危険性への自覚を重視

熱い陽射しが照り付ける中、扇風機付き作業着を着て、首にネッククーラーを巻いた作業員が黙々と掘削作業をする。近くには、トラックで運べるサイズでクールヒーターが備わるプレハブ式ユニットハウスが設置され、作業員は1時間に一度、中に入って冷と休みを取った後、作業に戻る。このサイクルが始めから終わりまで続く。

「人こそ会社の宝。健康と安全を守るのは雇用主の責務」

『株式会社ライフ建設』を中核に4事業会社で形成する栃木県真岡市の『ライフグループ』会長の菱沼博之さんが創業以来堅持している経営スタンスだ。作業現場での着衣から休憩のサイクルは、その一環として採用した夏の熱中症対策だった。車にはクーラーボックスを搭載し、作業員には1日千円の熱中症手当を支給する徹底ぶりだ。厚生労働省が2023年5月に公表した2022年の職場における熱中症による死傷災害の発生状況によれば、建設業で発生した休業4日以上の死傷者数は死亡者19人を含め836人にのぼるが、同グループでは熱中症による死傷災害はこれまで一度も起きていないという。グループを構成するのは、『ライフ建設』

株式会社 **ライフ建設**
ライフけんせつ

0285-81-7916
lifeconstruction@themis.ocn.ne.jp
㊟ 栃木県真岡市西田井1129-2
http://life-group-global.com/

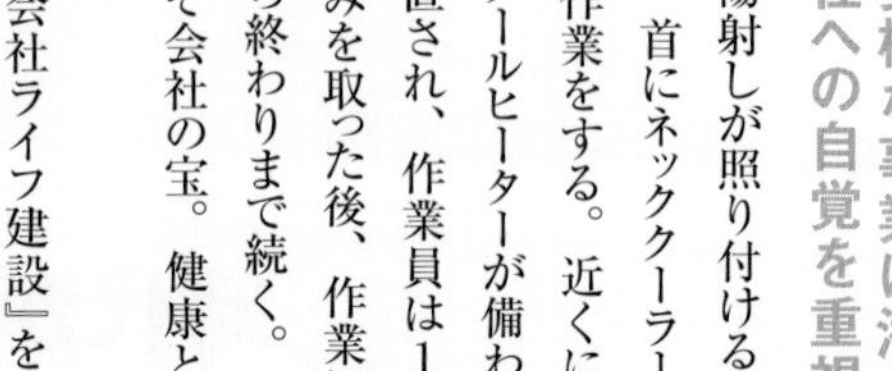

有限会社ライフ興産　(住) 栃木県芳賀郡益子町大字益子3312-1

株式会社ニシオカリース　(住) 栃木県真岡市西田井字東原1144-8

株式会社ライフ開発　(住) 栃木県真岡市西田井東原11-1

『ライフ興産』『ライフ開発』『ニシオカリース』の4社。『ライフ建設』は、専任技術者として1級土木管理施工技士の国家資格保有者など技術スタッフが約70人在籍する。また、重機138台、車両55台、重機を運ぶトレーラーなど大型運搬車9台、杭打機、破砕機、草刈機、水中ポンプ、発電機など保有している。グループで行う事業は、土木・建築工事、土木建築に関する測量及び設計、造成工事、解体工事、建設残土処理事業、太陽光・風力・水力発電トータルプランナー事業、産業廃棄物の運搬処理事業、土石採取、山林立木の伐採、建設資材の運搬、木材チップの製造販売、重機・車両リース、不動産の売買仲介、不動産の管理、自動車修理など職種のデパートといわれるほど多岐にわたる。

「業務の種類が多ければ、労働災害が起きるリスクが大きくなるのは当然。特に土木、建築工事、造成工事、解体工事、建設残土処理、太土石採取、山林立木の伐採などは危険と背中合わせといっていい業務です。だからこそ安全管理は妥協を許さず、徹底して行う必要があるのです」

　この言葉を裏付けるデータがある。厚労省が同じく5月に公表した2022年の労働災害発生状況だ。建設業の休業4日以上の死傷者数は死亡者

281人を含め14539人。その原因は墜落、転落、はさまれ、巻き込まれ、激突、崩壊、倒壊、飛来、落下、切れ、こすれなど様々だ。土木施工管理技士などの国家資格を含め施工管理、安全管理、労務管理などに関する16もの資格を持つ菱沼さんが採用した安全管理体制は労働安全衛生法の規定や厚労相が推奨する対策を絵に描いたように厳密だ。その象徴がリスクアセスメントだ。

「リスクアセスメントは、労働災害や事故が起こる可能性と災害や事故が発生した場合のケガの大きさが、どの作業のどの段階に潜んでいるかを洗い出し、評価し、その大きさに基づいてリスクを低減するための対策の優先度を決めた上で、リスクの除去又は低減の措置を検討し、その結果を記録する一連の手法のことです。当グループでは、工事を受注すると、安全管理の責任者で、厚労省の危険性又は有害性等の調査等に関する指針などに精通した土木施工管理技士などが工事現場の状況や作業の内容と手順、使う重機などの機器類などを精査し、適正な安全管理対策を講じます。工事はそれに沿って安全第一で進めていきます」

この対策の実効性を確保するための取り組みも重層的だ。毎朝、作業員を集めてミーティングを開き、当日の作業の流れや注意事項の周知、危険

菱沼会長と国子夫人、そして伏見宮殿下(右)。

予知活動などについて確認する。作業中は、安全管理者などが朝、昼、午後の3回現場を回る安全パトロールを実施、現場では作業員同士で声掛けや指差しによる安全確認を励行。その日の作業が終了して帰社した後も反省会を開き、作業手順などに問題がなかったか、改善すべき点があったかなどを話し合い、対策にフィードバックする。さらに月1回、管理職を集め、リスクアセスメントの評価に問題がなかったかなど工事全体の安全管理の適否を確認する。

「厚労省の労働災害原因要素の分析によりますと、労働災害の8割に人間の不安全な行動が含まれています。ヒューマンエラーといわれるものです。手抜きによって意図的に作業を省略したり意図して起こるヒューマンエラーは論外ですが、見落としやり忘れ、うっかりミスなど、本人や周囲が予測できない意図せず起こるヒューマンエラーは起こりうるとの前提に立って対策を講じなければなりません。ミーティングや反省会はヒューマンエラーは起こりうるということを作業員にしっかり自覚させるうえで重要と考えています」

同グループの事業は、いずれも社会貢献度の高いものだが、建設残土処理事業はその典型。建設工事間で流用が困難な建設発生土をグループが所有する6カ所の処理場で受け入れもので、建設残土の捨て場がなく困っている建設業者を救うだけでなく、公共工事の建設残土も受け入れ、インフラの構築を下支えしている。建設残土は捨てるだけでは、建設残土の盛り土が崩落し、死者・行方不明者27人を出した2021年7月の静岡県熱海市の土石流災害のような深刻な被害をもたらす危険もあり、処理場では安全管理対策の一環として、15tブルドーザーで残土を押し転圧して固め、崩落防止に万全を期す。菱沼さんはまた、従業員に様々な補償がついた複数の保険を掛け、万が一、労災が発生した場合に備えているが、通勤中の交通事故はあったものの、労災ゼロの状態が長く続いているという。

「社会のあらゆる活動にいえることですが、リスクに気づいたら小さいうちにきちんと対処することが大事です。放置すると大きな問題になって対処ができなくなり、時に人命に関わる重大な結果を招くことになるからです。そういう事例は後を絶ちません。当グループは多種多様な事業を展開しているので、リスクマネージメントは経営の最重要課題と位置付けて取り組んできました。これからも管理職から従業員まで自覚を持って安全管理に努め、社会に貢献していきたいと思っています」

（ライター／斎藤紘）

夜遅くまで夫婦で打ち合わせ。「手を抜かず、妥協しない」精神は、優れた職人に選ばれるほど。お客様に満足していただくため、日々努力を重ねていく。

代表取締役
宍戸信照 さん

神奈川県出身。『有限会社信和土建』を創建した父親の「仕事は見て覚えろ。ワザは盗むもの」という教えを胸に経験を積み、27歳のとき事業を継承。仲間の職人たちと協力し合い施工。基礎工事の配筋マイスター、転圧マイスター。

建物の耐震強度や安定性を左右する砕石敷き

千差万別な地面の状態を見極めて砕石を敷いていく

神奈川県相模原で長年にわたって基礎工事を手がけている『有限会社信和土建』。細部にまでこだわった正確で妥協のない施工に定評がある。年間を通して工事依頼が絶えない実力と実績を兼ね備えた建設会社として、地元の神奈川県相模原市では有名な存在だ。

基礎工事とは簡単にいえば、建物の形状に合わせて穴を掘り、そこに砂利を敷き詰めて下地を作り、その上に鉄筋を組んでコンクリートを流して形成して建物の土台を作る工事。工事が終われば見えなくなってしまうが、建物の重さや地震の揺れを地盤に伝え建物の一部分だけ沈んで傾いてしまう不同沈下を防いでくれる地盤と建物をつなぐ重要な役割を果たしている。この基礎工事がしっかりしていなければ、大きな事故につながる可能性もあるといい、まさに建物の基礎を担う極めて重要な工事だ。

第三者住宅検査機関のホームリサーチ社が卓越した技術を持つ職人を顕彰する制度では、最高位の三ツ星の転圧マイスターと配筋マイスターの称号を与えられ、全国工務店グランプリで「匠の盾」も受賞した実績を持つ。建物の安定性、耐

有限会社 **信和土建**
しんわどけん

✆ 042-763-4443
㊟ 神奈川県相模原市中央区田名7165-13

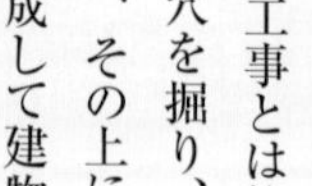

2020年、工務店グランプリ『匠』受賞。

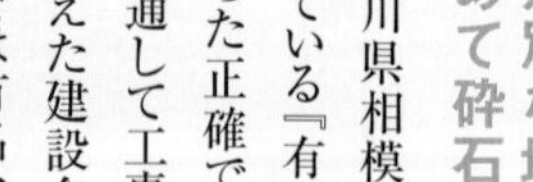

久性、耐震性に関わる土台造りが正しく行われているかといった基礎工事の理想形を日々追求し、工程一つひとつで発揮される正確さと完成度の高さは、文字通り「匠の技」だ。

今回は、代表の宍戸信照さんにコンクリート施工における重要な作業である砕石敷きについて伺った。

砕石敷きとは、より強固なコンクリートにするためにコンクリートを流し込む前に削った地面の上に砕石を敷く作業のこと。建物の耐震性や安定性に加えて排水性がよくなる効果もある。この砕石敷き作業は、一見単純なように見えるが実は奥が深く、専門知識と経験が求められるものだという。砕石とは、石材を粉砕して得られる素材のことで山の麓にある採石場で切り出された石を機械で細かく砕き、サイズに応じたふるいをかける加工工程を経てつくられる。ゴツゴツとした表面と角があるのが特長で、これにより均等な重さの分散や地盤の安定を可能にしている。続いて実際に砕石を敷く工程に入るのだがこの工程が重要な工程なのだという。

「砕石を敷く工程の重要性は、鉄道の線路を考えるのが分かりやすいです。建設現場以外で目に見える形で砕石が敷いてある場所といえば、やはり鉄道の線路。レールと枕木の下に敷き詰められています。レールと枕木だけだと、列車が通過する際の重さを均等に支えるのが難しく、ひどく揺れるようになってしまいます。レールにかかった重さを直接地面に吸収させるのではなく、砕石によって均等に分散させることで、より安定した列車の運行が可能になっているのです」

鉄道の線路の場合、何年かに一度砕石を交換する作業が行われるというが、建築現場においては一度砕石を敷き詰めたら、建物が上にある限り基本的に砕石を交換することは不可能。そのため、高いレベルの技術が要求されるという。

「まず、地面といっても状態は千差万別。地質や水はけの状態、地面の硬さ、つまり土の密度と言い換えても良いですが、こうした状況を見極めて、最適なサイズの砕石を選び、丹念に敷いていく必要があります。もちろん、一つずつではないですが、なるべく時間をかけずに、均等に砕石を敷くことができるようになるまでには、経験が必要です」

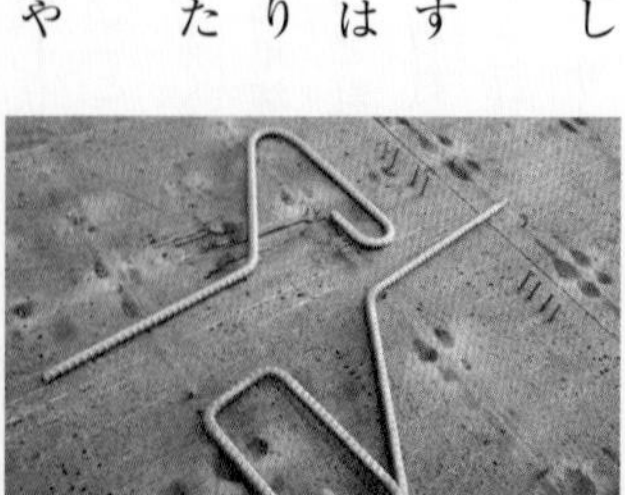
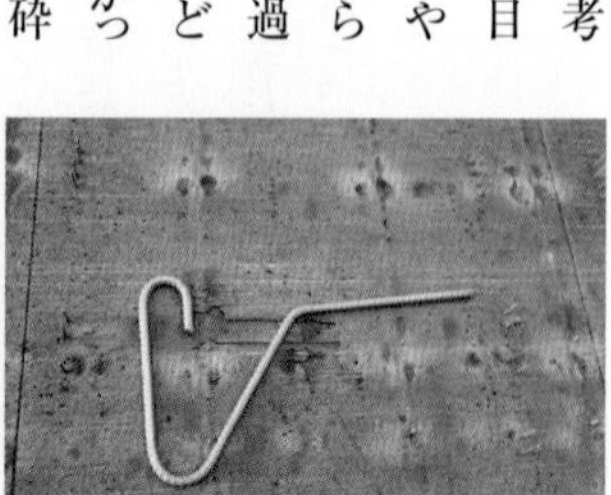

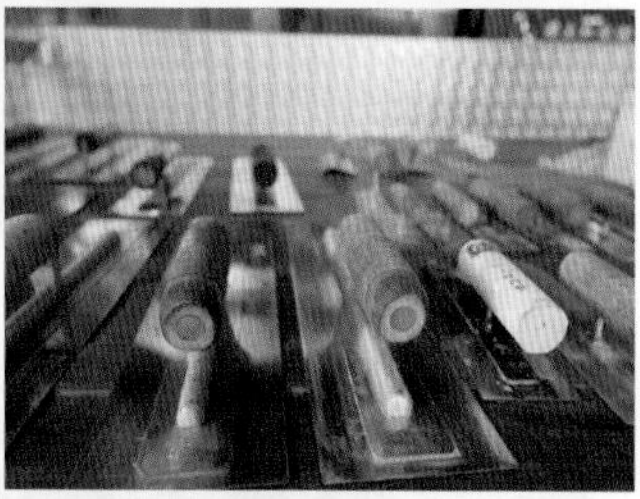

妥協を許さぬマイスターの工具。高い道具を使い、大事にしていく。安い道具も同じ大事にする。

「馬筋」

このような経験に裏打ちされた高度な技術により砕石敷きが行われ、地震や外部の力に対する耐性を高め、安全な建物を実現する役割を果たしている。コンクリートの施工といってもコンクリートを流し込む前の砕石敷きができあがった土台の耐震強度に密接に関係しており、この工程なしに安定した建物は存在しないといえる。この事実からも基礎工事には様々な工程が存在し、その一つひとつがどれも重要な役割を果たしていることが分かるだろう。

今回はコンクリート施工における砕石敷きについて紹介してきた。同社は、この砕石敷きはもちろん、基礎工事におけるどの工程においても高いクオリティで行える技術力が強み。そしてその技術力とどんな工事も気を抜かず丁寧にやり抜くという姿勢が多くの人から信頼を獲得する基礎工事へと繋がっている。

（ライター／長谷川望）

本社ビル（東京都新宿区歌舞伎町）

「恩送りの人生」新潮社刊

代表取締役会長
金嶋昭夫 さん

1984年『株式会社金嶋』設立。カラオケルーム「747」、イタリアンレストラン「金のイタリアン」、飲食店「創作料理 隠れ野」、テナントビル事業など展開。2019年、韓国の国立慶南科学技術大学校から名誉経営学博士の学位授与。

極貧から成功者への道に光る人生哲学 著書のタイトル通り社会に恩送りを実践

新宿で様々な事業展開 76歳で歌手デビュー

新潮社から2023年3月に出版され、読む人の心を揺さぶる本がある。『株式会社金嶋 金嶋観光グループ』代表取締役会長の金嶋昭夫さんの「恩送りの人生」。極貧家庭で育ち、バラック小屋で焼き鳥店を開いた後、事業を拡大していき、今や東京・新宿歌舞伎町を中心に16のビルを所有し、事業を展開する企業グループを形成、しかも76歳で演歌歌手としてデビューするという数奇な人生を振り返ったものだ。その人生哲学は、巻末に載せた永六輔の歌詞、「生きているということは誰かに借りをつくること 生きているということはその借りを返してゆくこと」に凝縮されている。

金嶋さんは、茨城県生まれの在日韓国人二世。父親は酒浸り、一人で働いて子ども6人を育てた母親が青酸カリで一家心中を図ろうとするほど苦しい家庭環境で育った。この苦境から事業家の道をのぼる起点になったのが、子どもたちが必死で心中を思い止まらせた翌日の朝の出来事。著書で「運命を変えた」と巻頭で記述した。

株式会社 **金嶋**《かねしま》 金嶋観光グループ

03-3209-2967
㊟ 東京都新宿区歌舞伎町2-13-4 第6金嶋ビル5F
http://www.jak747.co.jp/

「私は母に醤油を買ってきてとお使いを頼まれ、隣村まで買いに出ました。畑の中の一本道をいていると、道の真ん中に夜露に濡れて泥まみれになった数枚の千円札が落ちていたのです。今思えば警察に届けるべきでしたが、当時はただ夢中でした。お札を急いで鷲掴みにするとポケットの中にねじ込み、隣村へ急ぎました。家に戻り、母に拾った数枚の千円札を渡すと、驚いた顔をしたあとに、私を力いっぱい抱きしめてくれました。その時の母の顔は今でも覚えています。私はこの時に、強く思ったのです。もしあの時に死んでいたら、お札を拾うなんていう幸運には遭遇しなかった。きっとこれは『お前はしっかり生きなさい』と

この後、一家は東京・王子に引越し、高校生の時に父親が肝臓がんで他界、母親の仕事の関係で神奈川県相模原市に移り、ジュース工場で母親と共に働く中で、妻となる女性と出会い、相手方両親の交際反対を押し切って家を出てきた女性の決意を受け止めて結婚した。「よし、この人を将来、社長夫人と呼ばれる女性にするぞ」。後に実現するこのときの思いが人生を動かしていく。

金嶋さんは「商売をやる」と決意し、バラック小屋での焼き鳥店兼焼肉店を手始めに、バー、新宿に出て高級クラブ、パブコンパ、個室居酒屋、イタリアンレストランを次々に手がけ、池袋では国内初のカラオケルームを開設、さらにパチンコ店経営やテナントビル事業など業容を拡大しながら成長軌道を歩んできた。カラオケルームは先見性のあるビジネス感覚の象徴だ。

ある経済の講師の講演会で、「岡山でコンテナの中でカラオケをやっているお店があり、人気で繁盛している」という話を聞いた金嶋さんは、「これは商売になる」と直感、新宿や池袋の街中に大きなコンテナを持ってくることはできないと、池袋駅東口にあったパブコンパを改装して防音設備の整った部屋を10部屋ほど作り、カラオケルームという名称も考えてオープンしたところ、行列ができるほどの盛況。日本初のカラオケルームの誕生だった。32歳の時のことだ。

その後、46歳で韓国の中央大学校国際経営大学院で学んだりして歩んできた金嶋さんが76歳の時に異次元の幸運が訪れる。金嶋さんは子どもころから演歌が好きで、友人が茨城県で営む介護施設で渥美二郎が歌うのを聴いた後、施設内のカラオケルームで歌っている歌声をたまたま聴い

金のイタリアン 池袋

個室居酒屋
隠れ野渋谷

たプロダクションの社長にスカウトされ、日本コロムビアから「新宿しぐれ」という曲で演歌歌手としてCDデビューを果たしたのだ。

波乱万丈のこんな人生を振り返ったのが著書「恩送りの人生」だ。

「恩返しとは特定の方に恩を返すことですが、多くの方々、社会に恩を返していくことを恩送りというそうです。私はこの恩送りという言葉の響きをとても気に入っています」という金嶋さんの恩送りは半端ではない。

自分と同じような境遇で育つ子どもたちにできる支援はないかと考えて行ったのが1000万円で「金嶋昭夫基金」を作り、新宿の児童養護施設「あけの星学園」の子どもが卒園するときに新成人祝い金5万円を毎年約20人に贈るというものだ。同学園は義務教育終了後、様々な理由で家庭にいられなくなったりした15歳～20歳までの人たちが暮らす、日本で初めての自立援助ホームも併設した施設。

「お祝い金を贈ることにしたのは、両親の愛情を受けることができなかったとしても、決して社会は見捨てはしないんだと、そんなふうに考えてほしいと思ったからです」

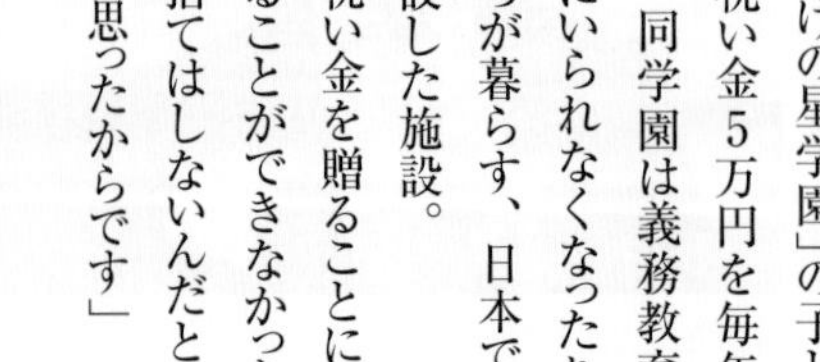

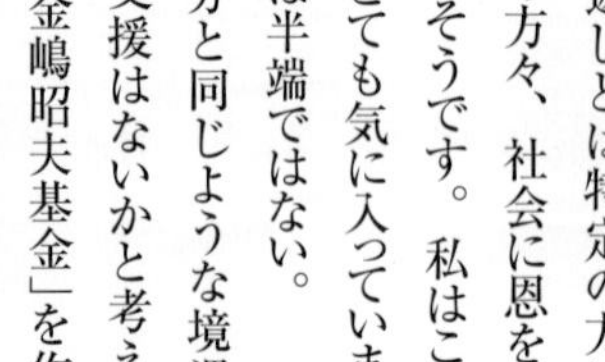

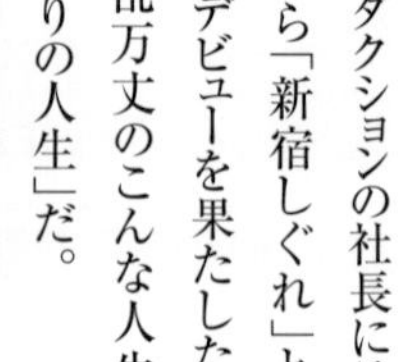

2011年の東日本大震災時には茨城県に現場視察に出向き、水戸市の自社のパチンコ店ばかりか街全体の被害を目の当たりし、震災から4日後に県に現金1000万円と大洗町に500ccのペットボトルを4800本を寄付した。

コロナ禍では、韓国の大学の友人を通して調達し、緊急事態宣言で経営するカラオケルームや飲食店が休業せざるを得なくなったことから不要になった従業員用のサージカルマスク4000枚を自身が会員でもある日本赤十字社に寄付した。さらに、医療現場の財政が厳しいことを知り、新宿区にある都立大久保病院に1000万円を寄付した。

恩送りは国内に止まらない。父の故郷、韓国・晋州市の国立慶南科学技術大学校の奨学金、図書拡充、教育施設、学術研究などの人材育成と大学発展のために基金として1億ウオンを寄付。また晋州市には台風で甚大な被害が出た時に義援金1000万円を寄贈するなど総額で1億5千万ウオンを寄付した。

「日本赤十字社」寄付(1000万円の寄付)

児童養護施設「あけの星」寄付(1000万円の寄付)

金嶋さんの人生哲学がわかる言葉が著書にある。

「私は、結果的にはすべてがコンプレックス。コンプレックスはマイナスに考えがちですが、それでは人生は終わってしまうのです。負けたくないという心の原資がないとあらゆるものが生まれません。幼少の頃の経験こそがコンプレックスで、今の私の心の支えであり、パワーになっています」

「私は後漢書・楊震列伝に出てくる『天知る地知る我知る人知る』という言葉が好きです。自分が正しいか、正しくないかは、天も地も知っているということ。自分自身が恥じる生き方をしない。誠実に生きることが私のいちばんの信念です。誠実であれば、人に対しての感謝の心や思いやりというものが生まれてきます」

金嶋さんは、こうした人生哲学を大事にしながら、新たな人生にチャレンジしていく決意だ。

(ライター/斎藤紘)

うんどう会（2020年10月開催）

理事長 兼 園長
山本良一 さん

関西学院大社会学部社会福祉・社会学コース卒。大阪市中央児童相談所で児童福祉司として活躍。1976年、「社会福祉法人弘法会」理事長、「大東わかば保育園」園長。大東市児童福祉審議会委員、花園大学非常勤講師などを歴任。

地域住民の理解を得る交流に努力し あそびを重視する積極的保育を実践

ふれあいの場を併設 理解を深めた情報発信

「子どもの成長や働く保護者を支援する保育園は医療や介護などと同じく社会の維持に必要なエッセンシャルワークですが、地域の住民の理解を得ながら運営することが大切と考えています」

1976年の開園から47年歴史を刻む幼保連携型認定こども園『大東わかば保育園』園長の山本良一さんの運営で光るのは、「積極的保育」という独自の保育理論で保育の質の向上に努めると同時に、地域住民と交流する機会を多くつくり、地域の子育ての拠点として理解を深めてもらう努力を重ねてきたことだ。園児の声を騒音として訴訟が提起されたり、保育園の開園が中止に追い込まれたりする時代にあって、あそびを重視する保育の下、園庭で元気に遊び回る子どもたちに地域住民の温かな眼差しが注がれる。

地域との交流の象徴がつどいの広場「みどり」を併設していることだ。保育園南側の木造2階建の一軒家を利用したもので、0歳～就学前の乳幼児と保護者が親子で楽しくふれあう場であり、新しい友達との出会いの場であり、育児の悩みを共有したりする場でもあるアットホームな施設で、大東市の公認子育て支援施設にもなっている。

社会福祉法人 弘法会 認定こども園 **大東わかば保育園**
だいとうわかばほいくえん

✆ 072-878-4121
㊟ 大阪府大東市北条1-21-36
http://www.eonet.ne.jp/~wakaba-hoikuen/

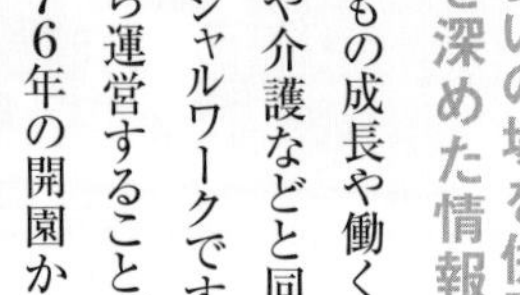

毎日午前10時から12時と午後1時から3時までの2回、無料で開放し、体操、手あそび、絵本、紙芝居などが楽しめるほか、誕生会やお母さんたちだけのおしゃべり広場「ママ's パーティー」、小麦粉粘土、七夕かざり、新聞あそび、水遊び(夏季)、クリスマス会、公園あそび、園庭あそびなどの催しもある。

園内では、就学前の子どもとその保護者が自由に参加できる「おたのしみ劇場」も開催している。保育士などが演じる影絵や人形劇などが楽しめ、室内や園庭で遊ぶことも可能だ。月に1～2回程度、園庭を開放し、子どもたちは遊具で遊ぶことができる。

年中行事の夏まつりも大事な交流の機会だ。

「夏まつりは開園2年目から始まり、第1回から園と父母の会との共催というかたちで7月の第一土曜日か第二土曜日の夕方から8時までの時間帯で行ってきました。園の子どもたちが踊ったりするもので、地域の人も自由に参加できます。当日は、園庭の中央に紅白の幕とちょうちんをつるした小さなやぐらを設け、模擬店も出ます。子どもたちは約2週間前からアンパンマン音頭などの踊りの練習をします。そして保護者も炭坑節や東京音頭店河内音頭などの踊りを先生たち

から教わります。模擬店ではくじ引き、フランクフルト、ミックスジュース、コーヒー、ヨーヨー、マフィンなどの手作りのお菓子を販売し、大盛況です。子どもも大人もほとんどが浴衣での参加であり、卒園児やその保護者、地域の人も多数参加され、子どもたちと大人が交流する地域にとってはなくてはならない夏の催しになっています」

山本さんが、こうした取り組みの積み重ねで、保育園に対する地域住民の理解を深めてきたのは、「現実的な諸問題にとらわれずに、子どもの力を信じて伸ばしていくことを第一に考え、安心、信頼、感動を重視して保育に取り組むこと」と定義される積極的保育であそびを重視しているからだ。その理由には二つの視点がある。その一つが社会的視点だ。

「少子化、核家族化、働く母親の増加、テレビゲームの普及、遊び場の不足など子どもを取り巻く環境は大きく変わり、子どもだけで自由に遊ぶことが少なくなってしまったうえに、子どもが巻き込まれる事故や事件もあり、子どもだけで家の外で遊ばせることに社会全体が消極的になっています。こうした傾向は、子どもの成長にいいはずはなく、子どもたちが気持ちの向くままに遊ぶ時間を持つことは大切だと考えています」

親子遠足

作品展

その象徴が「自由遊び」の時間だ。木製遊具、砂場、うんてい、アルプスが配置された約350㎡の園庭で、年齢ごとにクラス分けした保育とは別に、午前8時半~9時半、午後4時前~4時半の2回、1歳児から5歳児までが一緒に遊ぶ。昼食後も1~2歳児、3~5歳児の順に園庭で遊び回る。

ここには、あそびが子どもの成長に及ぼす効果という視点がある。

「年齢の壁を越えて自由に入り乱れて遊ぶと、自然に友達との遊び方を学んだり、危険を察知して避ける力を身に付けたりして、自分を伸ばすことに意欲的な子どもが育っていくのがわかります。何気ない遊びが学びに進化していくのです。自由遊び時間の間、園長や保育士、職員は子どもたちの中で、なるべく干渉しない姿勢で見守るようにしています。1歳児、2歳児が給食後に園庭に出て遊ぶ保育園は公立、民間ともほとんどないと認識しています」

園庭で園児が声を発しながら元気に遊び回る

さつまいもほり

クリスマス会

日々だが、近隣住民は温かく見守り、苦情が来たことはないという。保育園運営方針が理解されていることが伝わるが、山本さんの情報発信の努力も大きい。その手段の象徴が父母の会だよりだ。コロナ禍での発出もその一例。

「緊急事態宣言によって行事を取り止めた保育園も少なくないと聞いていますが、感染症対策に重心をかけすぎると保育がおろそかになってしまいます。子どもにとって今の時間がすべてであり、子どもたちの人生をしっかり考えなければならないと思うのです。当園では、行事を二日に分けて密を避けながら行うなど工夫を重ねて行いました。父母の会だよりでそんな気持ちと決意をお伝えし、たくさんの人にお届けしました。保育園の近隣の人や卒園児の保護者の方には直接手渡しました。また、他の保育園の園長先生や保育士の人には、自らの園の保育をふりかえるとともに、コロナ後の保育を考えるときの参考にしてもらいたいとの思いを込めました」

父母の会だよりに掲載した文章は、現在日本社会の社会福祉の代表的な大学の教授から高い評価を受けたという。

定員60人で開園して以来、独自の運営方針を貫いて歩み続け、定員が105人まだ拡大し、地域の保育拠点となっている『大東わかば保育園』。地域に根差し、住民の理解を得ながら、あそびを重視する「積極的保育」を実践してきた足跡とその具体的な取り組みは、「保育に、哲学を! 一人ひとりの子どもを深く見つめる、真の保育とは?」「明るい保育は未来を明るくする『積極的保育』のススメ」など、山本さんの5冊の著書で詳しく知ることができる。

（ライター／斎藤紘）

最新刊
「保育に、哲学を! 一人ひとりの子どもを深く見つめる、真の保育とは?」幻冬舎刊

絶賛発売中!!

これまでに数々の本を出版。

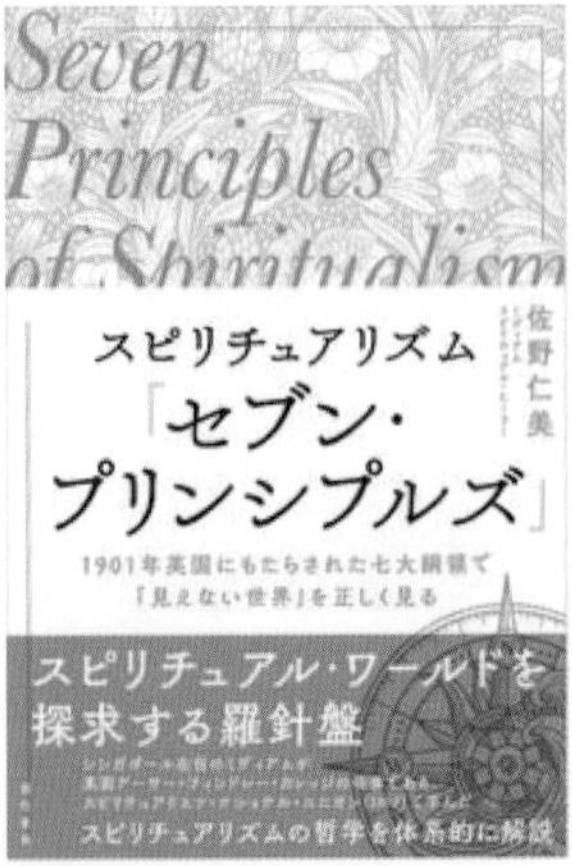

初の著書　2023年5月発売
『スピリチュアリズム「セブン・プリンシプルズ」』は、スピリチュアリズムの概説書。

まるでホグワーツのような「英国 The Arthur Findlay College」

主宰
佐野仁美 さん

日系、米英系大手金融機関に25年勤務後、独立。母方から霊媒体質を受け継ぎ、霊感、霊視、霊聴、霊臭を駆使したセッションを行う。レイキ・ヒーリングや数秘術、タロットカードなども学んできた。「英国SNU」認定スピリチュアルヒーラー。

スピリチュアリズムの羅針盤的本出版
魂を癒すカウンセリングやヒーリング

英国仕込みの実力投影
霊界や魂、地上人生のあり方を理解

「人間の魂は死後も存続する」

こう指摘し、その魂と現世の人間が交信できるとする哲学をスピリチュアリズムという。邦訳で心霊主義ともいわれるこの哲学を体系的に解説した本が2023年5月出版された。『La Vita Counselling & Spiritual Care』代表の佐野仁美さんの「スピリチュアリズム『セブン・プリンシプルズ』1901年英国にもたらされた七大綱領で『見えない世界』を正しく見る」。見えないスピリチュアル(霊的)なものの世界を探訪するための羅針盤ともなる本だ。

世界随一のスピリチュアリズムの学びの園、英国「アーサー・フィンドレー・カレッジ(AFC)」の母体で1901年に設立された「スピリチュアリスツ・ナショナル・ユニオン(SNU)」が掲げたスピリチュアル・ワールドの世界基準ともいえるスピリチュアリズム七大綱領の解説を通してスピリチュアリズムの理解が深まる構成。

スピリチュアリズム7大綱領は日本語では、①神は全人類の父である ②人類はみな兄弟(同胞)である ③霊界と地上界との間に霊的な交わりがあり、人類は天使の支配を受ける ④人間の魂は死

La Vita Counselling & Spiritual Care
ラ ヴィータ カウンセリング アンド スピリチュアル ケア

+65-8113-5731（シンガポール）
lavitasingapore@gmail.com
http://lavitasingapore.com/
YouTube　https://www.youtube.com/c/MediumChannel
@lavitaspiritualist

Zoomでセッション中に猫のピー太(Vita)が寄ってくる。(猫の名前が会社名に)

2019年冬の「AFC」のコースで先生と集合写真。

認定「ヒーリング・ミディアム」証書。

「AFC」のシンボルツリー

2023年AFCで購入したスピリチュアル関連の本。

後も存続する ⑤人間は自分の行為に自分で責任を取らねばならない ⑥地上で行なったことは、善悪それぞれに報いがある ⑦いかなる魂も永遠に進化する道が与えられている、と訳される。

　著書は、その7大綱領を体系的に解説し、「宇宙は何のために創られたか」「私たち人間という存在」「私たちの魂の行く末」「スピリチュアルな能力と呼ばれるもの」「健康に生きるために」など11章から成る。

　AFCで霊界と交信するミディアムシップやサイキック（霊能力）なども学び、カウンセラー、ミディアム（霊媒師）、サイコセラピスト（精神療法士）などの称号を与えられた佐野さんはこう述懐する。

「この本は、スピリチュアリズム講座のテキストを再構成し、口頭で解説していたものを全部落とし込み、怪しげに思われるスピリチュアル的なものを全部スッキリ解説する努力をしました。『魂は死後も存続する』。これが何を意味するのか、私たちが今を生きる意味は何か、その側面も掘り下げました。きっと知りたかったことが知れる一冊になったと思っています」

ここでいうスピリチュアリズム講座とは、『スピリチュアリズム入門　魂のフィロソフィー講座』のことだ。

「私たちはどうしてこの世に生まれ、この世で何をし、死後はどうなるのか。高次元の宇宙の話から私たちの健康、生き方までを、スピリチュアリズムの観点から解説します。また、『スピリチュアル・ヒーリング　理論と実践講座』は、一番シンプルだけど難しいスピリチュアル・ヒーリングや霊界のヒーリング・エネルギーで身体・心・魂を癒す仕組みをわかりやすく説明します」

コロナ禍の中、2020年5月からは、オンライン講座「スピリチュアリズム入門～魂のフィロソフィー」を始めた。スピリットの世界、宇宙の全体像を知り、英国スピリチュアリズムの哲学に触れ、魂の旅路を考える講座だ。日本各地のみならず欧米・アジア・オーストラリア在住の方々も参加している。

「スピリチュアルに生きるとは、自分の魂に添った生き方をするということを意味します。目に見えない何かと繋がることを第一義的目的とはしていません。スピリチュアリズムとは、そういうもの。このフィロソフィーに触れることができる講座です。スピリチュアリズムは科学を超えた科学で

3人のミディアム
霊界のスピリットガイドは協力しあっているのか？
HITOMI
TERRI
HIMIKA
YouTube

佐藤仁美さん　　テリー高橋さん　　安斎妃美香さん

YouTubeにて『3人のミディアム』と題して佐野さんとテリー高橋さん、安斎妃美香さんと様々なテーマで対談している。

3人のミディアム　検索

あり、魂の哲学。中学レベルで学んだ科学、歴史、生物学、倫理などの知識が一つにまとまります。講座を修了する頃には、この世界や自分の魂の本質を理解し、地に足のついたものの見方ができるようになり、フィロソフィーがこれからの人生を生きる指針となることでしょう」

また、講座修了者へ向けた無料の瞑想会や勉強会を毎週行うなど、フォローアップも万全である。

佐野さんは、カウンセリングやスピリチュアル・ヒーリングなどのセッションも行うが、その手法は多岐にわたる。その代表例は「認知行動療法」。

「人間はある事象に対して歪んで認知、解釈をしてしまうことがあります。例えば『あの人が連絡をくれない』ということを『あの人は私のこと嫌いなんだわ』と瞬間的に否定的に解釈したりするのはその一例です。こういった不適切な反応の原因である、思考の論理上の誤りは、感情、行動、身体的にも相互影響を及ぼします。感情や行動だけでなく、この思考に焦点を当て、心の不調を解決していきます」

「解決志向短期療法」は、心の不調が起こっていない時の状態を掘り下げたり、ミラクル・クエスチョン、スケーリングという独特の質問手法を用いながら、未来に向けての解決策を構築し、結果的に短期間で望ましい変化が得られることを目指す。「トランスパーソナル心理学的アプローチ」は、意識や無意識を超えて「人間とは何か?」「生きる意味は何か」など宗教や哲学の範疇に含まれるテーマも取り扱うトランスパーソナル心理学を用い、人間誰しもが持つスピリチュアリティを模索する。「マインドフルネス的アプローチ」は、仏陀の説法・八正道の「正念」から派生したマインドフルネスを取り入れたセラピーで、深く内観をする瞑想や魂とつながる瞑想なども実践する。

カウンセリングには、スピリチュアリズムの観点からアプローチも非常に有効であると気づき、2021年よりカウンセラーを育てるべく、「スピリチュアリズム・ベースド・カウンセリング講座」をフィロソフィー講座修了者向けに開催。人を癒し助けるという正しい「動機」を持ったミディアムやカウンセラーの育成に注力する。

英国でスピリチュアル・ヒーリングに市民権を持たせたハリー・エドワーズ。

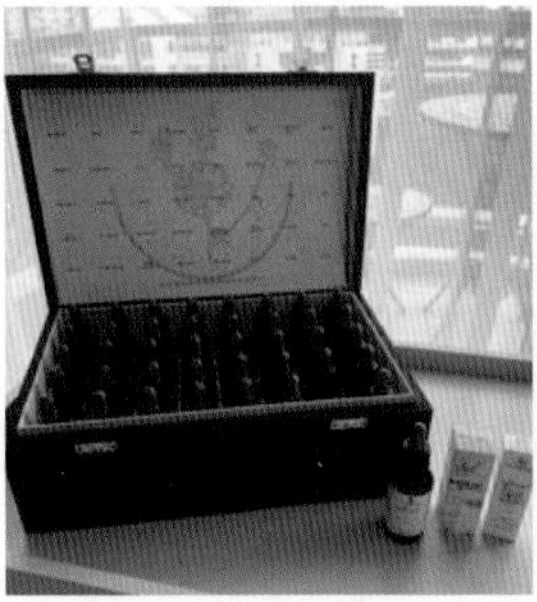
バッチ・フラワーレメディのセット。38種類のフラワーレメディで約3億通りの感情を癒す。

「バッチフラワー・コンサルティング」は、誰もが持つ自然治癒力に働きかける治療法の一つで、38種類の花や木のエネルギーを転写したレメディと呼ばれる薬を使って乱れた心や否定的な感情に働きかけ、感情や精神のバランスを取り戻す自然療法だ。

佐野さんは、慶應義塾大学法学部や米テンプル大学、豪モナシュ大学院で学び、日系、米系、英系の大手金融機関で法務・コンプライアンスなどに従事した後、2013年から英国AFCでミディアムシップの研究を始め、2017年年に英系金融機関退職後、AFCの著名な先生方に師事するなどしてスピリチュアリズムの理解を深めて独立した。カウンセリングのほか母方からの霊媒体質を受け継ぎ、霊感、霊視、霊聴などを駆使したミディアムシップのセッションを行ってきた。

また2023年6月より、あなたの街の節税対策の専門家を紹介する総合サイト「節税対策専門ガイド」にて、癒しをテーマにカウンセラーとして登録され、会社経営者の持つ様々な問題、抱える悩みをカウンセリングを通して解決に導くお手伝いをしている。

（ライター／斎藤紘）

金杉台団地モデルルーム。新築業者である同社が行うリノベーションは上辺だけではなく、給排水管をすべて交換することで、50年物のRC住宅を以後の50年間も安心して住むことができるように仕上げる。

代表取締役
小林正朋 さん

2017年『RevePlannig株式会社』設立、代表取締役に就任。2級建築士。2級施工管理技士。東京中心に関東圏、北海道で、建設全般一式工事、建築全般の設計業務、建築全般のコンサルタント業務などの事業を展開。

老朽住宅団地をリノベーションで再生 建築家の独自の視点で団地再生に寄与

住人の希望に沿う設計 ビジネスモデルを構築

「高度成長期より、都市近郊を中心に大量に建設された大規模な住宅団地の一斉老朽化が進み、居住環境が著しく低下しており、再生が必要」

国交省の住宅団地の再生のあり方に関する検討会が指摘したこの課題に独自の手法で挑んでいる建築家がいる。建築設計・施工会社『Reve Plannig 株式会社』代表取締役の小林正朋さん。千葉県船橋市の丘陵地に1971年に形成された大規模な公団住宅で始めた「金杉台団地リノベーションプロジェクト」は、団地再生のソルーションの有力な選択肢になるビジネスモデルとして注目度を高めている。

小林さんは、二級建築士と二級施工管理技士の国家資格に加え、マンションリノベーションの市場やマンション特有のルール、居室の採光や換気、床衝撃音などの建築基準法の規定、給排水や電気、給湯などの設備、工事手続きなどの知識が求められる一般社団法人日本ライフスタイル協会認定のマンションリノベーションアドバイザーの資格も併せ持ち、それらに裏付けられた知見と技術、住宅や店舗、マンション、アパート、グループホームなどの新築、リフォーム、リノベーションの設計、

Reve Plannig 株式会社
リーヴ プランニング

03-5654-6605
info@reve-planning.jp
住 東京都葛飾区東新小岩7-32-16-101
https://reve-planning.jp/

Reve Planning inc.

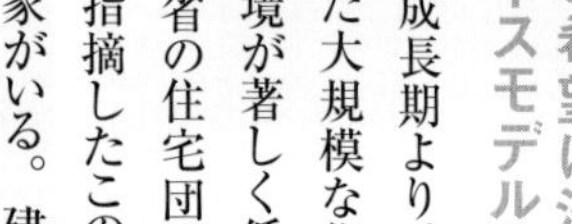

建築を数多く手がけた経験を合わせた総合力で取り組んでいるのが団地再生プロジェクトだ。

　このプロジェクトに力を入れる小林さんの視野にあるのは、住宅団地の厳しい実態だ。全国の住宅団地は約5000団地、約200万戸存在し、全国の総マンションストック数の3分の1を占めるが、その約3割の約1600団地、約50万戸が旧耐震基準で建てられたものなど、多くは入居開始から40年以上が経過し、建物の老朽化と居住者の高齢化が同時に進行、周辺地域全体の活力低下に波及することが懸念されるため、建て替えやリノベーションが迫られているという実態だ。

　この課題の解決方法として小林さんが選択したのが居室のリノベーション。建て替えは、区分所有法に基づく権利関係に伴う区分所有者などの合意形成が難しく、決着まで時間がかかるからだ。居室リノベーションのモデルとして着手したのが「金杉台団地リノベーションプロジェクト」だ。

金杉台団地は、1970年（昭和45年）に独立行政法人都市再生機構（通称UR都市機構）の前身である旧日本住宅公団によって形成された総戸数1098戸の大規模な公団住宅。すべて5階建ての中層フラット棟で構成されているほか、配置がバラバラで統一されていないのが特長。現在は、団地の一部を構成する賃貸用建物のみUR都市機構が管理している。

小林さんがプロジェクトのターゲットにこの団地を選んだのは、団地誕生から50年経った2021年に管理組合の理事会が「大規模リフォーム」を認め、思い切ったリノベーションができる点が大きいが、その他にも理由がある。

「団地にお住まいの住民の目線になると、団地内が坂ばかりとか、階段しかないから登り下りが大変だとか、どうしてもマイナス面ばかりが目立ってしまいますが、外部から見ると、魅力もあるのです。団地入口の坂を降った途端、自然が広がり、団地内も広々と感じられ、安堵感が感じられるのです。また、大抵の団地はどの建物も同じ向きで建っていて、団地周辺には戸建ての住宅が密集して建っていますが、金杉台団地は、建物の向きが一様ではなく、個性です。また、リフォームレベルの改装をした部屋はあっても、部屋全体を

そっくり作り替えるようなリノベーションはこれまで行われて来なかったことも判断材料になりました。思い切ったリノベーションができるとは、間取りを変えるとか、テレワーク用の仕事部屋を作るとか、予算もいくらまでとか、住む方のニーズに合わせてリノベーションが可能になるからです。全体として団地再生での可能性が大きいと判断しました」

「金杉台団地リノベーションプロジェクト」は、「多様な世代が集う」「地域の特性を活かす」「安心安全を備える」を要件に「十分なリノベーションをすれば、周辺の戸建てやマンションのように満足して住める場所になる」というコンセプトの下で進めた。小林さんが設計し、同社が施行したモデルルームからその姿が浮かび上がる。

「モデルルームは、二つの居室とサービスルーム、リビング・ダイニング・キッチンから成る2SLDKで、約1000万円の費用を掛けてリノベーションしたものです。スマホで開閉するドア、グーグルのアレクサを使って声でコントロールできる照明を採用、食器洗い機まで入れたアイランドキッチンを配し、壁掛けテレビにできるように壁も厚くしました。また、コロナ禍や働き方改革で急速に広まったテレワークに対応するための個別の仕事部

屋まで作りました。洗面場、洗濯場、風呂、トイレ、脱衣場を一体化し、玄関にはシューズボックス、廊下や各部屋には収納スペースや棚を設け、リビングには開閉式の間仕切りもつけました。窓は、全て二重サッシにすることで断熱や遮音性の向上が期待できます」

こうしたリノベーションに当たって、小林さんは建売住宅のように建築会社が独自の判断で設計するのではなく、「住む人と建築家が一緒に考えながら、住む人の好きな部屋を作る」スタンスを貫く。住む人に最大1000万円掛けてリノベーションしたモデルルームを見てもらい、それを基準にライフスタイルや予算から考えた希望するリノベーションのイメージを聞き、それを基に設計するスタンスだ。

販売価格の目安になる1000万円という額も顧客目線で計算されたものだ。

「この団地で販売されている部屋は200万円から300万円が相場ですから、1000万円は高く感じられるかもしれませんが、火災保険における評価額は700万円であるとも聞いています。こうした評価を前提にリノベーションの費用を月々の返済額が4万円台になるように設計し、15年間のローン返済を組めるようにしています。10年後、子どもが大きくなるころには手狭になるでしょうから、一戸建てに移り住んで、ここは賃貸で貸す。その賃貸料をローン返済に充てていくと15年後にはこの物件が自分の資産となります」

小林さんは、マンションリノベーションアドバイザーの資格を生かし、他県でも団地再生に参画してきした経験を持つ。住宅団地がますます老朽化していくこれからの時代、金杉台団地での取り組みをビジネスモデルに団地再生に協力していく考えだ。

（ライター／斎藤紘）

建物の形を創り、具現化する
だから型枠は面白い！

代表
森永馨 さん

子どものころから大工職人に憧れ、16歳で建設業界に。足場工事や塗装工事など様々な職種を経験後、型枠工事会社で住み込みで働いたものの、自分の思う通りに仕事を進められないことが歯がゆくなり、27歳のころ独立。

コンクリート建物の型枠工事に誇り 国家資格が裏付ける技術力に高評価

精緻な施工のプロセス 現場での思いやり重視

鉄筋コンクリート造や鉄骨鉄筋コンクリート造の建物の建築現場で欠かせない型枠工事の確かな仕事ぶりで発注元から高い評価を得てきたのが『森永組』代表の森永馨さんだ。16歳から建設業界で働き、足場工事や塗装工事などを経験後、自分に合っている仕事と見極めた上で型枠工事会社に入り、腕を磨いて独立した。その実力は一級型枠技能士の国家資格が裏付ける。

「型枠工事はコンクリートを使う建物でコンクリートを流し込む際の枠となる型枠を形成するもので、基礎工事の重要なプロセスであり、世の中に無くてはならない仕事と誇りを持って取り組んでいます。工事の受注が途切れることがない状況が続いています」

その施工は精緻を極める。

「施工主の図面を基に型枠に必要なベニア板のサイズを計算し、型枠用の図面を作成する図面起こしから始まります。コンクリートを流し込む際の強度や接地面の形状も考慮する必要があるため、全体のできが決まってしまう重要な仕事です。図面をもとにベニア板を切断、加工をします。次に墨を使用して建物の柱や床、壁などの位置にミリ単位で印を

森永組 森永型枠
もりながぐみ

090-2960-1315
morinaga2017@outlook.jp
㊟ 熊本県八代市松崎町176-6
https://www.morinagakatawaku.com/

MNG 森永型枠

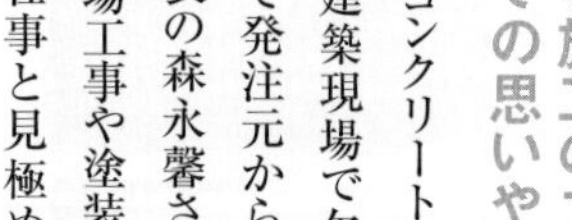

図面起こし

加工・切断

墨出し

機材搬入

建て込み

固め

スラブ

まとめ

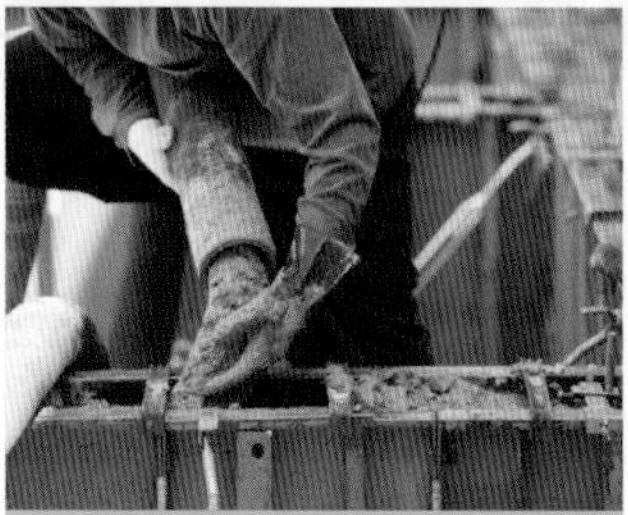
コンクリ

外し

つけ、作成した型枠を搬入し、墨出しで付けた線に合わせて立て、型枠と型枠を鉄でしっかり繋ぎ固定させ、流し込んだコンクリートの重量でたわまないようパイプで支持します。型枠が固定されたら糸で波打ってズレていないかをミリ単位で確認します。他の業者がコンクリートを型枠に流し込んで固まったら型枠を外し、綺麗に仕上がっているかを確認します。この全プロセスを厳密に進めます」

スタッフは7人。森永さんは、建築物は様々な職種の作業員と共に造り上げていくものとの考えから、現場では自分から挨拶するようにスタッフに伝えているという。

「気持ちの良い挨拶や声掛け一つで現場の雰囲気は変わりますし、現場をスムーズに進めることにつながるのです。また、自分たちが入る前の業者さんが綺麗にしてくれていると私たちは気持ち良く現場に入れますし、私たちが終わった後の現場を綺麗にして次の業者さんに引き渡せば良い連鎖が広がっていくでしょう。だからこそ前工程に感謝、後工程に思いやりというモットーを大切にしています」

森永さんはまた、建築建設業界の深刻な人手不足を念頭に、スタッフが働きやすい環境の整備や国家資格が裏付ける技術や知見を生かした人材育成に力を入れている。

（ライター／斎藤紘）

代表取締役
川又寧 さん

少年期から板金工として住宅専門の工事を手がけ、25歳の時にリフォーム業に転じて独立。その後板金工に戻り、2015年に『株式会社バンキン』を設立。一級建築板金技能士と職業訓練指導員の国家資格を保有。

超耐久性の塩ビ鋼板防水工法に高評価
屋上防水・建築板金工事の専門家の実力

メンテにも優れた工法 普及のために技術伝授

外観上の美しさを左右し、風雨や紫外線などから家の構造体を守る屋根や外壁の修理で実績を重ねる『株式会社バンキン』代表取締役の川又寧さんの技術力の高さを示すのが『塩ビ鋼板防水工法』だ。防水技術を持つ板金職人のみが施工でき、施工できるのは全国でも4社しかないという特殊な工法。耐久性とメンテナンスに優れているのが特長だ。

「『塩ビ鋼板防水工法』は、鋼板の中でも高い強度を誇るガルバリウム鋼板に耐腐食性のポリ塩化ビニルをコーティングしたシートを使うもので、温度変化で伸縮することを考慮して鋼板は10平方メートル以下にカットして敷設し、継ぎ目に塩ビシートを用いて伸縮による歪みを防ぎます。既存の防水加工の上からでも施工でき、万が一穴が空いた場合でも穴の周囲がへこむ構造のため補修箇所が目視で判別できます。修繕の際は、破損部分のみを切り取って交換できるため、施工時間の短縮やコストの削減に大きく寄与します」

川又さんは、この工法を導入するに当たって、2年間、北海道の厳しい自然環境下で塩ビ鋼板を野晒しにして耐久性を確認したという。また、

株式会社 **バンキン**

011-790-8783
bankin@ace.ocn.ne.jp
㊟ 北海道札幌市北区新川775-45
https://bankin-k.com/

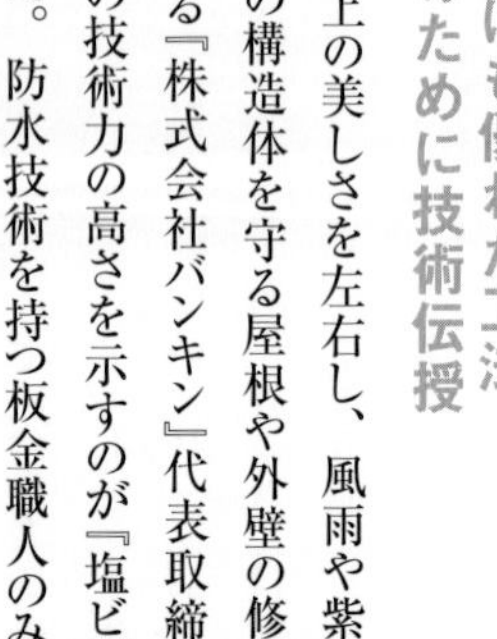

施工後5年間は1年ごとの無料点検を実施、台風や地震など大きな災害があった際にも点検を行い、異常箇所は即座に修繕するアフターケアも徹底している。これまで、道内の大手コンビニエンスストアや札幌市営地下鉄の出入り口建屋の屋上などで施工、「塩ビ鋼板防水工事」の受注は途切れることなく続いているという。他の業務では、古くなった戸建て住宅や、アパート、マンションの屋根の色あせ、色落ち、たわみ、浮き、割れ、サビ、破損、雨漏り、天井のシミ、外壁のひび割れ（クラック）、汚れ、苔、カビの付着、塗装の剥がれなどの修理、防水工事、リフォームまで行う。

川又さんは、15歳から板金工として働き、住宅専門の工事を手がけたが、25歳の時にリフォームに関心が移り、独立した。その後紆余曲折を経て板金工に戻り、2015年に同社を設立した。一級建築板金技能士と職業訓練指導員の国家資格を持ち、屋上防水、建築板金工事の専門家として声価を高めてきた。

「北海道で、屋根防水工事は絶対に無くならない仕事です。特に『塩ビ鋼板防水工法』は優れた工法であり、道内でさらに普及させるために、技術を受け継ぐ人材の育成に力を入れていきたいと思っています」

（ライター／斎藤紘）

代表取締役社長
佐々木俊一 さん

大学卒業後、横浜で10年働き、父親が急病で倒れたために帰郷。2003年、29歳の時父親が社長を務めていた1969年創業の『クロダ精機株式会社』に入社。父の死後は現場でモノづくりを学ぶ。製造部部長を経て2018年代表取締役社長に就任。

精密部品の試作品製作事業で成長牽引
短納期の要望に応える勤務体系を構築

電気自動車部品も受注
品質の厳密な管理徹底

新たな工業製品の精密プレス部品や精密板金部品などの試作品製作に特化した事業で様々なメーカーから頼りにされているのが、創業から半世紀超の歴史を刻む『クロダ精機株式会社』だ。技能士の国家資格保有者も含め約40人の精密プレス加工や精密板金加工などのプロ集団を牽引する四代目代表取締役社長の佐々木俊一さんは、短納期の要望に応えられる勤務体系を構築、年間350日稼働するコンビニ工場として、技術の進化とともに多様化、小型化する加工ニーズに的確に対応、その技術力で目指すのは日本一の試作会社だ。

「試作は、量産前に製品や工程などに問題がないか確認することできるため、メーカー様は部品の試作品を少しでも早く手元に欲しいと思っています。土日に工場が稼働しないとお待たせする日数も増えてしまいますので、働き方の時間枠をフレキシブルにし、休日も稼働可能な、しかも社員の負担が軽くなるよう仕組みを作りました。今では社員一人ひとりが納期にこだわって仕事をこなしています。それがお客様からの信頼につながっていると思っています」

高精密放電ワイヤ加工機や高精度・高生産性門形マニシングセンター、画像寸法測定器、荷重管理エ

クロダ精機 株式会社
クロダせいき

0265-35-1101
info@kurodaseiki.co.jp
㊟ 長野県下伊那郡豊丘村神稲9268-1
https://kurodaseiki.co.jp/

こちらからも
検索できます。

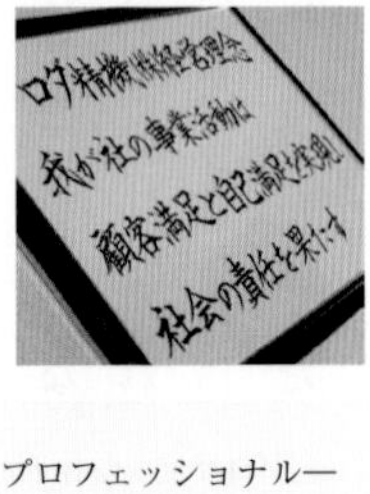

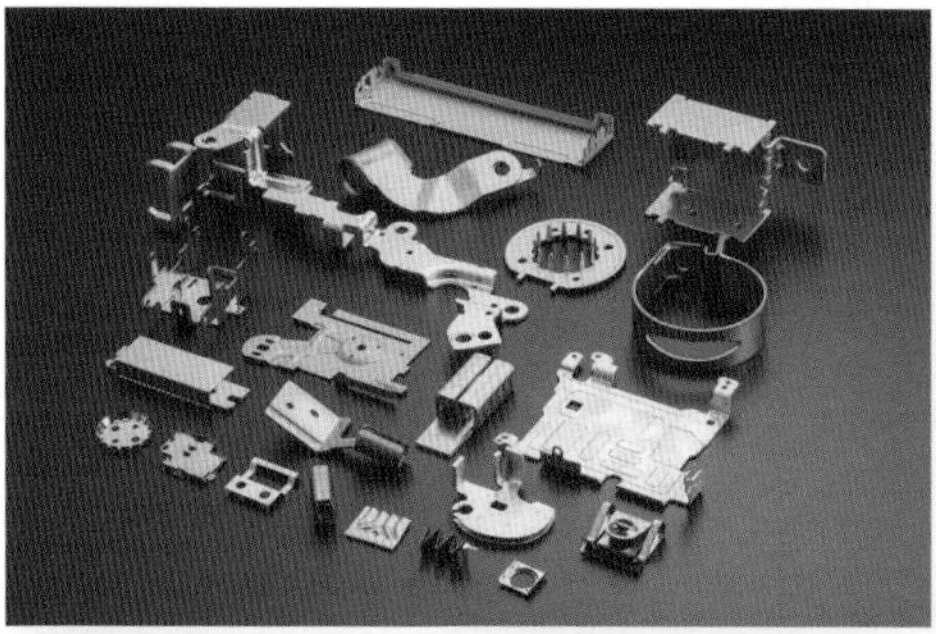

ワイヤー加工

レーザー加工

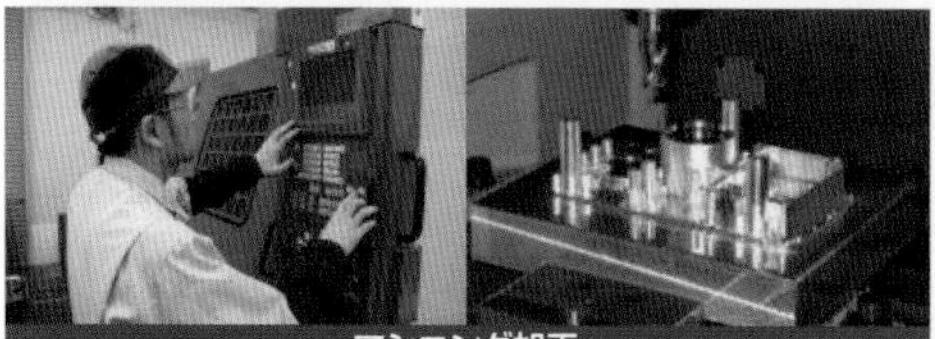

マシニング加工

プレス加工

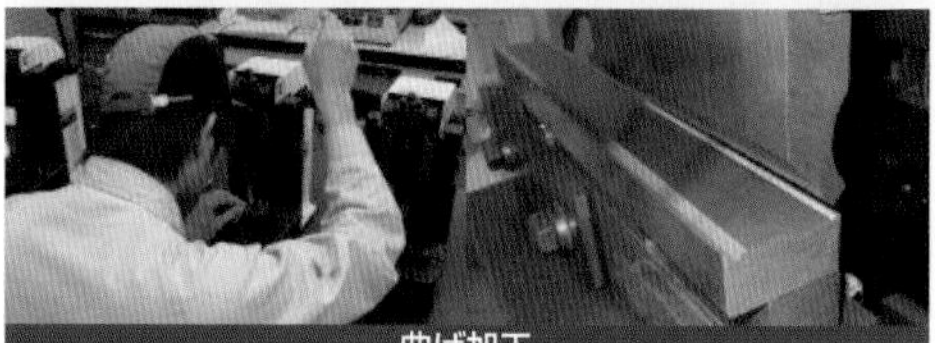

曲げ加工

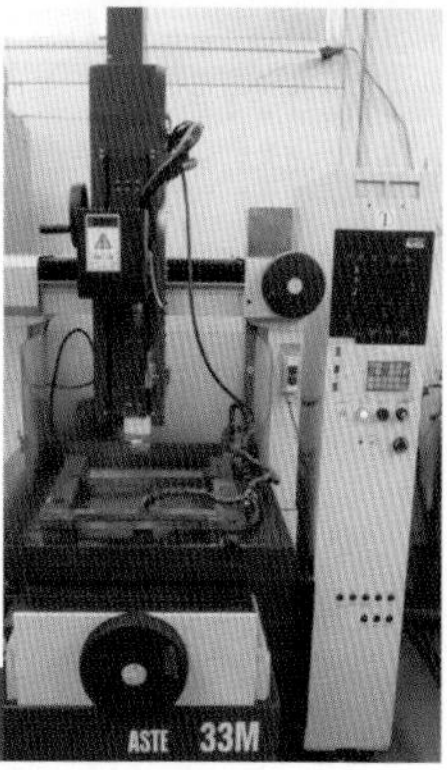

細穴放電
加工

アープレスなどの最新鋭の機器類が所狭しと並ぶ工場では、レーザー光を照射して加工するレーザー加工、電極線からの放電によって工作物を溶かして切断するワイヤー加工、腐食液によって不要部分を除去するエッチング加工、金属の板材に金型を押し付けて成形するプレス加工などの技術を使って試作品を作り出していく。

「当社は、金属板の厚さが0・1㎜以下のアルミ箔のような薄い金属を使った部品や複雑で難易度の高い端子、コネクター、バスバーなど電子系の精密板金品が得意です。家電製品やスマホ向けの部品なども試作しますが、現在は約6~7割が自動車、特に電気自動車の電装品周りの部品になっています。ごく一部ですが飛行機の部品も手がけています。最終工程では、製品測定や品質管理の有資格者が完成した試作品に問題がないかを厳密にチェックします。この体制が評価され、航空宇宙や防衛産業に特化した品質マネジメントシステムに関する国際規格である品質認証JISQ9100も取得しています」

佐々木さんは、蓄積された技術の継承と進化のための技術研鑽に力を注ぎ、長野県優秀技能者表彰制度でスタッフが相次いで表彰されている。

（ライター／斎藤紘）

代表取締役社長
坂巻美代子 さん

土木工事を担う夫と結婚。1982年、土木施工管理技士の国家資格取得。1986年に『株式会社開発工業』を設立後、経理などの管理部門を担当。1999年、夫は会長になり、代表取締役社長の重責を担う。夫は2012年に他界。

業務遂行体制で示す継続は力なり
半世紀続く人・建機一対で現場派遣

ゼネコンから信頼得た ワンストップでの対応

継続は力なり。一つのことを弛まず挫けずに続けていけば成果となって現れるという意味の諺を絵に描いたような経営者がいる。本州全域で土地造成や道路舗装などの工事を行う『株式会社開発工業』代表取締役社長の坂巻美代子さん。早世した夫が半世紀前の創業時に確立した「人・建機一対派遣体制」を経営承継後も維持し、過去20年間で全国の建設会社の2割が姿を消す厳しい経営環境の中でも成長軌道を歩み続け、今では受注業務の8割が大手ゼネコンから依頼された仕事という業績に繋がっているからだ。

「人・建機一対派遣体制」は、土木施工管理技士資格を持つスタッフ、建機オペレーター、作業員と最新鋭の建機をセットで現場ごとに派遣、完工まで現地で作業し、機動力と施工力を最大化する体制だ。建機は5年ごとに更新し、現在、最新鋭の情報通信技術搭載機などを含め約50台を保有、これを含め創業以来導入した建機は205台にのぼり、重機オペレーターも自社で育成してきた。また、環境に配慮した施工を徹底し、時代の要請にも応えてきた。

「国土交通省によれば、全国の建設会社は

株式会社 **開発工業**
かいはつこうぎょう

046-241-3364
info@kaihatsu-kogyo
㊟ 神奈川県厚木市下荻野863-2
http://kaihatsu-kogyo.co.jp/

宅地造成ならお任せください

建設用石材、砕石販売

●砕石などの販売運搬●
RC-40をはじめ、
様々な砕石を要望に応じて対応。

●舗装工事●
戸建駐車場舗装工事から
高速道路まで幅広く対応。

●宅地造成工事●
"使われ易い"会社を目指して
自己主張せず、お客様の要望に
柔軟に対応。

2022年3月末時点で約47万5千社、2000年時点から2割以上減っています。過当な価格競争、人手不足、脆弱な経営基盤などが背景にありますが、現在は建設資材の高騰も追い打ちをかけ、2022年度の建設業界の倒産は1291件にものぼっています。こうした厳しい環境の中で経営を維持できたのは、使われ易い会社になるべく、マンパワーとマシンパワーの相乗効果を考えた業務遂行体制を堅持し、大手ゼネコン様からの工事依頼にワンストップでお応えできたことと、環境に最大限配慮した工法や建機を導入し、環境保護を重視する国や公団などの公共事業を担う大手ゼネコン様の厳しい条件をクリアしたことで信頼を得てきたためと思っています。この施工体制をこれからも守り続けていく決意です」

業務エリアは本州全域で、常時4～5カ所で作業する。土地造成や道路改良工事のほか太陽光発電のメガソーラー用敷地の造成、都市部に流れる河川浚渫、建設残土の処理、運搬などを請け負う。作業は1年超に及ぶ場合も少なくなく、スタッフが現場のある地域でアパートを借りて常駐し、工事を完遂すれば、会社に戻り、次の工事のためのチームを編成して人と建機一対で派遣するサイクルで前進してきた。（ライター／斎藤紘）

『AIマスク着用率判定ソフト』

代表取締役社長
沖上俊昭 さん

1987年「関西デジタルソフト株式会社」を起業し代表取締役社長に就任。還暦を機に社長の座を後進に譲って同会長になり、2022年3月、先端技術を活用したシステム開発会社『デジタルみらい株式会社』を設立。

人混みのマスク着用率を瞬時に判定 報道機関も利用したAI活用のソフト

コロナ禍の最中に開発 公共施設などでの利用想定

新型コロナウイルス感染症が感染法上の分類でインフルエンザと同じ5類に引き下げ前後で、大手新聞社7社やＴＶニュース番組8番組で大勢の人が行き来する場所でマスク着用率を調べた結果を相次いで報道した。東京の品川、新宿、原宿、上野、浅草、国会議事堂前、大阪の梅田、京橋、心斎橋、富山県の富山、高岡の福岡の博多についても報道されたが、これらの報道機関が利用したのが『デジタルみらい株式会社』が開発した『ＡＩマスク着用率判定ソフト』。大阪梅田では、コロナ5類以降前後で毎週月曜日にマスク着用率を計測して動向を観測し、マスク着用率の減少傾向を分析した。コロナ禍中は、病院や会社、商業施設などでの感染対策として、普及させた。このソフトは、学習、推論、認識、判断などの人間の知能を持たせたコンピューターシステムであるＡＩ人工知能に画像特定や音声認識など人間が行うようなタスクを実行できるように学習させるディープラーニングを活用したもので、コロナ禍の2020年10月に開発した。

「新型コロナウイルス感染を防止する有効な手段としてマスク着用の重要性が報じられ、少しでも社会に役立つことができればとの思いで開発しました。マ

デジタルみらい 株式会社

06-4708-5510
info@digitalmirai.co.jp
㊟ 大阪府 大阪市中央区北浜1-3-14 リバーポイント北浜10F
https://www.digitalmirai.co.jp/

スク着用率を出すことで、一人ひとりの感染防止の意識を高め、コロナ禍の終息につなげていきたいと考えたのです」

『AIマスク着用率判定ソフト』の特長は、判定精度の高さだ。

「ディープラーニングは、人間がデータを編成して定義済みの数式にかけるのではなく、人間はデータに関する基本的なパラメータ設定のみを行い、その後は何層もの処理を用いたパターン認識を通じてAIに課題の解決方法を学習させる手法です。これを活用したこのソフトは、100人から200人が歩いているところをカメラで撮影すると、AIが瞬時に様々な色や形のマスクを検出し、着用している人が黄色で、していない人がピンク色で表示されます。これによって人混みの中でマスクを着用している人、着用していない人の判別を可能にし、着用率なども算出することができ、コロナが5類に引き下げ以降ではマスク着用率の減少分析で活用されています」

2023年6月には、大手経済紙やTV局が「夏場の熱中症のリスク回避から政府のマスク着用基準が緩和されたもののマスクを外している人が少ない理由」を東京都内で100人に聞く前段で、このソフトを使ってマスク着用率を調べている。

（ライター／斎藤紘）

暮らしに欠かせない紙を届ける
「紙対応」
株式會社大一洋紙

代表取締役社長
岩崎真弥 さん

1915年、大阪・船場で紙の卸し会社として創業した『株式會社大一洋紙店』代表取締役社長。商品の小口化、短納期化ニーズに応え、大阪市内と大東市内の2か所にストックポイントを設けるなど機動力も強化。

紙の新たな可能性切り拓く商品開発
「SDGs」への貢献などで高める企業価値

百年企業の技術を維持
健康経営で優良と認定

「次なる50年、100年を見据え、大阪をベースに日本全国に向けて紙と化成品の販売を続けて参ります」

故岩崎喜三郎翁が大正4年(1915年)に大阪市東区(現・大阪市中央区)に創業し、2025年には創業110周年を迎える『株式會社大一洋紙』代表取締役の岩崎真弥さんの決意だ。紙の販売をする傍ら、2021年にグループ会社となった「株式会社イクタ」と協力して紙の新たな可能性を切り拓くアイデア製品の開発にも情熱を注ぐと同時に、「SDGs」への貢献や全従業員の健康増進などで企業価値を高め新たな歴史を刻んでいく。同社が取り扱うのは、パッケージなどに使われる板紙・白板紙、紙の封筒や手提げ袋などに使われる包装用紙、グラフィック系印刷物などに使われる印刷用紙、コピー用紙やフォーム用紙といった情報用紙、生活するうえで欠かせないトイレットペーパーやペーパータオルなど製紙会社から直接購入して販売できる製品と、白樺を使用した木製カトラリー、ハンカチなど衣類を掛ける事ができる紙製ハンガー、古紙が配合された紙を使用したペーパーファイル、角2封筒に書類などを入る際に使用できる角丸クリップ台紙、書類などを整理用する際にインデックスとして利

株式會社 **大一洋紙**
だいいちようし

06-6261-4851
m-yokawa@daipaper.co.jp
(担当:第2営業部長 与河雅幸/ヨカワマサユキ)
㊟ 大阪府大阪市中央区南久宝寺町1-4-7
http://daipaper.co.jp/

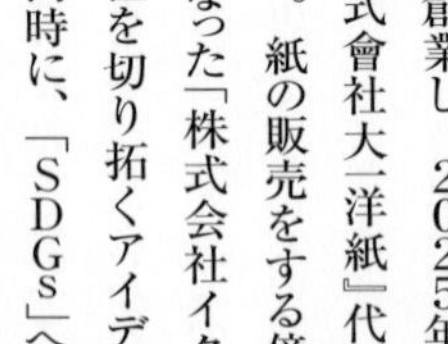

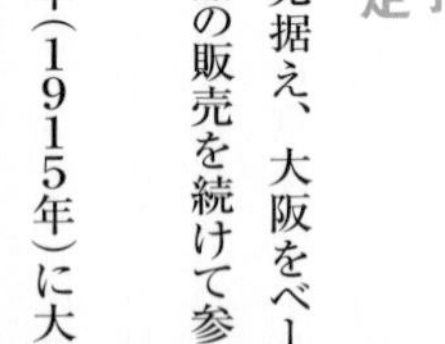

グループ会社「株式会社イクタ」の参加、「化粧品製造技術マッチングフェア2023」出展。

「第76回大阪実業団対抗駅伝大会」に参加。

『ペーパーファイル7色』

「大阪ギフト・ショー2022」に出展。

「大阪勧業展2022」に出展。

「大阪メトロ御堂筋線」つり革広告。

2023 健康経営優良法人

認定証

（中小規模法人部門）

法人名　株式會社大一洋紙

貴法人は、従業員の健康管理を経営的な視点で考え、戦略的に実践する「健康経営」の取組が優良であると認められました
よって、ここに「健康経営優良法人2023（中小規模法人部門）」として認定します
経済産業省及び厚生労働省と共に、今後一層取組を推進されることを期待いたします

2023年3月8日

日本健康会議

2023年、3年連続の「健康経営優良法人」の認定。

用できるクリップメモなどアイデアが光る自社制作の加工商品がある。２０２１年から3年連続で経済産業省と日本健康会議が共同で選定する「健康経営優良法人」に認定された。また、スポーツに取り組む従業員に対して支援し、２０２３年1月に大阪市内で開催された「第76回大阪実業団対抗駅伝競走大会」に参加した従業員チームの健闘を称えた。毎年、5月のGW連休明けから10月末までの期間をクールビズ実施期間と称し、省エネ・地球温暖化防止へも取り組んでいる。

グループ会社である「株式会社イクタ」は、永年、医薬部外品のアッセンブリ作業や包装資材の設計製造実績を積み重ね、２０２３年4月には「化粧品製造技術マッチングフェア２０２３」に参加し、その実力を多方面に示した。また、遊び半分で毎年5月のこどもの日には段ボール製の「兜」を製造してみたり、口を開けると容れ物になるユーモラスな段ボール製の「獅子舞」を製造してみたり、色々な切り口で紙を使った加工商品の制作に取り組んでいる。

「お客様に誠意をもって接するHeart Work、機動力を活かしてデリバリーに対応するFoot Work、幅広い知識と情報収集力を備えたHead Work の三つのワークを軸に、紙そのものの商品価値をさらに高め、時代とともに発展できる企業を目指していきたいと思っています」

（ライター／斎藤紘）

代表取締役
河村淳次 さん

コンピュータ系専門学校卒。システムエンジニアとして働いた後、トラックドライバーとの出会いを機に運送業界に転向、大型免許やけん引免許を取得。前職の会社で陸送を経験、2022年独立、『株式会社リバレッジ』を設立。

Rivellage
リバレッジ

成長軌道に乗せたクレーン車陸送事業
誘導車と共に徹底した安全走行を実践

SEから転進の異色経歴
陸送エリアは全国一円

建築や土木現場で巨大な資材などの吊り上げ作業、運搬作業に欠かせないクレーン車をクレーンメーカーからの依頼で工事現場まで陸送する事業をわずか1年で成長軌道に乗せた経営者がいる。『株式会社リバレッジ』代表取締役の河村淳次さん。元々はシステムエンジニアだったが、過酷な業務で体調を崩して退職。トラックドライバーとの出会いでトラックに魅せられて運送業に転向、さらに高度の運転技術を要するクレーン車の陸送に惹かれ、2022年4月に個人事業として開始、9月に起業したという異色の経歴を持つ。初年度陸送実績は、年間約400件以上にのぼる。同社が陸送するのは、走行とクレーン操作が1つの運転席で行え、軟弱な地盤でも走行できるラフテレーンクレーンと、大きな車体で吊上げ能力が高く、不整地でも走行できるオールテレーンクレーン。

「40t以上のクレーン車は誘導車1台が義務付けられていますが、オールテレーンクレーンの場合、当社では安全に運行するため、前後に1台ずつ誘導車を配置して陸送します。目的地到着予定日に合わせ、時間や日数などを逆算して出発しますが、出発前にクレーン車のドライバーと誘導車ドライバーが目的

株式会社 **リバレッジ**

092-600-2085
kawamura@rivellage.co.jp
㊟ 福岡県古賀市天神5-1-1 FIATO308
https://rivellage.co.jp/

公式ＬＩＮＥ登録
お問合せ・見積り・依頼・写真送信・連絡事項
すべてLINEで行えます。

登録はコチラから

クレーン車両陸送

車両誘導

地の届け時間、通行する道路状況、特に注意が必要と思える通過ポイント、天候などを確認します。安全運転のために予定している休憩場所でも時間の遅れの有無や道路状況など確認し、予定時刻に遅れそうな場合は他の安全な最短ルートを選別し、可能な限り陸送予定時刻に間に合うよう調整します」

誘導車4台は同社が保有、誘導ステッカーや回転灯、誘導行燈、デジタル無線機を搭載、乗務員は国土交通省の誘導認可を取得している。誘導車のみの依頼にも応じる。安全走行に徹した結果、事故ゼロを続けている。

陸送エリアは全国一円で、福岡から全国だけでなく、地方から地方、ターミナル埠頭への陸送にも対応する。

「お客様から預かる大切な車両を運ぶ仕事であり、しかも大きな車体なのでひとたび事故を起こせば重大な結果を招く恐れもありますので、安全走行は絶対的命題です。堅実に仕事を積み重ね、『リバレッジ』に頼めば間違いないといっていただけるような存在になりたいと思っています。一般的に特殊車両の輸送は料金相場が高いですが、リバレッジではコンプライアンス的にも必要な誘導も含めた金額で他社より安い料金設定でお互いWINWINを目指して頑張っています」

（ライター／斎藤紘）

困った時は、相談を。非常時に確かな技術で対応。

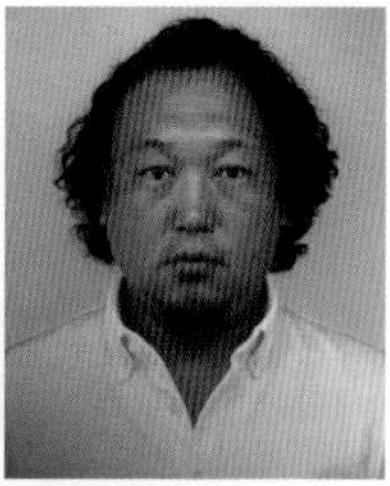

代表
佐藤紳一郎 さん

奈良県生駒市において日頃の業務で酷使されている商業用トラックを対象に、出張整備・点検・修理を行っている自動車整備会社『Total Auto Service 310』を経営。高い専門性と卓越した技術、真摯な姿勢で地元企業からの信頼も厚い。

卓越した整備士技術で トラブルをスピーディーに解決

自社整備工場の設置で更なる発展に期待

『Total Auto Service 310』は、奈良県生駒市近辺や大阪府の羽曳野・枚方・摂津など、日頃の業務で酷使されている商業用トラックを対象に、出張整備・点検・修理を行っている自動車整備会社。同社のサービスは、商業用トラックのパフォーマンスを支えるとともにトラックが不可欠な企業のビジネスを力強く後押ししている。

実際の整備には、代表の佐藤紳一郎さんが自ら工具を持ってトラックを運用している各企業へ出向き、長年培った整備士技術でトラックを入念に整備。その高い専門性と真摯な姿勢、そして卓越した技術は高く評価されている。

また、出張整備ならではの小回り良さも同社が評価されている理由の一つだ。トラックは、整備や修理の専門性も高いうえ、レッカーや車載で整備工場に持ち込むことが困難だという。持ち込めたとしてもかなりの手間や時間が掛かり、整備や修理を難しくしている。同社の出張整備は、トラブルをスピーディーに解決し、さらに夜間や休日など整備工場が稼働していない緊急時にも対応することで、地元企業からの信頼も厚い。

Total Auto Service310

トータル オート サービス サトウ

090-9277-0011
shin1978215@yahoo.co.jp
㊟ 大阪府大東市新田境町３－１

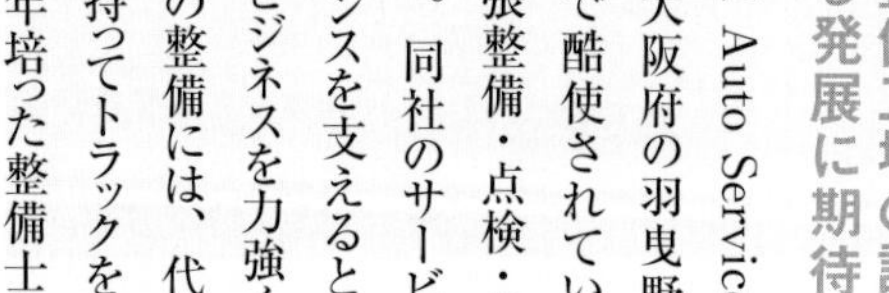

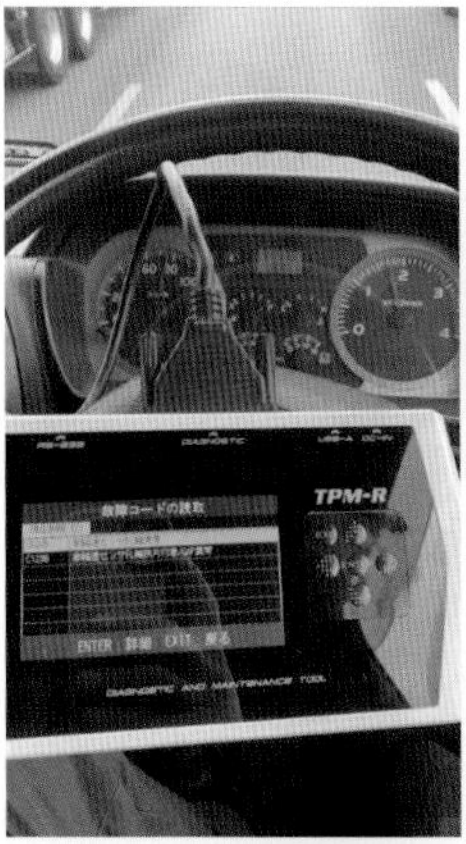

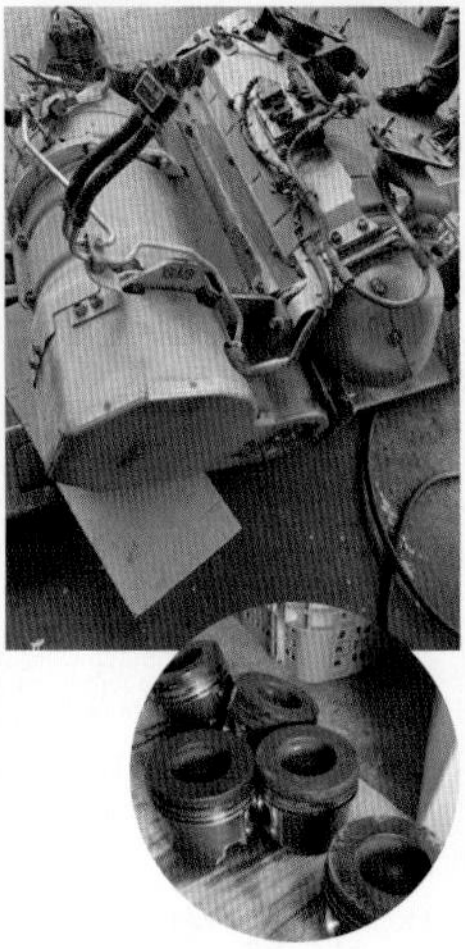

トラックメインの整備。

請け負っているクライアントの多くは、配送業などトラックを使う会社ということもあり、急ぎの依頼が多いという。このような依頼に迅速に対応できるのも出張整備の大きなメリットだ。

こうした評判が口コミで広がることで業績も上がり、業務の幅を広げるべく自社整備工場を設置し、株式会社化。出張整備と自社整備工場での整備という二刀流でさらなる発展が期待されている今、注目の自動車整備会社だ。商業用トラックの整備において、同社は確固たる地位を築きつつある。

トラックの安全とビジネスの発展に寄与してきた『Total Auto Service 310』が今後、自社整備工場を得たことで、より入念な整備やトラブルの解消、そしてトラック以外の様々な自動車の整備にも期待がかかる。

（ライター／長谷川望）

投入槽

特許技術によって設けた処理槽

代表
野口昭司 さん

米作農家だったが、将来性への懸念から養豚業に転換し、『野口ファーム』設立。悪臭公害対策の延長線上で排尿対策に乗り出し、EM菌を活用した「畜産動物の排尿処理方法」で2013年、特許取得。2015年、中国で特許取得。

養豚の悪臭・水源汚染対策の決め手
有用微生物で排尿を浄化する特許技術

排水基準を下回る浄化
小さな初期投資で効果

「豚などの畜産動物の排尿を処理する排尿処理方法」

母豚を常時160頭飼育し、年間3500頭を出荷する『野口ファーム』の代表野口昭司さんが養豚に伴う悪臭公害や水源汚染の対策を研究する中で開発、日本と中国で特許を取得した技術だ。有機物を分解する有用微生物群EM菌を利用するのが特長で、養豚場で処理に困る排尿を水質汚濁防止法の基準をクリアして河川に流せるほど浄化する効果がある一方、手づくりで設置可能な上、初期費用は既存処理施設の10分の1程度で済み、小さな投資で大きな効果を生む排尿処理方法だ。

この方法の仕組みは、養豚場内の空き地に穴を掘り、ビニールシートを敷いた2個の水槽と、排尿を集めて、EM細菌と共に第一処理槽に導き、水中エジェクターポンプで攪拌させて尿の初期浄化を進行させる第一浄化工程、この初期浄化尿と槽内の浮遊汚泥を第二処理槽に導き、水中エジェクターポンプで攪拌させ、EM細菌を増殖させて尿の最終浄化を進行させる第二浄化工程、最終浄化尿を取り出す浄化尿排出工程とから成る。EM菌は、培養水と糖蜜、水道水を熱帯魚を飼育するサーモ

野口ファーム
のぐちファーム

FAX 0299-92-3167
住 茨城県神栖市高浜903

日本と中国の特許番号

中国 ZL201310356939.7号
日本 第5308570号

『野口ファーム』では
20数年前からフィリピンより
研修生と技術実習生を受け入れている。

「Benguet State University College of Agriculture Department of animal science」
Mary Arnel D Garcia教授とそのスタッフ。専門家だけあって、その浄化能力の高さに驚いた様子。

フィリピンバギオ市のホテルにて。合流から2日間に渡り目的がほぼ達成できた。

この施設の普及に、役所の力が必要となる。
「Bengust Provincial.Veterinary office」のPurita,L,Lesing室長と面会。ODAの摘要を受ける時の注意などの説明していただき、これからが本番になっていく。

研究農場に案内されて、スタッフより施設の説明を受け、排尿処理施設の設置場所などを協議。

スタット付きの水槽に入れ、その周りに水を張り36℃に設定、4日間で培養液が完成する。浄化した後の排尿の検査では、生物化学的酸素要求量が基準の16分の1、窒素含有量は5分の1と水質汚濁防止法の排水基準を大幅に下回った。『野口ファーム』では近くを流れる常陸川に浄化した排尿を放流しているが、その排水を測定した最新のデータでは、BOD生物化学的酸素要求量が基準の160ppmに対し10ppm、窒素含有量は120ppmに対し24・9ppmと放流基準より驚くほど低い数値だった。

「排尿処理槽はユンボなどの一般的な掘削用の建設機械と防水施工されるシート地の組み合わせで簡単に形成することができます。施工コストは処理槽がコンクリート構造物で地中深くに埋設された本格的な浄化処理施設の場合、数千万円単位の高価なものとなるのに比較して、発明技術の場合、約10分の1の350万円から400万円程度で済みます。また、廃業などの際もシート地を剥がして窪地を建設機械で埋め戻すだけ。処理槽に沈殿した汚泥は液肥として再利用することもでき、畜産を環境にやさしい産業にすることができます」

野口さんは、この処理法を養豚業が盛んな国に普及させるのが夢だ。

(ライター／斎藤紘)

代表取締役
絹川善明 さん

中央大学理工学部卒。埼玉県庁で技術職として勤務し、不動産鑑定士資格取得。つくばエクスプレス関連の土地区画整理事業に携わった後、不動産投資法人や外資系不動産コンサル企業を経て、2022年『株式会社タス』代表取締役に就任。

日本最大級のデータベースと確かなロジックで

全国の不動産を だれでも簡単 スピード評価

＼ サービスがすぐに分かる ／

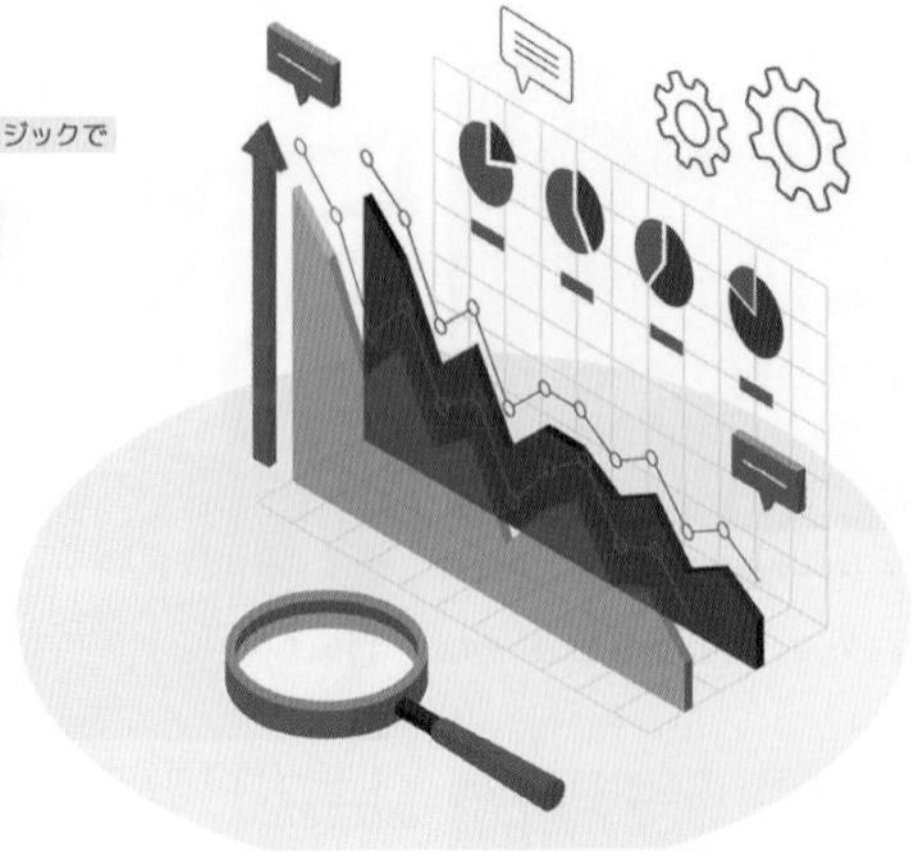

全国の不動産の価値を瞬時に査定 不動産評価Webサイトの進化を牽引

多岐にわたる活躍場面 不動産関連情報も提供

「一台のPCが不動産情報の書庫になる」といわれ、不動産がからむ様々なシーンで利用されているのが『株式会社タス』の不動産評価Webサイト『TAS-MAP』だ。IDを取得すればすぐに不動産鑑定手法による高精度の不動産評価ウェブアプリケーションを利用できるだけでなく、マンション価格、空室率、不動産投資利回り、相続税路線価、都市計画図、ハザードマップ、道路・住宅地図なども入手できるのが支持される理由だ。不動産鑑定士の国家資格を持ち、2022年6月から経営を担う代表取締役の絹川善明さんは、『TAS-MAP』の進化を牽引していく決意だ。

「『TAS-MAP』は、不動産という不透明な市場の価値を誰もが見えるカタチにすることを目指し、当社の技術陣が発明し特許を取得した収益評価装置や路線価選定装置、空室率推計装置に加え、全国の不動産に関する膨大なデータベースをベースに開発されたサービスです。不動産評価アプリを使えば最短3分で査定することができます。初期投資が不要なうえに専門知識がなくても簡単な操作で属人性や恣意性を排除した客観的評価ができるのが特長です」

株式会社 **タス**

03-6222-1023
yoshiaki-kinukawa@tas-japan.com
㊟ 東京都中央区八丁堀3-22-13 PMO八丁堀4F
https://corporate.tas-japan.com/

TAS

人と空間の新たなる「つながり」を生み出す

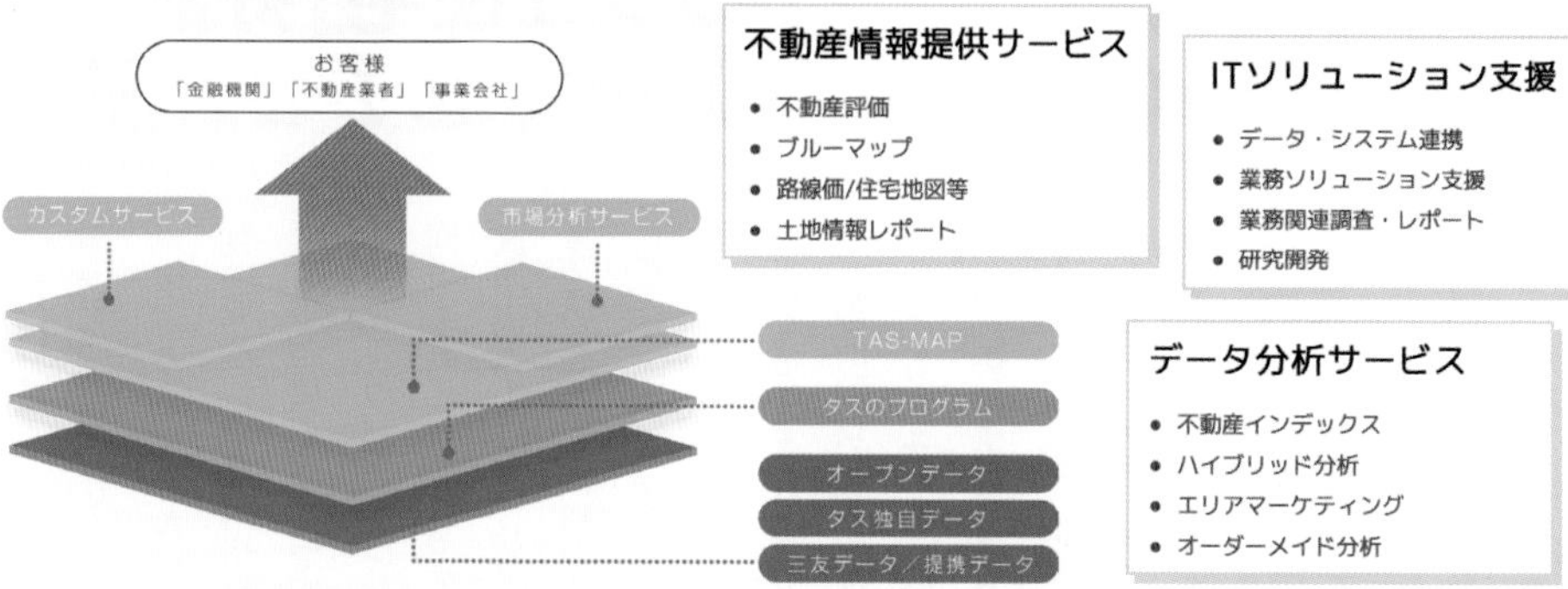

『TAS-MAP』が利用されるシーンは不動産の取引に限らず、国土の利用、災害対策、不動産市場の将来予測、相続不動産の価値評価、相続税算出、不動産投資リスク評価、取引先企業の与信調査、融資担保物件の評価、企業の保有資産の評価、不動産をめぐる訴訟など多岐にわたる。もう一つ、『TAS-MAP』の特長は不動産関連の企業や公益法人などと連携し、新たなサービスの提供や情報の発信ができる柔軟性だ。「株式会社マーキュリーリアルテックイノベーター」と連携して「マンション価格表・図面集」を配信しているのはその一例。こうしてサービスを拡充しながら進化していくことができる。

同社はトヨタ自動車、豊田通商、朝日航洋、三友システムアプレイザルの四社が出資して2000年に設立された会社。絹川さんは埼玉県庁や不動産投資法人、外資系不動産コンサルティング企業勤務を経て同社の社長に就任した。

「人々が日常生活を過ごし、企業が事業を営む上で欠かせない不動産には様々な側面があり、それらをあらゆる角度から見える化するのが当社の事業です。今後、不動産関連業務のIT化が益々進んでいきますが、不動産に対する時代のニーズを読み取りながら、不動産評価Webサイトを進化させていきたいと思っています」

（ライター／斎藤紘）

概要欄をチェック♪
今回は以前、古き良き純和風な雰囲気漂う物件を内見させて頂いた

代表取締役
武本尚 さん

大阪大学法学部卒。1972年より約20年間、戸建住宅と分譲マンションのディベロッパー会社で専務取締役を務め、企画、販売全体の責任者として実績を積む。1991年に独立し『株式会社アートランド』設立、代表取締役に就任。

「不動産屋ラムエイ」のYouTubeルームツアーで公開。
https://www.youtube.com/watch?v=N5gZjkBVyE8

こちらからも
検索できます。

新築同然安価な『リフレッシュ住宅』好評
YouTubeのルームツアーで魅了を公開

中古住宅を買い取り改修
耐震性確保の安心住宅

中古の土地付き住宅やマンションの空き部屋を買い取り、新築同然にリノベーションし、若い世代でも手が届く価格で販売する『株式会社アートランド』の『リフレッシュ住宅』の人気が高まる一方だ。同事業のビジネスモデルを構築した代表取締役の武本尚さんは、『リフレッシュ住宅』の魅力をもっと多くの人たちに知ってもらいたいと、関西を中心に住宅を内見するYouTubeのルームツアーチャンネルを運営する「不動産屋ラムエイ」とのコラボでモデルとなる『リフレッシュ住宅』を公開、見た人からの問い合わせが後を絶たないという。

『リフレッシュ住宅』は、居住環境に恵まれた兵庫県西部の播磨地域を中心に中古住宅を一級建築士が顧客目線で構造チェックや水まわりチェックを行った上で購入、事業パートナーである工務店が新築並みにリノベーションし、それを毎月の住宅ローン返済額が周辺の家賃相場以下になるような価格で提供するというものだ。中には月々の返済が5万円以下の物件もある。

「物件を見られた方は、まるで新築住宅みたいとビックリされていますが、『リフレッシュ住宅』の特長はそれだけではありません。耐震性があり、

株式会社 **アートランド**

079-295-0185
fresh@artland-fr.jp
㊟ 兵庫県姫路市南今宿8-9
http://www.artland-fr.jp/

家を売りたい
親切と安心のアートランド
家を買いたい
リフォーム＋
リノベーション

建物状況調査などの情報提供が行われ住宅に対し国交省が登録した住宅・不動産業界の団体が付与する安心R住宅の標章を獲得していますし、さらには既存住宅を販売した売主が基本構造部分の瑕疵について買主に対して負う瑕疵担保責任を確実に履行するための保証期間5年の既存住宅売買瑕疵保険にも当社が加入するので、安心・安全も担保されるのです」

　こうした好条件が評判になり、年間40棟前後も売れる状況が続いてきた。購入者の7〜8割が30代以下の若い世代だ。加えて、コロナ禍で急速に広がったテレワークに伴う新たな需要や、九州や中国地方から関西圏で就職した人たちで都会暮らしから田舎暮らしを望む人たちの需要も後押しし、販売実績は好調だ。

「不動産屋ラムエイ」のYouTubeルームツアーチャンネルで2023年4月には兵庫県三木市上の丸町の建物面積166・05㎡、土地面積163・60㎡、販売価格3280万円、月々の支払94000円という木造2階建ての二世帯住宅を公開。ダイニングルーム、和室、洋室、天窓付き天井、システムキッチン、水回り、玄関、納戸、バルコニー、駐車スペースなど新築同然にリノベーションされた全体の様子がわかる。

（ライター／斎藤紘）

代表取締役
青柳伸彦 さん

趣味:フィッシング、カメラ、映画鑑賞、舞台鑑賞。資格:宅地建物取引士、住宅ローンアドバイザー、地盤インスペクター。「『一生に一度の家』を後悔しないように、そして、お客様の輝かしい人生にたくさんの笑顔を提供したいです」

自然素材の家づくりに光るコンセプト ログハウスから一般住宅に対象を拡大

土地探しからサポート 選択肢多い住宅タイプ

「健康的で持続可能な生活様式」を意味する英語の頭文字をとった「LOHAS(ロハス)」を自然素材の注文住宅で実現する事業で存在感を高めている若き経営者がいる。建築事業や不動産事業を手がける「株式会社アヤメ企画」二代目代表取締役の青柳伸彦さん。土地探しから家づくりまでカバーするビジネスモデル『L-STYLE COCOCARA』を構築、気候風土に合った国産杉を使った主力のログハウスから自然素材の家を一般住宅まで拡大したもので、そのコンセプトは明確だ。

「当社は長年、保温、調湿効果が高く、耐熱性や遮音性、耐震性に優れた快適なログハウスを全国展開してきましたが、近年、気密性が高まった住宅の建材などから発生する化学物質やカビ、ダニなどによるシックハウス症候群が社会問題となり、自然素材への関心が高まっていることから、自然素材の家物をお客様の手の届く範囲でご提供することが時代の要請と考えて始めたのが『L-STYLE COCOCARA』です。国産材を使用することで豊かな自然を持続的に得る森林の育成にもつながり、SDGsにも寄与することできると思っています」

青柳さんが自然素材にこだわるのは、幼少期に

自然素材の家+α **L-STYLE COCOCARA**
エル‐スタイル ココカラ

055-284-1795
cococara@ayame-kikaku.co.jp
㊟ 山梨県南アルプス市小笠原254-1
http://www.ayame-kikaku.co.jp/

自然素材の家+α
L-STYLE COCOCARA

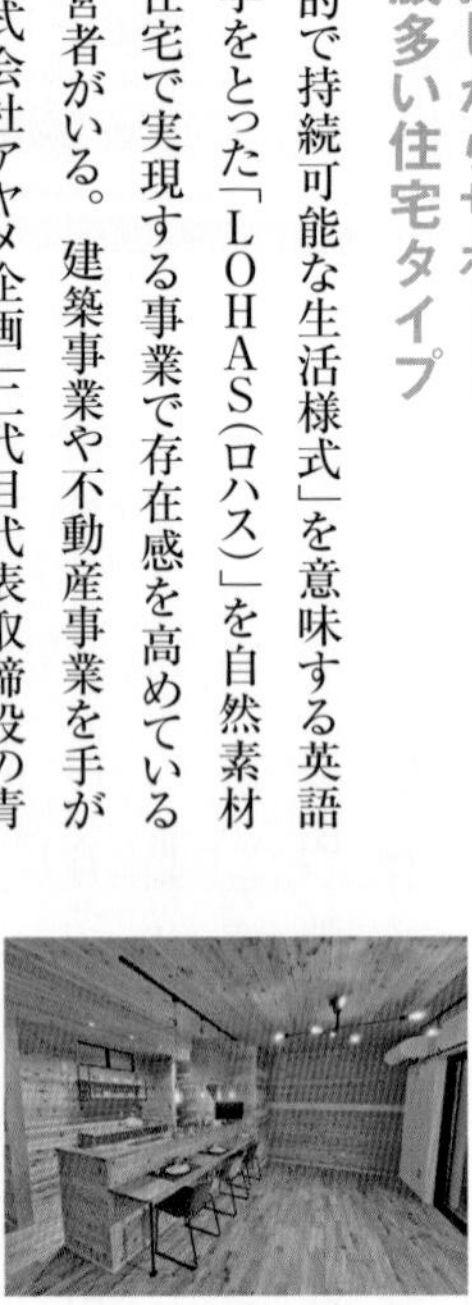

『DESIGNCASA』

『CASA平屋の家』

『断熱の家』

「平屋ヴィンテージ」

HOMA

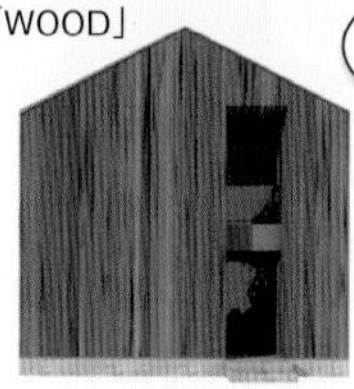

「WOOD」

「ジャパニーズ」

『自然素材の家+α』

アトピー性皮膚炎に悩んだ体験が背景にあるという。『L-STYLE COCOCARA』で提供する住宅は、「自然素材の家」「デザイン住宅DESIGNCASA」「建築家とつくる注文住宅CASAの家」「国産材ログハウス」「高性能住宅ワンズキューボ」「シンプルな平屋」「断熱の家」「HOMA」の8タイプ。この中の「HOMA」は、国内外に名を馳せる建築家とタッグを組み、優れた建材によって快適で住みやすく、災害に強い家を造り上げるもので、歳月を重ねるごとに美しくなる木の家「Wood」、ヴィンテージ要素を取り入れた重厚感あふれる佇まいの家「Vintage」、木の素材をモダンにアレンジしたシャープなスクエア型の家「Square」、降り注ぐ太陽の光が似合うどこまでも明るく自然な家「Natural」、日本の伝統建築と最先端が交わるモダンスタイルの家「Japanese」、日本の伝統家屋「町家」を現代風にアレンジした家「Galvalume」、時が経つほどに味わいを増す強く美しいレンガ造りの家「Bric」、時を経ても飽きることのない究極にシンプルな家「Simple」の8タイプがあり、青柳さんは選択肢の広さを重視した。

演劇界から転じて家業を承継した青柳さん、猛勉強で修得した建築、不動産の知識だけでなく、豊かな感性と発想力で新たな地平を切り拓いていく。

（ライター／斎藤紘）

株式会社 山一
Yamaichi Co., Ltd.
Reform
高度なリフォーム技術でお住まいの不便を解決します。

代表取締役
山田一稀 さん
15歳で大工職人の世界に入り、工務店で修業を積みながら顧客対応や営業手法も学び、2020年、23歳で独立し、平塚市を拠点に神奈川県全域で家屋のリフォームや修理を手がける『株式会社山一』を創業。2級建築大工技能士。

家屋のリフォームや修理に生かす 技能五輪全国大会で好成績の技術

予算範囲で満足最大化 小さな工事も労厭わず

「わが家を施工するような気持ちで一つひとつ大切に施工に取り組んでいく」

『株式会社山一』代表取締役の山田一稀さんが仕事で貫くスタンスだ。中学卒業後、大工職人の道に進み、工務店で腕を磨いて若干23歳で独立起業、家の価値や機能を高めるリフォームや修理をワンストップで完遂する施工体制を築いた若き経営者だ。23歳以下の職人が技を競う技能五輪全国大会の建築大工部門に神奈川県代表として出場し、優秀な成績を収めた経験と技術が確かな仕事ぶりに表出する。

「技能五輪全国大会で優秀な成績を収めたことは一つの誇りではありますが、過去の栄光に満足することなく、常に技術の研鑽に努め、より高度な技術で地域の皆様に貢献していきたいと思っています」

この言葉通り研鑽に努め、2級建築大工技能士の国家資格も取得した山田さん、スタッフには「営業部は売り上げを気にするな、施工部はスピードを気にするな」と語り、余計な工事の提案は行わず、予算の範囲で施主が満足するような対応をすることと、焦らず丁寧に納得のいく仕事に徹することを大事にしているという。

株式会社 **山一**
やまいち
0463-74-6795　080-2061-6310 (mobile)
yamaichikensetsu55@gmail.com
㊟ 神奈川県中郡大磯町高麗3-1-10
https://yamaichikensetsu.com/

株式会社 山一

業務は、フローリングやクロスの張替え、間切りの変更、キッチンやトイレ、浴室のリフォーム、家具の修理、断熱施工、耐震工事、バリアフリー化工事、防水対策工事、ウッドデッキ工事、外壁や屋根の塗装など多岐にわたる。耐震工事では、家の構造や状態を調査したうえで、外壁や天井、土台部分の補強など建て直しせずに、なし得る耐震工事を提案、バリアフリー化工事では、自宅での療養や介護が必要になった場合に備えて段差の解消や手すりやスロープの設置、車いすでも使える引き戸への交換や間口の拡張、車いすでも利用できる洗面台への交換など幅広く対応する。

「購入された中古住宅や相続した空き家を自分たち好みに隅々までリフォームしたい、資金もしっかりかけ計画的にリフォームしたい、災害などによる雨漏りや屋根や外壁の損壊で急いで修理したいなど、当社に寄せられるご要望は様々です。急なことで資金の準備が十分でない場合にも安心してご依頼できるよう予算面でも柔軟なご提案をさせていただいています」

雨戸の建付けが悪い、ドアが壊れた、タンスの扉が取れた、引き出しの開け閉めがしにくくなったなどといった小さなトラブルにも対応する姿勢から施主に親身に寄り添う心が伝わる。（ライター／斎藤紘）

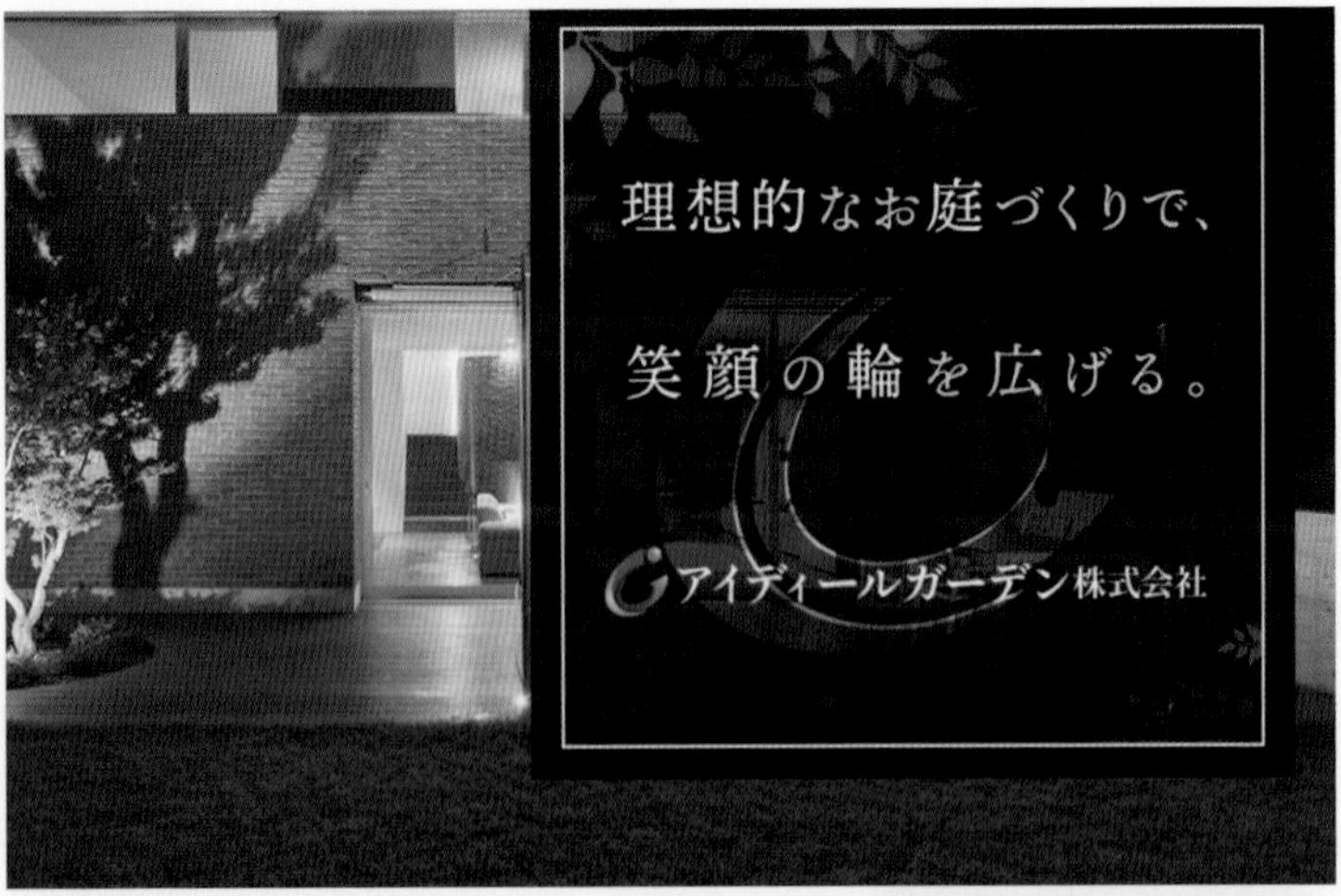
理想的なお庭づくりで、
笑顔の輪を広げる。
アイディールガーデン株式会社

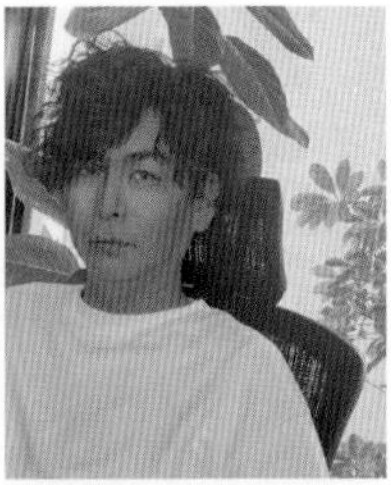

代表取締役
古竹竜一 さん

学業修了後、大手自動車メーカーのディーラーに就職、営業マンとして7年間勤める。化成品や建材などを取り扱う一部上場のメーカーに移り、建材部門で14年間勤め、2021年独立、『アイディールガーデン株式会社』設立。

『理想のお庭」を作るという意味の社名『アイディールガーデン』。どんな小さなことでも気軽にお問い合わせを。

施工でデザイン性と機能性の両立追求
技術力が光る外構・造園・内装左官工事

高品質資材を厳選使用
設計から自社一貫体制

アートウォールseed（門柱）、パレットHG（塗り壁）、エコモックフェンス（フェンス）、マイポートNEXTワイド（カーポート）、クラッシュロック（砂利）、コルジリネ（植栽）、ネイチャーターフ（人工芝）。『アイディールガーデン株式会社』代表取締役の古竹竜一さんが外構・エクステリア工事で使う資材の一端だ。化成品や建材の大手メーカーの建材部門で14年間勤める中で培った知識と品質を見極める目で厳選したもので、デザイン性と機能性を兼ね備えた外構が形成され、施主に笑顔をもたらしてきた。

外構・エクステリア工事は、内装左官工事や造園工事と並ぶ業務の柱。

「外構・エクステリアは、建物を外から見た際のイメージを演出すると同時に、防犯性やセキュリティの維持向上やプライバシーの確保などの役割も担っています。施工に当たっては、お客様が思い描く理想の外構・エクステリアの姿をお聞きし、景観と機能のバランスを考えながら、家を建てた際の設計図なども参考にして設計し、資材を選び、配置し、お客様に心からご納得いただけるよう仕上げます。新規の工事だけでなく、リガーデンも可能です」

内装左官工事では、体や環境に優しい上に、優

アイディールガーデン 株式会社

087-814-3220
idealgarden.20210118@gmail.com
㊟ 香川県高松市由良町905-4
https://ideal-garden2021.com/

アイディールガーデン株式会社

れた調湿力で一年を通して快適な室内環境を実現する漆喰や珪藻土、シラスなどの天然素材を多用する。技術力の高さを示すのがモルタル造形だ。

「壁面にモルタルを塗り付け、固まるまでにナイフで削る、ブラシで叩くなどの加工を施して着色し、まるで本物の石やレンガを積んだように見せる工法です。素材に経年劣化したような風合いを醸し出すエイジング塗装でアンティークな質感を出すこともできます。建物の壁や塀などのほか室内で施工し、インテリアのいらない内装としてお客様に喜ばれています」

造園工事も、古竹さんの空間構成技術が生かされる。

「お庭は、住んでいる人だけでなく、来客や近隣住民、通りすがりの人にも心のやすらぎと癒しをもたらすのが役割です。華やかで明るい雰囲気のお庭、厳かで落ち着いた雰囲気のお庭など、お客様のイメージに沿った演出を施し、隅々まで生命力に満ちあふれたお庭を造りあげます」

これらの業務は一戸建て住宅だけでなく、マンションや店舗なども対象で、提案から設計、施工、アフターケアまで自社一貫体制で対応できるのが同社の強みだ。相談、見積もり、現地調査は無料だ。

（ライター／斎藤紘）

代表
市川一志 さん

ギター製造会社勤務を経て『創作工房一志家具製作所』設立。一般住宅の家具や店舗やオフィスの什器、医院のインテリア家具、キッズ家具などのオーダーメイド家具などを設計、制作。

唯一無二の家具を生み出す職人の熱量
「BtoB」中心のオーダーメイドに高評価

デザイン巡り対話重視
キッズ家具に独自視点

「デザイナーの熱量とモノづくり職人の熱量のぶつかり合いが極上の作品を生み出す」

量販店の家具の対極にある手作りのオーダーメイド家具で注目度を高める『創作工房一志家具製作所』代表の市川一志さんは、この製作プロセスに醍醐味を感じながら製作に打ち込んできた家具職人だ。製作する家具の大半が設計事務所やデザイナーオフィス、内装会社などの専門家からの依頼によるもので、「ＢｔｏＢ」が中心。設計段階から発注元のデザイナーとディスカッションを重ね、意図を汲み取って形にしていく。

「量販店などには安くて良い家具はいっぱいありますが、私たちとは立ち位置が異なります。当工房の家具は、すべてオーダーメイドのため、事前の打ち合わせで、お客様が何を求めているのかを感じることを重視しています。その過程で双方の熱量がぶつかり合いますが、一つのデザインに収斂していき、唯一無二の洗練された家具が生まれのです」

同工房には、市川さんを含め五人の家具職人が在籍し、単独で時に力を合わせて製作するが、その仕上がりは市川さんが好きな北欧家具の中心、デンマークの「シンプルで飽きの来ない、長く使い続

創作工房 **一志家具製作所**
いっしかぐせいさくしょ

072-865-3322
info@issi-furniture-design.com
㊟ 大阪府大東市大東町8-66
http://issi-furniture-design.com/

こちらからも
検索できます。

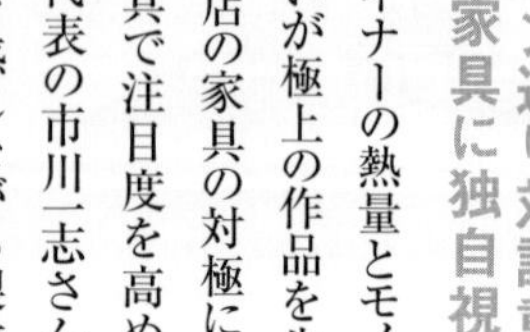

ふるさと納税返礼品の写真立てとカッティングボード。

けられる上質な家具」の特長に重なる。

市川さんは、陶芸家の父と染色家の母の下に生まれ、中学生のころから家具に関心を持ち、高校で家具を学び、さらに家具専門学校で技術を身に着けた根っからの家具職人。「BtoB」の家具製作のほかKids(キッズ)向け家具の製作に力を入れているのも特長だ。

市川さんは、「モンテッソーリ教育」に関心があり、家具を介した物理的環境が子どもの成長に与える影響を掘り下げ、商品開発に役立てている。幼少期より本物に触れることで、ポジティブな情動と創造的な思考が養うのではと考えている。また、京都芸術大学プロダクトデザイン科の学生とともに「おとなとこどもが使う家具」の探求に携わり、産学連携で商品開発を進めギャラリーでの展示会なども行っている。

さらに、技術力が評判になり、チーク天然木集成材で作った写真立てやカッティングボードなどが大阪府大東市のふるさと納税返礼品に採用されたほか、桧無垢材のカウンターを香港の会社から受注するなど活躍するシーンが広がっている。

(ライター/斎藤紘)

代表取締役社長
木村晋輔 さん

社会人からシステムエンジニアとして開発業務を10年以上経験し、講師の経験は約3年ほど（個人スクールや専門学校）経験の後、大阪に移り、会社勤めからフリーランスへ転身、好きな仲間と仕事が楽しいと思える世界を創りたいと2020年6月に起業。

ITエンジニア育成事業で業績伸長 企業向け個人向けコースとも充実

エンジニア経験生かす 視野に入れる海外展開

「変化の速いIT業界で、他にはない魅力あふれる技術者を育成し、社会に貢献する」

システムコンサルティング、エンジニア人材育成、ドローン空撮を事業の3本柱にコロナ禍の2020年6月に創業した『株式会社ReAct』のビジョンだ。ITに精通した少数精鋭の頭脳集団を牽引する代表取締役社長の木村晋輔さんは、エンジニアスクールや大手IT技術専門学校で講師を務めるなどエンジニアとして10年以上の経験があり、特にIT人材の育成で声価を高め、経営を成長軌道に乗せた。人材育成事業は、企業向けのエンジニア人財育成コースと個人向けのエンジニアスクールコースの二つの方法を導入したのが特長だ。

「エンジニア人財育成コースは、新卒社員や新人エンジニアを対象に企業をビジネスマンやエンジニアとして支えるために必要な知識や技術、ソフトウェア開発に必要な知識と技術が習得できるよう実務に沿った形で指導します。プログラミング基礎研修から始まり、ソフトウェア開発の流れ、Webシステムの基礎知識、プログラミング基礎文法と演習、データベース基礎と演習、セキュリティの基礎知識、バージョン管理の基礎知識、フレームワーク

株式会社 ReAct
リアクト
06-6232-8479
contact@react-system.co.jp
㊟ 大阪府大阪市北区西天満4-5-7 三旺ビル4F
https://react-system.co.jp/

SCAN ME
こちらからも
検索できます。

基礎と演習、ソフトウェア開発のグループワークなどが講義内容です」

　エンジニアスクールコースは、収入をあげたい、エンジニアに興味がある、違う仕事に転職したいといった個人を対象に、約4ヵ月から10ヵ月かけて、週1回、1コマ2～3時間の実際の実務形式（OJT）方式による授業でマンツーマンで行う。ソフトウェア開発の流れ、プログラムの基礎知識、開発環境の構築方法、プログラミング言語のJavaやPHPの基礎文法、Webの仕組み、Webページを作成するための言語HTML、Webページのスタイルを設定する言語CSS、データベースとデータベース言語SQL、フレームワーク基礎、Webアプリケーション作成などが学べるので、就職後も即戦力として活躍できる力が養えるという。

　創業から3年、コロナ禍でも黒字経営を維持し、社員は10人を超えるまで成長した。

「社員全員で切磋琢磨しながら事業に取り組んできた努力が業績につながったと思っています。今後の目標としては、パッケージシステムを作って大きく展開させていきたいと考えています。また、数年以内に海外展開を考え、そこで様々な価値観に触れて会社のさらなる成長を目指していきたいとも思っています」

（ライター／斎藤紘）

代表取締役
押田和浩 さん

NTT-ME東北で3年間、CTCテクノロジーで3年間、ネットワークエンジニアとして活躍した後、父親が経営する『株式会社オーシーエム』に入社、システムエンジニアとして12年間の経験を積み、経営を受け継いで代表取締役に就任。

エンジニアが働きたくなる環境を整備 IT人材不足の中で驚異的な採用実績

報酬の明白化など実施 OCMで当事者意識向上

業務の効率化や生産性向上のためのIT活用が急加速で進む時代にあって、IT人材の慢性的な不足が大きな課題になる中、創業時わずか四人だったITエンジニアを約15倍の62人まで増やした会社がある。ITエンジニアを企業に派遣し、システム開発などをサポートするSES（システムエンジニアリングサービス）を手がける『株式会社オーシーエム』。驚異的な人材確保を可能にしたのは「エンジニアファースト」を経営理念に掲げ、エンジニアがこの会社なら働きたいと思える労働環境を構築した二代目代表取締役の押田和浩さんの経営手腕だ。押田さんは、NTT-ME東北や伊藤忠グループのCTCテクノロジーで活躍したITエンジニア。創業者である父親から経営を引き継いで以来、技術者の思いに寄り添う姿勢を鮮明にし、様々な社内体制の整備を進め、改善を重ねてきた。

その代表例が賃金報酬テーブルの明白化だ。「SES企業では、大半の企業がグレーゾーンとなっている賃金報酬テーブルについて、参画プロジェクトの契約単金を個々のエンジニアに明示し、年俸を決定する仕組みを2023年4月から始めました。これにより、エンジニアは目指すべきスキルと

株式会社 **オーシーエム**

本社 ☎ 048-816-9235
✉ info@ocm-net.co.jp
㊟ 埼玉県さいたま市浦和区高砂1-2-1 エイペックスタワー浦和2001
https://ocm-net.co.jp/

東京オフィス
㊟ 東京都港区
新橋5-13-13
川勝ビル3F

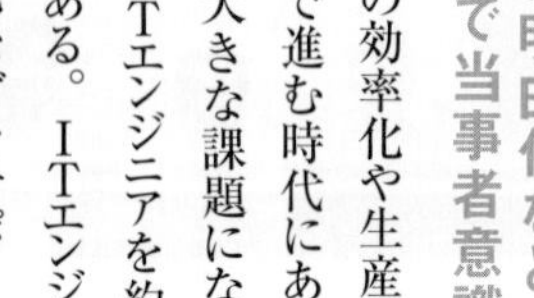

報酬が明確になり、将来への具体的な目標設定が容易になると思っています」

特別休暇制度も独特だ。2022年からはインフレ手当や在宅手当、1時間単位での有給休暇制度、23年度にはパーソナル休暇やアディショナル休暇も追加した。もう一つ、注目すべきはOCM事務局の設置。1年任期でエンジニアが能動的にイベントや勉強会を企画運営する。事務局メンバーは立候補制で、手当も出す。社内コミュニケーションの活性化や参加意識、当事者意識の向上が目的だ。こうした取り組みが評価され、埼玉県の健康経営認定制度による認定や多様な働き方実践企業認定制度のプラチナ認定を取得、さらに東京都港区のワーク・ライフ・バランス推進企業認定事業でも認定された。同社の主力業務であるSESでは、エンジニア個々のスキルとクライアントが求めるスキルを擦り合わせた上でプロジェクトにエンジニアが常駐する形で参画するというスタイルを堅持。また、近年は人材採用に加え取引先の拡大にも力を入れてきた結果、金融系顧客などの新規取引拡大にも繋がっている。今後はさらに、社内教育制度の構築、社内ポータル構築など継続して社員エンゲージメントの向上ということを第一にアクションしていく考えだ。（ライター／斎藤紘）

最短最速で国家資格者を目指す
キャリアコンサルタント養成講習
他校より格安で受講可能
最短最速 1.5ヶ月で受験資格
充実した受験対策講座
教育訓練給付金対応講座
給付制度の利用で受講料の最大
70%支給されます!
キャリアコンサルタント養成講習　　受験対策講座

代表理事
柴田郁夫 さん
早大理工学部卒、同大学院修了。工業デザイン会社でシンクタンク業務など経験後、「株式会社志木サテライトオフィス・ビジネスセンター」設立。2013年『地域連携プラットフォーム』設立。元青森大学経営学部客員教授。

幸せに働く人を増やしたい一心で キャリアコンサルタント養成に注力

テレワークの先駆者 受験向けの講習で実績

テレワークが広がり始めたコロナ禍の2021年9月に出版され、注目を集めた書籍がある。『一般社団法人地域連携プラットフォーム』代表理事の柴田郁夫さんの「ワーク・エンゲージメントの実践法則 ―テレワークによって生産性が下がる企業、上がる企業―」。約35年前からテレワークの原点、サテライトオフィスの普及に力を注いできた経験と知見を生かしたものだが、その根底に流れる「幸せに働く人を一人でも増やしたい」という思いは、終身雇用制が崩れ、テレワークの普及と並行して柴田さんが情熱を注ぐ事業になった。

「大学院の建設工学研究科で住居史を研究し、住居での生活から発想の連鎖で生活の一部である働くという行為に関心が移り、ワークライフバランスを実現する手段として職住近接のサテライトオフィスの普及に携わるようになったのです。さらに、労働環境が劇的に変化していることや米調査企業のグローバル就業環境調査で我が国で仕事満足度を感じる従業員の割合は5%と調査対象145ヵ国中最低レベルだったことに着目し、働く人を幸せにする援助職であるキャリアコンサルタントの養成に力を入れるようになったのです。働

一般社団法人 **地域連携プラットフォーム**
ちいきれんけいプラットフォーム
048-476-4600
info@careerjp.work
㊟ 埼玉県志木市館2-5-2 鹿島ビル4F
https://careerjp.work/cc1/

設立当初の志木サテライトオフィス。日本初の本格的テレワーク（職住近接）オフィス。

著書「国家資格キャリアコンサルタントになるには!?」秀和システム刊
「テレワークの先駆者が教える～ワーク・エンゲージメントの実践法則-テレワークによって生産性が下がる企業、上がる企業-」

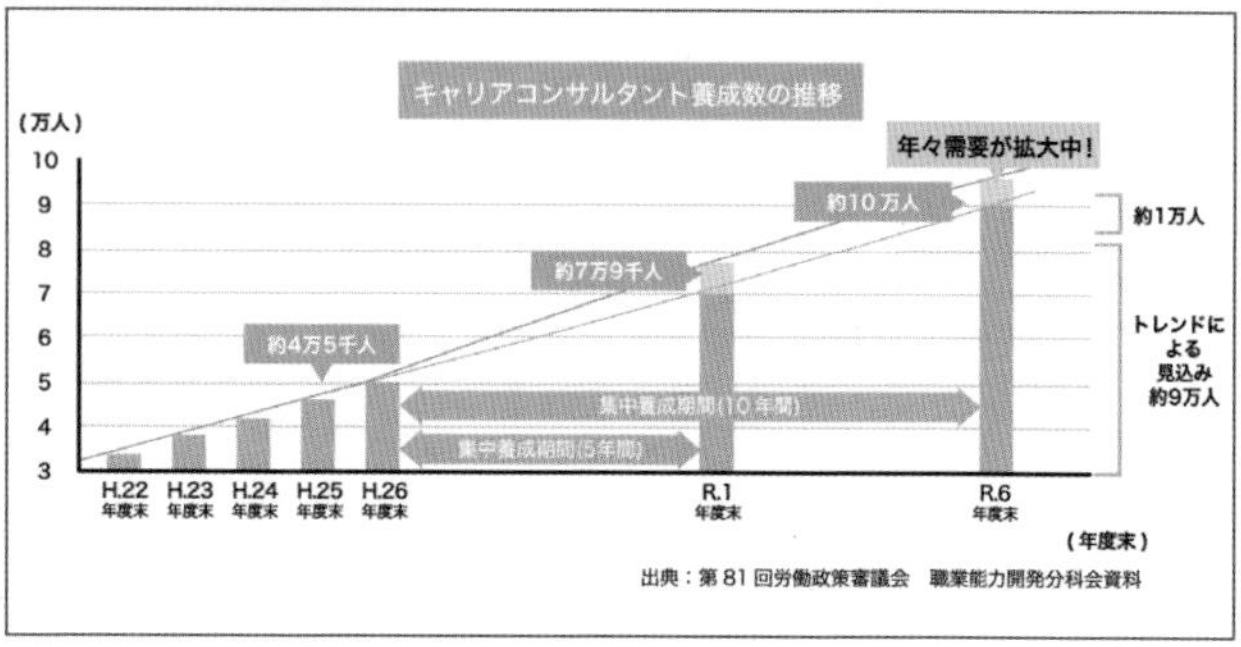

出典：第81回労働政策審議会　職業能力開発分科会資料

く人のメンタル面の不調を改善するカウンセラーと能力や志向に気付きを与えるコーチの両方の働きをするキャリアコンサルタントが増え、それによって幸せに働く人も増えるような社会になることを願っています」

このキャリアコンサルタントの養成事業は、国家試験受験資格が得られる、厚生労働大臣が認定した養成講習150時間（内70時間は自宅での通信学習）や受験対策講座からなり、いずれもZoomを使ったオンライン学習が原則。北海道から沖縄まで全国から受講生が集まっている。講習や講座には、キャリアコンサルタントの国家資格と上位の一級技能士の国家検定資格を持つ柴田さんの知見が生かされるほか、柴田さんが出版した受験対策参考書や問題集が使われる。全国平均で試験の合格率は65％前後だが、同校の受講生の97％超が合格し、これまで合格した受講生は約800人にのぼるという。

柴田さんはこのほか、働く人個人ではなく、組織全体の活性化をサポートする『組織キャリア開発士』という独自の資格を作り、その養成講座や起業を目指す人を支援する『創業スクール』も開いている。

（ライター／斎藤紘）

CEO
井上大助 さん

国内SIer、外資系大手保険会社、外資系大手コンサルティングファームを経て、『株式会社Grandaider』を設立。大手金融機関を中心にプロジェクトの中核としてプロジェクトの成功に貢献。

多様な視点で業界の常識に捕らわれない課題解決を実現

ビジネスの成長をサポートし持続的な価値を提供

『株式会社 Grandaider』は、お客様の真のニーズに応えるためのコンサルティングサービスを提供しているコンサルティング会社。IT・ビジネス・戦略コンサルティング事業やITプロジェクトマネジメント支援、IT品質管理強化支援、システム開発支援など提供サービスは多岐にわたる。中でも特に金融系のクライアントに対してのITを中心としたコンサルティングサービスと品質管理に定評がある。CEOの井上大助さんは、国内SIer、外資系大手保険会社、ベンチャー企業、大手コンサルティングファームで経験を積んだ後、同社を設立。「自由な未来を翔け抜ける』をコンセプトに、お客様の未来を創造する支援だけでなく、我々自身も変わり続けることをテーマに、日々のサービス提供に取り組んでいる。

同社には、設立直後から様々な業種からメンバーが集結。少数精鋭ながらも多様なバックグラウンドと専門知識を持つメンバーがクライアントのビジネスに最適な解決策を提示し、業界の垣根を超えた視点で解決策を提案。業界の常識に捕らわれない課題解決を実現している。単に問題を解決するだけではなく、クライアントのビジョン、

株式会社 Grandaider
グランダイダー

03-6821-2810
contact@grandaider.com
㊟ 東京都大田区南六郷1-1-19
https://www.grandaider.com/

GRAN DA!DER

目標、課題、問題を適切に理解し切り分け、自走可能な状態にまで持っていける解決手法を提供してくれるもの魅力だ。

また、難しい表現をせず常にクライアントに寄り添い、真の目的を引き出すことで、本当に解決すべき課題を見つけ出す「課題発見力」もの強みの一つ。そんなクライアントに真摯に寄り添う姿勢がクライアントとの継続的な対話を生み出し、長期的なパートナーシップの構築や時代の変化や多様なニーズに適応できる最適な戦略の立案にも繋がっているという。多様な視点が実現する「課題発見力」と「課題解決力」を活かしたコンサルティングはクライアントからの信頼も厚く、短期的なプロジェクトに止まらず長期プロジェクトとして発注されることも多い。

同社では、数多くのコンサルティング会社にありがちな一時的な課題の解決に留まらず、クライアントのビジネスの成長をサポートし、持続的な価値を提供している。

（ライター／長谷川望）

BPO事業部

コールセンターや営業などを専門とする外部委託サービスを行なっております。お客様のニーズに柔軟に対応し、効果的なアウトソーシングを実現します。

職業紹介事業部 [一般職 / 専門職]

営業、販売、事務、ITエンジニア、保育、看護、介護など、幅広く転職のサポートを行い、企業の人員不足を解決致します。

代表取締役
萢島（はいしま）竜次 さん

高校卒業後、スーパーマーケットチェーンを展開する「ヤオコー」に入社、若年で旗艦店舗の主任に抜擢される。その後自主的に退社。2015年『株式会社NEXT TIME』を設立し、代表取締役に就任。2018年、NEWGATE社外取締役に就任。

需要拡大のコールセンターに人材供給
霊場巡りで新たな目標を目指す気概養う

社会貢献を信条に前進
地方政治家目指し研鑽

時の流れとともに変化するモノやサービスに対する社会のニーズを見定め、事業で対応していく。ビジネスのこの要諦を実践して前進しているのが人材ソリューション事業や物販事業などを手がける『株式会社NEXTTIME』の社長萢島（はいしま）竜次さんだ。大手スーパーチェーンの旗艦店で活躍後、「社会貢献」を追求すべき命題と定め、関東や関西の霊場巡りで精神を鍛えながら、自らの力で成長軌道を一歩一歩昇ってきた。転職支援や職業紹介などの人材ソリューション事業は、萢島さんがこれまでの歩みの中で築いたパートナーという500人超の人脈を活用し、働く場と働きたい人をマッチングさせる方法で進めてきた。今、力を入れているのが人材不足に悩むコールセンターへの人材供給だ。

「企業と顧客の接点となるコールセンターは、ITツールやSNSの爆発的な普及やコロナ禍での巣ごもりによる問い合わせの増加などを背景にニーズが拡大する一方で、3密職場であるコールセンターでの感染を恐れて離職する人も多く、労働力の減少と相まってオペレータやスーパーバイザなどのなり手が少ないという需給のアンバランスが課題になっています。当社は、副業を模索する会社員やフリーラ

株式会社 **NEXT TIME**
ネクスト タイム

03-5244-4304
nexttime6038@gmail.com
㊟ 東京都豊島区東池袋1-17-11 パークハイツ池袋1105
http://www.next-time.co.jp/

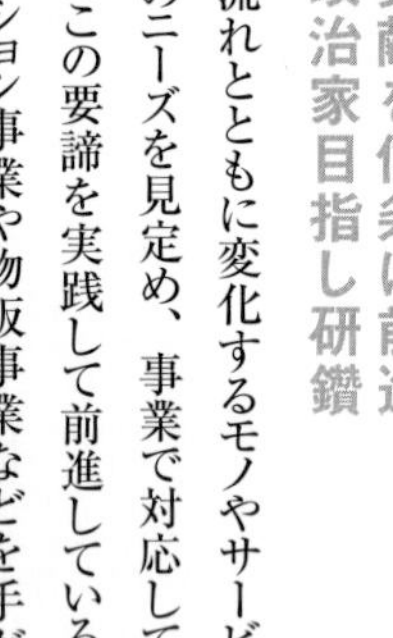

「子ども国会」開催のスタッフを担った。

こどもの意見を現職議員と意見交換した。

会社がオーナーで草野球チーム、ネクストタイムズを監督として編成した。

経営者達と富士山登山。

会社メンバーで神社参拝を。

書籍「挑戦者の流儀」にて、「2020年注目の経営者30人」に選ばれる。また、書籍「経営者の視点」にて「2021年注目の社長36人」にも選ばれ、同書2年連続の受賞となった。

ンサーなどを希望や適性を見極めた上でコールセンター要員として紹介し、時代の要請に応えていきたいと思っています」

　また、コロナ禍による倒産や派遣切れで失業した人たちの受け皿になり、再就職を支援する社会貢献度の高い活動でも手腕を発揮した。一方、物販事業は、通販サイトAmazonに家電や日用品、雑貨など少しでも利益の出るものを厳選して出品する方法で売り上げを伸ばし、中古市場で高額で取り引きされる老舗時計ブランドの高級腕時計でも商機を見出している。萢島さんは、コロナ禍で社会の価値観が大きく変わる中、事業活動の合間を縫って、弘法大師が整備した関東、秩父、関西にある100寺霊場巡りをしたという。

「仕事や人生に向き合う上でプラスになる経験でした。新たな目標に立ち向かう気概も湧いてきました」

　その目標、一つは会社を大きくして上場を果たすこと。もう一つは、生まれ育った埼玉県の地方政治をフィールドに地元の役に立つ仕事をすることだ。現在、月に数回、国会議事堂や議員会館を訪れ、国会議員と意見交換して人脈を築きながら、政治の課題や政策実現のプロセスについて学ぶ努力を重ねている。

（ライター／斎藤紘）

マーケター×WEBクリエイター×ソムリエの“三刀流”で、未来を切り開く。

代表
内田正彦 さん

大阪芸術大学文芸学科卒。関西の高級イタリア料理店でバーテンダーやソムリエ、店舗の経営管理、スタッフ教育、店長を経験後、系列の水産会社へ転属し、セールスとマーケティングに従事。在職中に『ぞろ屋合同会社』を設立。

スモールビジネスが激動の時代を勝ち抜くための『勝てるホームページ作成サービス』が大ヒット!

濃密なヒアリングと独自の分析で勝てるシナリオを作成

国内の85％を占める年商1億以下のスモールビジネスが生き残るには「戦略」が欠かせない。そのために『勝てるホームページ作成サービス』を提供するのが、『ぞろ屋合同会社』代表の内田正彦さん。インフレや増税、安定しない世界情勢など、先行きが不安な時代を生き抜くためには「必要としている人に必要な〈価値〉を正しく届けるためのマーケティングが重要」だと話す。いくら見栄えが良くても「誰に、何を、どう伝えるのか」がぼんやりしているホームページでは、売上が伸びることはない。成果を上げるのは、デザインではなく、言葉だからだ。顧客ターゲットを明確にし、その悩みや不安、困りごとを解決するシナリオを提示して、初めて役に立つことができる。しかし、情報爆発社会において、それだけでは不十分といえる。競合を徹底的に調べて、自分だけしか提供できない領域まで訴求を磨き上げることで、やっと顧客から選ばれるのだ。マーケティングというと、一見、華やかなイメージだが、地を這うような泥臭さがそこにはある。だが、それが本質だと内田さんは考えている。

そんな『ぞろ屋合同会社』が提供する『勝てるホームページ作成サービス』は、日本最大級のスキルマーケット「ココナラ」WEB制作ランキングで17000件あるサー

ぞろ屋 合同会社
ぞろや

090-6371-3396
info@zoroya.co.jp
https://zoroya.co.jp/

@zoroya_create
@zoroya_llc
@063nkewl

勝てる
ホームページ
Marketing
比較されて選ばれる
SEO/MEO
見つけてもらいやすい
Design
Message
ファン化させる
代表　内田正彦さん

●LINE登録でプレゼント!
ココナラで販売価格を100倍にした具体的な手法と手順

LINEでは「スモールビジネスが勝ち続ける秘訣」を定期発信しています。

凡人以下の僕が成功するための3つの戦略
なぜ借金500万
崖っぷちサラリーマンが
年収1千万到達

●全国の書店で販売中!
凡人以下の僕が成功するための3つの戦略

なぜ借金500万円「クビ候補」崖っぷち会社員が年収1千万到達できたのか?

“勝てる”ホームページ制作

●基本料金
500,000円(税込)〜

"勝てる"ホームページの作り方講座

●ベーシック講座
297,000円(税込)

●スポットコンサルティング
30分 15,000円(税込)〜

ビスのうち数十回ランキング1位を獲得。無数にあるWEB制作サービスの中でも、圧倒的な実績と輝きを放っている。現役のマーケターとして活躍しているからこその戦略性の高さが、WEBデザイナーやプログラマーでは実現できない『勝てるホームページ』を可能にしたのだろう。

特に、ヒアリングの質と量、戦略策定に驚く経営者が多いという。時には、意見の食い違いや衝突が起きることもあるが、良いモノづくりをするためにはそうした軋轢も恐れない。積極的にクライアントとコミュニケーションをとり、ビジネスライクな付き合いではなく、「縁」や「恩」「感謝」といった〝見えない心〟を大切にする。

その結果、作成したホームページは顧客の心をがっちりと掴み、着実に成果を上げる。クライアントの意向を優先しながらも徹底した戦略性と顧客心理を考えて作られたデザインやキャッチコピー、文章構成に〝勝てる根拠〟が存在するからだ。見た目のデザインばかりを追い求め、文章構成などは顧客側で用意しなければならないWEB制作サービスが多い中、ほぼすべておまかせできるのも『ぞろ屋』ならでは。

実はワインのシニアソムリエの資格を持つ内田さん。マーケター×WEBクリエイター×ソムリエの三刀流で、未来を切り開きたいと話す。「マーケティングで日本を強くする!」その志のもと、秘めたる刀を研ぎ澄ませることに余念がない。

(ライター/彩未)

代表
平木康嗣 さん

学業修了後、メーカーで約15年、ものづくりに専念。「より人と触れ合える仕事に挑戦したい」と独立を決意。会社に勤めながら学び、行政書士と司法書士の資格取得。2016年、『司法書士行政書士オフィスウェールム』設立。

司法書士行政書士の権限と知見生かし 複雑な相続案件を最善の着地点に導く

遺言の作成執行が可能 空き家の相続でも助言

民法に様々な規定があり、利害関係も絡む複雑、煩瑣な相続案件で、司法書士と行政書士の二つの国家資格が持つ権限と知見を活用し、遺族間の紛争解決や相続税の申告などの税務関係業務を除く大半の手続きを処理し、解決に導いてきたのが『司法書士行政書士オフィスウェールム』代表の平木康嗣さんだ。相続人調査のための戸籍取得、遺言書作成、遺言執行、遺産管理、遺産分割協議書作成、相続登記、不動産登記、裁判所などへの書類作成、家族信託、成年後見までカバーし、ワンストップで処理できるのが強みだ。

　中でも、遺言書に関する支援業務は作成から執行まで幅広い。

「相続人間で財産の分配をめぐって争いが起きないように、生前に遺言で財産の分配の方法を指定しておくことをお勧めします。当オフィスでは、ご本人のお気持ちやご家族の事情などをお伺いし、遺言書の原案を作成することが可能です。遺言書の検認申立書類も作成します。また、遺言書に書かれた内容を実現するためにはさまざまな手続きが必要になります。特に、遺言で財産を何人かの受遺者に遺贈する場合や換価処分して相続人に分配

司法書士行政書士 **オフィスウェールム**

045-620-2373
support1@office-verum.jp
㊟ 神奈川県横浜市神奈川区西神奈川1-4-7 コーポ・タニ102
https://office-verum.jp/

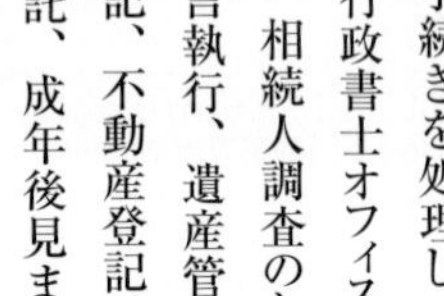

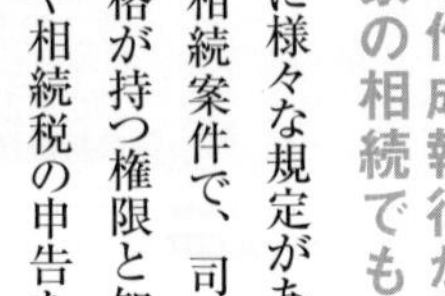

誠心誠意、じっくりお話を伺いし、
お客様にとって最良の解決方法を提案します。
相続・不動産登記・養育費に関するお悩みは、
お早めに司法書士オフィスウェールムにご相談ください。

心から納得できる道を模索することを重視する信念。

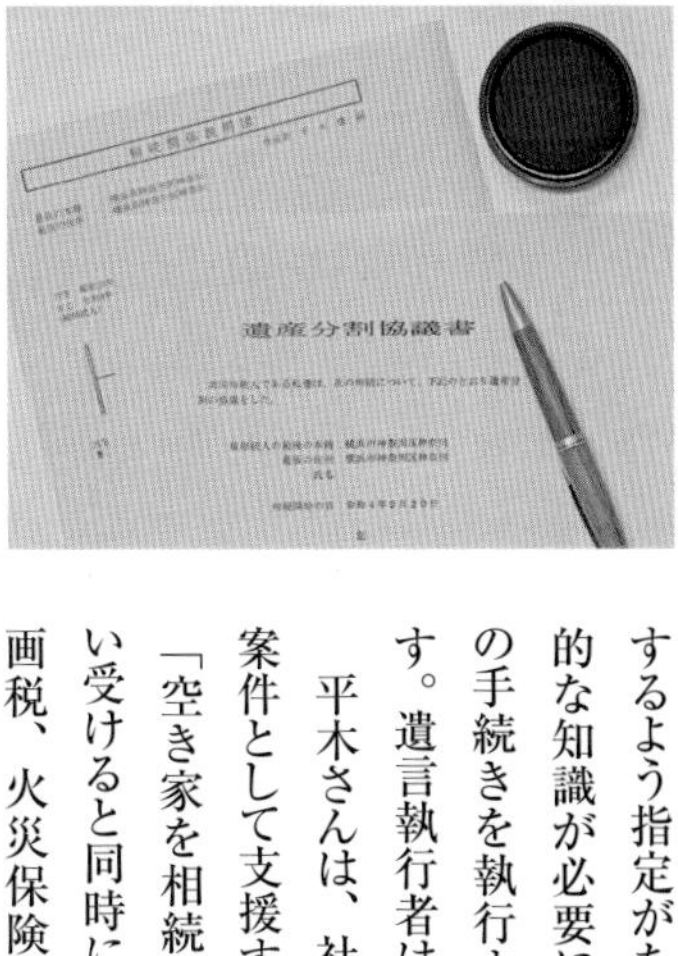
遺産分割協議書

するよう指定がある場合など手続きが複雑で専門的な知識が必要になる場合もありますが、これらの手続きを執行する遺言執行者への就任も可能です。遺言執行者は遺言で指定することができます」

平木さんは、社会問題になっている空き家も相続案件として支援する。

「空き家を相続するということは、その価値を貰い受けると同時に、相続税や固定資産税、都市計画税、火災保険料などを負担し、維持管理責任を負っていくことになります。遺言書で空き家の相続人が明記されてない場合は相続人の皆さんが協議して空き家の所有者を決めなくてはなりませんし、所有者が決まるまでは相続人の中のどなたか、あるいは共同で維持管理していくことになります。相続放棄で空き家を相続しないことも可能ですが、全ての遺産が相続できなくなります。2023年の空き家対策特別措置法の改正で、管理が不十分な空き家についてのペナルティが強化されたこともあり、ご相談があれば最適な着地点を考えます」

空き家も含め不動産の相続については、2024年までに施行される不動産登記法の改正で相続登記が義務化されることから、平木さんは、不動産を争族後、遅滞なく登記できるように支援する。

（ライター／斎藤紘）

相続の一連の手続きをワンストップで対応。女性の細やかな視点で丁寧なサポート。

代表
大倉佳子 さん

東京国税局採用。都内税務署及び国税庁に30年余り勤務。2017年『大倉佳子税理士事務所』開業(関東信越税理士会所沢支部所属)。2018年、中小企業等軽々強化法に基づく経営革新等支援機関に認定。

重い税率の無申告課税に注意を促す 確定申告の法定申告期限厳守を助言

加算税や延滞税が発生 専門家への相談を推奨

国税庁出身で、年間を通して確定申告について相談や申告に向けた準備への支援依頼を受ける『大倉佳子税理士事務所』所長の大倉佳子さんが、個人事業主や中小企業の経営者に注意を促しているのが無申告課税だ。前年1月1日から12月31日までに生じた所得を法定申告期限である翌年2月16日から3月15日の間に確定申告しない場合にペナルティとして課される国税のことで、延滞税という利息の性質を持つ税金も課されるので経営上大きな損失になることから絶えず意識して申告の準備を進めるよう促す。

「法定申告期限内に申告しないケースで多いのは、多忙で間に合わなかった、新たな所得があったものの申告すべきとの認識がなかったといったケースですが、会社員が自社株を取得できる権利ストックオプションを行使して利益を出しながら、会社が申告してくれるものの思い込んで申告しないケースなどもあります。課税を免れるために意図的に申告しないケースもありますが、多くはありません。いずれの場合も無申告課税という制度に対する認識の欠如が背景にあるとみています」

大倉佳子税理士事務所

おおくらよしこぜいりしじむしょ

04-2924-0790
garnet-bear8@jcom.zaq.ne.jp
㊟ 埼玉県所沢市上新井5-33-15
http://okura-tax.jp/
https://taxoo-jimusyo.com/

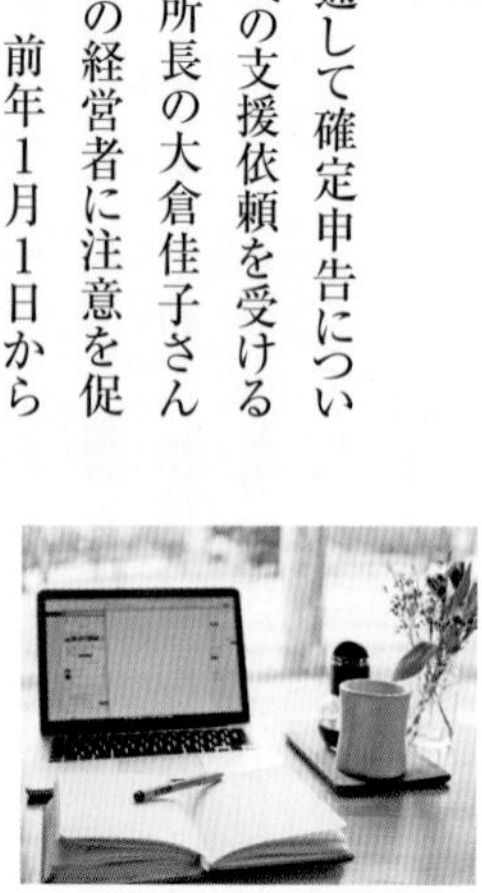

『クマさんの女心と仕事心―W・HEART』（文芸社）
定価 1,100円+税

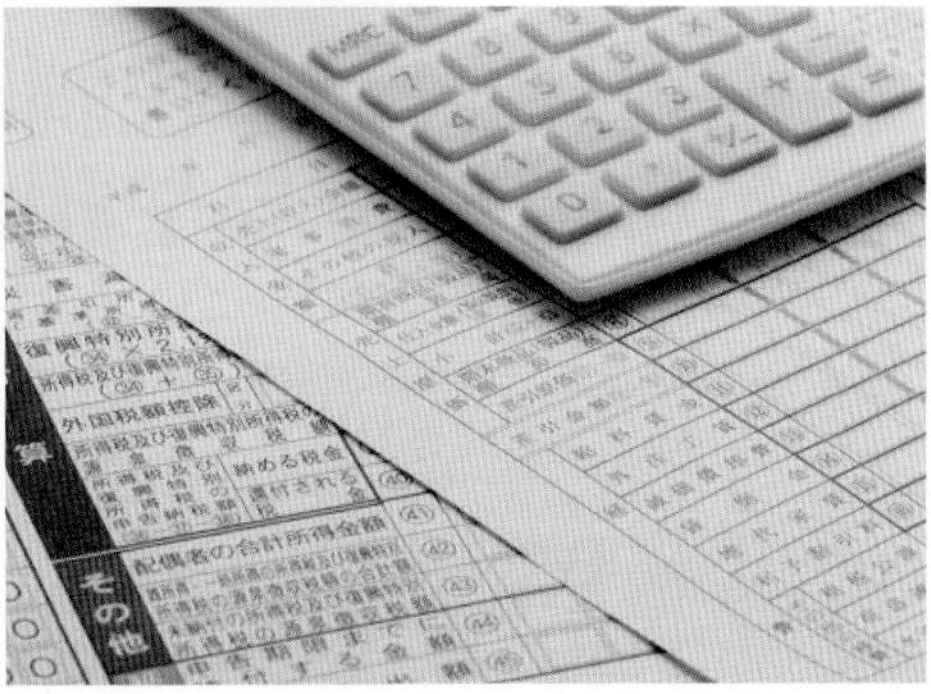

「確定申告は、税制を一番身近に感じ、毎日身の引き締まる期間」と大倉さんは語る。

無申告課税に注意を促すのは、税率の高さだ。

「法定申告期限後申告をしたり、所得金額の決定を税務所から受けたりすると、申告などによって納める税金のほかに無申告加算税と延滞税が課されます。無申告加算税は原則として、納付すべき税額に対して50万円までは15%、50万円を超える部分は20%の割合を乗じて計算した金額となります。期限後申告であっても法定申告期限から1か月以内に自主的に行われていることや期限内申告をする意思があったと認められる場合に該当することなどの条件を満たす場合には無申告加算税は課されませんし、税務署の調査を受ける前に自主的に気付き申告をした場合は無申告加算税は5%に軽減されます。一方、延滞税は納税期限までに税金を納めなかった場合に課されるもので、計算方法は複雑で納期限の翌日から数えて2ヵ月までと2ヵ月を経過した日の翌日以降で分けて計算されます」

大倉さんは、法定申告期限内に申告しない事態を回避する方策として、新たな収入があった場合などに税務当局や税理士に相談することや、国税庁から届く確定申告に関する通知、ネット上で公開されている税務情報をきちんと目を通して理解するよう助言する。

（ライター／斎藤紘）

所長
志賀暎功 さん

1958年、東京国税局総務部採用、税務講習所で1年間研修、その後、成田、日本橋などの税務署で税務調査官として納税者に向き合う。国税局資料調査課を経て、1985年、王子税務署を退職、税理士を開業。共著書あり。

相続税に関わる税制改正で的確助言
変わる暦年贈与や相続時精算課税制度

最善の選択肢を見極め
節税に有効な対策提案

子や孫に財産を譲り渡す時の最大の課題である相続税や贈与税などの税金対策の的確さで信頼を集めているのが、国税勤務歴27年、税理士歴38年の豊富な経験を持つ『志賀暎功税理士事務所』の所長志賀暎功さんだ。2023年度税制改正により2024年1月から適用される相続時精算課税や暦年課税に関する新たな制度についても、節税のために有効に活用することを促し、同時に注意点も指摘する。

「相続税や贈与税の生前対策には、長期にわたって毎年110万円以内の金額を無税で贈与できる暦年贈与制度と一時期に2500万円以内の金額を贈与できる相続時精算課税制度の選択肢があり、後者を選択した場合は暦年贈与を利用できなくなります。相続が発生した後はどちらも一定のルールの下で課税されます。税制改正でこれらに新たな規定が加わりましたので、どちらが有利かを見極めることが重要です」

相続時精算課税制度の改正は年110万円の基礎控除の枠の新設だ。

「相続時精算課税制度は、60歳以上の父母や祖父母から20歳以上の子や孫が財産の贈与を受けた場合に2500万円まで贈与税が非課税になる一方、相続が

志賀暎功税理士事務所
しがてるよしぜいりしじむしょ

03-5832-9941
ta-shiga@ams.odn.ne.jp
㊟ 東京都文京区向丘2-36-9-401
http://www.shiga-tax-ao.com/

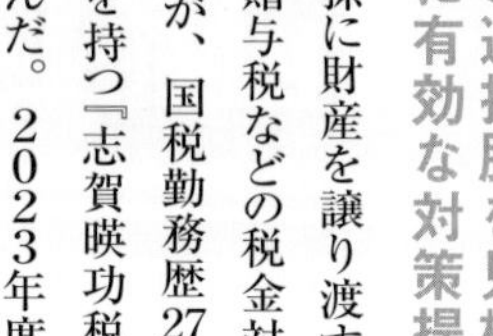

お客様の立場に立ち、「わかりやすく」「誠心誠意」サポートします

❶「これ1冊で安心／歯科医院経営のすべてがわかる本」（あさ出版）1,700円+税
❷「相続は準備が9割」（あさ出版）1,600円+税
❸「相続の税金と対策 これだけ知っていれば 安心です」（あさ出版）1,600円+税

開始した際には贈与を受けた財産額は全て相続財産に加算されますが、3年以内のものは取得価格がそのまま課税対象となり、3年以上のものは相続税評価となります。2024年1月1以降、この制度を選択した人への贈与は年110万円までなら贈与税も相続税もかかりませんし、特別控除2500万円の対象外となるため、相続開始後も相続財産に加算されません。次世代への資産移転に有効ですが、非課税枠2500万円には将来、相続税がかかることは変わりません」

暦年贈与制度の改正は、生前贈与加算の延長だ。

「生前贈与の変更は、暦年課税制度を使って行う生前贈与の相続財産への加算期間が3年から7年になり、新たに対象となった4年間の贈与については100万円の非課税枠が設けられたことです。暦年課税制度は死亡日以前3年間に贈与した財産は年110万円以下の基礎控除の範囲内でも、相続の際は相続財産に持ち戻すことになっていて、相続税の対象になるのですが、この持ち戻しの期間が24年以降の贈与から3年から7年に延長されることになったのです。実質的には課税強化であり、暦年贈与を活用した相続対策を既に行っている場合は、適用前に贈与するか、見直しが必要になる可能性があります」

（ライター／斎藤紘）

所長
岡田宏之 さん

早大理工学部卒。同大大学院理工学研究科で博士（理学）の学位取得。同大学理工学総合研究センター講師を経て2003年『パール国際特許事務所』入所。2005年、弁理士登録。特定侵害訴訟代理業務付記。2011年、代表就任。

転職など人材の流動化の進展に着目 営業秘密の漏出リスクに注意を促す

保護の対象の知的財産 漏出防止の対策で助言

「営業秘密が外部に漏れる事件が増えてきています」

こう警鐘を鳴らし、企業にガードを固めるよう促しているのが知的財産のかかりつけ医を標榜する『パール国際特許事務所』代表の岡田宏之さんだ。

競争社会にあって営業秘密は自社の優位性を維持する上で重要な経営資源。相談があれば、漏出防止対策について適切に助言する。営業秘密は、企業内で秘密に管理されている生産方法や販売方法その他の事業活動に有用な技術上又は営業上の情報のことで、知的財産と位置づけられ、不正競争防止法の保護の対象になっている。岡田さんがその漏出に注意を促すのは、２０２２年に全国の警察が不正競争防止法違反で摘発した営業秘密の不正持ち出し事件が29件で年を追って増えていることに加え、警察庁がその背景として転職など人材の流動化を挙げているためだ。２０２２年版の労働経済白書によると、転職者は過去最多の３５３万人にのぼる。

「電気通信事業会社の元社員が次世代高速通信規格などの営業秘密を転職先の電気通信事業会社に不正に持ち出したとして有罪判決を受けた事案は社会の耳目を集めました。元社員は控訴して争ってい

パール国際特許事務所
パールこくさいとっきょじむしょ

03-3988-5563
office@pearl-pat.com
㊟ 東京都豊島区池袋2-14-4 池袋西口スカイビル6F
https://www.pearl-pat.com/

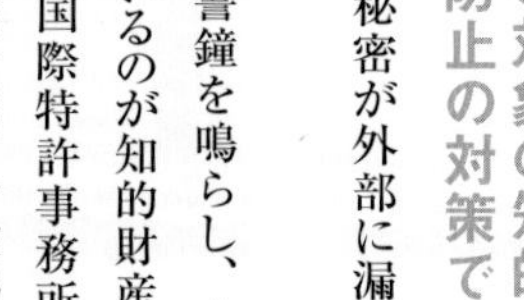

- クライアントの皆様の、知財の”かかりつけ医”でありたい -
皆様の知的財産の活用・保護をサポートいたします

ますが、営業秘密の他社への漏出はビジネスの競争力の低下につながる上、情報管理のセキュリティの面で顧客の信頼を失うことにもなりかねません。退職者による持ち出しだけでなく、社員による故意又は過失による漏洩や、社内のデジタル機器へのハッキングなどによる窃取も想定されますので、これまで以上に注意が必要です」

その対策として、岡田さんが重視するのが営業秘密の線引きと管理体制の強化だ。

「営業秘密の法的性質は、特許権のような排他権ではなく、侵害する行為からの保護の対象とされるものです。技術上の情報であれば特許権を取る選択肢がありますが、出願すれば技術情報は公開されますので、秘密にした方が有利か否か知財戦略上の判断からの線引きがまず必要です。また営業秘密として維持する場合は、関係書類の管理などの厳格な社内規定の整備、秘密情報に対するアクセスの制限や記録、社内教育の徹底などの対策を講じ、持ち出しや漏出のリスクを最小化することが肝要です」

デジタル技術が進化し、企業が競ってその機能を取り入れる時代、岡田さんは不正アクセスの方法も巧妙化していくといい、営業秘密を守るセキュリティの高度化が求められるとも指摘する。

（ライター／斎藤紘）

所長・弁理士
藤田考晴 さん

東京工業大学工学部卒。同大学大学院理工学研究科修了。株式会社デンソーの基礎研究所で研究に従事後、大手特許事務所に入所。1998年、弁理士資格取得。約8年の実務経験を経て、2003年『オリーブ国際特許事務所』設立。

デジタル空間の模倣行為防止に注目 知財に関わる不正競争防止法の改正

社会のデジタル化考慮 ビッグデータの保護も

知的財産に関係する不正競争防止法等の一部を改正する法律が国会で成立、2023年6月に公布された。知財のスペシャリスト、『オリーブ国際特許事務所』所長の藤田考晴さんに現代的な視点で注目すべき改正点をお聞きした。

―改正前はなかった規定が多くありますが。

「不正競争防止法は企業間の不適切な競争を防ぐための法律で、商標や意匠など知財に関わる規定が多く含まれています。知財分野のデジタル化や国際化を背景に、知財を活用したスタートアップや中小企業の新規事業展開を後押しすることなどを目的に改正されましたが、中でも注目しているのはデジタル空間における模倣行為の防止です」

―デジタル空間における模倣行為とは、どのようなものですか。

「インターネット上の仮想空間メタバース内で、販売主の分身アバターが他のメーカーの商品のデザインを模した服やアクセサリーなどを身に着け、それを販売するような行為です。改正前はデザイ

オリーブ国際特許事務所
オリーブこくさいとっきょじむしょ

045-640-3253
olive@olive-pat.com
㊟ 神奈川県横浜市西区みなとみらい2-2-1 横浜ランドマークタワー37F
http://www.olive-pat.com/

ンの模倣禁止は現実空間で手に取って触れる有体物のみに限られていましたが、急速に進む社会のデジタル化を考慮し、法改正で商品形態の模倣行為についてデジタル空間上の無対物も不正競争行為認定の対象とし、差止請求権などを行使できるようにしたのです」

―ビッグデータに関する規定も新たに設けられているようですが。

「ビッグデータは、インターネットとIT技術で蓄積される地図データや消費動向データなどの膨大なデータを指します。改正法では、営業秘密・限定提供データの保護強化の項で取り上げられ、ビッグデータを他社に共有するサービスでデータを秘密管理している場合も含め、限定提供データとして保護し、侵害行為の差止め請求などを可能にするものです。限定提供データとは、業として特定の者に提供する情報として電磁的方法により相当量蓄積され、管理されている技術上又は営業上の情報をいいます。営業秘密を違法に手に入れ、自社の営業に利用する行為は侵害者側の内部で行われるため、侵害された企業は使用行為の立証が困難という課題がありましたが、改正では明確な因果関係を立証できなくても、一定の要件で侵害者が営業秘密を使用したと推定できれば、差止め請求などができる規定が整備されました。営業秘密の不正使用の抑制効果が期待できます」

（ライター／斎藤紘）

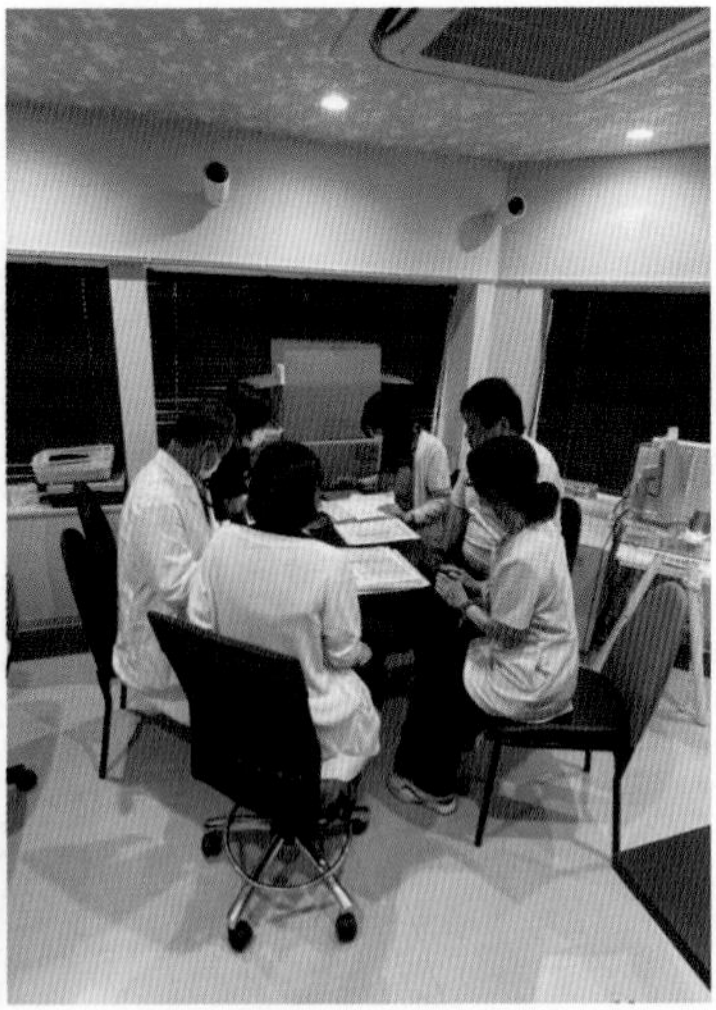

オーナー店長
池川茂生 さん

新薬メーカーのMRとして大学病院や地域中核病院を約25年担当した後、民間病院の薬剤部長などを経て2014年に「池川薬局」開局。認定薬剤師、認定実務実習指導薬剤師、スポーツファーマシスト。健康サポート薬局研修修了。

地域住民の健康を支える多機能薬局
信頼される薬剤師の様々な資格と経験

無菌調剤室などを完備
在宅患者を訪問で支援

調剤薬や市販薬を販売するだけでなく、地域に根ざし住民の健康維持を支援する多機能薬局の典型といえるのが大阪市住之江区の『池川薬局』だ。管理薬剤師の池川茂生さんは、新薬メーカーでの医薬開発や民間病院の薬剤部長などの経験を経て、２０１４年に開局。最新の医療や薬学の知識と技術を常に向上させるため医療薬学会等各種学会に参加している。勤務薬剤師にも学会参加に加え、認定薬剤師・健康サポート薬局研修終了など様々な資格に裏付けられた深い知見と経験を薬局内で共有し、常に患者さんに有用な情報提供ができる体制作りが業務の信頼性を支える基盤だ。

『池川薬局』は、入退院時や在宅医療時等、様々な職種と連携し対応できる地域連携薬局の認定を受けている地域の中核薬局。在庫医薬品数約２８００品目以上、一般薬も各種常備し様々な患者さんに対応できる体制を取っています。クリーンベンチも自局内で稼働しており、無菌調剤の実績も積み重ねています。医療機関を限定せずに広く対応する面分業の調剤薬局で、毎月大阪府内の病医院１００軒ほどの施設が発行する処

池川薬局
いけがわやっきょく

06-6690-7777
ikegawayakkyoku@vega.ocn.ne.jp
㊟ 大阪府大阪市住之江区中加賀屋2-1-14
https://ikegawa-ya.com/

こちらからも
検索できます。

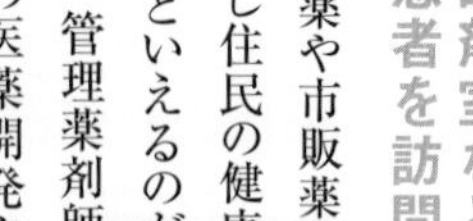

方箋を調剤されています。在宅医療患者も現在100名ほど抱えており、往診医やナースとも24時間365日体制で連携をとられています」

資格と経験に裏付けられた医療の専門家が常に相談にのってくれ、必要があれば診てもらえるクリニックに連絡を入れてもらえる。コロナ感染症でも検査から受診、治療薬の配達、社会復帰までの対応まで、きめ細やかな対応が取れているのもうなづける。

池川さんが顧客から信頼を集めるのは、その説明力だ。

「処方箋を持って来られる方は、医師の説明をしっかり理解している方ばかりではありません。自分の病気はなんなのか、なぜお薬を飲まなければならないのか、注意事項を含めて納得するまでお話しします。患者さんが処方された薬について再確認することで臨床医への信頼を生み、服薬コンプライアンスの向上につながると思っています」

検査値を持って相談に来る人が多いことも頷ける。また、調剤薬局でも年に1~2名の来局患者さんを救急搬送されることがあるという。酸素分圧の急激な低下があった方、外来抗がん剤治療で足元がおぼつかなくなる方、心筋梗塞や不整脈の増悪された方、目眩症状がひどくなられた方、ひどい熱中症を起こされた方、脱水で立ち上がれなくなった方、レントゲンでうつらない骨折で痛みがひどく動けなくなられた方など様々だ。自動扉から入るところから、投薬が終わり出て行くまでの行動から判断し、個別対応する姿勢は臨床経験の積み重ねの賜物であり、必要でありながらも中々できないことだという。また、奥様の敦子さんは、薬剤師であるとともに認定遺伝カウンセラーでもあり、赤ちゃん体操や癌ゲノム治療などの必要なアドバイスを提供できるのも他の薬局とは異なる一面だ。

住之江区 中加賀屋
大阪府薬剤師会　認知かかりつけ薬局
どこの処方箋でもOK
身体の不調・お薬のお悩み
お気軽にご相談ください

薬剤師・
認定遺伝カウンセラー
池川敦子さん

調剤して薬を渡す、飲みやすい工夫や飲み忘れを防ぐことばかりでなく、日常生活のアドバイス、治療のアドバイスや病医院の紹介、癌治療などでは想定される有害事象アドバイスに加えセカンドラインの相談、ゲノム医療の相談までできる体制が整っている『池川薬局』。次世代の薬局は、こういう形もあるのかもしれない。

（ライター／斎藤紘）

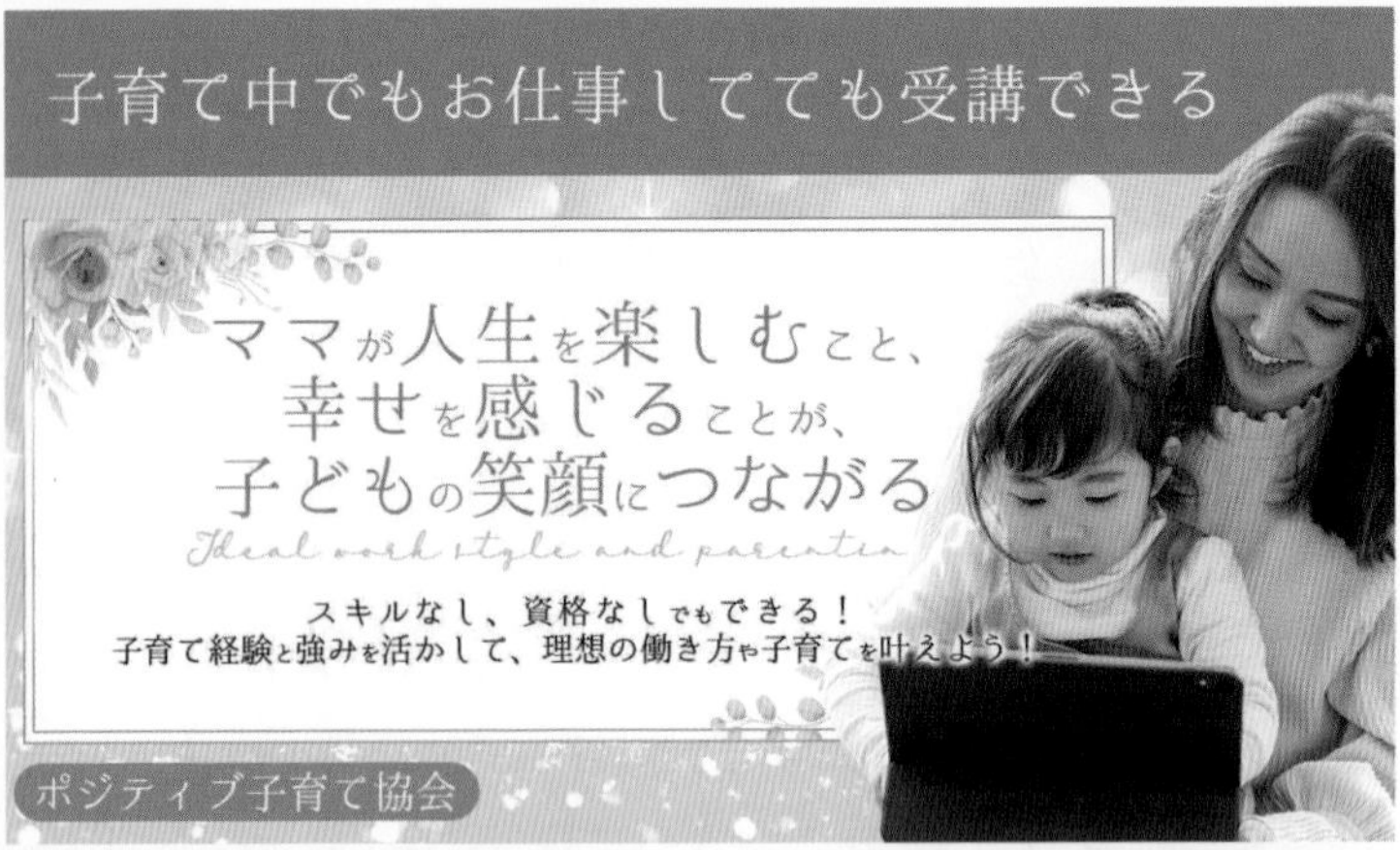
子育て中でもお仕事してても受講できる
ママが人生を楽しむこと、
幸せを感じることが、
子どもの笑顔につながる
Ideal work style and parenting
スキルなし、資格なしでもできる！
子育て経験と強みを活かして、理想の働き方や子育てを叶えよう！
ポジティブ子育て協会

ポジティブ子育て協会認定のママ向け起業講座『ポジママ・カレッジ』では、全国のママさんが多数参加中。子育ての悩み相談だけでなく、起業に関する情報交換、交流を深めて一生ものの仲間を作ることができます！受講生も多数実績。ママ向け起業講座『ポジママ・カレッジ』では、全国のママさんが多数参加中。

代表理事
和田リエ さん

子育て中の母でもあり、『ポジティブ子育て』、『ポジティブ心理学』を通して、女性向けの働き方や起業サポート、SNS集客コンサルを行っている。4ヵ月で仕組みを構築し、法人設立。自らの営業経験、東南アジアでの経験を通して、自立した女性たちを増やすためにオンラインで、子育てを仕事にできる仕組みを構築。

広がるポジママの輪
ポジティブ子育てで育児と仕事の両立

すべてのママが楽しみながら子育てするために

「ママが人生を楽しむこと、幸せを感じることが子どもの笑顔と成長につながる」をモットーに、子育て環境の整備以外の視点から子育て中のママを支える活動を行う『一般社団法人ポジティブ子育て協会』代表理事の和田リエさん。アメリカの心理学者マーティン・セリグマンが提唱した「より良い生き方や最も価値のある人生」を科学的に研究する学問、「ポジティブ心理学」をベースに子育てを仕事にできる仕組みづくりを構築、そのノウハウを伝える『ポジママ・カレッジ』で子育て中のママが育児とビジネスの両立を目指すための支援を行う。

日々育児に追われる子育て中のママの中には、育児で思い通りの人生を歩めないと感じていたり、保育園の待機児童問題や学童問題などで仕事を諦めざるを得ないという悩みを抱えている方が多い。この子育て中のママ共通の問題を「子育ては強み」という逆転の発想をしたことが、子育てを仕事にするための仕組みづくりのきっかけとなったという。

受講生専用サイトに沿って、勉強会やグループコンサル、個別のマンツーマンコンサルなどから、「ポ

一般社団法人 **ポジティブ子育て協会** ポジティブビジネスアカデミー ハピネス
ポジティブこそだてきょうかい

✉ info@positive88.com ㊟ 東京都港区南青山2-2-15
https://pojikosodate.com/
https://www.reservestock.jp/page/index/44376
https://happiness-positive.com/smile/lp01/
@happiness.riepojimama

LINE

ポジママ全体勉強会

子どもとのオンライン、レッスン風景

オンラインレッスン（認定講師勉強会）

ジティブ子育て」と「ビジネス」の両方を学ぶことができる。「ビジネス」は2パターン。一つ目は、修了時に協会発行の「PPA認定ポジティブ子育てアドバイザー®」と認定講師の資格を取得し、講師として子育て講座を開講し、悩めるママさんに自身の子育て経験やアドバイスを伝える仕事だ。もう一つは、インスタグラムなどのSNSを活用したWebマーケティングのノウハウを学び、筆文字アートや占い、英会話などの強みや趣味を活かしたオンライン講座の開催だ。どちらも自宅からオンラインで配信するので子育て中のママでも仕事することができ、ビジネスとして成功している。

現在、ママ向け起業講座『ポジママ・カレッジ』の受講生には、保育士や看護師、教師、会社員やパートなど現在就業中の方や育休中の方で仕事の復帰を迷っている方、専業主婦の方などが幅広く在籍。子育て中でもビジネスを成功させ自立が可能となることで、精神的に余裕ができ、笑顔で子育てできるようになったという声も多い。

「ポジママの輪を広げること」を目標に、和田さんはこれからも子育て中のママが人生を楽しむことができるように支援を続けていく。

（ライター／彩未）

理事長
松尾肇浩（もとひろ）さん
アメリカに留学し、野外活動によるコミュニケーションで社会復帰を図るプログラムを学ぶ。保育士、幼稚園教諭、東京都福祉サービス第三者評価者資格、長崎県福祉サービス第三者評価者資格、ひきこもり支援相談士。

子どもを支える多様な事業に光る理念
子ども主体の保育の創造に注力

障害児通所支援事業所も開所予定
学童保育も新たに運営開始

「子どもたちを誰一人取り残すことがないよう、多種多様な居場所を作る役割を担っていきたい」

長崎市に本部を置く『社会福祉法人正道会』は、二代目理事長松尾肇浩さんのこの決意通り、長崎、福岡、東京、神奈川で保育園や幼保連携型認定こども園、学童クラブ、病児保育室、子育て支援拠点施設など16もの子ども関連施設を運営。これまで運営委員会で運営していた学童クラブの運営を引き継ぎ、令和5年度中には関東と福岡で障害児通所支援の施設を新たに開所する準備を進めている。松尾さんは、１９９９年に同法人を設立した父親に保育事業承継の意思を問われた時、「０歳から5歳までにきちんとした育ちがあれば、生きづらさなどを抱える子どもが減るのではないか」と考え、保育士と幼稚園教諭の資格を取って入職、保育園の保育士、主任保育士、副園長、園長、法人理事を経験し、２０２２年7月に法人運営を引き継いだ。

現在に至るまでには、様々な葛藤や悩みがあったが、一人ひとりの子どもと向かい合い、職員と切磋琢磨していく中である考えに至ったという。

松尾さんは、ＯＥＣＤ（経済協力開発機構）の報告書にあるとおり「人生の一つの段階としての子ども時

社会福祉法人 正道会
せいどうかい
095-865-6011
honbu@seido-kai.com
㊟ 長崎県長崎市かき道3-1-11
https://seido-kai.com/

社会福祉法人
正道会
SEIDOKAI

代は、それ自体が極めて高い価値を持つ時代であり、子どもにとっての自由な時間、独自の文化そして遊びは決定的に重要なものである」と考えている。それを踏まえ、法人理念「共生と共学」、教育・保育の方針「子ども主体の保育の創造」の具現化に力を注ぐ。

「保育とは、子どもの未来に繋がるものであり、未来への可能性を広げるものだと信じています。そして現在、法人として長崎、福岡、関東と運営を行っていますが、それぞれ兄弟が責任者として尽力してくれています。それぞれ考え方が違い、時に意見が合わないこともありますが、異なる意見が法人自体を柱となり、土台を作っている。異なるからこそ、学びがある。子ども同士の学び合いと同じですね」と語る。

松尾さんは、不登校や引きこもりの子どもの居場所となる「学童くらぶ寺子屋」も重要な事業と力を入れる。

「不登校や引きこもりは、決して特別でも、悪いことでもありません。子どもが本来持っている自己防衛能力が行動として現れたものとして考えています。少し今の環境から離れて、別の人との関わりから、新たな自分を見つける手助けをしたいと思っています」

社会で個を育み、個が社会と繋がっていく。事業を貫く松尾さんの信念だ。（ライター／斎藤紘）

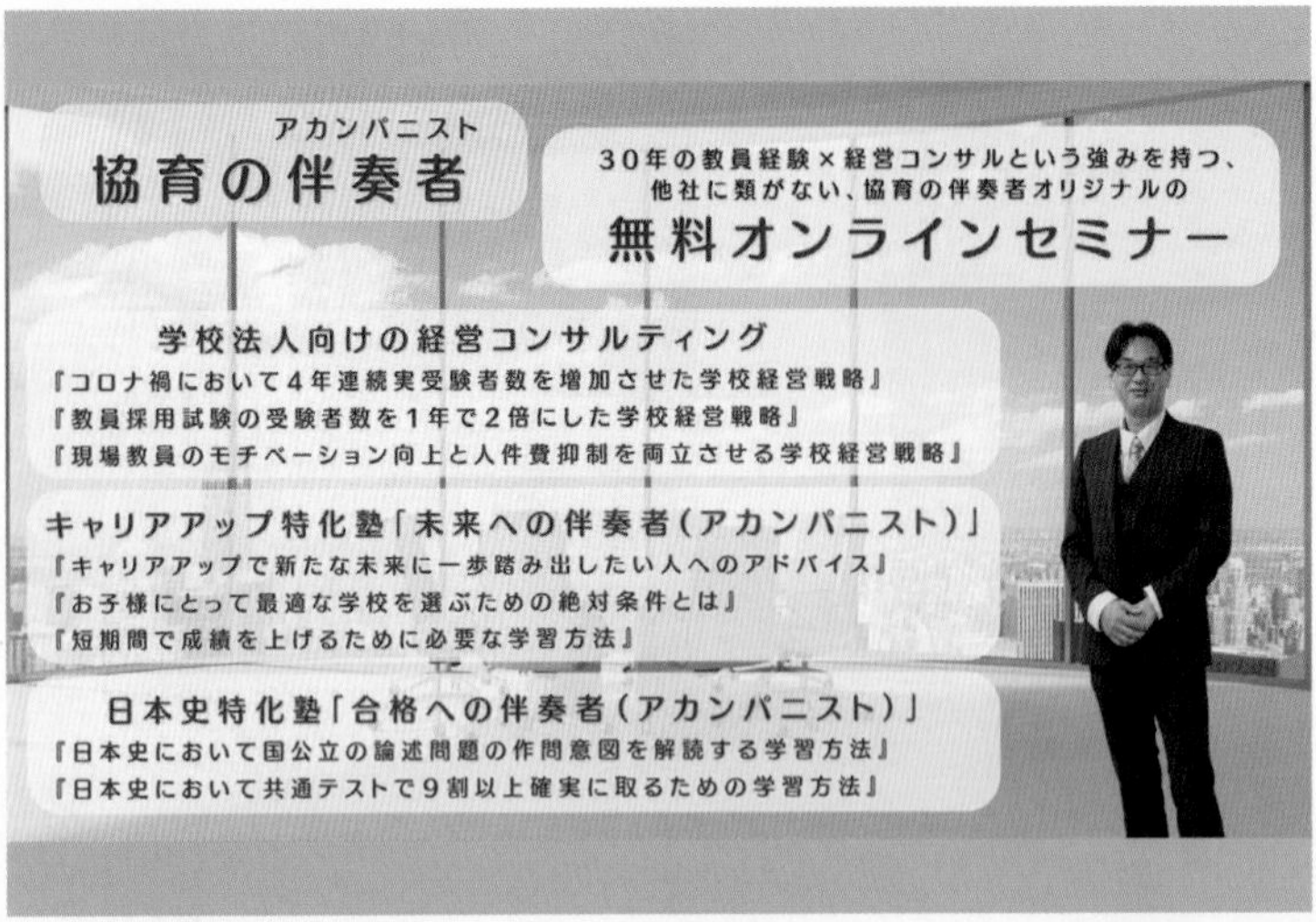

代表
角幸範 さん

神戸大学教育学部卒。小学校一種、中学社会一種、高校地歴一種などの 教員免許を保有。私立小中高一貫校などで30年教職に従事した後、50歳でコンサルタントとして独立。『協育の伴奏者』を起業。

経営コンサルの独自性支える教員経験
学校法人や企業経営者の課題・悩みを解決

企業経営の知見も活用
個人向けの指導も実施

数多くいる経営コンサルタントの中で独自性で異彩を放つのが『協育の伴奏者（アカンパニスト）』を標榜する角幸範さんだ。30年に及ぶ教員歴、私学経営上の重要なタスクで成果を上げた実績、企業の総合診療医といわれる企業経営アドバイザー検定試験の知識科目を2ヵ月の独学で合格した経験を生かし、経営理論で学校法人を教育理論で企業経営者をそれぞれサポートするコンサルティングは濃密で実効性に富む。

その実力を推し量ることができるのが豊かな経歴だ。神戸大学教育学部を卒業後に勤務した私学で教職に従事する傍ら、新事業開設メンバーで活躍、転職した新規開校の小中高一貫校では渉外部長として特定セグメントへの差別化集中戦略を実現し、志願者数を4年で1・5倍にしたほか、学校法人の組織改革やシステム導入による業務効率化、教員の働き方改革などを実践した。50歳のときに『協育の伴奏者』として独立、2ヵ月の独学で企業経営アドバイザー検定試験の知識科目に合格した。この中で蓄積された経験と知見が生かされるサービスの一つが学校法人向けの経営コンサルティングだ。

協育の伴奏者（アカンパニスト）

03-5530-8223
sumiy-pc-nara@outlook.com
㊟ 東京都江東区有明3-7-26 有明フロンティアビルB棟9F
https://accompanist-for-all.jp/
https://linktr.ee/accompanist2022/

こちらからも
検索できます。

大学法人向け
経営コンサルティング
30年の教員経験
×
経営コンサルタント

経営者向け
エグゼクティブ
コーチング
30年の教員経験
×
経営コンサルタント

短期間の学習で
資格試験に合格したメソッド
を学べる個別指導
2ヶ月の独学で
企業経営アドバイザー
検定試験の知識科目に
合格したメソッドを
お伝えします

子どもの学校選びに
悩む方へのコーチング
30年の教員経験
×
経営理論

30年の教員経験×経営コンサルの
「協育の伴奏者」が起業した
日本史特化塾
合格への伴奏者
(アカンパニスト)
受験日本史専門の
ハイクラスなオンライン個別指導塾

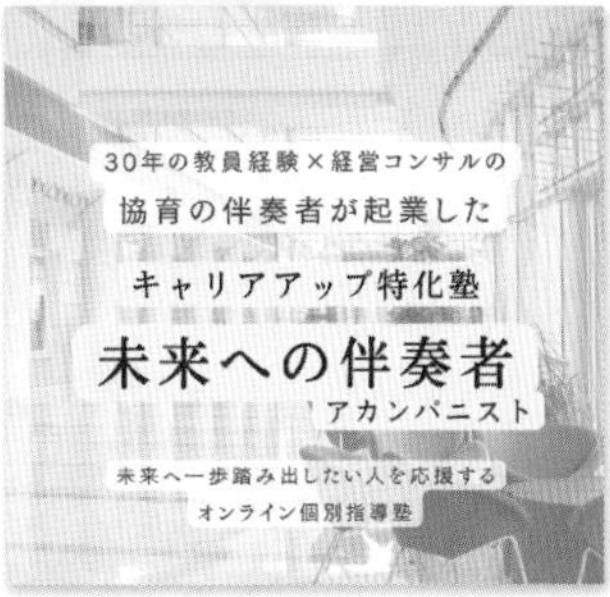
30年の教員経験×経営コンサルの
協育の伴奏者が起業した
キャリアアップ特化塾
未来への伴奏者
アカンパニスト
未来へ一歩踏み出したい人を応援する
オンライン個別指導塾

「教員経験をふまえた教育現場の視点と経営コンサルタントという異業種のシナジーを生かして、法人経営や広報募集活動、マーケティング、組織改革などの課題について個別相談を実施します。具体的には、ローカルベンチマークや経営デザインシートをもとに、現状と未来の姿をイメージしながら、法人が抱える問題点を解決する方法を提案いたします」

もう一つが、経営者向けエグゼクティブコーチング。

「将来のビジョンが描けない、社員とのコミュニケーションに不安を感じる、優秀な人材の確保ができないといった課題を抱えた経営者の方を対象に、教員経験に加えて経営理論やマーケティング、モチベーションなどに関わる知識を生かして解決に導き、承継候補となるご子息の学校選びに関する悩みや不安などについても、それぞれの個々の事情に即したワントゥーワンでのコーチングを実施いたします」

いずれもオンラインで行うが、対面相談を希望する場合は全国どこでも出張して行うことも可能という。角さんはこのほか個人を対象に、キャリアアップ特化塾「未来への伴奏者」や日本史特化塾「合格への伴奏者」を起業し、高校生から社会人まで幅広い階層向けのオンライン個別指導も行っている。

（ライター／斎藤紘）

キャットウォークと看板猫。

院長
杉下翔太 さん

幼少期から小型犬を飼うなど動物に囲まれて育つ。現在は中型犬・大型犬・猫と生活。動物たちとの生活でいろいろなカタチを模索し、共に歩む暮らしのお手伝いができるようにと、『動物ノ病院かれん』を開院。

㊁ <通常診療>　9:00〜12:00　16:00〜20:00
<完全予約診療>　8:00〜9:00　12:00〜16:00
㊡ 火曜日・月曜日午後

個別対応のテーラーメイド医療で信頼される動物病院

ペットをリラックスさせる工夫も多数実践

東京都の祐天寺・学芸大学エリアに位置する『動物ノ病院かれん』は、ペットの健康管理や病気治療を行う認定医が在籍している獣医療施設。ＩＳＦＭ（国際ネコ医学会）が定める国際基準をクリアした病院に送られるキャットフレンドリークリニック認定で最高レベルのＧｏｌｄ認定を受けている病院でもある。院長の杉下翔太さんは、犬や猫を対象にした一般医療から専門医療、高度医療といった幅広い対応範囲と家族と同じ目線で悩みや不安を解消してくれる診療で厚い信頼を得ている。そんな同院の大きな特長の一つがテーラーメイド医療の実践だ。テーラーメイド医療とは、患者さんの個別の状況や特徴に基づいて治療計画をカスタマイズする医療アプローチのこと。ペットの健康管理と治療の質が向上し、飼い主さんの満足度も高まると今、注目されている医療アプローチだ。個々の体質や性格、家族の生活スタイルに合わせた最適な治療法を選択することで、より効果的で個別化された医療を提供することを目指している。

診察の際も「どのような病状か」「なぜこの検査が必要なのか」「この治療の目標は何か」や「病気

動物ノ病院かれん

どうぶつのびょういんかれん

☎ 03-6412-8224
✉ kato@resort-garage.jp
㊟ 東京都目黒区中央町1-2-3
https://ah-curren.jp/

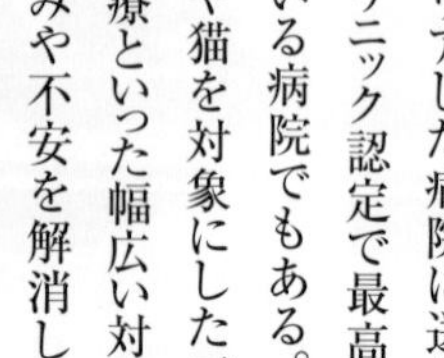

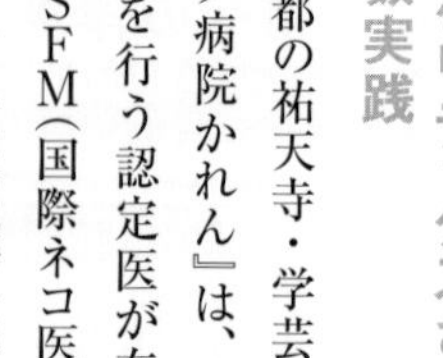

ワンちゃん診察室

ネコちゃん診察室

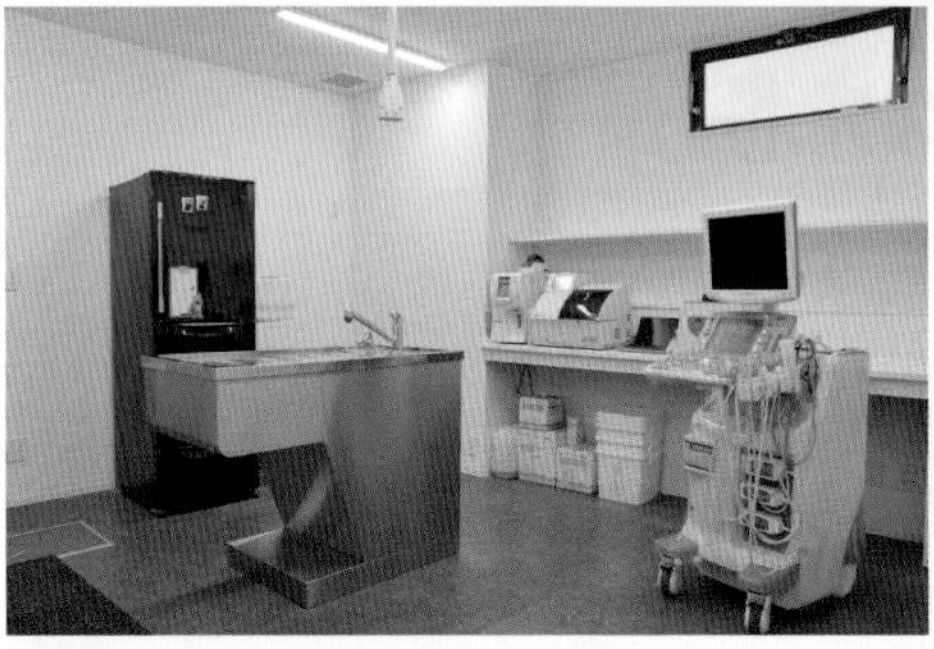

処置室

のどこに対して効果があるのか」「どのくらいの効果が見込めるのか」など、医学的根拠に基づいて十分な説明を行い、治療方針の提案。夜間病院や二次診療施設との連携も密接なので、緊急治療が必要になった場合でも手厚いサポートが受けられる。

同院では、ペットがリラックスした状態で診療を受けれるように、病院で感じるストレスや負担を軽減する工夫も数多く取り入れている。診察室や待合室は犬猫専用を用意し、リラックスできるように配慮。おやつを準備するなどの工夫も見逃せない。触れ合いを大切にすることでペットたちの心を癒やし、病院でのストレスを軽減している。病院が苦手なペットのために、飼い主さんだけでの相談も可能だ。

同院は、保護団体との協力にも積極的。保護犬猫の預かりや処置・治療、里親募集など様々な取り組みにも力を注いでいる。地域の方々からの信頼も厚く、ペットと飼い主さんが共に安心して治療を受けられる動物病院として、多くのペットたちの健康管理に貢献している。

（ライター／長谷川望）

犬や猫は「痛みを隠す動物」と考えられており、些細な病気の予兆に気づいてあげることは大切。

院長
渡邉武史 さん

北里大学卒業。2018年開院。犬猫をはじめとするペットの日常的な健康診断や予防接種など様々な治療を行う。犬猫の歯科・口腔外科認定医として、歯石除去や歯茎の治療など歯周病ケアにも専門的な知識で治療にあたる。

新潟の頼れる獣医師
動物愛と人間愛に溢れた院長

歯科・口腔外科の専門家 ペットの異常はすべてお任せ

新潟県のペット愛好家から愛されているのが東区の『はる動物病院』。院長の渡邉武史さんの高い技術と飼い主の気持ちに寄り添う優しさが評判の動物病院だ。一般診療からワクチン、去勢避妊手術まで、幅広くペットたちのケアを行う。

　同院には、犬と猫を中心に「歯科・歯周病外来」が設けられており、「歯石が気になる」「口臭がする」「現在の歯の健康状態が知りたい」などペットの口内に異常を感じたらすぐに相談できる。ヨーロッパ小動物歯科口腔外科認定医として、様々な口腔内のトラブルの治療や歯磨きアドバイスなども行っている。

　また、個人の動物病院では珍しく、痛みを軽減させた止血を行うことができる血管シーリングシステム（リガシュア）を導入。このようなペットへの思いやりも評判の一つだ。また、縫合糸を体内に残さずに手術を行える手術機器を導入し、縫合糸による副反応が起こらないよう手術時間を短縮。去勢手術、避妊手術、脾臓摘出術、肝葉切除術なども安心して任せられる体制を確立している。他にもデジタルレントゲンシステム、デジタル超音波診断装置など最新機器を揃え、最良

はる動物病院
はるどうぶつびょういん

025-385-7834
㊟ 新潟県新潟市東区中野山7-4-2
http://haru-animalhospital.com/

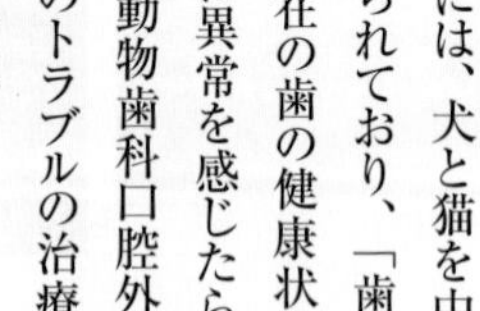

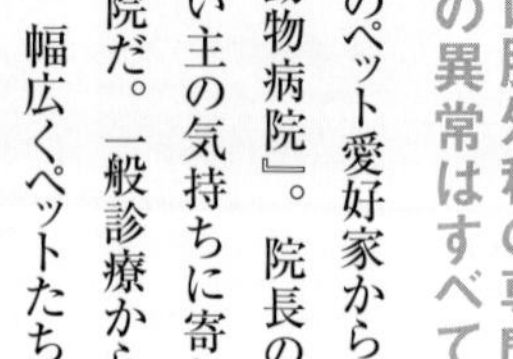

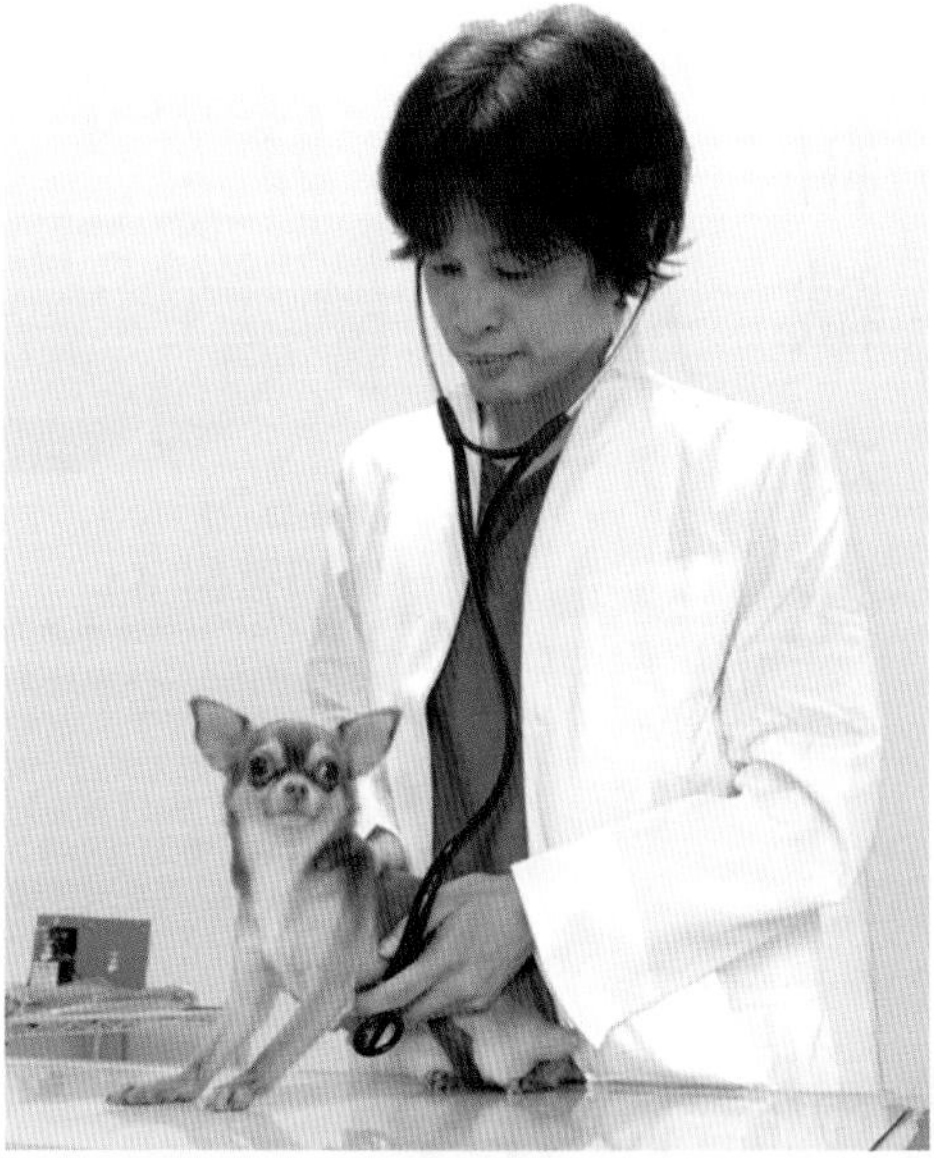

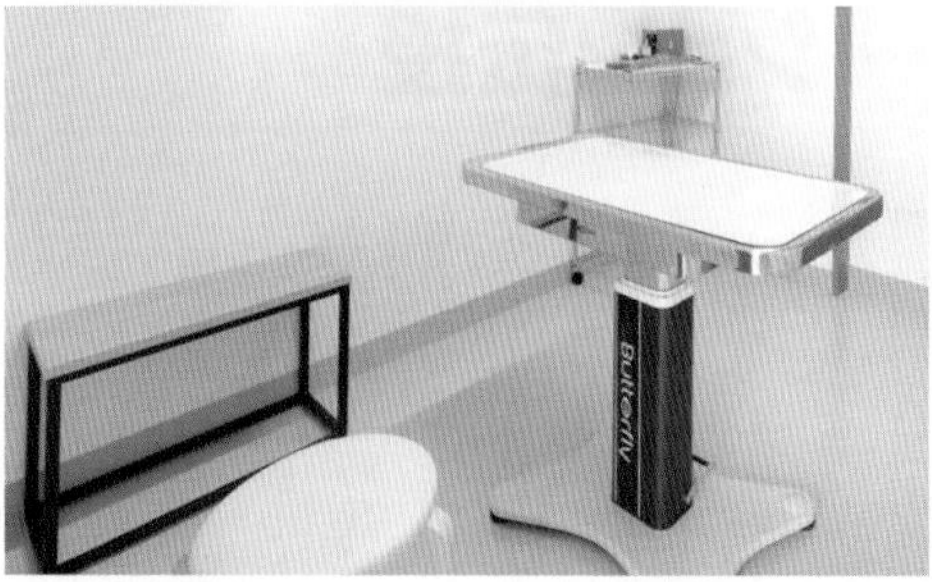

わんちゃん診察室

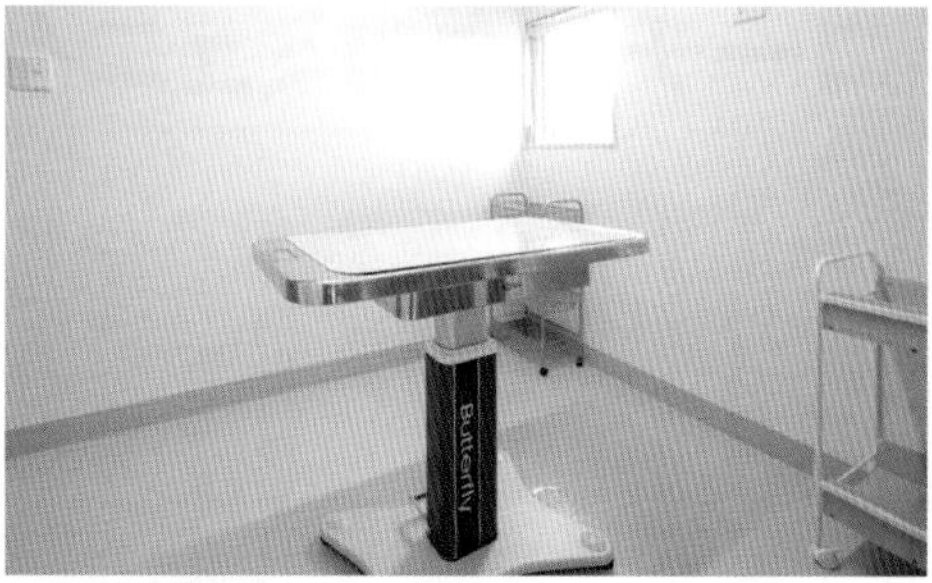

ねこちゃん診察室

の治療を受けることができる。

他にも高齢犬・猫の診療にも力を入れていて、シニア期となる7歳以上のシニア健康診断なども行う。慎重な配慮が必要な体力や筋力が低下しているシニア期のペットの検査・治療にも熟練している。

「長年連れ添った動物の気持ち・オーナー様の気持ちを考慮し、共に治療方針を考えたいと考えています。飼い主様から聞く話の中に病気の糸口が隠れていることも多くあり、診察の際はささいなことでも構いませんので色々な話を聞かせて下さい。飼い主様との二人三脚の獣医療が私の理想です」

ペットは家族であり、最高のパートナー。そして言葉を話すことができない「痛みを隠す動物」。些細な予兆に気づき、適切な医師の元で診断し、治療することが飼い主の役目だ。

（ライター／播磨杏）

たった7秒で組織が変わる

一日たった7秒のコミュニケーションで組織や人間関係が変わるメソッドを伝授。

講師・コーチ
太田英樹 さん

大学時代に特別養護老人ホームでアルバイトをしたのを機に介護の世界へ。高齢者向け施設のスタッフ、施設長を経て、2011年高齢者介護の経営コンサルタントとして独立。現在、『京都企業コーチング』研修講師・コーチとして活動。

介護職場の人間関係を改善に導く コーチングコミュニケーション伝授

アドラー心理学を応用 視野に介護職の離職率

「顧客満足と社員満足が同時に向上する、生産性の高い組織を増やしたい」

超高齢化時代に需要が増す介護サービス。高齢者が安心して利用できる環境を維持する上で重要なのは運営側の人間関係と指摘し、介護施設の管理職を対象にコーチングを活用したコミュニケーションスキルを伝授する研修で成果を上げているのが『京都企業コーチング』代表であり、講師・コーチの太田英樹さんだ。研修内容は介護業界に限らず、組織内の人間関係に悩む事業体全般に通用する汎用性の高いものだ。

「厚労省所管の公益財団法人介護労働安定センターの介護労働実態調査よると、2021年度の介護職の離職率は14・3%、離職した理由で最も多かったのが人間関係で全体の18・8%を占めていて、介護の職場で人間関係が大きな課題になっていることがわかります。研修はこの人間関係の改善を目指し、対話を通じて自己実現や課題解決をサポートするコーチングのスキルを活用したコミュニケーションの方法を解説します。結果として経営改善や介護サービスを利用される高齢者の方たちの満足度向上に繋がると思っています」

京都企業コーチング
きょうとききぎょうコーチング

080-2439-9816
egao.h.ohta@gmail.com
㊟ 京都府京都市山科区椥辻番所ヶ口45-12 インサイトコート椥辻1F
https://kyotocoach.com/

こちらからも
検索できます。

京都企業コーチング
Coaching Communication

アドラー心理学をベースにしたコーチングコミュニケーションは職場だけでなく子育てや夫婦関係にも生かせる。

研修は、管理職に対する太田さんのコーチングでもあるが、その根底で重視するのがアドラー心理学だ。

「ありのままの自分を受け入れる自己受容によって他者信頼、他者貢献が実現できるというアドラー心理学の理論が人間関係の改善に役立つと考えています。介護の世界では、自己犠牲の精神論が少なからずありますが、働く人が耐えるのではなく、満足を感じる職場づくりこそが大事です。研修では、事前に経営者や管理職から社員らの働きぶりや仕事に対する思いなどをヒアリングした上で、上司と部下、同僚との関係づくりにコーチングや心理学の要素を取り入れたコミュニケーションのスキルを養成します。自分の価値観で相手を判断するのではなく、相手の関心に意識を傾けることが要点。同じ目線に立って話を聴くことで、相手は寄り添ってくれたと感じるのです。上司が聴き役に徹し、部下と1対1で対話を重ねるロールプレーイングを交えた体験型研修も行い、管理職にコーチングに対する理解を深め、行動変容へと促します」

自身で実践・検証した結果を交えて伝えることで、提唱するメソッドが理想論や机上の空論ではないことを実証しており、それが研修の信頼性を支える基盤だ。

（ライター／斎藤紘）

望診家
鈴木ゆかり さん

西洋占星術と東洋医学の望診を掛け合わせた『アストロ望診®』創始者として、「望診法」を普及する講座などを開催。個人向けの『アストロ望診®カウンセリング』や『メタトロン波動測定カウンセリング』も承っている。

「私らしい」生き方にめざめ「私らしい」人生へ導くスクール

「望診法」で美と健康へビジネスにも繋がる学び

情報化社会の中、様々な健康法や美容法が出回っているが、セルフケア方法は人によって違い、それを見極めることは難しい。『日本望診ビューティスクール』は、「私らしい」食事法や生き方に目覚め、「私らしい」人生を送ることを推進しているオンラインスクールだ。「望診法」とは東洋医学の四診の一つで、ニキビやシミ、乾燥、ホクロなど肌表面に現れた症状から内臓の不調を読み解き、どの食材が過剰になっていて、どの臓器に負担をかけているのかを読み取り、食事を改善することで不調を改善させていく。望診家の鈴木ゆかりさんが生み出したオリジナルメソッド『アストロ望診®』は、そこに西洋占星術を融合し、本来の気質・体質を読みとることでバランスの乱れも読み解いていくもの。東洋医学と西洋医学を融合させることで多角的な視点からアプローチでき、自分に合った美容と健康のセルフケアを身につけられるという。コースは、ホームケアを学ぶ1年制とプロとしてビジネス展開までを学ぶ3年制から選べる。1年次では、望診の基礎となる東洋医学やマクロビオティック、薬膳、望診の心と体への応用、免疫学や解剖学など体の機能や構造について

日本望診ビューティスクール　株式会社　東方美人
にほんぼうしんビューティスクール

☎ 03-6380-5527
✉ info@japanboshinbeautyschool.com
㊟ 東京都新宿区新宿1-3-8 YKB新宿御苑701
https://japanboshinbeautyschool.com/

日本望診ビューティスクール
Japan boshin beauty school

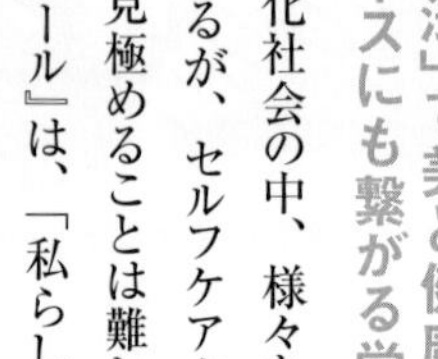

現代医学的な知識を身に付けていく。また、アトピー性皮膚炎との向き合い方、脱ステへの長期的な取り組み方なども含めて総合的に学び、自分と家族の健康を守る知識と技術を身につける。2年次では、医療占星術、アーユルヴェーダ、チャクラなどの伝統医療や自然療法を学ぶほか、リアルサイエンスに基づく生化学的な栄養学が身につき、ビジネス展開を見据え、クライアントを見るためのカウンセリングスキルも磨いていく。3年次は、ビジネス展開へのより実践的な内容。講師としてのスキルや模擬授業、ビジネスマインドや集客の心理、財務など経営についてを学び、仕事へと繋げていく。卒業後のサポートも行っているのでスムーズにビジネス化を実現できる。授業は、すべてオンライン。Ｚｏｏｍを利用したリアルタイムの参加型で、自宅にいながら全国の生徒の顔を見ながら共に学べる。オンライン授業でありながらグループワークなども行い、全国に仲間ができるのもメリットだ。また、講義録画は好きな時間・好きな場所で視聴でき、自由な学習スタイルで続けられる。月1回、講師によるオンライン質問会が開催され、不安や疑問を解消できるほか、チューター制度により、個別の相談にものってもらえるのでモチベーションも保てる。

（ライター／播磨杏）

『モーニングコーチング』（1日10分×20回）毎日開催 月額 3,300円（税込）～ 電話、Skype、Zoomを利用。

代表
井能崇博 さん

2002年からコーチング・研修を開始、2万5千人以上の個人に実施。2011年『ABCトレーニング』設立。ナポレオン・ヒル財団認定マスタートレーナー、JIPCC認定エグゼクティブ・コーチ、米国NLP協会マスタープラクティショナー。

一日の生産性を劇的に変える 朝10分のモーニングコーチングが好評!

モチベーションが向上 オンラインなどで実施

2002年からコーチング、研修に携わり、2万5千人以上の個人へのコーチング、コンサルティング、カウンセリングを行っている井能崇博さん。2011年に『ABCトレーニング』チームを立ち上げ、コーチングの普及、朝の有効活用の普及、自己教育におけるソフト開発を行っている。法人へのコンサルティングや研修も多数実施。目標設定においてサポートしてきた人は、16歳から76歳くらいまで様々。その井能さんが考案した『モーニングコーチ®』の利用者が増え続けている。活動を始める前の朝にわずか約10分間、電話やオンラインで行うコーチングで、仕事に対するモチベーションや生産性を向上させることができるのが支持される理由だ。

『モーニングコーチ®』は、自分があったらいいなと思うサービスを実現させてきたという井能さんが、多くの成果を出している人を見て、「朝から意識が違う」と感じたことから考えついたサービスだ。具体的には、毎日開催、原則5時から9時の間、また昼出勤や夜勤の人向けに他時間も開催で、電話もしくはSkype、Zoomで同社の経験豊富なコーチ陣が独自のアプローチと科学的根拠に基づいく効果的なコーチングを提供するもので、心身のバランスを

ABCトレーニング

エービーシートレーニング

✉ info@abc-training.jp
（会員サイトへ3ヵ月無料ご招待!「本を見た」とメールを下さい）
㊟ 東京都港区南青山5-17-2 シドニービル502
https://www.abc-training.jp/

こちらからも検索できます。

朝の仕事前に
強烈なマインドセットを
朝の運動をかねて
前日を振り返り
学びと成長に繋げる
朝の時間の有効活用
早起きの習慣が身に付く
最高の1日のスタートを
イメージする
気軽にコーチングを
始める
モーニングコーチングはあなたの最高の1日をサポートします。

整えるための早起き習慣や瞑想、目標達成に必要なスキルを身につけるためのトレーニングなど利用者のニーズに合ったプログラムを選ぶこともできる。個人だけでなく、グループコーチングも可能だ。

「朝の時間の5分から10分、第三者からコーチを受けることは、目標達成の癖付けができるようになって自信と熱意が身につき、活動的な一日のスタートのために大きなリソースになる可能性を持っています。頭や気持ちがスッキリする、不安が減少される、行動力が上がる、モチベーションが高まる、先延ばしが無くなる、自分らしく生活ができる、人間関係が楽になる、仕事の生産性が上がる、ミスが少なくなる、自分に自信がもてる、決断力が上がる、積極的になり頭が冴える、自己管理ができるようになるといった様々な効果が期待できます」

ついつい流されそうになる朝に一日をセットアップとして最適。他にも、生活リズムと整えるため、早起き習慣、勉強時間確保のため、マインドセットのためにも利用されている。朝の新鮮な時間に静かな部屋の中だったり、ウォーキング中、通勤中の時間を利用することができる。

いつでも、どこでも、どんな人でも気軽に利用できるコーチングサービスが用意されている。

（ライター／斎藤紘）

またダメだった…を卒業
魂源力発揮プログラム
体験会受付中
体験個別セッション
60〜90分
22,222円(税込)
ご予約はHPへ

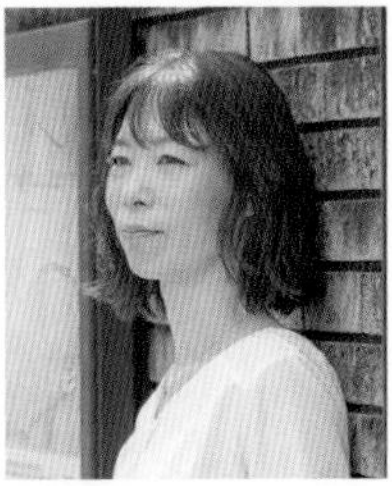

主宰
岡田奈子 さん

心理セラピスト。魂の覚醒講座講師。DNAシフトセラピスト履修。3千以上の人間関係・仕事等の悩み解決・自信UP・顧客が増え売上UPなど。宇宙の法則・哲学等を研究し望みを具現化する成功メソッドと宇宙源エネルギーを開発。

心ときめく毎日を楽しもう 潜在意識を変えて人生好転

独自のメソッドで 努力では越えられない壁を突破

「望みを具現化する成功メソッドと宇宙源エネルギー」を司るのが『Excellent LOTUS』主催のNACOさん。魂のネガティブな思い込み・感情浄化を行うメンタルブロックや望みを具現化する法則の伝授、宇宙源エネルギーでのヒーリングなどで魂の眠れる能力を覚醒させ、「望んでいる成果・理想の人生」の実現へと導いてくれる。

DV、いじめ、パワハラ、激務、重病、家族の借金返済など過酷な人生を送っていたNACOさん。そこで出会ったのが潜在意識の書き換えと真の宇宙の法則だった。長年の苦痛の呪縛から解放され、人生が一転したという。悩んでいる人の悩みが痛いほど分かるからこそ「セラピストになって周りの人も元気にしたい」という思いから講座を受け、セラピストとなった。さらにメンタルブロック解除・カウンセリング技術を習得。その後、起業塾数カ所で学び、『Excellent LOTUS』を立ち上げた。

これまでセラピストとして、3000人以上の心の問題を解決。その中で宇宙の法則・哲学などを研究し、「望みを具現化する成功メソッドと宇宙源エネルギー」を開発、セッション に加え、Zoomでのオンライン講義「魂源力発揮プログラム」も

Excellent LOTUS
エクセレント ロータス

dna-sueko@mikousa.jp
https://exlotus.hp.peraichi.com/
@dna.naco
https://www.facebook.com/dna.naco

LINE

こちらからも
検索できます。

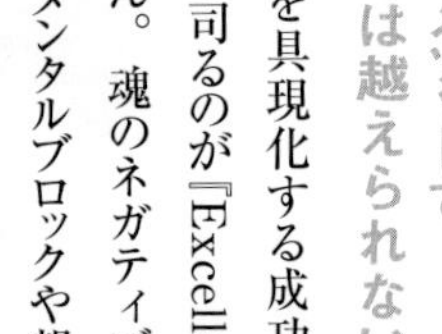
Excellent Lotus

魂源力発揮プログラム
第7回
Zoom講義

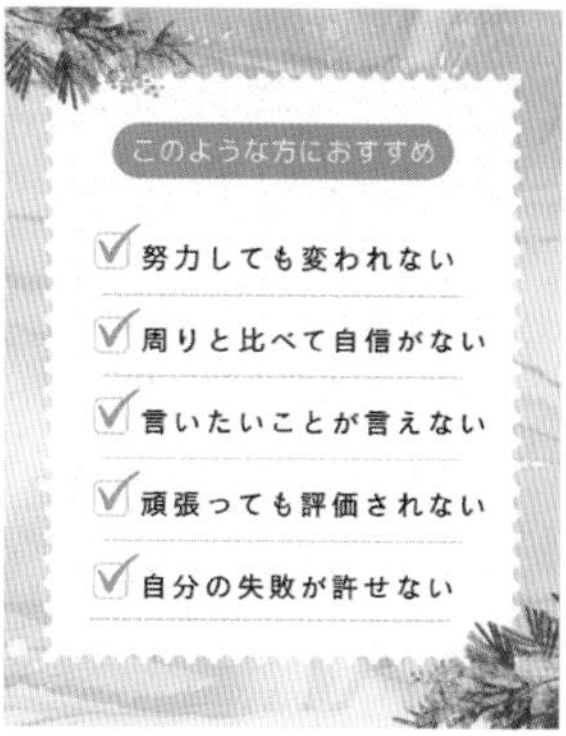
このような方におすすめ
努力しても変われない
周りと比べて自信がない
言いたいことが言えない
頑張っても評価されない
自分の失敗が許せない

開始した。確実な効果を発揮するには、ブロック解除して48時間以内に「変わる為の行動」をして、変化を潜在意識に定着させなくてはいけない。行動できる人はすぐに効果を感じるが、1回のセッションでは、行動できなかったり、元の考えに戻ってしまい変化を感じない人もいるという。

「現実を本源的に変えるには土台のマインドセットが大切で、思考のクセに気づかないと同じようなメンタルブロックが繰り返し出る場合もあるのです。私もそうでした。そこで、お客様にもっと実感していただきたいと思い作ったのがこの講座です」

受講すると「メンタルブロック解除+マインドセット+行動」までをNACOさんが伴走してくれるので、スルッと行動に移せるようになる。受講生からは「自信がついて自分を好きになれた」「自分だけではなく家族の人生も好転した」など、喜びの声がたくさん届いている。

週1日ほどのペースで、ヒーリング体験&講座説明会も開催中。ランダムに決められた1人はその場で悩みや感情を解消するメンタルブロック解除を行ってもらえる。1日3名限定なので、気になる方は公式サイトから早めのご予約を。

（ライター／播磨杏）

「サロンコンサート」

コーチングをしながら、年間で多くの演奏会を行っている。現在、ピアノ曲事典掲載。日本ショパン協会会員。

主宰
佐藤みほ さん

小学生の頃からピアノをはじめ、数々のコンクールで入賞、受賞歴をもつピアニスト。絶対音感を超えた第六感の持ち主であり、この能力を活かした独自のプログラムが評判で多くの人を本当の姿に導いている。

量子力学×マインド×スピリチュアル 誰もが物心両面豊かで幸せな生き方を

量子力学をベースにし科学的根拠に基づくコーチング

ピアニストでもある佐藤みほさんは、絶対音感、sixthsence（第六感）の感性を持つ。どんなにIQの高い人でさえ、努力しても手にすることができないもの。誰もが持つことのできない限られた人だけが持つ感性をもつ佐藤みほさん。演奏以外の世界でも活かせるのではないかとの思いから、感性と最先端科学の量子力学を組み合わせたコーチングメソッドにより、クライアント様の潜在能力を開花させ、すべての人の人生を大きく変えてきた。その方を取り巻くエネルギーフィールドごと整えるため、コーチングを受けた方だけでなく、家族、友人などの周りの方も本当の自己を取り戻し、関わる人全てが幸せな生き方に変わってしまう。彼女が行う感性と科学を掛け合わせたコーチングは世界的にも珍しい。科学的根拠がはっきりしているので、弁護士や司法書士、税理士などから顧問先企業のCEOや役員のコーチング依頼が絶えない。今ではマンツーマンプログラムは常にキャンセル待ち。ピアニスト、コーチとしての活動だけにとどまらず、今後は後進の育成、親子教育に力を入れ、教育者としての活動し、2024年にはビジネス書の発売が予定される。

佐藤みほ
さとうみほ

✉ miho-platinum@i.softbank.jp
@miho_pianistfantasy1111
@792alpqi

「量子力学×マインド×スピリチュアルに基づいた科学的メソッドにより、この世の音をすべて拾うピアニストがあなたをあるべき姿に導きます。詳しくはお問い合わせ下さい」

晩餐会会場。この後、晩餐会で演奏。

◆ 夢乃まりこさん

◆ 冨永理穂さん

◆ chikaさん

「数々のクライアントより コメントをいただきました」

◇夢乃まりこさん

セラピストとして活動していますが、自信がない自分を誤魔化しながら生きてきました。輝いているみほさんみたいに生きたいと思ったのが受講したきっかけです。みほさんは親身になって寄り添ってくれ、自分の思考癖としっかり向き合うことができました。自分と繋がって絶体的安心感に満たされた感覚があり、悩んでいたのが嘘のよう、今では毎日幸せに過ごせています。短期間で劇的に変化したことを、私の言葉でも伝えていきたいです。「自分が短期間で変化したこと」「私の言葉でもお伝えしたい」という思いがあり、今後はセッション活動の場所を広げていきたいです。

◇冨永理穂さん

インスタ起業が軌道に乗らず、根本の「自分の在り方」を見直したいと思い、みほさんの元に訪れました。いい意味でスパルタで、目を背けたくなることにもしっかり向き合ってくれます。まだプログラムの途中ですが、毎日世界が変わるような感覚があります。自分のことを大切にすると、家族も自然と変わることに驚きました。新人ながらボディメイクの日本大会切符を手にしたので、今後も自分の意識を整え、ステージで輝きたいです。ボディメイクのコンテストの予選に出場し、日本大会の切符を手にしました！新人で大舞台への出場が決まり、今後もしっかりと自分の意識を整えて、ステージで輝きを放つ予定です。

◇ｃｈｉｋａさん

漠然とした不安を払拭したくて様々な講座を受けていましたが、効果がなく悩んでいた時にみほさんに出会いました。絶妙なタイミングで優しい言葉や喝が飛んでくるのは、エネルギーを感じられるからだと思います。目の前で起きることは以前と変わらないですが、物事の捉え方が変わったので、今までの自分の世界にはなかった選択肢が目の前に現れるようになり、新しい世界に飛び込んだ時のような感動を日常生活の中で感じられるようになりました。今後は、看護師とアーユルヴェーダの知識を活かし、心も体も自然体で過ごせるようなお手伝いをしたいです。

（ライター／彩未）

代表
水無月翠蓮 さん

タロットカードやオラクルカードを使ったカードリーディングをしている。カードそのものだけではなく、様々な占術や霊感を組み合わせた独自の観点からリーディングしている点が強み。

カード×占術×霊感の独自視点 本質を捉えたアドバイス

芸術的な独自デッキ 気づきを受け取りやすく

「真実／本質をできるだけわかりやすく伝える」をコンセプトにタロットカードやオラクルカードなどのカードリーディングに自身の霊感体質や独自の視点を組み合わせた占いを提供する人気占い師の水無月翠蓮さん。カードにはそれぞれ意味が込められているが、それらの意味をただ繋げて読むだけではない。カードの出方や場から受け取ったエネルギーや感覚を重視するため、同じカードが出ても解釈が大きく異なることがあるという。個性的な絵柄と文字で独創的な世界観を表現し、新しい視点やインスピレーションを受け取りやすい唯一無二のオリジナルデッキで行われるリーディングは、物事の本質をしっかりと捉えた読みとアドバイスで悩める人の心を的確に導いてくれると好評だ。

運勢リーディングは、「1日」「1週間」「1ヵ月」から選択可能。タロットカードとオラクルカードで全体の流れを読み解くのに適したスプレッドを展開。総括だけでなく、対人／恋愛運、仕事／金運、健康運それぞれの項目についてのメッセージも受け取れる。また、『カテゴリ別リーディング』もオススメ。現状俯瞰／把握、思考の整理、対

水無月翠蓮
みなづきすいれん

minadukisuiren3467@gmail.com
https://minadukisuiren06.kakurezato.com/
@minadukisuiren466

こちらからも
検索できます。

全体の流れを読み解くスプレッドやオリジナルデッキで全体の総括、別視点でのメッセージもリーディング。

『カテゴリ別リーディング』約30分 5,000円（税込）　『オリジナルデッキを活用したリーディング』（2日後に納品）5,000円（税込）

人関係、仕事／取り組み、魅力／能力、今必要なメッセージ、選択／岐路の項目の中から気になる項目を選択できる。チャット形式のセッションで30分間リーディングの中で、お悩み解決の糸口や新たな気づきをわかりやすく提供する。時間に制限があるため、質問によってカードを新たに引くのは1回まで。複数知りたいことがある方は、カテゴリーを二つまで選択可で質問回数も増える「60分間コース」がオススメだ。

水無月翠蓮さんのインスタグラムでは、不特定多数に向けた三択の超直感リーディングを投稿。テーマは、「心の整理とバランス」や「あなたが受けている恩恵と必要なもの」「あなたの望みと叶えるまでの最短距離」「健康Lv．MAX」「気になる方の心情」「マイペースな目標達成と心を満たす判断」など多くのお題を用意。3枚のカードからピンと来たタロットカードを1枚選ぶだけで、悩みを解消するためのヒントやメッセージを受け取れる。個性豊かなカードを見るだけでも楽しいが、手軽にリーディングを体験できるのも魅力。

（ライター／彩未）

『対面鑑定』10分 2,000円（税込）～　（5分毎に1,000円）

代表
マリー♥ルウ さん

本名は、早川由香さん。生まれ持った透視能力に加え、サイキックタロット、人相、手相、風水、九星気学、近代易学、オーラソーマ、パワーストーン、ヒーリング各種を学び、占いカウンセラーに。カフェ&スナック『七番館のマリー』経営者。シンガーソングライターとしてCD発売。テレビ出演、ラジオ出演、執筆活動も行う。

リピート率97%の人気カリスマ占い師
占いスナックの夜はカラオケも楽しい

相談者に注ぐ深い愛情 豊かな人生経験を投影

人の心を惹きつけるような強い魅力や能力を持っている人のことをカリスマというが、札幌で占いカフェ&スナック「七番館のマリー」を営む占いスピリチュアルカウンセラー『マリー♥ルウ』さんもそんなカリスマ性を持った女性だ。占い研究歴45年、占い師歴30年という経験に加え、若き日に金融会社で勤務したほか、ハードロックボーカリスト、シンガーソングライター、ラジオのパーソナリティ、サプリメントアドバイザー、セラピストとしても活躍、その豊かな人生経験が占いに血を通わせる。

「分からないことを入力すると様々な情報が示されるGoogleなどの検索エンジンと同じように、悩み事、困り事を相談すればアドバイスが得られ、エステに行ったみたいにスッキリするのが占いです」

こう占いを定義付ける『マリー♥ルウ』さん。「七番館のマリー」の個室での完全予約制の占い、電話やラインメールを使った全国対応の占いでは、独学で身につけたサイキックタロットを中心に、人相、手相、風水、九星気学、近代易学などに加え、生まれ持った透視能力も駆使するが、97%という高リピート率で支持される理由は、相談者に向き合う独自のスタンスだ。

占いスピリチュアルカウンセラー **マリー♥ルウ**

✆ 080-9619-3838
✉ 7bankannomary@gmail.com
㊟ 北海道札幌市中央区南7条西4丁目 LC七番館9F
https://www.shopnet.ne.jp/shop/maryru/

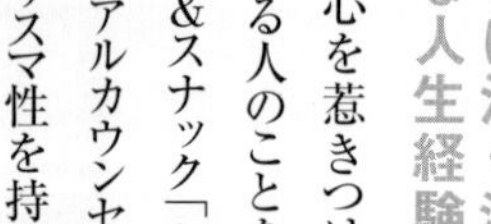

「私は占いを使った人生のアドバイザー、人生プロデューサーだと思っています。時には母のように、おばあちゃんのように、姉のように、彼女みたいに、妹みたいに、親友のように、占いに来た方を老若男女、愛おしく思っています。私にはお客様へ愛があるのだと思います。占いで本人が望まない回答が出た場合でも、傷つけないように言葉を慎重に選びます。そうして、お客様から信頼されたなら、一生の人生アドバイス顧問みたいになります」

TV番組で有名タレントの未来を言い当てて話題になった『マリー♥ルウ』さんは、2011年の著書「マリールウのなりたい女性になるための魔法のぬりえぬりえ」に次いで、23年5月には相談者へのアドバイスの実例をまとめた「カリスマ占いカウンセラー、マリー・ルウが書いた、恋愛と結婚論」を刊行、恋愛や結婚生活に悩む女性の読者を増やしている。

札幌市の繁華街すすきのの店舗ビルにある「七番館のマリー」は、昼間は占いタイム、夜はママの『マリー♥ルウ』さんと一緒に飲んだり、雑談したりできるスナックになり、臨場感あふれるサウンドでカラオケも楽しめる。グループ客に一人様でも占い受ける人がいる場合は貸し切り営業になる。

（ライター／斎藤紘）

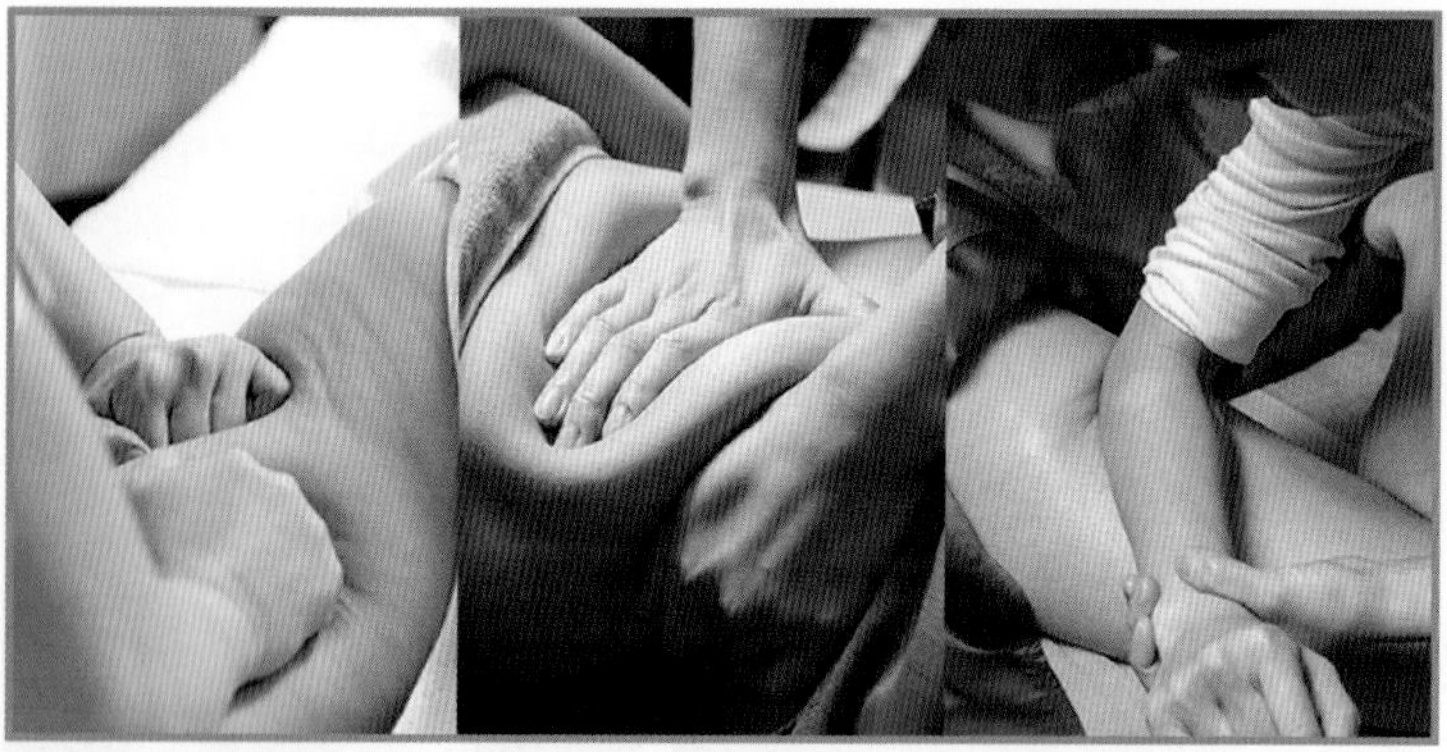

代表
関戸亜美 さん

エステサロンやスパ、温浴施設、マシン販売、美容派遣業などを経て32歳で独立。お客様・従業員・会社の三法良しを目指したエステサロンを経営しながらスクール事業を運営し、女性の自立支援を積極的に行う。

Salon de Cachette
〜Body & Face Design〜

https://salondecachette.com/

こちらからも
検索できます。

リンパだけでなく深層筋肉までも解しデトックス 疲労回復・コリ改善で痩身を一度に解決

女性が幸せに生きる スクール事業で自立を応援

オールハンドを中心にボディとフェイシャルの施術で「美も健康も一度に手に入れたい」という願いを叶える筋骨リンパ専門店『Salon de cachette』。代表の関戸亜美さんが開発した『筋骨造形メソッド®』は、リンパや脂肪、セルライトだけではなく、筋膜や骨格、表層筋、深層筋までしっかりと解し、造形、デトックスしていく施術。筋肉を和らげてリンパの流れを改善し、脂肪やセルライトの排出、姿勢改善までを促す。

オールハンドとサポートスティックで施術をすることにより、施術効果を高く保ちながら、施術者の負担を減らすことに成功。状態に合わせて細かく調整し、体を本来あるべき姿に整える。お顔を含め、全身のコリを解し、辛い肩こりや腰痛などの改善が期待でき、マッサージよりも疲れがとれると好評を得ている。

また関戸さんは、将来的に独立開業を考えているエステティシャンや自宅でエステ開業を考えている女性の支援も積極的に行う。これまで門外不出だった『筋骨造形メソッド®』を学べる『筋骨造形エステティックアカデミー』を開校し、手技だけでなく、接客サービスやメニューづくり、SNSの

筋骨造形エステティックアカデミー

きんこつぞうけいエステティックアカデミー

03-5797-7098
https://kinkotsuzoukei-school.com/

○Blanc Ciel セラピストスクール
https://blancciel.com/

筋骨造形エステティック ACADEMY

こちらからも
検索できます。

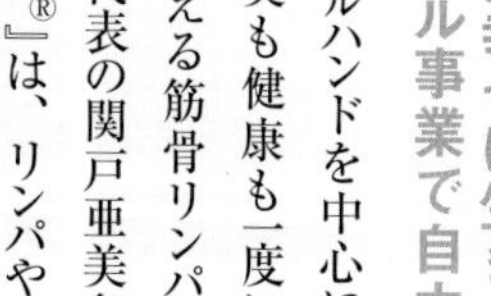

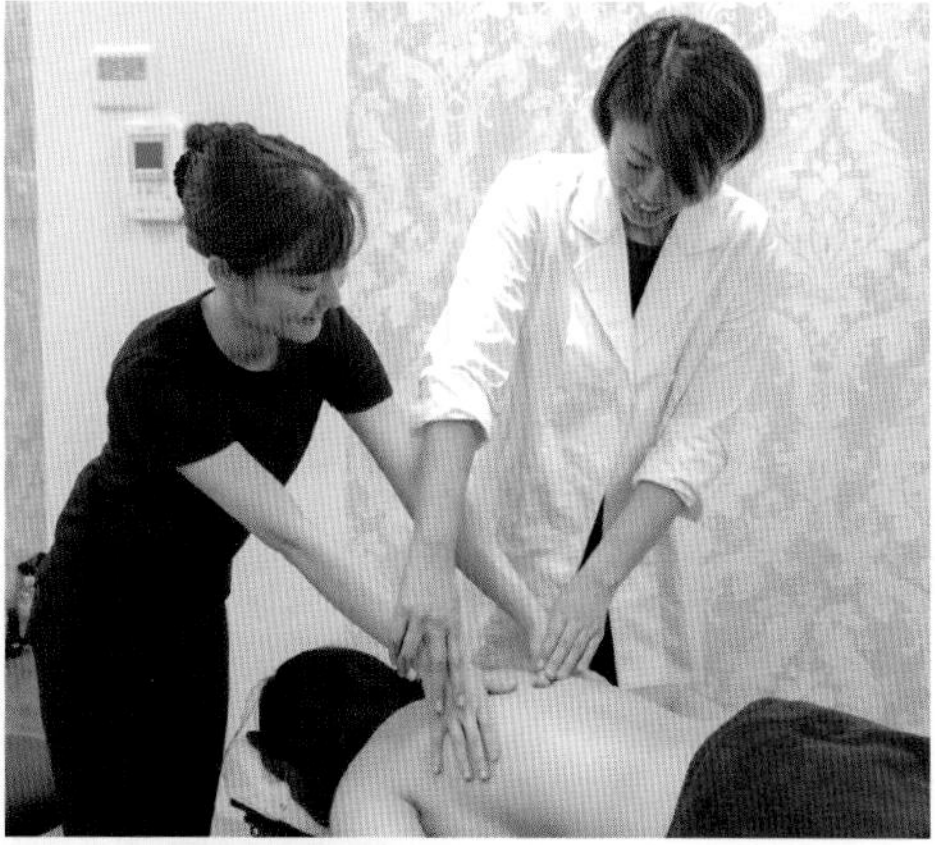
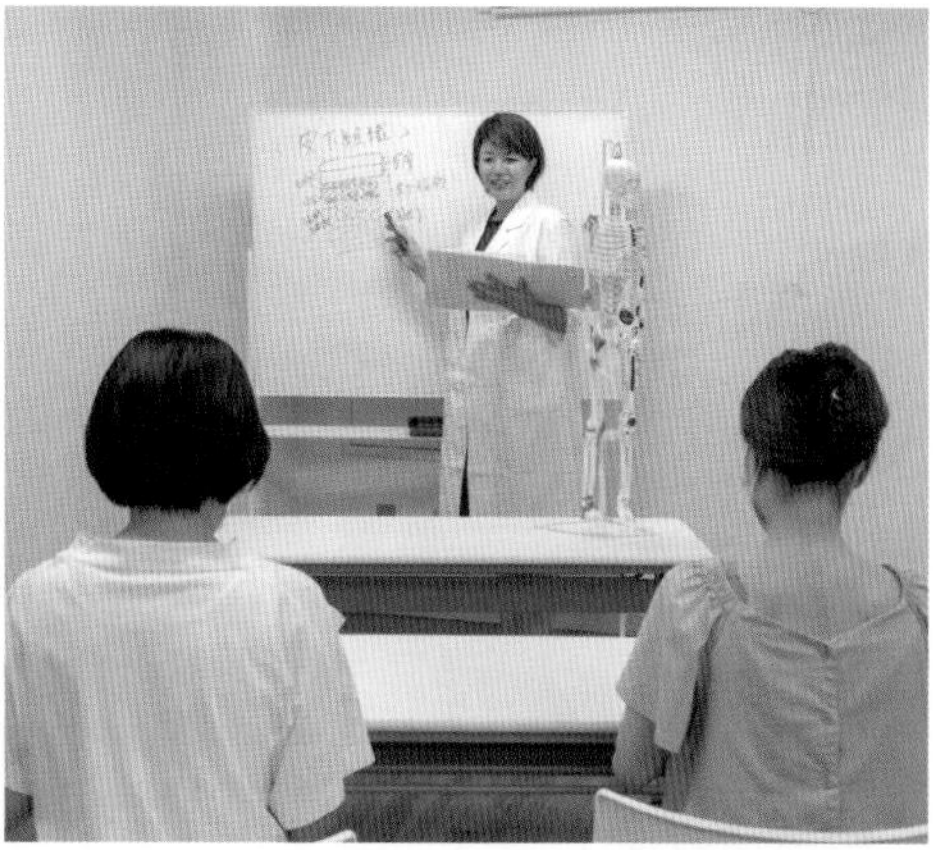
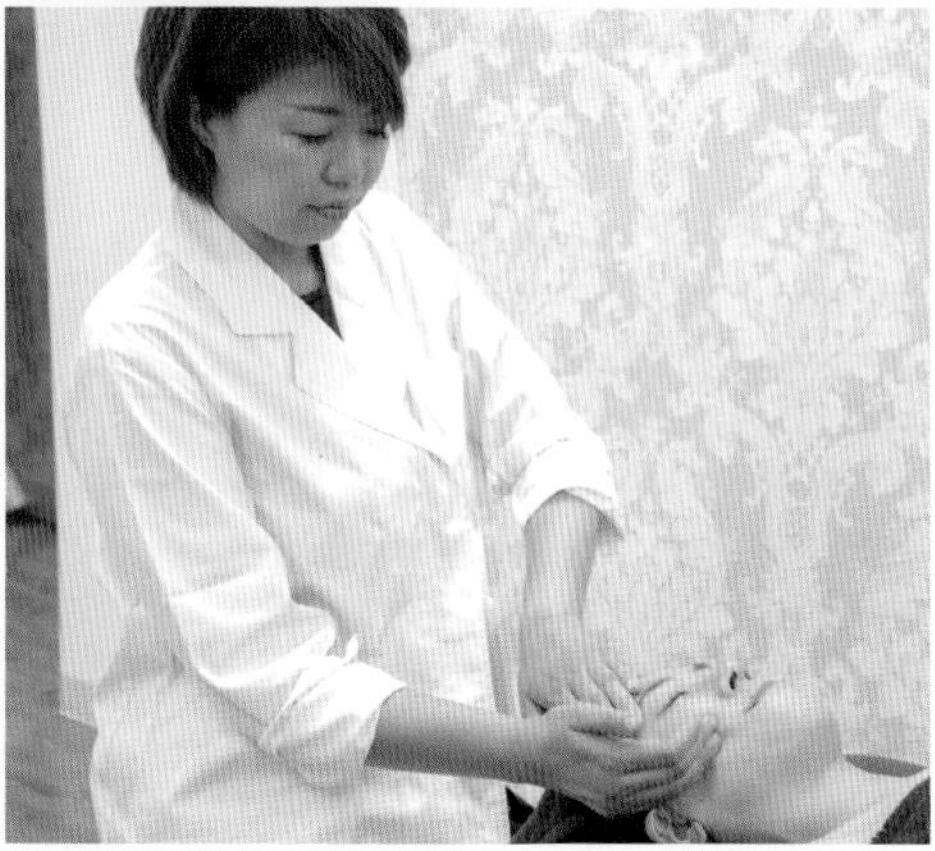
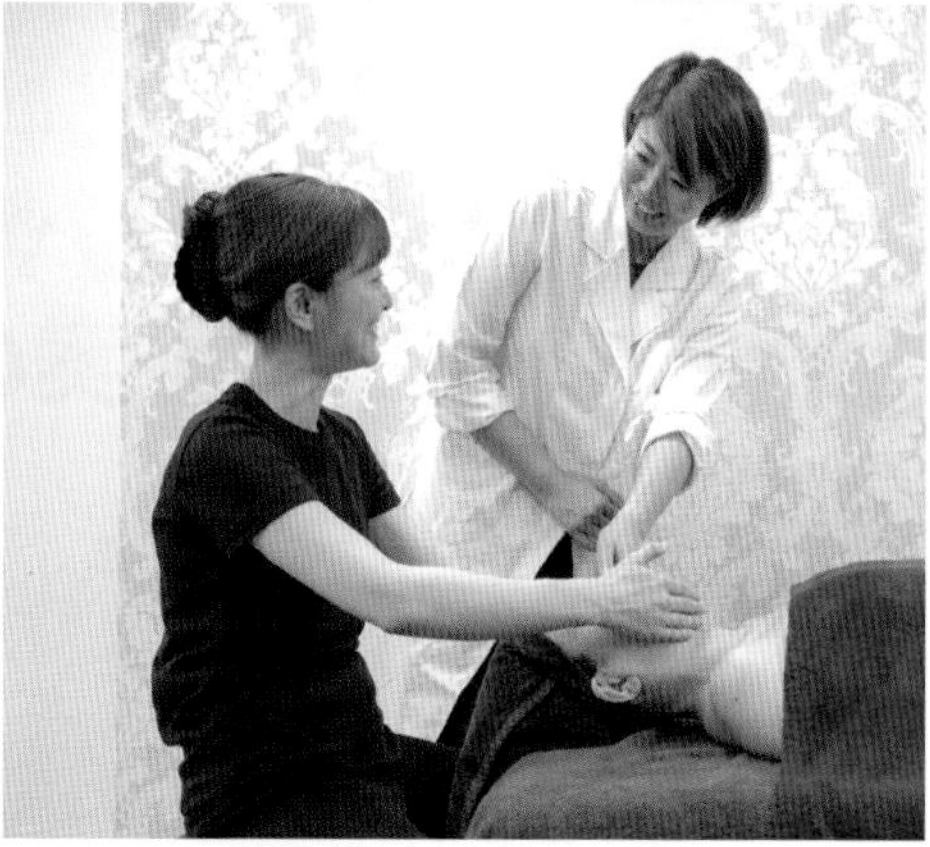

『筋骨造形エステティック アカデミー』https://kinkotsuzoukei-school.com/
『ブランシエル セラピスト養成スクール』https://blancciel.com/

活用法などエステ激戦区で成功した本店の経営ノウハウなども学べる。オンラインや対面での学習を中心に実技講座も充実。個別ＬＩＮＥ相談やスキルアップフォロー、永久サポート制度など11のサポート制度で確実に独立に向けたスキルを取得できる。

さらに、セラピストやエステティシャンとして働きたい方向けに「ブランシエルセラピストスクール」の運営にも携わる。「お試し１ＤＡＹ」「基礎」「応用」、筋骨造形施術をマスターできる「独立」の４コースから目的に合わせて選択することが可能。経験豊富な講師と現役のエステティシャンによるオンライン学習と実技、実習講座で、卒業後すぐに現場で使える技術が取得できる。カリキュラム修了時に希望者は、入客試験を受けることができ、合格者はスクール併設の研修センターで業務委託契約のもと入客できるなど、未経験でも最短ルートで夢が叶えられるよう徹底した支援が魅力だ。

これまでに15000人以上の身体の不調を整えてきた関戸さんは、女性の美や健康を通して、女性がイキイキと幸せに生きることをサポートしている。

（ライター／彩木）

"より快適で自立した生活"をサポート。一人ひとりに合ったプログラムを実現。

代表社員
小林春江 さん

紡績会社や大手アパレルメーカー勤務を経てミシンとアイロンを購入して自宅で縫製の内職を開始。2005年『合資会社ナチュラル・ワークス』を設立。職業訓練校の校長も務める。2012年『レッツ倶楽部須賀川』の運営開始。

生活動作の向上にパワーリハビリ訓練プログラム充実のデイサービス

半日型と一日型を用意 認知症予防体操が好評

「震災後、お年寄りの方々が元気がなくなっているように感じ、リハビリ型の介護事業が必要という思いが強くなったのです」

東日本大震災の被災地、福島県須賀川市で縫製事業を手がける「合資会社ナチュラル・ワークス」代表社員の小林春江さんが、要介護の高齢者を対象にしたデイサービス（通所介護）施設『レッツ倶楽部須賀川』を開設した動機だ。利用者の利便を考えて半日型と一日型の2コースを設け、マシントレーニングを中心にした日常生活動作訓練を通じて自立した日常生活を送れるよう支援する。

「デイサービスを開始するに当たって、マッサージによるリハビリと機械によるリハビリの選択肢がありましたが、機械を選びました。利用者さんは機械には依存しませんが、マッサージだと施術者に依存してしまうことがあり、施術者が辞めた時に利用者さんも一緒に辞めてしまう可能性があると判断しました」

小林さんが採用したのが医療認定を受けたリハビリマシンを使ったパワーリハビリというトレーニングだ。「筋肉を鍛えるのではなく、眠ってしまった筋肉や神経、動き方を忘れてしまった筋肉を呼び覚まし、正

レッツ倶楽部 須賀川 合資会社ナチュラル・ワークス
レッツくらぶ すかがわ

0248-94-2278
0401-01@lets-club.info
㊟ 福島県須賀川市馬町72-1
https://www.lets-club.jp/shop/sukagawa/

リハビリ＋ステーション
Let's Enjoy Training School
LETs倶楽部 須賀川

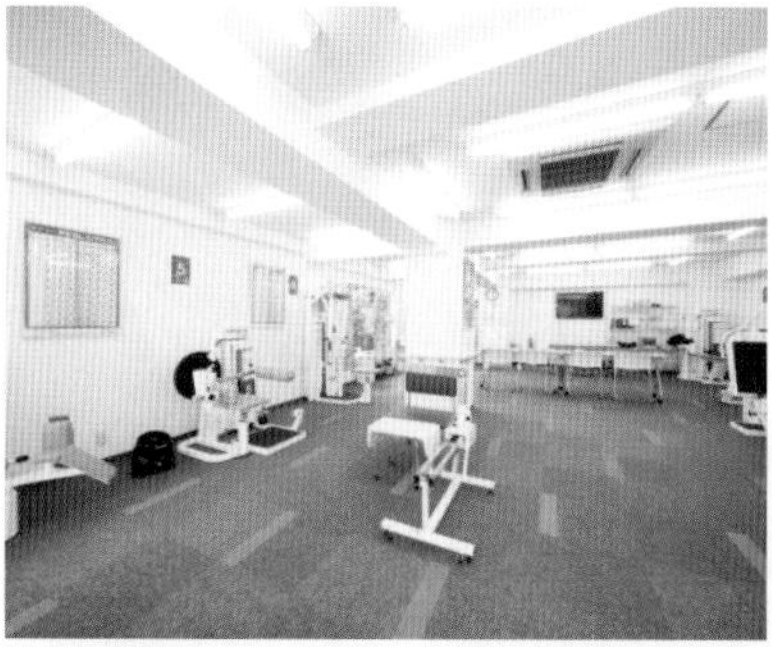

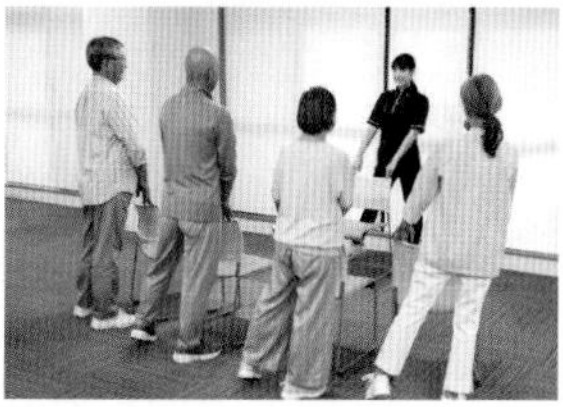

しい動き方を再び思い出してもらうトレーニングです。これを重点的に行うことで徐々にご自身でできることが増えたり、行動範囲が広がったりして自信や意欲も湧いて心身ともに健全化します。このことがご本人のみならず、ご家族をはじめとする周囲の方にも良い影響をもたらすのです」

具体的なプログラムは、半日型ではパワーリハビリによるADL(Activities of Daily Living 日常生活動作)訓練と口腔機能訓練、認知症予防体操、個別機能訓練、集団訓練を行う。1日型のプログラムは、これらのほか、掃除、洗濯、入浴、食事など日常生活で行う動作の中のより複雑な手段的動作であるIADL(Instrumental Activities of Daily Living 手段的日常生活動作)訓練が加わるのが特長だ。利用者の関心が高い認知症予防体操は、指を動かしながら簡単な計算を同時に行なう二重動作の体操で、考えながら指を動かすことで脳の思考や運動に関与する部位を活性化させ、認知症を予防する効果が期待できるという。座位での太極拳もあり、ゆったりとした音楽に合わせて手足や胴体などを前後左右上下に動かすと、心身ともにリフレッシュするという。フィットネスクラブのような明るい雰囲気の空間で利用者が笑顔でトレーニングに励んでいる。

（ライター／斎藤紘）

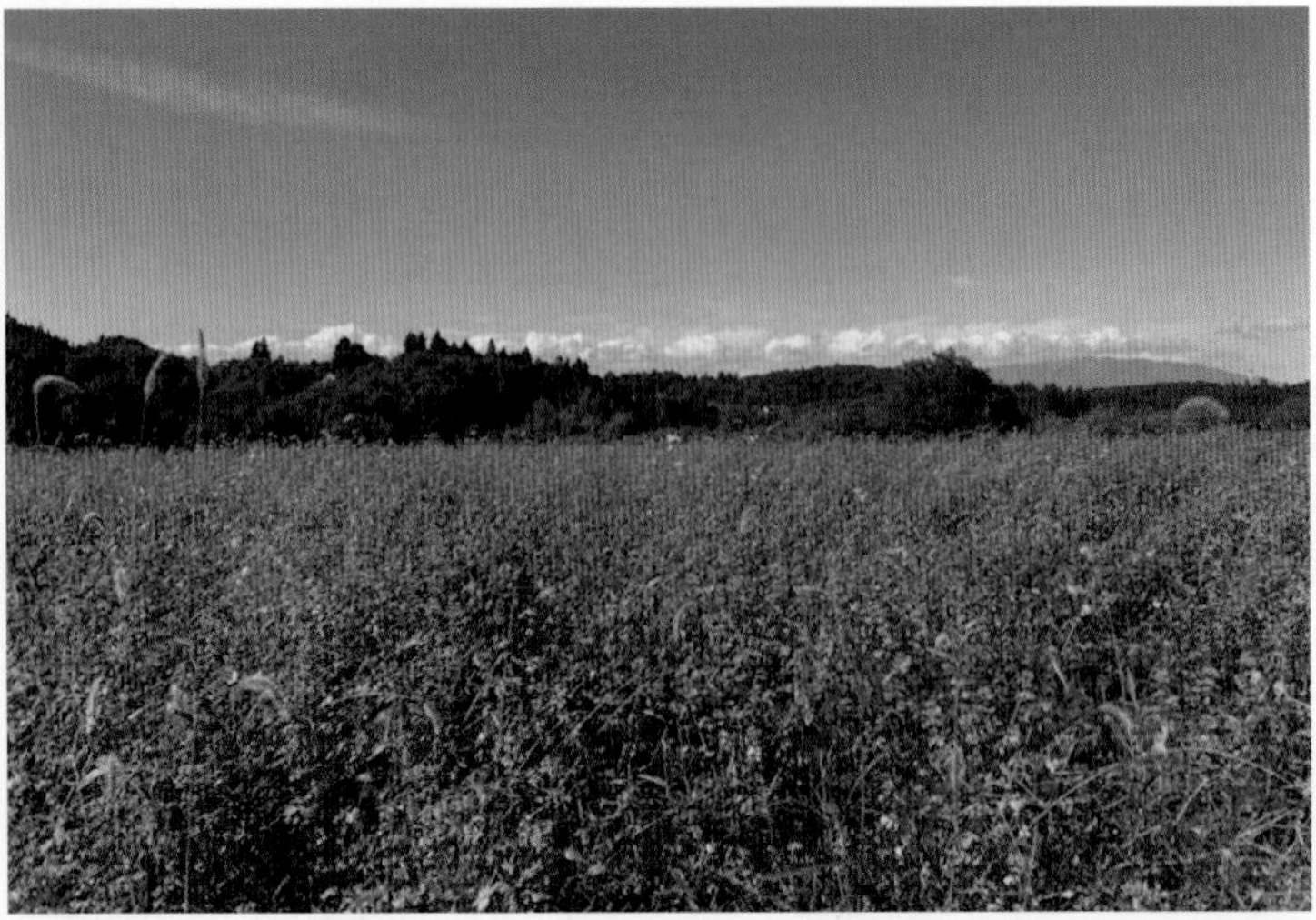

代表取締役
阿部憲和 さん

学業修了後、総合商社に入社。農業や事業食を扱う部門に約5年8ヵ月、卸会社で約8年経験を経験し、特別養護老人ホームを運営する社会福祉法人に採用され、総務や財務、人事などを担当。2018年『株式会社ライフデザインラボ』を設立。

障がい者福祉事業に光る明確な理念
生活の場の提供と自立支援に力注ぐ

動物と共生する施設運営
耕作放棄地で農業開始

動物と共に暮らすことができる障がい者グループホーム2棟を山形市で運営する『株式会社ライフデザインラボ』代表取締役の阿部憲和さんは、農業法人を設立して入居者の就労機会を作るために農業を開始、障がい者の生活環境、自立支援の両面に力を注ぐ経営者だ。これまで様々な職種を経験する中で新たな目標を見出し、時代のニーズを読み取りながら具体化する経営感覚と実行力が障がい者福祉事業で結実した形だ。運営する障がい者グループホームは、『わんらいふ山形駅西口壱番館』と『わんらいふ山形駅西口弐番館』。

「施設名『わんらいふ』は、英語で〝ONE〟＝〝そこにある、そこにいる〟という意味があり、〝そこにある生活、そこにいる生活〟と解します。もう一つとして〝わん〟は、動物が出入りする(＝犬)鳴き声〝ワン〟として特徴を表現しました。人は動物と生活を共にすることで、元気になったり、癒されたりします。動物から多くのエネルギーを貰っているものです。動物の気持ちもわかる人になりたいと思っています」

設立した農業法人は、『LDファーム』。

「入居者の方が何かの事情で就労の機会を奪われると、生活のリズムが狂い、最悪ご自身の症状が悪化

株式会社 ライフデザインラボ

023-676-8752
info@lifedesign-labo.jp
㊟ 山形県山形市旅篭町1-15-15

LIFE DESIGN LABO

株式会社 LDファーム
090-7063-6172
㊟ 山形県西村山郡朝日町松程243
https://ld-farm.jp/

FARM

広報部
ふく ちゃん
5歳。元気いっぱいのおてんば娘。

します。ですから、仕事がなくなっても、〝次の仕事が見つかるまでの期間〟をフォローする就労機会を作りたかったのです。そこで農作業をするために耕作放棄地64500㎡を農地に変え受け皿を準備しました。ひとまず作付け品種は蕎麦。山形は蕎麦処として有名であり、特色ある赤色の花を咲かせる品種、〝高嶺ルビー（赤そば）〟を育てます。地方課題の農業従事者不足、高齢化や後継者不足、耕作放棄地の拡大など地域課題にも取り組める環境を目指しています」

　阿部さんは、食品やガソリンスタンド、農業、住宅設備、事業食など幅広く展開している総合商社の農業部門と事業食部門で約5年8ヵ月、山形と秋田に営業拠点を20数ヵ所持つ卸会社で約8年経験を積んだ後、父親が役員を務める社会福祉法人が特別養護老人ホームを立ち上げた際、総務や財務などの業務を担う人材として採用された。同老人ホームに在籍中、地域に障がい者が住まう施設が足りないことや障がい者の就労先から住まいの建設を依頼されたことなどを受け、障がい者支援に乗り出す。

　次なる目標は、経験したことを事業化し組み合わせることで、障がい者が安心して生活できる「社会循環型プラットフォーム」の構築だ。

（ライター／斎藤紘）

代表取締役
小野芳勝 さん

看護学校卒。総合病院、老人ホーム、精神科病院勤務を経て、2008年『スマイルケアステーション青葉』設立。看護師、精神保健福祉士、介護支援専門員。看護学校非常勤講師。看護学生の精神科訪問看護実習施設も担う。

精神障がい者を訪問看護でサポート
メンタルヘルスケアに光る専門知識

国家資格と経験を活用
利用者目線に徹し運営

人体の構造と機能及び疾病、精神障がい者の生活支援システム、心理学理論、地域福祉の理論などの知識が求められ、精神科ソーシャルワーカーとも言われる精神保健福祉士の国家資格を持つ「小野看護総合研究所」代表の小野芳勝さんは、その業務である精神障がい者の社会復帰に関する助言、指導、日常生活への適応のための訓練の援助などを絵に描いたように実践してきた経営者だ。２００８年に仙台市で主に精神障がい者を対象にした訪問看護ステーションの『スマイルケアステーション青葉』を開設、自身も含め看護師や保健師の資格を持つスタッフ９人で１３０人超の要介護者をサポートしている。同ステーションでサポートしている精神障がい者は、精神科病院を退院したり、自宅から通院治療したりしている人たちだ。小野さんは、老人ホームで働いたり、精神科病院で看護部長も務めたりした経験や介護関連資格では最高峰の介護支援専門員の公的資格が裏付ける知見も生かし、利用者目線に徹した支援で信頼を集めてきた。

「訪問看護事業に乗り出したのは、自分が理想とする看護サービスを提供したかったからです。

スマイルケアステーション青葉　株式会社 小野看護総合研究所
スマイルケアステーションあおば

022-719-8333
022-719-8344
㊟ 宮城県仙台市泉区南中山1-30-11 コンフォート泉101
https://kaigo.homes.co.jp/scare/ob_465590081/

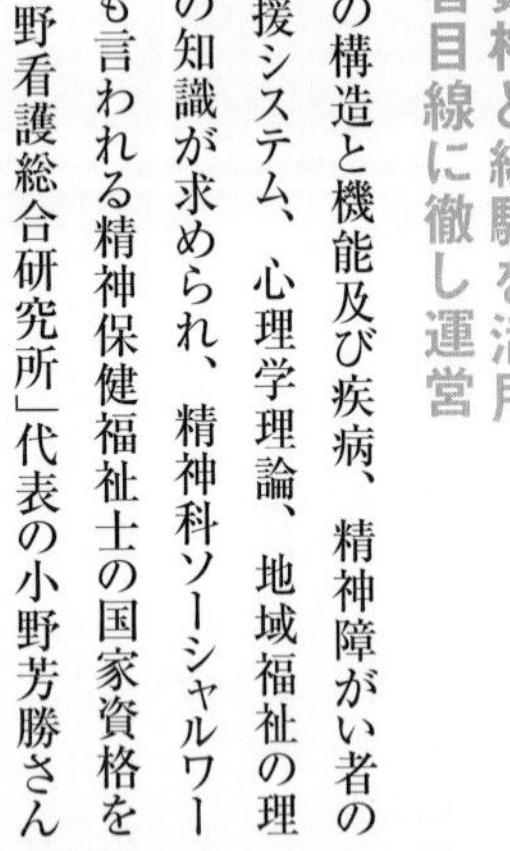

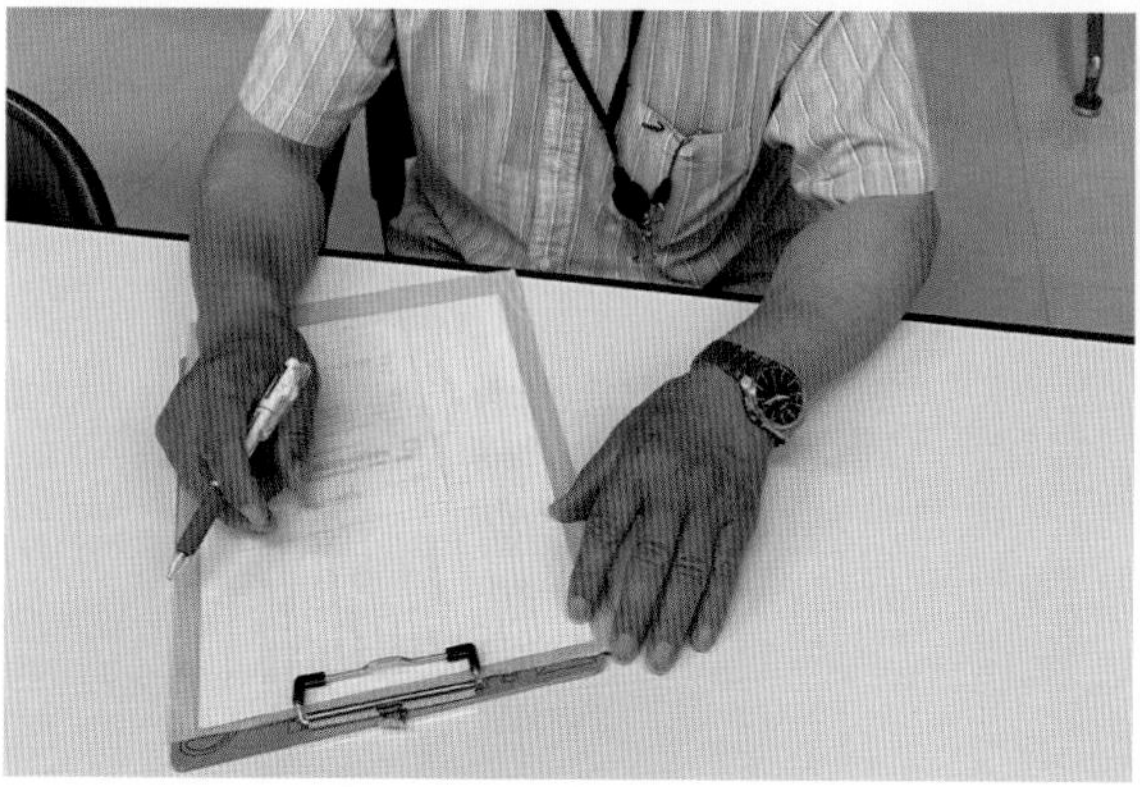

訪問看護指示書に基づき、健康状態などをチェック。

利用者様が生活の中で感じる様々な課題だけでなく、ご家族の方のお悩みなど看護とは直接関係ない部分でも全てサポートする体制をと整えました。心の問題は非常にデリケートなため、誤った対処方法を取るとかえって心にダメージを与えてしまい、余計に悪化させてしまう恐れがあり、専門的な知識が必要で看護師であれば誰でもできるわけではありません。私どもはメンタルヘルスケアを得意としていて、利用者様としっかりとコミュニケーションを図って信頼関係を築き、利用者様の立場に立って考え、寄り添っていくように心がけています」

訪問看護の具体的な仕事は、主治医が作成する訪問看護指示書に基づき、健康状態のチェックや療養指導、医療処置、身体介護などを行い、利用者の社会的立場や家族との関係の調整、社会適応の支援などもする。精神障がい者は治った気になって指示通りに薬を飲まなくなったりすることがあり、メンタルヘルスケアで修正していくという。必要時には病院や関係機関と連携を取って対応する。小野さんは、精神障がい者を持つ家族を対象にした自治体主催の交流会の講師も務めているが、精神障がい者用のグループホームの開設も視野に入れる。

（ライター／斎藤紘）

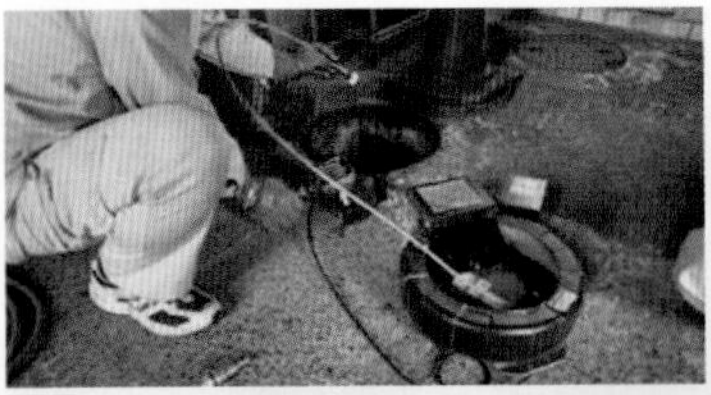

代表取締役

足立大介 さん

1987年創業の『有限会社森本洗管サービス』代表取締役。関西一円を営業エリアに戸建て住宅、マンション、ビル、店舗、大型商業施設、オフィス、工場などを対象に排水管清掃や水廻りの環境維持に貢献。

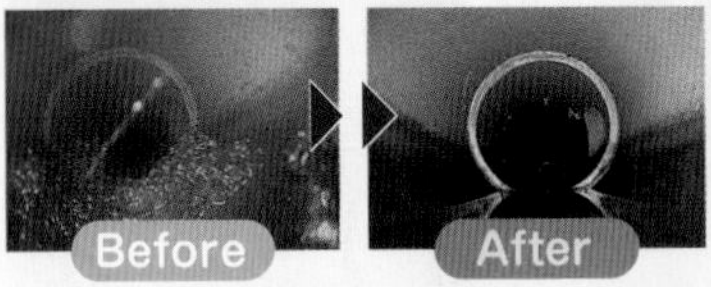

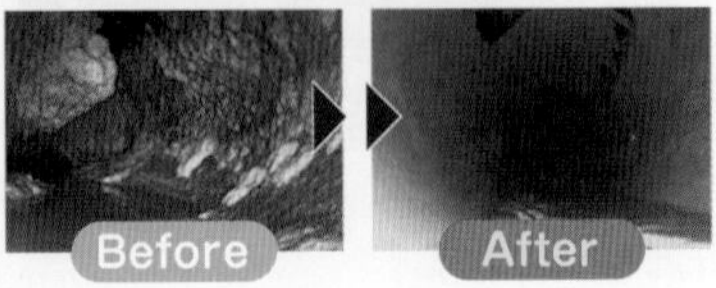

排水管清掃で衛生環境の維持に貢献
緊急事態や大規模現場にも的確対応

内視鏡などで現場調査
多様な清掃方法を駆使

『有限会社森本洗管サービス』は、大阪府から建築物排水管清掃業の認可を受け、一般住宅から大型施設の排水管のつまりや水漏れなどのトラブルを解決してきた会社だ。排水管清掃作業監督者や酸素欠乏・硫化水素危険作業主任者などの国家資格保有者を含め、約17人のスタッフを牽引する代表取締役の足立大介さんは、社会の衛生環境の維持に貢献することを使命に、緊急事態や大規模な現場にも的確に対応、信頼を集めてきた。

「排水管のつまりを放置しておくと、汚れや毛髪が排水管に付着していき、雑菌が繁殖し、人体への影響も懸念されます。床面積が3000㎡以上の施設は建築物衛生法で定期的な排水管洗浄が義務付けられていますが、それ以下の規模でも不特定多数の人が利用する施設では衛生上の問題が発生しないよう適宜排水管洗浄を行うのが理想です」

同社は管内用の内視鏡5種50台、超高圧洗浄車10台、吸引車5台を保有、精密な現場調査で原因を見極め、高圧洗浄法やワイヤ式清掃法、長い棒を使うロッド法、空圧式清掃法などを利用して洗浄する。

（ライター／斎藤紘）

有限会社 **森本洗管サービス**

もりもとせんかんサービス

06-6334-2400
morisen@mori-sen.co.jp
㊟ 大阪府豊中市二葉町1-17-4
https://mori-sen.co.jp/

有限会社
森本洗管サービス

共に『笑顔』になれる企業へ
私たちは、安全・確実・効率的をモットーに、
ドラム新缶・再生缶の運送をはじめ、
レンタルドラム缶の管理保管等、
ドラム缶動態を担う物流管理会社です。

代表取締役
稲垣潤 さん

2012年、グループ主要事業であるレンタルドラム事業の営業会社「中央産業株式会社」に入社。そこでは一貫して営業活動全般に携わり経験を重ねた後、1969年創業のグループ会社で物流と管理を担う『株式会社MSC』へ転籍し、2020年代表取締役に就任。引き続き「中央産業」の取締役も兼務。

ドラム缶の物流と管理を担い半世紀「SDGs」に貢献するリサイクルシステム

アメフトパワーで牽引 関東一円の拠点も開設

様々な産業の液状資材を容れるドラム缶の物流と管理を担って半世紀超の歴史を刻む『株式会社MSC』代表取締役を2020年から務める稲垣潤さんは、社会人アメリカンフットボールチームで活躍したスポーツマン。そのパワーで65人の社員を牽引して物流と管理の側面から産業を下支えしていく。

「当社は、構造上の溝を無くし、耐久性、安全性、洗浄性に優れたGLドラム缶のレンタル事業グループの中核会社としてドラム缶の運搬、納入、回収、保管などの業務を担ってきました。この業務の根幹を為すのが、使用済みドラム缶を全数回収し、全国に展開する最寄の洗浄工場で洗浄、繰り返し使用し、最終処分過程でも再資源としてリサイクルする『MSCNETシステム』です。24年前に構築し、時代のニーズに合わせてアップデートを重ね、今なお刷新中です。産業廃棄物の減量化と再資源化でSDGsにも大きく貢献していると思っています」

2022年には埼玉県三郷市に、関東一円での空ドラム缶の回収拠点でもあり、東日本エリアの物流配車業務も担う三郷営業所を開設した。

（ライター／斎藤紘）

株式会社 **MSC**
エムエスシー

06-6612-8700
inagaki@mscnet.jp
㊟ 大阪市住之江区南港東2-2-2
https://mscnet.jp/

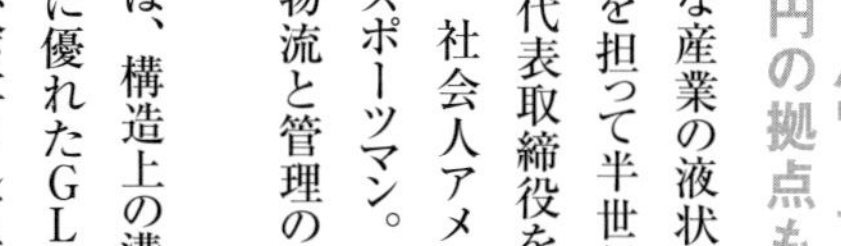
MSC

代表
池田徳治 さん

父親が創業した骨董、古物商時代から約百年続く『池田哲男商店』の三代目代表。非鉄金属を扱っていた二代目代表の長兄の他界後、経営を担い、業容を各種金属スクラップの直接買取に転じ、得意先を開拓し、業績を伸ばす。

万博に未来を担う子どもの視点を
アニメを活用し笑顔あふれる会場に

建設資材の高騰に提言
自身の構想実現を訴え

「世界に笑われるような万博ではなく、世界に笑顔をもたらす万博であってほしい」

自ら描いた『大阪アニメランド王国』構想を一年半後に迫った大阪・関西万博での実現を訴えきた『池田哲男商店』代表の池田徳治さんは、未来を担う子どもの視点を重視するよう訴えている。

「万博は大人社会の成果をアピールするだけでなく、子どもたちが未来に何を求めるのかという視点も大事だと思っています。同時に、世界的に人気のアニメを活用し、子どもが楽しめる会場にすべきです」

池田さんはまた、ウクライナ危機による木材などの資材の高騰で大型パビリオンの建設が難渋している問題についても、木材に代わる安価な代替資材を見つけ、商人の街としての知恵を示すよう訴える。

『大阪アニメランド王国』構想は、グルメランドやフラワーランド、ペットランド、温泉ランドなど世代を超えて楽しめる様々なエリアの展開やアニメのバーチャル映像を楽しむような空間の創設も想定、特別府民債による資金計画、候補地、アクセス方法までも示したものだ。

（ライター／斎藤紘）

池田哲男商店
いけだてつおしょうてん

☎ 06-6681-3311
〒 大阪府大阪市住之江区御崎7-8-26
http://ikedatetsuo.jp/

- スナックランド
- ペットランド
- 海遊ランド
- アジアランド
- フラワーランド
- グルメランド
- 職業体験ランド
- 家電ランド
- 医療施設
- カジノランド
- スポーツランド

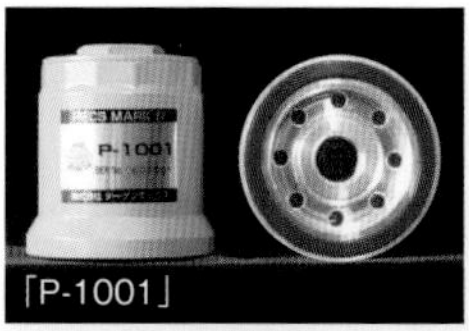

「P-1001」

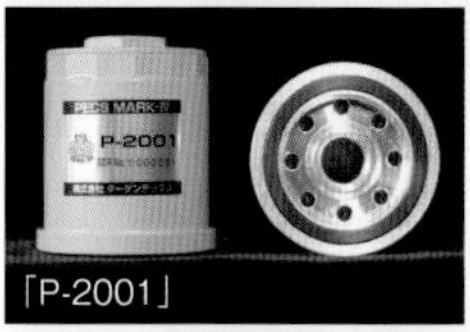

「P-2001」

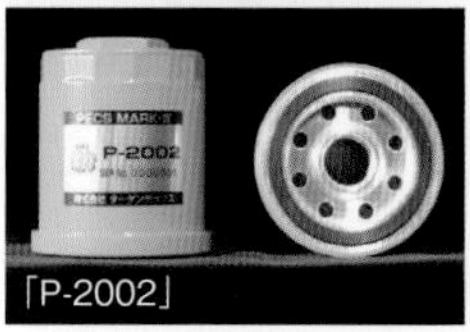

「P-2002」

SDGs12（持続可能な無消費と生産）
SDGs13（気候変動）　SDGs15（陸上資源）
CO、HC、NOxとPM2.5の大幅な削減により、Euro6をクリア!
SDGs13
長期にわたる良好なエンジンコンディションの維持!
SDGs12
20万kmごとに一度のメンテナンスで継続使用可能
SDGs12
オイル寿命が延命!
SDGs12
ろ紙不使用
SDGs15
ユーザーメリット大! 環境負荷の大きな軽減!
SDGs12

『PECS MARK-IV』
下記写真はSPIN ONタイプのカット写真、その他種類は、濾紙だけを交換するインナータイプ（カートリッジタイプ）、センターボルト方式など各種あります。ガソリン・軽油・プロパン他燃料の種類は問いません。
※用途：自動車・産業車両・発電機その他。
『PECS MARK-IV DIESEL』

適合機種：各種ディーゼル車、船舶、産業車両、産業機械などその他。

『PECS 3P-N for BIKE』　適合機種：各種バイク、マリンスポーツエンジンなど（カートリッジ式タイプに装着可能）。

オイルフィルターと互換性があるうえ、一部の車両を除き、走行距離20万kmごとのメンテナンスで継続使用が可能。

代表取締役
中村幸司 さん

日本大学工学部機械工学科卒。大手自動車関連会社で技術課にて知識を習得。独立して、1991年『株式会社ターゲンテックス』設立。磁性粉体の除去法を発明し、西独などで特許取得。ブラジル地球サミット国際環境機器展に招待参加。2005年度には日本大学大学院工学研究科非常勤講師。

日本発の自動車排ガス抑制技術で タイの深刻な大気汚染の改善に貢献

装着テストの結果良好 普及させる体制を整備

自動車の公害排出ガスを低減させる日本発の特許技術で中古車が多く走るタイの大気汚染を改善するプロジェクトが動き出す。その技術は、『株式会社ターゲンテックス』代表取締役の中村幸司さんが発明した無交換式オイル劣化予防装置『PECS MARK-IV（ペックスマークⅣ）』を大型トレーラートラックに搭載したテストで排ガス抑制効果が確認され、普及させるための販売体制がほぼ整ったからだ。『PECS』は、永久磁石でエンジンオイル中の微細鉄粉を吸着、大気汚染物質の原因になるカーボンの析出を抑制し、エンジンの長寿命化、燃費向上効果もある次世代型オイルフィルター。テストは、バンコク首都圏の大型トレーラートラックに装着して行われたが、この装置が大気汚染による健康被害の軽減だけでなく、CO^2など温室効果ガス排出量の削減などにも貢献するとしてJICAがテストを支援した。普及させる体制は、コア技術の永久磁石を日本で製造後、タイで『PECS』を組み立てて販売する形になるといい、中村さんはタイで走る約3500万台もの中古ピックアップトラックを念頭に市場性は高いとみている。

（ライター／斎藤紘）

株式会社 **ターゲンテックス**

03-3326-7081
ttpecs@tagen-tecs.co.jp
㊟ 東京都世田谷区南烏山5-1-13
http://www.tagen-tecs.co.jp/

PECS MARK-IV 種類　（乗用車）

型式	ネジ径	ガスケット径
P-1001	UNF3/4-16	71×61
P-2001	UNF3/4-16	62×52
P-2002	M20P1.5	62×52

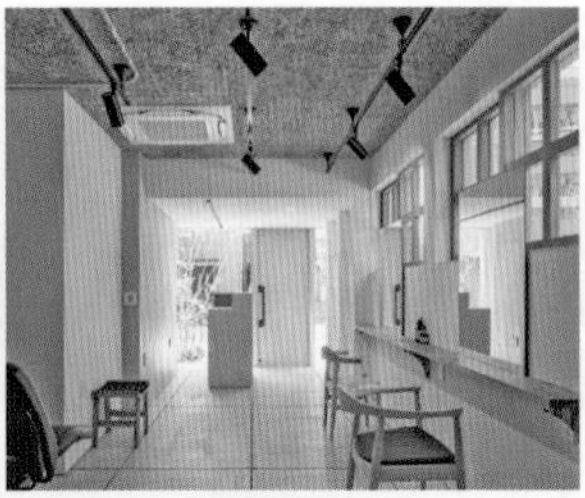

代表
Isozaki Asami さん
二人の子どもを育てる女性建築家。依頼者と共に取捨選択作業をしていきながら素敵な空間づくりをしていきたいと考えている。シンプルな家、ナチュラルなクリニック、ちょっとかっこいい店舗など女性建築家ならではの細かな気遣いが魅力的。

想いの詰まった空間を実現「好き」を叶える家

様々な「好き」を叶える家づくり

「好きを叶えるデザイン～他とは違う付加価値を～」をテーマに、女性建築家のIsozaki Asamiさん率いる建築設計事務所『アトリエ アイテクトン』では、日常や年月・季節・時間によって刻々と変わる生活シーンまでを含めたライフデザインを共に創り出してくれる。家事が向上する家、家族に寄り添う家、経年変化に対応できる家、光や風の計画など細かなところまでのアイデアと配慮が魅力。デザインを取り入れる前の基礎として、最も大切にしているコンセプトが「光と風を活かす」「心地よい間取り」「地震に強い家」。しっかりとした性能や技術を採用したうえで、自由な発想による、他とは違うデザインを提案している。アウトドア好きのためのキャンパーズハウスでは、土間収納やウォークスルー収納、見せるガレージ、アウトドアリビングなどを取り入れ、日々の生活が楽しく、便利になるような間取りに。店舗併用住宅は、集客を考えた店構えのデザインや住まい部分のプライベートをしっかりと守る間取り。どんな内容でも、じっくり話を聞いてくれる。自分の想いがたっぷり詰まった空間を実現させよう。

（ライター／播磨杏）

アトリエ アイ テクトン

050-8880-3315
info@aitekton.com
㊟ 大阪府茨木市上穂積1-4-33-111
https://www.aitekton.com/

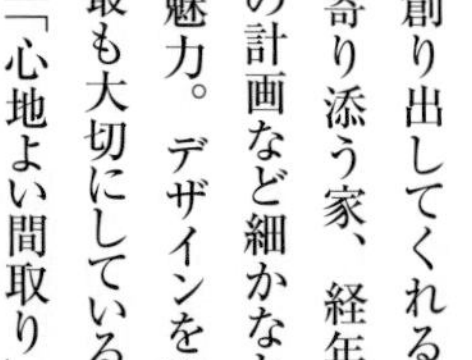
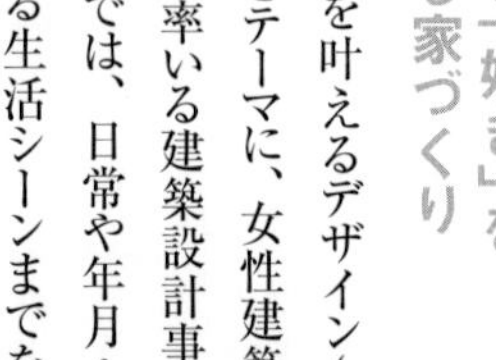

代表
永井康晴 さん

中部大学工学部機械工学科卒。名古屋モード学園インテリア学科卒。工業系一部上場企業や個人設計事務所での勤務を経て、2020年『アトリエ永日』設立。二級建築士。名古屋モード学園非常勤講師。

住空間設計で快適さ使いやすさ追求
暮らしを豊かにする家事動線の簡素化

綿密な現地調査を実施
古民家のフルリノベも

「住む人たちが快適に暮らし、心の底からホッと落ち着ける空間を描くこと」

住宅や店舗の設計で実績を重ねる『アトリエ永日』代表の永井康晴さんが住宅の設計で重視するスタンスだ。

「建築の設計は、暮らす人が使いやすいようにすること、そして、完成した建築の場に立った人の心理や建築の空気感を考えることだと思っています。それを表現するために素材や形、広さ、目線の先、手触り感などを寸法と言葉で表し、図面に落とし込んでいきます。特に重きを置いているのが、毎日欠かせない家事動線や動作を明確にすること。これが簡素になるだけで毎日の暮らしが豊かになるからです」

永井さんは設計依頼があれば、現地を訪ね、日光や採風、音、周辺環境などを観察し、生活する上で必要なシチュエーションや生活行動などを会話の中から汲み取り、設計へのイメージをつくっていく。新築の住宅設計のみでなく、店舗や築100年の古民家改修なども手掛けている。

（ライター／斎藤紘）

アトリエ永日
アトリエえいじつ

080-5113-7656
info@atelier-eijitsu.com
㈲ 岐阜市東金宝町4-1-2
https://atelier-eijitsu.com/

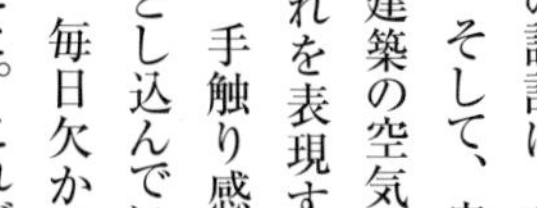

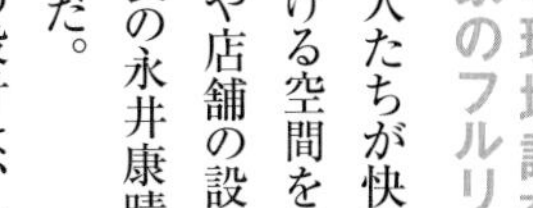

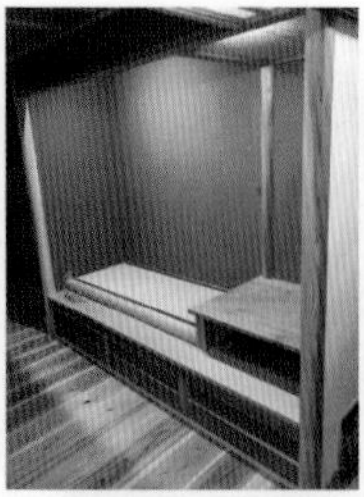

国産木材を使用し、丈夫で長持ちする木造住宅。

代表
桑野幸雄 さん

大工職人経験32年。2級建築士と2級建築施工管理技士の国家資格保有。福岡県嘉販市、飯塚市を中心に新築木造住宅、注文住宅の建築、総合リフォーム、オーダーメイド家具製作などで実績。

厳選国産材と伝統工法にこだわり 風土に調和した堅牢な住環境形成

目的考えたリフォーム 大工が経験ある建築家

住む人のライフスタイルや思いに適う注文住宅やリフォームの設計から施工まで一貫体制で完遂する『桑野工務店』代表の桑野幸雄さんは、経験36年の大工職人の技と、二級建築士、二級建築施工管理技士の国家資格が裏付ける空間構成力で声価を高めた建築家だ。高品質の国産材と伝統工法で形成する住空間は暮らしやすく、快適で堅牢だ。

「日本独自の天然素材を活かし、豊かな自然の強さを引き出した木造住宅は日本の気候風土に調和した快適な生活環境を生み出します。耐久性にも優れた構造は、歴史のある木造建築物のようにメンテナンス次第では100年以上も住み続けられ、世代を超えて愛されます」

桑野さんは、リフォームも建築家としての独自の視点で提案する。

「築年数に合わせたリフォームも重要ですが、目的に合わせたリフォームも大切です。子供が増えたり、高齢化した両親と同居するようになったり、変化する生活環境に合わせ、子供部屋を増築したり、二世帯住宅にしたりするリフォームで利便性の向上を図ります」

（ライター／斎藤紘）

桑野工務店
くわのこうむてん

0948-57-1100
yu.kuwano@lilac.plala.or.jp
㊟ 福岡県嘉麻市馬見2295-1
https://www.kuwanokoumuten.com/

長く笑顔で住める家
桑野工務店

池田和人技術士事務所

代表
池田和人 さん
技術士（化学部門・総合技術監理部門）。化学企業でプラント技術者として30年のキャリアを積んだ後、「池田和人技術士事務所」を経営。大阪府立大学大学院（現大阪公立大学大学院）工学研究科修了。工学修士。

深く広いT型の技術士
技術・経営そして人材育成も

技術士事務所を56歳で開業
多岐にわたって活躍中

プラント設計や投資採算評価、生産性向上やコストダウン、リスクアセスメント、海外技術ライセンス…。『池田和人技術士事務所』代表の池田和人さんが手がける技術経営コンサルティングの一端だ。化学コンビナートで約30年、プラント技術者として活躍した経験に加え、総合技術監理部門と化学部門の技術士資格や数々の大学講師・セミナー講師・執筆活動に裏付けられた専門知識が提言の信頼性を支える。

「プラント技術者としての長年の経験を活かし、社会に役立つ仕事を自分でやってみようと、『池田和人技術士事務所』を56歳で開業しました。皆様方とともにプロジェクトを進めていく過程で、若者たちが抱く夢や希望を応援し、日本の未来を担う人材を育てたいとも思っています」

技術指導、経営支援、スタートアップ指導、投資採算評価とフィージビリティ・スタディ、M&A支援、技術ライセンス支援、リスク管理支援、人材育成プログラムなど、池田さんの業容は、深い専門性と広い知見に支えられたT型だ。

（ライター／斎藤紘）

池田和人技術士事務所
いけだかずとぎじゅつしじむしょ

090-9890-4559
spuk3vz9@outlook.com
㊟ 三重県四日市市滝川町16-2-501
https://www.kazuto-ikeda.com/

こちらからも
検索できます。

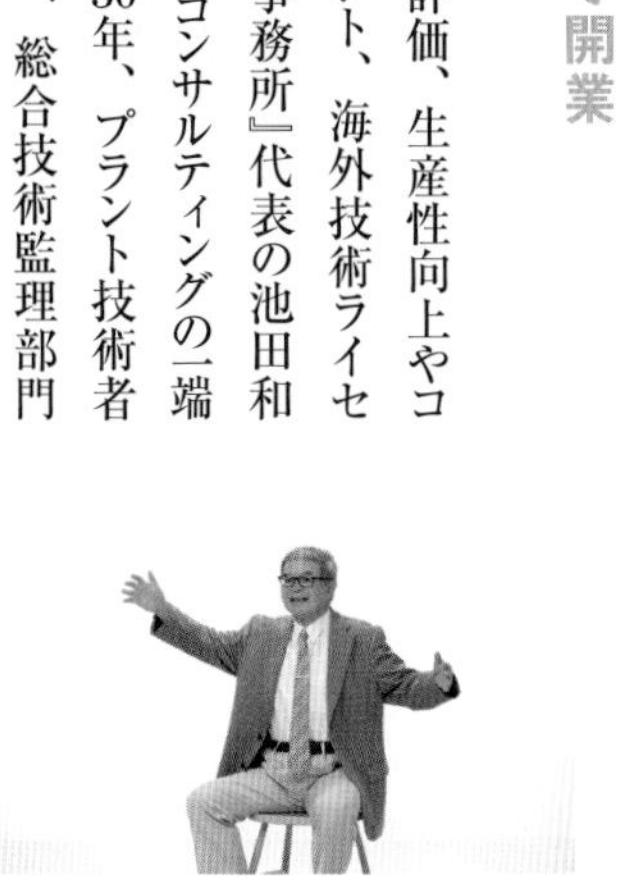

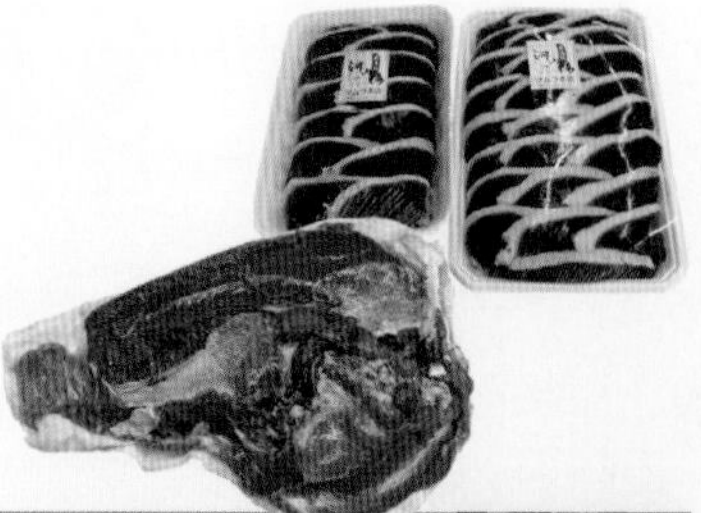

D. R. J

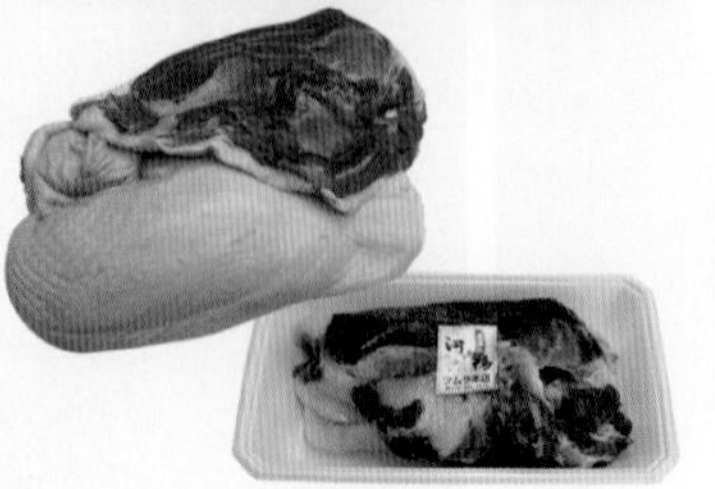

代表取締役
津村佳彦 さん

4才から家業を手伝い、高校ではラグビーの部活動に没頭し、今では部活動での真っ向勝負の経験が仕事に活きておりいる。モットーは、思いっきり仕事をして、思いっきり遊ぶ。

肉の旨味、香り、脂、共に一級品の合鴨肉

飼育から販売まで こだわり抜いた逸品

「合鴨」は、ジビエとして人気のある「真鴨」に比べ、クセが少なく柔らかい、脂の乗ったこってりした味わい肉質が特長。この「合鴨」の最高級ブランドともいわれているのが大阪の名品『河内鴨』。かの豊臣秀吉が鴨肉を好んで食べたことから、大阪・河内の湿地帯で生産を奨励したことがきっかけといわれている。

明治3年より五代にわたり続く『河内鴨ツムラ本店』は、この『河内鴨』の飼育から加工、卸・小売りまでを一貫して行っている名店だ。風通しの良い畜舎で1坪あたり7羽とのびのび平飼いで飼育し、人間も食べられる無農薬飼料を与えて、通常50日程度の飼育期間を75日間かけることにより、上品な脂がしっかりとのった味わい豊かな肉質となる。

「コロナと鳥インフルエンザの影響で、合鴨の原種の輸入が規制されたのが2019年。血が濃くならないよう日本中で融通しあってますが、小さく弱いヒナが最近増えているんです。輸入が再開されることを切に願っております」

（ライター／今井淳二）

河内鴨ツムラ本店

かわらかもツムラほんてん

072-334-1111
㊟ 大阪府松原市別所8-10-24
https://www.kawachigamo.com/

河内鴨

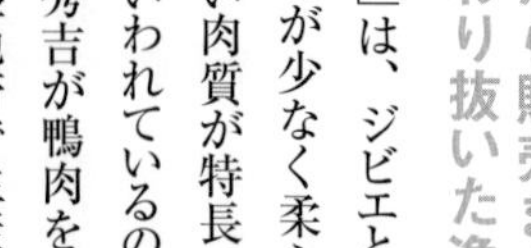

なつかしさを、新しく

笑顔はたいようの心
たいようパン
in TAKAHATA

代表取締役
大浦晋太郎 さん

1948年創業の老舗企業『たいようパン株式会社』を承継。「なつかしさを、新しく」のキャッチフレーズで、これからの新商品を開発していきたいと考える。

地域に愛されるパン作りに誇り
「なつかしさを、新しく」に込めた想い

人気が続くベタチョコ
学校給食用にパン提供

「地域の皆さんに愛されてきたパンや菓子を伝え、新商品の開発にも取り組み、美味しさと笑顔をお届けしていき、地域の元気を作り出します」

　山形県高畠町で学校給食用のパン・米飯などを作り続けて75年の歴史を刻む『たいようパン株式会社』代表取締役の大浦晋太郎さんの決意だ。ロングセラー商品の『長～いパン』、ほどよい甘さの『和ごころ』、高畠町産の厳選したつや姫玄米と山形県産小麦ゆきちからと組み合わせた『つや姫玄米ゆきちから食パン』など地元を元気づける製品は多い。中でも山形のソウルフードとして世代を超えて愛されてきたのが1964年の東京オリンピックの年に誕生した『ベタチョコ』。開いたコッペパンにバタークリームをサンドし、さらにチョコレートをだいたんに塗った一品。見た目のユニークさが評判になりSNSに写真が投稿されるほど。そして2023年4月より『チョコっとベタ』が発売された。時代を超えても愛され続ける『ベタチョコ』にニューラインナップが新登場。プチでもミニでもないちょうどいいサイズ感が特長だ。事業の柱は、学校給食用パン・米飯の提供。大浦さんは、「未来を担う子どもたちの食に関わる仕事」と位置づけ、誇りを持って取り組んでいる。

（ライター／斎藤紘）

たいようパン 株式会社

0238-52-1331
㊟ 山形県東置賜郡高畠町大字深沼2859-6
https://taiyopan.com/

こちらからも
検索できます。

Instagram

たいようパン

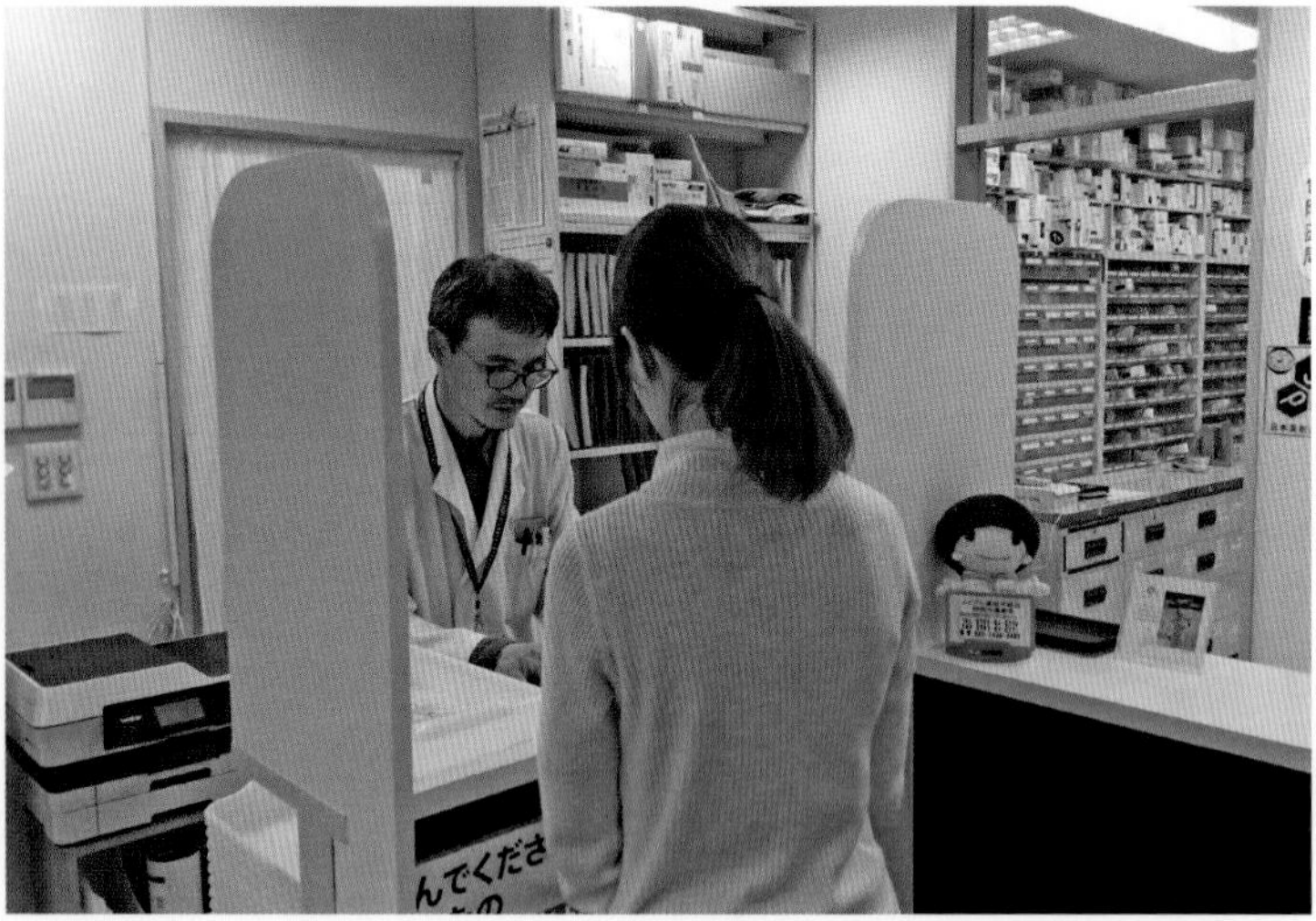

代表取締役
永田哲彦 さん

九州の大学の薬学部で学び、薬剤師資格を取得。福岡や大阪の薬局勤務を経て、ドラッグストアに転職後、『有限会社スリースターズ』入社。経営権を得て2007年、「メイプルファーマシー」FCとして『メイプル薬局平群店』継承。

地域包括ケアの典型的活動続ける コロナ禍では3密回避で薬を宅配

地域の医療機関と連携 休み返上で多様な活動

超高齢化時代、在宅で療養する高齢者を地域の医療関係機関が協力して支える地域包括ケアの重要性が増す中、その典型ともいえる活動を続けているのが奈良県生駒郡平群町で調剤薬局『メイプル薬局平群（へぐり）店』を営む「有限会社スリースターズ」代表の永田哲彦さんだ。

薬剤師としての日常業務のほかに、地域にある歯科、整形外科、耳鼻咽喉科、消化器内科の四つの医院と連携して高齢者を見守る体制を取り、昼休みに車で居宅を回って薬を届けたり、効用がわからなくなった薬を整理したりするほか、2週間に一度は、介護施設に出向き、薬が必要な高齢者に服薬指導、定休日を利用して生駒郡、北葛城両郡7町が共同で創設した休日応急診療所で調剤に当たってもいる。

コロナ禍の緊急事態宣言下では、医師会や医院と共通認識で対処し、通院や来局による3密を回避するため、糖尿病や高血圧などの基礎疾患を持つ住民で症状に変化がない場合は電話診療に基づく薬の処方に対応、自ら宅配も行うなど感染症に不安を募らす住民を支えてきた。

（ライター／斉藤紘）

メイプル薬局 平群店　有限会社 スリースターズ

メイプルやっきょく

✆ 0745-46-2170
㊟ 奈良県生駒郡平群町大字三里384-1
http://maple-pharmacy.com/store/heguri/

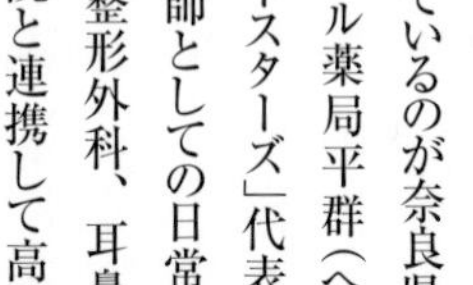

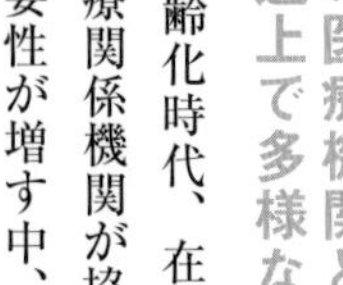

個性に
合わせた
プログラム!
大切なお子様の未来のために
季節ごとの
楽しい
イベント!
可能性を
伸ばす!

「高齢者や障がい者にやさしい町」をモットーに、バリアフリーやユニバーサルデザインの推進に貢献している。

代表理事
佐藤哲央 さん

施設や病院、障がい者施設での経験を経て、2019年に「一般社団法人小樽福祉会」を設立し、障がい児福祉に従事。小樽市のまちづくりや高齢化問題、生活困窮者への支援などの課題に取り組む一方で、青年会議所でボランティア活動を行い、地域社会への貢献を通じて、より良い福祉の実現を目指して邁進している。

発達に心配のある子どもの成長を支援
オランダ発のスヌーズレンなどを活用

発達に懸念のある子どもたちの未来を拓く『スクールセンター未来』が誕生

北海道小樽市で『一般社団法人小樽福祉会』代表理事の佐藤哲央さんが、発達に心配のある子どもたちの成長を、社会での成功へと結びつける使命感に駆られ、2019年に大胆な一手を打ちました。その名も『スクールセンター未来』。この施設は、児童発達支援、放課後等デイサービス、保育所等訪問支援の三つの事業を幅広く展開している。佐藤さんは、介護施設や病院、重度心身障害児・者入居施設で培った豊富な経験を活かし、日常動作の指導、知識技能の提供、集団生活への適応訓練など、多岐にわたる支援を献身的に行っている。

「小樽市の障がい児・者福祉の実地調査から、放課後等デイサービスの不足が深刻であることが明らかになりました。少しでも子どもたちとその家族の助けとなるよう、『小樽福祉会』を設立し、この使命に取り組む決意をしました。」

佐藤さんはまた、小樽市障がい児・者支援協議会こども支援部会通所グループリーダーも務め、市内の多様なニーズに柔軟に応えている。『スクールセンター未来』では、発達障がい児の心理的な安定を図るため、オランダ発のスヌーズレン手法を積極的に取り入れている。スヌーズレンは、感覚刺激空間を通じて児童が自主的に行動し、仲間との交流を深める手法であり、その理念は長い実践の積み重ねによって形成された。

佐藤さんは、ISNA日本スヌーズレン総合研究所で副会長としても活躍し、組織運営に従事しながら論文執筆にも意欲的に取り組んでいる。これらの地道な努力が、子どもたちの未来を輝かせる鍵となるだろう。

（ライター／斎藤紘）

一般社団法人 小樽福祉会　**スクールセンター未来**
スクールセンターみらい
☎ 0134-65-8061
✉ mirai@otaru-association.com
㊟ 北海道小樽市清水町9-13
https://otaru-association.com/

こちらからも
検索できます。

一般社団法人　小樽福祉会

『中学受験コース』『個別指導コース』※各コース学年により異なるのでホームページでご確認下さい。

代表
田川賢之介 さん

大手学習塾で約18年指導経験を重ねた後、自分の理想の塾を運営したいという思いから独立、『学習塾ザッツ』を設立。日々子どもたちの加速度的成長におどろかされている。子どもたちの「できるは楽しい」という気持ちこそ最強の武器と考える。

大手塾にはできない細かな指導「できるは楽しい」を体現する学習塾

目標到達へと導く最適な学習方法を提案

小学校3年生から6年生を対象に私立中学受験対策をメインに指導する『学習塾ザッツ』は、代表の田川賢之介さんが大手学習塾で約18年間指導の経験を積んだ後、独立して開いた塾だ。子どもたちが自分考え、気づき、意欲をもって取り組む「できるは楽しい」を子どもたちに伝えている。集団授業と個別指導を組み合わせ、目標とする志望校へ挑む実力を養成している。

「勉強に必要なのは、まずお子さんが勉強自体に興味を持ち、自主的に学ぶようになることだと思っています。そのために大切にしているのは、お子さんとしっかりと目線を合わせ、お子さんが今どんな状況で、困ったり悩んだりしているのか、何になら興味を持てるのかなどをしっかりと把握した上で、一人ひとりにあった学習方法や提案を行い、自分で興味を持った事柄が出来るようになるという達成感を得て自主的に勉強ができるようになるという流れをつくっていきます」

指導する科目は算数、国語、理科、社会。「先生が面白く、授業が楽しくて成績が伸びるにぎやかな塾」というのが塾生に共通した評価だ。

（ライター／斎藤紘）

学習塾 **ザッツ**

080-7614-0101
einsatz64michel@gmail.com
㊟ 埼玉県久喜市吉羽3-4-1
https://einsatz64.com/

私立中学進学研究所 学習・進学塾
ザッツ
— EINSATZ —

児童ホーム

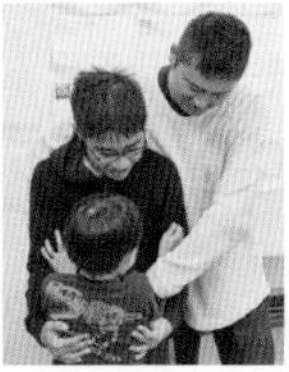

フリースクール

代表
兼本盛広 さん

創価大学を卒業後、塾の講師や保育園での勤務を経て2014年独立。大阪・尼崎市でフリースクールや放課後等デイサービス、学童保育などのを運営や学習サポート、相談支援などを手がける『株式会社創伸館』設立。

学習サポート

放課後等デイサービス

学校でも家でもない温かな空間 子どもが笑顔で過ごせる場を提供

フリースクール中心に 子育て支援施設運営

「学校に通えなくても大丈夫。そのことで大事な青春を暗く送ってほしくない」『株式会社創伸館』代表の兼本盛広さんがフリースクールや放課後等デイサービス、学童保育などの運営を始めた思いだ。教員を目指し、大学進学したが、「もっと悩んでいる子どもに関わる仕事をしたい」と進路を変更。現在、不登校経験者や教員経験者、保育士、主婦など約33人のスタッフと約180人の子どもたちの面倒をみている。

「当社が運営しているのは、学校でも家でもない、子どもたちが笑顔で過ごせる場所、保護者が安心してお子様を預けられる場所。フリースクールでは学校に行っていない子どもたちが無理のないペースで勉強や遊び、スタッフや通ってきている子どもたちと楽しく過ごしています。放課後等デイサービスは6歳から18歳までの障がいのある子どもたちが利用できる福祉サービス。学童保育は日中保護者が家庭にいない児童に遊びや生活の場を提供する事業です」

兼本さんは、利用する子どもたちの個性を尊重しながら運営、将来は保育園や専修学校、就労場所としてのカフェの経営も視野に入れる。

（ライター／斎藤紘）

株式会社 **創伸館**
そうしんかん

名神校 ✆ 06-6480-5971
✉ info@soushinkan.com
㊟ 兵庫県尼崎市名神町3-9-24 古川ビル202
https://soushinkan.com/

杭瀬校 ✆ 06-6430-9462
潮江校 ✆ 06-6495-1371
武庫之荘校 ✆ 06-6423-9120
栗山校 ✆ 06-6423-8148

創造力を伸ばすよりどころ
創伸館

代表
西川三男 さん

ソニーでウォークマンなどに使用されるモーターの設計や海外工場の立ち上げなどに携わった後、ジャパンディスプレイを経て、外国企業ベトナム工場に赴任。退職後、撮影技術を生かして、2021年フォトグラファーとして独立。

思い出の瞬間を美しい映像で表現
エンジニアから転じた異色の写真家

請負う撮影場面は多様
全国どこでも出張撮影

「ライフスタイルの中で記憶に残したい瞬間を素敵な映像で表現してあげたい」

カメラが趣味のエンジニアから写真、動画の出張撮影を手がけるプロフォトグラファーに転じた『フォトビジョングループみっちゃん』代表の西川三男さんの思いだ。2023年5月には日本フォトグラファー協会の立ち上げに参加し、後進への技術指導や多様な撮影依頼に対応できるよう仕事をシェアし合うネットワークづくりも進めている。

西川さんが請け負うのは、ライフイベントやメモリアルイベント、家族の集い、企業PR、芸能人のプロモーション、ミュージックライブ、学校行事、発表会、集団旅行などの写真や動画の撮影など広範囲に及ぶ。無人航空機ドローンを使った上空からの撮影や増え続ける外国人旅行客の日本観光に付き添い、思い出の場面を撮影するサービスも行う。

西川さんは、大手電機メーカーや液晶ディスプレイメーカーでエンジニアとして活躍、退職後にカメラ専門学校で学び、2021年に独立した。川崎市が拠点だが、活動エリアは全国一円、どこでも出向くという

（ライター／斎藤紘）

フォトビジョングループ **みっちゃん**

090-9918-8951
nishikawa28259@yahoo.co.jp
㊟ 神奈川県川崎市幸区北加瀬1-32-13
https://photovisiongroup.net/
https://photovisiongroup-michan.jp/　@nishikawa28259

LP

Instagram

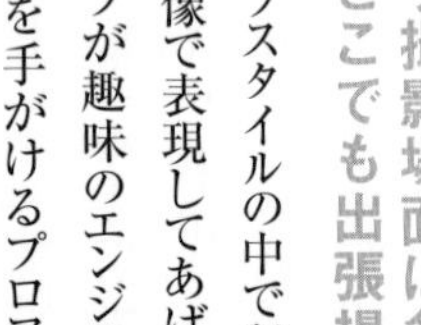

代表
山口弓貴子 さん

4才よりバレエを学び、ダンス作品など様々な作品で主役を好演し、創作作品を多数振付する。『ワイズダンスカンパニー』を創立、後進の指導にあたる。埼玉全国舞踊コンクール児童部門、シニア部門にて第1位埼玉県知事賞など、数々の賞を受ける。

『大人バレエ 初心者～中級クラス』月2回／1レッスン75分 5,000円（税込）
『プレバレエ クラス』（2歳半～の親子クラス）月3回／1レッスン35分 4,600円（税込）

大人も子どもも初心者も大歓迎 バレエで楽しく、美と健康

今からでも遅くはない 踊る楽しさを実感

創立30年を迎えた埼玉市浦和区のバレエスクール『Y's Dance Company』は、延べ1600人以上の生徒が学んだ実績を持ち、女性誌などにも掲載される名門スクールだ。

指導するのは、解剖学に精通したベテラン講師群。一人ひとりの年齢や身体能力、レベルに合わせた丁寧な指導で、未経験や運動に自信がない方も安心。

クラスは2歳半～のプレクラスから、シニア科まで。学生、OL、主婦、男性、シニア層まで幅広い年代の方が受講しているシニア科は、好きな曜日に参加できるフリークラス制。レッスンはお休みしてしまっても無制限に繰り越しできるので安心だ。レベルも初級・中級・ポアントと分かれている。初心者は基礎レッスンを通して、身体の仕組みや体幹の鍛え方を知るところからしっかりと教えてくれる。

子どもから大人まで、笑顔が絶えない雰囲気でありながら、しっかり技術が身に付くのも、熟練講師の指導力。無理なくきれいな筋肉を作ることができ、美容や健康にもオススメ。

（ライター／播磨杏）

Y's Dance Company
ワイズ ダンス カンパニー

048-822-2818
ysdancecom@gmail.com
㊟ 埼玉県さいたま市浦和区常盤7-8-1
http://www.ys-dance.jp/

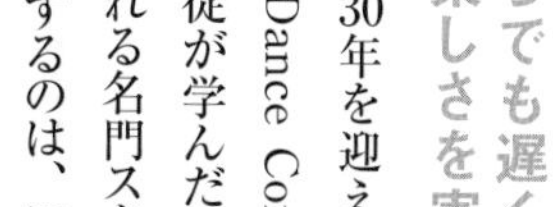

高松在住。スピリチュアルカウンセリング。透視でお悩みの原因を一瞬で見抜くベリーローズ咲子
目の前にある小さな幸せを見つけることが幸せの一歩。その一歩を透視リーディングとヒーリングでお伝えし、本来のご自身の魂が輝くサポートをする透視リーダー。

主宰
ベリーローズ咲子 さん

スピリチュアルカウンセラー、透視リーダー。個人セッションを通し、相談者のモヤモヤの思いの原因を一瞬で見抜き、笑顔に戻れるようサポート。また、日常的にエネルギーワークを使って自分軸を作る講座も開催。

『透視リーディング』90分 6,000円（税込）

前向きな気持ちになれる透視リーディングセッション

不用なエネルギーに振り回されなくなる

ベリーローズ咲子さんは、スピリチュアルカウンセラー、透視リーダーだ。レインボーローズの花言葉は、「無限大の可能性」。自分を解放し夢を具現化するというメッセージを込め、2012年より個人セッションを始めたという。透視リーディングでは、相談者の魂と繋がって悩みの原因を一瞬で見抜き、今世を幸せに生きるという目的を見えにくくさせる悲しみや怒りといった過剰不用な感情を解除。その上で、本来の自分が輝けるよう、今必要なエネルギーを流してくれる。セッションを受ければ迷いが吹っ切れ、前向きな気持ちになれるはず。また、『ヒーラー講座』『透視リーディング講座』『一家に一人ヒーラー講座』など、日常的にエネルギーワークを使って自分軸を作る講座も随時開講している。

「今向き合っている現実の悩みは、潜在意識が深く関係しています。そのトラウマや過去世からの意識を外し、今世で幸せになる選択のサポートをしています。みなさんにとって、笑顔が溢れる今世となりますように」

（ライター／山根由佳）

ベリーローズ咲子
ベリーローズさきこ

080-3424-0681
mydont703@gmail.com
㊟ 香川県高松市
https://ameblo.jp/newtownangel/
@bery0407

こちらからも
検索できます。

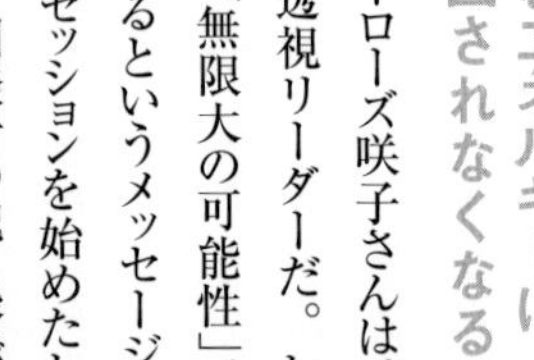

主な出演番組:「中井精也の絶景! てつたび」「旅するためのスペイン語」「たけしのコマ大数学科」「ブロードキャスター」「みのもんたの朝ズバッ!」「みんなのニュース」「世界の衝撃映像」ほか、多数出演。

代表
鈴木まどか さん

2002年、TBS「おはよう!グッデイ」のナレーターでデビュー。2011年『株式会社洒落sharaku』とスクール『パレット』を設立。「たけしのコマ大数学科」で国際エミー賞最終ノミネート、日本数学会出版賞、フジテレビ編成局長賞受賞。ATP優秀賞受賞。

番組の輪郭を豊かな表現力で彩るナレーターとして多くの番組で活躍

役割に対する深い認識 経験を生かし後進育成

「制作者の想いがこもった原稿の内容を深く理解し、その想いを代弁させて頂く」

ナレータープロダクション『洒落（Sharaku）』代表の鈴木まどかさんがナレーションで貫くスタンスだ。これまで多くのTV番組やCM、企業VPに出演。一本一本の制作目的を深く理解し、明朗な声で想いを代弁してきた経験を生かし、ナレータースクール『PALLET（パレット）』を通じて後進の育成にも力を注ぐ。

「どのような映像でも膨大な時間と労力を要する工程があり、音声を入れる作業は演出に影響を及ぼす大事な要素です。原稿を正確に読み上げるのはもちろんですが、意味を取り違えられることのないように細かな言い回しや抑揚にまで気を配るのがナレーターの役割です。日本語に対する深い理解と生活者としての見識が求められます」

現在、同社には男女11人の所属ナレーターが在籍。報道、情報、スポーツ、バラエティ、CMなどあらゆるジャンルに対応しているほか、ナレーションや吹替を自社スタジオで収録する「リモート収録」も可能だ。下部組織のスクール『パレット』では、約60人の受講生が学んでいる。

（ライター／斎藤紘）

株式会社 **洒落 (Sharaku)**
シャラク

03-6260-6040
info@sharaku.tv
㊟ 東京都中央区築地2-1-2-602
https://sharaku.tv/

こちらからも
検索できます。

『パソコン診断』5,000円（税込）　『ウイルス駆除』5,000円（税込）～
『ファイル復元』5,000円（税込）～　『OS再インストール』15,000円（税込）
『データ移動』7,000円（税込）～

代表
川見真史 さん

大阪電気通信大学卒。長年にわたるパソコン修理経験を生かし、2000年『オールファイン』を設立、パソコンの事ならなんでも解決できる「パソコン職人」として、無料の電話相談を入口に原則年中無休で困り事に対応。

ITの困り事をワンストップで解決 パソコン修理歴30年超の経験活用

ITの知識を生かし支援 防犯介護カメラも設置

IT全盛時代の必需品、パソコンやスマホなどの困り事、ITに関する相談事で頼りにされているのが、「あなたの街のパソコン職人」を標榜する『オールファイン』代表の川見真史さんだ。30年超のパソコン修理経験とITに関する幅広い知見を生かした業務は広範囲に及ぶ。

主力業務は、原則24時間対応するパソコンの修理、パソコン購入後の各種設定、無線LAN設定、データ復旧、ウイルス駆除、Windowsのアップデート、ホームページの制作、スマホやタブレットの各種設定、アプリの導入、電話帳復活、買い換えなどの助言など正にオールラウンドだ。このほか、テレワークについてもシステムの導入、個別指導、トラブル対応まで行う。IoTやAIで家電や設備を制御するスマートホームに関してもスマート化する製品の導入や設定まで支援する。

川見さんはまた、防犯用や介護用など特定目的のカメラについても精通し、カメラやレーダーの購入から効果的な設置場所の選定、設置作業、映像や焦点角度などの不具合の調整、故障の修理まで行う。

（ライター／斎藤紘）

あなたの近くのパソコン職人　**オールファイン**

090-8456-9034
kawami.allfine@ezweb.ne.jp
㊟ 大阪府河内長野市西之山町22-32
https://allfine.on.omisenomikata.jp/
https://www.allfine-pc.com/　http://allfine0373.jp/

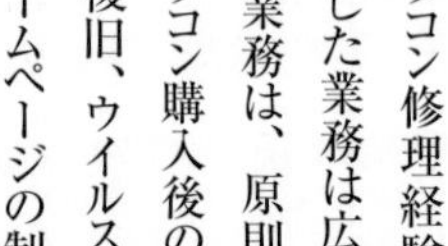

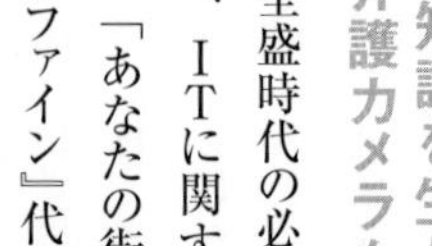

『ハッピーコール』初期導入費用
1台につき 11,000円(税込)
月額 3,300円(税込)

代表
北村麻理映 さん

講師として「パラレルキャリアとこれからの働き方」という内容で講話。2021年6月、2021年注目の36人の経営者に選ばれ書籍発売。『経営者の視点』。ラジオパーソナリティもこなす。

地域包括ケアの一助になるビジネスでビジネスチャレンジコンペ優秀賞を獲得

パラレルキャリアとしてさらに躍進！

家事代行事業を軸にコロナ禍で事業を拡大。2021年に商品登録済み『抗菌・抗ウイルス・消臭シートkolot®』開発販売し、累計販売1万枚突破。翌年、緊急通報装置『ハッピーコール®』統括代理店として各地域の県警や行政、自治体と連携。地元企業や県外の行政の説明会にも勢力的に取り組んでいる。また補助金申請サポートやIT事業も手掛け、2023年度の新規事業は、ホテルや病院、企業のSNS運用代行として数社と既に契約。その他、自身の経験をもとに地域貢献活動の一助になればとフードバンクやヤングケアラーの支援もしている。近日では、商店街振興組合や一般社団法人のクラウドファンディングのページ作成など地方創生コーディネーターとしても活躍。仕事をする上で、データや数字を積み上げて、目標値を立てそこに全速力で行動するという代表の北村麻理映さん。2023年の2月に開催された「かがわビジネスモデル・チャレンジコンペ2022」では、優秀賞を受賞。『ハッピーコール®』は香川県内の医師が開発したもので、地域包括ケアに即したモデルとして推進している。

「受賞した『島モデル事業』は、救急車が使えない全国の離島を対象に緊急事や緊急時以外もサポートする事業になります。必要時には、ドクターヘリと救急艇を手配できる体制を整えていきます。香川の島々からスタートして、他の自治体と連携を取り、全国に広げていきたいと思っています」

2023年、さらに挑戦する「ビジネスチャレンジコンペ」では、携帯電話からも緊急通報装置が使えるシステムの導入や緊急通報装置付き住宅の提案など日本が抱える課題解決の一助になれる提案をしたいと話してくれた。今後の活躍が見逃せない。

（ライター／斎藤紘）

MTKservice
エムティーケー サービス

087-868-3831
mtk12160221@gmail.com
㊟ 香川県高松市西春日町1063-175
https://mtkservice.crayonsite.com/
https://act-planning.jimdofree.com/

こちらからも
検索できます。

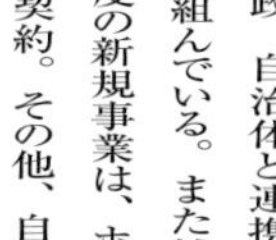

2005年に派遣業、2018年に『MTKservice』を開業。緊急通報装置『ハッピーコール®』統括代理店。『抗菌・抗ウィルス・消臭シートkolot®』メーカー。SNS運用代行事業。家事代行事業。

〜愛と心を伝える人生好転コミュニケーション術〜

Hugの魔法

人間にしか出来ない心の通う
声・言葉を味方に
AIに負けない

代表
松田依子 さん

「Happyシングルマザー」として、養育費0円から息子を海外に留学、大学まですべて願望実現。27年以上のプロアナウンス・司会・MC・パーソナリティ・講師など、「愛と笑顔と心」をテーマに幅広い分野で活躍。

人生好転♡コミュニケーション
『Hugの魔法』講座
オンライン 60分 体験講座 3,000円（税込）など。

人生が好転する 愛と心を伝えるコミュニケーション術

オンラインで学べる魔法のマンツーマン講座

人生を好転させるHappyコミュニケーション術をオンライン講座でナビゲートする「Hugの魔法」では、ビジネス・恋愛・人間関係・起業など目的に合わせた内容で受講することができる。『Happyコミュニケーションコンサルタント』代表の松田依子さんが表情の作り方・表現力・会話法・スピーチ法・質問力・会話力などから、話のネタ作り・恋愛コミュニケーション術など具体的なことまで丁寧に指導してくれる。集客方法や売れる戦略方法などビジネス面の指導も評判だ。

「会話が苦手」「自分の声が嫌い」「自分に自信がない」などどんなお悩みもプロ司会・MC・パーソナリティ・各種セミナー講師など25年以上の経験を持つ松田さんのオリジナルメソッドにお任せ。マンツーマン形式なので、周りを気にすることなく、楽しく学ぶことができる。LGBT向けボイスレッスンで女声レッスンも行っている。

愛と心を伝えるコミュニケーションを身につければ、あなた自身のオーラも変わり、人生にHappyスイッチが入る。自分を変えられるのは自分だけ。望む未来を手に入れるため、一歩踏み出してみてはどうだろうか。

（ライター／播磨杏）

Happyコミュニケーションコンサルタント
ハッピーコミュニケーションコンサルタント

090-2047-1270
maiheart125@gmail.com
住 兵庫県神戸市（詳細は予約時）
https://www.street-academy.com/steachers/665034
@maiheart127

特典で、公式LINE「地球あそび倶楽部HUGの魔法」登録いただいた方、30分無料お悩みコンサル受付中。

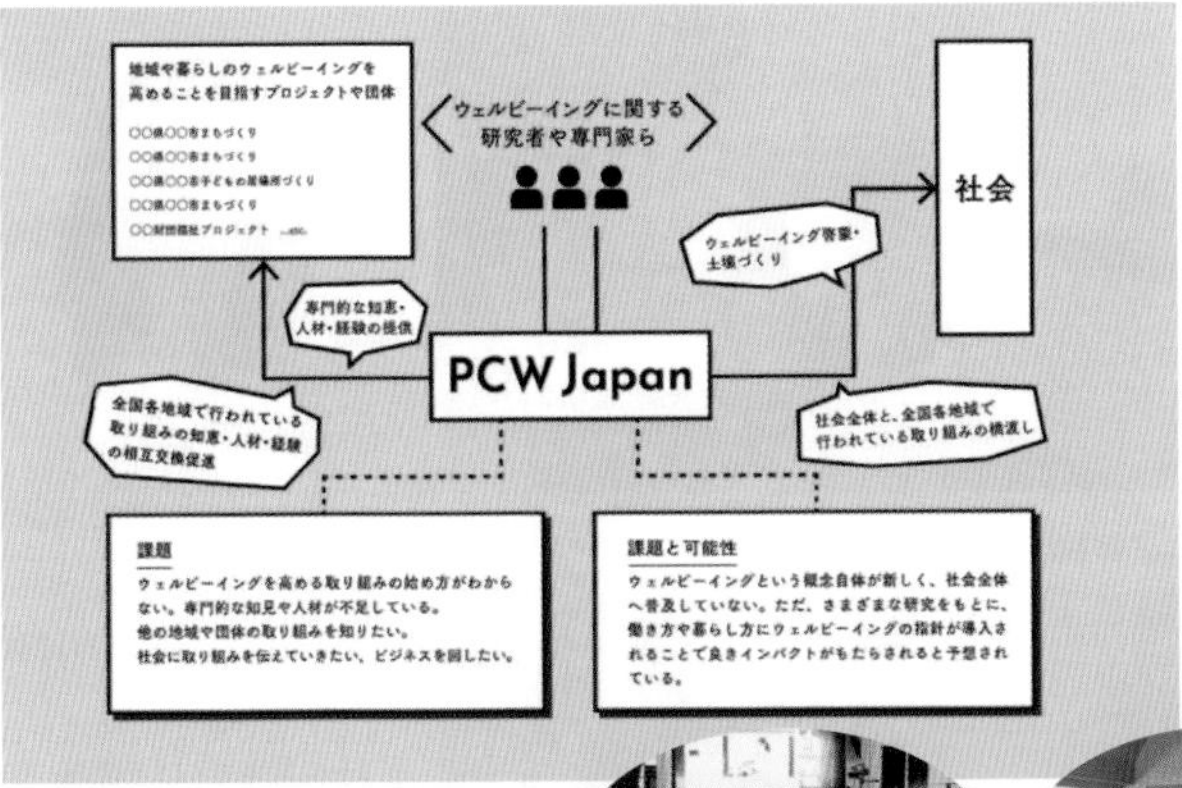

ファイナンシャルプランナー
牧野つばさ さん

アパレル販売員を経験後、総務経理、心理カウンセラー会社を経営。大手保険会社で所長、総合代理店支店長代理を経験。2023年MDRT成績資格会員、相続診断士、住宅ローン借換マスター、公的保険アドバイザー。

「人生を幸せにするためのアドバイス」でセミナーを年50回以上。女性ならではの気持ちに寄り添うトータルサポーター。

今こそ伝えたい「ファイナンシャルウェルビーイング」

あなたの人生の幸せ FPの視点でお手伝い

人生の幸せを軸とした「ファイナンシャルウェルビーイング」を伝える活動を関西を拠点にしながら全国で行うファイナンシャルプランナーの牧野つばささん。「ウェルビーイング」とは、心身ともに持続的な幸福状態のことを指す言葉。「SDGs」に次ぐ新たな指標として政府や企業をはじめライフスタイルにも取り入れる人が増えている。『PCW Japan』では、暮らしや地域に焦点をあてて、専門的な知識や経験、人材の相互交換を促進することで人々が安心して生きて行ける社会の実現を目指して活動している。まだ新しい概念である「ウェルビーイング」について専門的な知識をもった人材がまだ少ない中、ファイナンシャルプランナーの視点でこの活動に貢献する。安心して老後を過ごすためには、将来の自分の経済面に関する不安をなくすことが大切。現在だけでなく、将来にわたって心身ともに健やかな人生を楽しむことができるようにサポートする。大手保険会社所長やコーチングトレーナーなど、これまで培ってきた様々な経験を生かし、ライフプランの作成から保険の見直し、老後の資産運用まで相談者を第一に考えた提案を行っている。

（ライター／彩未）

一般社団法人 **日本ウェルビーイング推進協議会**
にほんウェルビーイングすいしんきょうぎかい

✉ info@pcwjapan.com
㊓ 沖縄県南城市玉城字船越218-1
https://pcwjapan.com/

PCW Japan
Promotion Council for Well-being in Japan

『周波数セラピー』
基本コース 60分 8,000円(税込)～

主宰
伊藤知子 さん

周波数セラピスト。「周波数で生きる～真に健やかなでしあわせであれ～」をコンセプトに自宅サロンを開業。訪れた方の周波数をチェックし、よりよいものへ導く。

心・体・スピリットを整え方を伝える周波数セラピーでよりよい毎日を

ドイツの医療でも使われる次世代のヘルスメンテナンス

『周波数セラピー』を受けられる『Riche Salon』は、体・心・スピリットの整え方を伝える周波数セラピストである伊藤知子さんの自宅サロン。医療先進国ドイツで振動医療として医療機関でも使用されている波動機器『ニュースキャンSWⅢ』のヘッドホンをつけて、身体の中をリサーチした後、その分析結果から本来の心身バランスを整えるサポートをしている。これは宇宙飛行士たちが宇宙で実際に行っているヘルスメンテナンスでもあるという。体がスッキリした後は、明るい雰囲気のサロンでティータイム。ゆったりと会話を交わし、心身ともにリラックス。また、整えた周波数を維持、またはより良くしていくためのメンタル講座やワークショップも開講、「自分でしあわせを自由に創り出せる」生き方を伝授している。ブログでは、体・心・スピリットに関する貴重なトピックを紹介している。

「心(スピリット)と体は一体です。どちらかだけでは、すぐにズレてしまう。そのズレこそが病気であり、降りかかる災いにつながります。肉体と心の扱い方をしっかり腑に落とし、一緒に波動の時代をゆきましょう。次世代の美と健康の整え方を、ぜひお試し下さい」

(ライター/播磨杏)

Riche Salon
リーシュ サロン

090-4212-0831
tomokokfbs0520@yahoo.co.jp
㊟ 愛知県豊田市
https://profile.ameba.jp/ameba/tomokokfbs
@tomoko_wave_therapy

Salon de Riche

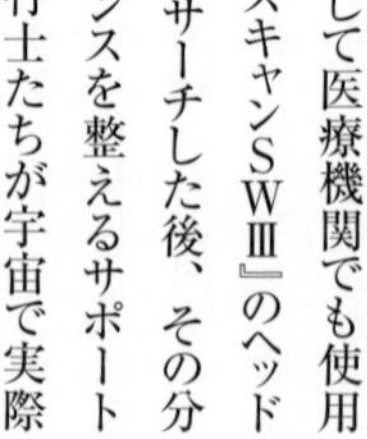

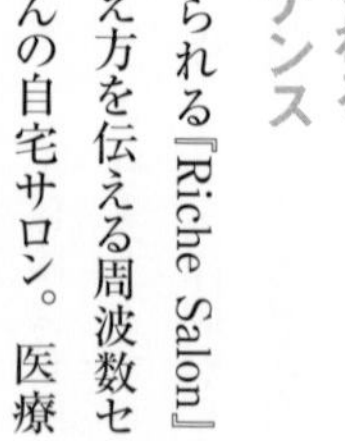

今年こそ
ガイドブックなしで読めるようになりたい！
動画教材だから好きなとき自由に学べる
初公開
オラクルカード講座
今年こそ、本気でオラクルカードの
読みときができるようになりたいと思っていませんか？

©2023 MAKI オラクルカード講座

PAST LIFE
ORACLE CARDS

オラクルカード講座
〜ガイドブックに頼らないリーディング〜
動画 vimeo
26本
(130分)
音声
PDF合計
120ページ
6つの特典を
プレゼント

『オラクル講座』29,800円（税込）

主宰
MAKI さん

マインドセット、オラクルカード、深層心理、カラーセラピー、アカシックチャネリング、数秘術、勾玉セラピーなどを用いて、見えない世界を現実に繋げる事を天命だと考え活動中。スピリチュアル講座やオンラインsalonを開催。

オラクルカードの動画講座 初心者でも読めるようになる

感覚でキャッチするリーディングを ガイドブックなしで実現

『オラクルカード』は、見えない世界からのメッセージをカードというツールを通して見える化してくれる高次元エネルギーの一つ。

そんなオラクルカードを、初心者でもガイドブックなしで各々の優位な感覚でできるよう導くのが、MAKIさんの『オラクルカード講座』。オンライン講座をはじめて1年8ヵ月で受講者500名以上を誇るプロ講師MAKIさんが作成したのが、動画26本、音声、PDF120ページがセットになったダウンロード型のスペシャル講座だ。好きな時に好きな場所で動画を見たり文章を読んだり、聞き流したりできるので、通勤中や家事の合間などスキマ時間で効率的に学習できる。動画では五感を使ったワークもあり、実践しながら学んでいける。基礎的な部分から様々なリーディング法、直感の鍛え方、実践までが分かりやすい説明で網羅されており、スピリチュアル初心者でもオラクルカードのメッセージをよみとくことができるようになる。購入特典として講師とZoomで会えるほか、全額返金保証もあるので気になる方はぜひ挑戦してみては。

（ライター／播磨杏）

オラクルカード講座 **MAKI**

マキ

08018848331
m.n.maki.narita@gmail.com
https://oracle-maki.com/

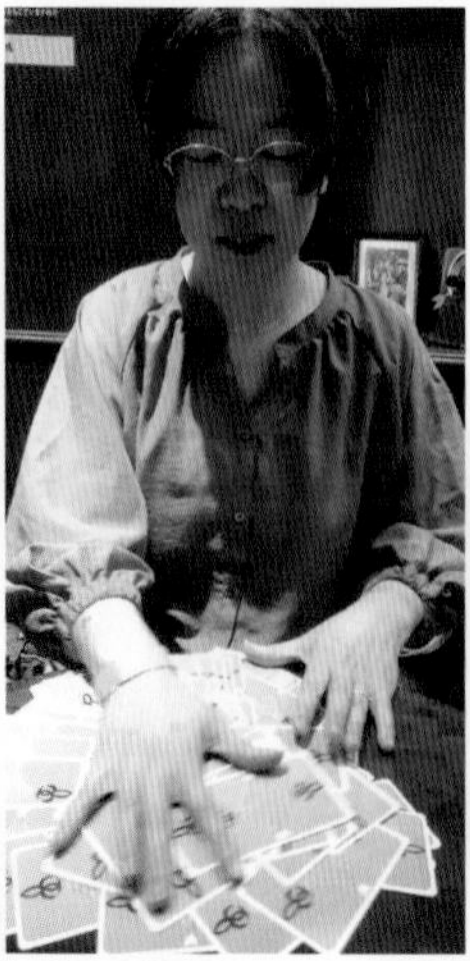

『発達障害の子供さんの反抗期の乗り越え方講座』

主宰
星サヨコ さん

占い師、神経発達症(ADHD)アドバイザー。「じぶんの人生の取り扱い説明書」「数秘で自分の素質数と才能数と志命数がわかる講座」「初心者でも出来る大アルカナタロットカード1枚引きの仕方を学ぶ講座」など実施。

タロットや数秘術による占い人気
発達障害の子どもに関する助言も

反抗期の対処法を伝授
占いはオンライン方式

千葉県九十九里町の占い師、星サヨコさんにはもう一つの顔がある。神経発達症（ＡＤＨＤ）アドバイザー。一対一の対話方式で行う『発達障害の子供さんの反抗期の乗り越え方講座』は、分かりやすいと好評だ。

「ＡＤＨＤは注意欠如、多動性、衝動性が特徴の発達障害の一つです。講座では、発達障害に関する基本知識や反抗期の種類などをわかりやすく解説し、発達障害の特性を理解したうえで、反抗期にはどのように接したらお子さんや家族間がベストになるのかを伝えてまいります」

占い師としては、タロットカードや数秘術を用いたＺｏｏｍによるオンラインの対面占いセッションが評判になり、相談者が後を絶たない。

「タロットカードは、その人の悩み、過去の経験、最近の出来事から未来のことまでも占うことができます。数秘術とは、ご本人の生年月日から導き出される数字を使い、持って生まれた素質や才能、使命、人生のテーマなどを占うというもの（方法）です。ビジネスシーンに向けた人間関係のアドバイスがほしい方、または家族、恋人との関係性をより良くするために、気をつけるべき点を知りたい方にオススメです」

（ライター／斎藤紘）

星サヨコ
ほしサヨコ

080-5513-3217
lingmuzuodaizi27@gmail.com
㊟ 千葉県山武郡九十九里町不動堂624
https://reserva.be/tarotto2022sayoko

LINE　YouTube

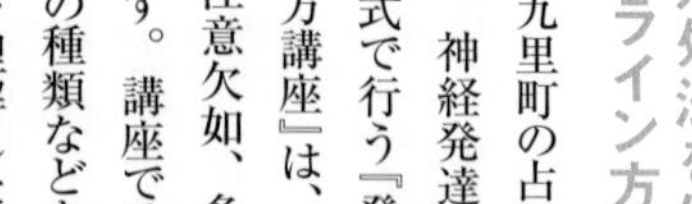

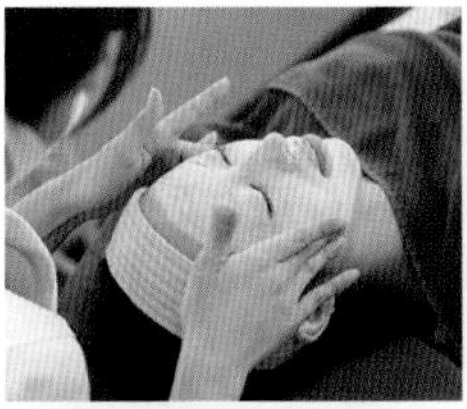
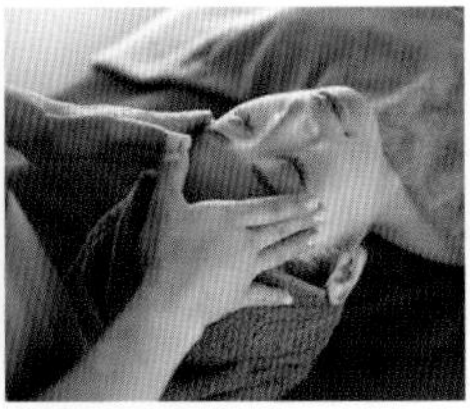
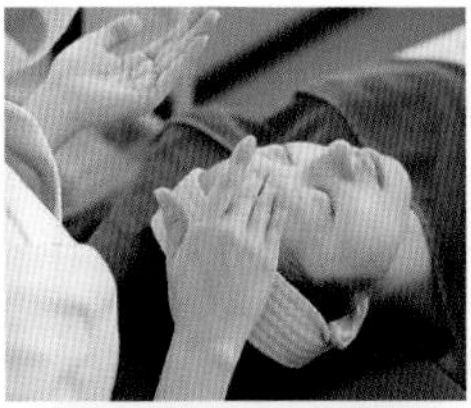
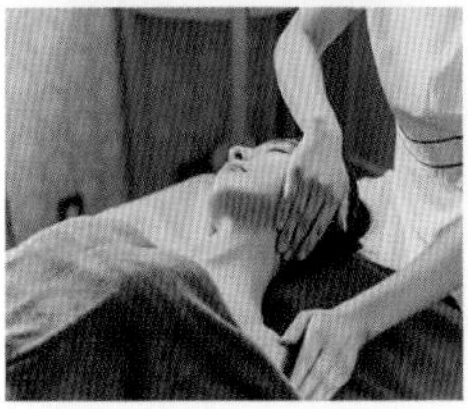
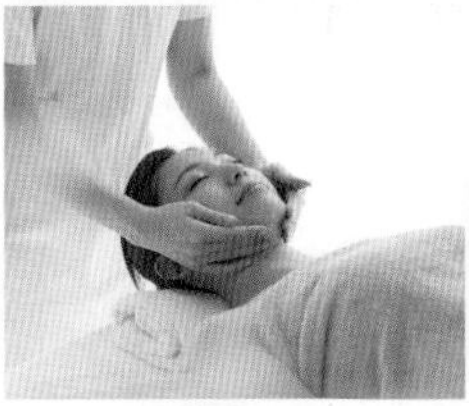

『フェイシャルメニュー』ベーシックコース 5,000円（税込）
プレミアムコース 7,000円（税込）　スペシャルコース 10,000円（税込）
『ボディーメニュー』アロマボディー 30分 3,500円（税込）
リンパトリートメント 60分 10,000円（税込）　120分 15,000円（税込）

代表
林千春 さん

「めざせマイナス5歳！ 10年後もきれいな私」をコンセプトに、肌質改善とボディ改善に特化したサロンを経営。AEA上級エステティシャン取得、日本化粧品検定2級、ダイエット心理カウンセラー認定講師、温活アドバイザー。

美と健康の伝道師 10年後も美しくいるための秘訣

男女問わず美しく 肌質改善で自信をつける

10年のサロン経験を生かし、肌質改善やボディ改善に特化したエステサロンを経営する『サロン・ド・マユウタ』代表の林千春さん。還暦を過ぎてからマイナス8kgのダイエットに成功した美と健康のプロフェッショナルだ。近年、男性の美容意識が高まってきており、おしゃれや身だしなみの手段として、メンズメイクやスキンケアに興味を持つ方が増えてきている。2023年より新しく開始した対面やオンラインによるメイク・スキンケアセミナーでは、男女問わず多くの方が参加してメイクやスキンケアについて学んでいる。リモートセミナーでは、艶肌のためのお手入れ方法や幸せの美肌づくり、幸せ美肌のメイク法、夏に疲れたお肌をリセットする方法など男性だけではなく、女性も知りたくなる項目がずらりと並ぶ。10年後も綺麗でいられるためには、基本を重視した正しいスキンケア、メイク方法を知ることが大切。美と健康の専門家ならではの視点で、自分に自信を持っておしゃれを楽しむためのお手伝いをしていきたいと考えている。

（ライター／彩未）

サロン・ド・マユウタ

052-909-6336　080-1621-0959
hc71290528@gmail.com
㊓ 愛知県名古屋市北区中味鋺2-102 ファミール201
https://www.mayuuta.net/
https://www.instagram.com/salon.de.mayuuta/

『ブライダルメニュー』もあり。

2023年4月、1周年記念祝賀会の様子。

定期的に精神科医 下村泰斗医師による勉強会を実施。

代表取締役
植村美紀 さん

訪問看護暦22年、18年間の精神科訪問看護の経験を経て、2022年4月に独立起業。児童若者支援特化型の訪問看護事業を開始。看護師、精神保健福祉士、ケアマネージャー、メンタルケア心理士、SST（社会生活技能訓練）従事者などの資格を保有。

月に1回、精神科医 三木浩司医師を交えてケースカンファレンスを行っている。

発達凸凹の個性をもった子どもや若者 その家族に寄り添う訪問看護ステーション

ストレングス視点重視 医療と生活双方を支援

「偏見をなくし個性を認め、人と人とのつながりを大切にする」「常にストレングス視点で、利用者とスタッフが夢や目標を持てるように努める」

得意なことと苦手なこととの差が大きい発達凸凹の個性をもった子どもや若者、その家族を対象にした『訪問看護ステーションリカバリー』を運営する『株式会社夢』代表取締役の植村美紀さんが掲げた理念だ。ストレングス視点とは、個々人の長所・強み・才能に着目する姿勢を意味する。

「子どもや若者の心の悩み、学校でのストレスや心の繊細さ、発達の問題など様々な要因が考えられます。当社の提供する訪問看護は、医療と生活の双方の視点を重視し、医療関係者や福祉サービス事業者と連携を図りながら、経験豊富なスタッフがご利用者様の慣れた環境へ伺い、看護と心理的サポートの両面から支援します」

植村さんは、看護師や精神保健福祉士の国家資格を持ち、訪問看護歴は22年でその中で精神科訪問看護歴が18年のキャリアを持つ。職場では、訪問看護ステーション、相談支援事業、心理コンサルティング事業を行っており、仕事とプライベートを両立できる環境を整え、共に働く作業療法士や看護師、相談支援専門員を募っている。

（ライター／斎藤紘）

株式会社 **夢・訪問看護ステーションリカバリー**
ゆめ・ほうもんかんごステーションリカバリー

090-8627-2020
info@yume-recovery.com
住 福岡県北九州市門司区柳町3-7-1-103
https://www.yume-recovery.com/

こちらからも検索できます。

Instagram

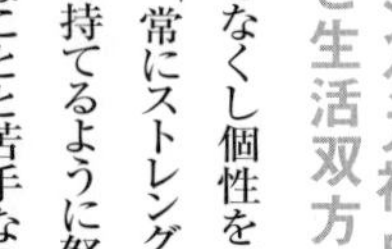

ひでTOK
ひでぴょんCEO
黄リーダー
みかぴょん
ひでぴょん ダンスに挑戦
16
ブラザービートへ挑戦！？
みかぴょん 仕事中
18
みかぴょん、やればでき...
流行りのダンスに挑戦シリーズ
16
覚えれなかったのか、
ひでぴょん社長
21
株式会社ひでぴょんの、...
ひでぴょんのTikTok公開
TikTok
日本製ジャストサイズのシート加工『ひでぴょん』。
『ひでぴょん』の日常をお届け！
流行りダンス ～タイミング～
ぴょんは上手～
常務 みかぴょん
株式会社ひでぴょんの常...
匠のワザ みてみてシリーズ! vol.1 ハトメます!
13
ハトメは漢字で書くと鳩...
ひでtokの方向性を再検討...
二人にとっては息切れ八...
Hide Pyon Co.,LTD.
ザラザラ素材の厚手生地でキズに強く汚れがつきにくい！
トラックシート
7色ガード color guard 14色から選べておしゃれにコーデ！
生地は国産エステル帆布の厚手！
ハトメはでっかい真鍮で強度バツグン！
縫製糸はシートカラーと同色！
周囲ロープはとっても太く頑丈！
#14 いえーろ
#01 ちょいぐりん
#02 ODぐりん
#03 ぶらっくろ ハトメも黒です
#04 おーれんじ
#05 ねずくれー
#06 こいぐりん
#07 こいぶるん
#08 ちょいぶるん
#09 れっどあーか
#10 まっしろん
#11 ばーぶるん
#12 なちゅらるん(半透明) 中がうっすら透けます
#13 ちょこちゃ
※素材写真のカラーや素材感は実物と若干異なる場合がございます。予めご了承下さい。
工場長 黄さん
ひでぴょんの工場長
株式会社 ひでぴょん
本　社（製造・販売）
0585-36-1344 FAX 0585-36-1355
住 岐阜県揖斐郡大野町瀬古373-5
postmaster@hidepyon.co.jp
滋賀支店（印刷工場）
077-572-6544
FAX 077-572-6534
住 滋賀県大津市大萱7-22-1
広島営業所（西日本統括拠点）
084-939-5443
FAX 084-939-5444
住 広島県福山市高西町4-1-12-2
https://www.hidepyon.co.jp/
https://www.rakuten.co.jp/hidepyon/（楽天）

悩みに隠れていた能力を開花させ
望む未来を手にいれる

16年のセッション経験から
生み出した
オリジナルメソッド
だからこそ

ありのままの自分に自信がもてない
根本原因を解消し今よりより良い人生を手に入れられます

もう頑張らなくても大丈夫！
意識の力で
望む結果を手にいれる

メンタルケアトレーナー
中村茉那（まな）さん

20年前から自分探しのためにセミナージプシーを繰り返していたが、その時出会ったメソッドから望む未来を引き寄せるためのコーチングセッション『Mana's Method』を考案。

過去から望む未来へ脳と心をリノベーション！

意識の可能性を引き出し
心豊かに望む未来を現実化する

『体験セッション』5,500円（税込）「まずは体感して下さい」　リモートセッションで全国どこからでも受けられる。

『Mana'sMethod』代表の中村茉那さんのセッションは、通常、皆さんがご想像するカウンセリングや心理療法とはことなります。中村さんを訪ねてくるクラインとさんの多くは、「今まで何を試しても解決しない」「同じ悩みが繰り返される」「結果がだせない」と自信を失いながらセミナージプシーを繰り返していたり望む結果を掴めずに諦めかけている方。悩みの根本的な原因は過去の教育や躾、挫折体験によって潜在意識に刻まれた「無意識のプログラミング」による思考のパターンが作り出すもの。悩みを抱えたり、現実が思い通りにならないと感じたり、ネガティブな思考や感情を感じるのは「本当の自分を取り戻せるチャンス」という潜在意識からのサインと伝えている。中村さんには「なぜ、望む人生とは真逆の辛い人生になってしまうのか？」と思うような過去があり、その時に出会った手法と16年のセッション経験から生み出した独自メソッドにより無意識のプログラミングを書き換え、さらに一般的なセラピーではアプローチが難しい「集合無意識」の領域からも、繰り返す悩みの根本原因を見える化して紐解いていく。それにより、潜在能力が開花され、頑張らなくても望む結果をつかめるようになる。中村さんのもとには、ありのままの自分に自信が持てない、人間関係に悩むなど一般的な悩みを抱える方から立場があってなかなか悩みを話せない経営者の方やプロスポーツ選手まで幅広い方が訪れる。まずは体験セッションで効果を感じてみて下さい。

Mana's Method

☎050-8888-6076　✉info@mana-8.com
セッションルーム　長野県伊那市／千葉県千葉市
@mana_method　@6kv8196p
https://mana-8.com/

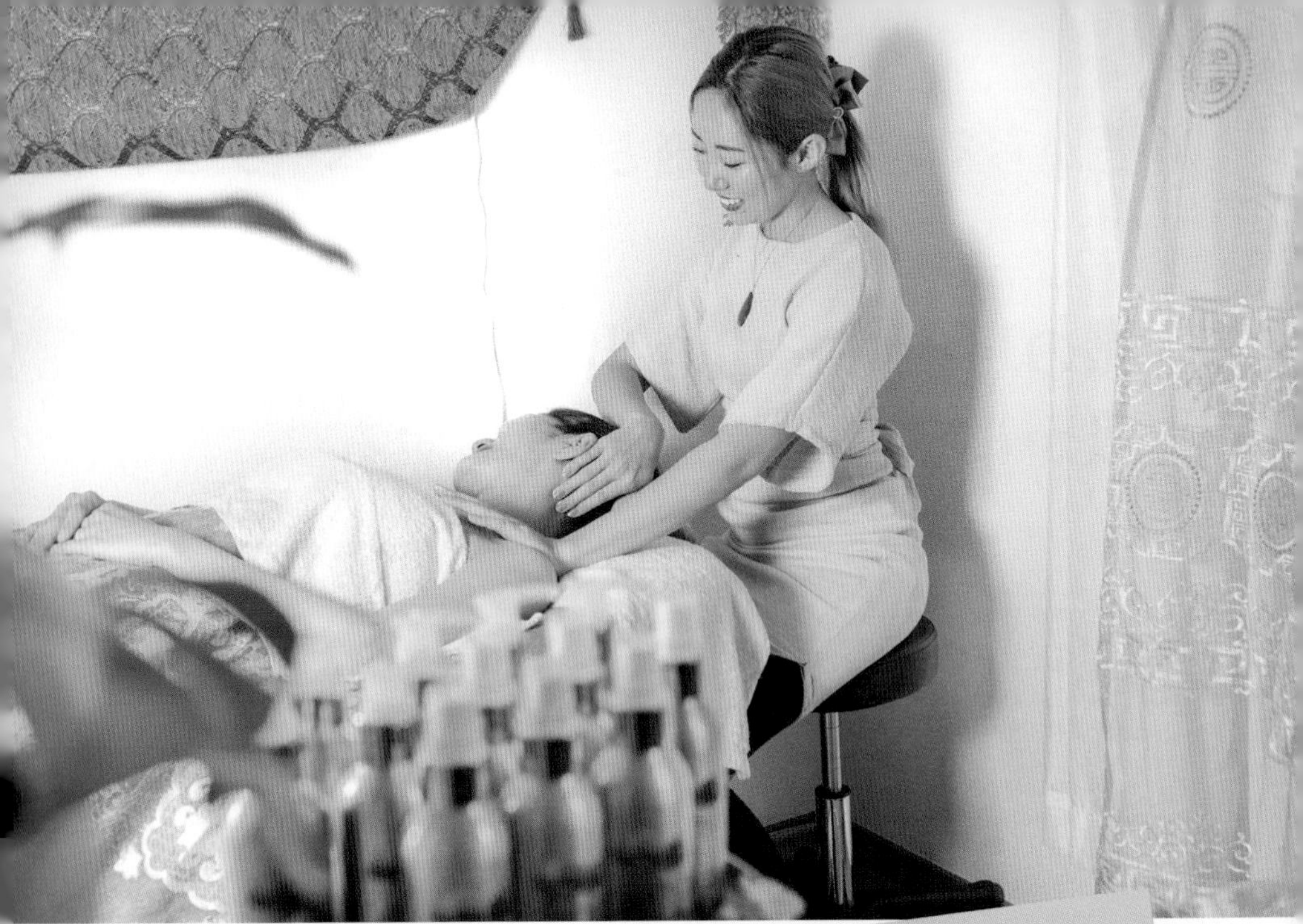

あの日を境に人生が大きく変わる

『覚醒鑑定』60分 23,000円（税込）
『魂カウンセリング』
初回 60分 18,000円（税込）
リピート 60分 16,000円（税込）
『アリーシアフェイシャル®頭蓋量子力学セラピー』
120分（小顔矯正、腸マッサージ、炭酸パック付き）
20,000円（税込）

琉球覚醒鑑定師 LANA

E-mail／lanamoana1002@gmail.com
京都府京都市右京区西院春日町27

@lanayoga__hawaii　@977enjzn

毎日Instagram にて有料級情報配信中！ 稼ぐ女は愛され上手】【癒しで覚醒運命を切り拓く】がテーマ。才能開花したい方は要チェック◎

Instagram　ホームページ

https://lit.link/lanamoana/

琉球覚醒鑑定師 LANAさん

ご縁あるお客様、一人ひとりの人生を共に歩むような、魂の紐解きを大事にしているため、予約枠を限っている。お待ちいただけるご理解のある方のみ、お問い合わせ下さいとのこと。この記事を読んで下さった人たちと出逢えるのが楽しみだと話す。

人生の大きな一歩へ繋がる

心魂体融合
専門
シャーマン

癒しで覚醒運命を切り拓き
魂を震わせる自分らしい人生へ

エネルギーを扱うスキルが習得可能なコースも

琉球覚醒鑑定師LANAさんが10年の経験を積んで生み出した『アリーシアフェイシャル®』の予約待ちは、なんと4ヵ月。オリジナルオイル選びから始まる施術は、デコルテマッサージ、ヘッドマッサージ、小顔調整、エネルギー調整と進み、生コラーゲンと生炭酸パックによる仕上げとこだわり満載。顔の変化とエネルギーの変化に感動の声が寄せられ、リピーターも多い。また、『アリーシアフェイシャル®』の技術スクールも、2名以上で受講可能。LANAさんは、シャーマンやヒーラーを目指す人たち向けのスクールも運営中。LANAさんの情熱は、日本を豊かにするための社団法人設立や精神回復施設へのボランティア活動にも繋がっている。

悪しき気を祓い
清め苦しみから開放
——幸せな未来へ——

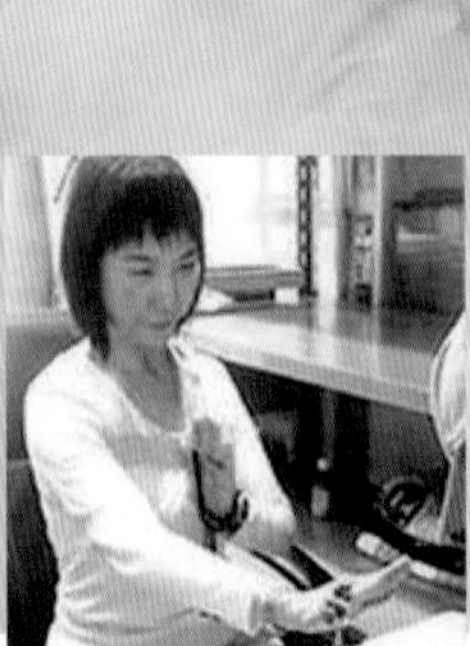

代表

天龍　知裕《ちひろ》 さん

38歳まで霊視の世界とは無縁だったが、霊視鑑定で徳川家財宝などのテレビ番組に出演した故伊藤良子氏に師事し、霊視が可能になる。8人の鑑定士を擁する『霊視鑑定　天龍　占いの館Dahlia』を代表として運営。手相占いやタロット占いも可能。

トラブルや悩み、苦しみを抱えた相談者の話にしっかりと耳を傾けながら、五智如来様、十六代菩薩様のお力によって除霊や浄霊を行い、霊視を通して問題解決に向けたお手伝いを行う「霊視鑑定天龍占いの館Dahlia」代表の天龍知裕さん。苦しみや悩みの原因となっている祟り神様や悪霊を預かり、丁寧に供養する。邪魔していたものがなくなるだけで心がスッと軽くなり、問題解決の糸口が見つかると未来への希望が持てモチベーションがアップするという。霊視以外にも、手相や姓名診断、四柱推命、タロットなど様々な占術を駆使。必要に応じて祈祷や霊気治療なども行う。天龍さん以外にも霊視や除霊が可能な夏川大季さん、姓名判断、タロット、易で占う新川宗玄さん、四柱推命や方位学、手相、タロットで占う上村泰広さん、九星気学やオラクルカード占いの明峻さん。タロット・ルノルマカードや数秘術をつかう星奈さん、タロット占いと動物占いの天龍由佳さん、命運鑑定、姓名学、悩みの相談にも乗ってくれる、明日己さんなど有能な鑑定士が揃う。遠隔セッションも可能なので、全国からの依頼が絶えない。天龍さんは、一人ひとりが明るく楽しく幸せな生活を送れるよう良い流れを作れればと願っている。

新川宗玄さん
◇四柱推命、方位学、手相、タロット

新川宗玄さん
◇姓名判断、タロット、易

夏川大季さん
◇除霊、交霊、降霊、霊視鑑定、占い、タロット

星奈さん
◇禅・タロット・ルノルマカード、数秘術

明峻さん
◇九星気学・オラクルカード占い

『霊視鑑定（除霊・交霊・悩み相談）』
1時間 5,000円（税込）
2度目～ 3,000円（税込）（電話・オンライン可）

著書紹介
『幸せを求めて』1,650円（税込）
『天の神様vs地獄の神様』1,430円（税込）
『宇宙の真理で未来は希望の光』1,430円（税込）
『この世で天国 あの世で天国』1,375円（税込）

お悩みや問題、
解決できないままくるしんでいませんか？

霊視鑑定 天龍
占いの館 Dahlia

除霊・霊視鑑定
四柱推命
姓名判断
タロット

https://www.tenryu-chihiro.com/ TEL.090-6432-6572 兵庫県明石市天文町1-2-3

「税のことは私たちに任せて」

人生ありきの視点で相続案件を解決に導く
ライフプランニングのプロ

所長
薬袋 正司 さん

東京CPA会計学院を卒業後、伊勢丹で経理業務全般を経験。税理士資格を取得後、外資系税理士事務所を経て、税理士法人タクトコンサルティングに入社。10年間勤めた後、2007年、『薬袋税理士事務所』開設。宅地建物取引主任者の資格も持つ。

「相続にかかわるすべての人がハッピーになるためのお手伝いをする」

このモットーに従い、年間50件超の相続案件を円満解決に導いてきたのが『薬袋税理士事務所』だ。相続税額のシミュレーションや節税対策、遺産分割など専門性の高い業務に止まらず、財産の維持、活用、継承も含め、家族同士の関係性や将来のことまで考慮しながら、すべての当事者の人生をより豊かにしていくライフプランニングが特長。相続税制だけでなく、相続財産の多くを占める不動産の評価にも精通した薬袋正司所長の幅広く深い知見と経験が業務の信頼性を支える。

薬袋 税理士事務所

Minai Tax Accountant Office

東京都中央区京橋3-9-7-3F
TEL / 03-6228-6400
E-Mail / info@tax-bpc.com
http://www.tax-bpc.com/

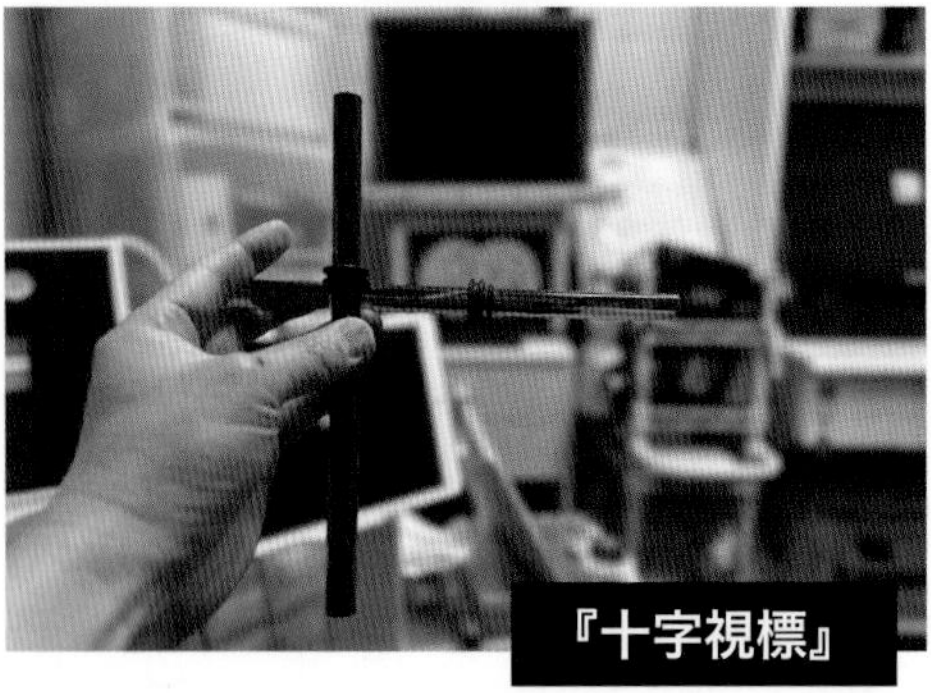

『十字視標』

『近見視力表』

量販店の
対極的販売法
眼科超える
精緻な検査

視力測定理論に基づく視力検査は、両目で物を見るときの両眼視機能を重視し、色、形、大きさの見え具合だけでなく、遠近感、立体感、スピード感なども調べる。その後の加工について『RTM 式眼鏡調整法』は、生活の質が改善すると判断した場合には、「プリズム度数を推奨」「重度の斜視でも矯正にトライ」「ハイカーブ度付きレンズを販売する前には装用テストでそり角を実際のフレームに合わせてセット」「職種、職場の環境を考慮し、疲労感の軽減や作業効率の改善を狙って提案」などを基準として挙げる。

また、レンズやフレームのチョイスについての姿勢も明確だ。

「私達は、高いレンズでも不要と思えば不要だとご案内する事をお約束致します」
「私達は、似合う物は似合う、似合っていない場合にも正直にお伝えします」

こう宣言した上でのフィッティングも綿密だ。「当店では、お客様のお顔を見て、イメージと形状に加え、瞳孔間距離、顔幅のサイズ、骨格の縦横比などを調べ、店内の品揃えから最善のものを提案しています」

店内には、伊藤さんが厳選した国内外の著名なデザイナーやメーカーが独自のコンセプトや素材で生み出したデザインのオリジナルブランドのフレームが揃い、最大滞在時間2時間の予約制で人の目を気にせずゆっくりとフレーム選びに専念できる。デザイン性に優れ、よく見え、ずっとかけていても疲れにくく、まるで自分の目のようなフィット感がある眼鏡と出会えるのが『オプテリアグラシアス』が支持される理由だ。

YouTube

0422-21-6755（全日ご予約優先制）
info@opteria-glassias.jp
https://opteria-glassias.jp/

フィットする眼鏡づくりに光る理念

kichijyoji
opteria Glassias

東京・吉祥寺で、お客様一人ひとりに丁寧な対応

加工販売のプロセスを貫く顧客目線

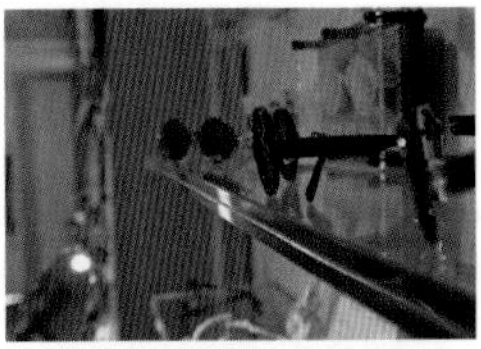

価格競争の荒波の中で、商品だけでなく販売法の質でも顧客満足度の最大化を追求し、孤高の輝きを放つ眼鏡店がある。「有限会社ojim（オジム）」が東京・吉祥寺で経営する『オプテリアグラシアス』。眼科医のレベルを超える、眼の機能を重視した精緻な視力検査、レンズやフレームの選択での論理的な提案が支持され、前年の180%超の売り上げを維持。低価格帯の眼鏡で市場を席巻する大手チェーン店の文字通り対極に位置する眼鏡店だ。

「私達は、顧客、取引先、そして従業員の三方良しを貫きます」

「私達は、損得よりも善悪を優先します」

販売法の質を担保するために、代表取締役の伊藤次郎さんが確立した140項目にものぼる眼鏡店運営マニュアル『RTM式眼鏡調整法』の冒頭に掲げたモットーだ。

『RTM』は、緩めて（Relax）・鍛えて（Training）・使いこなす（Master）の三つのステップを意味し、視力測定理論、加工理論、フィッティング理論を一つにまとめ、統一理論として標準化したものだ。

「デフレ経済が行き過ぎ、眼鏡業界では、低価格化、ファッションアイテム化が二大トレンドになり、職人の技術が軽視されてしまっています。その結果、良質な眼鏡を作りたい方はお店選びが難航し、眼鏡屋難民化しているのです。そんな方々が安心してお買い求めいただけるように、眼鏡を仕立てる全プロセスの基準を公開しました。基準に即してしっかりした眼鏡を作れば、早期の買い替えが必要なく、資源の保全を謳うSDGsにも寄与すると考えています」

代表取締役
伊藤次郎 さん

杏林大学社会科学部卒。鉄筋会社、外食チェーンで勤務した後、眼鏡業界に入る。経理、営業、店舗勤務を通じてノウハウを蓄積し、2005年に「有限会社ojim」を設立。2006年、眼鏡専門店『オプテリアグラシアス』開店。

opteria-Glassias

東京都武蔵野市吉祥寺本町1-11-21 せのおビル1F

『SB-1 EXシステム』図

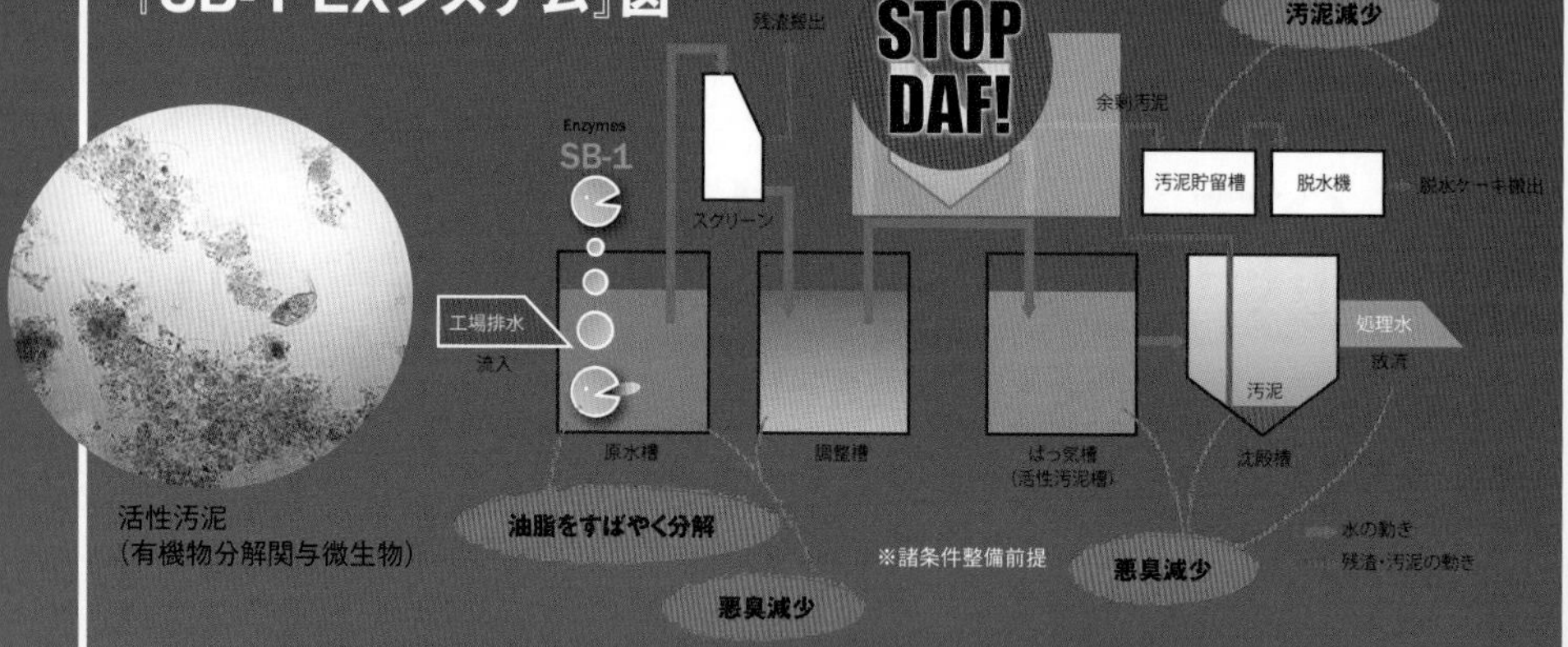

発明技術
従来技術では不可能な難分解性の排水処理を特許技術のバイオの力で解決。

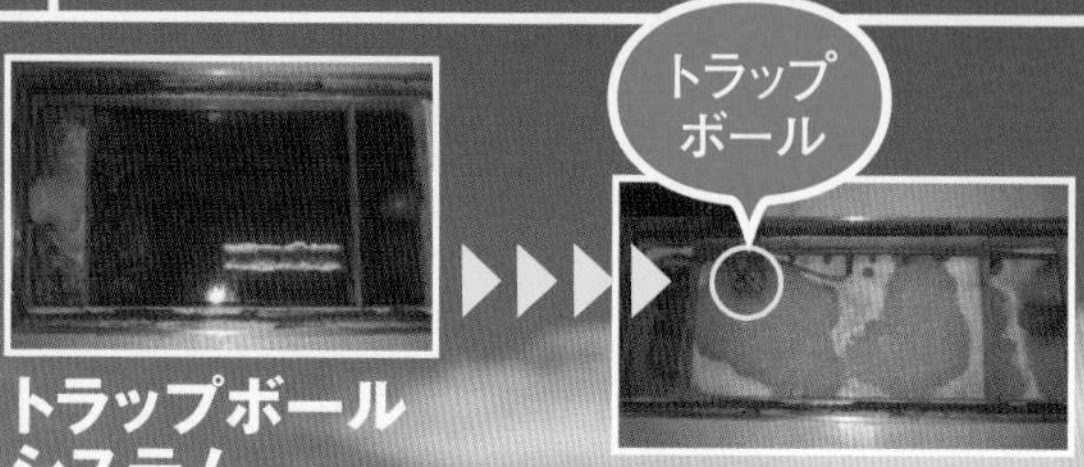

トラップボールシステム

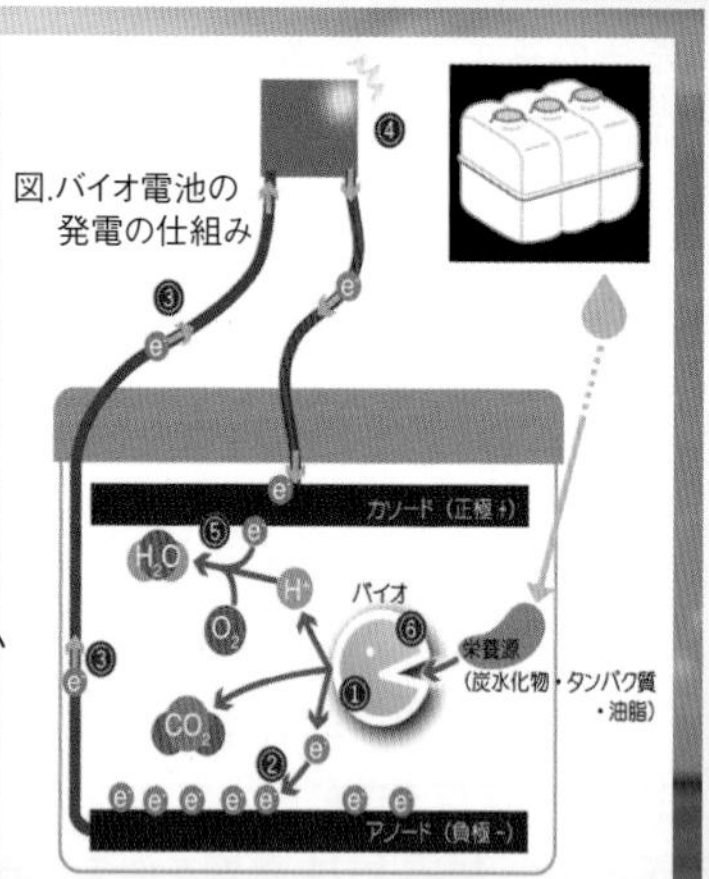

微生物燃料電池

バイオが炭水化物、タンパク質、油脂などの有機化合物を加水分解(酸化分解)する際に発生する電子e-(分解エネルギー)を電気的に取り出し発電させる環境電池。電源の無い場所の光源になるほか、研究が進めば携帯電話の充電にも利用できるようになる次世代型電池だ。

多量の油脂、デンプン、タンパク質などを含む有機汚濁排水処理のソルーションとなる技術がある。業務用厨房に義務づけられるグリーストラップ内に設置し、悪臭、腐敗の原因物質を抑制する『トラップボールシステム』と排水を処理する『SB-1EX システム』。『日本環境科学研究所』の髙谷誠所長が日米欧で特許を取得した排水処理法をベースに考案した技術で、枯草菌や納豆菌などの微生物を有効成分とするバイオ製剤『油脂分解強化バイオ SB-1』を利用する。『SB-1』は、有機物をえさに繁殖し、消化酵素などを分泌し、油脂やでんぷん、たんぱく質などを水と炭酸ガスにまで分解する。界面活性剤や薬品を用いない安全で環境にも人にもやさしいシステムだ。特殊な装置の導入やコストなどの課題があった活性汚泥法に代わる処理方法として、食品業界や大型調理設備を持つ様々な施設で導入が進む。

令和のベストヒット大賞
Best Hit in REIWA

明るい未来を照らす ITサービス

時代の先端をいくIT技術を駆使し、日本の未来を担う。
これからの日本を支えるITビジネス。

代表取締役社長
松原晋経 さん

大学中退後、システム会社のSE、アクセンチュアなどでのSE・コンサルタント、米国のソフトウエア会社でのエバンジェリスト、マイクロソフトでのソリューションスペシャリストなどを経て、2020年『アーカス・ジャパン株式会社』設立。

アーカス・ジャパン 株式会社

06-6195-7501　info@arcuss-japan.com
㊟ 大阪府大阪市淀川区西中島5-9-6 新大阪サンアールビル本館3F
https://www.arcuss-japan.com/

AIによる顧客管理で商品販売確実化 電子行商人を生み出す次世代EC機能

コンピュータが学習したデータを元に新しいデータや情報をアウトプットする生成AIがクローズアップされ、IT情報技術からAI（人工知能）への移行期ともいえる時代にあって、次々に開発するシステムの先進性で国際的に注目を集めているのが『アーカス・ジャパン株式会社』代表取締役の松原晋啓（のぶあき）さんだ。顧客が来るのを待つEC（電子商取引）サイトにAI機能を組み込み、自ら売りに行く行商人のような働きをする、CRM（顧客関係管理）を高度に進化させたECプラットフォーム『Arcury（アーキュリー）』の開発はその象徴。2023年5月には世界最大にして最古の米経済紙ウォールストリートジャーナル（WSJ）」からCRM・カスタマーサクセス分野のトップと評価され、IT界の次世代リーダーを意味する「Next Era Leaders for IT」に選出された。

この評価は、松原さんのこれまでの歩みと無縁ではない。松原さんは、国内のシステム会社でシステムエンジニアを経験後、世界最大のコンサルティングファームである「アクセンチュア」の創設メンバーとして入社、プロジェクトリーダーなどを務め、アクセンチュア退職後、米インフラジスティックスの日本

製品・サービス

最先端のCRMソリューションが期待できるITシステム企業 No.1 ※1

サポート体制が最も期待できるCRM No.1 ※2

円滑なシステム運用が最も期待できるCRM No.1 ※2

2023年5月期_ブランドのイメージ調査
調査機関:日本マーケティングリサーチ機構
調査期間（※1):2023年4月3日~2023年5月30日、n数:137/調査方法:Webアンケート
調査期間（※2):2023年4月3日~2023年5月30日、n数:136/調査方法:Webアンケート
調査対象者:[https://jmro.co.jp/r01463/]
備考:本調査は個人のブランドに対するイメージを元にアンケートを実施し集計しております。
本ブランドの利用有無は聴取しておりません。
効果効能等や優位性を保証するものではございません。
競合2位との差は5%以上。
※2 弊社が提供するCRMのうち、Arcuryについてのみ

食を通じて健康でより豊かな生活を実現する場所

電子行商人プラットフォーム

Arcury

『Aecury』は、「食べることをプラットフォームにていねいな暮らしをプロデュースする」をコンセプトに、食や健康について関心のある方に向けて、最適な食品・健康関係のサービスを提案するマッチングサイト。
「食」と「IT」の力を通じて、人とモノ・人と地域をつなげることで、より健康で、より豊かな生活の実現を目指す。

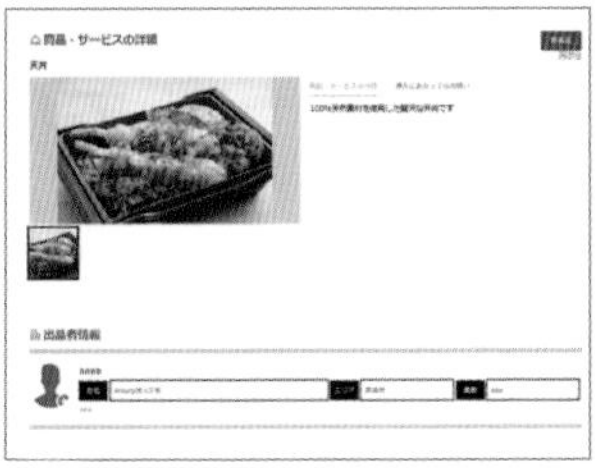

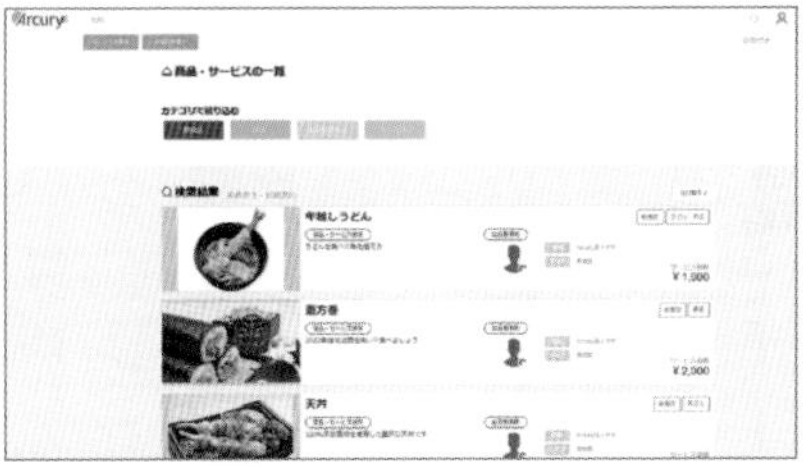

法人インフラジスティックス・ジャパンの設立に参画し、IT部門などを統括した。

事業が安定した後、日本マイクロソフトに転職し、Dynamics CRMチームの立上げメンバーとしてプラットフォーム型CRMを提唱して数々のソリューションを生み出し、新たな市場を開拓したことでマイクロソフトワールドワイドの最優秀者に授与されるCircle of Excellenceを受賞。その後、グロースハッカーとしてIT企業のCRM事業立上げなどを支援。2014年に設立したアーティサン株式会社で代表取締役副社長・CRM事業部長として活躍、2020年7月、CRM事業部を分社化し、『アーカス・ジャパン』を設立、今やCRMの世界的第一人者と評される。

CRMは、企業全体で顧客を深く理解し、顧客満足度を高めることで収益性を向上させていく経営戦略。1990年代後半、IBMに次ぐITサービス企業「アクセンチュア」によって概念が確立された。『アーカス・ジャパン』の設立後、松原さんはCRM関連製品を次々に開発し、導入した大手の電機機器メーカーや自動車メーカー、銀

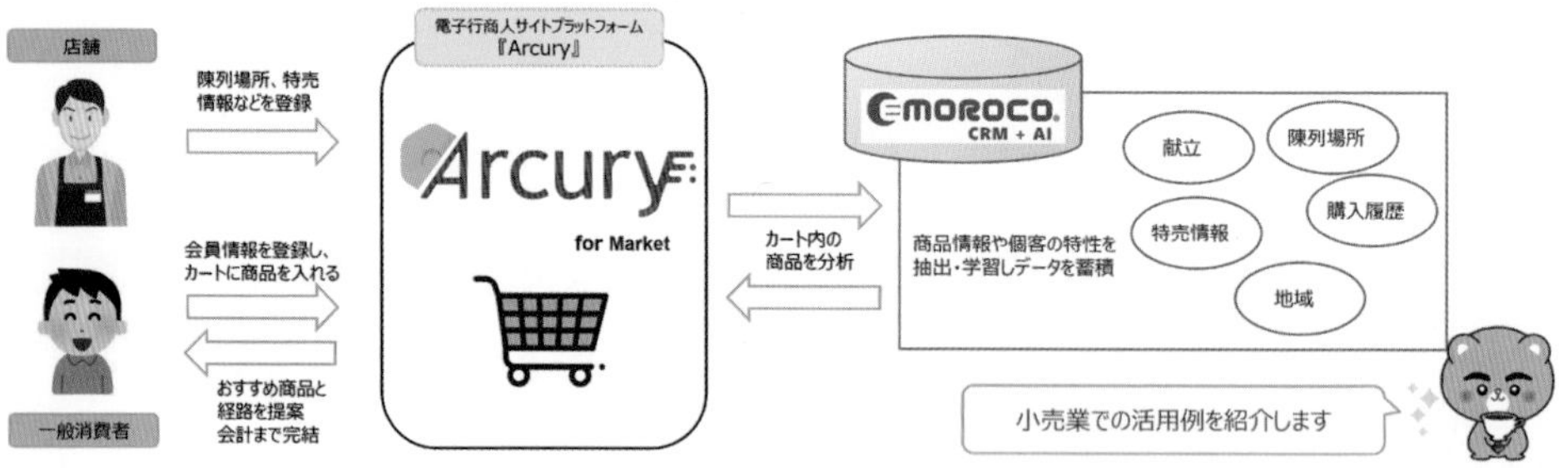

行、建設会社、総合病院などから顧客情報の管理や取引履歴の一元把握などによる業務の効率化が高く評価された。

こうしたCRM関連製品開発の最先端に位置づけられるのが、2022年1月にリリースした『Arcury』。CRMとAI人工知能を組み合わせて松原さんが考案した「EMOROCO（エモロコ）AI」を組み込んだ「e-Merchant 電子行商人」と呼ばれる次世代のECプラットフォームだ。「EMOROCO」は、EMOtional Analysis（感情分析）、RObot（ロボット）、COgnitive（人工知能）の各機能を搭載した世界初のCRMソリューション。

「従来のOne to Oneを謳うCRMに比して新世代CRMコンセプトであるパーソナライズドCRMに基づいて開発されているため、顧客の感情を見える化することで、より精度の高い顧客サービスの提供が可能になります。具体的には、顧客サービスに特化した人工知能サービスと学習データベースを持ち、CRMの顧客情報から人工知能のアルゴリズムを用い、顧客の性格や感情を含む深い情報を導き出し、パーソナライゼーション、個客化を行います。そうすることで、CRMシステムに蓄積された顧客情報からAIのアルゴリズムを用いて顧客一人ひとりをプロファイリングし、CRMの原則である1顧客1IDで効果的なOne to Oneマーケティングを実現できるのです。簡単に言えば、『EMOROCO AI』を組み込んだ『e-Merchant』は、顧客が来るのを待つ従来のe-commerceとは異なり、自ら売りに行く行商人のように顧客の細かなニーズを的確に汲み取り、商品やサービスの販売に確実

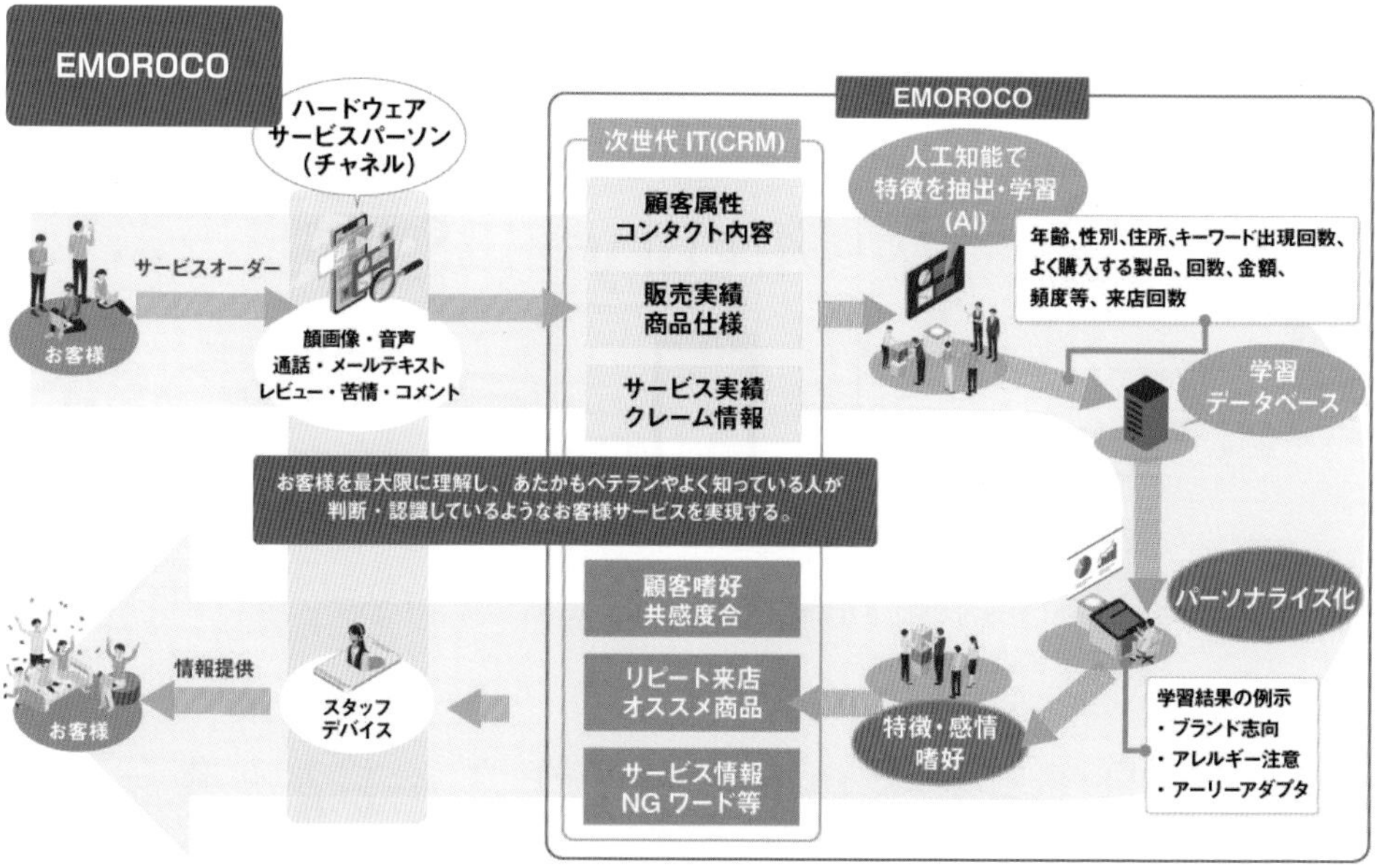

EMOROCOは、EMOtional Analysis(感情分析)、RObot(ロボット)、COgnitive(人工知能)の各機能を搭載したCRMソリューション。従来のOne to Oneを謳うCRMに比して新世代(CRM3.0)のCRMコンセプト「パーソナライズドCRM」に基づいて開発されているため、顧客の感情を"見える化"することで、より精度の高い顧客サービスの提供が可能。

につなげることができるのです。AIは情報を蓄積すればするほど成長し、より精度が高まっていく自己進化型のシステムなので、企業の成長とともに、よりハイレベルなサービス提供につながります」

松原さんが『Arcury』を開発したのは、EC電子商取引についての専門的な視点による。

「顧客の潜在欲求を読み解き、顧客一人ひとりにアプローチし、商品の購入を促すことができれば、営業がいなくても商品が勝手に売れるというマーケティングを実現できるはずですが、現状のECには大きな課題があります。ECサイトを訪問して商品を選択し、購入するという流れが一般的ですが、それだけではサイトに訪問してもらえなければ購入してもらう機会は得られないですし、顧客からもニーズに合う商品があるのかを分かってもらうことができません。商品やサービスを推薦するレコメンド機能を有するECサイトであっても、的外れなお勧め情報を出すことも少なくありません。これらの課題を解決することが重要と考え出したのが『Arcury』なので

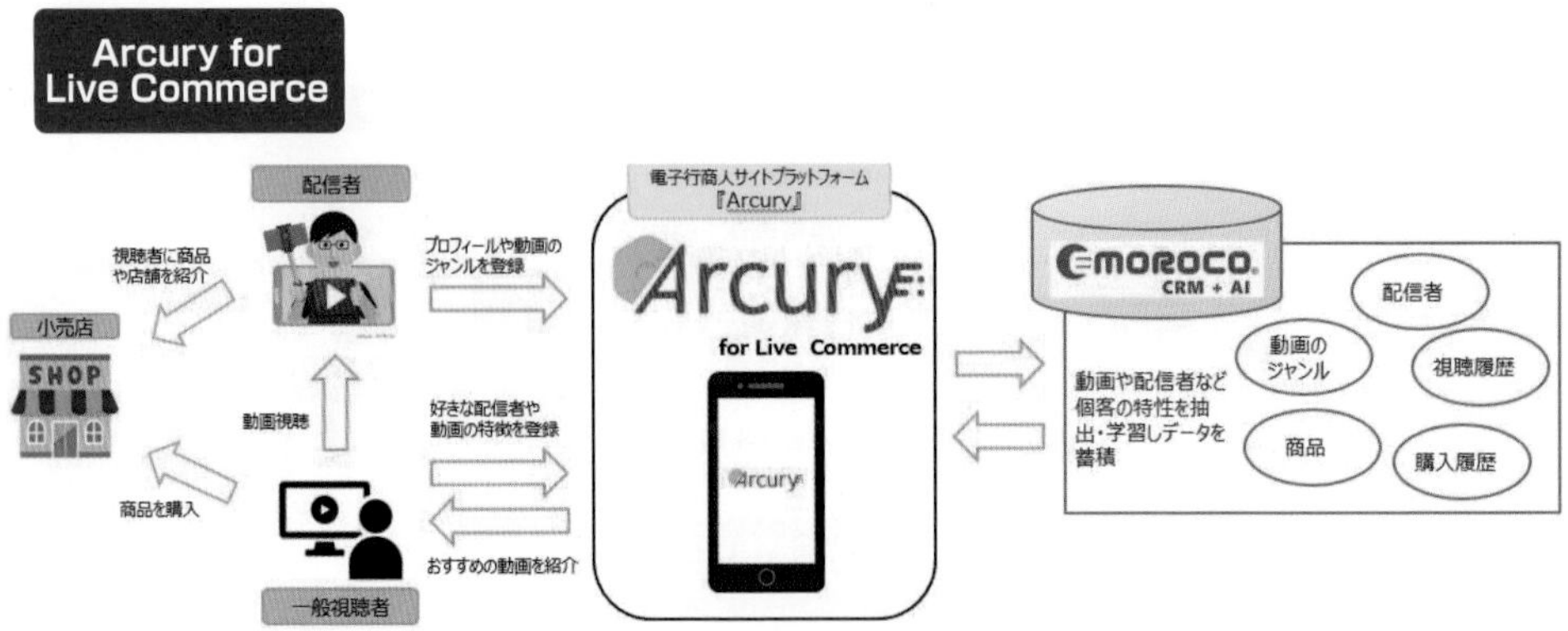

視聴者が配信者の動画を視聴し動画内で紹介された商品を購入できるサービス。

す。『Arcury』はプラットフォーム機能を有しているため、既存のECサイトを『e-merchant』サイトへアップグレードすることが可能であり、また高いカスタマイズ性を有する『EMOROCO』をベースとしているため、業種、業態に合わせて容易にカスタマイズすることできるのも特長です」

松原さんは、『Arcury』をベースにした新たなITサービスも生み出した。2022年9月から提供を開始した『Arcury for Live Commerce』はその1つ。『Arcury』と動画配信を用いて、視聴者が配信者の動画を視聴し、動画内で紹介された商品を購入できるサービスだ。

「動画を利用した通販サイトもありますが、単なる説明にとどまっており、新たな購買を促すのには不十分です。この点、『Arcury for Live Commerce』は、視聴者の閲覧履歴や購入履歴から『EMOROCO』が視聴者の好みを学習し、ニーズに沿った内容の動画を提案ことで、リアルな顧客体験をECで実現づることができるのです。一般視聴者が1視聴当たりの視聴料金と任意での投げ銭を動画配信者に支払い、動画配信者側は各地域の名物や商品を紹介することで、各小売店の販売を促進するといったビジネスモデルの構築も可能になります」

もう1つのサービスが『Arcury for Location』。『Acury』と位置情報を用いて、狩猟やイベント、災害時の救助活動などチーム内の動きをリアルタイムで把握し、作戦の計画から遂行、評価までを支援するサービスだ。端末登録機能、作戦一覧機能、作戦登録機能、作戦計画機能、作戦遂行機能、作戦評価機能などを備え、AIが作戦分析、作戦遂行後の評価結果から類似パターンを学習し、効率よく作戦遂行が行える計画を提案する。タブレットやスマートフォンで簡単に利用できる。

これらのサービスはリーズナブルな料金設定も特長だ。導入にあたっての初期費用や月額費用はかからず、必要なのは、売上が発生したときの手数料のみ。手数料も従来のサービスと比べ安価に設定されているのも普及を後押ししている。

「外出が制限され、ショッピングもままならなったコロナ禍でECサイトの重要性が増し、CRMに対する事業者の関心が高まっていると感じています。しかし、CRMの価値はまだ十分に理解されているとはいえません。その一方で、グローバル企業はCRMの概念でもあるホスピタリティを強調し、全体的に業績を向上させています。こうした状況を考え合わせたとき、日本が得意のおもてなし文化をCRMと密接に結びつけてECに活かせば、チャンスが生まれると考えています。実際、当社とお取引のあるお客様は、CRM導入後に勢いを取り戻し、積極的にグローバルビジネスを展開しています。そのポテンシャルを秘めた日本が世界をリードできるよう、当社のCRM製品やサービスを通じてCRMの認知度を高め、サポートしていきたいと思っています」

『Arcury』は、不特定多数の顧客を対象にする事業者向けのサービスだが、松原さんは「停滞している日本の経済を立て直すには地域が活性化することが必要」と、地域活性化での活用も視野に入れる。行政、病院、学校、店舗、観光などあらゆる情報をポータル化して連携させ、世界の注目を集める町をつくったり、行政サービスや観光案内、物件マッチングなどあらゆる情報を提供したり、ローカルの5G第5世代移動通信システムやドローン向けのIoTモノのインターネットサービスと連携させて災害時の人命救助に役立てたり、莫大な費用をかけずに進化したCRMで町おこし、地域を活性化する構想だ。

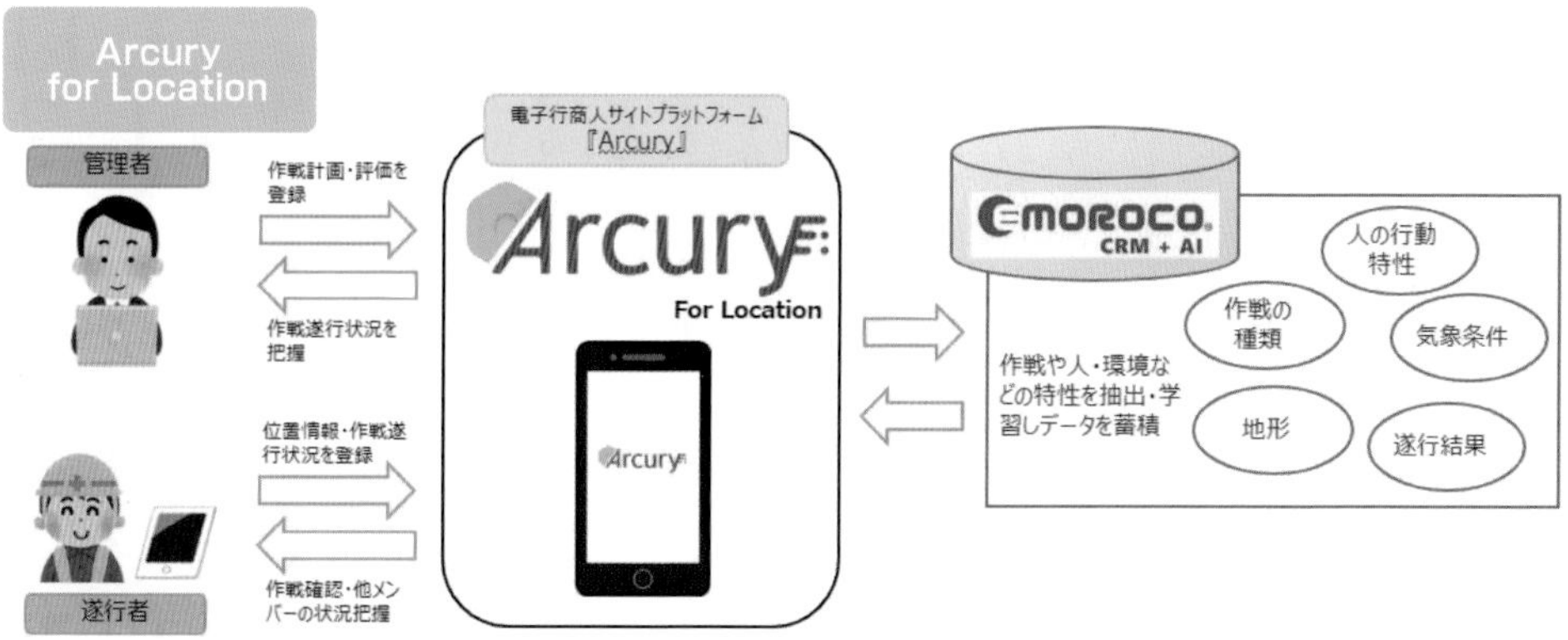

狩猟、イベント、災害時の救助活動など、チーム内の動きをリアルタイムで把握し、作戦の計画から遂行・評価までを支援するサービス。

「笑顔で人生に向き合える世の中をつくることで、社会に恩返しをしていきたい」

CRMに関する深く、幅広い知識と技術を持つ松原さんの精緻な思考回路が活躍するシーンは広がっていく一方だ。

（ライター／斎藤紘）

代表取締役
伊吹哉太 さん

2020年『株式会社AIBOT』設立、代表取締役に就任。システム開発に関する業務のすべてを請け負うSIer事業、ITコンサルティング事業、システムエンジニアを派遣するSES事業、人工知能を生かすAI事業などを展開。

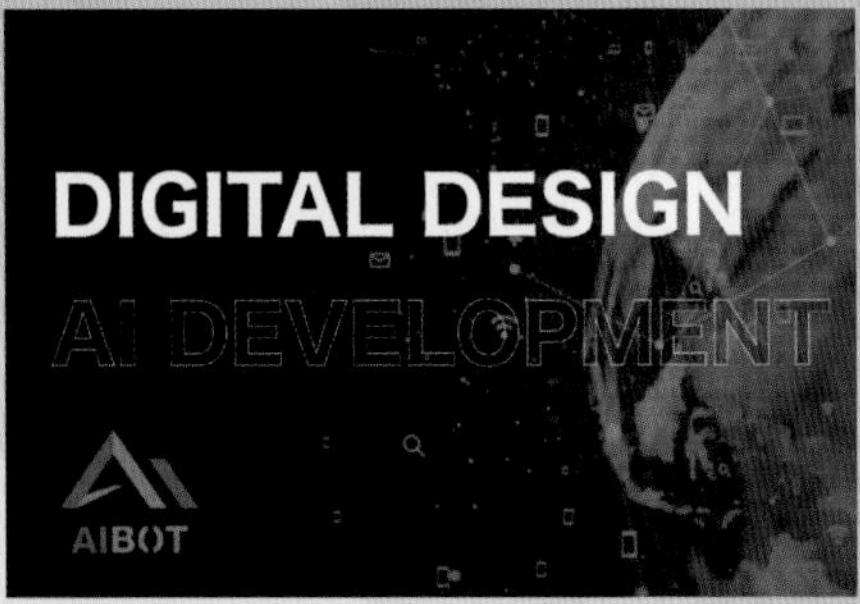

株式会社 AIBOT
エーアイボット
03-6822-6789　info@ai-bot.co.jp
㊟ 東京都港区芝浦3-17-11-1001
https://ai-bot.co.jp/

口コミマーケティングの新機軸 ＬＩＮＥ利用の初の集客システム開発

商品やサービスに関する評価や評判などの情報が知人同士のコミュニケーションを通じて伝達されていく口コミ。自社商品をその流れに乗せることができれば強力な集客力になることから、口コミマーケティングともいわれるが、その口コミをソーシャル・ネットワーキング・サービスSNSの中でも断トツのユーザー数を誇るＬＩＮＥで確実に拡散させるシステムが開発された。ＩＴ企業『株式会社AIBOT』の『ＬＩＢＯＴ』。集客に有効なだけでなく、顧客管理などの機能も備わり、システム導入前には０人だった友だち数が導入後１ヵ月で8,500人に増えたといった例もあるなどシステム導入効果は劇的だ。

『ＬＩＢＯＴ』開発の根底にある考えが鮮明に伝わるのが代表取締役の伊吹哉太さんの言葉だ。

「デジタル化が推奨されている現代ではありますが、すべてをデジタルにする事が必ずしも正解であるとは、私は考えていません。デジタル化が進み、便利になっていく世の中でこそ、人と人との直接の繋がりなどのアナログ的な要素が重要になってくると考えています。当社のお客様の中には常に先進的な思考を持ち、デジタル化を進めるお客様もいらっしゃれば、昔ながらのやり方に信念を持つ方もいらっしゃいます。当社は、どんな経営方針のお客様でも喜んで使用できるようなデジタルの強みを生かしつつ、アナログの重要性を保ったシステムやツールを開発し、ご提供させて頂きます」

この考えの下で開発された『ＬＩＢＯＴ』は、企業や店舗がＬＩＮＥ上にアカウントをつくり、友達を追加してくれたユーザーに直接情報を届けることができるＬＩＮＥ公式アカウントの機能を拡張、顧客のネットワークを使用して新規顧客を獲得していくマーケティング戦略、リファーラルマーケティングをＬＩＮＥ上で初めて実現したシステム

業界初のLINE集客システム

LIBOT

ビジネス特許申請中

ファンがファンを呼ぶ
超集客型LINEシステム

新規集客から顧客管理・業務効率化・リピート獲得まで
公式LINEの運用、マーケティングがLIBOT１つで!!

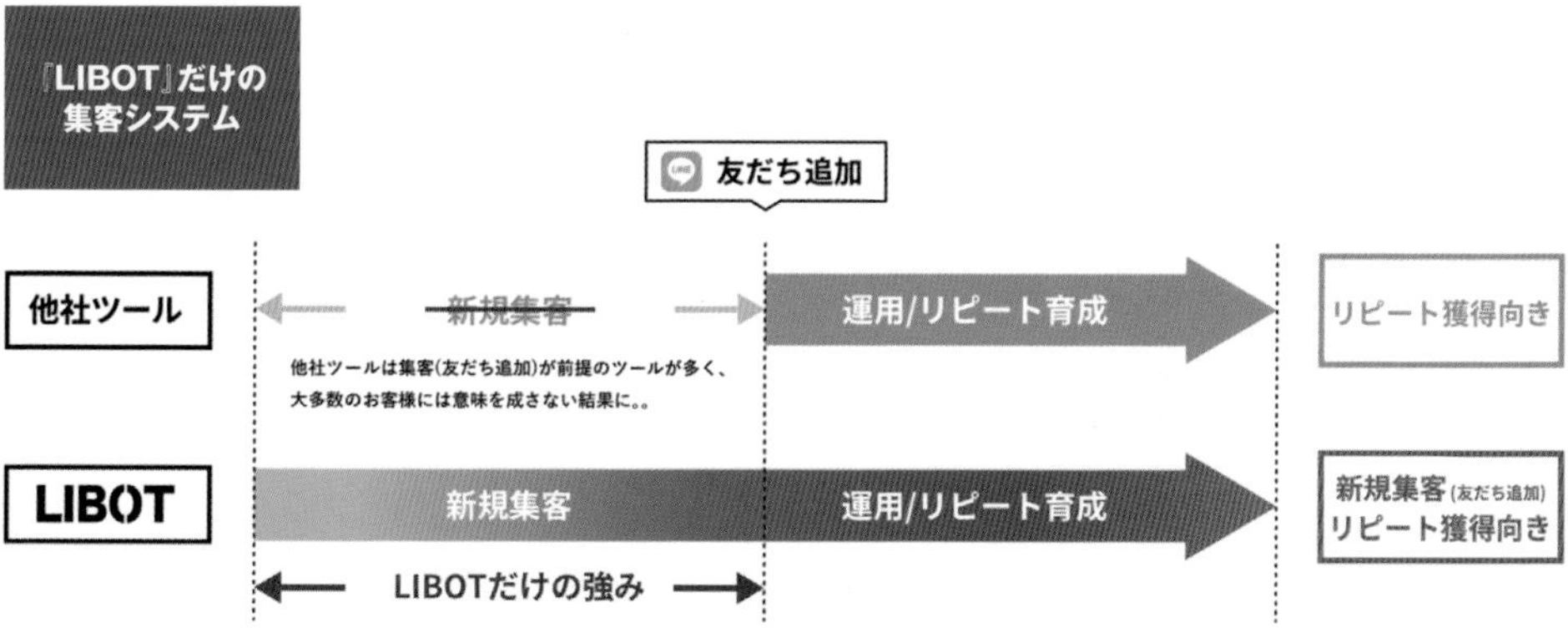

だ。ＬＩＮＥを利用したのは、国内世帯の８割がスマホを保有している時代にあって、ＳＮＳトップの８千万人超のアクティブユーザーがいるためだ。

『ＬＩＢＯＴ』の集客機能の最大の特長は、ユーザーが自然に口コミしたくなる導線を作ったことだ。デフォルトのリッチメニューの中に「友だちにオススメ」ボタンがあり、紹介した側と紹介された側の両方が企業や店舗が設けた特典を得ることができ、それが誘い水になって友達から友達への紹介が連鎖的に増えていく機能だ。

友達追加だけでなく、友達紹介人数がＬＩＮＥ上ですぐに確認できるため、目標の特典までの目安が分かり、意欲的に紹介する動機につながる。特典内容は企業や店舗が自由に設定することができる。また、管理ページで誰が誰を紹介したか、二次紹介以降も確認することも可能だ。

「消費者は信頼度の高い情報を求めているという点から、リファラルマーケティングは非常に効果が高い手法であるといえます。例えば何かを購入しようか迷っている場合、知人や友人から後押ししてもらうことに

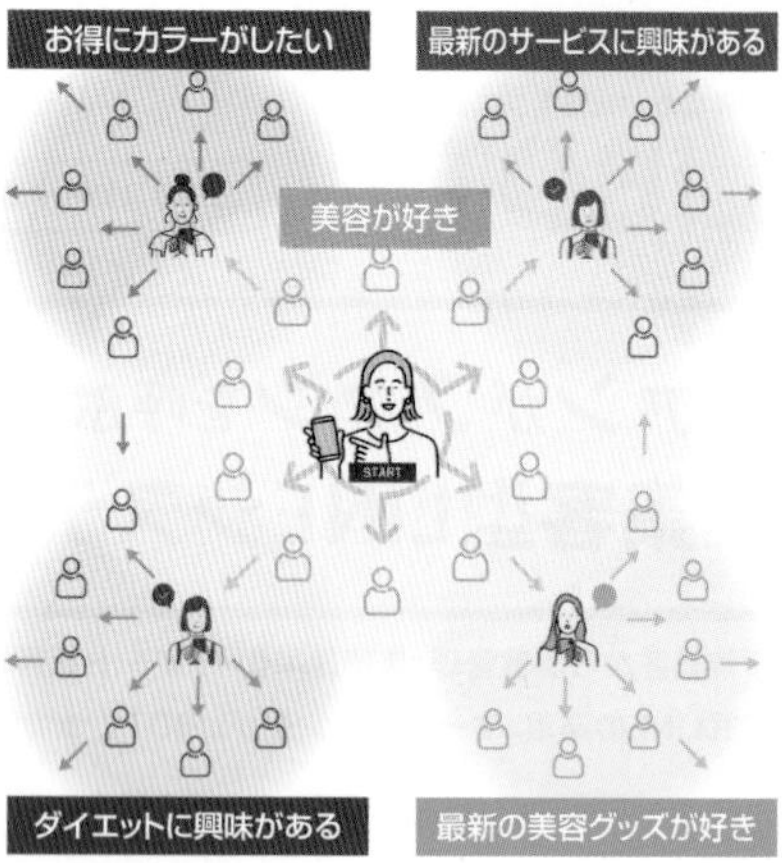

よって購入する決心がついた、といったケースはよくある話です。『LIBOT』では、このようなリファラルマーケティングをLINE上で展開できる点が大きな特長です。加えて、新規顧客を獲得するための広告を出稿するよりも費用を抑えられる可能性がある点も大きなメリットです」

集客以外の機能も、友達紹介時にポイントを付与するポイント機能、友達人数や配信通数、紹介発生数などのデータ分析ができる顧客管理、紹介経路を可視化する紹介ツリー、自動応答のBOTモードとチャットモードを併用することが可能な個別チャット、LINE内で予約ができる予約機能、友だちをカテゴライズするオートタグ、ユーザーの属性ごとに最適な配信を行うセグメント配信、アンケートを回収し情報を管理できるアンケート機能、獲得したデータをCSV形式で排出できるCSV出力など多岐にわたる。

独自性を演出するリッチメニューの構築や設定が可能なのも特長だ。

「LINEではリッチメニューという機能が搭載されています。この機能は、トーク画面の下部にあるキーボードエリアに対し、それぞれのアカウント独自のメニューを設置できます。例えば、クーポンやショップカードのほか、ECサイトなど外部サイトへのリンクの設定も行うことができます。『LIBOT』を導入すると、リッチメニューのカスタマイズを行うことができます。通常は決まった形のリッチメニューしか使えませんが、ボタンの大きさや数を自由に設定でき、さらに、リッチメニューの背景を画像にするなど、ブランディングや他との差別化を行えるデザ

導入実績例

700アカウント以上!!

インにすることもできます」

　ＬＩＮＥ公式アカウントのシステムは、システム契約を行い、設定はすべてユーザーが行うというのが通常の形式だが、『ＬＩＢＯＴ』は同社のスタッフがヒアリングを行い、リッチメニューの挙動の設定なども全て行うフローになっていて、設定が苦手、面倒くさい、機械に疎いといった事業所でも簡単に導入することができる上、機能については企業や店舗ごとのカスタマイズにも対応する。また、公式アカウントのシステムでは、最初は安価で利用できるものの、後に高額になっていく従量課金制度がほとんどだが、『ＬＩＢＯＴ』は月額料金のみで利用可能なので導入しやすいのも特長だ。

　こうした様々な特長を持つ『ＬＩＢＯＴ』の集客効果がわかる例がある。あるエステサロンは、導入前のＬＩＮＥの友達数は３００人だったが、「友達を増やしたい」というニーズ、また「顧客管理をＬＩＮＥで行いたい」というニーズから『ＬＩＢＯＴ』を導入、さらに「友達三人紹介でテスターのプレゼント」「友達５名紹介で15％の割引」という特典を用意した結果、導入後11ヵ月で友だちが１１００人まで増加した。

なぜLINE？

LINEは、「生活インフラ」として定着し、日本国内での連絡手段の中心です。

9,000万人以上のユーザーが利用し、利用率も85%と高く、LIBOTを導入した時点でユーザーがすぐに利用を開始できます。

「LINE公式アカウント」は、無料で導入できるため、利用が急増しており、今最も注目されているツールになっています。

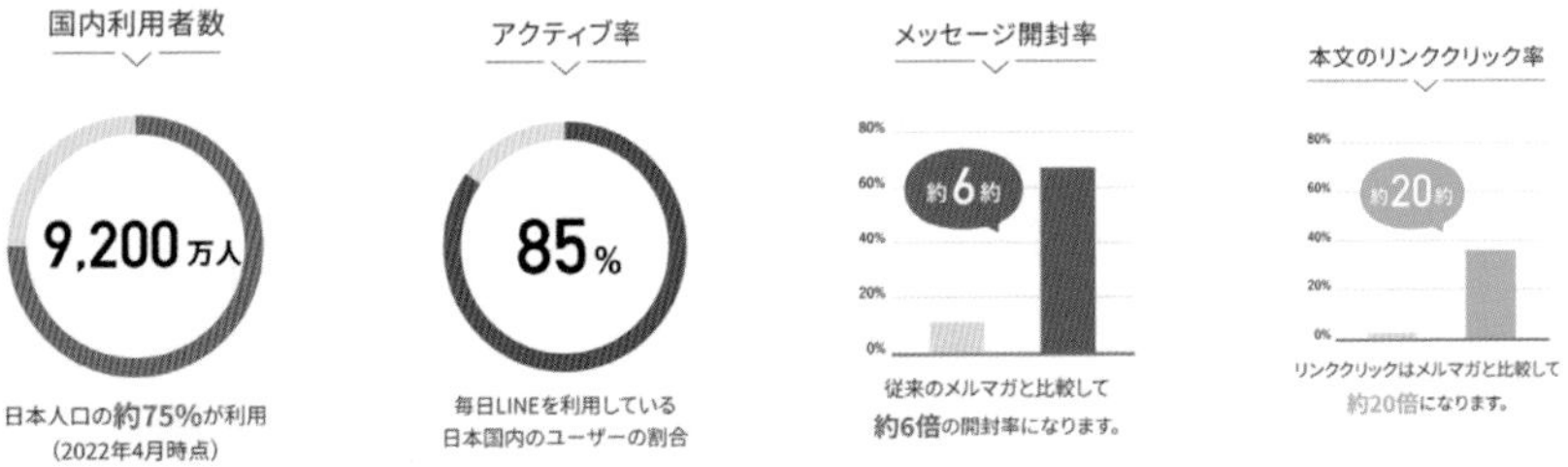

日本人口の約75%が利用
(2022年4月時点)

毎日LINEを利用している
日本国内のユーザーの割合

従来のメルマガと比較して
約6倍の開封率になります。

リンククリックはメルマガと比較して
約20倍になります。

こちらからも検索できます。


　また、ある不動産会社は「友達追加を増やし、見込み客をＬＩＮＥで囲い込みをしたい」と『ＬＩＢＯＴ』を導入し、特典として友達１人、３人、５人、10人を達成するごとにカフェのクーポンを提供する特典をつけた結果、システム導入前には０人だった友達の数が、導入後１ヵ月で８５００人になったという。

　デジタル技術を駆使したあるテーマパークは、テーマパークという特性上、顧客が１回足を運ぶと「他の人にこのテーマパークを紹介したい」という気持ちになると考えて『ＬＩＢＯＴ』を導入、「友達紹介機能」の有効性高く評価しているという。

口コミとＩＴのコラボが生み出した新たなマーケティングの姿がここにはある。

（ライター／斎藤紘）

代表取締役
原園文一 さん

工業高等専門学校卒業後、松下通信工業（現パナソニック）に入社、産業用・放送用カメラやプロ用音響機器などを開発する部門で主にカメラモジュールを小型化する仕事に携わる。20年間勤め、その経験を生かし、2008年に独立起業。

マイクロモジュールテクノロジー 株式会社

045-510-3080 mm-tech@micro-module.co.jp
㊟ 神奈川県横浜市鶴見区末広町1-1-40横浜市産学共同研究センター内
http://www.micro-module.co.jp/

IoTの進展を支える半導体実装技術
半導体モジュールの小型化と高性能化を実現

エレクトロニクス製品の小型化と高性能化を可能にする半導体モジュール（機能ユニット）の小型化、高密度実装技術の高度化を実現し、大手電子機器メーカーなどから厚い信頼を得ているのが『マイクロモジュールテクノロジー株式会社』だ。約20年間、大手電機メーカーで最先端実装技術の開発とモジュール商品の開発に従事した創業者で代表取締役の原園文一さんの技術革新を追求する努力は、IT情報技術やIoT、通信技術、センサを使用して様々な情報を計測して数値化するセンシング技術の進展に貢献している。中でも、技術の高さ、幅広さが伝わるのは、様々な技術の集合体であるIoT関連技術だ。IoTは、自動車や家庭用電化製品、工場の製造ラインなど様々なモノをインターネットに接続し、データをやりとりする仕組みだが、同社はIoTを構成する電子機器の半導体モジュールの実装技術でその機能を支える。

「IoTは、人と物とのインターフェースになるアプリケーション技術、データの構築やビッグデータ分析などの情報技術、Wi-Fiやモバイル、インターネットなどの通信技術、温湿度センサや加速度センサ、圧力センサ、イメージセンサなどのセンシング技術などから成り、それぞれの技術に必要な電子機器の半導体モジュールの実装は高密化、積層化、最短配

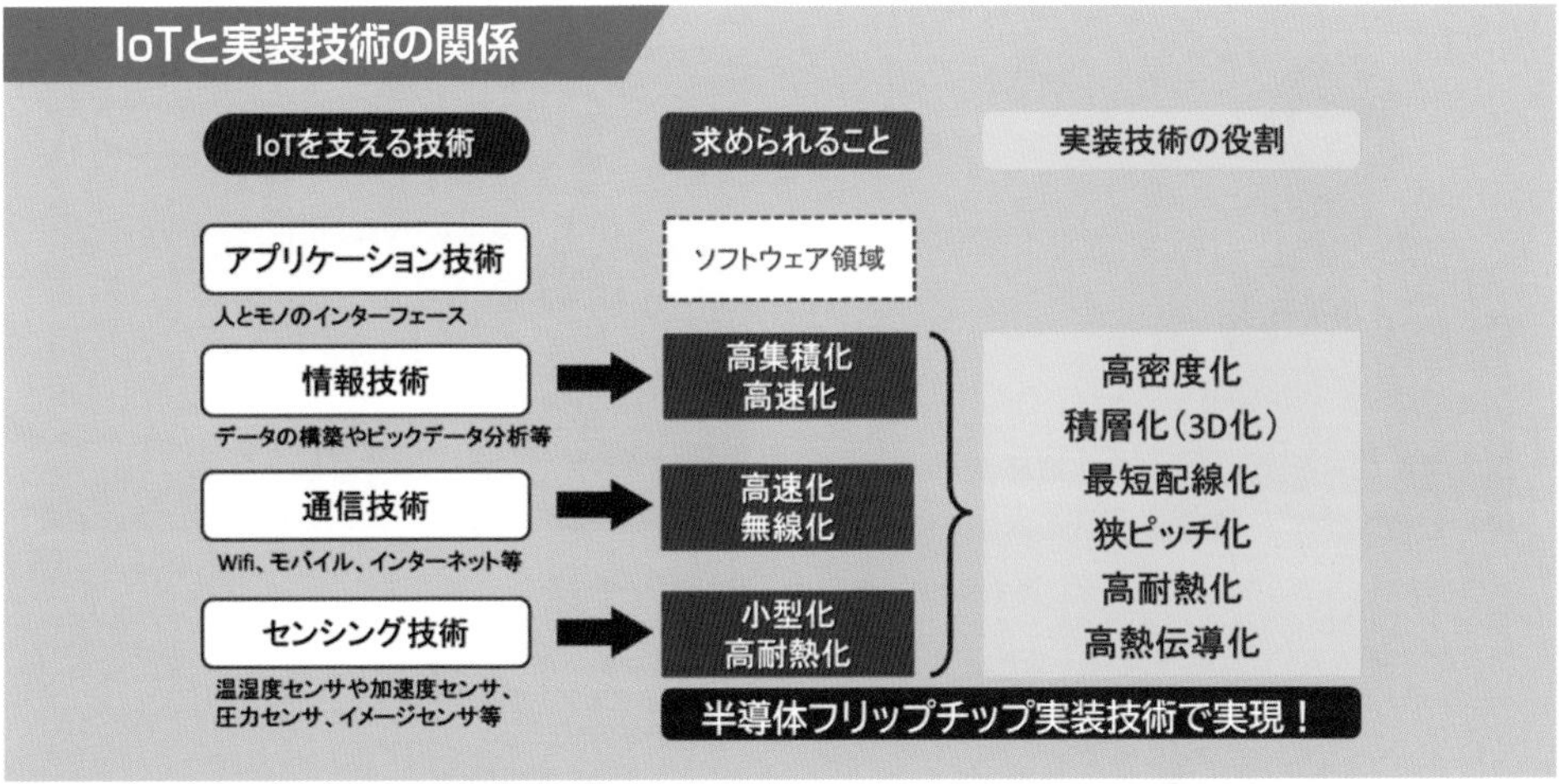

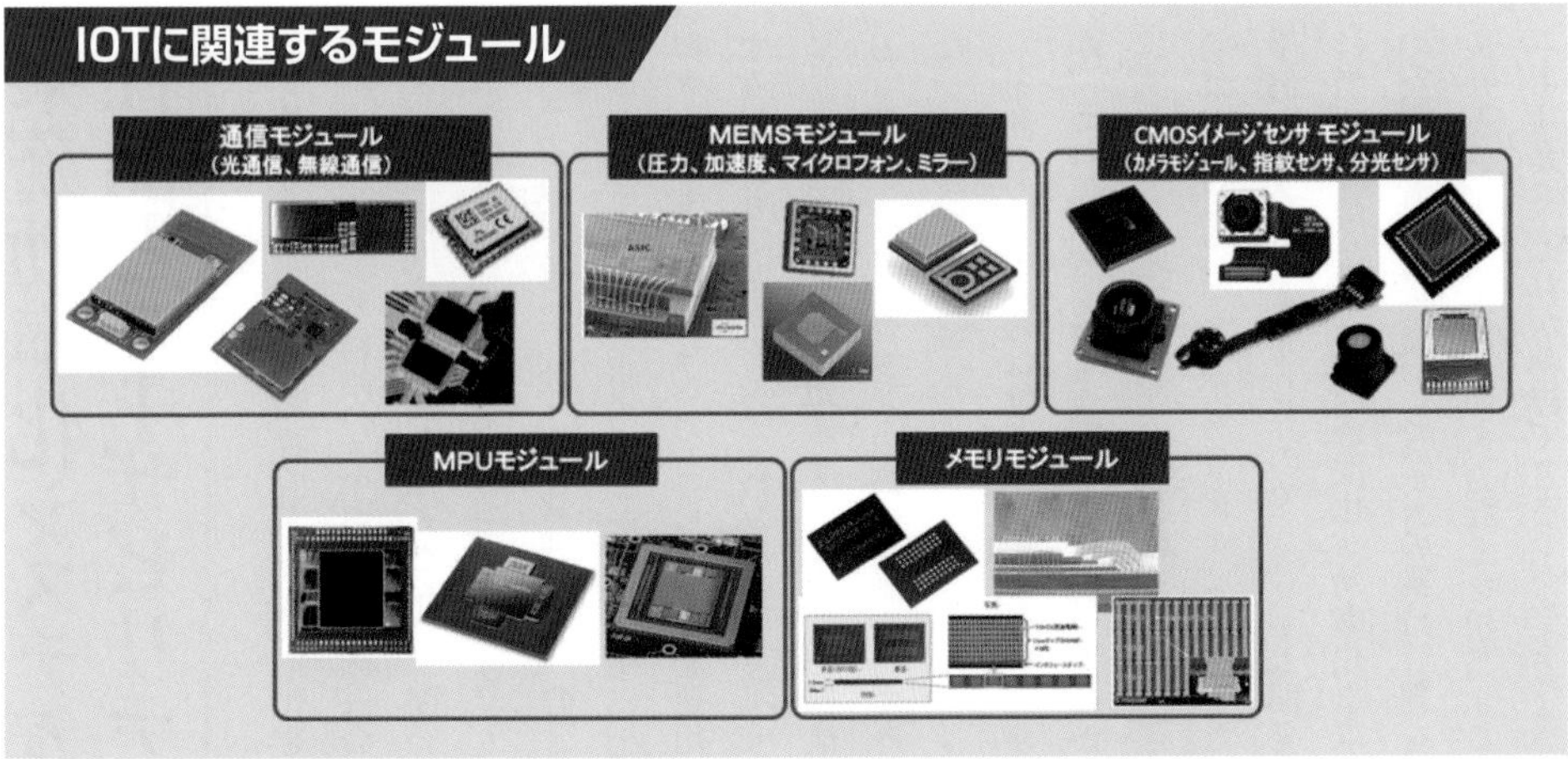

線化、狭ピッチ化、高耐熱化、高熱電導化などが求められます。当社はこれらのニーズについて、品質やコストの要求を踏まえ、バランスよく実現する実装技術力を持っているのが強みと思っています」

通信技術については、第6世代移動通信システム（6G）以降の高速通信の実現に同社が得意とするフリップチップボンディング技術を活用、現在、200GHzの高速通信を実現している。フリップチップボンディングは、半導体デバイスを回路基板に接続する際、集積回路を表裏180度反転（フリップ）させてから、格子状やペリフェラル配置された電極上に形成した金属の突起電極を回路基板に数十ミクロンピッチで接合する高度な技術だ。センシング技術に関しては、必要な各種センサーモジュールの小型化を実現している。原園さんは創業以来、半導体ベアチップ実装をコア技術とした回路実装基板やモジュールの小型化、薄型化や多種多様なジュールの開発、プリント基板への実装技術の高度化に取り組み、実現してきた。その技術力でエレクトロニクス産業の成長を支えていく決意だ。

（ライター／斎藤紘）

代表取締役
福井乙人（いつんど）さん

大学在学中、システム構築関連の仕事に興味を抱き、卒業後、コンピュータ関係の大手企業に就職、システムエンジニアとしてシステム開発に従事。退職後、ベンチャー企業を経て独立、2005年『株式会社イフ』設立。

株式会社 イフ

03-5725-3188　info@i-fu.co.jp
㊟ 東京都目黒区上目黒3-6-16 MTビル4F
http://www.i-fu.co.jp/

業務効率化システムに光る人の視点
性能とユーザビリティのバランス重視

システム開発で事業会社の業務の効率化をサポートする少数精鋭のIT企業、『株式会社イフ』代表取締役の福井乙人さんは、開発に当たって「人」の視点を重視してきたシステムエンジニアだ。事業会社の経営戦略上、経営者がシステムに何を求めているかを的確に把握するコミュニケーション力と、システムを運用する担当者の立場に立って使いやすさ、ユーザビリティ（操作性）を追求するシステムの構成力でクライアント企業から高い評価を得てきた。

「業務のシステム化は性能や効率が重要ですが、それに重きを置き過ぎて使い勝手を疎かにすると、スタッフに過大な負担がかかって逆効果が生じるおそれがあります。そうした事例を多く見てきましたので、システム開発に当たっては、業務の高密度化、効率化を求める経営者や管理職、システムの維持管理を担うエンジニア、データの入力などを担当するスタッフそれぞれが納得できるレベルを考え、バランスを取ることが重要というのが当社の基本的なスタンスです」

同社の業務は、企業の長期短期ビジョンにマッチしたシステムの要件定義から基本設計に至る上流工程、最新のWeb技術やルーショナルデータを活用した、日々変化する事業環境に対応したフレキシブルなシステム開発とタブ

経営理念:堅実に一歩一歩歩むこと　継続性　顧客の信頼

レット(Android、IOS)のアプリケーション開発、データセンターのサーバからネットワーク経由で直接行うシステム運用サポートの下流工程までカバーする。クライアントは、大手企業から通信情報業界やエネルギー業界の企業、遊技機メーカーまで様々。手がけたプロジェクトは多岐にわたるが、社内業務支援システムの開発、ネットワーク機器などの構成や運用情報を管理するシステムでイギリス政府が発表したITサービス管理における成功事例をまとめた文献ITILに準拠した情報通信系ネットワークの構成管理システムの開発、商品情報を集める会社とタイアップして商品情報をマーケティングデータベースにまとめ、マーケティングなどに利用するシステムの開発、設備のメンテナンスで点検記録などの報告、結果確認などの管理業務を効率化にする設備管理システムの開発などはその一端だ。

　福井さんは、大学の工学部を卒業後、大手電機メーカーでシステム開発に携わり、2005年に独立して起業。情報技術の高度化に追走すると同時に課題にも目を向け、人にやさしい技術を追求してきた。

(ライター/斎藤紘)

代表取締役
横田剛直 さん

航空整備士を志し航空大学校で学んだものの当時不振の航空業界に入社できず、コンピュータ会社で勤務後、IT企業を立ち上げ、リーマンショックで解散。大手生命保険会社の部長を経て、2015年『スカイホエール株式会社』設立。

スカイホエール 株式会社

☎ 03-6317-7441　✉ ask@skywhale.co.jp
㊟ 東京都中野区沼袋2-14-9-406
https://skywhale.co.jp/

自然災害時に被災者救助に威力発揮
位置と救助要請を知らせるアプリ開発

「自分が培ってきたITの技術を、人の命を守ることに役立てられないか」。クジラが空を飛ぶイメージでIT業界で大きな存在感を示すことを目指す『スカイホエール株式会社』代表取締役の横田剛直さんが、自然災害時に被災者が位置を示して救助を求めることができる画期的なアプリ「appTown®（アップタウン）」を開発した動機だ。宮城県名取市出身で東日本大震災の津波で多くの人が津波で為す術もなく流されていく光景を目の当たりにして大きなショックを受けた経験から考えてきたIT活用策だ。『appTown®』は、QRコードなどでアプリを入手してスマホにインストールし、ユーザーのアカウント情報入力、ホーム画面が表示されたら登録は完了する。地震などで被災して救助を求めるときは「要救助」の項目にチェックを入れるとアプリのマップに位置を知らせるピンが立ち、他のアプリユーザーに知らせることができる。

「大地震や台風などの自然災害時は地域の人たちが力を合わせて救助活動をすることで、命を救える可能性が高くなります。『appTown®』を地域の住民や救助団体などで共有すれば、迅速な救助活動が可能になるだけでなく、地域のアプリユーザーの状況を一覧で把握することもできます。地域防災に力を入れる自治体などでお力になれるアプ

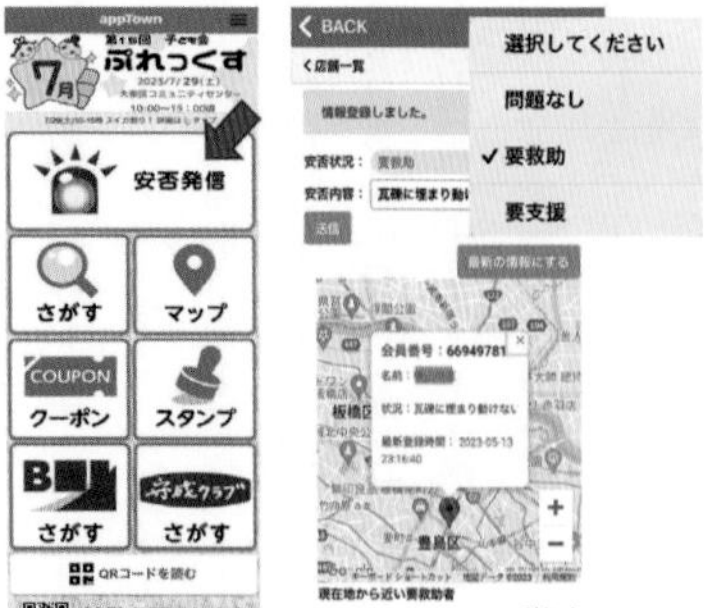

みんなで安心、地域でつながり、駆けつける!
無料のスマートフォンアプリ『appTown®』
被災時にあなたや大事な人の位置と状況を、すべての「appTown®ユーザー」が確認できる。

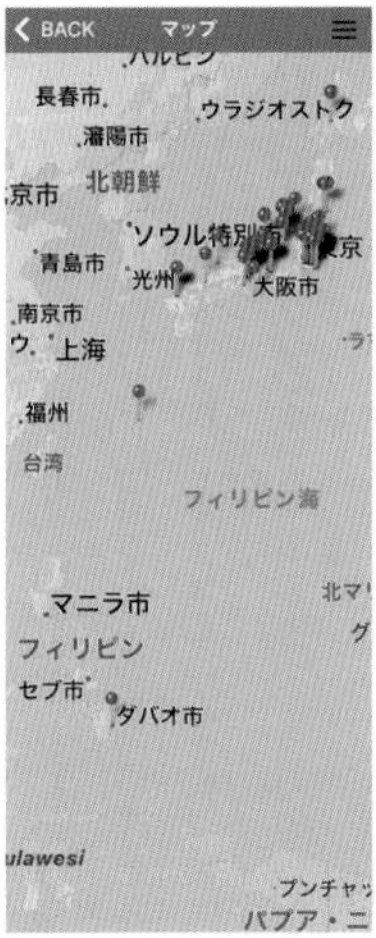

リだと思っています」

1983年にコンピュータ会社に就職したことから、横田さんのIT業界でのキャリアは始まる。東日本大震災後、大手キャリアなどと連携した安否確認、被災時生存ツールの開発を企画したが、専用の端末が必要になることがネックとなったり、大手生命保険会社の部長に招聘されたりして開発は中断。部長を退任した2018年に再始動し、2022年に全国各地の飲食店などあらゆるショップや企業が安価で簡単にオンラインビジネスのプラットフォームを構築することができる地域応援アプリとして『appTown®』を開発した。リリースから約1年で登録店舗数とユーザー数を順調に伸ばした勢いを背景に横田さんは当初の安否確認、被災時生存ツールとしての機能の研究を進め、2023年3月に救命アプリとしての機能を追加した。横田さんは今後、アプリ内のコミュニケーションをすべてメタバース（仮想空間）で実現するバージョンアップのほか、身体障がい者や高齢者の行動をサポートする機能の追加などに挑み、『appTown®』の世界での普及を目指す。

（ライター／斎藤紘）

代表取締役
岩間崇 さん

農家に生まれ、大学で電子工学を学ぶ。公務員を経てシステム開発会社で十数年間システム開発に従事。独立して、2017年『ガンズシステム合同会社』設立。農業分野のシステム開発やコンピュータ業務の代行に注力。2022年2月、株式化。

ソフト販売、IT、システム導入で相談やサポート。

株式会社 ガンズシステム

090-7705-9350　t-iwama@gunssystem.com
㊟ 山梨県笛吹市一宮町東原706-1
http://gunssystem.com/

システムエンジニアが果樹農家支援
ＩＴ導入補助金も活用ができるソフト

　農業を営む実家の農作業後の雑務の苦労を見て育ったシステムエンジニア『株式会社ガンズシステム』代表の岩間崇さんがＩＴ情報技術を活用して行う『配送伝票作成代行サービス』が、生産量日本一の桃やブドウの収穫に追われる山梨の果樹農家に喜ばれている。販促用のチラシやダイレクトメールの作成の代行も可能な手厚いサービスだ。また、パソコンを使って自分で伝票を作成したい農家向けに果物配送伝票印刷ソフトも開発、それに必要なパソコンやソフトの導入も対象になる経済産業省のＩＴ導入補助金の申請もサポートする。「収穫の忙しい時期に疲れた体にむち打って、送りの配送伝票を作成する農家の苦労を軽減させたい」との思いで始めたのが「配送伝票作成代行サービス」。毎年の農作物の送り先が１００件から５００件ぐらいという農家に適したサービスだ。

　農家は管理している顧客データを渡すだけで、岩間さんがパソコンで入力、プリンタで配送伝票を印刷する。料金は初年度の費用5万円、それ以降は年1万円で、初年度のデータ入力５００件、それ以降毎年20件までは無料、無料分を超えた場合は1件に付き50円、配送伝票は毎年１０００枚まで印刷する。この作業を農家が自分でやるとすれば、パソコンやプリンタなどの機器やソフト

「農業」と「システム」と「マーケティング」を交えた内容の本を2021年3月出版。

業務効率化の要望を元にシステム開発を行う。

の購入で約20万円の投資が必要になるが、このサービスを10年間受けても12万円しかからず、コストパフォーマンスに優れている点も支持される理由だ。

一方、岩間さんが開発した果物配送伝票印刷ソフトは『ももっちい』といい、桃、ブドウの直販をサポートするのが目的。品物や届け先などの登録、運送会社ごとの配送伝票の作成、伝票一括印刷、宛名シール印刷、はがき宛名印刷など多様な機能を持つソフトで、対象地域を限定して、設定サポート付きで5万円で販売、初期パソコンの設定やプリンターの設定、顧客データ５００件までの無料登録まで対応する。また、このソフトの導入には、ＩＴ導入補助金のデジタル化基盤導入枠が活用でき、ＩＴ導入補助金を活用すればソフト、導入サポート金額の四分の三を補助、またパソコン、プリンタの購入金額の二分の一を補助することができる。

２０２１年には、農業経営にＩＴを活用することの有効性を分かりやすく解説した著書「ちいさな農家の戦い方 農業とシステムとマーケティングと」を出版している。

(ライター/斎藤紘)

代表取締役
菅原孝 さん

2020年に企業間連携業務管理システム「クリーンマネージャー（R）」を発表した『アイデン株式会社』が、2021年に業務管理型グループウェアの『TeamManeger』を発表。業務の効率化やコスト削減を検討している企業への力強いパートナーとなる。

アイデン 株式会社

未来に笑顔を作る企業

IDEN

03-5823-4160 info@iden.jp
㊟ 東京都新宿区早稲田鶴巻町549-5
https://iden.jp/ https://cleanmanager.jp/

定期作業の管理事務をICTで効率化
多様な機能を持つクラウドサービス

清掃業やビルメンテナンス業などの定期作業や巡回点検をパソコンやスマホを使い簡単な操作で管理できるクラウドサービスがある。ITC情報通信技術で企業をサポートする『アイデン株式会社』の『クリーンマネージャー（CleanManager）』がそれだ。

『クリーンマネージャー』は、『アイデン』代表取締役の菅原孝さんが10年前に清掃作業に伴う管理業務の省力化を目指して開発に着手、顧客の要望に沿った機能を追加し、操作性を高めながら開発を続け、定期作業や周期作業を行うあらゆる業界に対応できるように仕上げた汎用性の高いサービスだ。インターネットブラウザで動作し、会社の管理者はパソコンで計画を作成、現場の作業員はスマホで報告をする、といった操作イメージで作られている。新たな情報通信機器などを購入する必要はない。月額3000円からという低額の料金で利用することができ、導入しやすいのも大きな特長だ。

それに輪をかけてユーザーから高い評価を得ているのが、多様な機能だ。

「作業スケジュールの自動作成機能を搭載し、『クリーンマネージャー』を利用している企業間では元請け、下請け会社と受発注を含め、リアルタイムに連携しながら作

業状況を共同で管理することができます。また、『クリーンマネージャー』の利用を契約していない企業とも連携管理できるオプション機能も備えています。その他、作業が完了したと同時にリアルタイムで完了報告書を提出する機能も実装しており、加えて写真報告書も自動で作成、発注元へ電子メールで提出することもできます。さらには、作業完了データや請求データの出力機能もあり、請求書の作成機能も搭載しているので、定期作業を主体とする企業では『クリーンマネージャー』だけで多くの事務作業ができることになります」

菅原さんは、『クリーンマネージャー』を開発するに当たって、既存の基幹システムや会計システムと連携しての利用を前提とし、投資済みの仕組みも有効に活用できる様にと考えてきた。ユーザーに対しては、コストの削減や効率化・時短といった恩恵が受けられることを意識して開発してきたが、昨今ではDX化のツールとして導入を検討する企業が多くなったと感じているという。

（ライター／斎藤紘）

代表取締役
原田和政 さん

1982年生まれ。佐賀県伊万里市出身。2017年『IoT mobile株式会社』を熊本で設立。現在は、福岡を拠点に東京と熊本の3拠点でIoT事業を展開。

温度っち
おんどっち
0120-24-2750
harada@iotmobile.jp
https://www.ondotchi.com/

業務用冷機器の温度をIoTで管理
低額サブスクのクラウド型サービス

IoTを使い、業務用の冷蔵庫や冷凍庫の温度を一元管理するクラウド型サービス、「IoT mobile 株式会社」の『温度っち』が好評だ。子機の温度センサーとそのデータを無線通信で管理し送信する親機を低額のサブスクで貸し出すもので、2021年からスーパーや食品工場に義務付けられた温度計測記録の苦労も解消できる優れものだ。配線工事不要で、防水防塵仕様の子機を冷機器に取り付けるだけで24時間365日温度を監視、記録、温度異常を検知するとメールか自動音声電話で通知。データはPCやスマホ閲覧できるほか、国際的な食品衛生管理の手法HACCP対応の帳票に出力できる。測定範囲は、マイナス40℃～50℃。親機1台で子機を最大150台まで接続でき、通信可能距離は約250m。料金プランは3つあり、最も安いライトプランの場合、1500円の親機1台と350円の子機50台でも月額が19000円で済む。

代表取締役の原田和政さんは、食品工場などからヒアリングして温度管理の課題を見極め、HACCPの7原則12手順を念頭に開発を進めたという。

（ライター／斎藤紘）

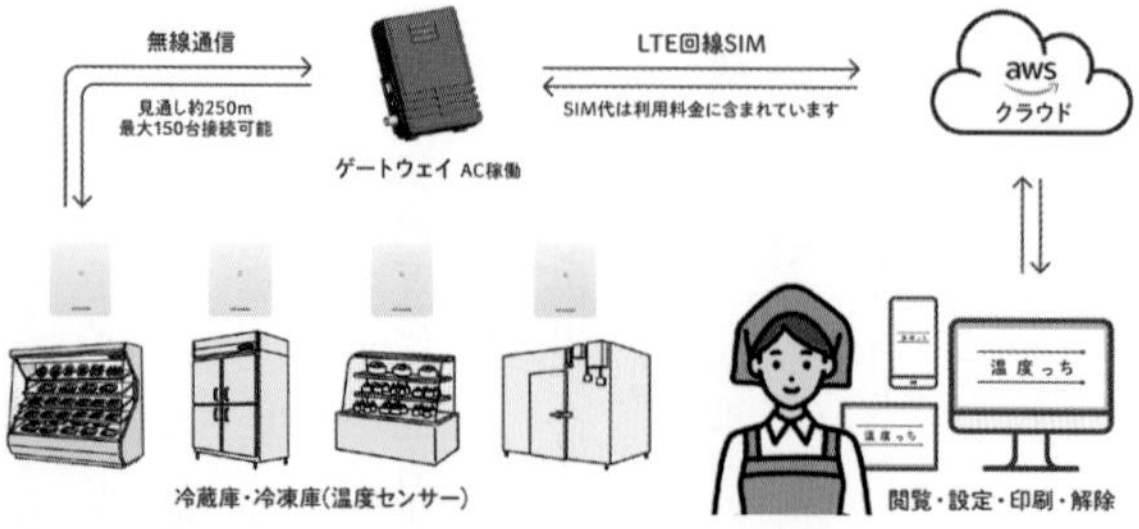

親機1台で温度センサーを最大150台まで接続できる。また、親機と温度センサーの通信距離は見通し250m。取得したデータはAmazonのクラウド「AWS」に蓄積されるのでセキュリティ面も安心。

取得した温度データは、すべて自動で入力。温度異常の箇所は色付きで表示されるので、一目で温度異常を把握。

IoT mobile 株式会社
<本社>
㊟ 福岡県福岡市南区三宅1-23-11
092-542-7252

代表
鶴田由規夫 さん

1990年鶴田保険事務所創業。1999年、インターネットによる自動車保険通販システムを旧・日本火災海上株式会社と共同開発。2006年『株式会社イージスワン』設立。保険代理業、システム開発・販売などの事業を展開。

株式会社 **イージスワン**

03-3261-0861　info@aegisapp.net
㊟ 東京都千代田区麹町4-3-4-3F
https://unsogyo.aegisapp.net/

運送業の管理業務にＤＸをもたらす特許技術基に開発し機能追加で進化

ＩＴの活用で運送業の運行管理にＤＸデジタルトランスフォーメーションをもたらしたのが『株式会社イージスワン』代表の鶴田由規夫さんが特許技術をベースに開発したクラウドサービス『ＡＥＧＩＳＡＰＰ運送業®』だ。受注データ作成から車両・ドライバー手配、運行計画、自動日報作成、運賃計算、請求業務まですべてをデジタル化し、マウス操作一括管理できるシステム。働き方改革関連法でトラックドライバーの時間外労働の上限規制が始まる物流業界の２０２４年問題の対策にもなるものだ。

『ＡＥＧＩＳＡＰＰ運送業®』は、特許技術「運送料金算出システムおよびプログラム」「運転者を管理する方法、装置およびシステム」とSalesforce 社のプラットフォーム、Ｂ.ＰＲＯカーナビ、クラウド型運行管理サービスのビークルアシストＡＰＩを組み合せたシステム。２０１８年の初登場以降、経営分析など新たな機能を加えながら進化。

運賃計算では、２０２３年10月1日から消費税の仕入税額控除の方式として導入されるインボイス制度にも対応するなど課題解決型のシステムだ。

（ライター／斎藤紘）

株式会社 オー・エス・シー

多様なシーンで
活躍する

LED付き キーホルダー

USBで充電、スイッチオンで点灯するキーホルダー『LEDまもらナイト』。交通安全グッズ、施錠時の照明、ペンライト、ランタンとして活躍するだけでなはない。ICタグを組み込み、情報を非接触で自動認識するRFIDリーダーを利用すれば、施設の入退室管理、登下校見守り、認知症高齢者の徘徊防止などにも使える優れもの。事業のブランドイメージに合ったオリジナルキーホルダーの制作も可能だ。

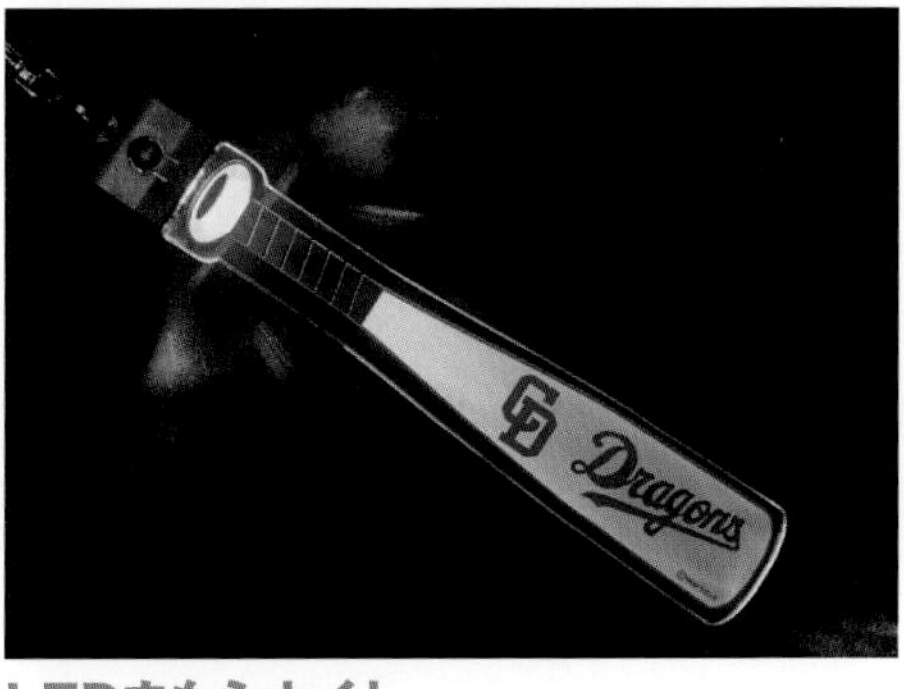

LEDまもらナイト

参考サイズ（一例） 幅25mm×高さ100mm×厚さ10mm
参考重量（一例）17g　素材:アクリル

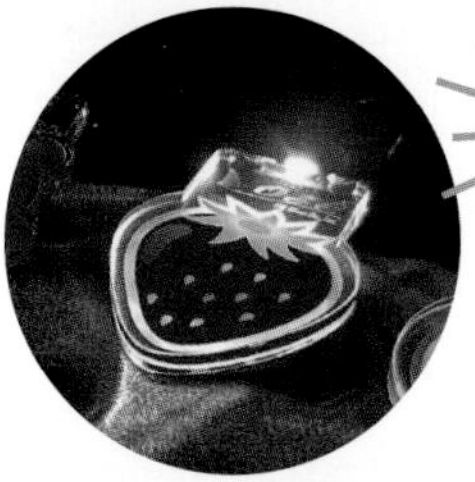

フル充電
（1時間）で、
約4時間
点灯可能

ICタグを
組み込み
可能

続・千田明の歴史散歩道
京の小督の塚・法輪寺を訪ねて

琴聞き橋の歌碑
源の高国が小督の琴の音を聞いたとされる歌碑。（駒を止めた所でもあり、駒止め橋ともいわれる）

今回は、京都嵐山渡月橋南の古儀真言宗法輪寺を訪ねることとしました。その前に、桂川（保津川）北詰にある平家物語巻第六小督（こごう）の塚を訪ねました。渡月橋北詰を上流に向かい、一本目の筋を右に曲がると小督の塚があります。

小督と言っても知らない方が多いと思いますが、平清盛の時代、高倉天皇（清盛公の娘徳子が中宮となり、安徳天皇が生誕）に寵愛されたため、清盛公の威光を恐れ嵯峨野に隠棲していました。高倉天皇が寂しく思われ、源仲国に探すよう命じられました。仲国は、嵯峨野の清涼寺付近などを探されましたが、一向に見つかりませんでした。それでは帰ることもできず、念のため法輪寺付近を捜しに行ったところ、琴の音が聞こえてきました。仲国も笛の名手であったので、琴の音を聞き分け小督を捜し、天皇の元にお連れして秘密にしていましたが子どもができ、清盛の知ることとなり尼にされてしまいました。天皇もそれが元で亡くなったとも噂された物語の小督の仮住まいの地です。

小督の塚
平家物語第六平清盛公の最後の段の前に公に尼にされた高倉天皇の寵愛を受けた小督が仮の住まいとした場所とされる駐車場の敷地横にあるので、注意していないと見落としてしまいます。（公の悪行の一部を公の死の前に物語として入れたか）

琴聞き橋
源の高国が小督の琴の音を聞いたとされる場所（渡月橋北詰東側にあり、気が付かないと見落とす。斜め向かいに琴聞き茶屋もある）

渡月橋と桂川（保津川）
先日、上流の保津下りで痛ましい事故が起こりましたが、この付近は堰で水量調整しているため、季節には平安貴族のように舟遊びの地となっています。

小督の塚前の「MUNI KYOTOby温故知新店」。親切な店員さんがネットで住所から調べて貰ったら前に塚がありました。

株式会社 GNR
相談役 千田明 さん
2011年5月に電気工事業、電気通信工事業を業務とする『株式会社GNR』を設立。現在は退任し、相談役として在席。

法輪寺本堂
虚空蔵菩薩（観世音菩薩の化仏ではなく宇宙の根本仏大日如来を中心に南の宝生・西の阿弥陀・北の不空成就・東の阿閦如来の五智如来の宝冠を戴き、宇宙の知恵と福徳を具えた菩薩として衆生を助ける。弘法大師空海も虚空蔵菩薩求聞持法により悟りを開いたとされる）を本尊とし、寅年と丑年の守り本尊であるので狛虎と狛牛が置かれている。

法輪寺道昌偉業の大堰の碑
法輪寺を再興したとされる弘法大師空海の弟子道昌上人（この付近を開拓した始皇帝の子孫とする秦氏の出）が大堰川（上流を保津川、下流を桂川、渡月橋付近を大堰川に）に大堰を設け灌漑用に用いたとされ、渡月橋（元は法輪寺橋と言われたが亀山天皇が歌に読まれてから渡月橋と命名された）も再建した。

電電宮
法輪寺の鎮守社で電電明神を祀る。電気・電波の祖神として信仰されNTT、KDDI、パナソニック、関西電力、日本放送協会、NHK、朝日放送など電気・電力・通信に関する全国の企業が安全祈願に来られています。

渡月橋と正面嵐山と法輪寺

法輪寺門前

法輪寺の青紅葉

法輪寺多宝塔

法輪寺庭園。法輪寺舞台下を渡月橋に向かって近道をするとあります。

法輪寺舞台　嵯峨野を一望できる。

桂川分流と船着き場（渡月橋南詰の渡月橋小橋より）。分流水は秦氏の松尾大社の境内にも流れています。

桂川（保津川）を渡月橋南詰より見る。大堰より上流は堰のお陰で流れも緩やかで季節には平安貴族の舟遊びの行事も行われます。また保津川下りの終着の船着場にもなっています。

青紅葉の参道途中には、鎮守社の電電神社もあり、全国の電気・電力・通信に関する事業者がお参りに来られ、行基が創建したとされる古儀真言宗のお寺です。

法輪寺は、虚空蔵菩薩（無限の知恵と福徳を具えた宇宙の蔵のような菩薩）が本尊です。毎年4月13日に13歳になった京の人は、厄払いと知恵を授かりにお参りされます。帰りに渡月橋を渡るまで振り返ると、授かった知恵が無くなるといわれる、十三参りがあります。

帰りはぜひ、舞台下の細道を通って庭を見ながら近道をして帰るのも面白みがあると思います。もう少し詳しくと思いますが、文字数に制限があるので、後は写真で感じて頂きたいと思い、筆をおきます。

この付近は、滝口入道・祇王・祇女の物語のある平家に関係する悲しい物語の地でもあります。また、この地は、秦の始皇帝の末裔といわれる秦氏が桂川に大堰を築いて灌漑をした地であり、松尾大社・広隆寺・天龍寺・法輪寺があります。

応仁の乱・蛤御門の変などで度々兵火に有って往事の面影はありませんが、舞台から見渡す嵯峨野は素晴らしい展望であります。また、舞台より嵐山が正面に見られます。また、木地師の祖といわれる文徳天皇の第一皇子惟喬親王が漆器製造の普及を祈願し、100日間籠り、11月13日が満願の日となったので、その日が漆の日とされた寺としても知られています。

令和のベストヒット大賞

住宅や医療、食品に美容や健康他各種サービスなど、人々の豊かな暮らしを支える上で欠かせない、且つこの先、世間の耳目を集めるであろう企業や人物を、一年に一度、多岐にわたり紹介した一冊。

監修／石井洋行　大室徹郎
進行／加藤真一
表紙・本デザイン／イープル

※価格、電話番号、ホームページアドレスなどの情報は2023年9月現在のものです。

2023年度版 令和のベストヒット大賞

2023年9月7日初版第1刷

編集人　加藤　真一

発行者　柿崎　賢一

発行所　株式会社　ミスター・パートナー
〒160-0022 東京都新宿区新宿2丁目15番2号岩本和裁ビル5F
電話　03-3352-8107　FAX　03-3352-8605
http://www.mrpartner.co.jp

発売所　株式会社　星雲社（共同出版社・流通責任出版社）
〒112-0005 東京都文京区水道1丁目3番30号
電話　03-3868-3275　FAX　03-3868-6588

印刷・製本　磯崎印刷株式会社

ISBN978-4-434-32766-7

※本誌で掲載された情報は一部を除き、2023年9月現在のものです。
※情報の内容は変更される場合がございます。あらかじめご了承ください。